U0824293

法学阶梯
INSTITUTIONES | 普通高等教育**法学规划教材**　“十二五”普通高等教育本科国家级规划教材

# 外国法制史

Foreign Legal History

| 第七版 |

**主　编** | 何勤华

**撰稿人** | 何勤华　郑祝君　冷　霞
以撰写章节先后为序 | 王云霞　李秀清　余　辉
马明贤　于　明　陈　颐
方立新　周伟文

法律出版社
——北　京——
始创于1954年

好书,同好老师和好学生分享

图书在版编目(CIP)数据

外国法制史 / 何勤华主编. -- 7 版. -- 北京 : 法律出版社, 2023(2025.7 重印)
ISBN 978 - 7 - 5197 - 7570 - 4

Ⅰ. ①外… Ⅱ. ①何… Ⅲ. ①法制史 – 外国 – – 高等学校 – 教材 Ⅳ. ①D909.9

中国国家版本馆 CIP 数据核字(2023)第 025295 号

外国法制史(第七版)
WAIGUO FAZHISHI(DI-QI BAN)

何勤华 主编

责任编辑 陆帅文
装帧设计 鲍龙卉

出版发行 法律出版社
编辑统筹 法律教育出版分社
责任校对 杨锦华
责任印制 刘晓伟
经　　销 新华书店

开本 787 毫米 × 1092 毫米 1/16
印张 26　　字数 532 千
版本 2023 年 2 月第 7 版
印次 2025 年 7 月第 5 次印刷
印刷 三河市兴达印务有限公司

地址:北京市丰台区莲花池西里 7 号(100073)
网址:www.lawpress.com.cn
投稿邮箱:info@lawpress.com.cn
举报盗版邮箱:jbwq@lawpress.com.cn

销售电话:010 - 83938349
客服电话:010 - 83938350
咨询电话:010 - 63939796
版权所有 · 侵权必究

书号:ISBN 978 - 7 - 5197 - 7570 - 4
定价:54.00 元

凡购买本社图书,如有印装错误,我社负责退换。电话:010 - 83938349

# 出版说明

法律出版社在其奋进发展的六十年光辉历程中，秉精诚之心，集全社之力，服务于我国法学教育事业，致力于法学教材出版。尤其在改革开放三十余年间，本社以“传播法律信息，推进法制进程，积累法律文化，弘扬法治精神”为宗旨，协同司法部法学教材编辑部，规划并组织出版了国家“八五”“九五”期间的法学规划教材，为我国改革开放之初的法学教育和法治建设作出了开创性贡献；进入21世纪之后，法律出版社又根据教育部的部署和指导，相继规划并组织出版了“十五”、“十一五”和“十二五”法学规划教材，为我国法学教育事业的发展与改革付出了艰辛努力。

承蒙法学教育领域专家作者的信任，以及广大法律院校师生的支持，法律出版社经过三十年的发展与积累，相继出版各类法学教材达四百余种。在学科范围方面，完成以法学核心课程为重心，涉及法学诸学科的“全品种”横向结构；在培养层次方面，健全以本科教育为根本，兼顾职业教育和研究生教育的“多层次”纵向结构，进而打造“法律版”法学教科书体系，以期更好地为法学教育服务，为法治建设贡献绵薄之力。

近年来，法律出版社应因法学教育的发展变化，在教材编写体例及系列安排方面作出相应调整。在教材编写体例方面，结合当前教学实际与培养方案，将系统、全面的理论知识讲授与灵活、丰富的法律实践和能力训练相结合，倡导教材内容差异化，增加教材可读性，以期更好地培养法科学生的思维能力和法学素养。在教材系列安排方面，全力推进新品教材编写与注重既有教材修订相结合，根据教材风格与特色进行适当的套系整合，集中现有的国家级规划教材和在编的规划教材，形成以“普通高等教育法学规划教材”为名的全新教材系列。

本系列教材多为出版多年并广受好评的经典教科书。此次全新推出，既是向长期以来关心支持法学教育出版事业的专家作者的崇高致敬，也是法律出版社为中国当代法学教育事业发展拳拳努力之情的真诚表达。法律出版社将以高度的精品意识和质量标准，不断丰富、完善本系列教材的结构和内容；除教材文本之外，还将配有多层次、多形式的教辅材料，更好地为广大师生服务。

“好书，同好老师和好学生分享”，法律出版社愿与法律共同体诸同仁，分享好书，分享智识，分享法治进程中的点点滴滴！

法律出版社　谨识
2014年10月

# 作 者 简 介

（以撰写章节先后为序）

**何勤华** 法学博士，华东政法大学教授，日本东京大学留学。自1984年以来，共出版《西方法学史》、《中国法学史》（三卷）等50多部专著及合著，在核心期刊发表论文150余篇。享受国务院特殊津贴。全国外国法制史研究会会长、中华司法研究会副会长。第二届"中国十大杰出中青年法学家"，第二届"国家级教学名师"。

**郑祝君** 法学硕士，中南财经政法大学教授，全国外国法制史研究会顾问

**冷　霞** 法学博士，华东政法大学副教授，全国外国法制史研究会常务理事、副秘书长

**王云霞** 法学博士，中国人民大学教授，全国外国法制史研究会副会长

**李秀清** 法学博士，华东政法大学教授，全国外国法制史研究会副会长，中国法学会比较法学研究会常务副会长

**余　辉** 法学博士，西北政法大学教授，全国外国法制史研究会常务理事

**马明贤** 史学博士，兰州大学教授，全国外国法制史研究会常务理事

**于　明** 法学博士，华东政法大学教授，全国外国法制史研究会常务理事、秘书长

**陈　颐** 法学博士，同济大学教授，全国外国法制史研究会常务理事

**方立新** 法学博士，浙江大学教授，全国外国法制史研究会顾问

**周伟文** 法学硕士，华东政法大学副教授，全国外国法制史研究会理事

# 第七版序言

本教材自1997年出版以来，一直受到法律院系广大师生的欢迎和喜爱，已经修订六版，累计印刷三十多次，使用的法律院系已达一百多所。这对我们作者而言，无疑是最大的鼓励和鞭策，也是我们反复修订内容、不断完善形式、使其精益求精的动力。

与本教材的第六版相比，第七版进一步适应读者和教学规律的需要，在内容和形式上又有重大完善。一是在第六版设置二维码、方便青年学生学习（学生只需用手机扫描一下，就可以进入相关知识点的链接）的基础上，对部分章节的二维码内容进行了更新和补充，并对配图位置进行调整，使之更臻美观；二是更换部分配图，使画质更加清晰和贴合内容，并添加配图来源表；三是对外国法制史年表进行更新，并对所有章节的参考阅读书目进行了更新和添加；四是参考并吸收了近年来的最新研究成果，根据各国最新的法律变革，相应进行了内容上的调整，比如在英国脱欧的新情况下，我们对欧盟法进行了内容调整与更新。

为适应作者队伍的新老交替，本次修订吸收了于明和冷霞两位老师参加。经过修订的第七版，内容充实，文字简练，相信更能适合外国法制史专业本科教学的需要。为第七版做出贡献的，除了本书作者之外，还有法律出版社社务委员丁小宣老师以及本书编辑陆帅文老师。参加本书撰写的作者及其分工如下：何勤华，导论、第三章、第四章；郑祝君、冷霞，第一章；郑祝君、于明，第十章；王云霞，第二章、第九章；李秀清，第五章、第十三章，外国法制史年表、配图来源；余辉，第六章、第七章；马明贤，第八章；陈颐，第十一章，配图来源增补；方立新，第十二章；方立新、冷霞，第十五章；周伟文、于明，第十四章。

尽管我们在修订过程中付出了巨大的劳动，在形式和内容的完善上也做出了许多尝试，但限于我们的水平，本书仍然可能存在诸种错误和不足，恳请广大读者予以谅解，并提出批评，以便我们再版时进一步改进。

何勤华

于华东政法大学法律文明史研究院

2023年2月10日

# 目　　录

# 导　论

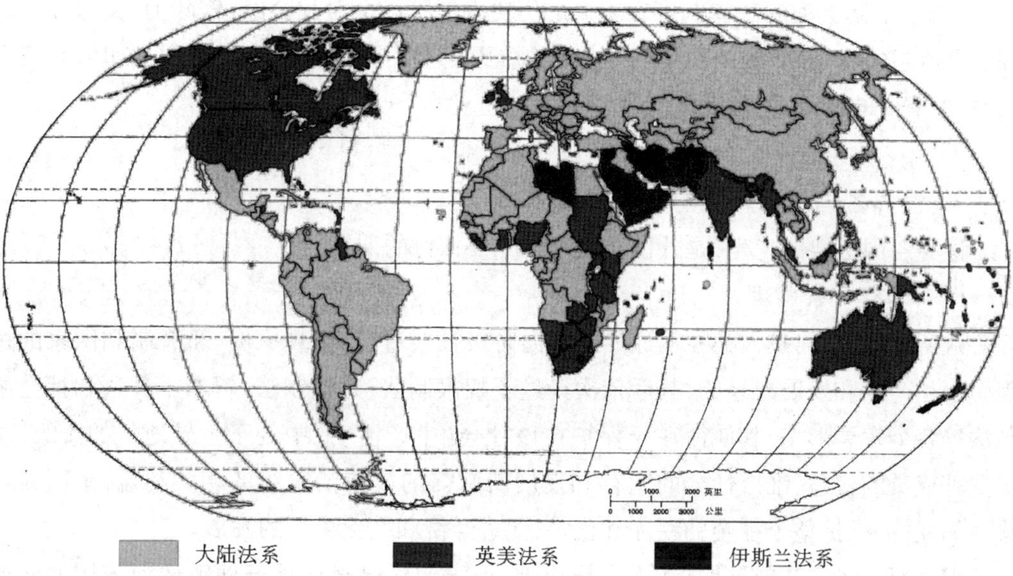


图1　世界法系分布

## 【导　读】

本教材导论部分，主要帮助同学了解世界各国法律产生的基本过程和一般规律，把握外国法制史学科（课程）的历史沿革和体系，理解外国法制史与其他相关学科（课程）的关系，明了学习外国法制史的重要意义，掌握外国法制史的学习方法，从而为全面完整地学习和掌握这门课程打下基础。

## 【问题讨论】

1. 世界各国法律产生和发展的规律是什么？

2. 外国法制史与其他法学学科、课程的关系是什么？

外国法制史,是以马克思主义为指导,研究除中国以外的世界各国各种类型法律制度的产生、发展和演变规律的一门科学。

外国法制史,作为一门课程和学科,主要阐述外国法律制度发展的历史,其对象是:(1)历史上不同类型的法律制度的产生、本质和表现形式,即立法的历史。(2)历史上不同类型的法律制度的实施以及司法机关活动的特点和规律,即执法(包括司法)的历史。(3)历史上不同类型的法律制度在不同的历史发展阶段上对社会经济、政治、文化和宗教等发展所起的作用,即法的作用的历史。(4)历史上不同类型的法律制度是如何兴衰存亡、发展演变的,即法的发展演变规律。

## 一、世界各国法律产生的基本过程

世界各国法律的产生,是外国法制史首先要探讨的课题。

### (一)古代奴隶制法

众所周知,法律是人类在从原始社会向阶级社会过渡,出现家庭、私有制和国家的过程中逐步产生和发展起来的,其后依次经过了奴隶制法、封建制法、资本主义法和社会主义法等各个发展形态,其使命在于保护在该社会(生产活动)中处于主导地位的阶级、阶层及其成员的权益,维持社会的生存和发展所必需的被统治阶级的相关利益,镇压敌对势力的反抗,维护整个社会的秩序和稳定,促进经济和文化事业的发展。

据最新的考古资料证明,在人类历史上,奴隶制法最早出现于西亚两河流域的巴比伦地区。该地区在公元前6000年前后开始步入阶级社会,形成了不少城市国家。至公元前4000年出现了法律文明。到公元前3000年前后,成文法典开始登上历史舞台,其中比较著名的有《乌尔纳姆法典》《苏美尔法典》等。由于这些法律都使用古代苏美尔人发明的楔形文字来书写,故一般被称为"楔形文字法"。公元前18世纪巴比伦王国的《汉穆拉比法典》,是楔形文字法的代表。[1]

非洲尼罗河流域的埃及,其法律史也非常悠久。根据确切的史料记载,大约在公元前4000年,埃及也出现了习惯法。[2] 至公元前3200年,埃及第一王朝的创始人美尼斯(Menes,约公元前3200年登位)就开始制定成文法。至公元前8世纪,这种立法已发展到相当规模,并编纂了系统的法典。法典之外,当时的埃及还出现了由宰相等行政官吏所发布的法规、命令等。[3]

与此同时,埃及全国建立了比较系统的法院体系,在中央法院之下,分设了六个大的地区法院,由国王的大法官领导。在里面工作的法官,既兼任地方的行政官员,同时也是高级僧侣。[4]

---

〔1〕 陈晓红、毛锐:《失落的文明:巴比伦》,华东师范大学出版社2001年版,第32页。

〔2〕 John H. Wigmore, *A Panorama of the World's Legal Systems*, West Publishing Company, 1928, Vol. I, p.12.

〔3〕 林榕年主编:《外国法制史新编》,群众出版社1994年版,第4页。

〔4〕 S. Haley Allen, *The Evolution of Governments and Laws*, Princeton University Press, 1922, Vol. I, p.133.

从考古发现的古代埃及留下来的一些法庭原始记录（其年代约在公元前2500年）来看，当时的民事诉讼和刑事诉讼都已达到一定规模。[5]

当然，由于波斯、马其顿和罗马的征服与统治，古代埃及法的独立发展自公元前6世纪起就中断了。

公元前15世纪，亚洲南部的印度地区奴隶制国家逐渐兴起，并开始出现了习惯法。公元前7世纪，印度产生了婆罗门教，《吠陀》《法经》等宗教法文献相继编纂面世。公元前6世纪，又产生了佛教，《律藏》等典籍编纂面世。至公元前4世纪，在婆罗门教和佛教的基础上产生了印度教，教法也日趋完备，比较系统的《摩奴法典》编纂面世。《摩奴法典》虽然是宗教法规，但也规范着婚姻、家庭、财产、契约、继承、犯罪与刑罚等世俗社会生活。

古代埃及法

公元前11世纪，中亚出现了希伯来奴隶制国家，当时的祭司编纂了《摩西律法》，其核心是《摩西十诫》（Ten Commandments）。它既是犹太教的经典，又是希伯来国家的基本法律文献，主要是各种习惯法和祭司法院判例的汇编。希伯来法一方面继承了楔形文字法的许多内容，另一方面又发展了许多新的法律原则。因此，虽然希伯来国家后来为罗马帝国所灭亡，但它的法律规范为基督教立法所吸收，从而影响到整个西方世界。[6]

在上述亚非国家进入文明社会的同时，欧洲地区也开始形成国家与法。公元前20世纪前后，希腊的克里特岛地区率先进入阶级社会，公元前15世纪，迈锡尼地区产生了国家。公元前8世纪至公元前5世纪，希腊国家日趋成熟，其法律也不断发展、完善。

公元前8世纪，古代罗马也开始进入阶级社会。经过多次改革，罗马法律日趋完善。至公元3世纪，随着罗马帝国的版图扩及欧、亚、非三大洲，其法律达到古代世界最完备的程度。公元6世纪查士丁尼皇帝（Justinianus，483～565年，527～565年在位）的法典编纂，是罗马一千五百余年法律发展的集大成之作，为近代西方法奠定了历史基础。

在奴隶制商品经济之上产生的希腊、罗马法律，与建立在早期农业社会基础之上的东方奴隶制法律有很大不同。

首先，在古代东方，因长期保留土地的公有制和原始社会的残余，法的发展十分缓慢，也比较简单、粗陋；而在古代希腊、罗马，商品经济的发达，促使法律发展十分迅速，并达到了比较完善的水平。

其次，在古代东方，法律是为君主专制服务的，带有浓厚的专制主义色彩；而在西方，多数奴隶制国家采取民主共和国或贵族共和国的形式，所以，法律的民主色彩比较浓厚。特别是雅典，其民主政治达到了当时的最高水平。

再次，古代东方法中，宗教的色彩很浓，不仅印度法和希伯来法是法律与宗教合一的体系，而且在埃及、巴比伦等世俗国家，也都宣称法是神所授予的，是神意的体现；而在西

---

〔5〕 John H. Wigmore, *A Panorama of the World's Legal Systems*, West Publishing Company, 1928, Vol. I, p. 32.

〔6〕 关于希伯来法的详细内容，请参见何勤华：《论希伯来法》，载林榕年、李启欣主编：《外国法制史论文集》，中山大学出版社1990年版；徐菲：《希伯来法研究》，华东政法大学2004年博士学位论文。

方,如希腊和罗马后期的法律中,基本上消除了宗教的影响,成为一个独立的领域。它不承认法律在宗教之下,而是认为法必须符合自然理性,这种自然理性的核心就是正义,法必须是正义的体现。

最后,在古代东方,立法权多由君主一人执掌;而在西方,法律渊源比较分散,如雅典和罗马共和国时期,既有执政官、裁判官的告示,又有民众大会的法律、元老院的决议以及法学家的著作等。

古代东西方法律的这些差异,除了有经济的原因之外,政治体制、社会文化、历史传统以及宗教信仰等方面的因素也是重要原因。

尽管有这么多的差异,古代东西方国家毕竟都是奴隶制社会,因此,其法律之间也存在着一些基本的相同点,如其法律都经历了一个从习惯法向成文法的过渡时期;都反映了奴隶主阶级和集团的利益与要求;法律镇压的锋芒都指向广大奴隶;都调整着自由民内部的关系,维护统治阶级内部的秩序;在法律产生的初期都带有等级色彩、原始社会的残余,以及适用的范围都比较狭小等。事实上,古代东西方法律之间,存在发展上的渊源关系,如古代埃及法和巴比伦法对希伯来法和希腊法有影响,希伯来法和希腊法对罗马法有影响,等等。因此,在分析古代东西方奴隶制法的差异时,我们不应忘记它们之间的内在联系。

(二)中世纪封建法

继奴隶制法之后出现的是封建制法,它的形成主要有两个途径:一是随着生产方式的转变,原有的奴隶制法转变为封建制法,如印度、日本等;二是因封建制度兴起,直接从原始公社的习惯发展为封建法,如日耳曼法和斯拉夫法等。

从公元5世纪开始,印度逐渐转变为封建社会。此时占据统治地位的印度教是由婆罗门教和佛教结合而成的,因此,集婆罗门教和佛教各种法律经典而成的《摩奴法典》也成为该时期的基本法律渊源。公元11世纪以后,一方面,随着阿拉伯帝国的入侵、印度皈依伊斯兰教,伊斯兰法也成为印度的法律渊源之一;另一方面,印度教徒自己为适应社会发展的需要,也撰写了不少解释《摩奴法典》等经典的文献,如《米泰沙拉》等,这些构成了调整印度封建社会各个领域法律关系的规范体系。

在日本,646年的"大化革新"确立了天皇中央集权专制制度,日本社会完成了由奴隶制向封建制的转变。《大宝律令》(701年)、《养老律令》(718年)等是这种转变的法律总结。从1192年至1868年的"明治维新",日本进入幕府统治时期。1232年的《御成败式目》和1740年的《公事方御定书》等武家法典,确立了幕府封建法制的基础。

中亚地区在公元7世纪初建立了阿拉伯封建统一帝国,形成了伊斯兰教法。穆罕默德(Muhammad,约570~632年)发布的《古兰经》,以他的言行为内容汇集的《圣训》,以及教法学家的著作等,既是伊斯兰教的基本规范,又构成了阿拉伯国家封建法律的基础。

公元7世纪,东罗马帝国由奴隶制社会转入封建制社会,陆续以查士丁尼《国法大全》为基础颁布了一些适应封建制发展的法典,如8世纪的《查士丁尼法典选编》《农业法》,9 世纪的《巴西尔法典》(共60 卷)等。1045 年,拜占廷帝国重建君士坦丁堡大学,注释法学家研究、撰写罗马法的著作,编纂新的法律,推动了封建法的发展。[7]

公元6 至8 世纪,分布在拜占廷帝国西北部(现在的东欧、俄罗斯)地区的斯拉夫民族纷纷建立封建国家,并在吸收拜占廷法律的基础上,将自己的习惯法汇编成为法典,如11 世纪的《罗斯真理》(俄罗斯)、14 世纪的《斯提芬·杜尚法典》(前南斯拉夫)等。这些成文法典,形成了斯拉夫法系[包括俄罗斯、波希米亚(捷克)、波兰和塞尔维亚四个支系],它是中世纪东北欧重要的封建法律体系。

在中世纪封建法律形成和发展过程中,日耳曼法和教会法占据着重要地位。476 年西罗马帝国被日耳曼人所灭亡,日耳曼人在帝国的废墟上建立了许多国家(称"蛮族国家"),逐渐进入封建社会。在此过程中,日耳曼人以原来的日耳曼氏族习惯为基础,吸收罗马法的理论和技术,制定了一批封建性质的法典(称"蛮族法典")。其中,最著名的是法兰克王国的《撒利克法典》。

从公元9 世纪开始,基督教会势力迅速扩张,几乎每一个居民都成了教徒。这样,教会法及教会法院的管辖权几乎及于每一个居民,尤其是在婚姻、家庭、动产继承等领域,教会法的影响更是巨大。因此,基督教会不仅是中世纪西欧最大的封建主之一,其法律也是西欧封建法的重要组成部分。

除上述各国各地区法律之外,原罗马帝国的北部和斯堪的纳维亚半岛上,还存在过凯尔特法和斯堪的纳维亚法。它们虽然对世界法律发展的影响不是很大,但也是中世纪西方封建法律的组成部分。

回顾中世纪各个国家和地区封建法律的发展过程,我们可以看到,东西方之间存在一些差异,表现为:

中世纪的东方,国家结构和政体形式是中央集权和君主专制,因此,尽管也有分散的习惯法,但国家的法律总体上是比较集中、统一的,不仅《摩奴法典》《古兰经》适用于印度和阿拉伯帝国的全境,而且《大宝律令》《御成败式目》等也是通行于日本全国的权威法典。但在西方,法律渊源则比较分散,不仅有教会法与世俗法的区别,在世俗法中,也有各种法律渊源,如习惯法、王室法、罗马法、商法、城市法等。

中世纪的东方,刑法比较发达。而在西方,尽管社会性质是封建制,但前期由于罗马帝国的传统影响,后期由于城市和商业的兴起,所以私法关系比较发达,如欧洲大陆的罗马法、商法、城市法,英国的衡平法等。这些,成为近代资产阶级民商法的基础。

中世纪的东方,法律或者和道德规范相混,如日本等;或者与宗教重合,如印度、伊斯兰社会等。而在西方,法律和宗教是并列的,虽然在内容上互相影响,但却是彼此独立的,从而形成的是教会法和世俗法并存的二元局面。

中世纪的东方,一直未能产生调整商品生产的法律体系,直到19 世纪遭到西方列强

---

〔7〕 林榕年主编:《外国法制史新编》,群众出版社1994 年版,第27 页。

的入侵。而在西方,自11世纪起,就在地中海沿岸的国家中形成了具有一定发展水平的城市法、商法和海商法,它们虽然比较简单、粗陋,但其中却包含了一些平等的、正义的规范,从而构成了近代资产阶级法的一部分。

中世纪东西方的法律,虽存在上述差异,但在本质上是相同的,且因生产方式的相近,其与古代东西方奴隶制法相比,具有更多的共同点。

第一,公开的等级不平等。无论是在东方的日本、印度、阿拉伯帝国,还是在西欧的法兰克、英国、基督教会的法律中,都在财产所有、婚姻、家庭、刑罚、继承等各个方面规定了不同的等级,即使是气氛相对自由的西欧城市,其行会内的法律也是等级森严的。

第二,对不动产作了充分规定。在封建制度下,土地等不动产是社会的主要财富。因此,各个封建国家的法律对不动产所有权都尽可能作出详细的规定。从日本的《御成败式目》、印度的《摩奴法典》、伊斯兰教的《古兰经》,到日耳曼法的代表《撒利克法典》,以及英国的普通法都是如此。只是到了中世纪末期,由于资产阶级的兴起,西欧的动产法律才开始显得重要。而在东方,这是迟至19世纪的事情了。

第三,家族本位。在中世纪,无论是东方还是西方,家族都是共同生产和共同消费的社会单位。为了维护这一社会单位的稳定,家族就成了法律保护的出发点和中心。至于个人,无论是男性还是女性,也无论成年与否,均处在依附于家族的地位。

第四,男尊女卑。如妻子应处于夫权的支配之下,丈夫可以随意休妻,而妻子的离婚请求则受到种种限制。当然,与东方国家相比,日耳曼法和教会法规定的妇女地位相对要高一些,如日耳曼法规定,丈夫要处理妻子的不动产,必须征得妻子的同意等。

第五,习惯法的地位比较重要。在古代西方,希腊和罗马曾因商品经济的高度发达而诞生了一系列成文法典,并形成了一个发达的成文法典体系。至中世纪,由于罗马帝国的灭亡,在其废墟上建立国家的日耳曼民族刚刚脱离原始社会生活,因此,习惯法在法律渊源中占据主导地位。即使后来日耳曼民族编纂了一些法典,这些法典也只是习惯法的汇编。在印度和阿拉伯,虽然有成文的教法经典《摩奴法典》《古兰经》等,但主要法律渊源仍然是习惯法。在日本,12世纪末律令制国家解体后,调整社会关系的法律规范主要是武家习惯,其基本法典《御成败式目》,也是武家习惯的汇编。

### (三)近代资产阶级法的成立

随着资本主义生产方式的兴起,资产阶级法也开始登上历史舞台。

世界上最早产生资产阶级法的是英国。从1640年至1688年,经过长期的革命斗争,英国资产阶级夺得了统治权,建立了君主立宪制国家。英国的统治阶级一方面通过国家制定新的资产阶级法律,另一方面通过对原有封建的普通法和衡平法作出新的符合资产阶级利益的解释,终于建立起了比较系统发达的资本主义法律体系,并通过殖民扩张,形成了一个世界性的法律体系,即英吉利法系。

美国原是英国的殖民地。1776年独立战争后,美国一方面采纳英国法的基本制度和原则,另一方面制定适合自己国情的法律和法规,迅速地建立起了近代法的体系。由于美国法是以英国判例法为基础建立的,因而成为英吉利法系的主要成员。但美国法有许多自己的创造,如制定了世界上第一部成文宪法,比英国更加重视成文法的制定,法律被分成联邦法和州法两个体系等。

法国原是西欧典型的封建制国家。1789 年的大革命使它迅速走上了创建资产阶级国家与法的道路。拿破仑(Napoleon,1769 ~ 1821 年)执政后,在《人权宣言》的基础上,以短短 6 年的时间,就迅速制定了宪法以及民法典、商法典、民事诉讼法典、刑事诉讼法典、刑法典,建立起了当时世界上最为系统完备的资产阶级法律体系,成为世界各国学习的楷模,并在此基础上形成了大陆法系。

与英、美、法相比,德国资本主义的兴起要晚得多,资产阶级也比较软弱。在俾斯麦(O. von Bismarck, 1815 ~ 1898 年)的领导下,普鲁士邦于 1866 年战胜了奥地利,1871 年战胜了法国,并建立了统一的资产阶级民族国家,从而为德国资产阶级法的登台创造了条件。1871 年,德意志帝国制定了宪法和刑法;1877 年,颁布了《法院组织法》《民事诉讼法》《刑事诉讼法》《破产法》;1900 年,又实施了民法典和商法典。由于德国法与法国法一样,都源自罗马法,并且吸收了法国法创立的一系列资产阶级法制原则,因而,德国法被认为是大陆法系的重要组成部分。但德国法又不同于法国法,它在理论水准、编纂技术上颇具特色,故也吸引了一批追随者,形成了德国支派。

1868 年,日本爆发了"明治维新"运动,开始了全方位引入西方法律的工作。从 1889 年至 1899 年先后制定了宪法、民法、商法、刑法、民事诉讼法、刑事诉讼法,从而建立起了近代资产阶级法律体系。

此外,意大利、西班牙、葡萄牙、荷兰及沙俄等其他西方主要国家,也在 18 世纪和 19 世纪相继建立起了近代型的法律体系。而这些国家,连同上述日本等,都成为大陆法系的成员方。

这样,从 17 世纪中叶至 19 世纪末,在短短的二百多年间,资本主义法律体系便在西方各主要国家得以确立。这一体系除了在内容上确立了"三权分立"、国民主权、司法独立、公民的民事权利人人平等、所有权神圣、契约自由、过失责任、法无明文规定不为罪(罪刑法定)、无罪推定、法不溯及既往、罪刑相适应、陪审制和律师辩护制等一系列资产阶级法制原则外(当然,在各个国家,这些原则的实行程度是很不相同的),在法的形式上的最大特点,就是形成了两大法系:英美法系和大陆法系。

英美法系(Anglo – American Law System),也称英吉利法系(English Law System)、普通法法系(Common Law System),是以英国的普通法、衡平法和制定法为基础,融入罗马法、教会法以及中世纪商法的若干原则而逐步形成的一个世界性的法律体系,是在英国对外贸易、军事侵略、殖民统治和强制推行英国法的过程中形成的。其成员除英美之外,还包括爱尔兰、加拿大、澳大利亚、新西兰、印度、新加坡、冈比亚、尼日利亚、加纳、肯尼亚、乌干达、赞比亚和中国香港特别行政区等。

英美法系

大陆法系(Continental Law System),又称民法法系(Civil Law System)、罗马—日耳

曼法系(Romano - Germanic Family),是以罗马法为基础,以 1804 年《法国民法典》和 1900 年《德国民法典》为代表的一个世界性法律体系,是在西方近代化过程中,欧洲各国复兴罗马法,依照法国立法模式制定自己的成文法典,并将其强制推行到自己的殖民地(也有一些国家和地区因折服法国六法体系的完备而自愿移植引入)而逐步形成的。其成员除法德两国外,还有比利时、荷兰、意大利、奥地利、瑞士、西班牙、拉美各国以及非洲的阿尔及利亚、摩洛哥、埃及、利比亚、突尼斯,亚洲的日本、印度尼西亚以及中华民国等。

英美法系与大陆法系在形成之初,存在明显的差异,表现为:

第一,主要法律渊源不同。在英美法系,法律的主要渊源是判例法,法院通行的原则是"遵循先例"(stare decisis)。[8] 大陆法系一般不承认判例的效力(法国的行政法领域除外),其在各个部门法领域都建立了比较系统的成文法典体系。

第二,继承罗马法的程度不同。英美法系并未走全面复兴罗马法的道路,只是在遗嘱继承、商法等领域,碎片化地吸收了罗马法的若干原则和制度。而大陆法系则是在全面继承罗马法的基础上发展起来的,它不仅继承了罗马成文法典传统,如《法国民法典》以《法学阶梯》为蓝本,《德国民法典》以《学说汇纂》为模式,而且也采纳了罗马法的各种制度、原则及概念、术语和方法。

第三,法律体系和法官的作用不同。英美法系以判例法为基础,以制定法、习惯法、惯例等为补充,法律体系十分庞杂,法官在法律的发展中处于中心的地位。他们不仅是法的执行者,也是法的解释者,还是法的制定者。在大陆法系的立法和司法的分工比较明确,强调制定法的权威,不仅法律体系完整,概念术语比较明确,而且法官的作用十分有限,法官被视为严格执行法律的工具,不得擅自创造法律,违背立法精神。

第四,司法组织对程序法的重视不同。英美法系的行政诉讼和普通诉讼不分,法官从律师中选拔的比较多,强调程序法的重要性,实行对抗制诉讼,当事人主义色彩比较浓。而大陆法系一般采用普通法院与行政法院分离的双轨制,法官经考试后被任命,比较注重实体法,认为程序法仅仅是适用实体法的工具,一般采用职权主义诉讼程序。

此外,英美法系一般强调法律的实际效用和经验,重视从以前存在的判例中归纳推理出适用于新的案件的原则。而大陆法系比较重视法律的理论概括,注重法典的体例排列,讲求规定的逻辑性、概念的抽象性和明确性以及语言的精练。

尽管有上述种种差异,两大法系之间仍有许多共同之处,比如,它们的法律本质相同,都是建立在近代资本主义生产方式之上的法律体系;传统要素接近,都是近代以前的罗马法、日耳曼法和教会法(只是在以哪个为主方面不一样);法律的指导思想相同,都深受近代资产阶级思想家洛克(J. Locke, 1632 ~ 1704 年)、孟德斯鸠(C. L. S. Montesquieu, 1689 ~ 1755 年)和卢梭(J. J. Rousseau, 1712 ~ 1778 年)等人的学说的深刻影响;

---

[8] 当然,这也有例外,如世界上第一部成文宪法——《1787 年美国宪法》,恰恰诞生在英美法系。

法律背后的经济(资本主义商品经济)、政治(资产阶级民族统一国家)和意识形态(资产阶级民主自由世界观)等也都相同。正是这些方面的共同点,使两大法系在20世纪以后开始日渐靠拢。

(四)20世纪以后世界各主要国家法律的发展

20世纪以后,随着社会经济、政治、文化和科技的巨大进步,法律也发生了巨大的变化。这种变化,从大的方面来说,主要有三个趋势。

大陆法系

1. 世界各主要资本主义国家的法律日益完备。20世纪以后,各主要资本主义国家的法律,虽然经历了德国、意大利和日本法西斯主义的肆虐过程,但从总体趋势看,是在不断进步,并日益完备的。

第一,一些新的法律部门开始崛起。如在资本主义由自由转入垄断的背景下,国家加强了对经济的干预,从而形成了经济法这一新兴的法律部门。随着现代科技的进步,科技法、环境保护法、能源法、航空航天法、知识产权法等新的法律领域相继出现。随着现代社会国际间经济贸易的发展,传统的国际法领域内,出现了国际贸易法、国际投资法、国际税法、国际反不正当竞争法、国际反倾销法等新的分支学科。

第二,行政法的地位日显重要。20世纪以后,随着国家行政事务的增多和管理领域的扩大,政府的权力日益膨胀,行政管理活动中侵害公民的事例也不断增加。为了理顺行政活动中方方面面的关系,限制政府权力的滥用,各国的行政法得到迅速发展。不仅行政法起步比较早的大陆法系各国,而且以前不承认或忽视行政法的英美法系国家,也制定了许多行政实体法和行政程序法。现代行政法的发达,是现代法治国家日益完善的一个重要标志。

第三,法律的社会化倾向越来越突出。20世纪以后,不仅各种体现社会利益的法律部门,如劳动法、社会保障法等迅速崛起,而且在传统的法律领域,其社会化倾向也越来越突出。如在民商法领域,强调社会的公共利益,对私人财产所有权和契约自由的限制不断加强;在刑法领域,对毒品犯罪、职务犯罪、环境犯罪、恐怖主义犯罪等的加重惩处、保安处分的强化,青少年犯罪的防治等,都表明了法律对社会利益的关注。

第四,法律的民主化日渐受到重视。20世纪以后,在各国宪法中,公民权利日益受到重视,规定越来越详细。尤其是第二次世界大战以后,法国、德国和日本等大陆法系主要国家,都制定了比较民主、自由、和平的新宪法,对公民的财产权、劳动权、受教育权、居住权、迁徙权和隐私权,以及言论、出版、集会、结社、宗教信仰等各种自由作了明确规定。英国通过制定一系列关于婚姻、家庭、选举、财产等单行法规以及作出的许多重大判例,提高了公民的民主权利和自由。美国则通过一系列的宪法修正案,废除了种族歧视、男女歧视等规定,保障了公民的各项政治、经济、文化、教育和医疗等的权利,在比较广的范围内实现了资产阶级民主。

第五,法律的统一化和国际化(全球化)趋势加强。20世纪以后,随着世界经济联系的日益紧密,文化交流的空前频繁,法律的统一化和国际化趋势也不断加强。表现为:首先,两大法系之间互相靠拢,即英美法系国家的成文立法不断增多,而大陆法系各国则开始注重判例的作用,并引进英美诉讼程序法中的一些原则以及破产法中的各种救济手段等。其次,东盟法、欧盟法和世界贸易组织(WTO)法的出现,一方面促进了其成员方之间立法和司法的统一,另一方面,也加强了法律发展中国际化和全球化的趋势。

2. 社会主义法律体系的诞生。20 世纪以后,世界法律发展的最大变化是社会主义法的诞生。1917 年俄国十月革命胜利后,世界上诞生了第一个社会主义国家,1924 年,苏维埃社会主义联盟建立。经过十多年的努力,苏联先后制定了宪法、民法、刑法、民事诉讼法、刑事诉讼法、土地法、森林法和行政法等,形成了比较系统的法律体系。第二次世界大战以后,随着一批东欧国家以及中国、越南等亚洲国家走上社会主义道路,社会主义法律体系得到了进一步的扩大和丰富。20 世纪 80 年代末,在苏联解体和东欧剧变的冲击下,社会主义法律体系遭遇了挫折,但许多社会主义国家在坚持社会主义方向的基础上,结合本国的国情,进行了比较大的改革,使社会主义法律体系更具有了自己的特色,并在世纪之交的世界法律发展中占有一席之地。

3. 发展中国家法律体系的崛起。20 世纪以后,亚非拉地区的发展中国家的法律也发生了巨大的变化。这些国家,有的是以前西方列强的殖民地,其法律基本上是宗主国法律的翻版;有的虽是独立国家,但法律或是适用西方两大法系的,或是传统的宗教法(如伊斯兰国家等),但在第二次世界大战后,这些国家都结合自己的国情,参酌西方的法律,吸收本民族的传统,进行了富有成效的法律改革。其中,有些立法,如印度的《1960 年中央少年法》、伊拉克的《1973 年涉外投资法》、古巴的《1982 年合资企业法》和墨西哥的《1984 年外国投资管理准则》等,不仅在第三世界具有相当的权威,而且也影响了西方发达国家的法律发展。

## 二、世界各国法律发展的一般规律

在上述两千多年的法律发展过程中,我们可以发现一些具有规律性的现象。

### (一) 经济的基础作用

法的形成和发展,以经济发展的状况为前提。一方面,法是人类社会经济发展到一定阶段的产物。在原始社会,为了维护社会秩序,协调人与人之间的关系,社会中也产生了一定的社会规范,即习惯。但这种习惯还不具有法的特点,只有当社会生产力达到一定程度,出现了社会分工和财产的分化,形成了家庭、私有制和阶级,这种习惯才开始具有保护统治阶级的利益、镇压敌对势力的反抗、维持整个社会的安定和秩序的功能,才开始形成法。古代埃及、巴比伦、印度、希伯来、希腊、罗马乃至伊斯兰法的形成,尽管其方式、道路、形态不同,但上述基本点则是一样的。

另一方面,法一旦形成,其发展的程度、方向,其表现形态等,也与经济发展的状况息息相关。换言之,社会经济发展的程度与法律形态息息相关。古代东方法之所以与古代西方的法律不一样,归根结底是经济发展程度不同。随着资本主义生产方式的兴起,并逐步统治整个世界，各国的近代法也开始具有一些基本特征，而且，随着现代社会经济的日益一体化，各国法律的发展也越来越趋于一致。马克思和恩格斯在论述法律和经济的关系时曾说过一句名言："法也和宗教一样是没有自己的历史的。"[9]

这句话的实际含义，当然不是说没有法律史，而是强调法的形成和发展，在最终意义上由社会的经济发展所决定，并强调商品经济的发展必然会打破国界而采用一些人类共同的法律规范来调整、促进。马克思和恩格斯在讲述这句话之前，用了大段篇幅来回顾由于私有制和商品经济的发展，资产阶级不得不采用罗马法（包括海峡彼岸的英国）的历史。当然，法一旦形成，对经济也有反作用。对此，本书以后各章将作详细论述，这里不再展开。

（二）政治的交互影响

法的形成和发展，也受政治状态的制约。比如，同样是古代西方型的发达的奴隶制国家希腊和罗马，经济形式也都比较接近，其法的命运却大不一样，这当中的原因就是政治状态的不同。古代希腊在政治上的不统一和长期动乱，导致了法的发展受挫；而罗马政治统一，国家发展一千多年一以贯之，使法的发展得以绵延不绝，日渐发达。又如，同是建立在近代资本主义商品经济之上的英、美、法、德、日各国，其法律也各具特色，个中的原因之一就在于政治状况的差异，即各国资产阶级革命的状态、对封建制度的摧毁程度等的不同。再如，同样是一部投资法，俄国的与美国的就不一样，除了市场经济发达程度有区别之外，政治体制和意识形态等方面的差异无疑是一个重要因素。

法律发展受政治制约，其内在原因是法律在一定意义上是政治的组成部分，是实现政治目的的手段。但仅仅这么理解法律和政治的关系，还不能把握西方法律发展的要义。在西方，政治也是法的目标和实现这种目标的手段。换言之，在法治传统里面，政治制度必须纳入法律之中，政治活动必须在法律的框架内进行。否则，政治只能是一种专制。

（三）宗教的信仰导向

法的形成和发展，与宗教密切相连。在世界各国法的形成和发展中，宗教起了巨大的作用。古代印度、希伯来，中世纪的伊斯兰和基督教会的法律自不待言，各世俗国家的法律，也深受宗教的影响，如埃及和巴比伦等奴隶制国家的统治阶级，都曾借助宗教的权威，来强调自己法律的公平、正义，论证其神圣性和永久效力。即使到了近代、现代社会，各国法律中仍带有不少宗教的影响。

客观而言，宗教给予法律发展的影响，并不都是消极的，如西欧历史上的基督教会法律，在设立异端裁判所，制造一系列迫害科学家案件，压抑人们对科学和真理的追求的同时，也为近代国际法的诞生，为婚姻家庭法律制度的改革，为公平、正义、理性之自然法的传播，以及为法律面前人人平等原则的确立等做出了贡献。不仅如此，宗教与法，作为人

---

[9] 《马克思恩格斯全集》（第3卷），人民出版社1960年版，第71页。

类规范自己行为的规则,尽管表现形式、强制程度、作用范围不一样,但在本质上有着趋同性,这种趋同性的根据在于,法律需要获得人们对它的信仰,才能具有真正的权威,得以被认真贯彻实施;而宗教则需要法律的形式(明确的规定、完备的体系和可操作性规范等),才能生存和发展。

(四)文化的滋润哺育

法的形成和发展,也与文化的繁荣状况相适应。从上述世界各国法律形成和发展的历程来看,法律的发达与否和文化的繁荣程度是成正比例的。古代东方农业型奴隶制文化,只能产生埃及法、巴比伦法、希伯来法等比较原始的法律形态,而随着希腊、罗马社会文明程度的提高、文化的繁荣,其法律也达到了一个前所未有的高度。罗马法的高度发达,在相当程度上得益于繁荣昌盛的希腊文化。因此,不能因为古代希腊法比罗马法逊色而否定法与文化的这种内在联系。到了近代,随着资产阶级的崛起,以及资本主义的哲学、文学、美学、社会学、艺术、历史以及其他科学文化事业的繁荣,资产阶级法律也达到一个新的高度。到目前为止,我们还没有发现一个在落后的文化上建立起发达的法律体系的事例。

社会文化与法的相辅相成关系,一方面在于法律是一种严密的规范体系,它的形成和发展,需要哲学、文学、美学、语言学、逻辑学和社会学等成果的滋润。没有哲学,法律就失去了指导思想、理论基础;没有语言学,法律就无法为人们所知晓与接受;没有逻辑学,法律就会矛盾百出,无法为人们所遵循;而没有社会学,法律就不能消除其与社会的隔阂。另一方面,社会文化与法律之间的内在联系,最根本在于法律本身也是一种文化,而且是一种象征性的、重要的社会文化。从一国或一个民族的法律当中,人们可以读到其经济、政治、哲学、宗教等各个方面的文化信息,而一国或一个民族法律的发达与否,也直接表明了该国或该民族的文明发达程度。

## 三、外国法制史学科的历史沿革

对法律制度史的教学和研究,虽然早在中世纪就因意大利波伦那(Bologna,又译“博洛尼亚”)大学的注释法学派(The School of Glossators)的兴起而开始起步,并在19世纪的德国达到繁荣阶段,但在西方,则没有称为“外国法制史”(Foreign Legal History)的学科和课程。

在英美法系,阐述外国法律制度史时,一般开设比较法、外国法的课程,如威格摩尔(J. H. Wigmore, 1863~1943年)的《世界法系概览》(*A Panorama of the World's Legal Systems*),[10]格特里奇(H. C. Gutteridge, 1876~1953年)的《比较法》(*Comparative Law*),[11]安德逊(J. N. D. Anderson)的《现代世界的伊斯兰法》(*Islamic Law in the*

〔10〕 威格摩尔是美国著名法学家,该书已于2004年9月被译成中文,译者为何勤华、李秀清、郭光东等,由上海人民出版社出版。

〔11〕 格特里奇是英国著名比较法学家,该书尚未有中文译本。

Modern World)[12]和梅利曼(J. H. Merryman)的《民法传统——西欧和拉丁美洲法律制度概述》[13]等。他们也有自己的法制史课程,如美国法律史、英国法制史等。近年来,随着中国经济的迅速发展,英美也开设了不少中国法的课程,主要讲一些中国的合同法、投资法、公司法和知识产权法等。

在大陆法系,对外国法制史的教学,也是通过比较法这门课来实现的,这方面最著名的教科书,在法国有达维德(R. David, 1906～1990年)的《当代主要法律体系》,[14]在德国有茨威格特(K. Zweigert,1911～1996年)和克茨(H. Kötz,1935年～ )合著的《比较法总论》。[15]

在发达国家中,对外国法制史的教学和研究最为重视的是日本。它虽然没有"外国法制史"的名称,但在其高校中开设的《西洋法制史》和《东洋法制史》的课程,基本上涵盖了相当于我国称为"外国法制史"的内容。前者主要涉及西欧大陆国家的法制史,后者则主要讲述中国、朝鲜、蒙古等国家的法制史。除此以外,日本还开设了《英美法总论》《英国法制史》《法国法制史》《意大利法制史》《俄罗斯法》《中国法》等课程和讲座。

中国自清末修律、引进外国法律、创办法政学堂、兴起近代高等法律教育时,就在课程体系中开设了"外国法制史"这门必修课;与此同时,还开设了与外国法制史相关的选修课,如《罗马法》和《日耳曼法》等;此外,还出版了一批译著,如莫理斯(M. F. Morris)的《法律发达史》(王学文译,商务印书馆1939年版)和穗积陈重(1855～1926年)的《法律进化论》(黄尊三、萨孟武等译,全三卷,商务印书馆1930年版)等。

中华人民共和国"外国法制史"的课程体系主要源于苏联。20世纪30年代,苏联开设了《国家与法权通史》这门课,从古代埃及法、巴比伦法讲起,讲到中世纪各国,一直到近现代英、美、法、德、日等国,从而初步形成了外国法制史这门课程的体系。直到苏联解体,其外国法制史仍和国家制度史放在一起讲,如费多罗夫1977年出版的教材仍叫《外国国家与法律制度史》。[16]

20世纪50年代,我国首先在中国人民大学开设了外国法制史课。当时讲两门课程,一门是《国家与法权通史》,另一门是《苏维埃国家与法权通史》,全部使用苏联的教材。最初,教师也是苏联来的专家。之后,随着我国自己培养的教师的成长,这两门课就都由中国教师主讲,并从中国人民大学,扩展到华东、西南、北京、中南等政法学院和北京大学、复旦大学等。至60年代,我国自己编写了外国法制史的教材,当时称《外国国家与法律制度史》,但基本体系、内容、用语,几乎都是照搬苏联的。至1966年"文化大革命",这门课在各法律院校就被取消了。

---

〔12〕 安德逊是英国著名伊斯兰法学家,该书尚未有中文译本。

〔13〕 该书已有顾培东、吴荻枫翻译的中译本,取名《大陆法系》(第三版),由法律出版社2021年出版。

〔14〕 该书已有漆竹生翻译的中译本,由上海译文出版社在1984年出版,法律出版社于2003年修订新版。

〔15〕 该书已有潘汉典、米健、高鸿钧等翻译的中译本,在贵州人民出版社于1992年版,法律出版社在2003年修订新版。

〔16〕 中国人民大学出版社于1985年出版了该书的中译本,译者为叶长良、曾宪义。

1977 年,全国恢复高考以后,国家陆续在北京大学、中国人民大学、复旦大学、安徽大学、厦门大学以及华东、西南、北京、西北、中南各政法学院恢复开设了外国法制史课程。1982 年,国家成立了“全国外国法制史研究会”,同年,《外国法制史》统编教材出版了,各大院校开始招收外国法制史专业的硕士研究生,1984 年以后又开始招收外国法制史专业的博士研究生。从此,外国法制史的教学和研究走上了正常发展的轨道,成为我国高等院校法律教育课程体系中的重要组成部分和我国社会主义法学的一门基础学科。

## 四、外国法制史学科的体系

1982 年以前,外国法制史课程采用“四大段”“四大块”的体系,即将外国法制史的发展分为古代、中世纪、近代和现代四个阶段,在这四大段中,又将论述内容分为历史概况、阶级结构、国家制度和法权的基本特征四个部分。这种体系的缺点是国家与法不分,对象不清,内容杂乱,且涉及法的内容只占整个课程的很少一部分。

1982 年《外国法制史》统编教材的出版,[17] 改善了这门课的体系,去掉了“四大块”,只讲法律发展的历史,对象比较明确。但该教材的缺点是保留了“四大段”,即仍将法律的发展分为古代、中世纪、近代和现代(包括当代)四个阶段。而“四大段”的缺陷是非常明显的,即在每一个阶段,必须要讲到各个国家、各个部门法。这样,当学生刚学完近代英国宪法的产生后,按照正常的思维逻辑,接下去本应继续学习英国宪法在现代、当代的发展变化。但按照“四大段”的体系,接下去马上学习的是英国民法、商法、刑法、诉讼法等的产生;而对这些内容刚刚熟悉,又马上进入美国近代法的学习,一直要到法国、德国和日本的近代法讲完,才又回到现代英国宪法上来。现代、当代的情况也是如此。这使课程线索纵横交叉、体系混乱,不利于学生学习和掌握。1987 年的修订版统编教材,仍存在这个问题。

1994 年出版的由林榕年主编的统编教材《外国法制史新编》,在课程体系上作了重大改革,彻底抛弃了“四大段”的模式,将课程分为“综述”和“分述”两篇,“综述”对古代法、中世纪法、近代法和现代法作了概要叙述,“分述”分 15 章,对楔形文字法,古印度法,古希腊法,古罗马法,日耳曼法,教会法,中世纪欧洲的城市法、商法、海商法,伊斯兰法,以及英、美、法、德、日、苏联和欧共体的法律作了叙述,对一个法系或一个国家的法律,从产生起一直讲到其衰亡或当代,内容比较集中,条理比较清楚。但该教材也有缺陷,就是“综述”的篇幅过长,有 100 多页,因而造成许多内容与“分述”中的相重复,在体例上给人以“躯干较小,帽子挺大”的感觉。

本书是在吸收上述外国法制史统编教材的三种版本以及各高等法律院校自编教材的优点的基础上,经各位撰稿人集体讨论设计而成。在体系上的特色是,一方面,吸取了上述《外国法制史新编》、华东政法学院编的《外国法制史纲》[18],以及中国政法大学编的

---

〔17〕 该教材由陈盛清主编,在北京大学出版社出版。

〔18〕 该教材由徐轶民主编,于 1995 年在红旗出版社出版。

《外国法制史教程》[19]的体例,古代、中世纪部分按照法系,近代以后按照国家,从巴比伦法一直讲到欧洲联盟法,条理比较清楚。另一方面,本书克服了《外国法制史新编》"综述"部分太长,与"分述"部分重复的缺陷,用一篇十几页的"导论",对世界各国法律发展的基本过程和一般规律作了提纲挈领的阐述,以帮助学生对外国法制史有一个简明扼要的了解。

## 五、外国法制史与其他相关学科的关系

### (一)与法理学的关系

外国法制史与法理学的关系,是个别与一般、具体与抽象、史料与理论的关系,两者相辅相成,不可分离。外国法制史必须以法理学为理论指导,不能就历史讲历史。而法理学也需要以外国法制史为依据,如分析法的起源,就要讲巴比伦、古希腊、古罗马的法律制度;讲法的本质,也必须从历史上或现在某一具体的法律制度入手。

### (二)与西方法律思想史的关系

外国法制史讲的是制度,而西方法律思想史讲的是思想,两者对象并不相同。但是,两者之间的联系也是不言而喻的:法律制度的创建、发展,必须以法律思想为指导,如美国宪法的制定,就是以孟德斯鸠、美国联邦党人的宪法思想为指导的。法律思想的产生、发展,也离不开法律制度的运行,如古希腊亚里士多德(Aristotle,公元前384~前322年)的法律思想的形成,得益于雅典城邦的法律制度实践。

### (三)与各部门法的关系

外国法制史与各部门法的关系是历史与现实、一般与个别的关系,即前者重视的是历史,表达的是法律发展的过程和规律,而部门法则表示现实的法律制度。如宪法、民法、刑法等课程,主要讲现行的宪法制度、民法制度和刑法制度等,而外国法制史则为这些课程提供历史知识。又如,各个部门法的专史,如宪法史、民法史、刑法史等,只讲述个别部门法的历史,而外国法制史则讲述法律制度发展的一般历史,对各个部门法专史的教学和研究起指导作用。

## 六、外国法制史的学习方法

要学习好外国法制史这门课程,掌握学习方法是非常重要的。在各种方法之中,马克思主义的历史唯物主义无疑是最重要的方法。

运用历史唯物主义方法学习外国法制史,应主要掌握如下几个观点:

1. 法律以生产力和生产方式为基础的观点。如古埃及法、巴比伦法与古希腊、罗马法之所以不同,主要原因就在于其生产力发展程度和生产方式的不同。

2. 法律受政治形态制约的观点。如古希腊与古罗马,其生产力水平和生产方式大体

---

〔19〕 该教材由皮继增、许显候主编,于1992年在中国政法大学出版社出版。

接近,但法律却很不一样,原因就在于其政治形态的不同。

3. 实事求是的观点。如对罗马法,我们既不能评价太高,因为许多法律制度如法人制度等,虽然都起源于罗马,但当时还是非常简陋的,只是为近现代法提供了一个历史基础;但也不能贬得太低,乃至出现"文化大革命"时期彻底否定罗马法的价值的不正常现象。

4. 历史地看问题的观点。即在学习外国法制史时,必须始终坚持以历史的观点来看待各项法律制度与规定。如美国近现代法律发展中,曾出现过歧视黑人的法律和迫害共产党、民主人士的法律,但其法律的总体发展是不断地趋于民主和进步,如果我们仅抽出其某一历史阶段的法律或某一部分立法,就说这是美国的法律,那肯定不能对它的法律发展得出一个完整的印象。

除历史唯物主义方法之外,比较的方法,控制论、信息论和系统论的方法,社会学、考古学、文献学和人类学的方法等,也是学习外国法制史的重要的方法。[20]

### 七、学习外国法制史的意义

有位哲人曾经说过:如果我们不向历史学习,我们就将被迫重演历史。外国法制史是一门重要的历史课程,它所涵括的内容,是我们建设社会主义法制所必不可少的历史知识,因而也是每一个法律院校学生所不可缺少的知识。

第一,如前所述,外国法制史是一门描述世界各主要国家两千多年法律发展历史及其规律的学科,包含了丰富的知识,它可以开阔我们的视野,给我们以启迪,帮助我们更加自觉地创建具有中国特色的社会主义法律体系。

第二,随着我国改革的深化、开放的扩大,我国与世界各国的交往也越来越频繁。为了使这种交往顺利进行,我们必须对外国的经济、政治、法律和文化等各个领域的知识有比较充分和完整的了解。而掌握外国法制史知识,是这种学习和了解不可缺少的一个环节。

第三,在丰富浩瀚的世界法律制度知识中,外国法制史学科重点阐述英、美、法、德、日这五个世界上较为先进国家的近现代法律制度与原则,而这些制度与原则,集中体现了人类运用法律手段规范商品生产和市场经济的经验和智慧。这些经验和智慧,对于正在步入社会主义市场经济的中国来说,显得更加珍贵和重要。

第四,作为一名法律专业的大学生,在大学期间的主要任务就是要学好法律基础知识,而要达到这一目标,学好外国法制史课是不可缺少的。比如,我们要理解、掌握现代宪法上的各种制度和原则,就不能不学习世界各国宪法的发展历史及其主要制度和原则的演变。其他部门法的情况也一样。

---

〔20〕 关于外国法制史的学习和研究方法,请参见何勤华:《论外国法制史学的研究方法》,载《社会科学》1988 年第 3 期。

总之,“以铜为镜,可以正衣冠;以史为镜,可以知兴替;以人为镜,可以明得失”。[21]“史者,所以能知今古,国之鉴也。”[22]一个现代民族,不能没有自己的历史学科;一个现代化的人,也不能没有历史的知识。随着外国法制史学科的发达,我们在创建自己祖国的法律制度、繁荣社会主义法学时,也必将更加自觉、更为成熟。

## 参考阅读书目

1. 何勤华、李秀清主编:《外国法制史》(第 2 版),复旦大学出版社 2010 年版。
2. 由嵘主编:《外国法制史》,北京大学出版社 1992 年版。
3. 高鸿钧、李红海主编:《新编外国法制史》(上、下册),清华大学出版社 2015 年版。
4. [美]莫理斯:《法律发达史》,王学文译,中国政法大学出版社 2014 年版。
5. [美]约翰 · H. 威格摩尔:《世界法系概览》(上、下册),何勤华、李秀清、郭光东等译,上海人民出版社 2004 年版。
6. [英]梅特兰等:《欧陆法律史概览:事件,渊源,人物及运动》(修订版),屈文生等译,上海人民出版社 2015 年版。
7. 陈灵海、柴松霞等:《中世纪欧洲世俗法》,载何勤华主编:《法律文明史》(第 6 卷),商务印书馆 2014 年版。
8. 冷霞等:《英美法系》,载何勤华主编:《法律文明史》(第 8 卷),商务印书馆 2021 年版。
9. 何勤华、马贺、蔡迪等:《大陆法系》,载何勤华主编:《法律文明史》(第 9 卷),商务印书馆 2015 年版。

〔21〕 李世民语,见《贞观政要》,卷第二,“论任贤第三”。
〔22〕 梁启超:《变法通议》,载《饮冰室合集》(第 1 册),中华书局 1989 年版。

# 第一章　楔形文字法

图1　楔形文字

【导　读】

楔形文字法创造了古代东方法律文明的辉煌，并通过米诺斯文明、通过波斯帝国的法律和希伯来法对西方文明产生了影响。本章的学习，主要了解楔形文字法形成、发展和走向消亡的历史脉络以及楔形文字法的历史地位。把握楔形文字法的代表性法典《汉穆拉比法典》的结构体系、基本内容和特点。

【问题讨论】

1. 什么是楔形文字法？

2. 为什么说《汉穆拉比法典》是楔形文字法的集大成者？

3. 为什么说《汉穆拉比法典》是早期古东方法的代表？

# 第一节　楔形文字法概述

公元前3500年左右,在幼发拉底河和底格里斯河流域,伟大的苏美尔人和阿卡德人创造了古老的东方文明——两河流域文明。当世界其他地方还在沉睡时,这里就诞生了世界上最早的文字、最早的农业和灌溉、最早的制造技术和商业、最早的数学和天文、最早的建筑和雕塑艺术、最早的城市国家、最早的寺庙和宗教仪式。楔形文字法便是这古老的人类文明宝库中的一块瑰宝,它不仅是已经逝去的古老的两河流域文明留给人类的永恒印记,而且也引领着人类迈进了法文明的大门。

## 一、楔形文字法的概念

楔形文字法,是指古代西亚两河流域地区各奴隶制国家以楔形文字镌刻而成的法律的总称。它产生于公元前3000年左右,到公元前6世纪,随着新巴比伦王国的灭亡而逐渐走向消亡。

两河流域是世界古代文明的摇篮之一。公元前3500年左右,两河流域最早的居民苏美尔人创造了象形文字,以后这种文字逐渐演变为用芦秆等刻在泥板上,形如楔子,在古代两河流域国家通用,即楔形文字。在以后近3000年的时间里,两河流域的各奴隶制国家都是采用这种楔形文字记载和书写自己的法律。这些国家的法律不仅具有文字形式上的共同特征,而且具有由这一时期的政治、经济、文化等的发展水平所决定的基本模式和共同点。正是在这个意义上,一般又把楔形文字法称为楔形文字法系。

## 二、楔形文字法的产生和发展

公元前3000年至公元前2500年间,两河流域地区的苏美尔人和阿卡德人建立了一批城市国家,其中,重要的城市国家有乌尔、乌鲁克、拉格什、尼普尔等。随着城市国家的建立,传统的部落习惯逐渐演变为法律。

约公元前3000年后期,两河流域的城市国家已经开始用楔形文字记载零星的法律规范,开始以公布法律的形式禁止欺骗、偷盗、抢劫和债务奴役以及保护孤儿寡妇。[1] 法律开始逐步走向成文化。

约公元前22世纪末,乌尔纳姆创建了乌尔第三王朝(约公元前2113～前2006

〔1〕 周一良、吴于廑主编:《世界通史·上古部分》,人民出版社1973年版,第77页。

年),[2]统一了两河流域南部。乌尔第三王朝实行中央集权统治,颁布了《乌尔纳姆法典》。这部法典用楔形文字写成,除序言外,有条文29条,保存下来的有序言和部分条文。法典的内容已涉及损害与赔偿、婚姻、家庭和继承以及刑罚等方面,它反映出当时私有制的一定发展水平以及法典对奴隶主利益和私有制的坚决维护。《乌尔纳姆法典》是迄今为止所发现的世界上第一部成文法典。因此,它在世界法制史上具有重要意义,标志着古东方法进入了成文化阶段,并对以后的两河流域立法产生了深远影响。

乌尔第三王朝灭亡之后,两河流域南部又陷于分裂局面,这一时期的伊新、拉尔萨、埃什嫩那和玛里等城市国家也都制定了成文法典,这些法典主要有:拉尔萨的《苏美尔法典》和《苏美尔亲属法》,伊新的《李必特·伊丝达法典》,埃什嫩那的《俾拉拉马法典》等。从流传下来的楔形文字泥版和抄本看,这些法典基本继承了《乌尔纳姆法典》的风格,但在立法技术上有所改进,法典所涉及的范围也更为广泛。法典除涉及婚姻家庭继承、损害赔偿、刑法等领域外,还涉及房屋的租赁和所有权问题。这些法典的制定不仅表明继《乌尔纳姆法典》之后两河流域楔形文字法的发展,而且也为后来楔形文字法的发展和完备提供了丰富的资料。

公元前19世纪,阿摩利人建立了古巴比伦王国。到公元前18世纪,巴比伦第六代王汉穆拉比(公元前1792～前1750年)完成了两河流域的统一,并制定了著名的《汉穆拉比法典》。《汉穆拉比法典》集两河流域楔形文字法之大成。它的制定,标志着楔形文字法乃至整个古东方法发展到完备阶段。《汉穆拉比法典》比较集中地反映了汉穆拉比时期两河流域的政治、经济和法律发展状况,而且比较完整地保留了下来,因此,它是我们研究楔形文字法的最可靠的史料。《汉穆拉比法典》在世界法制史上具有重要的历史地位。

古巴比伦王国灭亡以后,楔形文字法逐渐走向衰落,再无大的建树。虽然后起的赫梯和亚述等国家承袭了巴比伦文化,也仍然采用楔形文字法,但其立法水平较之《汉穆拉比法典》已大为逊色。随着公元前6世纪新巴比伦王国的灭亡,严格意义上的楔形文字法也就退出了历史舞台。

---

[2]　[美]斯塔夫里阿诺斯:《全球通史——1500年以前的世界》,吴象婴、梁赤民译,上海社会科学院出版社1988年版,第119页。

# 第二节　汉穆拉比法典

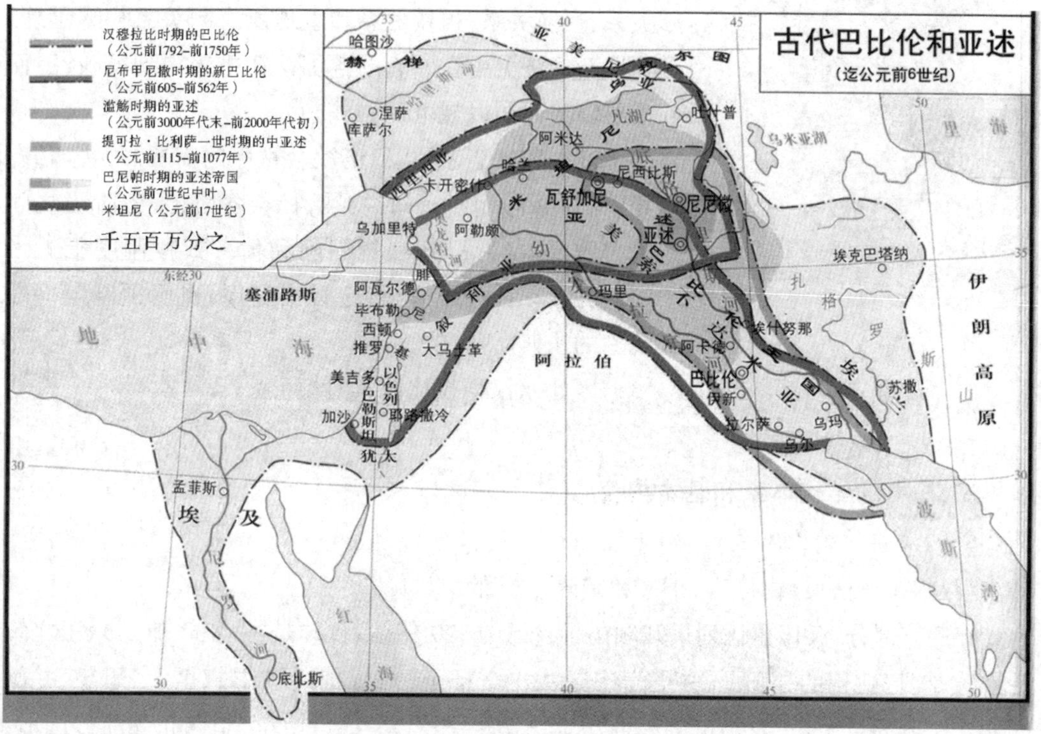


图2　古代巴比伦和亚述

## 一、法典的制定

《汉穆拉比法典》[3]制定前，两河流域的立法已经有了相当的发展。汉穆拉比统治时期，巴比伦王国成为两河流域政治、经济、文化的中心，并建立了强大的中央集权统治制度，这些都为法典的制定提出了客观的要求，也创造了良好的条件。

就法典制定的直接原因看，主要有以下几点：

1. 实现法的统一的需要。两河流域统一前，各城市国家都已经有了自己的习惯法和成文法。这些法律虽有基本统一的体例，但由于各国不同的政治、经济和文化特点，因而存有较大差异。汉穆拉比统一两河流域后，无论是从强化中央集权统治的角度，还是从

[3] 关于《汉穆拉比法典》的具体条文，参阅［俄］И. М. 贾可诺夫、Я. М. 马加辛涅尔原文译注：《巴比伦皇帝哈漠拉比法典与古巴比伦法解说》，中国人民大学国家与法权历史教研室译，中国人民大学出版社 1954 年版；［英］爱德华滋：《汉穆拉比法典》，沈大銈译，中国政法大学出版社 2005 年版。

图3 汉穆拉比头像

法的实施的角度，都需要消除法的不统一现象，实现法的统一。因此，制定一部通行于全王国的法典就成为当时的一种迫切需要。

2. 调整新经济关系的需要。汉穆拉比时期，巴比伦社会的农业、手工业和商业贸易都得到发展，新的雇佣关系、交换关系、租赁关系和土地所有制关系相继出现，这些新经济关系在原有的各国法律中未得到反映，因而需要新法律予以规范和调整。

3. 缓和社会矛盾、稳定社会秩序的需要。由于私有经济和商品货币关系的发展，社会各阶层、各阶级之间的矛盾日益尖锐，高利贷剥削和债务奴役制度猖獗一时。为缓和社会矛盾，稳定社会秩序，也亟须制定一部统一的法典。

因此，《汉穆拉比法典》就产生了。

## 二、法典的结构体系和基本内容

### (一)法典的结构体系

《汉穆拉比法典》由序言、正文和结语三个部分组成。

在序言部分，汉穆拉比列举和颂扬了自己的丰功伟绩，自称是“众王之神”“众王之统治者”，是“巴比伦的太阳”。序言部分还集中宣扬了“君权神授”“君权至上”思想，并阐明制定法典的目的是“发扬正义于世，灭除不法邪恶之人”，[4]使“公道与正义流传国境，并为人民造福”。[5]

法典的正文部分共282条。正文内容已涉及民事、刑事、诉讼等领域的基本问题，其内容之丰富，体系之庞大，在人类早期法中实属罕见。从《汉穆拉比法典》的结构和内容看，它典型地体现了古东方法诸法合体、民刑不分的特点。

在结语部分，汉穆拉比宣称：“此后千秋万世，国中之王必遵从我的石柱上所铭刻的正义言词，不得变更我所决定的司法判决，我所确立的司法裁定，不得破坏我的创制。”[6]汉穆拉比反复告诫人们必须遵守法典，不得变更和废除，如果后世之君能以该法典治理国家，统驭黔首，国中不法与奸宄之徒将会被消灭，人民将会被赐以福祉。同时，汉穆拉比严厉诅咒那些将来不遵守法典的人们必将受到神的惩罚。[7]

如果说法典正文是关于当时社会关系和经济关系的具体规定，那么，法典序言和结

[4] 《世界著名法典汉译丛书》编委会编：《汉穆拉比法典》，法律出版社2000年版，第3页。
[5] 《世界著名法典汉译丛书》编委会编：《汉穆拉比法典》，法律出版社2000年版，第10页。
[6] 《世界著名法典汉译丛书》编委会编：《汉穆拉比法典》，法律出版社2000年版，第121~122页。
[7] 《世界著名法典汉译丛书》编委会编：《汉穆拉比法典》，法律出版社2000年版，第122~126页。

图4　汉穆拉比法典

语则主要表述了汉穆拉比时期人们关于法律的意识和观念。这一部分文字不仅表达了代表统治阶级利益的“君权神授”“君权至上”和法的神圣性和永恒性思想，也从一个侧面反映出古代两河流域地区人们对公平正义的渴望和对人类福祉的追求，反映出一种朴素的法律价值观。

（二）法典的基本内容

《汉穆拉比法典》是楔形文字法的代表，也是古东方法的代表，因而法典的内容比较集中地反映了古东方的经济、政治和社会状况。《汉穆拉比法典》的基本内容有如下几个方面：

1. 国有与有限度的私有并存的土地制度

巴比伦王国地处美索不达米亚正中，当时西亚的商道之上。巴比伦社会的全盛时期，农业、畜牧业、手工业和商业都已经具有了较高的发展水平，私有经济有了一定的发展。但是巴比伦的生产力与奴隶制全盛时期的希腊、罗马相比，还是相当低下的。灌溉农业在巴比伦经济中居首要地位，水流受公社和国家的统一支配。由生产方式所决定，《汉穆拉比法典》所反映出来的土地所有制基本形式是代表了古东方土地所有制特点的公有制。

这种公有制表现为全国土地基本以王室土地和公社土地的形式存在，王室所有的土地一部分作为份地交给穆什钦奴耕种，耕种者交纳实物租税；另一部分赐给军人（里都或巴衣鲁）家庭耕种，作为军人服兵役的报偿。显然，对王室土地的占有是一种担负义务的占有，义务的不履行会导致占有权的丧失（如第26～28、30、31条）。并且，这两部分土地均不得作为买卖、赠与的标的，也不得用于抵偿债务（如第36～38条）。公社是巴比伦中央集权统治的基础，由国王派官吏管理，公社所有的土地归公社成员集体所有，交各个家庭耕种，各家庭使用这些土地时，必须以履行对公社的义务为先决条件，还必须受国家和公社的水源支配权的制约。

同时，由于私有经济的发展，《汉穆拉比法典》已经开始确认和保护土地私有制，尽管这种私有是有条件和有限度的。法典对私有土地和房屋的买卖、抵押、租赁、赠与和继承等作了明确的规定（如第39、42～47、60～65、150、165、178、191条）。从法典的规定可以看出,在汉穆拉比时期,土地和房屋等不动产的私人所有制与土地国有制并存,不过土地等不动产作为私权的标的所形成的买卖、继承等关系,一般都限制在公社和家庭范围内。

至于动产私有权,则已经相当发达,奴隶主的私有财产受到严格保护。

2. 社会结构

巴比伦王国的阶级结构与巴比伦的奴隶制占有关系相适应,并表现出与王国的土地占有形式相联系的特点。

巴比伦的奴隶制处于人类奴隶制早期阶段,具有家庭奴隶制的特点。根据法律规定,巴比伦居民分为自由民和奴隶。奴隶在法律上不被作为人对待,不是权利主体,而是奴隶主的动产。奴隶主可以对奴隶任意处置,如可以买卖、赠与、抵押、租赁,可作为遗产,甚至可损其肢体或处死。同时,法典又规定,杀死或损伤他人的奴隶,要向奴隶的主人负赔偿责任(如第118、119、199、213、214、219、231条)。显然,法典认为,前者是奴隶主对自己财产的一种处分,后者是对他人财产权的侵犯,奴隶只是权利客体。

根据法典,巴比伦的自由民被分为两个不同的等级,他们分别享有不同的法律地位。自由民的最上层被称为阿维鲁穆,包括国王、大臣、僧侣、商人、高利贷者、自耕农和手工业者,他们享有完全的权利。《汉穆拉比法典》为阿维鲁穆确立了特权地位,严格保护他们的人身和财产所有权。自由民的另一个等级被称为穆什钦奴。穆什钦奴是指处于公社之外而依赖于王室经济、为王室服务的人,包括耕种王室份地的"纳贡人",以服兵役为条件而获得王室土地的人以及为王室负担其他义务的人。这一部分人的法律地位比阿维鲁穆低,但由于他们与王室经济有着密切联系,因而他们也享有很多特权,其人身和财产受到法律严格保护。在法典中,穆什钦奴的财产和奴隶通常与宫廷财产和奴隶相提并论,用同一个条文规范,受到同等保护(第15、16、175、176条)。

必须指出的是,自由民中不同阶层的实际地位有很大区别。如商人、高利贷者(达木卡尔)不但有土地、奴隶,还从事经营,发放高利贷,他们同时又是国家的商务代办,国家和寺庙所垄断的大宗贸易,都委托达木卡尔专门经营。因此他们是巴比伦社会的特权阶层,是大私有者。而自耕农和小生产者则随时可能沦为债务奴隶。可见,阿维鲁穆以及穆什钦奴的上层是这个社会的真正统治者,穆什钦奴的下层常常分化出去沦为奴隶。

在巴比伦社会结构中,军人也是一个特殊的阶层。军人属于享有不完全权利的穆什钦奴,但法典对军人作了一些特殊规定,并对军人财产给予特别保护。法典通过对军人财产的特别保护来维护和加强国家的军事力量。

3. 婚姻、家庭、继承法

根据法典的规定,巴比伦实行的是以契约为基础的买卖婚姻制度,无契约即无婚姻,契约对于婚姻的成立具有重要意义。如果没有订立契约,则婚姻关系不能成立。反之,假如已订立契约,即使女方还居住在其父家,婚姻关系也算成立,并受法律保护(第128、130条)。契约的订立,是在男方和女方父亲之间进行的,男方向女方父亲交纳一笔定金和身价费。这种婚姻形式表明女方在婚前是处于父权控制之下的,同时也就决定了婚后夫妻之间的不平等地位。法律允许丈夫纳妾(第138、145、148条)。丈夫可随意离弃妻子,妻子只有在发生法典第131、136、142、149条等规定的妻子受到丈夫诬陷、丈夫对妻子凌辱至极等情形时,才可提出离开丈夫。

关于继承,法典确立的是家内继承原则。儿子们在父母死后,可继承同等份额的遗产,女儿则取得一份作为嫁妆。从《汉穆拉比法典》的规定来看,巴比伦时期的继承制度已排除原始公社的习俗,确立了父系的中心地位。如法典规定,同父异母的兄弟姐妹"应均分父之家产"(第170条)。此外,《汉穆拉比法典》已包含了遗嘱继承的因素,但它还不完备,而且仅限于家庭范围内。如法典规定,丈夫死后,"配偶取得自己之嫁妆及其夫所给且立有遗嘱确定赠与孀妇之赡养费"(第171条)。法典还规定,父亲以盖章文书形式将土地、房屋赠给其所喜爱的继承人,该父死后,兄弟分割遗产时,该子应先取得其父所赠之财产,然后参与均分所剩遗产(第165条)。

《汉穆拉比法典》关于婚姻、家庭、继承问题的规定反映出家长制的特点。如丈夫可以将妻子抵债,可将行为不端的妻子丢入水中淹死。父亲可以将子女出卖为奴清偿债务,可以剥夺儿子的继承权,有权决定子女的婚姻。如果儿子殴打父亲,父亲可割去儿子的手指。

4. 债权法

对经济关系的调整是《汉穆拉比法典》的重要内容,法典中有大量对债的关系进行调整的内容。巴比伦王国债的主要形式是契约,此外,还有侵权行为之债。法典提到的契约种类主要有买卖、借贷、租赁、承揽、寄存、合伙、雇佣等。法典规定重要契约必须采取书面契约的形式,如金银、奴隶、牛羊等物的买卖与保管,必须提出证人,订立契约,如无证人和契约,则以盗窃论,处以死刑(第7、122条)。法典用大量的条文对土地、田园、房屋、牲口、船舶等的租赁中的一系列问题作了明确规定,诸如租金数额及交付方式、租赁物损害之赔偿、承租人的责任、出租人违约的法律后果等。[8] 法典还极重视对借贷关系的调整,对借贷利息等具体问题作了明确规定。[9]法典除确立借贷双方的权利义务外,还比较明确地反映出侧重保护借用人的利益、限制出借人权利的倾向,[10]这主要是因为当时高利贷剥削以及由此产生的债务奴隶的增多动摇了巴比伦的经济和社会秩序,统治者试图通过限制高利贷来缓和社会矛盾,稳定经济秩序。

法典确立了以债务人或其家属作为人质拘留于债权人之家的债的担保制度,以保证债的履行。法典保护债务担保人质的安全,如果人质在债权人家遭殴打或虐待而致死,则债权人要承担严厉的法律惩罚(第114~116条)。这些关于债的规定,都充分反映出汉穆拉比时期巴比伦王国乃至整个两河流域地区私有经济和商品货币关系发展的一定水平和规模,以及与之相应的两河流域立法的发达程度,法典对债权关系调整的关注程

---

〔8〕 参见《汉穆拉比法典》第42~47、60~65、78、242~249、268~277条等。

〔9〕 参见《汉穆拉比法典》第89~96条。

〔10〕 参见《汉穆拉比法典》第89、91、96条等。

度在古东方法中是不多见的。

5. 刑法

《汉穆拉比法典》没有将刑法规范独立出来,通常是在同一个条文中既包括对所有权、债权、婚姻家庭继承等关系的调整,又包括对犯罪行为的制裁,起着加强这些规范的作用。

法典涉及的犯罪主要有如下方面:国事罪、侵犯人身的犯罪、侵犯财产的犯罪、侵犯婚姻家庭的犯罪、诬告罪、伪证罪、职务犯罪等。

《汉穆拉比法典》严格维护奴隶主阶级的统治,保护奴隶主的人身和财产不受侵犯。法典规定的刑罚手段极为残酷,主要有火焚、水溺等,除广泛适用死刑,还施行残酷的肢体刑,如挖眼、割耳、割舌、割乳房、断指等。《汉穆拉比法典》保留了同态复仇的氏族习惯。法典规定,如果自由民损毁任何自由民之眼,则应毁其眼;如果折断自由民之骨,则应折其骨;如果自由民击落与之同等之自由民之齿,则应击落其齿(第196、197、200条)。

此外,在一些情况下,犯罪者所在公社和亲属要负连带责任或代为承担责任。如法典规定,打死自由民之女则应杀其女(第210条);建筑师建造的房屋不坚固而致房主之子死亡,则应杀该建筑师之子(第230条);如果发生盗窃案而未能抓到罪犯,则案发地或其周围公社及长老,应承担赔偿责任(第23、24条)。

6. 诉讼制度

汉穆拉比时期,诉讼活动已基本脱离传统的寺庙法院和祭司的影响而由世俗法院管辖,但司法权与行政权尚无严格的划分。公社首领兼行基层司法审判权,王室法官接受国王指派负责各大城市的案件的审理,国王享有最高司法审判权,对判决不服者可向国王提出上诉。国王享有赦免权,并亲自审理一些重大刑事案件。

巴比伦王国尚无明确的刑事诉讼和民事诉讼的划分,《汉穆拉比法典》也极少关于诉讼制度的专门规定。从法典条文看,民事案件的审理大都带有私诉性质,如控告由私人提起,传唤证人到庭由私人执行,当事人有完全的举证责任,处罚结果很多都由私人执行(第1、2、9~12条)。同时,根据法典的规定,对较重大的刑事案件都施以确定的严厉的刑罚,几乎没有给被告人或被害人留下自行选择的余地,犯罪行为人的刑事责任不因被害人的宽恕而免除,仅仅在通奸案件中丈夫宽恕妻子是个例外(第129条)。这反映出随着奴隶制的发展,对犯罪的惩罚已带有明显的国家追诉的性质。

法典还在一定程度上保留了私刑,法典规定对有些犯罪可以不经审判而直接对其进行惩罚。法典对诬告罪和伪证罪处刑极重。法典规定自由民如果控告他人犯罪而又不能证实,则该控告人应被处死(第1、2条)。自由民在诉讼案件中提供罪证,而所述无从证实,如果案件关系生命问题,则该证人应处死;如果关系到财产,则对该证人处以本案应处罚之刑(第3、4条)。法典紧接着对法官擅改正式判决书的行为作了明确的处罚规定:如果法官擅改判决书,则科以相当于原案之起诉金额12倍的罚金,撤销其法官职务,使其不得再置身于法官之列出席审判(第5条)。显然,这些规定都是为了保证巴比伦国家司法审判的严肃性。

巴比伦时期，发誓和神明裁判是合法的重要证据形式。法典规定，被告人对神发誓说明自己没有犯罪，可以减轻或者免除其刑事责任；被抢劫者于神前发誓说明自己被劫之物，则可以作为要求赔偿的依据（第23、126、131、206、227条）。如果有人被指控犯罪而又无法证实，则将被告人投入河中，借助神的力量来进行裁判（第2、132条）。

### 三、法典的特点

1. 法典维护君主专制统治。《汉穆拉比法典》的这一特点集中表现为：

（1）维护汉穆拉比王的专制统治地位。法典用大量篇幅和极端的言辞树立汉穆拉比的绝对权威。法典序言称汉穆拉比为“恩利尔[11]所任命的牧者，繁荣和丰产富足的促成者”，是“常胜之王”，“四方的庇护者”，“王者之贵胄”，是“忠于拉马什[12]的强有力的合法之王”，是“赋予乌鲁克[13]生命并授予其人民以充足水源之君主”，是“国境之天盖”“众王之统治者”，是“巴比伦之太阳”。结语中称汉穆拉比为“凌驾于众王之上之王”，其“言辞超群出众”，其“威力莫可与敌”。法典集国家一切大权于国王一身，通篇宣扬君权神授、君权至上思想，充分体现出法典坚决维护君主专制统治的最高立法目的。

（2）确立自由民对奴隶的绝对统治权和支配权。如前所述，法典确认主人对奴隶的买卖、赠与、继承、租赁甚至伤害、处死为合法。法典对盗窃、藏匿奴隶或帮助奴隶逃跑者都处以极刑。法典严格保护奴隶主利益，赋予奴隶主对奴隶的生杀予夺之权，这使巴比伦社会的权力牢牢掌握在统治阶级手中。

2. 法典体现了团体本位思想。《汉穆拉比法典》中的团体本位思想主要表现为：

（1）法典赋予公民权利时，强调以对国家和公社履行义务为前提。由于土地的国有制和公社所有制占统治地位，因此个人（如军人以及在王室承担其他义务的公务人员）占有和使用土地必须以为宫廷服务为条件，这种义务不是建立在契约基础之上，而是建立在以国家为中心的观念之上。

（2）个人的权利义务与公社团体成员资格相联系。法典规定公社对发生在本公社抢劫案的后果承担集体责任。公社成员如果和公社断绝关系，则被视为不能容忍和宽恕的行为，会导致一系列权利的丧失。将某人逐出公社常常是对公社成员犯罪的制裁，是一种严厉的处罚。

3. 法典保留了原始习惯的残余。作为人类早期的一部法典，《汉穆拉比法典》的一些规定反映了原始社会习惯的痕迹，如同态复仇和私刑的保留，以及对神明裁判和发誓的法律效力的认可。

---

〔11〕 苏美尔之地神，全苏美尔最高神，众神之父与王。

〔12〕 太阳、光明及审判之神。

〔13〕 南部巴比伦之一城邦。

4. 诸法合体,民刑不分。从法典的体例上看,《汉穆拉比法典》实体法和程序法合为一体,民法和刑法不分,比较典型地代表了早期东方法的特点。

## 第三节 楔形文字法的基本特点和历史地位

### 一、楔形文字法的基本特点

楔形文字法是古代两河流域经济和文化发展的结晶,古代两河流域国家大致相同的经济和文化背景,使两河流域各国法律表现出一些共同点,从而形成楔形文字法的基本特征。

通过对《汉穆拉比法典》、《俾拉拉马法典》和《李必特·伊丝达法典》等具有代表性的楔形文字法典的分析,我们看到,楔形文字法主要有以下基本特征:

1. 法典的结构比较完整,一般采用序言、正文、结语三段式体例。序言和结语部分多以神的名义阐述立法目的,强调法典的神圣性和永恒性。正文部分是对法律问题的具体规定。这种结构体例表明楔形文字法已达到一定的立法水平,其立法技术与比它晚些时候的其他东方法相比都是有过之而无不及的。

2. 法典内容涉及面广,几乎涵盖了法的基本领域。如法典对国家统治形式,对民事、刑事、诉讼等方面的问题均已论及。但法典对一些重大问题又未作明确规定。根据史料推断,很多问题当仍由习惯法调整。

3. 法典缺乏抽象原则。楔形文字法大多是司法判例汇编,法律条文一般都是对具体法律问题的个别规定,缺乏理论抽象和一般原则,反映出传统习惯法和判例法的强大影响。

### 二、楔形文字法的历史地位

楔形文字法系是人类历史上最早形成的一个法系,它的形成和发展在世界法律发展史上具有划时代的意义,它不仅标志着古东方法从习惯法阶段进入成文法阶段,而且代表着人类成文法律的开端。尽管楔形文字法在走过自己近三千年的历程后退出了历史舞台,但它留下的法律典籍为后人研究古代两河流域地区的经济和政治、研究人类早期法律的发展提供了丰富的史料。

楔形文字法独立于宗教之外,以强制性规范确立奴隶主阶级的统治秩序,有效调整古东方早期奴隶制国家的社会关系。其法律特征之鲜明,其条文规定之缜密,其文字表述之准确,都是人类其他早期法所不能比拟的。

楔形文字法是人类最古老的文明——美索不达米亚文明的结晶。楔形文字法系各国法典所反映出的对“今生”现实的关注、淡化“死后”和“来生”的哲学观以及它的伦理观和朴素的社会正义观念，都深刻反映了美索不达米亚文明区别于其他文明的特质。

楔形文字法不仅是古东方文明的灿烂明珠，代表了古东方文明的伟大成就，而且通过米诺斯文明，通过波斯帝国的法律，通过希伯来法对西方文明产生了深刻影响。楔形文字法在世界文明史和法律发展史上的地位和作用应该予以充分重视和肯定。

## 参考阅读书目

1. [美]斯塔夫里阿诺斯：《全球通史——1500 年前的世界》，吴象婴、梁赤民译，上海科学院出版社 1988 年版。
2. [美]约翰·H. 威格摩尔：《世界法系概览》，何勤华等译，上海人民出版社 2004 年版。
3. [英]爱德华兹：《汉穆拉比法典》，沈大銈译，中国政法大学出版社 2005 年版。
4.《世界著名法典汉译丛书》编委会编：《汉穆拉比法典》，法律出版社 2000 年版。
5. 于殿利：《巴比伦法的人本观：一个关于人本主义思想起源的研究》，生活·读书·新知三联书店 2011 年版。
6. 何勤华、王伟臣、魏琼、王思杰、王帅：《法律文明的起源》，载何勤华主编：《法律文明史》（第 1 卷），商务印书馆 2019 年版。
7. 王立民：《古代东方法研究》，北京大学出版社 2006 年版。
8. 魏琼：《民法的起源——对古代西亚地区民事规范的解读》，商务印书馆 2008 年版。

# 第二章 古代印度法

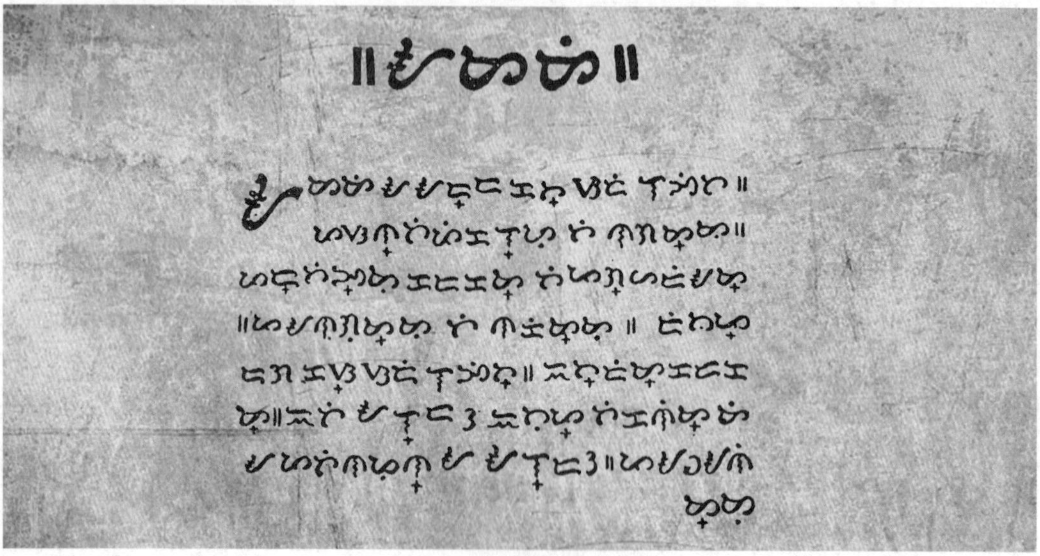

图1 摩奴法典

【导 读】

古代印度法是古东方法的一个重要代表,具有浓郁的宗教色彩,以维护种姓制度为其核心内容。古代印度法对东南亚和东亚许多国家产生了重大影响,因此形成了五大法系之一的"印度法系"。本章旨在勾勒古印度法发展的基本线索,加深大家对宗教和法律密切关系的理解。

【问题讨论】

1. 古印度法的主要渊源有哪些?
2. 如何理解宗教与古印度法的关系?
3. 如何理解种姓制度与古印度法的关系?
4. 印度法系是如何形成的?

印度是一个文明古国，拥有灿烂悠久的法律文化。古代印度的传统法律具有深厚的宗教哲学基础和鲜明的民族特征，对印度社会的发展产生了深远的影响。

## 第一节　古代印度法概述

### 一、古代印度法的概念

古代印度法是印度奴隶制时期法律规范的总称，既包括婆罗门教法和早期佛教法，也包括国王颁发的敕令。

古代印度的范围远比现代印度广阔，大致包括现在的印度、巴基斯坦、孟加拉等国，几乎相当于整个南亚次大陆。因此，古代印度法的盛行区域是相当广泛的。

关于印度历史上的许多问题，包括奴隶制国家的形成时间、著名法律典籍的编纂年代、进入封建社会的时间等，学术界皆无定论；而且古代印度曾长期处于分裂割据状态，大一统的王朝不多，很多制度在印度各地也存在差异，古代印度法的上限和下限很难确定。但一般认为，其上限应为后期吠陀时期（约公元前1000～前600年），下限为公元4～7世纪。

### 二、古代印度法的产生与发展

大约在公元前3000年中叶，印度的土著居民达罗毗荼人创造了哈拉帕文化。考古资料表明那时已进入青铜器时代，阶级对立已经出现，但是否有法律出现还不能确定，因为当时的文字至今未能译读。公元前1500年前后，属印欧语系的雅利安人侵入印度，哈拉帕文化也大致在此时被毁。该文化被毁的一个假说是由于雅利安人的入侵。可以肯定的是，雅利安人与达罗毗荼人之间的对立现象十分严重，达罗毗荼人被称为“达萨”，意为敌人、奴隶。雅利安人侵入印度后，印度有了最早的传世文献“吠陀”（Veda，原意为知识）。大约在后期吠陀时期，印度的氏族制解体，逐渐形成了奴隶制国家。

约公元前7世纪，以崇拜自然为特征的原始宗教吠陀教逐渐演变为婆罗门教。该教是多神教，以崇拜造物主婆罗贺摩（Brahmā，亦称梵天）而得名，主张以“吠陀天启”、“祭祀万能”和“婆罗门至上”为其三大纲领。其基本教义是“梵我一如”和“业力轮回”。前者意为整个宇宙间唯一真

图2　公元前250年孔雀王朝的疆域

实的是“梵”(Brahman,本意为清净、离欲),个人或自我的灵魂来源于梵,而客观世界不过是个幻觉,人应该超脱尘世的污染,走向真实的永恒的梵的世界。亲证“梵我一如”是每个婆罗门教徒毕生追求的最高境界。后者指的是善恶有因果,人生有轮回。人由于有欲望,必然会在思想和言行中有所表现,这种表现就是“业”。如果造了善业,就会转生为高贵的人;反之,如果造了恶业,则会转生为低贱的人,甚至牲畜。

图3　阿育王

婆罗门教产生后,很快发展为国教,成为国家的统治支柱,对印度社会产生了深刻的影响。无论政治、法律、经济和社会文化,无不打上婆罗门教的烙印。婆罗门教的经典成为法律的重要渊源,婆罗门祭司成为法律的制定者和执行者。受婆罗门教推崇并维护的种姓制度成为印度社会的基本制度,各种姓的不同权利义务在法律上被固定了下来。

公元前6世纪前后,印度北部的16国之间经常为了争夺土地和财富而爆发战争。此时正值奴隶制发展时期,阶级矛盾相当尖锐,各种姓对婆罗门的至高地位都非常不满。在战争中日益强大的刹帝利和在经济活动中逐渐占主导地位的吠舍都要求改变原有的地位,于是,佛教应运而生。它反对婆罗门教的繁琐仪式和流血祭祀,反对吠陀的权威,反对婆罗门种姓的特权地位,但却继承了婆罗门教的因果轮回说。它认为人要避免生老病死和轮回之苦,就必须通过修行;任何人即使是被唾弃的贱民,也可以通过修行达到不生不灭的“涅槃”境界,而无须婆罗门祭司的引导。由于佛教不排斥低等种姓,仪式简单,语言通俗,很快为许多下层人民接受,并得到快速发展,后来成为印度国教。

图4　阿育王柱的顶部,
现被采为印度国徽图案

公元前324年,16国中的摩揭陀王国统一了北印度,建立了孔雀王朝,这是印度历史上第一个幅员辽阔的奴隶制帝国。在第三代君主阿育王(Asoka,约公元前273~前232年在位)统治时期,印度的政治、经济、法律和社会文化都得到相当大的发展。阿育王不仅将帝国的疆域扩展到印度半岛的南端,而且定佛教为国教,广泛宣扬佛法。为了使臣民都了解佛法,他下令在帝国境内开岩凿壁,树立石碑,在上面刻下诏令,弘扬佛法。这些刻在岩碑上的诏令被后世称为

“岩石法”或“石柱法”，它们不仅促进了佛教的发展，也促进了法律的发展。

4～7世纪，印度社会逐渐由奴隶制转向封建制，奴隶制法理应为封建制法所取代。但由于印度宗教发展的连续性，与宗教有密切联系的法律的发展也有很强的延续性。6世纪以后，佛教在其发源地印度逐渐衰落，应运而生的是经过改革的婆罗门教，即新婆罗门教或印度教。由于该教只是在吸收了佛教和其他民间信仰的精华的基础上对婆罗门教进行改造，婆罗门教法和佛教法在很大程度上得以延续，但是其性质已发生了根本性变化，其中的许多内容已具有明显的封建制色彩。

### 三、古代印度法的渊源

古代印度法的发展与宗教纠缠在一起，法律的渊源亦与宗教经典密不可分。按其历史发展，大致包括以下几类：

1. 吠陀。吠陀是印度最早的传世文献，婆罗门教最古老的经典，印度最古老最神圣的法律渊源。约成于公元前1500年至公元前600年，用诗歌体写成。相传由古代仙人受神的启示随口诵出，后由广博仙人整理而成。吠陀本集共有四部：《梨俱吠陀》（Rigveda，赞颂明论）、《娑摩吠陀》（Sāmaveda，歌曲明论）、《耶柔吠陀》（Yajurveda，祭礼明论）和《阿闼婆吠陀》（Atharvaveda，巫术咒语汇集）。这四部吠陀反映了当时印度社会的政治经济状况，充满神话和幻想，其中许多内容涉及人们的行为规范和社会习惯。

2. 法经（Dharmaśāstra）。法经是用以解释并补充吠陀的经典，附属于吠陀。约成于公元前8世纪至公元前3世纪，以散文体写成。主要规定祭祀规则、日常礼节和教徒的生活准则、权利义务以及对触犯教规者的惩罚等。法经并无统一文本，各教派皆有自以为正统的法经，不同时期亦有不同的法经流行。主要有：《乔达摩法经》《阿帕斯檀跋法经》《槃达耶那法经》《伐悉私陀法经》《毗湿奴法经》等。各法经都确认了吠陀经典的至高地位，将雅利安人的习俗系统化，使种姓制在法律上固定下来。因此，法经被认为是奠定“印度人永世不变的生活规则和行为规范的圣典”。

3. 法典（Dharmasmrti）。法典是婆罗门祭司根据吠陀经典、累世传承和古来习俗编成的教法典籍。由于它们并非现代意义上的法典，而是伦理、宗教、法律规范的混合物，有学者认为应译为“法论”，使其名副其实。[1] 全部法典陆续出现于公元前3世纪至6世纪，以诗歌体写成。法典中所含的纯法律规范较法经多。其中最为重要的法典即《摩奴法典》，约成于公元前2世纪至2世纪，是印度法制史上第一部较为正规的法律典籍，具有相当大的权威性。它较全面地论述了吠陀的精义，规定了以种姓制为核心的基本内容。该法典对印度法制史产生了深刻影响，并传播至东南亚及远东地区。其他重要法典有《述祀氏法典》《那罗陀法典》《布里哈斯帕提法典》《迦旃延那法典》等。

摩奴法典

---

〔1〕《摩奴法论》，蒋忠新译，中国社会科学出版社1986年版，“译者前言”。

4. 佛教经典。佛教曾一度是印度的国教,早期佛教经典也是古代印度法的重要渊源之一。佛教经典总称“三藏”(Tripitaka),基本定型于阿育王在华氏城主持的第三次结集(约公元前253年)。三藏由三部分组成:经藏,佛教创始人释迦牟尼及其门徒宣扬的佛教教义;论藏,佛教各教派学者对教义的论说;律藏,佛教寺院规条。其中尤以律藏的法律意义最为明显。佛教法的中心内容为“五戒”(不杀生、不偷盗、不邪淫、不妄语、不饮酒),这是每个佛教徒终生必须信守的戒条。

5. 国王诏令。尽管古代印度是一个宗教社会,世俗事务不被重视,政府的作用也容易受到忽略,但是,国王的诏令仍是法律的重要渊源之一,有时甚至被当作最高渊源。[2]其中最为后世注目的是阿育王的诏令,尤其是为弘扬佛法而被刻于岩石或石柱上的诏令。阿育王在这些诏令中要求人们遵循佛法,服从官府,规定官吏不得贪污渎职,并设立“正法官”,以监督法律的实施。

## 第二节　古代印度法的基本内容

### 一、种姓制度(System of Caste)

种姓制度是古代印度的社会等级制度,也是古代印度法的核心内容。“种姓”是与种族、姓氏有密切关系的社会集团,各集团严格实行内婚制,职业世袭。

早期种姓制在梵文中称为“瓦尔那”(Varna),原意为“颜色”。早在雅利安人征服印度的过程中,瓦尔那制即开始萌芽。最初只有两种瓦尔那,即“雅利安瓦尔那”(白色人种)和“达萨瓦尔那”(被征服的土著居民达罗毗荼人,黑色人种)。可见,种姓制的产生是两个不同肤色的种族对立的结果。大约在公元前11世纪,雅利安瓦尔那分裂为婆罗门、刹帝利和吠舍三个瓦尔那,而达萨瓦尔那则演变为首陀罗,种姓制初步形成。

根据婆罗门教法的规定,各种姓的法律地位和权利义务是截然不同的。最高种姓为婆罗门,即祭司种姓,掌握宗教祭祀大权;第二种姓为刹帝利,即武士种姓,掌握军政大权;第三种姓为吠舍,从事商业或农业生产,属平民种姓;第四种姓为首陀罗,从事低贱职业,多数为奴隶。前三个种姓被认为是“再生人”,即除自然生命外,还可因入教而获得的再生;首陀罗是“非再生人”,只有一次生命。各种姓间戒备森严,不得同桌而食,同井而饮,同席而坐,同街而居。低等种姓对高等种姓必须俯首帖耳,一心一意侍候高等种姓,路遇高等种姓时必须侧身而立,不得与之同行。这四大原始种姓之外还存在许多杂种种姓(迦提),地位和职业亦由法律明确规定。

---

[2] 据称孔雀王朝开国宰相考底利耶(Kauṭilya,生活于公元前300年前后,生卒年代不可考)所作的《政事论》主张,法律的渊源有四,即圣典、他在《政事论》中制定的法规、习俗和国王的敕令,其每一项渊源皆比前一项更有权威。这种主张在宗教氛围浓厚的古代印度并不常见。

## 二、所有权

古代印度以土地国有制或王有制为基本制度，国王被誉为“大地的主人”，原则上是全国土地的最高所有者，凡占有土地者皆得向国王缴纳赋税。土地占有的主要形式是村社制。村社中的耕地一般分给各家使用，而牧场、森林、水渠等则由村社社员共同占有和使用。社员间的土地占有纠纷，由村社长老出面解决。社员的土地使用权受法律的严格保护，受到侵害时可要求赔偿。村社以农业为本，兼营手工业，形成典型的自给自足的自然经济。在土地国有的大背景下，土地买卖和土地私有已经出现，但受到许多限制。

私人的财物所有权受法律保护。偷盗小到井绳、大到珍宝和牲畜等各类物品，皆会受到数额不等的罚款或断肢等体刑。物主在物品遗失后享有追及权。但“物主看见某物在跟前被他人享用十年而默不作声，他就无权收回”。[3] 当然，高等种姓和低等种姓所享有的财产权是有分别的。婆罗门被认为是“万物之主”，“世界上的任何东西全都是婆罗门的财产；由于地位优越和出身高贵，婆罗门的确有资格享有一切”（1;100）。但是，首陀罗除了维持生计的生活资料外，没有权利拥有其他财产，即使他有能力积蓄财产，也得不到法律的保护，“婆罗门可以毫不犹豫地去拿首陀罗的东西；因为他不存在任何财产；因为他的钱财本来就是应该被主人拿的”（8;417）。

## 三、债法

古代印度的债法具有如下特点：

1. 契约关系较为简单，种类较少，仅有买卖、寄存、借贷、劳务等几种，每种契约的权利义务关系并不十分明晰详尽，而且比较注重形式，比如买卖契约必须“当着众人的面”进行，寄存物品虽不一定要公开，但却规定“私下交出的和私下接受的东西仍应该私下归还；如何交出就如何取回”（8;201，195）。这说明当时印度社会的商品经济尚不发达。

2. 已经注意到契约的法律效果。首先，为了保证契约的严肃性，法律对契约的成立规定了一些前提条件。其一，当事人必须有订立契约的真实意思，“强迫给予的东西、强迫享用的东西、强迫写成的东西和一切强迫做的事情，摩奴宣布一律无效”（8;168）。其二，立约者必须有能力意识并控制自己行为的后果，“醉汉、疯子、忧伤者、完全依靠他人生活的人、儿童、老人和未被授权经办的事情一律无效”（8;163）。其三，契约的内容必须符合法律和习俗，“违反法或者传统习俗的协议即使有字据或者担保人也一律无效”（8;164）。其次，契约一旦订立就应当严格履行，若到期不能履行，则或者债务人给债权人做债务奴隶，或者由担保人替债务人还债，或者由债务人的继承人还债（8;156，158，160，162，166）。在借贷契约中，为了保证债务的履行，可以设定典押，债权人征得债务人同意也可使用典押品，但如果典押品可以生利，债权人就不得收取借贷利息，也不得因时间久

---

〔3〕《摩奴法论》第8卷第147颂。以下引用该法典只注明卷数和颂数。

而转让和出卖典押品(8;143)。

3. 对高等种姓的债权给予特别保护。同是借贷者,但对高等种姓和低等种姓收取的法定利息是不同的,对婆罗门收取的月息为2%,刹帝利为3%,吠舍为4%,而首陀罗则为5%(8;142)。当债务人不按期履行债务时,如果债务人与债权人属同一种姓或比债权人种姓较低,债权人可以将债务人收为债务奴隶;但如果债务人的种姓高于债权人,则不能以劳动偿债,只能逐年偿还,以免沦为低等种姓的债务奴隶(8;177)。

## 四、婚姻家庭法

古代印度的婚姻家庭法具有如下基本特征:

1. 婚姻被认为是合于神意的行为。婚姻方式充满宗教色彩。《摩奴法论》列举了八种婚姻方式,即梵式、天神式、仙人式、生主式、阿修罗式、乾达婆式、罗刹式和毕舍遮式(3;27~34)。前四种方式最合神意,不附加条件也不要财礼,只适用于婆罗门;阿修罗式类似于买卖婚,适合于吠舍和首陀罗;乾达婆式相当于合意婚,罗刹式相当于抢婚,皆适用于刹帝利;毕舍遮式相当于强奸,为法律所禁止。婚姻既是合于神意而产生的,当然不可离异。但实际上这只是对妻子而言的,妻子即使被丈夫出卖或遗弃也不得脱离丈夫,而丈夫却可以借口妻子有病、不孕、性情不好等抛弃妻子(9;46,80,81)。

2. 严格维护种姓内婚制。为了维护种姓的纯洁,法律规定不同种姓不得通婚,如若通婚即丧失原有种姓,其后代则为杂种种姓。但是,种姓间的通婚并非绝对不可能,实际上高等种姓男子可娶低等种姓女子为妻,这被视为"顺婚";低等种姓男子则绝对禁止娶高等种姓女子为妻,因为这是"逆婚"。最为法律所不容的是首陀罗男子与婆罗门女子之间的婚姻,其后代称为"旃陀罗",属于不可接触的"贱民"。他们被排除在种姓之外,地位比首陀罗还低,必须住在村外,穿死人的衣服,用被遗弃的破容器吃饭,从事屠宰、抬死尸等低贱职业。不许与有种姓的人来往,高贵的婆罗门若不幸看见他们,就要以香水清洗被玷污的双眼。

3. 高等种姓一夫多妻,低等种姓一夫一妻。婆罗门男子可以依种姓顺序娶四个妻子,刹帝利可以在同种姓和吠舍、首陀罗中依次娶三个妻子,吠舍可以娶同种姓和首陀罗两个妻子,而首陀罗男子只能娶一个首陀罗女子为妻。

## 五、继承法

古代印度的继承法有如下特征:

1. 实行长子优先原则。印度人视"传种"为男人的天职,而长子的出世使其父成为"有子者",不欠祖先的债,因此长子有权继承父亲的一切遗产(9;106)。其他诸子则依赖长兄生活。长兄视幼弟如子,而幼弟视长兄如父。如果父亲遗有债务,则必须先从遗产中偿清债务而后继承。实际上,不管父亲有无遗产,儿子都必须替父偿债。如果诸子不愿生活在长兄领导下的大家庭中,也可分家析产。长子独得两份,次子得一份半,其余诸子各得一份。另外,如果有同种姓的未婚姐妹,则诸子应各自从自己的份额中留出1/4给她们(9;117,118)。

2. 与种姓制直接挂钩。不同种姓继承人的应继份额完全不同。如果一个婆罗门依正顺序娶了四个妻子并各有一子时,婆罗门妻子所生之子得四份,刹帝利之子得三份,吠舍之子得两份,首陀罗之子只得一份;即使这个婆罗门没有其他儿子,首陀罗妻子所生之子也不能得到超过1/10的财产(9;153,154)。

另外,古代印度的遗嘱继承制尚不发达,法律很少涉及这方面的内容。

## 六、刑法

古代印度的刑法一方面受到宗教观念的强烈影响,另一方面也反映了种姓制的明显作用。

与其他早期法律一样,古代印度的犯罪也只是一些具体行为的罗列,而缺乏抽象的概念。在法律罗列出来的一长串具体琐碎的应受各种惩罚的行为中,有一些行为很引人注目,那就是有关宗教的犯罪及其惩罚。印度人视牛为圣物,因此,杀害母牛就被列为仅次于杀害婆罗门等大罪的二等罪。另外,由于教义的影响,再生人所犯的罪行几乎都可通过苦行来赎罪。比如杀害婆罗门者"必须在森林中居住12年,盖一间草棚,用骷髅作旗帜,以乞食为生"(11;72),或者把全部财产布施给一位精通吠陀的婆罗门,或断食诵三遍吠陀本集,等等。

种姓制在犯罪与刑罚方面最直接的体现就是不同种姓同罪异罚。高等种姓侵犯低等种姓时,可以减轻处罚;而低等种姓侵犯高等种姓时,则必须加重处罚。以辱骂罪为例,"婆罗门辱骂刹帝利,应该罚款50;辱骂吠舍,应该罚20;辱骂首陀罗,罚款为12"。[4]但是,如果非再生人辱骂再生人,那就会受到割舌或"被烧红的十指铁钉刺进嘴"的酷刑(8;268,270,271)。再以伤害罪为例,凡低等种姓伤害高等种姓,必须断其肢;而同种姓相伤,则以罚款或驱逐出境了结。实际上,婆罗门在刑罚方面享有很多特权,即便犯再重的罪,也不得处以死刑,而"应该让他带着全部财产、不受伤害地离开本国"(8;380)。

## 七、诉讼制度

古代印度的诉讼制度不太发达,许多规定非常简单原始。

第一,缺乏统一固定的法院组织。最高司法权由国王直接控制,遇有重大讼事,国王将亲自审理或委任一位博学的婆罗门审理,并有三位精通吠陀的婆罗门做助手。绝大多数纠纷都在村社内部由长老们(有时组成种姓大会)解决。

第二,借助神的力量进行裁判。由于证人的证言对案件的判决至关重要,裁判官以两种方法来获得所谓真实的证言:一是令证人宣誓,若作伪誓,无论现世和死后都将受神

[4] 即分别罚款50波那、20波那和12波那。"波那"为古印度的钱币单位,1波那相当于我国古代的"一个铜板"。

的惩罚;二是以神明裁判来判断证言的真伪,主要的神明裁判有水审、火审、称审、毒审、圣水审、圣谷审、热油审和抽签审等。

## 第三节 古代印度法的基本特点和历史地位

### 一、古代印度法的基本特点

作为一种东方奴隶制法,古代印度法具有东方法和奴隶制法的共性,比如维护君权、夫权、父权,维护奴隶主特权,诸法合体,缺乏抽象概念和规则等。但古代印度法又独树一帜,有其自身的特色。

(一)与宗教密不可分

古代印度是一个宗教社会,宗教的强烈光芒覆盖了一切。法律在很大程度上只是宗教的附属物,它缺乏独立的规范体系,没有自己的作用范围,没有独立的立法者和执法者,宗教的任何细小变化都会影响法律的渊源及内容的相应变化。

首先,宗教众多,这使古代印度的法律渊源异常复杂。不同宗教带来了不同的法律渊源。婆罗门教的产生使四吠陀、法经、法典等各类婆罗门教经典成为古代印度法的重要渊源,它们以婆罗门教义为哲学基础,对教徒的言行乃至思想都作了严格规定;它们不仅对教徒的宗教生活进行约束,而且对教徒的世俗生活进行限制和调整。佛教的产生使古代印度法的渊源发生巨大变化,三藏以其完全不同于婆罗门教法的形式和内容规定了教徒的行为准则,它们紧紧围绕"五戒"等佛门戒律来展开、扩充。印度教的产生则使婆罗门教法得到极大的更新,并结合了佛教法的某些精华,使法律渊源进一步复杂化。不仅各宗教之间存在差异,同一宗教的不同教派之间在法律的形式与内容上也可能有相当大的出入。对吠陀的不同解释就出现了各种不同的法经,佛教的各种戒律也是因教派而异的。因此,要理清古代印度法的渊源十分困难。

其次,法律的内容乃至编排体例都深受教义的影响。婆罗门教法是婆罗门教义的直接体现,"梵我一如""业力轮回"的思想渗透至所有的法律规范,这在前一节中已有描述。为了更好地阐明教义,很多法律典籍甚至以婆罗门教的"四行期"[5]来安排其体例。如《摩奴法论》共12卷,始于"创造",终于"行为的果报——转世与解脱",中间插入的几部分内容中,再生族的法律占5卷,分别为"梵行期的法"(第2卷)、"家居期的法"(第3、4、5卷)、"林居期的法"和"遁世期的法"(第6卷),规定了再生族在人生各阶段应遵循的行

---

[5] 婆罗门教为教徒所规定的生活和修行的历程,共分四个阶段:梵行期,即学生期,指儿童长到一定年龄,辞别父母,从师学习吠陀和祭祀礼仪;家居期,指成年后开始世俗生活,结婚生子并从事社会职业这个阶段;林居期,指老年时弃家隐居于森林,从事各种苦行,以锻炼身心,为灵魂解脱做好准备;遁世期,即舍弃一切财富,乞食为生,云游四方,置生死于度外,以期获得解脱。

为准则。佛教法也是其教义的体现,“五戒”和阿育王的岩石法就是佛教教义的翻版。阿育王曾这样解释他的佛法:“少行不义,多做善事,慈悲,布施,真诚,清净。”[6]

(二)严格维护种姓制度

除佛教法外,古代印度法的基本内容都贯穿着种姓制度,几乎所有条文都是对婆罗门、刹帝利、吠舍、首陀罗四大原始种姓和杂种种姓权利义务的直接规定。为了增强种姓制的神圣性,婆罗门教及其法律将其产生说成是造物神梵天的安排:“为了诸界的繁荣,他从口、臂、腿和脚生出婆罗门、刹帝利、吠舍和首陀罗”(1;31)。正因为婆罗门是从梵天口中生出的,所以最高贵最洁净,应该把最崇高的职责赋予他们,这就是学习和宣传经典;刹帝利从梵天双臂生出,所以最有力量,应该掌握军权;吠舍是从梵天腿中生出的,所以最为勤奋,其职责就是不断增值财富;首陀罗生于梵天脚下,所以最低下最肮脏,生来就是为了伺候和服从前三个种姓的。法律就是这样根据各种姓的不同地位,为他们规定不同权利义务的。正因为古代印度法以种姓制贯穿始终,所以有人将它称为“种姓法”。

(三)法律、宗教、伦理等各种规范相混合

古代印度法的主要渊源并非国家机关依立法程序制定的法律,而是宗教僧侣们根据社会习俗和自古流传的圣人言行,从本身利益出发编纂的,因此不可避免地将现在人们认为不是法律规范的那些内容包括进去。从四吠陀、法经到诸法典,没有一部是纯粹意义上的法典,往往在法律规范中夹杂着宗教戒律、道德说教甚至神话传说、宗教玄谈和哲学论述。就连公认的法律性质最明显的《摩奴法典》也是如此,在其所有的条文中,纯粹法律性质的条文仅占1/4强。即使这些法律性质的内容也不是都能得到切实执行的,它们包含了婆罗门编纂者的美好愿望和理想,不少规定都是一厢情愿。[7] 阿育王的岩石法虽为国王诏令,但其内容却与现代意义的法律规范相去甚远。从字面看,它很少带有强制性,而是劝导人们如何安排道德生活,如何行善,完全是佛教教义和戒规的混合体。

## 二、古代印度法的历史地位

(一)对印度法制史的深远影响

古代印度法是古代印度政治、经济、宗教、社会文化诸种因素共同发展的产物。由于宗教的强大凝聚力和延续性,古代印度法对印度社会产生了深远的影响。中世纪中后期,随着穆斯林的入侵,伊斯兰法成为印度占主导地位的法律,但是,这并不影响印度教法在印度教徒中间的适用。古代印度法的许多内容不仅借印度教法的适用而得以幸存,甚至得到发展。《达亚巴加》(约成于1100年)和《米塔克沙拉》(约成于1125年)等法典解说集的出现,使古代法典中的原则能与当时的社会发展状况相协调。英国人统治印度时期,印度教法作为一种主要的属人法在很大程度上仍可发挥作用,《摩奴法典》仍是解决印度教徒之间某些纠纷的重要法律依据。印度独立以后编纂的《印度教法典》也仍是

---

〔6〕[英]查尔斯·埃利奥特:《印度教与佛教史纲》(第1卷),李荣熙译,商务印书馆1982年版,第14页。

〔7〕《摩奴法论》,蒋忠新译,中国社会科学出版社1986年版,“季羡林序”。

以《摩奴法典》等古代权威法典为基础的。

(二)印度法系

在东南亚历史上曾有过一段印度化时期(约1~15世纪)。由于印度侨民的移居,婆罗门教、佛教和印度教的传播,以及当时东南亚各国的统治者渴望模仿印度的社会政治制度以强化王权,印度的宗教文化便在这一带地区广泛流传,出现了许多印度化王国。模仿古代印度法建立自己的法律制度则是印度化的主要内容之一,由此形成了世界五大法系之一的"印度法系"。据有关史料记载,缅甸、暹罗(泰国)、锡兰(斯里兰卡)、扶南(柬埔寨)、老挝、占婆(越南)以及印度尼西亚的爪哇、巴厘、婆罗洲、苏门答腊等地的印度化王国大都曾以《摩奴法典》为蓝本颁布过法律,或实施过该法的某些规定,并出现过类似种姓制的严格的社会等级制度。随着15世纪最后一个印度化王国的灭亡,印度法系也成为历史遗迹,被认定为"死法系",但它对上述国家和地区的影响仍不可忽视。

## 参考阅读书目


1.《摩奴法典》,[法]迭朗善译,马香雪转译,商务印书馆1982年版。

2.《摩奴法论》,蒋忠新译,中国社会科学出版社1986年版。

3. 王云霞、何成中:《东方法概述》,法律出版社1993年版。

4. 尚会鹏:《种姓与印度教社会》,北京大学出版社2001年版。

5. 王立民:《古代东方法研究》,北京大学出版社2006年版。

6. [古印度]憍底利耶:《利论》,朱成明译,商务印书馆2020年版。

7. J. K. Mittal, *Indian Legal History*, Allahabad Law Agency, 1984.

# 第三章　古希腊法

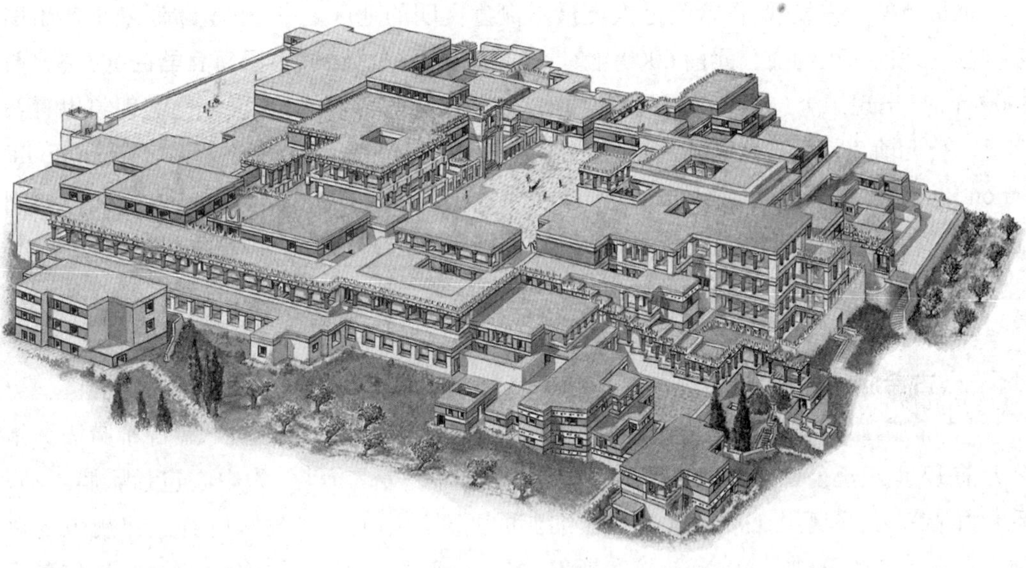

图1　米诺斯王宫复原图

【导　读】

本章古希腊法的学习，主要帮助同学了解古代希腊法尤其是雅典法的形成、发展和演变的过程以及特点，了解德拉古立法、梭伦立法，以及克里斯提尼和伯里克利宪法和法律改革的基本内容和历史意义，理解雅典民主制以及其各个部门法的内涵、发展演变以及对后世法治传统形成的影响。通过这一章内容的学习，同学对古希腊法尤其是雅典民主制这一古代社会最为先进、发达的城邦民主政治法律体制有一个系统、完整的理解和把握。

【问题讨论】

1. 古希腊法形成、发展和演变有哪些特点？
2. 雅典法体系有哪些分类？
3. 雅典民主制的主要内容包括哪些方面？其形成原因是什么？
4. 雅典民主制在西欧法治传统发展过程中占据何种地位？

# 第一节 古希腊法概述

据最新的考古发现,古希腊是人类最早诞生文明的地区之一,也是欧洲最早产生国家与法的地区。大约在公元前6000年时,爱琴海区域就已经进入了新石器时代,公元前3000年时,出现了金(铜)石器并用的局面,原始社会开始解体,阶级分化的现象也日益明显。公元前20世纪,该区域的克里特岛上便产生了文明:"克里特文明"(Crete civilization,也称"米诺斯文明",Minoan civilization),出现了早期城邦奴隶制国家,并开始制定法律。相传该岛克诺索斯(Knossos)城邦的国王米诺斯(Minoan)是最早的立法者,其立法的成果已经考古挖掘获得了证实。此后,希腊就走入了法律文明的时代。

## 一、古希腊法的概念

"古希腊法"不是一个国家法的概念,而是就其地域范围而言的。[1] 古希腊法泛指公元前12世纪至公元前4世纪存在于希腊世界,即以爱琴海[2]为中心包括希腊半岛、爱琴海诸岛屿、爱奥尼亚群岛以及小亚细亚的西部沿岸的广大地区所有法律规范的总称。在古代希腊,雅典(Athens)[3]和斯巴达(Sparta)两个城邦国家实力最强,地位最为重要,因此,其法律的影响也最大。在这两个城邦国家中,斯巴达是农业社会,以自然经济为主,其法律比较传统保守;雅典则是商品经济社会,商业比较发达,因而其法律体系也比较民主、开放、先进,正是雅典法制,尤其是其城邦民主政治法制,构成了古代希腊法的主体和中心。

---

〔1〕 研究雅典政制的专家顾准,在对古代希腊的早期史进行梳理之后指出,整个"希腊史,从头到尾是多中心的"(顾准:《顾准文集》,贵州人民出版社1994年版,第66页)。这话对理解希腊的法律史也是有启发意义的。

〔2〕 爱琴海名字的由来,有一个美丽悲壮的传说:克里特岛的国王米诺斯,其子在雅典所属的地区被人谋杀。悲痛之余,米诺斯国王决意报复,要求雅典每九年向克里特王国进贡7对童男童女。米诺斯国王把他们送入其所住的迷宫,或让他们走不出去饥渴而死,或是被迷宫里饲养的怪兽米诺牛吃掉。这一年又轮到了雅典人进贡。有小孩的父母一片恐慌,全城充满悲惨之声。雅典国王爱琴的儿子提修斯不忍自己的百姓遭受这种痛苦,就挺身而出,宣布自己愿意作为进贡的童男,并发誓一定要杀死那怪兽。爱琴国王尽管悲痛,却无法阻止提修斯的行动。他们在驶往克里特岛的船上挂上了绝望的黑帆,并和爱琴国王约定:如果平安无事回来,就换挂白帆。在克里特,米诺斯王的女儿爱上了提修斯,给了他一个线团。聪明勇敢的提修斯将线团的一端系在入口处,放开线团,带着童男童女进入迷宫深处,杀死了怪兽米诺牛,沿着线顺利地走出了迷宫,回到海上。在驶向雅典时,由于提修斯沉浸在胜利的喜悦之中,竟然忘记了将黑帆换成白帆。当老国王在岸边看到从远处驶回来的船上仍然挂着黑帆时,以为他儿子已经死去,心中充满了悲痛与绝望,即刻投身大海,溺水而死。后人为了纪念他,就将这海称为"爱琴海"。参见陈恒:《失落的文明:古希腊》,华东师范大学出版社2001年版,第17~18页。

〔3〕 Athens这一雅典城邦的名字,源于古希腊神话中的智慧女神雅典娜(Athene)之名。

图 2　米诺斯文明遗址

## 二、古希腊法的发展

经历了“克里特文明”之后，大约从公元前 15 世纪开始，希腊的文明中心由克里特岛移向南希腊的迈锡尼（位于克里特岛北面）等地，古希腊的历史进入“迈锡尼文明”（Mycenaean civilization）时期。通过考古发现，这一时期也曾制定过法律，因这种法律是用一种直线形的文字刻在泥板上的，因而被称为“线形文字法”（Linear Laws）。[4]

公元前 12 世纪左右，多利安人（Dorians）[5]从北方向南移入希腊境内，希腊历史和法律进入了一个新的时期，记载公元前 12 世纪至前 8 世纪的史料主要是“荷马史诗”（*Homeric Epic*），[6]故又称该时期为“荷马时代”（homeric age）。在这一时期，整个希腊世界出现了二百多个具有主权性质的独立的城邦（polis[7]）国家，著名的有雅典、斯巴达、科林斯等。

---

[4] 迈锡尼文明时期，奴隶制国家和法律的发展曾达到了一定的程度。当时，国家的最高统治者被称为国王（wanax），下设指挥军事的将军，掌握立法和行政权的贵族会议和民众大会。社会的基层组织则是公社。出土的一块泥版书上，还记载着一个奴隶主共拥有 32 个成年女奴，5 个少女、15 个幼女和 4 个男孩。参见崔连仲主编：《世界通史 · 古代卷》，人民出版社 1997 年版，第 189 页。

[5] 多利安人（Dorians），古希腊操希腊语四大部族之一，最初生活在希腊北部，后迁居希腊中部，公元前 12 世纪再次南迁，“迈锡尼文明”因此而被毁。

[6] 荷马史诗是相传由古希腊盲诗人荷马创作的两部长篇史诗《伊利亚特》（*The Iliad*）和《奥德赛》（*The Odyssey*）的统称。

[7] Polis 原意是指城堡或卫城（acropolis，acro 为“高”的意思），建在山头上，供周围居民躲避敌人的攻击或海盗的威胁，后延伸为以它为中心连带着周围一片地区的居民团体，乃至公民集体，并继续扩展延伸出一组相关的名词，如 Polites，公民；Politeia，公民与城邦之间的关系，后再延伸为“政治生活”，将此关系和生活确定为制度的“宪法”，有时也指“政府”；Politeoma，公民团体，有时也表示“政府”；Politikos，治理城邦的人，延伸为“政治家”；Politics，城邦政治的理论与技术，延伸为“政治学”。

按照国外学者最新的研究成果,城邦国家的形成,最初原因之一是宗教上的。随着希腊社会的发展,若干个家庭结成了胞族,若干个胞族又结成了部落,而若干个部落又联合组成了城邦。而在这一过程中,由各个家庭、胞族、部落所尊奉的家神、族神和部落神得到了尊重,并在此基础上形成了一个共同的宗教,燃起一盏共同的圣火,为了保护圣火而在其周围建筑的围墙、搭起的屋子就是神庙。第一个点燃这盏圣火的长老,就是这个城邦的国王,有时也叫院长、长官、君主。[8] 因此,古代希腊有一条法律,规定城邦的王位属于第一个建立城邦祭坛的人,尊敬祖先、祭祀神灵,是早期城邦国家最主要的活动之一。[9]

此外,这些城邦国家就其政治意义而言,是高于家庭、胞族、村落和部落之上的特定人群的联合体,即公民集体。它往往以一个城市为中心,连接其周围不大的一片乡村区而成的一个独立的主权国家,并拥有自己的法律。其特点之一是小国寡民。城邦国家中小的如厄齐那,只有100平方公里;较大的如雅典和斯巴达,也分别只有2550平方公里和8400平方公里。[10] 城邦国家的政制和形态也各异,有民主政体、贵族政体、专制政体或混合政体,但公民集体或公民的政治联合体这一属性,则是"城邦国家"的共同的特点。

图3　哥尔琴法典墙

在古代希腊,早期的法律是宗教的一部分,是礼仪和祷词的总和。关于家庭、人们的社会地位、本地公民和外邦人之间的区别、男女关系、所有权和继承等的各种规定,都散

[8] 进入共和制形态后,这一职能就由首席执政官来承担了。

[9] [法]库朗热:《古代城邦——古希腊罗马祭祀、权利和政制研究》,谭立铸等译,华东师范大学出版社2006年版,第165页。

[10] 崔连仲主编:《世界通史·古代卷》,人民出版社1997年版,第196页。

见于祭祀、丧葬、敬祖等礼仪和祷词之中。[11] 公元前7世纪～前4世纪，各城邦国家开始步入成文法阶段，较著名的有公元前621年《德拉古法》、公元前594年《梭伦法律》、公元前509年《克里斯提尼立法》、公元前440年《伯里克利立法》、《哥尔琴法典》[12]和《罗得岛海商法》等。

公元前338年，希腊被北部地区的马其顿（Macedon）王国所征服，希腊城邦国家开始衰落，城邦立法也日趋式微。公元前196年，罗马打败马其顿，宣布将希腊从马其顿统治下“解放”出来。公元前146年，希腊反抗罗马起义被镇压，希腊为罗马所灭亡，成为罗马的行省，希腊法也停止了发展，其部分制度、原则和法律精神为罗马法所吸收。

## 三、古希腊法的基本特征

1. 法律的多元化。古希腊由于有许多城邦国家的存在，因而每个城邦各自制定和施行自己的法律，古希腊法并不是一个统一的法律体系。各城邦法律在内容和形式上存在较大差异，在成文法的比重、政体形式、土地私有化程度等各个方面，各城邦国家都是不相同的。

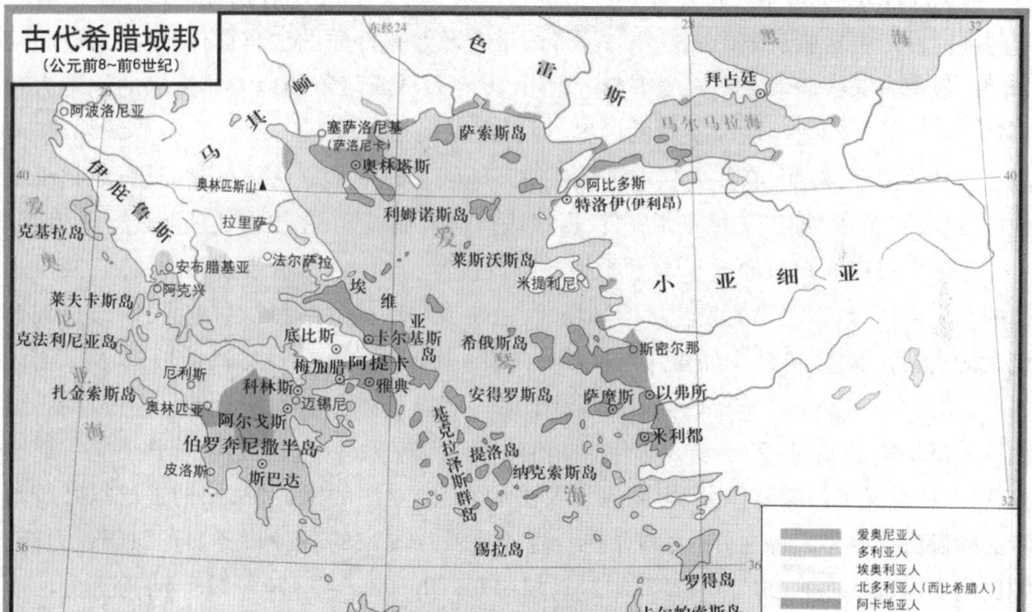


图4 古代希腊城邦

---

〔11〕［法］库朗热：《古代城邦——古希腊罗马祭祀、权利和政制研究》，谭立铸等译，华东师范大学出版社2006年版，第174页。

〔12〕在这些立法成果中，《哥尔琴法典》保存得最为完整。1863～1864年，考古学家在克里特岛上，发现了镌刻在石头墙壁上的法典原文，内容涉及诸多领域的民事法律规范，从而让后人了解了公元前5世纪古希腊民事法律的丰富和发达，从一定程度上纠正了“古代希腊城邦民主政治比较发达、而民事立法成就不高”的传统观点。该法典墙现在已经通过加盖屋顶予以保护。

2. 缺乏完整而严密的法典。在古希腊,虽然出现了许多著名的思想家和哲学家,但没有形成在社会上占有重要地位的法学家集团,因此希腊历史上虽然立法活动频繁,各城邦也颁布了一些单行法律如《哥尔琴法典》等,但始终未能形成如罗马《十二表法》那样比较系统化的统一适用的大的成文法典。

3. 城邦民主政治立法比较发达,私法相对较弱。在古代希腊法律的发展中,城邦民主政治比较发达,而处理公民私人之间民商事交往的法律规范(私法)相对比较弱小。如在罗马,自公元前5世纪中叶《十二表法》颁布以后,在共和国时代和帝国前期,国家颁布了数量众多的成文法律,处理公民私人之间的事务,并且形成罗马的市民法、万民法和裁判官法等私法体系。而古希腊在私法规范领域,则没有这么发达。虽然学术界对此有不同看法,雅典立法(尤其是梭伦立法)中,也有债权债务、所有权和侵权等私法内容,而且罗马制定《十二表法》时,还曾派人前往希腊学习梭伦的立法经验。但在整体上,古希腊留给人类的法律遗产中,主要是雅典的民主政治,是它的城邦民主政治文化,是公法文明。古希腊思想家亚里士多德(Aristotle,公元前384 ~ 前322年)的《政治学》和《雅典政制》,可以说是这方面的经典代表。

4. 缺少稳定的、专业化的法律实施机制和司法人才。古希腊在法律的适用上具有一定的灵活性。古希腊从未形成像罗马那样的带有职业化性质的法官群体,审判人员和陪审团一般都身兼数职。在案件的审判过程中,审判人员或陪审团以及雄辩家的注意力和兴趣不在于分析和适用法律条款的内容,而旨在发现案件的"正义"。在雅典城邦,陪审法院有几千之众,然而,有些人根本不懂法律。他们有时不是靠法律处理问题,而是根据他们发现的"公道"即正义感审判案件,所以法律常常被虚置,在技术处理上具有灵活性。

5. 缺少法律的知识传授和学术积累。与古代罗马相比,古希腊法律的发展,缺少法律的知识传授,缺少法律的教育机构和场所,也缺少对法律的解释与研究,没有形成人数庞大的法学家群体,更缺少如盖尤斯(Gaius,130 ~ 180年)这样的罗马法学家以及其创作的《法学阶梯》等纯法学作品。虽然,世界上第一部以法律命名的作品诞生在古希腊,即柏拉图(Plato,公元前427 ~ 前347年)的《法律篇》(*The Laws*)。但这一著作不是一部纯粹的、严格意义上的法学作品,里面除涉及法的正义、立法的宗旨、法律的美德以及统治者必须做法律的仆人等之外,大部分内容说的是城邦国家的各种事务。类似于盖尤斯、帕比尼安(Papinianus,约140 ~ 212年)、乌尔比安(Ulpianus,约170 ~ 228年)等五大法学家那样的法学作品,在古希腊城邦国家存续时期还没有发现。

6. 普通法和邦际冲突法。在古代希腊,虽然各个城邦国家法律多元、分散,但在若干时期希腊曾是一个称霸地中海区域的帝国,在司法实际中需要解决各城邦国家之间的法律冲突。因此,在古代希腊,也产生了希腊化的"普通法"和某些类似后世"国际私法"性质的冲突法原则。

### 四、古希腊法的历史地位

古希腊是西方法律文明的发源地之一,也曾是古罗马的立法楷模,其关于法的概念和方法、关于自然法和正义的观念、关于城邦民主政治的立法("宪法"),对以后欧洲国家的立法、司法以及法律思想都产生了直接或间接的影响,以致古希腊被人们看作民主制度的"摇篮"或"西方法律传统的滥觞"。

在上述古希腊法制建设的经验中提炼出来的法律智慧,经过柏拉图的《法律篇》和亚里士多德的《政治学》等作品的阐述,成为西方法律传统的基石,也成为西方法律思想的源头。以亚里士多德为创始人、以斯多噶学派(Stoics)为阐发者的自然法思想,经过罗马法律思想家、中世纪阿奎那·托马斯(Aquinas Thomas,1225~1274年)等神学自然法学家,以及如格劳秀斯(H. Grotius,1583~1645年)、洛克(John Locke,1632~1704年)、孟德斯鸠(Montesquieu,1689~1755年)、卢梭(Rousseau,1712~1778年)等近代启蒙主义思想家的继承和发扬光大,成为一以贯之的西方法和法学发展的精神价值和理论基础之一。

## 第二节 雅 典 法

### 一、雅典法的发展

雅典城邦国家位于希腊半岛东南的阿提卡(Attica)半岛,是古希腊境内较大的城邦国家之一,也是古希腊世界实行城邦民主制的典型代表。

早在公元前753年,雅典就推翻了君主制度,以10年任期的执政官(archon)代替国王。从公元前683~前682年起选举一年一任的执政官。初为三人,首席执政官执掌内政,监督国法的实施,对外代表国家,对内总理全国政权;另外两位执政官,一位执掌军事,负责国防与外交,另一位主持贵族会议,执掌司法,并负责祭祀事务。[13]

相传公元前8世纪末,当时的首席执政官提秀斯(Theseus)进行了立法改革。他设立了以雅典城为中心的管理机关,并将雅典的自由民划分为贵族、农民和手工业者三个等级,形成了城邦国家的雏形。当时设置的国家机关有:执政官,主管国家的全部行政事务;元老院,主管国家立法事务,曾任执政官者均为元老院当然成员,名额不限,任期终身;评议会,名额400人,任期一年,从第二、第三公民等级(中小贵族)中选出,负责拟定法案、监督财政;公民会,由自由民组成,参与元老院、评议会和执政官的国家管理活动。[14] 此时,雅典城邦法总体上还处于习惯法阶段,法律的适用掌握在氏族贵族手中。

公元前7世纪,随着雅典商业、手工业的发展,雅典平民阶层的地位日益重要。公元

[13] 执政官后来又增设了6人,全部负责司法事务(这也说明了当时的雅典的司法活动之频繁,以及早期司法事务被贵族所垄断的状况),总数达到了9人。参见王觉非主编:《欧洲历史大辞典》(上册),上海辞书出版社2008年版,第61页。

[14] 林榕年主编:《外国法制史新编》,群众出版社1994年版,第139页。

前621年,在平民反对氏族贵族操纵司法的斗争中,德拉古(Drakon)当选为执政官,他将现行习惯法加以整理编纂,颁布了雅典第一部成文法,史称《德拉古法》。该法除了对刑事法律作出了较多的规定之外,还作出了三项重大改革:规定公民权取得的条件,即只有能够自备武装的人才享有公民权;将贵族会议选拔官吏改为公民抽签选举;组成一个由公民选举产生的401人的议事会。一方面,德拉古法以广泛采用重刑著称于世。如窃盗、纵火、故意杀人等罪同处死刑;甚至窃取蔬菜、水果也要处极刑。另一方面,德拉古法也开启了雅典成文法的始端,如法律禁止血亲复仇,对私有财产关系作出了相应的调整,并在一定程度上限制了贵族专横的司法权,这都具有历史的进步意义。

公元前594年,新兴的商业贵族梭伦(Solon,约公元前639~前559年)当选为执政官,并进行了一系列的立法改革。主要有:

第一,颁布了"解负令"(Seisacktheia),取消一切债务奴役制,具体内容为:拔除立在债务人份地上的记债碑,作为债务抵押品的土地无偿归还原主;禁止人身奴役和买卖奴隶;因债务而抵押为奴者一律恢复自由;因债务而卖身到外国为奴的自由人由国家出金赎回。

第二,废除贵族在政治上的世袭特权,将雅典公民按财产多寡分为富农、骑士、中农、贫民4个等级,全都有参加公民大会的权利。其中,第一等级可以担任国家最高官职,如执政官等,第二、第三等级可以担任一般官职,第四等级只享有列席"公民会"选举的权利,没有参政权。

第三,设立四百人会议和陪审法庭(Heliaea,也译为"赫里埃")。前者类似于民众大会的常设机构,由前三个等级的公民参加,主要负责提交公民大会议案的预审工作,同时,也负责监督财政事务。后者由6000名雅典公民组成,以掌握国家最高司法权,任何公民均可以当选为陪审法庭的陪审员,参与案件的审理。在陪审法庭中,再选出500人成立专职审判委员会,处理日常案件。[15] 雅典陪审法庭的设立,是西方司法民主化的重要措施,后来成为雅典民主制度的一个重要组成部分。

第四,关于杀人罪的处理,保持了《德拉古法》的规定。但梭伦立法禁止对他人包括奴隶在内的暴力伤害,从而使奴隶得到了人身安全。他允许外邦人获得雅典的公民权,使公民阶层的人数大量增加。

第五,实行一系列有利于发展私有经济和社会进步的措施。如鼓励富裕阶级以其财产投入工商业,从而使无地的人们获得就业的机会;鼓励水井公用,整顿灌溉系统,传授植物栽培技术;限制谷物输出,降低粮食价格,鼓励橄榄油出口,从而推动了小农发展集约经营的园圃农业,并使雅典迅速地从一个农业区域发展为工商业区域,这为日后雅典成为希腊世界第一大工商业城邦奠定了坚实的基础;改革币制和统一度量衡,方便商业和贸易;提倡每一个雅典人学会一种手工业技术,规定凡父亲有专长而不传授给其儿子

---

〔15〕 雅典的陪审法庭与后世的法院都遇到了同样的烦恼,即案件积压甚多。其原因主要是诉讼程序的缓慢,以及阿提卡、雅典城乃至整个雅典的所有诉讼案件都属于陪审法庭的管辖范围。

的，儿子就可以不承担赡养的义务；奖励外邦手工艺人移居雅典，如果是携家属永久定居雅典者，可以授予公民权；规定个人占有土地的最高限额，确认私有财产，容许土地的分割和转让，使人们有了更多的经济自由；禁止买卖婚姻，保障妇女和孤儿的利益，反对婚葬礼仪中的挥霍和浪费，惩罚流浪、无职业的人，维护良好的社会秩序，等等。

图5　梭伦

梭伦的立法，尤其是他关于政制的立法改革对于当时雅典的民主政治的发展具有极为重要的意义。在梭伦以前的雅典是贵族阶级的寡头专政，平民不仅无权议政，而且处于债务奴役状态。改革后，贵族阶级固然还是当政阶级，但众多的平民也可以进入公民大会，行使各种政治权利，这显然是一种革命性质的变革。正是梭伦有关政制方面的立法改革，为西方民主政治的繁荣昌盛奠定了历史基础。由于梭伦的功绩和他高尚的人品，他被列为“希腊七贤之一”，为后世人们所敬仰。

公元前509年，克里斯提尼(Kleisthenes，约公元前565～前507年)作为平民领袖当选为执政官，进一步推进了立法的民主化，使雅典的民主政治从此确立起来。这次立法改革的主要内容是：

第一，根据地域原则重新划分居民。取消原有的四个氏族部落，整个雅典城邦被分成10个部落(选区)，这种部落与以前的不同。它不是集合在一片毗连地带的部落，而是一种跨区域的人为的集合，它唯有在公民大会表决期间才能集合起来。这样的组织方法依据的是地区原则，因而它打乱了氏族传统，削弱了以氏族为基础的贵族势力。部落之下的基层单位是“自治村社”，是一种政治性、经济性、行政性、宗教性、军事性的单位。“自治村社”负责招募兵员，用抽签的方法选出陪审员。村社的18岁男性要登记入公民和兵役名册，负有服兵役的义务和参与审判的权利。20岁男性便取得全权公民的资格。

第二，创设了五百人议事会，由每个部落选出50人组成，取代了梭伦时期的四百人议事会。议事会选出议长委员会，共50人。这50人分为10个组，轮流主持日常政务，有资格选任为议事会成员的仍限于公民中的富农和骑士两个等级。每个部落还出一个将军，统率本部落征集的军队，并组成一个“十将军委员会”(strategia)统率全军。以后，雅典最高政权实际上操纵在“十将军委员会”手中。

第三，确立“陶片放逐法”(Ostrakismos，亦称“贝壳放逐法”)制度，它是针对那些滥用权力、危害国家利益、侵犯公民权利的官员而实施的，每个春季召开一次非常公民大会，先用口头表决的方式提出是否有要被放逐的人。如果有，那么就召开第二次公民大会，每个人在陶片或贝壳上写下他认为应被放逐的人的名字。凡被大多数投票认为应被放逐的人,就要离开雅典,为期10年,但其财产不被没收,也不牵连家属,期满返回,继续享有其财产权,以前其他的一切权利也随之得以恢复。

在雅典历史上,“陶片放逐法”一共实行了90余年(公元前417年该法被废除),有10个人受到放逐,考古学家已经在雅典发掘出了许多写有被放逐者名字的陶片,据说制定此法的克里斯提尼本人也受到过放逐,而比较著名的依“陶片放逐法”被放逐的政府高官主要有亚立斯泰提(Aristides)和地米斯托克利(Themistocles)。前者曾参加过马拉松战役,被誉为“正直的贵族”,是农村居民的代表,政治上采比较保守的立场,于公元前482年因政治斗争失败而依“陶片放逐法”被放逐。后者是航海(海洋)派贵族的代表,政治立场比较激进,主张大力发展商业贸易,于公元前493~前492年出任执政官,公元前471年,在受斯巴达人支持下的反对政治势力的策划和鼓动下,被民众大会以“陶片放逐法”予以放逐。[16]

图6 雅典卫城

克里斯提尼的立法改革标志着雅典民主制度与法律制度的最终完成。由梭伦、克里斯提尼建立起来的这些制度,至公元前4世纪末亚历山大征服为止,基本上没有大的变化。甚至在雅典沦为罗马统治下一个自治城市的时代,其民主制度和法律制度的某些方面仍被保持了下来。

公元前5世纪中叶希波战争后,雅典成为整个希腊世界的经济和文化的中心,其民主政治和法律制度也随之达到极盛时期。早在希波战争期间,民主派领袖阿菲埃尔特(Ephialtes,约公元前500~前461年)便积极推行立法改革,通过了一系列剥夺贵族权力的法案,规定雅典公民大会的会议不再受元老院的干预和监督,取消其审判公职人员渎职罪的权力。公元前443~前429年,民主派领袖伯里克利(Perikles,约公元前495~前

〔16〕 地米斯托克利被放逐出雅典后,起初逃往亚各斯,后来竟然投奔了敌国波斯,并在那里受到了优待,被授予一终身领地,以波斯贵族的身份终其一生。参见[苏]塞尔格叶夫(B. C. Сергеев):《古希腊史》,缪灵珠译,高等教育出版社1955年版,第225~226页。

429 年)成为雅典最高执政官,进一步推进了民主的立法改革。其内容为:

第一,官职向所有等级的公民开放,取消了任职资格的财产限制。以雅典最高的行政长官执政官为例,在伯里克利之前,只有第一、第二等级的公民才有资格当选,而伯里克利取消了这一限制,所有的公民都有资格出任执政官。

第二,公民大会(Ecclesia)基本上成为雅典城邦国家的最高权力机关,每隔 10 天召开一次,凡年满 20 岁的男性公民都可参加,大会解决城邦公社的一切重大事件,战争与媾和问题,城邦粮食供给,听取相关官员的报告,监督各行政机关的活动,审查终审法庭的案件,等等。与此相关的五百人议事会已具有了公民大会常设机构的性质,除了为公民大会准备议案外,还负责执行公民大会的决议,监督国家行政部门的日常事务。

第三,实行官职津贴制,以吸引下层公民参与城邦管理。按此制度,若下层公民担任执政官、五百人议事会的成员和陪审法庭的陪审员,国家一律实行津贴或补助。官职津贴最初是从陪审法庭开始的,当时出席陪审法庭的陪审员可以领取一定的"陪审津贴"(dicast),后来,这一做法推广到了其他官职。这样,在雅典就基本实现了官职向每一个等级的公民开放的目标,把少数公民的民主制转变成多数公民的民主制。

西方历史学界对伯里克利立法给予了极高的评价,他们认为,伯里克利当权的时代,是雅典最终形成古典形式的民主宪法的时期,而这一"公元前 5 世纪的雅典宪法,是克里斯提尼宪法的有机的发展,也是它的补充和局部的变相"[17]。我国学者进一步认为:"雅典城邦不仅发展了世界上第一个真正意义上的民主政体,而且在它的鼎盛时期[即伯里克利时代],雅典的民主几乎达到了完美的程度。"[18]

## 二、雅典民主制

雅典的民主制度在整个希腊世界里是最为完备的,它由梭伦的立法改革所开创,至伯里克利时代达到极盛。史学家一般认为,西方文明中的"民主"概念,最早是由古代希腊人提出来的。在公元前 5 世纪时,"民主"这个概念进一步获得了由"人民"(demos)来实行"直接统治"(kratia)的内涵。[19] 雅典的民主制,主要有以下特点:

1. 实行直接民主制。雅典公民都要直接参加公民大会,公民大会实际上作为最高权力机关,每月举行 2 ~4 次(一般为 10 天一次),解决城邦的一切重大问题,如宣战与媾和,审查终审法庭的诉讼等。每个公民在公民大会中都有选举权和被选举权。[20] 当时雅典的实际政治权力虽然由"十将军委员会"掌握,但将军任满离职要接受审查,有叛国行为或作战失败的要受到裁决,陪审法庭和公民大会可以没收其财产,可以将其放逐或处

[17] [苏]塞尔格叶夫(B. C. Сергеев):《古希腊史》,缪灵珠译,高等教育出版社 1955 年版,第 233 页。

[18] 陈恒:《失落的文明:古希腊》,华东师范大学出版社 2001 年版,第 1 ~2 页。

[19] 陈恒:《失落的文明:古希腊》,华东师范大学出版社 2001 年版,第 31 页。

[20] 伯里克利在阵亡将士葬礼上的著名演说中宣称:"我们的制度之所以被称为民主政治,因为政权在公民手中。解决私人争执的时候,每个人在法律上都是平等的。"转引自陈恒:《失落的文明:古希腊》,华东师范大学出版社 2001 年版,第 31 页。

死等。

2. 官制实行义务职和"合一制"。雅典的行政官员都是义务职,不支薪金。对此,伯里克利为了吸引下层公民参与城邦管理,实行了官职津贴,但并未废除义务职,在雅典,全部行政官员并不组成为某一处于行政首脑统一领导之下的"政府",各种行政官员任期不一,全都由公民大会或其他相应机构直接选出,各自独立对公民大会或其他相应机构负责。这样一来。公民大会自身就要处理许多具体行政事务,立法权力与行政权力很难分开,而且,陪审法庭也对公民大会及议事会负责,重大的诉讼案件的上诉和终审机构是公民大会而不是陪审法庭自身。这说明雅典的官制具有"合一制"的特征。

3. 监督制度完善而发达。包括官员任职前的资格审查制、信任投票制、卸任检察制、不法申诉制以及上述"陶片放逐法"等。

雅典能够形成直接民主制,有其深刻的社会经济原因。雅典是一个沿海城邦,氏族贵族势力相对薄弱,工商业贵族阶级的力量则不断增强,并与广大农民、手工业者结成联盟,以及奴隶和自由民对比悬殊等,都使得雅典城邦内部容易形成民主势力。此外,雅典领土狭小,乡居的公民进城参加公民大会可以朝出暮归,人们相互间比较熟悉,国家政务比较简单,易于在公民大会中讨论和表决,这是雅典实行直接民主的先决条件。因此,雅典城邦制度和直接民主是相互依存、互为条件的。

当然,雅典民主制度也有其历史局限性,即虽然雅典公民在形式上都享有平等权利,但享有公民权的人在雅典总人口中仅占极少数,广大奴隶和外邦人是没有公民权的。如根据希腊晚期作家阿典奈奥斯(Athenaeus,公元前3世纪)的说法,在奴隶制度全盛时期,雅典的奴隶是40万人,外邦人1万人,而公民只有21,000人。[21] 同时,占自由民一半的广大妇女也被置于无权地位,释放的奴隶也不得享有公民权。因此,雅典居民中真正拥有公民权的人很少,大体上只占总人口的1/20。从本质上看,雅典的民主政治主要是奴隶主阶级内部的民主。

### 三、所有权

随着工商业的发展,到公元前5世纪~前4世纪时,雅典的私人所有权已相当发达,客体已扩大到所有的动产(如牲畜、奴隶)、不动产(土地、房屋),所有动产和不动产都可以自由买卖。虽然早期的私有制还带有公社所有制的痕迹,也没有出现"所有权"这一用语,但国家对公民私有财产的保护已经非常严格。每一任期的第一位执政官上任,都要宣誓保护每个公民的私有财产,一般由传令官发布公告:"物主将为其所有物之持有者和绝对主人。"雅典法律同时规定了财产权的司法保障程序,不动产所有人对占用其不动产提起的收益之诉向法院第一审级提出;产权的诉讼则向第二审级提出。

所有权的取得有原始取得和传来取得两种形式。继承、农作物的收成和战利品属原

---

[21] [苏]塞尔格叶夫(B. C. Сергеев):《古希腊史》,缪灵珠译,高等教育出版社1955年版,第257页。

始取得形式。传来取得需要所有权凭证合法持有者的有效转让,所有权凭证合法持有者可以在他自己有权处理的范围之内,决定所转让的权利性质。不动产所有权的转让还依赖于几种公开宣布的方式,如由报告员事先宣告,或者当着证人的面作正式的转让声明,或者由官方把所成立的交易加以登记,有时甚至把内容刻在石上予以永久保存。

### 四、债

在雅典,债法相对比较发达,其来源大致分为两种:因契约产生之债和因损害赔偿产生之债。在契约之债的场合,为保证契约的履行,一是要求大部分的契约必须是书面的,二是法律设立了担保制度,其形式有人格担保和实物担保两种。前者要求担保被告出庭或履行债务人的诺言,并且还要承担债务人可能应受到的同样惩罚。在梭伦立法改革之前,债务的担保,大量实行的是债务人的人身担保,即如果债务人到时无法归还债务,就必须以人身抵债,从而沦为债务奴隶。梭伦立法以后,债务奴隶被废除,债的担保主要是采用定金以及抵押等实物担保的形式。实物担保主要形式是一种抵押权。债务人暂时可以将抵押品保持在自己手中,债务人不能履行义务时,债权人有权取得抵押品作为违约罚金。雅典的契约种类很多,有买卖、借贷、租赁、合伙、物品保管及人身雇佣等。

因损害赔偿而产生的债,主要是指对公民的人身或财产非法损害而发生的债,受害人有请求赔偿的权利。凡是故意损害他人者,其惩罚双倍于损害的程度。对他人的强制行为,除了构成刑事罪行外,还构成两种民事上的损害赔偿事实:一种是造成人身的伤害,另一种是给人以某种类型的侮辱。

对于谋杀罪,即使遭致死刑或被流放,在民事法规范上,仍被看作侵权行为。雅典还保留了原始社会血亲复仇的遗风,对谋杀犯的起诉只限于被害人的亲属提起,并被看作被害人的亲属义不容辞的责任。另外,父亲对其子女所引起的人身或财产损害承担责任,主人对奴隶所引起的损害承担责任。

### 五、婚姻、家庭和继承

在古代希腊,婚姻被视为宗教上的事务,因此,婚姻的成立必须征得家庭成员特别是作为家庭主祭人的父母的同意。古代希腊允许近亲属结婚,但禁止公民与不具有公民身份的人通婚。法律上规定一夫一妻制。但事实上的一夫多妻也是被允许的,丈夫是妻子及妻子财产的当然监护人,反映出夫妻之间的不平等。配偶双方都有离婚的自由。只要一方逐出另一方或抛弃另一方,就构成离婚的事实,无须提出任何理由。但实际上,妻子提出离婚则要履行比丈夫提出离婚复杂得多的手续。

在雅典,原则上只有男子才享有继承权。遗产由儿子共同继承,但长子取得的财产份额要比其他人稍多。法定继承的顺序是儿子、兄弟、侄、伯叔、堂兄等,如死者无兄弟、侄辈,则姐妹及甥女辈可以继承。如果一个雅典人在他父亲活着时就死亡,既没有留下遗嘱,也没有儿子,那么父亲可以把家庭中属于已故儿子部分的财产据为己有;如果父亲也死了的话,这份产权就按照法定的顺序转移给父亲亲属。没有兄弟的女儿,虽然自身没有继承父亲财产的权利,但是可以把这份产权转移到她儿子的手中。

雅典的继承权只赋予男性,最早是接受了宗教的影响。在早期雅典人的观念和实际生活中,一切活动首先要请示神灵的意思。而请示神灵的通常办法就是占卜和祭祀。主持家庭占卜和祭祀的人,就是家庭中的男性尊长,且一代代传袭,而这种占卜和祭祀的继承权是家庭继承的主要内容。虽然随着雅典社会的发展和进步,宗教色彩日益淡化,但这种继承理念一直被延续了下来。

## 六、刑法

在雅典,国事罪被视为最重的犯罪,如叛国罪、欺骗民众罪、怯懦罪以及向民众大会提出非法决议罪等都被作为国事罪,要受到最严厉的惩罚。此外,亵渎神祇、危害宗教的行为、扰乱家庭和平的行为,甚至品行不端,诸如虐待父母、妇女、孤儿等都被列为刑事犯罪。在雅典,侵害财产的犯罪也被视为重罪,如窃盗他人财产,被现场抓住,如果是在白天,就可以加以逮捕和监禁,如果是黑夜里,就可以当场杀死。[22]

刑罚的种类主要有死刑、流放、出卖为奴、剥夺自由、鞭笞、凌辱、烙印、放逐以及罚金等。处刑的原则是奴隶处罚肉体,自由民处罚财产和剥夺权利。而雅典公民中的知名人士,处刑时要更加人道一些,即使死刑,执行时也尽量让其减少痛苦,通常是用毒药让其服下,慢慢死去。公元前 399 年,雅典著名思想家苏格拉底(Socrates,公元前 469 ~ 前 399)被陪审法庭判处死刑后,其执行的方法就是喝毒药自尽。如果是奴隶犯了死罪,则或者是用棍棒活活打死,或者将其从悬崖上推至深谷摔死。

在雅典刑法中,还保留了远古时代的某些习惯和血亲复仇的做法。如杀人、诱拐妇女、纵火等重大犯罪,因为与被害人及其亲属有利害关系,允许被害者及亲属同犯罪者私下通过赔偿的方式加以了结;受害人若在临死前答应赦免加害者,其他人则不得对其进行报复;在某些情况下,法律允许直接复仇的行为,如男子发现妻子、姐妹与人通奸,他有权当场将那个男人杀死;因谋杀罪而被判死刑时,刽子手要在受害人亲属面前执行,等等。

## 七、司法制度

雅典的司法由阿留帕格斯、埃非特和赫里埃等法院所主持。按照雅典法律的规定,只有雅典男性公民才有起诉权,奴隶不是公民,不享有这一权利。外邦人则只有通过他的"保护人",才能进行诉讼。雅典公民中未成年者,不管男女,其诉讼权利都受到限制,必须通过其家长或保护人才能行使。

在雅典的法院系统中,阿留帕格斯(Areopagus,源于雅典一座小山的名称)起初作为

---

〔22〕 由此也可以得知,罗马公元前 5 世纪中叶制定颁布的《十二表法》中规定的"夜盗挖墙,格杀勿论",应该是从希腊法中继承下来的。

氏族贵族的权力机关，拥有审判权。到公元前5世纪，逐渐演变为具有司法性质的普通审判机关。主要审理故意杀人、毒害及纵火案件。诉讼一般在露天广场进行，原、被告各站在两块指定的粗石上，当众进行审理。

埃非特(Afyter)法院由51人组成，审理过失杀人、教唆杀人、致人残废及杀死异邦人案件。

赫里埃(Heliaea，陪审法庭)是雅典最重要的司法机关，是国事罪、渎职罪等重大案件的第一审级，同时也是其他法院判决案件的上诉审级。如前所述，在雅典，审判员(陪审员)的审案资格是根据梭伦立法时所确立的原则进行确认的，即全体雅典公民作为一个整体，具有审判其成员的资格。审判员由抽签决定，凡年满30岁的公民都有被选的资格。遇有特殊的、政治意义特别重大的案件须召集由6000人所组成的“大审判团”即民众大法庭进行审判，而平时的日常审判事务则由从6000人中选出的500名专职审判委员来承担。

在诉讼方面，雅典分“私诉”和“公诉”两种。私诉只能由受害人或其法定代理人提出，在未结案前可以中途停止，受害方只能取得赔偿或罚款；公诉任何公民都可以提出，一旦起诉必须进行到结案为止，否则将课以罚金，审判结果可以导致刑事处罚。

## 参考阅读书目

1. 任寅虎、张振宝：《古代雅典民主政治》，商务印书馆1983年版。
2. 顾准：《希腊城邦制度》，载《顾准文集》，贵州人民出版社1995年版。
3. [古希腊]亚里士多德：《政治学》，吴寿彭译，商务印书馆1996年版。
4. [英]约翰·索利：《雅典的民主》，王琼淑译，上海译文出版社2001年版。
5. [英]F. I. 芬利：《希腊的遗产》，张强等译，上海人民出版社2004年版。
6. 胡骏：《古希腊民商事立法研究》，上海人民出版社2012年版。
7. 胡骏：《古希腊刑事立法研究》，上海人民出版社2013年版。
8. [古希腊]柏拉图：《法律篇》，张智仁、何勤华译，商务印书馆2016年版。

# 第四章　罗马法

图1　罗马斗兽场

【导　读】

本章罗马法的学习，主要帮助同学了解古代罗马法的形成、发展和演变的过程以及特点，了解罗马私法的体系以及其基本内容，理解罗马法的复兴、对后世立法的巨大影响以及之所以能够产生影响的原因。通过这一章内容的学习，同学对罗马法这一古代社会最为先进、发达的法律体系有一个系统、完整的理解和把握。

【问题讨论】

1. 罗马法形成、发展和演变有哪些特点？
2. 罗马法体系有哪些分类？
3. 罗马私法的主要内容包括哪些方面？
4. 罗马法在中世纪欧洲复兴的表现和原因是什么？

## 第一节 罗马法的形成及其特点

西方学者认为，古代罗马社会留给我们有形的精神文化遗产，最著名的是两项：一项是《圣经》，另一项就是罗马法。“在我们的文明史上，罗马法占据着一个独一无二的地位。它从最初一种狭小和简陋的农村共同体的法律，发展成为一种强大的城邦国家的法律，接着，在其发展过程中，又成为一种帝国的法律。而这个帝国统治着几乎为当时的人们所知道的整个文明世界。”[1]

罗马法既是古代社会最发达的法律体系，也构成了近现代西方法和法学的历史基础。

### 一、罗马法的形成

罗马法(Roman Law)是指罗马古代国家的全部法律，既包括自公元前8世纪罗马国家产生至476年西罗马帝国灭亡这个时期的法律，又包括查士丁尼(Justinianus, 527～565年在位)时期东罗马帝国的法律。它是随着古代罗马社会阶级和国家的出现而逐步形成的。

古代罗马国家地处欧洲地中海中部的亚平宁(Apennines)半岛。罗马居民属印欧语系民族的一支——拉丁族人(latini)，很早就从意大利以北的欧洲内陆分批进入半岛中部的拉丁姆(Latium)地区定居下来。[2] 公元前10世纪前后，罗马已成为该地区许多氏族公社中主要的一个。传说它分为3个部落(“特里布斯”，tribus)，每个部落下有10个胞族(“库里亚”，curia)，每个胞族又由10个氏族组成，其联结的纽带并非人为的组织，而是自然的血缘关系。整个罗马共有300个氏族。

公元前8世纪至公元前6世纪，是罗马原始公社制向阶级社会过渡的阶段，史称“王政时代”。当时的社会管理组织有“库里亚”会议、氏族长老组成的元老院和“王”(rex)，而调整人们的行为的规则是长期以来形成的大家共同遵守的习惯。

公元前7世纪以后，氏族内部出现了财产不平等和阶级分化现象，出现了“保护人”(patronus，氏族贵族)和“被保护人”(cliens，依附贵族的贫困破产之家族)。后者从前者那里取得份地并为之服役，遇战争则须作亲兵出征。与此同时，奴隶制也发展起来了，不过，当时奴隶数量不多，主要来源是战争俘虏。

此外，在罗马居民中还出现了“平民”(plebis)这个特殊阶层。其来源是拉丁姆境内的被征服者和因工商业的发展而迁移来的居民。他们的人身虽然是自由的，也有一定的经济实力，却不能享有与罗马人同等的权利。这种状况促使平民与贵族进行了长期的斗争。至公元前6世纪左右，平民的斗争终于迫使贵族让步，从而出现了塞尔维乌斯·土

---

〔1〕 Hans Julius Wolff, *Roman Law, An Historical Introduction*, University of Oklahoma Press, Norman, 1951, p. 3.

〔2〕 [英]迈克尔·格兰特：《罗马史》，王乃新、郝际陶译，上海人民出版社2008年版，第9页。

利乌斯(Servius Tullius,约公元前578~前534年)改革。

这次改革,按照财产的多少将罗马居民分为五个等级,并按财产等级规定不同的兵役义务;废除原来以血缘关系为基础的三个氏族部落,按居住地区把罗马城划分为四个部落,居民就所在部落登记户口和财产,确定权利和义务。这次改革是一场深刻的政治革命,是罗马原始公社制瓦解、国家产生的标志。

随着罗马国家的形成,为适应奴隶主阶级统治的需要,罗马的法律也就应运而生。它是一种反映罗马奴隶主阶级的意志,保护奴隶制的剥削关系,巩固奴隶主阶级在国家机关中的统治地位以及对奴隶的支配权力的社会规范体系。

## 二、罗马法的发展和演变

罗马法从其产生至成为古代奴隶制社会最发达、最完备的法律体系,经历了近千年逐步完善的过程,经过了如下几个演变时期:

(一)王政时期(公元前8世纪~前6世纪)

这一时期主要是古老氏族的习惯和社会通行的各种惯例,至王政后期国家最后形成时,逐渐演变成为习惯法。

(二)共和国前期(公元前6世纪~前3世纪)

图2 公布于罗马广场的《十二表法》

是习惯法向成文法过渡的时期。随着奴隶制经济的发展,平民与贵族斗争的展开,那种由贵族垄断立法与司法权、随意解释习惯法的局面再也维持不下去了。颁布成文法与抑制贵族的专横,成为社会发展的必然趋势。公元前462年,平民保民官特兰梯留(G. Terentilius)曾在民众大会上提议编纂成文法,虽遭到贵族的反对,但后来仍同意成立十人委员会,从事立法工作。委员们在希腊考察法制回来后,于公元前451年制定了法律十表。由于平民仍不满意,公元前450年罗马共和国改组了十人委员会,又制定两表,作为前者的补充。两者合称《十二表法》(*Lex Duodecim Tabularum*)。

《十二表法》是罗马第一部成文法,共有105条,涉及土地占有、债务、家庭、继承和诉讼等方面的法规。[3] 它反映了罗马奴隶制的发展和社会分化的过程,固定了自由民与奴隶地位和权利的不平等(如第十一表规定平民与贵族间不得通婚),维护私有财产(如第八表规定放火或夜间行窃者处死),还特别详细

---

[3] “《十二表法》是民法,涉及的是罗马公民(cives Romani)的权利与义务和公民之间的关系。”载[英]迈克尔·格兰特:《罗马史》,王乃新、郝际陶译,上海人民出版社2008年版,第64页。

地规定了债务奴役制(如第三表规定,对于限期届满的债务人,债权人有权以铁链扣押债务人60天,并将债务人押赴“集市”三次,如有他人为之赎身,债务即为清偿;如无人赎取,则可将债务人杀死,甚至可以肢解其身,也可将其出卖为奴隶)。此外,《十二表法》也保留了许多原始社会的遗迹,如第五表规定,死者无遗嘱又无继承人及父系近亲时,可由氏族成员共同继承财产;第八表规定了同态复仇等。

《十二表法》的许多内容体现了它是平民斗争的胜利成果,如第九表规定了立法者不得为个人利益立法,贪官污吏应受到严惩,任何人非经审判不得被处死刑;第八表限制了利率,每月利息不得超过1%;第三表规定了还债的30天“恩惠期”,等等。同时,《十二表法》冲破了贵族对法律知识和司法权的垄断;设表分条地把不同的法律规范按类分别汇集,条理比较清楚;确定了适合于当时社会发展水平的一定的诉讼形式;比较注意条文之间的联系和一致性,等等。因此,《十二表法》是罗马法发展史上的一个里程碑,也是古代奴隶制法中具有世界性意义的法律文献之一。[4]

《十二表法》

此后,平民又通过公元前367年的李锡尼—绥克斯图法案(*Lex Licinia Sextia*)、公元前326年的波提利阿法案(*Lex Poetelia*)等有关成文法律,获得了担任执政官和其他高级官职的权利。这些法律还对占有国有土地规定了最高限额(每户500犹格鲁姆),[5]并废除了债务奴役制。特别是公元前287年霍腾西阿法案(*Lex Hortensia*),又使平民会议成为具有完全立法权的机构。这样,至公元前3世纪左右,平民在政治、经济和法律上都已取得与贵族平等的地位,开始享有完全的公民权。平民上层和旧贵族一起成为掌握罗马政权的新贵族。古罗马社会和罗马法进入了一个新的历史发展阶段。

(三)共和国后期(公元前3世纪~前1世纪)

是罗马市民法发展与万民法形成时期。公元前3世纪以后,罗马的经济获得很大发展,对外战争的胜利又使罗马版图日益扩大,最后成为一个横跨欧亚非的庞大的奴隶制帝国。

市民法(ius civile)亦称公民法,是罗马国家固有的法律,包括民众大会和元老院所通过的带有规范性的决议以及习惯法规范。其适用范围仅限于罗马公民。市民法的内容主要涉及罗马共和国的行政管理、国家机关及一部分诉讼程序的问题,其特点是体系不完整、带有保守性和浓厚的形式主义色彩。

由于经济生活的发展和复杂化,墨守成规的市民法已无法满足新兴大商人和大土地所有者等奴隶主的要求,罗马居民也迫切要求在法律关系方面进一步明确私人之间的权利和义务。这些都促使市民法进一步发展。公元前367年,罗马设置内事最高裁判官(praetorurbanus),他在保证市民法适用的同时,通过审判实践和颁布告示,补充和修改了

[4] 《十二表法》制定后,刻在铜板(也有说木板、象牙板、大理石板等)上,被公布安置在了罗马广场上。公元前390年前后高卢人(Gauls)一次入侵时,将其烧毁了。因此,《十二表法》的原文并没有能够完整地保存下来。现在我们所看到的该法的内容,是后人根据当时学者在其著作中引用的条文加以重新整理、恢复而成的。目前,最为完整的《十二表法》的中文文本,是由周枏先生所翻译的,发表于《安徽大学学报》1983年第3期。

[5] 一个犹格鲁姆(jugerum),约等于25公亩。

市民法。至共和国末期,经过长期积累,这种告示便形成一整套广泛的、固定而统一的规范,独立于市民法之外,称“最高裁判官法”。它体现所谓“公平合理”的原则,不拘泥于形式,更具灵活性,以适应统治阶级的实际需要。

随着居住在罗马的外来自由民数量的增多,罗马市民法无法适应社会发展的需要了。因为市民法采用属人主义,即只赋予罗马公民以法律权利,不论他们居住在什么地区,而对居住在罗马的异邦人和被征服地区的广大居民,则不予保护,处理纠纷时,适用他们各自的本国法,往往产生很多困难。为了解决异邦人和被征服地区居民内部以及他们同罗马居民相互之间的权利义务关系,公元前 242 年,罗马又设置外事最高裁判官(praetor peregrinus),专职处理此类案件,逐渐形成一套“万民法”。

所谓万民法(ius gentium),意即“各民族共有”的法律,它适用于罗马公民和非公民之间以及非罗马公民之间的纠纷。其主要来源是:清除了形式主义的罗马固有的“私法”规范;同罗马人发生联系的其他各民族的规范;地中海商人通用的商业习惯与法规等。其内容绝大部分属于财产关系。特别注重调整有关所有权和债的关系。万民法比市民法更加灵活,更加适应罗马经济的发展和统治阶级利益的要求。

万民法与市民法不是完全对立的。内事裁判官往往将万民法的原则移用到市民法中去。212 年皇帝卡拉卡拉(Caracalla, 211 ~ 217 年在位)颁布著名的《安敦尼努敕令》(*Constitutio Antoniniana*),[6]将罗马公民权授予帝国全体自由民(包括异邦人)以后,万民法与市民法两个体系逐渐接近。至公元 6 世纪,制定查士丁尼法典时两者最终统一起来。

(四)帝国前期(公元前 1 世纪 ~ 公元 3 世纪)

帝国初期,罗马法学家的活动日益加强,其著述和一系列的司法实践活动,使罗马法律能够适应社会需要的不断发展。此后,随着皇权的逐步加强,皇帝敕令逐渐成为法律的主要渊源,其他各种形式的立法则逐渐消失,如元老院此时所通过的决议几乎都是由皇帝提出的,它只是形式上表决一下;罗马民众大会的立法权实际上已不复存在;裁判官因其颁布“告示”之权与皇权所不相容,也受到了很大限制。

皇帝敕令(constitutiones principium)主要有四种:其一,敕谕,是对全国发布的有关公法和私法方面的各种命令;其二,敕裁,是为裁决案件而发布的指令;其三,敕示,是对官吏的训示;其四,敕答,是就官吏和民间所询问的法律事项作出的批示。其中,敕谕最为重要,是帝国中后期的主要法律渊源。

(五)帝国后期和查士丁尼法典编纂时期(公元 3 世纪 ~6 世纪中叶)

公元 3 世纪开始,罗马帝国日趋衰落。许多行省以及意大利本土奴隶和隶农的起义

---

〔6〕 卡拉卡拉皇帝,原名叫 Septimius Bassianus,卡拉卡拉(Caracalla)是他的绰号。安敦尼努(Antoniniana)是他后来的名字。其性格反复无常,时人对其评价不高,主要是因为他的皇位是谋杀了其胞弟盖塔(Geta)后夺得的,站在盖塔一边的罗马著名法学家帕比尼安也被其所杀。但卡拉卡拉皇帝作出了授予罗马境内所有居民以平等的罗马公民权的决定,这是具有巨大的历史贡献的。

接连不断。4 世纪以后，罗马帝国又遭到日耳曼人的严重侵扰。为了挽救帝国的命运，罗马统治者进一步加强集权化和军事化。330 年，君士坦丁（Constantinus，306～337 年在位）在君士坦丁堡建立新的首都，此后，罗马帝国便分裂为东西两个部分。476 年，在奴隶、隶农起义的打击下，日耳曼人大举侵入，西罗马帝国被推翻。从此，西欧社会向封建制过渡。

鉴于帝国政权面临的各项危机，统治阶级迫切要求将反映本阶级意志的现行法用特定形式巩固下来，为此，进行了法典汇编工作。起初，由个别法学家编纂皇帝的敕令，如公元 3 世纪末草拟的《格里哥安法典》（*Codex Gregorianus*）和《赫尔莫杰尼安法典》（*Codex Hermogenianus*），前者包括从 2 世纪末到 3 世纪末的皇帝敕令，后者包括以后若干年的敕令。至狄奥多西二世（Theodosius Ⅱ，401～450 年）时，又颁布第一部官方的罗马皇帝敕令汇编，称《狄奥多西法典》（*Codex Theodosianus*），包括 4 世纪初以来的许多敕令。[7] 但大规模、系统的法典编纂工作，是在东罗马皇帝查士丁尼统治期间（527～565 年）和他死后的一段时间进行的。

### 三、罗马法形成和发展的特点

在上述罗马法形成和发展的过程中，出现了一些与其他奴隶制法不同的显著特点。这些特点，与古罗马社会的经济、政治状况紧密相连，也是罗马法能成为高度发达的奴隶制法的重要原因之一。这些特点主要有：

#### （一）法学家的解答和著述

在罗马法形成和发展过程中，法学家起了重要的作用，表现为：解答法律问题，指导诉讼，撰写契据，注释、整理和编辑罗马法的各种渊源，并著书立说。其中，解答和著述对罗马法的发展起了显著作用。

公元前 3 世纪以前，法律问题的解答权掌握在少数僧侣手中。公元前 254 年，平民出身的祭司科伦卡纽斯（T. Coruncanius）将所有法律文献公开，并教授世俗青年学习法律，平民才有成为法学家的可能，法学研究因而开始兴起，法学家的解答对法律发展的作用也日益显著。

法学家的解答，若与诉讼有关者，直接送给裁判官或承审员，或由辩护士转达法院。开始时，这种解答纯系一种个人意见，无法律约束力，但由于承审员大半不甚精通法律，以及法学家个人的名望等原因，这种解答常常为审判官所接受，作为办案的依据。到了奥古斯都（Augustus，公元前 27～14 年在位）时，授予某些法学家以解释的特权。哈德良皇帝（P. A. Hadrianus，117～138 年在位）时法律进一步规定，取得特许解答权的法学家之间，解答意见一致时，其意见即具有法律效力。无论法学家对法律问题的解答取得一致意见，还是产生分歧，进行论战［公元 1 世纪至 2 世纪，曾出现过普罗库路士派（Schola

---

〔7〕 关于这三部法典的详细内容，请参见［意］朱塞佩·格罗索：《罗马法史》，黄风译，中国政法大学出版社 1994 年版，第 402～405 页。

图3 盖尤斯

Proculus)和萨比努士派(Schola Sabinus)之间的法学论战],对罗马法学的繁荣和发展,都起着重要的推动作用。

与此同时,法学家也撰写了大量解释法律、阐述法理的著作。如盖尤斯(Gaius,约130~180年)的《法学阶梯》等。[8] 426年,前述东罗马皇帝狄奥多西二世和西罗马皇帝瓦连体尼安三世(Valentinianus Ⅲ,423~455年在位)颁布《学说引证法》(*Lex Citationum*)后,帕比尼安(A. Papinianus,约140~212年)、乌尔比安(D. Ulpianus,约170~228年)、盖尤斯、保罗(Julius Paulus,约222年去世)和莫迪斯蒂努斯(Modestinus,约244年去世)五大法学家的解答和著述都具有了法律效力。这样,虽然这些皇帝的规定的实质是为了加强皇权,限制法学家的活动,但它却使少数著名法学家的解答和著述成了具有普遍约束力的法律规范,成为罗马法的重要渊源之一。

(二)裁判官的"告示"

公元前367年,罗马设立最高裁判官(内事裁判官)。按照当时的法律规定,裁判官握有决定案件应否审理、被告能否抗辩以及诉讼程序等职权。当一个案件提出后,如当事人双方都承认其为事实,该案即由裁判官自己审理。如当事人对事实有争议时,裁判官即把案件移交给承审员(法官),并把审理方式、程序告诉后者。后者就依此审理案件,判断是非曲直。通过这种审理活动,裁判官便获得了创制诉讼程序规则的权利。

更重要的是,按照罗马惯例,内事裁判官可以颁布各种告示(edictum),作为人人必须遵守的行为规则,从而使他们获得直接立法的权力。这些告示可分为:"一般(永续)告示",即内事裁判官上任时颁布的关于人们可以或不可以作一定行为的命令。由于裁判官任期为一年,这种告示的有效期也为一年。"临时告示",即对裁判官任期内所发生的民事纠纷、重大事件作出处理的命令。其效力仅及于命令涉及的案件。"传袭告示",即后任的裁判官对其前任的告示,感到合理而应加以继承的部分,再予颁布的告示。"新告示"是裁判官在继承前任告示"合理"部分之外,又加入了新内容的命令。由于裁判官告示适应形势变化,与罗马社会的实际联系较为紧密,故在实践上比成文法更具灵活性。

---

[8] 罗马古典时期,法学家的解答或者意见的文本,到目前已经全部佚失。但在一些法学家的著作中,保留了一些残篇,以下是一个法学家解答(复原以后)的部分内容:"你向我询问的是,一个兄弟姐妹间分割继承财产的协议,在以下情况下是否有效:你说的那名女子在她的丈夫的命令和胁迫之下,在完全不知道协议中包含或插入的条款的性质和结果的情况下,签署了上述协议。我的观点是,你所咨询的这项协议在法律上是无效的,它不可能有效成立,因为它完全违背法律规定的保障条款。"接下来,这位法学家引用了法典中的正式规定,以为其观点增强权威:"以暴力和胁迫实施交易应为无效,此乃定论……毋庸置疑,违背个人意愿或违反法律、法令所订立的协议是无效的。"参见[美]威格摩尔:《世界法系概览》(上册),何勤华、李秀清、郭光东等译,上海人民出版社2004年版,第348页。

裁判官告示和罗马法学家的解答、著述是紧密联系的。后者常常为裁判官接受,成为指导审判、发布告示的理论依据;而前者则为法学家的活动提供了丰富的材料,比如对裁判官告示的注释、解答等。两者相辅相成推动着罗马法的逐步发展。

裁判官拥有立法权,并非偶然。第一,如前所述,罗马社会法律关系复杂化,尤其是涉外关系频繁,为裁判官的审判、立法活动提供了客观需要。第二,罗马国家赋予裁判官的政治特权,也保障了他们立法的顺利进行。裁判官是罗马国家机构的重要组成部分,其地位仅次于执政官,这为裁判官创制法律创造了得天独厚的条件。相反,在古代君主专制国家,虽也设有掌管司法的审判官吏,却是没有立法权的。

裁判官的立法权与皇权是不能相容的。当罗马从共和国转为帝国时,裁判官的职权就逐步被削弱了。130～138年间,皇帝哈德良命令法学家犹里安(Julian)编订了《最高裁判官告示汇编》,规定此后裁判官在颁布告示时,只能局限于以往告示的精神,不得另创新原则。这样,裁判官立法的权力就此告终了。[9]

(三)系统的大规模的法典编纂

公元6世纪,东罗马皇帝查士丁尼进行的系统的、大规模的法典编纂,不仅是罗马法得以传至后世的一个关键性步骤,也是古代法律史上的一大壮举。

在古代其他国家,也都曾编纂过一些重要法典。如公元前18世纪古巴比伦的《汉穆拉比法典》,公元前6世纪定型的希伯来的《摩西律法》,公元前5世纪中国的《法经》,等等。但这些法典,有的只是宗教戒律,有的是习惯规则或具体案件的简单汇集。在系统性、理论性以及条文表现形式、立法技术等方面,都不能与查士丁尼编纂的法典相比拟,其立法规模与查士丁尼时代相比,也远为逊色。

查士丁尼编纂法典,首先从整理历代皇帝敕令着手。528年,他组建以特里波尼(Tribonianus)为首的10人法典编纂委员会,对当时有效的历代皇帝敕令,进行整理、汇总和删改,按照教会法、法律渊源、高级官吏的职务、私法、刑法和行政等内容,编成章、节,并按各自颁布时间顺序加以排列,注明颁布敕令的皇帝姓名等。法典共12卷(保存下来的有9卷),于次年颁布,这就是《查士丁尼法典》。534年11月16日,它的修订版被颁布。

530～534年,法典编纂委员会还先后编成了《学说汇纂》(Digesta)和《法学阶梯》(Institutiones)。前者收集了40位罗马历代法学家(公元1～4世纪)的著述(50多种),删去其中相互矛盾和不合时宜者。全书共50卷,除第30、31、32卷外,都分成章、节,写明当时皇帝名字、作者和书名,于533年年底颁布施行。[10]《法学阶梯》是以盖尤斯同名著作为蓝本,进行删改、增补,按照"人法""物法"和"诉讼法"的次序,分章、节编排而成,共

---

〔9〕从犹里安所编《最高裁判官告示汇编》的内容来看,其所涉调整范围已经非常广泛,包括物权、债权、侵权责任、犯罪和诉讼等各个方面。而且从这些规定内容可以得知,虽然裁判官立法的权力至公元2世纪初已经结束,但400年以后查士丁尼皇帝编纂的《国法大全》,是受到犹里安所编《最高裁判官告示汇编》的重要影响的。

〔10〕《学说汇纂》各卷,已经由中国政法大学出版社陆续翻译出版,目前已出版1、3、4、6、7、8、9、12、13、16、17、22、23、24、41、48各卷。

4 卷,于 533 年年底颁布,作为罗马法的钦定教科书,并具有法律效力。[11]

《国法大全》

查士丁尼死后,后人将他未列入《查士丁尼法典》的敕令,即自 534 年以后颁布的敕令汇编在一起,称为《查士丁尼新律》,保存下来的共有 124 令,最后一令颁布的时间为 555 年,内容大部分属于公法范畴,涉及私法者只有变更继承制度的规定。

以上四部法典,到公元 12 世纪,统称为《国法大全》(Corpus iuris,又称《民法大全》或《罗马法大全》),成为研究罗马法的主要资料。

## 第二节 罗马私法的体系及其基本内容

### 一、罗马法体系的分类

为适应罗马法学的发达,法学家们从不同角度,用不同标准,将罗马法划分为下述四类:

(一)公法与私法

历史上,公、私法的划分是罗马法的首创,前者包括宗教祭祀活动和国家机关活动的规范,后者包括所有权、债权、家庭以及继承关系等方面的法律规范。著名法学家乌尔比安说:"公法是与国家组织有关的法律","私法是与个人利益有关的法律"。罗马法还明确规定了公、私法的不同原则和效力。《学说汇纂》说:"公法的规范不得由个人之间的协议而变更",[12]而私法的原则为"协议就是法律"。公、私法划分的学说,不但被当时的罗马立法所承认,也为后世资产阶级学者所接受。[13]

(二)成文法与不成文法

成文法是指一切用书面形式发表的,具有法律效力的规范,它又有广义和狭义之分。狭义的成文法,是指各种民众大会通过的法律、元老院的决议、皇帝的敕令;广义的成文法,还包括裁判官的"告示"和法学家的解答等。不成文法是指为统治阶级所承认的习惯法。

(三)市民法、万民法和自然法

市民法原来的意思是指一个国家、一个民族特有的法律,后专指罗马固有的、仅适用于罗马市民的法律。起初,它包括罗马的习惯法、《十二表法》、民众大会通过的法律,后来又包括元老院的决议、法学家的解答等。

万民法是市民法的对称,如前所述,是调整居住在罗马领域内全体居民(包括外国

---

〔11〕 查士丁尼的《法学阶梯》,目前国内已经有了两个中译本,一个是由张企泰翻译的,取名《法学总论》,由商务印书馆 1989 年出版;另一个是由徐国栋翻译的,取名《法学阶梯》,由中国政法大学出版社 2000 年出版。

〔12〕 周枏:《罗马法原论》(上),商务印书馆 1994 年版,第 84 页。

〔13〕 目前可以看到的中文版的关于公法与私法的最好论述,是日本学者美浓部达吉所著《公法与私法》一书,由黄冯明翻译,2003 年由中国政法大学出版社重新勘校出版(勘校者为周旋)。

人)间所发生的法律关系的法律。

自然法,按照《法学阶梯》的解释,是指调整"一切动物的"法律,"因为这种法律不是人类所特有,而是一切动物都具有的,不问是天空、地上或海里的动物。由自然法产生了男与女的结合,我们把它叫做婚姻;从而有子女的繁殖及其教育"。[14] 自然法的思想源自希腊思想家,经西塞罗(Cicero,公元前101~前43年)、乌尔比安等罗马法学家的解释进一步系统化、理论化。按照罗马法学家的理论,自然法是以自然为基础,源于自然理性,是生物间的规则,是从万物本性中产生的,不仅适用于人类,而且适用于一般的动物。

(四)市民法和长官法

长官法是由罗马国家高级官吏发布的告示、命令等所构成的法律,其中最高裁判官颁布的告示数量最多,是长官法的主要组成部分,在私法体系中占据重要地位,故长官法也称裁判官法。与市民法不同,裁判官法不是通过罗马的立法机关制定的,而是靠裁判官的审判实践活动逐步形成的。

罗马法学家对罗马法的种种分类,在历史上曾发生过重要影响,但阶级的和历史的局限性,决定它们是原始的、有限度的,尚不能科学地回答法律中一系列带有根本性的问题。

## 二、罗马私法的体系及其基本内容

罗马法是罗马古代国家的全部法律,但通常所说的罗马法仅指罗马私法。[15] 按盖尤斯《法学阶梯》一书的结构,罗马私法的体系为人法、物法和诉讼法三个部分,《查士丁尼法学阶梯》沿用了这一结构。

(一)人法

又称身份法,是关于人的权利能力和行为能力、人的法律地位、各种权利的取得和丧失以及婚姻家庭关系等方面的法律。包括人和婚姻家庭两个部分。

人,包括自然人与法人。两者均可享有权利并承担义务,成为权利的主体。

在罗马,作为权利主体的自然人必须具有人格(享有权利、担负义务的资格)。完整的人格权包括自由权、市民权和家长权。其中,自由权是自由实现自己意志的权利,是私权中最基本的权利,无此也就丧失另外两种权利。享有自由权者为自由人,否则是奴隶。市民权是罗马公民所享有的特权,根据市民权是否享有或享有多少,自然人中可分为罗马市民、拉丁人和外国人。家长权是指对内领导和支配全体家庭成员、对外代表全家独立进行各种民事行为的权利。只有同时具备上述三种身份权的人,才能在政治、经济和家庭等方面享有完全的能力,才享有完全的人格。

如果原来享有的身份权有所丧失,人格随之就发生变化,罗马法称为"人格减等"

---

[14] [古罗马]查士丁尼:《法学总论——法学阶梯》,张企泰译,商务印书馆1989年版,第6页。

[15] 近年来,我国学者徐国栋教授,对罗马公法也展开了深入研究,取得了一系列成果,代表者有《罗马公法要论》(北京大学出版社2014年版)等。

(capitis deminutio,也称“人格变更”)。如丧失自由权(如因犯罪而被剥夺自由、被卖到外国为奴等)沦为奴隶者,为人格大减等;丧失罗马市民权(如受刑事宣告而被剥夺市民身份、加入外国国籍等)而成为拉丁人或外国人者,为人格中减等;丧失家长权(如被人收养等)而成为普通家庭成员者,为人格小减等。

在罗马,奴隶(servus)虽是居民中的绝大多数,[16]但在法律上不是自由人,只是权利的客体,是奴隶主的财产,可由其自由奴役、买卖、惩处。罗马奴隶的来源主要为战俘、[17]出生、判刑等。

古代罗马尚无完整的法人制度,也没有“法人”(juristische person)一词。当时通行的是 Universitas 一词,[18]只具有“团体”的含义,可指宗教团体、士兵团体等,但均不享有人格。[19]至共和国时期,开始承认某些特种团体享有独立的人格。帝国时期进一步认为国家、市政府也具有权利义务主体的资格。因此,当时罗马的法人实质上就是一种“具有独立法律人格的特殊团体”。至帝国后期,这种团体已大量存在。

罗马出现法人制度的萌芽,其物质条件是商品经济的高度发达,其理论基础是罗马法中人格观念的产生和演进,而罗马法学家关于法人的论述,则使罗马法人制度进一步理论化、系统化,并具有了后来资产阶级学者提出的法人特征的基本内容。

在罗马法上,“法人”被分为社团法人和财团法人两种,前者如国家、地方政府等,后者如寺院、慈善团体、公益社团等。法人成立必须具备两个要件:社团法人要达到最低法定人数,即三人以上;财团法人必须拥有一定数额的财产。同时,必须经过皇帝或元老院的批准认可,法人方可成立。

婚姻家庭法是人法中的重要组成部分。古代罗马所称的家或家族(familia),是指在家父权之下所支配的一切人和物的总和,包括家父、妻、子女、孙子女、奴隶和牛、马、土地等。家的特点是以家父权为基础,由辈分最高的男性担任的家父在家庭中地位最高,对所属成员和一切财产享有管辖和支配权力。只是到共和国后期以后,家父的权力才逐渐受到限制。

罗马法上的婚姻有两种,即有夫权婚姻和无夫权婚姻。前者是男女双方按市民法的规定所发生的婚姻方式(具体又有共食式、买卖式和时效式)。结婚后,妇女没有财产权,其身份、姓氏也都依丈夫而定。无夫权婚姻在《十二表法》颁布时就已出现,在共和国中

---

〔16〕 与古代希腊一样,罗马的奴隶数量是比较多的。距离罗马东南约 240 公里处的庞贝小城,1979 年 8 月 24 日因维苏威火山的突然爆发而被淹没,后来的考古学家经挖掘研究发现,这个小城当时的总人口 2 万余人,但奴隶就有 8000 多人。参见郭长刚:《失落的文明:古罗马》,华东师范大学出版社 2001 年版,第 16 页。

〔17〕 在古代罗马,通过战争掠夺战俘,使之成为奴隶,充作罗马社会生产的廉价劳动力,是一个重要的历史现象。据历史学家的研究,公元前 262 年,罗马在西西里的战争中,罗马将 25,000 名战俘出卖为奴隶。公元前 256 年,在与迦太基的战争中,罗马将 20,000 名战俘卖为奴隶。公元前 209 年,罗马占领他林敦,将 30,000 人卖为奴隶。而在公元前 167 年,罗马镇压伊庇鲁斯的反抗起义时,更将 15 万人卖为了奴隶!参见杨共乐:《罗马史纲要》,商务印书馆 2007 年版,第 18 页。

〔18〕 Universitas 这一拉丁词,后来到了中世纪时,就成为 university(大学)一词的词根,但在罗马时代,它还没有这一含义。

〔19〕 周枏:《罗马法原论》(上),商务印书馆 1994 年版,第 268 页。

期后广泛发展,至帝国时期有夫权婚姻废止后,成为民间流行的唯一婚姻形式。

与有夫权婚姻相比,无夫权婚姻有许多特点:其一,不再以生子、继嗣等家族利益为基础,而以夫妻本人利益为婚姻目的;其二,适用对象除罗马市民外,还包括外来人;其三,缔结婚姻的条件是双方完全同意;其四,夫妻间形式上平等,妻的财产也归妻自己所有;其五,夫妻双方可以意思表示一致而解除婚约(协议离婚),也可以对方有过错为由单方提出离婚(片面离婚);其六,成年子女开始拥有权利能力,家父的亲权受到限制。

(二)物法

物法是罗马私法的主体,实体法的核心,由物权法、继承法和债权法三部分构成。

1. 物和物权法

罗马法学家关于物权研究是从物的概念和分类入手的。罗马人所说的物(res),指自由人以外存在于自然界的一切东西,其外延十分广泛,不限于通常意义上的有形物体和法律上具有金钱价值的东西,而且连法律关系和权利也包括在内。

罗马法上关于物的分类主要有:

(1)要式移转物和略式移转物。前者移转时,要求严格履行法律规定的仪式,讲固定套语,完成一定的动作,并须证人到场;后者移转时则不需上述程序。除意大利土地、意大利耕地的地役权、奴隶、能驮物及拉车的家畜(如牛、马、驴、骡等)是要式移转物之外,剩下的全是略式移转物。

(2)可有物和不可有物。前者指一切可能成为私人所有的物,允许买卖与赠与;后者包括供奉神灵、安葬亡魂、受神保护的物品以及属于国家的所有物、公众使用的物品和政府的财产等,一律不得为私人所有,不得买卖与赠与。

(3)有体物和无体物。前者指具有实体存在的并能感觉、认识的物品,如土地、房屋、金银、奴隶、牛马、衣服等;后者指法律上拟制的关系,如债权、地役权、用益权、遗产继承权等,但不能用金钱估价的法律关系如家长权、夫权、婚姻权等不是无体物。

(4)动产与不动产。前者指能自由移动或用外力移动而不变更其性质和价值的物品,如牲畜、农具、衣服等;余下的物如土地、房屋等则属不动产。

在罗马法上,物权(ius in re)反映权利人得直接行使于物上的权利,由法律规定,私人不得创设。主要有五种:所有权、役权(地役权、人役权)、地上权、永佃权、担保物权(信托、典质、抵押)等。其中,所有权为自物权,其他权利则为他物权。

罗马法学家认为,所有权是物权的核心,是权利人得直接行使于物上的最完全的权利,具有绝对性、排他性和永续性三个特征。绝对性是指所有人在法律允许的范围内可以任意处分其所有物;排他性是指所有人获得所有物所产生的一切利益而排除他人在其所有物上所作的任何侵犯和干预;永续性则指在所有物灭失或移转之前,所有人对其永远拥有权利。

罗马所有权的内容比较广泛,包括占有、使用、收益和处分等权利,其形式随罗马社会的发展而有所变化。最早出现的是罗马市民所有权,主体是罗马公民,客体是罗马附近的土地、部分被征服地、奴隶、家畜等,移转时必须用要式买卖[曼兮帕蓄式(mancipium)、拟诉弃权式(cessio in jure)]方式进行。共和国后期,出现了裁判官所有权,主体是各省富豪,客体是意大利以外的被征服土地等。稍后,随着万民法的形成,异邦人也享有了万民法上的所有权。212 年,前述《安敦尼努敕令》颁布后,帝国境内所有居民(奴隶除外)都获得了罗马公民权,故上述所有权之差别逐渐消失,形成统一的、无限制的所有权。

也正是在此基础上,罗马法孕育并发展出了法律面前(私人权利)人人平等的观念。

在罗马法上,他物权(ius in re aliena)是指在一定条件或范围内对他人之物所享有的权利,并不能单独存在,必须以他人之所有权为基础。如上所述,他物权共包括四种权利:

(1)役权。是为特定的土地或特定人的便利和收益而利用他人之物的权利,为所有权的一种负担,分为地役权和人役权两种。前者是为自己特定土地的便利而利用他人特定土地的权利,如甲在乙的土地上设立的引水权、步行权等;后者是为特定人的利益而利用他人所有之物的权利,如奴隶使用权、房屋租用权等。

(2)地上权。指在支付地租的前提下,利用他人的土地建筑房屋而使用的权利,可因契约、遗嘱和法院判决而取得,可以抵押、转让。

(3)永佃权。指支付租金,长期或永久地使用、收益他人的不动产的权利。这里的不动产,开始主要指土地,后来也扩大至房屋。

(4)担保物权。指债务人或第三人为保证债务的履行而设定的权利,包括信托担保、质权、抵押权等。[20]

2. 继承法

古罗马时期,罗马法采取“概括继承”(successio in universum ius)的原则,即继承人必须继承被继承人的所有遗产和全部债务,当遗产不足还债时,余下的债也须由继承人负责偿还。

公元前 4 世纪后,裁判官对“概括继承”加以改革,确立“有限继承”原则,即允许继承人对死者的债务仅就其遗产范围内负责清偿。至查士丁尼时期,进一步确认了此项原则。

罗马法将遗产继承分为两种,即法定继承和遗嘱继承。前者是死者生前未立遗嘱,按照法律确定继承人顺序的一种继承制度。当被继承人未立遗嘱、遗嘱无效或遗嘱中指定的继承人全部拒绝继承或已经死亡时,才可以采用法定继承。

共和国末期,罗马曾并存过两种法定继承制。即市民法的法定继承(主要以宗亲为基础)和裁判官法的法定继承(以血亲为基础)。直至 543 年,查士丁尼皇帝颁布敕令,确

---

〔20〕 此外,在罗马物权法中还有一个重要的概念“占有”,但由于其在罗马法上只被承认为“事实”,而非一种“权利”,故在此不予展开。可参见周枏:《罗马法原论》(上),商务印书馆 1994 年版,第 407 页。

定了完全以血亲为基础的法定继承制度。关于法定继承人的顺序，在各个时期则有不同的规定。公元6世纪查士丁尼确立的法定继承人的顺序为：(1)直系卑亲属，可按代继承；(2)亲属和兄弟姐妹；(3)其他最近之旁系亲属；(4)妻子如有嫁奁，一般没有继承权；如无，可以参与各顺序之继承，其所占遗产之份额，最低不少于1/4。[21]

遗嘱继承是按照遗嘱确定继承人、分配遗产的一种制度。在罗马，遗嘱是被继承人以设立继承人为主要目的，并且表示被继承人的最后意思的要式法律行为。按照罗马法律，未成年人、被敌人俘虏的人以及禁治产者等，不得立遗嘱。在罗马法发展的各个时期，对遗嘱方式的规定是不同的。

3. 债权法

在罗马法上，债(obligatio)是依法得使他人为一定给付的法律联系。其特征为：债是特定的双方当事人(债权人和债务人)的法锁关系；债的标的是给付；债权人的请求必须以法律的规定为依据。

在罗马，债权与物权的区别是：(1)取得物权能长期享有，具有永久性；而债权则是暂时的。(2)物权享有人可以直接对物行使权利；而债权则须依赖他人的行为。(3)物权有追及权和优先权，债权则没有。

罗马法规定，债的发生原因有四种：(1)契约。罗马早期，契约种类很少，如在买卖活动中的曼兮帕蓄式、借贷活动中的涅克疏姆式(Nexum)等。到共和国后期，契约开始增多，主要有要物、口头、文书和合意契约。(2)准契约。罗马后期，除契约外，还出现了准契约，即虽未订立契约但与契约具有同样效果的法律行为，如无因管理、不当得利、监护、共有、遗赠等。(3)私犯。即违法加害于他人人身或财产的行为，如窃盗、强盗、对物私犯和对人私犯等，行为者负损害赔偿的责任。(4)准私犯。类似私犯而在法定各种私犯以外的侵权行为，如法官的渎职、向公共道路投弃物品致人损害、旅店的服务人员对旅客所致损害的行为等。

在罗马，债的消灭主要有：(1)清偿，即依债的要求而履行给付的行为；(2)提存，即债务人履行给付，债权人拒绝受领或所在不明时，将给付标的依法寄存于指定的处所以代清偿的行为；(3)抵消，即互负债务的两个当事人以其债务与他方债务互相抵消的行为；(4)免除，即债权人不受领给付而无偿地消灭债权的行为；(5)消灭时效、当事人死亡、标的物灭失等。

(三)诉讼法

在罗马，诉讼分为公诉和私诉两种，公诉是指对损害国家利益案件的审查，私诉是根据个人的申诉，对有关个人案件的审查。

在罗马法的发展过程中，私诉程序先后呈现为三种不同的形态。

---

〔21〕［英］巴里·尼古拉斯：《罗马法概论》(修订译本)，黄风译，法律出版社2021年版，第293~294页；周枏等编：《罗马法》，群众出版社1983年版，第286页。

1. 法定诉讼(legis actiones)

在共和国初期盛行。仅适用于罗马市民。双方当事人必须亲自到场,诉讼应严格依照法定的诉权和程序,陈述用一定的套语,配合固定的动作,并要携带争讼物到庭。案件要经过法律审理(裁判官对当事人的要求进行审查,决定是否可受理此案)和事实审理[承审员(judex)对案件的事实进行审查,作出判决]两个阶段。

2. 程式诉讼(formula)

这种诉讼是指诉讼当事人的陈述经过裁判官审查认可后作成程式书状(程式),交由承审员等根据程式所载争点和指示而为审判的程序,是最高裁判官创立的、适应罗马对外商业发展需要,以弥补法定诉讼形式主义缺陷的一种诉讼形式。它虽仍分为法律审理和事实审理两个阶段,但已简化了诉讼手续,如原告的请求和被告的反驳都不需要履行严格的仪式,双方均能自由陈述意见等。程式诉讼在帝国初期比较流行,它允许平民参与司法事务,基本上能满足大多数新的法律关系的需要,也符合皇帝权力日益加强的要求。

虽然,古代罗马法院系统作出的判决书,无论是引用元老院决议,还是民众大会的法律乃至最高裁判官的告示等的记录,已经全部佚失了,但在罗马帝国的境内,还是发现了一些散落在各地的诉讼报告,表明了当时民事诉讼(程式诉讼)的实际面貌。比如,在意大利热那亚附近,考古发现了一块青铜牌,上面就完整记录了公元前 117 年罗马共和国民事诉讼的一个正式的判决(仲裁裁决),内容涉及土地边界的纠纷。[22]

公元 3 世纪末至 4 世纪初,随着帝国君主权力的加强,加上程式诉讼所保留的法定诉讼的缺陷(如审理程序仍然分为两个阶段等),程式诉讼为特别诉讼所代替。

3. 特别诉讼(cognitio extra ordinem)

这是最高裁判官凭借其权力,发布强制性命令采取特殊保护的方法,而不按一般程序进行,以保护不能用一般司法方式来保护的特殊利益的诉讼程序。它废除了过去两个阶段的划分,诉讼活动自始至终由一个官吏来担任。侦查时允许告密,为了取证,对自由人也可逼供拷打,审判完全失去公开性质,只许少数有关人员参加,法官得强制当事人出庭和执行判决,不再交民选法官复审。诉讼当事人还须交纳一笔裁判费。特别诉讼在帝国后期成为主要的诉讼制度。

## 第三节 罗马法的复兴及其对后世立法的影响

查士丁尼以后,罗马法长期不受重视。至中世纪,当工业和商业——起初在意大利,

---

〔22〕 [美]威格摩尔:《世界法系概览》(上册),何勤华、李秀清、郭光东等译,上海人民出版社 2004 年版,第 308 页。

随后在其他国家——进一步发展了私有制的时候，详细拟定的罗马私法便又立即得到恢复并重新取得威信。[23]

约从11世纪起，以意大利为发源地，从新兴市民阶级的观点出发，人们对罗马法展开了广泛的研究，“因为在罗马法中，凡是中世纪后期的市民阶级还在不自觉地追求的东西，都已经有了现成的”。[24]1088年，意大利法学家伊纳留斯（Irnerius，约1055～1130年）创设波伦那（Bologna，又译“博洛尼亚”）大学法学院，传授罗马法，以《国法大全》为课本，于原文中或原文后的空白处加以注释说明，并纠正其矛盾，使前后一贯，由此形成前期注释法学派（The School of Glossators，11～13世纪），为罗马法的复兴奠定了基础。其主要代表人物，除伊纳留斯外，还有阿佐（Azo Porcius，1150～1230年）、阿库修斯（Accursius，约1182～1260年）等。[25] 14世纪，意大利法学家巴尔多鲁（Bartolus，1314～1357年）、巴尔杜斯（Baldus，1327～1400年）等，又就前人注释的成果进一步研究，使罗马法同现实生活相结合，称后期注释法学派或评论法学派（The School of Commentatores）。[26]

图4　伊纳留斯

这两个学派对罗马法的传播都起了重要的作用，经他们加工修改的罗马法，适合于后期封建社会的条件，被西欧许多国家所采用。

16世纪，法国成为复兴研究罗马法的中心，并因此形成了人文主义法学派（Legal Humanism），主要代表人物有：居亚斯（J. Cujas，1522～1590年）和德纽（H. Doneau，1527～1591年）等。前者以历史学的方法研究罗马法，并参阅其他法规，寻求立法的思想根源，摒弃编纂者插入的曲解，力求恢复条文原状。后者则以探讨原理原则为主。[27]

德国早在13世纪就已广泛采用罗马法。至15世纪末叶，罗马法已列为各大学的必修课程，并出现以《学说汇纂》为主要内容的“普通法”（Gemeines Recht），适用于神圣罗马帝国全境。17世纪末，采用的罗马法已不限于个别条文而是全部内容。18世纪，德国研究和继承罗马法进入极盛时期，出现了“潘德克顿（《学说汇纂》）中兴运动”（usus modernus Pandectarum）。19世纪，以萨维尼（Savigny，1779～1861年）等为代表的历史法学派，则主张采用罗马法，认定法理学的主要任务是研究“纯粹的罗马法”，以便使其更广泛

〔23〕《马克思恩格斯选集》（第1卷），人民出版社1995年版，第133页。
〔24〕《马克思恩格斯全集》（第21卷），人民出版社1965年版，第454页。
〔25〕关于中世纪注释法学派，参见何勤华：《中世纪西欧注释法学派述评》，载《法律科学》1995年第5期。
〔26〕关于中世纪西欧评论法学派，参见何勤华：《中世纪西欧评论法学派述评》，载《中外法学》1996年第5期。
〔27〕关于16世纪法国人文主义法学派，参见何勤华：《法国人文主义法学派述评》，载《中国法学》1996年第4期。

地适用于德国。

在西班牙,早在11世纪,法学界就承认了查士丁尼《国法大全》的法律效力。他们称自己的法为“地方的”法,称罗马法为“共同法”。[28] 在费迪南三世(Ferdinand Ⅲ, 1219~1252年在位)及其儿子阿尔芬索十世(Alphonso X, 1252~1284年在位)统治西班牙时期,罗马法的研究受到了与教会法同等的优惠和支持,在萨拉曼卡(Salamanca)大学(13世纪初建立)中,也开设了罗马法的课程。1401年,这所大学的25名教师中,罗马法教师有4人,而教授西班牙法的教师则一个也没有。[29] 该时期,罗马法学家还受聘担任了国王的法律顾问和王室法院的法官。在地方政府的立法中,罗马法的影响也十分巨大。比如,在瓦伦西亚(Valencia)地区,在詹姆士二世(James Ⅱ)统治时期(13世纪下半叶),罗马法被明确承认为辅助权威。在纳瓦拉(Navarre)地区,1576年的帕姆普罗纳议会(Cortes of Pamplona)也明确宣布承认罗马法的法律效力。[30]

在英吉利海峡彼岸的英国,从12世纪开始也逐步接受罗马法的影响。1145年,波伦那大学的罗马法教师瓦卡留斯(Vacarius,约1120~1200年)应邀到牛津大学讲授罗马法。此后,研究罗马法学在英国遂成为风气。12世纪末面世的格兰威尔(R. Granville, 1130~1190年)的《论英国的法律和习惯》和13世纪出版的布雷克顿(H. D. Bracton, 1216~1268年)的《英国的法律和习惯》等作品中,都相当程度地吸收了意大利注释法学派(尤其是阿佐)研究罗马法的成果。[31] 从14世纪形成的衡平法、18世纪英国著名法学家布莱克斯通(W. Blackstone,1723~1780年)的著作以及19世纪英国国会的立法(尤其是1893年《商品买卖法》)中,我们都可以看到罗马法的巨大影响。当然,由于英国特有的地理条件(离罗马比较远,又有海峡相隔)和政治状况(11世纪诺曼人入侵后建立起来的中央集权的政治体制,使其一开始便统一了全国的司法制度,形成了统一的法律体系——“普通法”)等原因,英国没有走全面复兴罗马法的道路,而只是吸收了罗马法的精神,以及采撷了罗马法的部分原则和制度。[32]

罗马法对后世立法的影响,具体表现在:

第一,形成了罗马私法体系。如1804年法国制定的《法国民法典》,就继承了《法学阶梯》的体例;而1900年实施的《德国民法典》则是以《学说汇纂》为蓝本的,形成了总则、债法、物法、亲属法、继承法的体例;其他资产阶级国家如丹麦、意大利、希腊、瑞士等国的民法典,也都仿效法、德两国私法体系,受罗马法影响。因此,罗马法对资产阶级统一法制具有重大的贡献。

---

〔28〕 Munroe Smith, *The Development of European Law*, Columbia University Press, 1928, p. 274.

〔29〕 Munroe Smith, *The Development of European Law*, Columbia University Press, 1928, p. 276.

〔30〕 Munroe Smith, *The Development of European Law*, Columbia University Press, 1928, p. 274.

〔31〕 Paul Vinogradoff, *Roman Law in Medieval Europe*, Oxford, 1929, p. 99 – 101; Sir W. Holdsworth, *A History of English Law*, Vol. Ⅱ, London, 1936, p. 286.

〔32〕 关于英国接受罗马法的特点以及英国法中的罗马法因素,参见由嵘:《试论罗马法对英国法的影响》,载《法律史论丛》(一),中国社会科学出版社1981年版;梁治平:《英国普通法中的罗马法因素》,载《比较法研究》1990年第1期。

第二，罗马法的许多具体制度和原则，对资产阶级立法也有巨大影响。如法人制度、物权制度、契约制度、陪审制度、律师制度，以及私人权利平等原则、遗嘱自由原则、“不告不理”原则，等等。

第三，罗马法中的许多概念、术语如法律行为、民事责任、代理、占有、不当得利、无因管理、债、私犯、时效等，也为后世资产阶级立法所继承。

第四，罗马法学家的思想学说及其罗马法学发展的成果，也成为后世资产阶级法学的重要组成部分，尤其是《学说汇纂》的著述，成为19世纪世界最发达之德国法学的历史渊源。

罗马法之所以能对后世立法产生如此巨大的影响，其原因在于：

第一，罗马法是建立在简单商品生产基础之上的最完备的法律体系，它对简单商品生产的一切重要关系如买卖、借贷等契约以及财产关系都有非常详细和明确的规定，“以致一切后来的法律都不能对它做任何实质性的修改”，[33]成为后世立法的基础。

第二，罗马法的内容和立法技术远比其他奴隶制和封建制法更为详尽，它所确定的概念和原则具有措辞确切、严格、简明和结论清晰的特点，尤其是它所提出的自由民在“私法”范围内形式上平等、契约以当事人之合意为生效的主要条件和私有财产权利无限制等重要原则，都是适合于资产阶级采用的现成的准则。

第三，罗马法中体现的理性原则、衡平观念等，也非常适合近代资本主义社会发展的需要，成为资产阶级革命、摧毁专制黑暗的封建法制、克服诸侯割据和政治分裂局面以及建立统一的资产阶级法制的重要武器。

第四，罗马统治阶级运用武力扩大其版图，强行推行罗马法律，以及被征服地居民折服罗马法的完备发达而自愿采用，是罗马法对后世，尤其是西方资产阶级立法产生巨大影响的又一个原因。

## 参考阅读书目

1. 米健等：《罗马法基础》，中国政法大学出版社1987年版。
2. 周枏：《罗马法原论》（上、下），商务印书馆1994年版。
3. 丘汉平：《罗马法》，中国方正出版社2005年版。
4. 陈朝璧：《罗马法原理》，法律出版社2006年版。
5. 徐国栋：《优士丁尼〈法学阶梯〉评注》，北京大学出版社2011年版。
6. [意]朱塞佩·格罗索：《罗马法史》，黄风译，中国政法大学出版社1994年版。
7. [英]巴里·尼古拉斯：《罗马法概论》，黄风译，法律出版社2021年版。
8. 戴东雄：《中世纪意大利法学与德国的继受罗马法》，中国政法大学出版社2003年版。
9. [美]威格摩尔：《世界法系概览》（上、下册），何勤华、李秀清、郭光东等译，上海人民出版社2004

〔33〕《马克思恩格斯全集》（第21卷），人民出版社1965年版，第454页。

年版。
10. [英]保罗·维诺格拉多夫:《中世纪欧洲的罗马法》,钟云龙译,中国政法大学出版社 2010 年版。
11. 苏彦新:《近代欧洲国家私法的历史基础》,上海三联书店 2016 年版。

# 第五章　日耳曼法

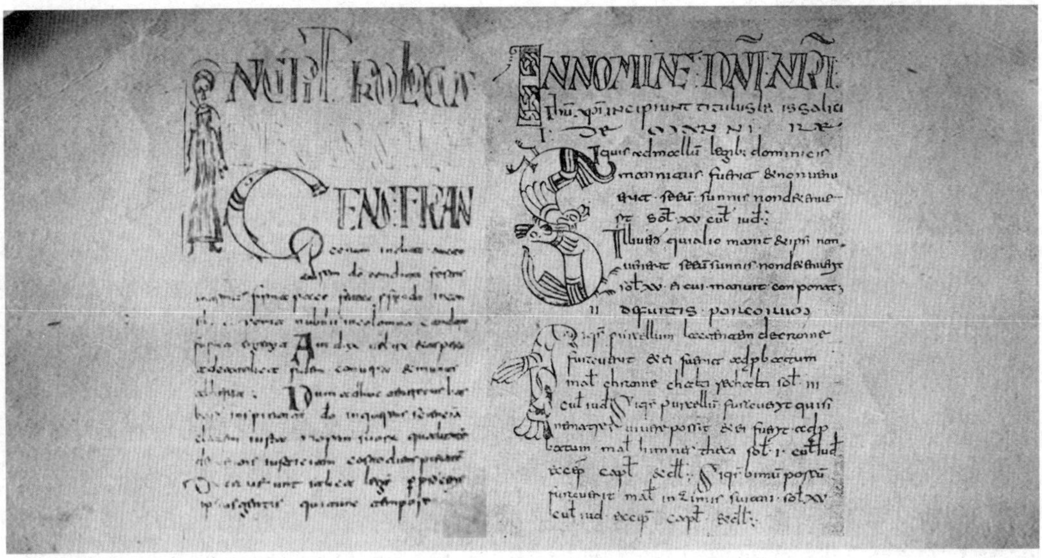

图1　撒利克法典

【导　读】

日耳曼法是西方法律传统的重要基础，与罗马法、教会法一起构成西方法的三大渊源。日耳曼法的概念和内容，日耳曼法的特点及其历史地位，都是本章的学习重点。通过学习本章，有助于理解西欧法律史的演变历程，而且对于理解大陆法系和英美法系的形成也具有重要意义。

【问题讨论】

1. 日耳曼法的主要内容包括哪些方面？
2. 日耳曼法有哪些主要特点？
3. 如何理解日耳曼法的历史地位？

## 第一节 日耳曼法概述

### 一、日耳曼法的概念

日耳曼人共有20多个部落,部落之间没有清楚的种族共同体意识,早期以游牧、狩猎为生。已知的第一个日耳曼部落住地,大约于公元前2000年建立在斯堪的纳维亚半岛。公元前5世纪起,他们开始向南部迁移。在罗马时代,日耳曼人主要分布在西起莱茵河、东至维斯瓦河,南起多瑙河、北至波罗的海的区域。公元前1世纪,罗马将领凯撒出征高卢时,曾进入日耳曼人区域,这在《高卢战记》一书中有所描述。

公元1世纪,罗马人塔西陀在其《日耳曼尼亚志》一书中,对日耳曼部落的经济、政治、风俗等作了翔实的记载,反映出日耳曼人此时已进入军事民主制时期。罗马帝国后期,罗马人与日耳曼人的接触增多。

公元4世纪起,日耳曼人开始了民族大迁徙,其直接结果是西罗马帝国在历史上的消失和一系列日耳曼王国的建立。这些王国史称"蛮族国家",主要有西哥特王国、东哥特王国、勃艮第王国、伦巴德王国、法兰克王国及盎格鲁—撒克逊王国。其中,在欧洲大陆,法兰克王国逐渐兼并了其他王国,发展为法兰克帝国,至9世纪中期分裂而解体,形成西欧三个主要国家,即法兰西、德意志和意大利的雏形。在不列颠,11世纪下半叶诺曼人入侵,致使盎格鲁—撒克逊王国的历史终结。

日耳曼法,指的就是欧洲这一时期在日耳曼王国中适用于日耳曼人的法律的总称。

### 二、日耳曼法的发展

#### (一)日耳曼法的起源

日耳曼法起源于日耳曼人口耳相传的部落习惯。日耳曼人建立自己的国家后,各部落的习俗就转化为各国的法律。这是日耳曼法的主体来源。此外,罗马法、教会法对日耳曼法的形成也产生了一定的影响。

#### (二)蛮族法典

进入王国时期后,习俗仍然以其传统方式在人们生活中发挥着作用,但不久,各日耳曼王国就在习惯法的基础上,相继编纂了成文法典,史称"蛮族法典"。其中,最早的是西哥特王国的《尤列克法典》,约颁布于476年,被誉为"5世纪最好的立法杰作"。[1] 其后,有法兰克王国的《撒利克法典》《里普利安法典》,勃艮第王国的《耿多巴德法典》,伦巴德

---

[1] P. D. King, *Law and Society in the Visigothic Kingdom*, Cambridge University Press, 1972, p. 7; Jill Harries, *Not the Theodosian Code: Euric's Law and Late Fifth Century Gaul*, *Society and Culture in Late Antique Gaul* (edited by Ralph W. Mathisen and Danuta Shanzer), Ashgate Publishing Limited, 2001, p. 39.

王国的《伦巴德法典》等。在不列颠，也有同样性质的法典颁布，如肯特王国的《埃塞伯特法典》，威塞克斯王国的《伊尼法典》和《阿尔弗烈德法典》等。

蛮族法典有若干共性，比如，大多以拉丁文写成，诸法合体，并主要集中在对人身和财产的保护，不具有抽象和弹性的规定。各法典之间的相互影响也较为明显，这和它们的编纂时间及各部落同源有关。蛮族法典往往宣称是经“全体人民共同同意”，表明是由民众大会制定的，实际上国王及由国王指派的专家，包括教会僧侣和罗马法学家对法典的制定起着重要作用。

在蛮族法典中，一般以《撒利克法典》最为著名。它实际上为一集合称谓，是指起源于克洛维时期、后经多次修改、不同时期有多种版本的撒利法兰克人的法律文本，包括初期的《撒利克法律公约》和后来的《加洛林撒利克法典》等。因为法兰克王国是最强大的日耳曼国家，后来发展为帝国，统治了西欧大部分地区，其法律的影响范围也就比较广泛。

《撒利克法律公约》条目名称表

（三）日耳曼法与罗马法的并存

日耳曼氏族组织的原则之一，是氏族习惯只对本氏族的人适用。当日耳曼人建立王国、编纂法典之后，此原则仍然得到保留。这就形成日耳曼人适用日耳曼法、罗马人适用罗马法，两种法律并存的局面。

为便于适用，有的日耳曼王国对残存下来的罗马法进行编纂。其中，最著名的，当是西哥特王国国王阿拉利克二世（Alaric Ⅱ，？～507 年）下令编纂，并于 506 年颁布的《西哥特罗马法》，后来又被称《阿拉利克罗马法辑要》（Breviary of Alaric）。其主要依据是《狄奥多西法典》。《西哥特罗马法》对其他日耳曼国家相关立法的影响甚大，也是日耳曼法与罗马法在并存过程中逐步融会贯通的历史见证，并对西欧各国中世纪法律产生过较大影响。

图 2　800 年，查理曼受罗马教皇利奥三世加冕称帝

在日耳曼王国中,尽管罗马法与日耳曼法并存,但当罗马人与日耳曼人发生纠纷时,则以日耳曼法为准。

(四)王室法令

查理曼

随着日耳曼国家的发展,国王权力日益增大,发布的命令开始增多。特别是在法兰克的查理曼时期,王室法令更多,甚至企图发展成以一种王室法来统一和取代其他各种法律,以加强统治。

## 第二节　日耳曼法的基本内容

### 一、王国的权力体制

早期的日耳曼人并没有中央集权的政府。虽然他们根据出身推举国王,根据勇力选拔将军,但是国王不能一意孤行,将军也必须以身作则才能统率士兵。小事由酋帅们商议,大事则由全部落议决。

建立王国之后,王国的权力归属及行使渐自成体系。

王位的正常传承,采取的是选举与世袭相混合的制度,王国集会在确定国王人选时,主要考虑的是军事才能。在后期,教会对于王位更替的主要影响是教皇或主教常常介入国王的即位仪式。国王的权威既受到教会的限制,还受到领主的制约。

从中央机构看,王宫同时作为国王的居住地和中央行政管理机构的所在地,国王的随从组成国王中央的主要官员。在不同时期,分掌不同职权的官员的权威也互有消长。法兰克王国的宫相及盎格鲁—撒克逊王国的贤人会议,均曾是极具权威的中央机构。从地方机构看,日耳曼王国的内部区划名称不一,但均设有地方长官和地方集会,分别行使对于本地区各种事务的管理工作,各种职能都混合在一起进行管理。

王国后期,传统机构和区划的性质和作用已发生很大变化。[2]

### 二、财产制度

日耳曼法中没有像罗马那样完整的财产制度,没有抽象的所有权及其他物权的概念。依据财产是土地还是其他财产的不同,权利及其保护方式有很大区别。

(一)土地制度

1. 早期的土地习俗

日耳曼人本是游牧民族,并不热心农耕,因此也就没有私人拥有数量明确、界限分明的土地。公元1世纪,日耳曼人已具定居性质,他们逐水泉、草地或树林而居,在每座房

〔2〕 李秀清:《日耳曼法研究》(修订版),社会科学文献出版社2018年版,第143页。

屋的周围都留有空地。土地由公社共有，公社土地的多少，以耕者人口数为准，公社之内再按贵贱分给个人。

2. 王国时期的土地占有方式

马尔克（Mark）土地所有制，也称自由农民土地占有制。当日耳曼人组成以地域划分的马尔克公社时，公社所在地及其周围土地就成为整个公社的财产。在马尔克内，耕地已经固定给社员使用，社员死亡时，可由其家人继承。耕地由于固定使用，并且使用人对之拥有相当广泛的权利，时间一长，就转化为私有土地。尽管从若干日耳曼王国的法律中能够找到土地、森林、草地等实行公有的条款，但这种公有与早期日耳曼人公社所有制是否相同，学界至今尚有不同观点。

在日耳曼王国中，具有私有性质的土地主要为份地。它以抽签方法在日耳曼人中进行分配，得到份地者在为蛮族国王服某种兵役的条件下，得世世代代领有它们，并不需要交纳其他赋税。当然，此时日耳曼人已经存在实际的不平等，所以份地的具体划分可能十分复杂。在日耳曼王国立法中，涉及土地的不多，大多却是关于份地的内容。

在日耳曼王国后期，土地制度逐步出现封建化趋势。为加强国王的权威，8 世纪 30 年代，法兰克王国进行“采邑改革”，即改无条件封赏为有条件封赏，这种封地被称为“采邑”。领受采邑要承担义务，主要是为国王服兵役，及服从国王的命令、交纳税收。采邑只能终身享有，不得世袭。但至 9 世纪后半期，采邑实际上成为世袭地。此外，在入侵罗马的过程中，大量的土地为日耳曼国王占有，并被当作战利品，由国王恩赐给贵族、亲兵、教会等，获得这种土地者拥有完全的私有权利，可以自由处置、继承。随着封建化的发展，贵族势力不断加强，受恩赐者的权力也逐渐扩大，并通过“委身”方式大量吞并小块份地来扩大土地范围。在其辖地内，他们实际上行使着统治权，以致国王后来不得不以授予“特恩权”的方式对此加以承认。

（二）其他财产

除土地外，其他财产均属动产，主要有武器、牲畜、农具、猎具和奴隶。严格地说，王国时期日耳曼人动产的权利只是受法律保护的占有权而已。对于动产的保护，最有特色的莫过于对其追及权的保护。丧失自己的动产，可行使追及权。但行使追及权，有两种效力：其一，基于自己的意思丧失动产，如寄存、出借等，追及权效力只及于相对人，不能向其他人行使，这就是日耳曼法著名的“以手护手”原则；其二，违反自己的意思丧失动产，如失窃、被骗、遗失等，则追及权效力可及于该动产的任何持有人。

## 三、债权制度

日耳曼人的债法很不发达。几乎没有债的概念，对契约之债的规定也较为简陋。契约种类很少，只有买卖、借贷、寄托等数种。对契约的成立规定较严，均属要式契约。特别是对土地转让，需要遵循严格的形式，一般动产的转让稍简便，但也需要有证人在场。有些物品，如牲畜，还须在市场内，或在城里才能转让。债的担保，一般是“自身担保”，即在借贷等场合,以自己的人身作抵押,到时不能履行债务的,债权人得支配债务人。

尽管日耳曼法的债权制度极为简陋,但对债权人的利益还是严格加以保护。如不按期履行债务的,除规定债务人要支付罚款外,债权人还可进行财产扣押或人身扣押。后期也允许债务人以替债权人服一定劳役来偿还债务。

## 四、婚姻家庭和继承制度

### (一)婚姻家庭制度

日耳曼法实行一夫一妻制,但国王和贵族可一夫多妻。结婚方式通常是买卖婚姻。男女双方家庭达成协议,由男方支付新娘身价给女方家庭,女方即被交付男方为妻,而无须女方本人同意。另外,有的王国允许掠夺婚,即男方劫掠某女子后,若女方家庭同意,男方即支付相当于该妇女身价的赎罪金和解,男女双方成婚。如不能和解,则引起复仇。

在家庭中,男性拥有家长权。在夫妻关系上,这表现为丈夫拥有夫权。丈夫有保护妻子之责,也有惩戒妻子之权。但丈夫虐待妻子,将引起妻子家庭的干涉。在财产方面,实行共同所有制,但实际上都由丈夫管理和处分。但是,日耳曼法承认已婚妇女可有自己的个人财产。主要有:(1)身价。在早期,身价归妻子家庭所有,后来渐被认为是妻子的固定财产。(2)嫁妆。(3)晨礼。日耳曼人有一习惯,丈夫在结婚之日的次日早晨,要赠送妻子以礼物,其价值视丈夫财产状况而不一,一般都是较贵重的物品,也可能是不动产。[3](4)继承娘家所得的财产。对属于妻子个人财产范围内的不动产,丈夫不得处分。

在与子女关系上,家长权表现为父权。但日耳曼法也承认,儿子可拥有自己的财产,如儿子继承所得的财产、家长自己赠与儿子的财产等,均归儿子所有。对其中的不动产,家长也不得任意处分。

### (二)继承制度

日耳曼法对不同财产实行不同继承原则。对不动产,早期只能由儿子继承,无子的则由公社收回。6世纪后半期以后,其他亲属,包括女儿也都可以继承。对于动产,亲属都可继承,但死者的武器只能由儿子继承;死者的嫁妆,只能由女儿来继承。

继承的方式,分无遗嘱继承与遗嘱继承。继承人顺序大致为儿子;女儿;孙子女,等等,在没有直系后裔时,继承人顺序为父亲;母亲;兄弟;姐妹,直至第五亲等或第七亲等的亲属为止。早期习俗中尽管并不存在遗嘱继承,但王国时期的若干法典,如《西哥特法典》《勃艮第法典》等,均包含遗嘱处分财产的条款。

## 五、刑事制度

在日耳曼法中,犯罪与侵权的区别极为模糊,通称不法行为。杀人、人身伤害、盗窃等最为常见。

---

〔3〕 由嵘:《日耳曼法简介》,法律出版社1987年版,第69页。

1. 杀人。从包含的立法理念看,较为进化的是西哥特王国的法律,它明确区分故意杀人、意外杀人、防卫杀人及杀人未遂等行为的责任。对于杀人的处罚措施,大致有死刑、赔偿、剥夺财产及血亲复仇等。其中,支付赔偿金是适用最为普遍的措施。

2. 人身伤害。各王国的立法具有相似性。比如,伤害人与受伤害人的不同身份,明显影响处罚的结果。伤害行为的主要处罚措施为支付赔偿金,各种伤害的赔偿则主要依据受伤部位在身体中的重要程度而定。

3. 盗窃。特别注重对于盗窃家畜、果物、农具等行为的处罚。这从一个侧面反映出,日耳曼王国尚处于初期农业社会阶段。

此外,破坏安宁、叛逆、伪造文件等,也属于个别的王国法律加以明定的不法行为。

在各种处罚措施中,“处于法律保护之外”(outlawry)最有特色。起初,它是作为共同体对于违法者的一种宣战,后来成为强迫服从公共权威的一项普通手段。若某人被宣布“处于法律保护之外”,也就意味着失去一切权利,得不到任何法律保护。他们不能居住于人世之中,只能隐居于森林之中,须与一切普通人的居处隔绝。

至8世纪后期,应受处罚行为的范围逐渐扩大。

## 六、司法制度

### (一)法院组织

日耳曼各部落最早的法院都相同,即由古老的民众集会,在商议本部落各类事务的同时处理纠纷和争端,即使对于最严重的死刑案件也可裁决。在日耳曼王国时期,大多也不存在专司诉讼的所谓法院,不存在专门担当审理的所谓法官。法院从传统的集会演变而来,法官则从传统的主持、参与集会者演变而来。法官在解决纠纷的同时,仍然还商讨和解决王国内其他的诸如军事、行政等事务。法官形式上仍与古老的民众集会中的主持人相似,其职责主要是监督诉讼参与人遵守程序,宣告判决。每个法官管辖一个地区,他不能单独裁决诉讼,即使国王也是如此。在实践中,法官手上拿着一根拐杖,通常坐在一块石头椅上,其他人则坐在其两侧或下侧的长凳上。与会的自由民如果对于判决意见有异议,应以多数意见为准。为避免出现出席人数不足或过多等情形,实践中逐渐形成一种新的习惯,即由法官或案件当事人本人事先挑选组成法院的自由民,人数不等,但绝不少于3人,且基本为7人。在法官之下,还有不同级别的实施次要司法职能的官员。对于法官的称谓,各王国并不相同。

在法兰克王国,最基层的是百户团法院,一般诉讼首先在百户团法院审理裁决。百户团之上的帕格(也可称为郡),其长官初期为格拉菲,后来称为伯爵。查理曼曾进行了两项重要改革:一是限制百户团或郡定期召集法院的次数,每年通常不得超过3次,自由民只有出席此种法院的义务;二是创设承审员职位,承审员终身任职,须发誓依照法律实施审判,并有义务出席所有审判;当审理不同种族诉讼当事人的案件时,就由不同种族的承审员一起出席审判。严格地说,王国内各级法官都代替国王在本管辖区域内行使司法

图3 查理曼

权,但是,在王国中央还存在国王法院。国王法院由国王及由其任命的其他成员组成,王宫内的重要人物及各地主持法院的伯爵一般能获得国王的任命。在加洛林王朝时期,通常由伯爵担任国王法院的主持人;只有在重要案件中,国王才亲自主持法院的审理工作。当然,宫相职位显赫时,国王法院的诉讼事务也受其主导。此外,查理曼还于802年设立巡按使(监督人)制度,不仅监督各地法院的审判工作,而且他们实际上还是国王派到各地的巡回法官,一定程度上补充了国王法院的司法职能。

主持裁决的法官及其他参与人都有具体的权限,享有一定的经济收益,其身份也受到保障,但若有渎职行为,则须承担责任。

(二)诉讼制度

在日耳曼人的观念中,并不存在民事诉讼与刑事诉讼之分。当然,由于法律条款多采列举式,因此可以从中看出控告杀人、伤害、盗窃及要求履行债务、归还所有物等具体诉讼的差异。

一般而言,出身低贱者不能控告贵族或其他地位高于自己的人。起诉人在提出起诉时承担很大风险,假如最终无法证实控告,自己将被作为提出虚假控告者而遭到严厉处罚。起诉后自行和解或撤诉者将受到处罚。禁止越诉,违者也要受到处罚。

传唤被告可由起诉者进行,但他需由证人陪伴,有时还需带着法官签署的信件。特殊情况下,法官自己或派其官员直接传唤,甚至逮捕被告。无故不服从传唤者,将受到处罚。

在一般法院中,案件的审理者,无论是主持审理的法官,还是参与裁决的如承审员等自由民,都处于相对消极的地位。

证据种类较多。由于受罗马法的影响,有的王国法律规定了证人、书证和口供等,但具有特色的,则主要是发誓、神明裁判、司法决斗。

辅助誓言人

初期,发誓主要适用于犯罪的控告和认定,后来也适用于简单债务纠纷。当事人可以自己单独发誓,也可以邀请亲朋好友一起发誓,后者称为辅助誓言人。神明裁判有热水审、火审、抽签审及面包审、十字架审等,一般适用于奴隶、惯犯等没有发誓资格者,或者找不到足够辅助誓言人者。神明裁判可以交纳钱款补赎。司法决斗实际上也为神明裁判之一种,一般适用于较高等级者之间的诉讼,主要被作为对抗虚假发誓或不公正宣判的证据方式。初期,它只适用于刑事案件,后来被推广适用于民事案件。

日耳曼王国后期，逐步形成了法官主动介入审判、行使职权的纠问式诉讼程序。此外，教会司法权逐渐扩张，世俗领主的司法权也初步形成。

## 第三节　日耳曼法的特点及其历史地位

### 一、日耳曼法的特点

1. 法典体系凌乱、内容具体。大多数日耳曼法典尽管有法典之名，但既不存在法律的分门别类，更无公法与私法之分，而是习惯法的记载和汇编，缺乏作为一部法典所起码应具备的结构上的体系性和内容上的抽象性。比如，几乎所有法典都对杀人作了规定，但却没有出现杀人罪的概念，而是以列举式规定对不同杀人行为的不同处罚。伤害、盗窃、抢劫等条款的规定也同样如此。法典的体系凌乱、内容具体，反映出日耳曼人处于经济、文化均比较低级的发展阶段，立法技术原始，尚不能作抽象概括和逻辑推理。同时，这也与日耳曼法纯以具体的生活关系为根据有关。

2. 注重形式。日耳曼法特别讲究形式、礼仪。为使每一法律行为能听能见，法律内容必须定型或形式化，尤其须在证人或民众集会前公然表示，以昭公信。诸如转让财产、缔结婚姻，主要看是否履行了仪式。为了突出法律行为的严肃性，还强调行为的象征意义——以为实施了某一动作，就有了这一动作表示的意思。甚至在出现偶然失误的情况下，也一概认为行为无效。不过，注重形式的程度，因不同时期、不同王国、不同立法而有别。

3. 以团体为本位。在日耳曼法上，个人行使权利或承担义务，不能仅凭个人的意志自由决定，而是要受到团体的约束。这种团体主要是指家庭、氏族和公社。从一定意义上说，日耳曼的法律就是为了维护家庭和亲属关系，为了维护氏族、村落等共同体的安宁。

4. 贯彻属人主义原则。这一原则渊源于日耳曼人原来的以血缘关系为纽带组织起来的氏族制度，是日耳曼法带有原始社会习俗色彩的显著表现。此原则的含义，先后可分为两个阶段：第一阶段，即在日耳曼王国初期，仅容许罗马人适用罗马法，对于其他外来部落则不承认可以适用各自的法律，而是强制推行本王国统治部落的法律，也就是实行相对的属人法原则；第二阶段，随着法兰克王国的发展，王国内其他日耳曼人不断增多，全面承认各部落都可适用各自的法律，也就是实行绝对的属人法原则。

### 二、日耳曼法的历史地位

日耳曼法，无论是形式还是内容，似乎既不能与其之前的古典罗马法相比，更逊色于11世纪后期开始形成的如教会法、城市法、商法等新的法律体系。但是，不可否认，在近现代欧洲的法律文明史上,它与教会法、罗马法一起被视为三大基本渊源,具有重要的历史地位。

首先,日耳曼法是继罗马法之后在西欧占有主导地位的第一种法律体系。尽管发展水平较低,但它以其内含的封建因素,适应逐渐封建化的社会制度和日耳曼国家权力而登上历史舞台。

其次,日耳曼法以其完全不同于罗马法的制度,向人们展示了一种全新的法律观念、法律文化。这丰富了人类的法律宝库,也有利于我们了解西方法律文明的演进历程。

最后,日耳曼法还为后世法律提供了不可替代的因素。在日耳曼王国解体后建立的欧洲新政权的立法中,及在中世纪的地方法、王室法、教会法中,都能发现受到日耳曼法影响的痕迹。就当今两大法系来看,普通法系以英国中世纪普通法为基础,而普通法的主要成分就是与盎格鲁-撒克逊习惯一脉相承的英格兰王国的习惯,因此,从普通法形成之初,它在内容与形式上就已与日耳曼法结下了不解之缘。而在大陆法系的形成过程中,成文法典模式及立法理念、立法内容主要吸收了罗马法,但地方法、习惯法、法学著作等都是立法时必然参考的渊源,日耳曼法就是借助它们而被近代法典所吸收,并成为大陆法系的重要因素。

## 参考阅读书目

1. 由嵘:《日耳曼法简介》,法律出版社 1987 年版。
2. 马克垚:《西欧封建经济形态研究》,人民出版社 2001 年版。
3. 陈惠馨:《德国法制史——从日耳曼到近代》,中国政法大学出版社 2011 年版。
4. 李秀清:《日耳曼法研究》(修订版),社会科学文献出版社 2018 年版。
5. [法兰克]都尔教会主教格雷戈里:《法兰克人史》,[英]O. M. 道尔顿英译,寿纪瑜、戚国淦汉译,商务印书馆 1996 年版。
6. [法]基佐:《法国文明史》(第一、二卷),沅芷、伊信译,商务印书馆 1999 年版。
7. [法]马克・布洛赫:《封建社会》,张绪山译,商务印书馆 2004 年版。
8. [法]福西耶主编:《剑桥插图中世纪史(350—950 年)》,陈志强等译,山东画报出版社 2006 年版。

# 第六章 教会法

图1 梵蒂冈圣彼得大教堂

## 【导 读】

欧洲中世纪法律出现教会法和世俗法并存的二元状态。教会法是以《圣经》为最重要渊源的宗教法，其内容包括教会的组织、制度，神职人员的地位，财产、契约、婚姻和继承，犯罪和刑罚以及司法制度等，对西方近代法律产生重要影响。

## 【问题讨论】

1. 教会法的形成和发展。

2. 教会法的基本渊源。

3. 教会法婚姻家庭制度的主要特点。

4. 教会法对西方近代法律的影响。

## 第一节 教会法概述

### 一、教会法的概念

教会法泛指天主教、东正教、基督教新教等教派在不同历史时期所制定和编纂的各种规则和章程，又称“寺院法”“宗规法”。此处所称教会法指罗马天主教会在不同历史时期的法律，尤其以中世纪法律为主。

“教会法”一词包含了源自希腊文的词语(καυωυ/canon)，该词的本义是工匠所用的规尺，引申为规矩和规范。在教会史上，也被用来指基督徒应该遵循的符合信仰的宗教和道德生活方式，信徒们也以此称呼宗教会议通过的有关法令，随后产生教会法这一专门的术语。

教会法实际上包含了宗教与法律两部分规则。教会法主要是关于教会本身的组织、制度和教徒个人的品德、生活守则的一些宗教规则、章程和法规。同时，教会法对教会与世俗政权的关系，以及土地、婚姻家庭与继承、刑法、诉讼等都有所涉及，这些内容通常也被看作教会法的组成部分。

### 二、教会法的发展

教会法的产生与发展始终与基督教相联系。一般认为，基督教产生于公元1世纪罗马帝国统治下的巴勒斯坦地区，之后在古希腊罗马世界传播，从公元8~14世纪，教会在西欧经历了中世纪的发展和兴盛，在14~18世纪的中世纪后期出现危机，经历了宗教改革，开始对东方进行传教活动。到了近现代，在19世纪和20世纪出现了一些新动向：教会与国家明确严格的分离、基督教与其他宗教关系的改善。教会法的发展大致可以划分为四个时期，即从教会起源到格兰西的《教会法汇要》(Decretum Gratiani，1139年)；从格兰西到特兰托会议(1545~1563年)和《教会法大全》的审定及正式颁布(1566~1582年)；从特兰托会议到《教会法典》的颁布(1917年)；从1917年到1983年《教会法典》颁布及其以后的时期。

#### (一)从教会起源到格兰西的《教会法汇要》(公元4~12世纪)

大约在公元4世纪末，基督教成为罗马帝国的国教，之后主要以团体的形式进行活动，教会是其主要形式。它组织严密，信仰统一，负责进行讲道、传教、祈祷等宗教活动，并在教徒之间实行“兄弟般”的互助与救济。教会不仅管辖教徒的信仰和道德生活，而且也负责解决教徒间的争议。333年，罗马帝国皇帝确认了主教裁判权，并确立起“二元化”的管辖原则：民事案件的原告既可向主教请求裁判，也可以向世俗法院起诉；大部分刑事案件先由教会审判，若教会认为被告有罪，则剥夺其教籍，交由世俗法院对其罪行进行判决。教会司法权的确立使教会法体系有了发展的基础，并且开始出现一些教规汇编。

第一部被西方教会采纳为法律制度范式的是380年前后编辑的《教规集成》(Corpus canonum)，这是第一部以宗教会议法令和教父著作片断为内容的教会法令汇编，收录了4世纪时一些地区主教会议所颁布的法令、尼西亚会议(325年)的法令以及教父们关于教会法纪的若干书信。后来，罗马教廷的立法活动趋向活跃，教令的重要性日益凸显。[1]在日耳曼王国时期，随着教会势力的发展，教会法又接受了某些地方法规，其管辖范围也相应扩大，初步奠定了教会法的地位。但从总的方面看，这一时期教权仍从属于世俗政权，宗教会议均由世俗的皇帝或国王主持召开，因而教会立法是在世俗皇权或王权的控制下进行的。就内容而言，此时期教会法主要调整教会的内部事务，涉及世俗事务的法规较少。

(二)从格兰西到特兰托会议和《教会法大全》的审定及正式颁布(公元12～16世纪)

这一时期由于教会逐渐在西欧政治生活中占据主导地位，教会法也呈现生动活泼的局面，所以有人将此时期称为教会法的古典时期或鼎盛时期。

9世纪中叶，查理曼建立的法兰克帝国土崩瓦解，西欧进入了封建割据时期。在这四分五裂的封建社会中，统一的、集权的教会乘机扩张自己的势力，不论在经济方面还是在政治方面都集中了巨大的力量。到公元10世纪，教会的势力渐已强大，近乎争得了对世俗权力的领导地位。在法律方面，教皇在教会事务上的最高立法权逐步确立。这一时期，罗马教皇不断进行改革，试图依据教会法强化教皇的领导权。1075年，教皇格列高里七世(1073～1085年在位)对教会进行了重大改革，宣布罗马教皇在整个教会中拥有政治和法律上的至高无上的地位，僧侣不受世俗控制。改革所确立的教会法原则主要有：只有教皇所颁布和核准的教会法律方为有效；教皇的使节或代表在地方教阶组织中和宗教会议中应该处于首要或主席的地位；每一种教务职司的取得，必须由教会当局加以任命，来自世俗的授权任命必须排除，任何用买卖形式取得的任命都是无效的；坚持教士独身；等等。到13世纪初英诺森三世任教皇时，教会的权力达到了顶峰。

随着罗马教皇地位的提高，教皇不断召开各种宗教会议，教皇教令在12世纪和13世纪成为教会法最具活力的部分，针对宗教活动各个领域的问题，教廷发布了大量教令，这一时期出现了一批重要的教令汇编，包括格兰西的《教会法汇要》、《格列高里九世教令集》、《第六书》、《克莱孟教令集》以及沙皮伊的《编外卷》这五大经典。1580年教皇格列高里十三世将修订过的这五部汇编称为《教会法大全》(Corpus Iuris Canonici)，1582年正式出版。[2]

教会法在这一时期成为独立的法律体系。同时，教会法院的司法管辖权也随着教权

---

〔1〕　彭小瑜：《教会法研究》，商务印书馆2003年版，第16～31页。

〔2〕　Amleto Giovanni Cicognani, *Canon Law*, Dolphin Press, 1935, p. 318－319, 285－286. 彭小瑜：《教会法研究》，商务印书馆2003年版，第29～32页。

与王权斗争的胜利而迅速扩大,由于中世纪的西欧人一般都已成为天主教徒,因而教会法院的审判权力实际上不受限制。

(三)从特兰托会议到《教会法典》的颁布(公元16世纪~1917年)

15世纪以后,随着文艺复兴和中央集权民族统一国家的形成,教会权力开始走向衰落。16世纪宗教改革运动带来了基督教的再次分裂,在德国、法国和英国分别出现了路德宗、加尔文宗、圣公会等新教各派,这些新教教派分别具有各自的独立性,因此严重削弱了教会的权力。罗马教廷认识到要维持自己的权威必须在内部进行适当的改革,遂于1545~1563年召开了特兰托会议,希望克服宗教分裂、反对新教运动、改革罗马教会,并试图恢复、更新和补充过去的教会法,为之寻找近现代发展的基础。至17、18世纪,随着科学技术的发展、启蒙思想的传播,在西欧曾经占据1000多年统治地位的基督教世界观受到前所未有的挑战。资产阶级革命后,西欧各国奉行政教分离的原则,国家法律实现了"理性化"和世俗化,教会法的管辖范围已缩小到精神领域和个别与信仰有关的世俗领域了。1904年庇护十世宣布编撰教会法,《教会法典》于1917年颁布。

(四)从1917年到1983年《教会法典》颁布及其以后的时期

进入20世纪,基督教由传统的西方宗教发展为影响遍及全球的名副其实的世界宗教,在组织形式、思想、礼仪制度等方面呈现出多元化的趋势,面对这种急剧变化的形势,罗马教会于1962~1965年召开了第二届梵蒂冈大公会议,确立了教会的一些改革措施。1983年重新制定的《教会法典》,将1917年以后一些新的改革措施以及适应新形势发展的情况收入法典之中。

目前,教会法在基督教会的组织、教规、仪式中起着重要作用,并对基督教团体及其成员关于法律、道德和行为的观念有很大影响。教会法对世俗法在婚姻、财产、继承、犯罪与刑罚、证言与证据方面有广泛影响。它在部分天主教国家中还是主要的法律形式,在其他国家则是指导神职人员和信徒行为的准则。

## 三、教会法的渊源

(一)《圣经》

《圣经》由《旧约》和《新约》两部分组成。《旧约》大约成书于公元前3世纪至公元前1世纪,由律法书、先知书和圣录三部分构成,共39卷,主要内容是关于世界和人类起源的故事和传说,犹太民族的古代历史、犹太教的法律,以及诗歌、格言和其他宗教文学作品。其中,律法书部分是《旧约》的精髓,共有5卷,相传由摩西所作,故称"摩西五经",是集中记述法律规则的部分。《新约》大约成书于公元1世纪末至2世纪下半叶,共分27卷,由《四福音》、《使徒行传》、《十三篇保罗书信》、《希伯来书》、《雅各书》、《彼得前书》、《彼得后书》和《约翰一书、二书、三书》、《犹大书》、《启示录》组成。

《圣经》的一些内容是教会法的一部分,其中的"摩西十诫"一直是教会法的中心内容,被视为"基本法"。但是,教会从来不把《圣经》贬低为律法书,《圣经》的精神和原则指导教会法的具体条文,《圣经》是不可修正的,而教会法是人制定的,可以更改和变化。

（二）教皇教令集

教会法的另一重要渊源是罗马教廷教皇颁布的敕令、教谕的汇编。11 世纪教皇格列高里七世发起的宗教改革,使教皇及教会的地位不断提高,并逐渐取得了对世俗社会的支配权力。12 世纪随着教会法学的兴起,教会法的编纂、整理也进入一个新的阶段。1139～1159 年意大利博洛尼亚的修士格兰西所著的《教会法汇要》(Decretum)(又译《历代教律提要》或《教会法规歧异汇编》)是一部重要的教令汇编。由于 11 世纪的教会法规不完善,需要加入新的宗教会议的教规;另外,教会的规则不系统且互相矛盾,实践中很难适用,格兰西吸收了 12 世纪前教会文献(包括圣经、教会会议的教规、教皇的信件、教父作品等)、罗马法以及日耳曼法等相关内容,[3]写成《教会法汇要》。其特点是,对教会法规不是单纯地照录原文,而是进行整理、分类和编排。对教会法规则,运用圣经、教皇教令等进行解释和说明,消除了各种汇编中的矛盾和歧异,使教会法具有系统性和统一性。它由三部分组成,分别论述法律的来源和神职人员的特性,列举触犯教会法的案例并加以分析,阐述基督教圣礼。

《教会法汇要》具有很大的权威性,为教会法学家提供了系统的法律资料,也为西欧各地教会法院普遍援引,并作为教材,供各大学讲授教会法之用。教会法因其而成为一个独立的科目,不再作为神学的一部分。可以说,中世纪教会法的基础是《教会法汇要》,它具有很大的学术权威。但它并非教皇颁布的。

教会法汇要

这一时期教皇的敕令和教谕不仅成为教会法的重要渊源,也是西欧中世纪法律的重要组成部分。教廷针对宗教活动各个领域的问题在 12 世纪和 13 世纪发布了大量教令。1187～1226 年出现了《教令集五编》,收录格兰西《教会法汇要》之外的教令。由于《教令集五编》在内容上存在重复和冲突,教皇格列高里九世(1227～1241 年在位)决定编撰一部由各地教会统一使用的更加整齐和便利的教令集,遂从上述五部教令集中的 2139 条教规中择取 1756 条,删去已经被废除或重复的教规,根据需要适当增减其他内容,包括历次宗教会议的法令和教父作品,并加上了 195 条格列高里九世的敕令,于 1234 年正式颁布该教令集,即《格列高里九世教令集》。教皇卜尼法斯八世(1295～1303 年在位)又将格利高里九世以后的教令以及他自己的教令编成一部新的教令集,作为对 5 卷《格利高里九世教令集》的补充,称为《第六书》,于 1298 年颁布。教皇

图 2　教皇格利高里九世签发教令集

[3] Amleto Giovanni Cicognani, *Canon Law*, Dolphin Press, 1935, p. 273, 280.

克莱孟五世(1305～1334年在位)所编成的教令集经修订后于1317年颁布,是为《克莱孟教令集》。法国教会法学家沙皮伊(Chappuis)于1499年开始编撰的《编外卷》,则收录了有法律效力但是没有被结集成册的教皇教令。

图3　1917年教会法典

《教会法汇要》、《格利高里九世教令集》、《第六书》、《克莱孟教令集》,以及沙皮伊的《编外卷》,是中世纪教会法的五大经典,1580年,教皇格利高里十三世将这五部汇编称为《教会法大全》(Corpus luris Canonici),于1582年正式出版。《教会法大全》成为中世纪后期教会法最基本的渊源。

(三)教会法典

19世纪的罗马天主教会面临近代工业化、科技发展和全球传教所带来的一系列紧迫问题。中世纪遗留下来的《教会法大全》以及过去几个世纪的教会立法已经不能满足教会的需要,而且庞杂的旧教会法体系也难以便捷适用,对实际的宗教生活逐渐失去指导意义。教皇和整个教会都不得不思考如何进行教会法的改革。教皇很欣赏世俗法领域的法典化趋势,认为撰写简明的法条并加以系统排列,有助于消除传统法律汇编混乱、前后不一致和不便于适用等弊病。于是,教皇本尼狄克十五世在1917年正式颁布了《教会法典》。该法典共有2414条教规,分5卷,卷下为编,编下为题,题下为条,条下为项,5卷的内容分别是"总则"、"人法"、"物法"、"诉讼法"和"罪与罚"。

面对20世纪急剧变化的社会经济政治形势,教会不得不制定大量新的规章和法令,形成法典外法令膨胀的局面。对于这种情况,教会内部要求制定新的教会法典。经过前后几位教皇的努力,约翰·保罗二世于1983年1月25日正式颁布了新的《教会法典》。该法典共有1752条教规,分6卷,其内容分别是"总则"、"天主子民"、"教会训导职"、"教会圣化职"、"教会财产"、"教会刑法"和"诉讼法"。该法典适用于"整个拉丁教会",对天主教的"东派教会"不适用。1983年的《教会法典》并没有囊括教会法的所有内容,只是简略讨论了礼仪法,没有收入教会与世俗国家订立的宗教协议、教皇选举特别法和教廷各部运作的程序、封圣的程序、各国和各主教区的规章,也没有收入各修会的章程。此外,一些与法典没有冲突的特许权和地方习惯依然有效。

(四)世俗法的原则和制度

教会法还从罗马法和日耳曼法借鉴吸收了许多法律原则和制度。封建时期的教士们大都精通罗马法,在制定教会法的过程中经常采用罗马法的成就。当然,这里所说的罗马法并非古典时期的罗马法,而是11、12世纪在基督教世界里复兴并经过改造的罗马法学家的法律。教会法中的很多内容受到罗马法的影响,比如,教会关于农产品什一税,慈善性遗赠,教会的土地和建筑物的占有、使用以及处分的权利的规定;教会任命教会职位的权力、解决教士间纠纷的程序、违纪处罚;犯罪的规定。罗马法的大量概念和规则被教会法继受,尤其是在财产、继承以及契约等事务方面。同时教会法也对若干规定予以了谴责,比如封建法律为了不使家族的权利和财富分散,允许有一定血缘亲属关系的婚姻,教会法却对此进行了谴责,确立了近亲不得结婚的条例,即凡是按照罗马民法方式推算亲属关系的结婚,将被宣布为乱伦;改变了封建法不承认私生子合法地位的规定,主张男女的结婚使他们在婚前所生的子女变为合法。[4] 另外,许多僧侣还充当各日耳曼王国的法律顾问,使得作为封建国家的日耳曼地方习惯法的某些规范也被教会法所接受,成为教会法的来源之一。

## 第二节　教会法的主要内容

### 一、神职人员的基本权利和义务

凡从事宗教活动的神职人员都享有许多权利,等级越高,所享的权利就越多。主要有:(1)获得神品及领取教会恩俸之权,以及按等级规定享有的该教区执行宗教事务和征收什一税的管辖权。(2)与其品位及等级相应礼节的权利,凡侮辱或侵犯这些权利,以亵渎罪论处,给予严厉惩罚。(3)独立的司法审判权。(4)世俗兵役豁免权。

从事宗教活动的神职人员需要承担的义务主要有:(1)宣讲教义和忠实履行教职的义务。(2)凡教士都有的自省、忏悔的义务。(3)凡领受高级神品的高级神职人员,皆有的坚守独身、恪守贞操的义务。

### 二、财产制度

中世纪的教会通过接受赠与、税收以及从事农业、制造业和商业活动积累了巨额的财富。在当时,教会是西欧最大的地主,曾拥有西欧1/4～1/3的土地。教会对自己这种经济力量以及由此而带来的强大的政治力量非常重视,通过立法、司法以及法学研究对有关这种财富的占有、使用、处分的权利给予规定和论述。从11世纪末叶到15世纪,虔诚的信徒向教会捐赠了大量的土地和建筑物,教会法称保有这种不动产的制度为“自由施舍土地保有制度”,这种财产是属于教会社团的财产,不属于个人。教会法学家并于12世纪发展出了“占有权救济”这一具有近代意义的概念。“占有权救济”实际上是一种诉讼形式,旨在恢复土地、财产以及无形权利,那些由于暴力或欺诈被剥夺了占有的先前占有人,只要证明有不法剥夺占有行为的存在,而无须证明自己具有一种更有利的权利,就

〔4〕［美］汤普逊:《中世纪经济社会史》(下册),耿淡如译,商务印书馆1997年版,第298页。

可从现时占有人那里恢复占有。

中世纪教会法对任何侵犯教会财产(包括动产和不动产、有形物和无形物)者予以绝罚的惩罚,以确保教会财产所有权不受侵犯。受绝罚者不得参加圣礼、领取圣物,不得接受尊位、恩俸和神品,不得接受教会职位,不得行使选举权,不得与亲友往来等。

1983 年《教会法典》第五卷对教会财产制度从四个方面作了规定,即财产之取得、财产之管理、契约及财产变更、赠与及慈善基金。

### 三、契约制度

中世纪的教会为了调整各教会社团间经常发生的经济商业关系,需要一种发达的契约法体系。除此之外,教会法院还寻求并获得了对于俗人之间经济契约的广泛管辖权,确立了俗人间的契约当事人必须遵守教会契约法的原则。

教会法学者贡献了契约责任的一般理论,并将其运用于教会法庭解决案件争议的实践中。

根据教会法,凡经当事人宣誓的契约,必须严格履行。因为宣誓被看作一种对上帝的承诺,为使立约人"灵魂得救",必须履行契约,即便这种契约本身违反了教会法或世俗法,也不能免除履行的义务。达成协议的双方即使没有采取任何法定形式,这种由双方同意而产生的义务既有道德上的约束力,也有法律上的约束力,即受诺人有一种针对承诺人的权利,要求教会法庭强制执行该允诺或者赔偿其损失。

12 世纪欧洲的商业非常繁盛,教会团体之间的经济交易频繁。为了经济利益,教会法庭设法获得世俗经济契约案件的广泛管辖,并且规定只要双方在协议中写入了"信义保证"的条款,信用的抵押就不仅仅产生了对神的义务,而且也产生了对教会的义务。也即有道德上约束力的允诺同样应有法律约束力,只要该允诺乃是从属于一个道德上合理的协议(和约或者双方同意的义务),并且该契约标的和目的应当合理公平。

12 世纪的教会法学者为此提出了一整套契约法的原则。包括协议即使没有遵循法定形式达成也具有法律约束力(pacta sunt servanda,诺言必须恪守),只要其目的(causa,原因)为公平合理;因欺诈而达成的协议无效;因乘人之危而达成的协议无效;因重大误解而达成的协议无效;沉默可以解释为双方自愿订立契约的意图;作为契约受益人的第三方的权利应予保护;在特殊情况下,为实现正义,契约内容可予修改;契约的订立、解释和执行应遵循诚实信用;契约条文若有疑问,应作出于债务人有利的解释(in dubiis pro debitore,解释应有利于债务人);非订约人真实意思订立的契约不应执行。[5]

为了保证契约是订约人真实意思的反映,12 世纪教会法还发展出契约法中的"正当价格"原则。"正当价格"原则中的正当价格是普遍估价,即市场价格,它要根据时间和地方的差异而有所变化,不是一种固定的价格。如土地买卖的正当价格通常是通过考察土

---

〔5〕 [美]哈罗德·J.伯尔曼:《契约法一般原则的宗教渊源》,郭锐译,载《清华法学》(第 6 辑),清华大学出版社 2005 年版。

地收益而定,也可以通过比较邻近土地出售价格而确定,如果这些方法都失败了,还可以通过询问对地方价格极为熟悉的人的意见而确定。这一原则最初取自罗马法,后被教会法学家发展成为一种检验任何契约是否有效的首要原则。

新生的罗马天主教廷契约法为西欧 11 世纪末及 12 世纪、13 世纪资本主义工商业和金融交易的高速扩张提供了重要支持,其发展出的契约法原理成为现代契约法的源头。

## 四、婚姻与继承制度

### (一)婚姻制度

婚姻法是教会法最重要的内容之一。中世纪的教会法院在很多领域并无排他性的专属管辖权,多与普通法院管辖权相竞合。但教会法院却在婚姻案件中具有最重要且无争辩的管辖权,其日常事务主要涉及天主教徒之间以及天主教徒与非天主教徒之间的婚姻。在近现代,虽然民法的其他方面和几乎全部的刑法都归入世俗法,但教会婚姻法的大量内容都被后来的教会法典继承,也使得这部分内容格外重要。教会婚姻家庭制度主要有如下内容:

1. 关于结婚的概念

结婚是通过男女双方的合意消除缔结有效婚姻的障碍,实现两性结合的一种契约。1962 年召开的梵蒂冈第二次大公会议规定:由婚姻状况构成的生命和爱的密切结合是由上帝建立的,其植根于双方的不可逆转的合意,这种状况是由神法确立的,因此获得了其稳定性,这种神圣的结合不单单是依据个人的决定,也是为了伙伴、孩子和社会的利益。[6] 而且,教会法将婚姻视为一项契约,1983 年《教会法典》第 1055 条规定:婚姻契约是男女双方借以建立终身伴侣的结合,此契约以其本质指向夫妻的福祉,以及生育和教养子女,两位领洗者之间的婚姻被主基督提升到圣事的尊位。

2. 关于婚姻的成立

结婚需满足:婚龄;合意;无法律禁止结婚的情况。

首先,结婚双方必须达到法定婚龄。教会法吸收了罗马法的规定,男婚龄为 14 岁,女 12 岁。1983 年《教会法典》规定的法定婚龄是男 16 岁,女 14 岁。

其次,要有夫妻合意,后来还要求具备结婚的形式。与罗马法不同,中世纪教会法上的结婚无需父母或监护人同意,只要配偶双方同意成为夫妻并且在此基础上有性关系,他们之间就构成了婚姻关系。在特兰托会议之前,双方当事人如已有合意,一般会将准备结婚的事实在教会公告,以获得教会祝福。但有婚意时即便为无证人或牧师到场的秘密结婚(private marrige),虽应受教会责难或惩罚,但婚姻关系仍有效成立。由于秘密结婚弊害甚多,故特兰托会议决定:一切结婚须与教会合作,应举行婚姻宣誓。[7] 1983 年《教会法典》规定了结婚仪式:结婚唯有在证婚教区教长或堂区主任,或此二人之一所委

---

〔6〕 Libero Gerosa, *Canon Law*, Continuum Press, 2002, p. 190.

〔7〕 [美]孟罗·斯密:《欧陆法律发达史》,姚梅镇译,中国政法大学出版社 1998 年版,第 196～197 页。

托的司铎或执事,以及两个证人前举行,方为有效,并需遵守若干其他规定(第1108条)。

最后,不存在法律禁止结婚的情况。也即没有婚姻的障碍,包括:(1)无由于未达婚龄、精神病,或欺诈、错误等原因而导致的无效同意;(2)不能人道;(3)重婚;(4)当事人一方有守贞愿望;(5)宗教信仰不同者;(6)一定亲等内的旁系血亲和姻亲。中世纪教会婚姻法严格禁止一定亲等的旁系血亲、姻亲通婚,在1215年以前,禁止七亲等以内之旁系血亲、姻亲结婚,至教皇英诺森三世时,缩小其范围至禁止四亲等以内之旁系血亲、姻亲结婚。[8] 并且近亲通婚的限制还波及教父教母及其家庭成员,他们在这一问题上也被视同教子教女的血亲和姻亲。[9]

教会法婚姻的无效限制

3. 与宗教信仰不同的人结婚

此种情况下婚姻一般无效。1983年《教会法典》不承认天主教徒和非基督徒之间的婚姻在教会法上的有效性:"无主管当局的明示许可,下列已领洗的双方不得结婚:一方在天主教领洗或领洗后皈依天主教,且未以正式行为背弃天主教者,另一方加入与天主教不完全共融的教会或教会团体而领洗者"(第1124条)。在教会法的实践中,上述双方可以得到教会的豁免,然后缔结合法有效的婚姻。条件是:该天主教徒要向教会保证,他不会因为与非基督徒结婚而丢弃信仰,松懈宗教生活,将努力教育和培养自己的后代成为信徒。非基督徒的一方不必作出相应的承诺,但是,必须被告知天主教徒一方所作出的保证。

4. 关于婚姻的解除

教会法允许以通奸、背教或严重的残酷行为为理由的司法分居(divortium),允许丈夫和妻子分开居住、各自生活,但婚姻关系除非一方死亡方可解除。但近代意义上的离婚是不允许的。如1983年《教会法典》第1141条规定,完成而既遂的有效婚姻,除死亡之外,皆不得解除。因为婚姻被看作"神圣契约",一旦有效地订立,便不能解除。但也有两种例外情况:一是未实现的婚姻可以通过一方当事人成为神职人员而得到解除,也可以在任何情况下由教皇解除;二是在特定情况下,一方当事人皈依基督教可以与仍为异教徒的对方配偶离婚。

(二)继承制度

教会法采用遗嘱继承和无遗嘱继承两种制度。12世纪以后,教会法和教会法学家发展出一套较为完整的遗嘱继承体系。教会法学家把遗嘱的制作看作一件非常重要、神圣的行为,并将遗嘱本身视为一种宗教文件,通常它是以圣父、圣子和圣灵的名义制作的。教会法学家还建立了一种确定遗嘱有效性以及解释和执行遗嘱的规则体系。与罗马法不同,遗嘱的程式化已降低,不仅临终前因忏悔所讲的"遗言"被作为正式的遗嘱,而且口头遗嘱一般也被认为是有效的。教会法学家还强化了对活着的配偶以及子女的保护,以使他们免于被遗嘱剥夺继承权。教会法改变了罗马法上的做法,将妻子而不是死者的孙

---

〔8〕[美]孟罗·斯密:《欧陆法律发达史》,姚梅镇译,中国政法大学出版社1998年版,第197~198页。

〔9〕彭小瑜:《教会法研究》,商务印书馆2003年版,第44~45页。

子女或父母置于法律保护之内。如果遗嘱人既有妻子,又有子女,那么可以由遗嘱(处分财产1/3以上的便不得用遗嘱)对孙子女或父母的继承权予以剥夺;如果只有妻子或子女,她或他们便应得到遗产的一半。

12世纪,教会法还创造了一种新的遗嘱执行人制度,其主要内容是:在遗嘱人死后,不是由继承人马上继承遗产,而是由遗嘱中所任命的一位执行人占有待分配的所有财产,并依照遗嘱对遗产进行处理。行使遗嘱人权利和承担他的债务的,不是继承人,而是执行人。他可以在世俗法院中起诉遗嘱人的债务人;遗嘱受益人针对执行人的诉讼主张只能向教会法院提出;由于执行人而使妻子和子女的法定份额得不到保障的问题,也要由教会法院予以处理。

此外,教会对无遗嘱继承同样具有管辖权。教会法院还发展出任命一名管理人负责分配无遗嘱死亡者的财产的惯例。管理人的职能与遗嘱执行人的职能相类似。

但是,对于遗嘱及无遗嘱遗产分配等问题,教会的管辖权大部分仅限于动产,不动产之土地一律受封建法之支配。[10]

### 五、犯罪和刑罚制度

在西欧封建社会早期,宗教所谓的"罪孽"与世俗意义上的"犯罪"是不分的。一般来说,不仅所有犯罪都是罪孽,而且所有罪孽都是犯罪。杀人、抢劫以及其他违反人法的主要犯罪,同时也被视为对上帝法律的违反;另外,巫术和魔法、渎神等违反上帝法律的主要犯罪,同时也被视为是对人的法律的违反。[11] 至11世纪晚期和12世纪,罪孽和犯罪之间第一次有了明显的程序上的区别。从那时起,教会法庭惩罚对"上帝的法律"违反的罪孽,对罪孽行使专属管辖权,世俗的王室法院或官员惩罚违反世俗法律的犯罪行为。教会将罪孽区分为一般罪孽和刑事罪孽,前者是轻微的,源于正常的疏忽或短暂的软弱,一般不为人知,并可通过日常祈祷被赦免。后者又称为教会法上的犯罪,或简称为犯罪,它危害灵魂同天主的共融。一般包括,冒犯天主和信仰之罪,以偶像崇拜为典型(如背教、异端、买卖圣职、伪誓);冒犯教内兄弟姐妹与自然正义之罪(如杀人、盗窃、作伪证);冒犯基督徒身体之罪(如通奸、强奸)。[12] 构成刑事罪孽(犯罪)有三项要件:一是它必须是一项严重的罪孽;二是罪孽必须表现为一种外在行为;三是行为必须对教会产生滋扰后果。这一时期的"刑事罪孽"概念已经具有近代犯罪构成理论的因素。

在刑罚制度上,理论上教会法认为单纯的严刑峻法很难伸张正义,基督之爱的最终关怀是以纠正为手段来拯救。如对一般教徒的惩罚,有绝罚和禁罚两种,绝罚即一段时间中止教徒参加教会圣礼,剥夺其作为教会成员的权利,或者将其隔离于社交之外。禁

---

〔10〕［美］孟罗·斯密:《欧陆法律发达史》,姚梅镇译,中国政法大学出版社1998年版,第202页。

〔11〕［美］哈罗德·J.伯尔曼:《法律与革命——西方法律传统的形成》,中国大百科全书出版社1993年版,第225页。

〔12〕［英］奥斯瓦尔德·J.莱舍尔:《教会法原理》,李秀清、赵博阳译,法律出版社2014年版,第112~113页。

罚即咒骂,即将违犯者排斥于教会的一切仪式之外。[13] 只有在反复告诫而无效时,教会方可诉诸刑罚。教会刑罚的目的是纠正,而不是毁灭。因此,中世纪教会所用的刑罚一般不包括死刑和造成严重伤残的肉刑。在实践中,中世纪教会采取鞭笞、流放、监禁和财产没收等来镇压已经定罪的异端分子,有时几种刑罚可以同时使用。但宗教裁判所对异端则广泛适用酷刑和死刑。

## 六、司法制度

图4　审判贞德

教会依据世俗国家法院的模式,建立了不同等级的教会法院,形成了独立而完备的宗教法院体系。主教法庭是第一审级法院,由主教或主教代理人主持,通称为“教会裁判官”。下设副主教法庭,管辖一般民事案件。大主教法庭是第二审级法院,由大主教主持。大修道院、皇宫礼拜堂另设有专门法庭。对以上各种法院的判决,当事方均可上诉至罗马教皇法庭。教皇法庭是最高审级法院。教皇对上诉案件既可授权当地教会裁判官按教皇训令进行审判,也可以由教皇委派全权代表组成特别法庭判决。此外,教会于13世纪专设了特别刑事法庭,又称异端裁判所、宗教裁判所。它是专门审理有关宗教案件的司法机构,直接隶属教皇。特别刑事法庭在客观上曾起过扼杀科学和进步思想的坏作用。

中世纪教会法院的管辖权分为对“特定种类的人的管辖权”和“对事的管辖权”两类,主要是对宗教人士的管辖权以及对宗教事务的管辖权。[14]

此外,根据教会法的规定,任何人都可以“世俗审判的缺陷”为由,不管另一方当事人

---

〔13〕［英］奥斯瓦尔德·J.莱舍尔:《教会法原理》,李秀清、赵博阳译,法律出版社2014年版,第119～120页。

〔14〕［美］哈罗德·J.伯尔曼:《法律与革命——西方法律传统的形成》,中国大百科全书出版社1993年版,第269页。

是否同意，在教会法院提起一项诉讼，或者将案件从世俗法院移送到教会法院。同时在贯穿中世纪西欧的教会法院与世俗法院的管辖权之争中，教会的司法权大规模扩张，教会最终将它的管辖权以及它的法律覆盖至任何类型案件中的任何人。

有关对信仰或道德的冒犯是刑事案件，关于基督徒彼此间权利和义务的争议为民事案件。教会法院的司法程序模仿了罗马帝国后期法院的程序。民刑诉讼都要递交诉状，内容记载指控内容和指控之人。刑事诉讼的提起为公开的控告、私下的告发以及主动的纠举。法官据此可开始审判程序，须亲自讯问、调查证据、监督答辩及制作判决，在13世纪前常采用宣誓及神判法。刑事案件中采纠问主义之程序。民事诉讼采用书面起诉，当庭的直接言词证据大多代之以书面证据，尤其是重要案件在上诉中所移送的申辩及证据更多，以致手续繁杂，迁延时日，不能迅速了结。教会的诉讼法从古代罗马法以及日耳曼习惯法中借鉴良多，但是也有很大的变化：教会诉讼程序是书面的，从控告必须是书面诉请到诉讼过程要有书面记录、书面询问以及书面判决；无论是书面证据还是口头证据，都需要当事方在宣誓之后提出，并且对于伪证要处以重罚；教会诉讼程序允许当事人由代理人加以代表，并且首倡法律代理的概念；教会法学家发明了二元程序体系，即庄严的和正式的，以及简易的和衡平的诉讼程序，并且发展出对案件进行司法调查的科学。这些对后世都产生了相当大的影响。

## 第三节　教会法的基本特征及其影响

### 一、教会法的基本特征

教会法在本质上是一种神权法，同时又是西欧中世纪法律的支柱，它与各种世俗法律既相互排斥，又相互影响和渗透，并且在中世纪是具有普遍适用性的一种法律体系，表现出世俗封建性和体系完备性的特点。

#### （一）与神学密切联系的神权法

教会法的基本信条和根本目的是维护上帝以及由上帝创造的秩序。就其内容来看，教会法所确立和调整的关系不是人与人之间的关系，而是人与上帝之间的关系。例如，教会法中的犯罪一般并非直接针对政治秩序和一般社会的侵犯，而是指针对上帝的侵犯行为。对犯罪者的惩罚主要被看作对损害了上帝荣耀而实行的一种“补赎”行为，教会法把犯罪看作是一种“刑事罪孽”，这反映了教会刑法制度的典型神学意义。

#### （二）世俗的封建性

教会法的世俗封建性主要表现在：一方面，教会法首先按世俗封建秩序模式，确立了体系完备的教会权力的等级结构；另一方面，其法律的许多内容与世俗封建制度密切联系，表现出封建性。

12 世纪晚期和 13 世纪的西欧天主教会已发展成一个较之西欧大陆封建王国更加完备、健全的行政组织系统,形成了以教皇为中心的中央集权式的体系结构。在这一体系结构中,教皇是最高首脑,是最高立法者、最高行政官和最高法官,其下的高级官员有大主教、枢机主教或红衣主教,辅佐教皇共掌教权。这样,以教皇为中心的罗马教廷实际上形成了与世俗封建国家类似的“教皇国家”和“教皇政府”。在地区或地方层次上,又划分为教省、主教辖区和教区这样的“教权行政区域”,大主教、主教以及处在教皇权威之下的主要宗教团体和单个修道院的负责人都是教皇的官员。教会内所有宗教权力最终都集于教皇手中,从而形成了一种金字塔式的官僚体系和行政组织系统。

如果说教会法所确立的中央集权制度是以世俗封建等级结构为模式的话,那么在教会的具体法律制度中,其法律的一些内容则直接体现了世俗的封建性质。如在土地法制度中,教会规定了什一税制度,即农民必须将其产品的十分之一交给教会,作为农民使用土地的条件。在婚姻家庭制度中,教会法仍然肯定了在世俗封建法律中实际存在的夫妻间不平等。在刑法和诉讼制度中,教会通过建立刑事特别法庭(宗教裁判所)与世俗封建法律相配合,把纠问式诉讼发展为一种在异端裁判中经常使用的极端专横野蛮的审判制度。这些都反映出教会法的封建性。

#### (三)相对完善的体系性

教会法虽然没有发展出像近代法那样的部门法体系,但在中世纪作为一种超越国界普遍适用的法律,与各种世俗的封建法律相比,它具有相当完备的体系性。其体系化形成于 12 世纪末和 13 世纪初,《教会法大全》的颁布则标志着教会法体系的完全成熟,形成了一套包括财产法、婚姻继承法、契约法、诉讼法、刑法等部门法的规则。这表明了中世纪教会法有着各种世俗封建法所不具备的体系化特征。

### 二、教会法的影响

教会法与罗马法、日耳曼法相并列,成为欧洲前近代三大法律之一,是西方法律传统的重要组成部分。罗马教廷曾把天主教扩展到西欧各国,因当地居民曾大都是天主教徒,这使得教会法拥有比各种世俗封建法广泛得多的适用和管辖范围,其效力实际上也高于世俗法。教会法的发展和普遍适用,对西方国家的法律产生了深刻的影响。

教会法对于近代宪法的影响最突出地表现在它所确立的权力结构和教会法学家的法律理念两个方面。在中世纪的西欧,教权与王权相互重叠冲突,这构成教权和王权的二元对立结构,有时被称为“二权分立”。它构成了近世宪法制度最重要的历史来源。近世宪法中的政府权力的有限性原则可以在此找到其部分渊源。

教会法对私法的影响体现在婚姻家庭制度方面。西方国家婚姻家庭制度长期受教会法的浸染。在当代,某些西方国家离婚法仍保留着诸如分居必须达到一定时间才准许离婚这样一些教会法的规范,说明教会婚姻法至今尚有影响。此外,教会法注重保护寡妇利益,要求结婚时丈夫必须保证抚养其妻,这也直接导致了西方国家“抚养寡妇财产”

制度的建立。在财产法方面，教会法在不动产占有方面发展出一套较为完善的理论与制度。近世法律中关于占有的保护和长期和平公然占有取得所有权等方面制度的完善在很大程度上要归功于教会法学家。对教会土地的赠与要求适用用益制，也是现代信托制产生的一个重要原因。

教会法对刑法的影响体现在定罪量刑方面。教会法坚持在法庭面前如同在上帝面前一样，所有的人，不分贫富贵贱，一律平等，这奠定了近世法律平等原则的基础。

在诉讼程序方面，刑事诉讼所确立起来的纠问式诉讼程序、二元程序体系，对后世诉讼法发展产生了相当大的影响。

## 参考阅读书目

1. 杨昌栋：《基督教在中古欧洲的贡献》，社会科学文献出版社 2000 年版。
2. 彭小瑜：《教会法研究》，商务印书馆 2003 年版。
3. [美]哈罗德·J. 伯尔曼：《法律与革命——西方法律传统的形成》，中国大百科全书出版社 1993 年版。
4. [美]汤普逊：《中世纪经济社会史》（下），耿淡如译，商务印书馆 1997 年版。
5. [美]伯尔曼：《法律与宗教》，梁治平译，中国政法大学出版社 2003 年版。
6. Amleto Giovanni Cicognani, *Canon Law*, Dolphin Press, 1935.

# 第七章　中世纪城市法与商法

图1　中世纪欧洲城市

【导　读】

中世纪城市法和商法是在中世纪城市和商业产生和发展过程中形成的，城市法涉及城市的机关和管理、商业和手工业规章、民刑事法律等内容，商法则调整商人之间因商事活动所产生的各种关系。两者都对后世法律产生了一定影响。

【问题讨论】

1. 中世纪城市法的渊源和内容。
2. 中世纪商法与海商法的主要渊源和内容。

# 第一节 城 市 法

## 一、城市法概述

城市法，是指中世纪西欧城市（包括自治城市、半自治城市和城市共和国）中形成和发展起来并适用于这些城市的法律体系，其内容一般涉及城市机关和管理、城市商业、手工业规章、城市市民权利及治安等。中世纪城市由于其形成、性质以及城市发展程度的不同，各地的城市法各有差异，故城市法不是统一的国内法，更不是统一的国际法。但城市法的出现一般都是与该城市的手工业和商业的发展、城市组织机构的完善、市民的政治经济要求相适应的。

### （一）城市法的形成和发展

城市法的形成和发展是与城市的形成发展紧密结合的。其发展过程经历了早期发展阶段、独立发展阶段，以及与其他法律融合发展的阶段。

城市在形成过程中开始了城市法的最初形成和制定。关于西欧中世纪城市，一般不再被认为其萌芽于古代罗马城市的遗迹，而是经济社会力量的产物，其形成与商人阶层的出现紧密相连。大约在10世纪时，由于西欧社会生产力的发展，商业活动逐渐活跃，一些商人和手工业者在交通要道、教堂及若干古老城堡等附近建造许多有木栅或者城垣的圈围地，定居下来从事商业和手工业，之后希望寻求庇护的移民或外来人也到此居住，随着人口的增多，新的城市逐渐形成了。由于形成的城市都建立在一个或几个封建领主（世俗或教会）的领地之上，所以城市市民要受封建领地法律的约束，甚至出现一个市民同时受多个封建领地司法管辖的情况，而长期的聚居、共同的利益和共同的经验使城市居民有了一种强烈的共同意识，即要求领主承认城市为一个自治社会，在政治上他们要求进行自我管理，在经济上并不完全排斥领主的权力，愿意继续服役和纳税，但这些捐税的性质和程度应有严格的限制和确定性。如果这种要求被拒绝，他们不惜以暴力方式来获取城市的权利。11世纪时，西欧大多数城市通过金钱赎买、武装起义等手段获得了不同程度的自治。获得自治的城市，开始确立起城市的自治地位、管理机关，市民的人身地位、劳动方式、经济关系也都有新的特点，这些都需要新的城市法加以肯定。由于意大利自治城市出现的时间较早，最早的城市法便产生于意大利各城市，如9世纪伦巴城市的伦巴法汇编、10世纪基罗亚城市法、11世纪毕士拖瓦城市法等。这一时期的法律主要是一些习惯法汇编。

城市繁荣发展时期开始了更多城市法典的编纂和城市同盟法的制定。11世纪末以后，在西欧各地又相继出现了许多城市，这些城市市民迫切需要符合新兴城市各种社会关系的法律，封建领主为保证自己的固定收入也不断颁布特许状允许城市从事工商贸易事业而从中征税。城市法在这种情况下便获得了进一步的发展,并出现了城市法重要表现形式的法典,如意大利就曾制定《米兰城市法典》(13 世纪)、《罗马城市法典》(15 世纪)等,西班牙曾制定过《多托沙城市法典》(13 世纪),德国制定过《萨克森城市管辖法》(13 世纪)。至中世纪后期,欧洲各商业城市为协调彼此的关系,保障共同的贸易权益,结成城市同盟,制定了城市同盟法,如著名的"汉萨同盟"(Hanseatic League)就曾制定过《汉萨海上规则》。城市同盟法对参加同盟的城市都有约束力。至 15 世纪,城市法形成了许多新的规则,产生了许多重要制度。

城市的自治特权丧失过程中城市法开始与其他法律融合发展。15 世纪以后,西欧各国的王权逐渐强化,自治城市的司法权受到王权的直接干涉,自治特权被逐步取消,国王利用颁布敕令等手段加强对全国(当然包括城市)的控制,城市法独立的发展道路中断,它与西欧既存的其他法律因素融为了一体。

(二)城市法的主要渊源

1. 特许状

特许状一般由国王或城市原本所辖的封建主颁发,主要内容是承认城市的自治权和工商特权,明确市民的权利和义务。大部分特许状在确定领主的征税和市民应缴租税的同时,承认城市自治权,允许城市有制定法律、建立城市机关、拥有商业行会等权力,确认市民人身自由,并赋予市民使用城市土地、管理市场、从事商业活动、加入行会组织等权利。特许状均不同程度地限制了国王与领主对于城市的权力,它是一种封建的权力转让书。

特许状是城市法的主要渊源,它规定了城市法的轮廓,确认城市社会生活的主要原则和制度,并赋予了城市对抗国王和领主的权力。不能将特许状看作像近代宪法那样经过有步骤的工作和立法的讨论而产生的,市民阶级确实以特别关切的心情守护这些特许状,以一种近乎迷信的尊敬对待它们,将其镌刻在城市的重要场所,或者藏诸保险柜加上三道锁。这是因为特许状是他们自由的保护神,如果出现违反的情况,特许状可以为他们的反叛辩护,而不是因为特许状包括了他们的全部法律。特许状虽不是近代意义上的宪法,但它对中世纪西欧城市社会的主要问题作了规范,对发展和保障市民的人身自由曾起过很大的作用。当然,不同城市的特许状彼此不可能相同,发达的商业城市在存续期间往往会获得若干特许状,大部分特许状的适用时间较长。

2. 城市立法

这是指获得自治权的城市权力机关为适应本城市的社会经济发展需要而颁布的法令、条例等。这些立法主要涉及城市的道路、桥梁等城市建设问题,以及商业、手工业、教育、救济、治安等城市管理问题,还涉及城市与领主的关系,有的属民法、刑法规范,有的属诉讼法则。随着城市的发展,城市立法逐渐增多,并成为城市法的重要渊源。

3. 行会章程

城市最初形成的时候,要受到封建主的压榨,发展商业和手工业的需要促使同行业的人组成称为基尔特或者汉萨的行会，这是一些不依附于任何权力的自治团体，在那里只有他们的意志才是法律。渐渐地，所有的商人和手工业者聚居地都产生了类似的行会，并且形成了自己的一些章程和制度。

行会由同一行业的商人和手工业者组成，它是城市商人和手工业者为维护权益、保障自己的人身和财产安全而组织的社团，是中世纪西欧城市解决商业与劳动问题的组织。各行会有自己的章程，由会员大会制定和通过，详细规定本行会的组织、行会会员的权利义务及行会活动规范。由于行会在城市中有很重要的作用，不仅支配着城市大部分居民的生活，而且实际上是城市的非正式管理机关，具有一定的行政组织职能，因此行会章程事实上具有法律效力，成为城市法的一种渊源。

4. 城市习惯和判例

城市习惯是在中世纪西欧城市的社会生活和商业交往中形成的、为广大市民所承认的各种习惯；而城市法院的判例也是城市法的渊源，许多城市法汇编实际上是习惯法和判例的记载。因此，城市习惯和判例对规范市民行为、调整城市生活有一定意义，不可否认它们在成文法尚不完备的中世纪城市法体系中起着一定的作用。

此外，中世纪后期城市同盟所制定的城市同盟法令，也是参加同盟的城市的法律渊源之一。

## 二、城市法的基本内容

中世纪西欧城市法大多不属于抽象意义的法律规范，更谈不上形成独立的部门法，而且也没有涉及所有的法律领域。如关于家庭、婚姻、继承等方面是由教会法调整的，关于叛国、谋反等重大犯罪是由王室法院管辖的。此外，中世纪的城市法都是典型的属地法，即凡是在某城市法管辖之下的地方，不管何人均须接受该城市法的约束，城市法的实施范围通常是指城墙内的地区，以及城墙外受市民支配的草地、湖泊、森林、河流及一些主要的交通干线等。城市法是和其他封建时期的法律具有同样性质的现象，是一切民族所具有的共同的一种社会和经济状况的产物，虽然从当时西欧各个国家和城市来看，城市法有很多细节上的差别，如某些地方城市法的发展相对较快，但就其实质而言，各地城市法所包含的基本制度是一致的，主要有：

### （一）城市机关

中世纪西欧的城市机关设置因国家、地区不同而有差异，而即使在同一地区，因获得自治的程度不同，城市共和国、自治城市、半自治城市的机关设置也各有特点。但一般而言，城市机关多包括市议会、城市法院、市长、市民大会等。

享有完全自治权的城市共和国和自治城市，其最高机关是市议会，由选举产生。再由市议会选举产生行政长官，行政长官每年更换，在其之下还设有执行具体行政事务的行政人员（如征税官等），各地人数不等。城市法院的法官由市议会任命或推荐。初期，法院主要依照习惯进行审理，后来城市制定法开始在法院审理案件中发挥重要的作用。有些城市还设立市民大会,但它常常没有实际权力,只是为了通过城市法令而召开。

在领主保留部分统治权、没有获得完全自治权的半自治城市,则由国王或所属区域的封建领主派代理人和城市代表共同管理事务。在法国西部和英国,这种情况较多。半自治城市中自治权力极少的城市,往往无权单独建立自主的机关,而是由代理人行使宣布判决、课征赋税等一切权力。

(二)和民事法律有关的内容

1. 市民身份:自由和权利

城市所赖以建立的商业活动自发地要求市民在身份上的自由。自由的身份是市民阶级必要的和普遍的属性,农奴身份的一切痕迹在城市的墙垣之内消失了。获得自由身份的条件并不苛刻,一般是要求被授权者在城市中居住满一定的年限。如亨利二世在颁发给诺丁汉市的特许状中说:任何人只要和平时期在城市里居住一年零一天,除国王之外,任何人对他无任何权利。[1] 有时需要得到城市的允许,如1151年前后法国的《圣康坦建城章程》规定:经市长或者市政长官同意,新来者得住在城里。只要他不是强盗,就可以在公社里生活。[2] 有时甚至不需要任何条件,如法国国王路易七世在1180年的特许状中赐给奥尔良及其周边地区的一切农奴、奴隶及其子女以自由权,就像生来就自由的那样。[3] 德意志的谚语"城市的空气使人自由"是适用于所有城市的真理。自由在中世纪是与一个城市的公民资格不可分割的属性。[4]

相应地,城市市民还拥有一些权利,如选举权和被选举权,符合一定条件(主要指年龄和资质)的市民,皆可通过公开程序选举或被选举为官吏,通过市民大会、代表制和请愿书的形式,参与城市立法,将自己的意愿反映到法律中,并可享受法律面前人人平等的司法保护。

2. 土地的自由处分

在城市中,土地自由与人身自由同时产生,继而出现了一种新型的土地持有形式:自由租赁。在这种土地持有形式下,市民们根据所占据的土地支付地租,但一般无须承担其他封建义务,不发生人身依附关系;城市土地的持有人虽然名义上不是土地的主人,但是他们可以自由转让、出卖、典当、借出或者遗赠土地,也可以再转租出去。这类权利的授予在欧洲各地的特许状中随处可见。地产租金通常数额较少,许多城市中市民领有的土地只需缴纳一先令或者仅仅一便士的年金。在某些城市,地租最终消失,城市地产变成了个人拥有绝对所有权的土地。旧的领地的土地变成了自由地产,占有土地的人可以

---

[1] F. Pollock, F. W. Maitland, *The History of English law* , Cambridge University Press, 1923, p. 649.

[2] Charles Petit - Dutaillis, *The French Communes in the Middle Ages*, translated by Joan Vickers, North - Holland Publishing Company, 1978, p. 42.

[3] [法]基佐:《法国文明史》(第四卷),沅芷、伊信译,商务印书馆1998年版,第260页。

[4] 从"获得自由身份的条件并不苛刻"起至此处,参见冷霞:《中世纪西欧城市自治研究》,载何勤华主编:《外国法与比较法研究》(第1卷),商务印书馆2006年版,第32页。

将土地自由地遗赠、让与、出租以及抵押、买卖。这是自治城市的土地制度与其他地区封建土地制度的显著不同。

3. 从事工商业贸易的权利和税收权

城市是各种商品的交易和流通中心，城市获得自治以后，原来货物流通过程中需给各地领主缴纳的繁重的商品流通税给商人们增加了沉重的负担，到12世纪时，各地的商品流通税都被修改了，几乎完全置于城市当局的监督之下。领主们取消了诸多捐税，并且对保留下来的税收数额加以限制。此外，领主对城市所享有的众多封建权利，如强迫市民在其磨坊和炉灶中加工食物的特权，出售自制的葡萄酒和肉食的垄断权、住宿权、征用权、召兵权等，也逐渐为领主们所颁布的特许状所废除，多种封建赋税在城市中日益萎缩，甚至消失，并为更正规的征税方式所取代，城市的财政自治逐渐得以实现。

此外，城市当局还在城市法中规定了有关商品交换过程中的权益，如市场管理权、货币铸造权及对度量衡的规制权，等等。同时，市民还享有继承、借贷等方面的民事权利。[5]

（三）行会制度

11世纪末，商人行会、手工业者行会以及其他世俗性质的行会遍布各地。只有加入行会才能经营商业和手工业，但入会有一定的资格限制，如当时的手工业行会，一般只有正式工匠才能入会。同一行会会员一般住在城市中的同一街区，会员须交入会费和定期会费，会长由本行会会员选举产生。行会内设有监察员，负责监督会员遵守本行会章程。如果会员中有人遭司法控诉，而且一定时间后仍没有恢复名誉，就不得继续留在行会。

行会有两种功能：其一，处理行会的商业事务；其二，处理内部事务，如学徒的工资、期限和条件、福利以及对行会的职责。行会的存在一是基于慈善目的，若会员患病或死亡，其本人或家属可以得到一定救济；二是基于商业目的。为了达到这些目的，各个行会都颁布了自己的法令。

城市或城镇里的各种商人和手工业者的行会各自都有自己的章程，其内容依行会的种类而千差万别，行会章程一般规定本行会的工商活动准则。如学徒身份和成员身份的条件、工作日与假日的日程表、工作质量标准、最低限度的价格、商店之间的距离、有关行会内部限制竞争和平等交易的售卖条件、禁止赊买（行会内部除外）、限制进口、限制移民以及其他保护主义的措施。具体而言，许多手工业行会章程都规定，开设手工业作坊者须具备某一手工业的专门技术，并且须购有开业执照。作坊一般设在家中，除作坊主本人外，可有兄弟、子侄1～2人，并可招收1名学徒和少量帮工。法律对于手工业者的工作时间也有统一规定，如《巴黎羊毛织工行会章程》规定，“行会里的任何人，不得在日出之

---

〔5〕［比］亨利·皮雷纳：《中世纪的城市》，陈国樑译，商务印书馆1985年版，第118～125页。

前开始工作……在第一次晚祷钟声发出的时候,就应停止工作",[6]对于违反工作时限者要处以罚款。行会章程的主要目的是保证商业发展,保证产品质量,限制甚至禁止行会的内部竞争。大部分商业行会章程则规定,严禁会员在商事活动中的欺诈行为,商会有权统一商业交易的度量衡,并有调解商务纠纷的权力。

(四)城市刑法和诉讼制度

城市刑法适用于除叛国、谋反等重大犯罪外的其他的犯罪。城市刑法首先在法律上废除封建等级特权,犯同一罪者处相同的刑罚,无论贵族还是自由民(市民),只要身处城垣之中,一律服从城市刑法;其次,城市刑法具有严厉和残酷的特点,大量使用肉刑,如绞刑、斩首、宫刑和肢解等,且一定程度地保留同态复仇和株连的原则,刑罚具有威吓主义的色彩,这可能与城市居民构成复杂、流动性大、较难维护治安有关。

在诉讼制度方面,城市刑法废除封建时期各地广泛采用的神明裁判、决斗等证据形式,用证人作证代替了宣誓保证人制度,以罚金代替因把犯罪看作侵犯私人利益而采取的偿命金制度;同时,还缩短了审判时限,并抛弃了一些具有浓厚形式主义色彩的诉讼程序。

## 三、城市法的历史地位

中世纪城市所创造的文明对近代资产阶级社会产生了深远的影响。作为中世纪文明的重要组成部分——西欧城市法,虽有历史和时代的局限性,但它对后世仍产生了重要影响。

城市法对近代国家形态产生了影响。它摒弃了封建的身份法,赋予城市市民人身自由权和一定的法律地位,这就有可能在城市中出现一个享有自由、平等权的市民阶级,他们积极地参与城市的政治生活,城市组织的活动及其职能模式也影响了近代国家所建立的国家机关体制,使这些国家有可能产生议会制度。

城市法对近代法律意识的形成也产生了深远的影响。中世纪西欧城市法体系由习惯法和制定法组成,大多制定法形式上是基于市民的共同意志而制定、颁布的,具有合理性和自由平等的精神。这就彻底否定了法律只能来源于教会的圣谕、领主的习惯、国王的命令这种三位一体的封建法律观,并且对于所有的权威、机构和组织都应服从于法律的这种近代西方国家法制观念的形成有渊源性的影响。

城市法对近代法律制度的影响。它肯定了市民民事权利主体资格,市民享有在民事、诉讼方面的平等权利,妇女在财产上也享有了部分权利。动产在社会财富中逐渐占据重要地位,使具有封建传统的长子继承土地的原则失去了其本来的意义。这些对近代的民法制度产生过重大影响。其他一些制度,比如产生于意大利城市的公证制度,及城市法中公债、保险、公司等内容,也一定程度被近现代各国所继承。而且,由城市自治而引发的司法自治,也使司法权逐渐发展成为一种单独的权力。

---

〔6〕 周一良、吴于廑主编:《世界通史资料选辑》(中古部分),商务印书馆1981年版,第137~138页。

## 第二节　商　　法

### 一、商法的形成与发展

中世纪的商法又称商人法(law of merchant),是调整商人之间因商事活动所产生的各种关系的一系列习惯和法律。由于商事活动包括内陆商业活动和海上商业活动,故商法由规范内陆商业活动的商法和规范海上商业活动的海商法两部分组成。中世纪后期西欧国家曾分别编纂过"商法典"和"海商法典",而近代各国编纂法典时多把海商法作为商法典的一编,所以习惯上有时会把内陆商法和海商法统称为商法。[7]

商法作为独立的法律部门是随着商业的复兴、发展和自治城市的产生而逐渐形成的。中世纪城市法中实际上包含了一部分商法的内容,但调整商业活动法规的起源要早于城市法。

图2　中世纪欧洲城镇商业

#### (一)商法的发展

商法的起源与西罗马帝国衰落以后几个世纪中的商业、集市以及市场的发展紧密相

〔7〕　林榕年主编:《外国法制史新编》,群众出版社1994年版,第229页。

连。在这个时期,市场和集市逐渐变成了和其余地方相区别的管理和司法单位,这种发展在商法的发展中极为重要。首先,国王们赋予领主对市场的管辖权,于是司法可以从王室官员的管理中独立出来。其次,王室对商人的特殊保护扩展到所有的行旅商人。至迟从 9 世纪开始,商人们开始变成了拥有法律特权的阶层,法律给予他们某种特殊保护。市场和集市形成了一个王室法官不能介入的独立的司法单位。独立司法机构的建立虽然没必要引用新的法律,但是渐渐地适用其中符合其特殊需要的规则变得自然了。到 10 世纪晚期,商人们已经有了非常好的环境由其建立自己的规则。12 ~ 13 世纪,定期集市大大增加,意大利、法国、德国、西班牙、英国等国都各涌现了不少著名的集市。其中,当以法国的香槟集市规模最大、声誉远播,最多时有 50 多个市场,吸引大批的外国商人和外地商人,具有国际性集市的特点。在频繁的商业交往中,当地逐步形成了一系列的商事规则,广泛涉及集市交易日期和周期、交易程序、集市管理组织、税收、货币流通、度量衡标准、商人安全、契约、集市法院等方面。

在商法发展的过程中,城市起到了重要且可能是最重要的作用。至公元 10 ~ 11 世纪,许多城市获得自治,在市场和集市中产生的特殊的法律传到了城市。商法成了城市法的一部分,商法随之有了更为宽广的活动领域,它不再只是偶然组成的市场和集市的产物,而是有了一个永久的发展平台。城市是商法发展的中心地。当然,农村贸易中产生的规则也不应该被忽视。〔8〕

在商法的历史发展中,意大利的商业成文法占有重要地位,它们对商业规则和习惯的发展产生了影响,并且对整个欧洲的商法产生了影响。最终在 11 世纪晚期和 12 世纪,商法在西方成为一个完整的体系。

这一时期形成的商法具有下列特点:其一,习惯性。习惯性是商法发展中的决定性因素,它使得商法成为适应商业发展需要的法律,并且因为商业扩展和新的商业形式,如可转让票据、保险等的出现,各处的习惯构成了商法中的广泛的一般规则,习惯是商法中决定性的规则。其二,简易性。司法程序的简易性是商法的第二个特点。商人贸易活动的特点要求快速的裁决;其程序简易,裁决迅速。为了阻止长时间的诉讼,法律常常禁止上诉。其三,平等性。商法是建立在平等的基础之上的。其四,国际性。商人们来自世界各地,商法必须能够适用于外国人。其规则在许多地方适用,比萨和巴塞罗那的法律传到了南欧,奥内隆和吕贝克的法律传到了北欧,意大利的保险法和买卖法传到了南欧。正是因为其国际性,中世纪商法又被称为"中世纪的国际私法"。

(二)海商法的发展

海商法的发展是与商法的发展同时进行的,以地中海、北海、波罗的海沿岸城市为主的海上贸易在欧洲内陆城市集市商业贸易发展的同时,也逐渐发展起来。

在南欧,意大利是海上贸易发展最早的国家,其中威尼斯、热那亚、比萨等城市的海

---

〔8〕 W. Mitchell, *Essay on the Early History of the Law Merchant*, Burt Franklin, 1969, p. 28 - 29.

上贸易发展都较早，海商法也随之在这些城市和港口较早形成。在北欧，北海和波罗的海沿岸的海上贸易也随着该地区城市的兴起迅速发展。13 世纪末“汉萨同盟”的建立，不仅促进了陆上商业交易，也发展了海上贸易运输活动。此时，波罗的海沿岸城市与地中海沿岸城市的海上贸易运输路线也已开通，并且许多海上贸易路线直接与内陆商业集市较发达的城市连接在一起。随着海上贸易活动的频繁开展，为了协调海上贸易关系，保障彼此的权益，商船主之间、城市港口之间等，就必须遵守为处理纠纷而产生的彼此共同认可的传统习惯和原则。后来，有的地方将这些习惯和原则汇编成册，海商法就这样随着海上贸易的繁荣而得到发展，成为中世纪海事法庭审理有关船舶和航运方面纠纷的依据。其中，最早的例子之一就是大约 11 世纪时，由位于意大利海岸的阿玛斐编撰和采用了海商法汇编——《阿玛斐法典》，随后意大利所有的城市共和国都逐渐承认了该汇编的权威，此后欧洲又出现了《康梭拉多海商法典》《奥内隆法典》《维斯比海商法典》等，这三部法律分别代表了地中海、大西洋和波罗的海沿岸地区的海商习惯内容及海商法发展水平。该时期的海商法都受到罗德－罗马法的影响，反映了海上贸易和海商法从地中海突破到大西洋，再到波罗的海的发展历程，它们适用于欧洲的海上商业贸易运输，具有国际性法律规范的特点。

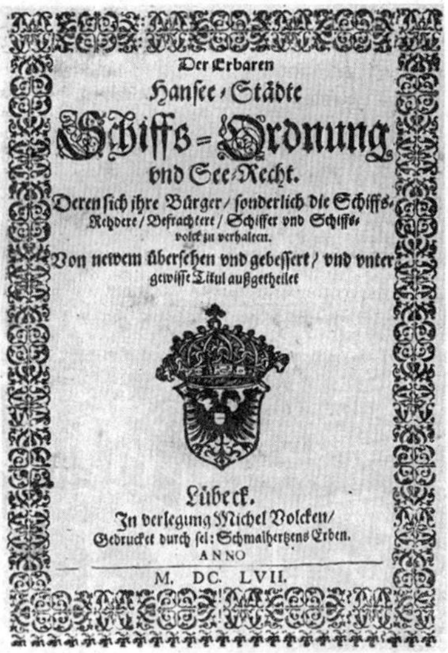
Der Erbaren
Hansee-Städte
Schiffs-Ordnung
vnd See-Recht.
Deren sich ihre Bürger/ sonderlich die Schiffs-Rehdere/ Befrachtere/ Schiffer vnd Schiffsvolck zu verhalten.
Von newem übersehen vnd gebessert/ vnd vnter gewisse Titul außgetheilet
Lübeck.
In verlegung Michel Volcken/
Gedrucket durch sel: Schmalhertzens Erben.
ANNO
M. DC. LVII.

图 3　《汉萨海上规则》

中世纪末期，西欧大部分国家确立了君主专制体制，欧洲大陆国家开始相继制定商法典。其中，法国的 1673 年《商事法令》和 1681 年《海事法令》的影响最大。各国编纂法典后，商法开始处于主权国家的管辖之下，从国际性的商法规范转为国内法。但就内容而言，前后并无多大变化。

## 二、商法的主要渊源

### （一）商事和海事习惯

中世纪商法、海商法的主要渊源之一是长期的商业和海上贸易活动中形成的商事和海事习惯，这些习惯之间往往互相影响，有的则互相吸收成为共同的内容。因其发展和存在不受国家以及民族兴衰的影响，从未完全中断割裂过，具有较强连续性，中世纪的许多商事、海事习惯实际上是对腓尼基、罗得岛时期习惯的继承和发展。

### （二）海商法典

中世纪时，法院审理案件时通过适用海事习惯形成的判决，形成能为其后加以适用的海事法令和判例。有些地区还形成了海事法令和判例汇编，被称为海商法典，也是商法、海商法的渊源。影响较大、较为著名的海商法典主要有：

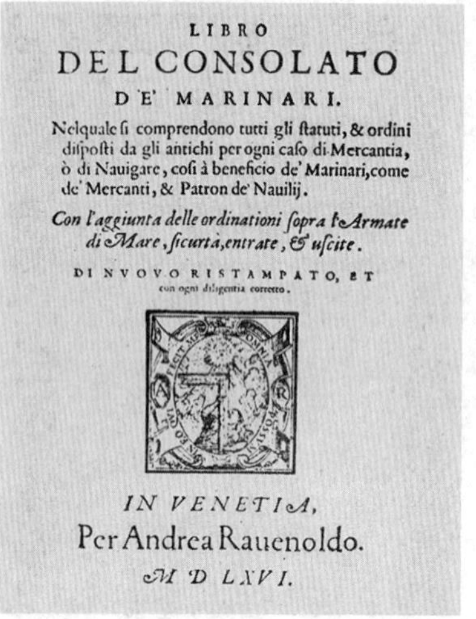
LIBRO
DEL CONSOLATO
DE' MARINARI.
Nelquale ſi comprendono tutti gli ſtatuti, & ordini diſpoſti da gli antichi per ogni caſo di Mercantia, ò di Nauigare, coſi à beneficio de' Marinari, come de' Mercanti, & Patron de' Nauilij.
*Con l'aggiunta delle ordinationi ſopra l'Armate di Mare, ſicurtà, entrate, & uſcite.*
DI NVOVO RISTAMPATO, ET con ogni diligentia corretto.
*IN VENETIA,*
Per Andrea Rauenoldo.
*M D LXVI.*

图4 意大利文版的《康梭拉多海商法典》

1.《阿玛斐法典》(*Amalphitan Code*)

阿玛斐是贸易活动发展较早的港口城市,位于意大利那不勒斯附近,当地约于11世纪制定了《阿玛斐法典》。据传它刻于铜版上,被置于公共场所。该法典是阿玛斐海事法院在判例基础上发布的法令,共66条,主要规定船长、船员在海上航行履行运送契约过程中的权利义务,船舶的共有和合作,租船合同的执行,以及投弃和海损分担规则等。[9] 一切海上争议、诉讼都能依其得到解决,它被地中海地区普遍承认,一直适用到16世纪末,并对其后的海法产生了较大影响。

2.《康梭拉多海商法典》(*Consolato del mare*)

该海法是海商习惯、法令和案例的汇编。1494年在巴塞罗那第一次被印刷,但该法的产生可以追溯至更早时期,应和中世纪西班牙海事管辖权以及巴塞罗那海事法院的活动密切相关。其内容包括三部分:(1)海洋习惯。主要规范船长、船员与乘客之间的权利和义务,船舶建造和销售中各方的权利和义务,有关租船的各类文件等私法事项,是该海法中最古老、最核心和最有价值的部分。(2)海事法院裁判海事纠纷的程序规则。(3)海上私掠和捕获。涉及公海上交战权的行使、武装巡航船舶的职责等公法内容。

《康梭拉多海商法典》的出现,可以确定为中世纪海商法由地中海向外扩展,直至覆盖整个西欧地区的关键。[10]

3.《奥内隆法典》(*Rôles d' Oléron*)

奥内隆是中世纪重要的商业中心,是位于西班牙和法国之间的比斯开湾的小岛。《奥内隆法典》不早于13世纪晚期编纂完成,很可能是岛上海事司法的实录,主要涉及13世纪欧洲葡萄酒贸易运输中的习惯或规则。[11] 它不仅适用于法国,也适用于英国、荷兰及北海、波罗的海沿岸各国家。爱德华三世统治时期,把它定为英国海事法庭审理案件的重要依据。其内容主要包括船长、船东、船员之间的关系,及他们与商人之间的义务和责任;港口章程、船货装载、海上遇险以及弃货规则和海上安全等。[12] 据说《奥内隆法典》中首次出现了关于船舶碰撞的具体规则。[13] 该法典代表了当时欧洲各航海民族的习惯与思想,为十三四世纪汉萨同盟和波罗的海国家建立海商法体系奠定了基础。[14]

---

〔9〕 黄永申:《中世纪海法:阿玛斐海法》,载《中国海商法研究》2017年第1期;莱振坤:《中世纪欧洲海商法研究(11至15世纪)》,华东政法大学2013年博士学位论文,第28~29页。

〔10〕 莱振坤:《中世纪欧洲海商法研究(11至15世纪)》,华东政法大学2013年博士学位论文,第43~65页。

〔11〕 莱振坤:《中世纪欧洲海商法研究(11至15世纪)》,华东政法大学2013年博士学位论文,第73页、第92页。

〔12〕 [美]汤普逊:《中世纪经济社会史》(下册),耿淡如译,商务印书馆1984年版,第178页;莱振坤:《中世纪欧洲海商法研究(11至15世纪)》,华东政法大学2013年博士学位论文,第93页。

〔13〕 莱振坤:《中世纪欧洲海商法研究(11至15世纪)》,华东政法大学2013年博士学位论文,第93页。

〔14〕 [美]汤普逊:《中世纪经济社会史》(下册),耿淡如译,商务印书馆1984年版,第178页。

4.《维斯比海商法典》(*Laws of Wisby*)

维斯比是波罗的海哥特兰岛上的一个港口,汉萨同盟早期将总部设置在此。该法典大约形成于15世纪下半叶,其内容实际上是《奥内隆法典》、《阿姆斯特丹法令》和《吕贝克法典》的摘录和混合体,后为汉萨同盟所接受。主要规定了船长、船员和商人的权利义务,共同海损、船舶碰撞以及货物保护和救助等内容。由于是将不同地区来源的法律规则,原始、简单地汇编在一起,难免有前后重复或不协调的地方。[15] 但其仍然流行于北海和波罗的海沿岸地区,并对汉萨同盟和路易十四1681年颁布《海事法令》产生过很大影响。

5.《汉萨海上规则》

有关汉萨同盟的海商法集。中世纪后期,欧洲各城镇和商业组织,为了保证共同的贸易利益和城市的独立地位,纷纷结成城市同盟。最有名的城市同盟为公元13~15世纪在德意志北部形成的"汉萨同盟",14世纪以吕贝克为中心有80多个城市加入该同盟,最多时达到160多个城市。此外在南德及法兰西、西班牙各处,也建立有其他较小的城市同盟。这些城市同盟都制定和颁布过城市同盟法作为各同盟城市共同遵守并且保护其共同利益的法律。其中,汉萨同盟在16世纪末制定的《汉萨海上规则》,就是有关同盟的海商法汇集,包含了同盟城市及欧洲其他地区之前已经存在的许多法律规则,在北欧极具权威。其内容主要是:保护商人们的财产,如规定不提倡冬季航海,毁掉不能航行的船只,某船水手要在另一艘船处于危险或困境时,帮助他们并保护其货物,并设置各种措施防止因船主所为对商人造成的损害。

(三)其他渊源

中世纪西欧城市的商业行会章程、城市之间订立的关于解决商业纠纷的条约、城市同盟颁布的条例等,基本内容是对传统的商事和海事习惯的继承。这些也是商法、海商法的渊源。

欧洲这一时期的其他法律体系也对商法和海商法产生了较大影响。复兴后的罗马法由于体系的完备、内容的充实,其中的很多原则和概念都对这一时期的欧洲产生了影响,同时期教会法、日耳曼法也对商法和海商法产生过影响,如教会法中的公平交易、恪守协议等观念和自由代理制度,日耳曼法中保护财产的善意买受人原则等,它们中有关商事、海事的若干原则和制度,也一定程度被许多地区的商事和海事法庭视为法律渊源。

---

〔15〕 蔡振坤:《中世纪欧洲海商法研究(11至15世纪)》,华东政法大学2013年博士学位论文,第99~129页。

## 三、商法的主要内容

### (一)内陆商业活动的基本法则

#### 1. 商人

商人是指以自己的名义从事商业活动获取利润的人,主要来自已经摆脱人身依附地位且已失去土地的农民,是城市市民等级的重要组成部分。

在9～11世纪,商人们都是商人行会的成员。英格兰的法律规定,只有行会商人可以从事商业活动,非成员商人不能在规定的城市从事商业活动。虽然在大陆上的多数国家,商人行会在城市管理上没有施加像英格兰一样的影响,但是在每个地方均有商人行会的存在保证其成员的平安,早期也是为了商业的垄断。中世纪早期普遍的无法律状态和不安全状态迫使商人们为了保护自己的利益而组织起来,虽然在此情形下商人行会是必要的措施,但是其排外的趋势和不愿意发展整个国家贸易的思路对于已经逐渐建立起制度和君权的国家来说却成为了障碍,至中世纪晚期,欧洲各国已经认为商人从一个城市旅行到另一城市时被当作外国人看待的做法不再适应时代的需要了。各处的商人行会丧失了其大部分权力和重要性。渐渐地,商人不再需要加入行会,商业的发展由商人自己的创造性和参与决定。

初期,商人之间是平等的,但随着商业的发展和财产的分化,出现了大商人阶层,他们享有特权,左右行会事务,并进而操纵城市政权。但即使是普通的商人,在商业活动中也享有经商权、商号权、起诉权等,同时负有制作并保存商业账簿、不得欺诈等责任,并受本行会章程的约束。

中世纪商业活动频繁的地区,除有本土商人外,还吸引外国商人和外地商人参与商业活动,各地区一般都赋予这些商人与本土商人平等的法律地位;并且为进一步发展商业集市,吸引商人们经常光临城市参与集市的商业交易,对于外国、外地商人的保护和救济成了各地普遍重视的工作,各地经常签订条约,共同修建公路,严惩劫匪,统一通行税。12世纪还形成了被劫商人可向劫盗者的国家寻求损害赔偿的惯例。

#### 2. 集市营业规范

香槟集市营业规范

中世纪的商业规范也产生于集市。集市是不同于市场的一种大规模跨国界的商业活动场所,商人来自世界各地,定期举行。集市往往占据全城市,并在社会上和经济上支配全城市。[16] 为了管理,每一集市对交易时间、征收税制、度量衡标准、治安、兑换钱币、收缴管理费等都形成固定的惯例或明文加以详细规定,有些集市的部分交易规范还相互通用。

---

〔16〕［美］汤普逊:《中世纪经济社会史》(下册),耿淡如译,商务印书馆1984年版,第196页。

图5　13世纪法国的市集

3. 流通汇票

11世纪晚期和12世纪的西方商人创立了可流通票据的概念和做法。当时出现的主要信用形式是本票和汇票。买方签署一张票据给卖方，应允在将来的某个时间或在呈交该票据时，付给他一定数额的钱；或者他发一张付款通知单（汇票）给第三人，应允该汇票在某个日子或在呈交时即可获得支付。这种汇票具有可流通性，可以不断转手。通过可流通票据的出现，发达的商业信用体系得以创立。其中广泛采用的票据制度对后世的影响较大，其许多内容直接影响到近代，甚至被沿用至今。

4. 新型商业联合体

11世纪晚期在意大利、英格兰和欧洲的其他地方开始采用一种商业经营方式——康美达。一般用于长距离海上贸易。这也是一种合伙协议，一方负责提供资金但不外出，另一方从事航行。从事航行的合伙人通常获得1/4的利润，而冒资金风险的合伙人则获得其余3/4的利润。康美达后来发展成为海上合伙，其中从事航行的合伙人提供1/3的资金，不从事航行的合伙人提供2/3的资金，双方平分利润。康美达和海上合伙中合伙人的责任被限于他们最初投资的数额，在这方面类似于近代的有限责任公司，只不过它们存在的时间短暂，特定的航行结束后就解除了。

11世纪晚期及12世纪、13世纪早期，陆地上的经营出现了陆上合伙的方式。陆上合伙不具有有限责任，每一个合伙人就公司债务对第三方负完全责任。陆上合伙常常具有规模庞大、持久存在和行动灵活的属性。

海上合伙和陆上合伙的出现和形成的规则对近代商业公司的出现产生了影响。这一时期的有限责任合伙是一种新的法律设计。这些商业联合体有赖于每个合伙人对其他合伙人信守诺言的信心,因此也成为影响诚信原则发展的因素之一。[17]

5. 审判制度

中世纪西欧在集市和较大的市场里均设有行商法院,对商业纠纷进行审理。著名的“泥足法庭”(英国的行商法院,因到法院进行诉讼的商人或小贩来去匆匆、脚上经常布满灰尘而得名)就是其中的一种。这些行商法院在12世纪、13世纪开始取得了对所有商事案件的管辖权,且这些法院坚持由商人首领或临时性选举产生的商人担任法官。他们排除适用封建法律与习惯,按照商业惯例、贸易的互惠特性以及各城市(各商人共同体)基于约定的互惠安排去处理案件,法庭“由衡平观念支配”,也即严格限于商业上之诚实信用与公平。[18]

假如商事纠纷发生在本国商人与外国商人之间,或者纠纷双方都是外国商人,有的地方行商法院对此也有管辖权,而有些则组成“商事混合法庭”,由外国商人与本国商人代表一起参与案件的审理,以使纠纷得到公正解决。有的国家则在商人集中侨居的外国城市设立领事,解决本国商人之间的争端。这些都使得各地的商业习惯法趋于统一。

行商法院定期或不定期地开庭审理有关纠纷,诉讼程序简易,证据以书面证据为主。审限缩短,或应该在商人脚上的尘土未掉就完结,或应该“在潮汐之间”完结,或应该在“一天之内”完结。[19] 审理程序简单明了。行商法院通常并不要求书面的诉状和答辩状,证据方法以采用书面证据为主。抗辩及防御之范围,采限制主义,不得超过一定的限度,在审理中,法官有权应当事人请求,或在良心和公平的要求下主动讯问当事人,判决的执行也采简易立行之手续,极少允许上诉。[20] 当然,传统的神明裁判、决斗裁判以及宣誓保证人作证的制度在行商法院中也不存在。

随着城市的兴起,一些永久的行商法院从集市分离出来,商事案件改由城市法院审理。

(二)海上商业活动的特色法则

1. 船舶规格

中世纪各地对船舶规格大多各有其规定,因海上贸易的发展水平不一,故各国船只的大小、装载货位和船上人数也有差异。据记载,十字军东征时期(1100~1300年),威尼斯的船只平均载运500吨,1268年威尼斯租给法国国王路易九世的船只中,最大的两艘船有两层甲板,船首和船尾各建有数个房舱,并在租船契约中规定,每只大型船应有两支

---

〔17〕[美]哈罗德·J.伯尔曼:《法律与革命——西方法律传统的形成》,中国大百科全书出版社1993年版,第436~437页。

〔18〕[美]哈罗德·J.伯尔曼:《法律与革命——西方法律传统的形成》,中国大百科全书出版社1993年版,第422~423页。

〔19〕[美]哈罗德·J.伯尔曼:《法律与革命——西方法律传统的形成》,中国大百科全书出版社1993年版,第422页。

〔20〕[美]孟罗·斯密:《欧陆法律发达史》,姚梅镇译,中国政法大学出版社1999年版,第225页。

船樯和两幅方形帆。13 世纪、14 世纪，英国船只平均载重量为 200 吨。当时的船往往是两用的，既被用于商业运输，又被用于战争。

2. 船上管理

中世纪船上制度有别于当时陆地上流行的制度，有严格的管理船内生活的规则。船上发生的交易及订立的契约在陆地上得不到实施，乘客与水手之间的纠纷也不能提交岸上的法院解决，船上大家必须遵从的习惯及处罚方法大多直接或间接地来自罗得岛的海洋法则。

3. 船货装载

各地对于装载船货物有较多规定，《奥内隆法典》对此规定较为详密：装载工作由装载夫去做，他们善于摆放、安排各种船货，“肩袋者”被雇用于装卸谷物、食物和鱼类，由商人支付工钱。意大利城市共和国还制定规则，规定在船下水的时候，由稽查员测定并在船的两旁用油漆划条线作为标志，水不得高出该线以上，以防止船只载货过重。

4. 港口章程

在《奥内隆法典》适用的区域，各港口城市依据它制定港口章程，规定船舶的停泊方法、浮标的使用方法；对于因领港员在领港过程中缺少经验或欺诈所造成的损失，领港员须以自己的货物加以赔偿或以生命抵偿，在启航之前船主须向船员征询风向气候，否则若航程中遇风暴而发生损害的，船主应负责任；航行中船主只有经过与同船的商人、船员商议后才可改变航线或选定泊位，若船被数人租用，则须采纳多数商人的意见。[21]

5. 共同海损制度

早在古希腊时代已形成一种习惯：如果船遇风暴及其他紧急情况，为了挽救船员及所运货物而决定抛却部分货物以减轻船只载重时，原则上船主须征询商人的意见。但为了船的安全，船主也可不采纳商人的意见而按自己的主张弃货。对于所遭受的损失，由船主、船员及商人共同承担。中世纪时各地海商法普遍继承此项习惯，在法律中加以规定。

6. 船难保护制度

中世纪时有一种惯例，即所有从遇难船上漂流来的货物或已搁浅船的货物按惯例全部或部分成为海岸所有人的财产，这被称为“船难法”。该惯例的存在，往往造成人为搁浅或遇难，甚至发生掠夺、抢劫船只的事例，故“船难法”早已被认为会对商业造成损害，是发展海上贸易的阻碍，西欧国家颁布法律、命令对此加以限制，禁止掠夺、占有失事船只及货物。

西欧国家对船难法的限制

尽管如此，直到中世纪末，所谓“船难法”在欧洲许多地方仍具有习惯法的效力。

中世纪西欧的商法、海商法的内容相当丰富，虽然各国家或地区有关的规定存在一定的差异，但相对于其他法律领域来说，它具有较多的通用性，因此被称为“中世纪

〔21〕［美］汤普逊：《中世纪经济社会史》（下册），耿淡如译，商务印书馆 1984 年版，第 178 页。

的国际私法”。商法、海商法与城市法一样,都是中世纪西欧法律的重要组成部分,对后世均有很大的影响,但商法、海商法对后世的影响更大也更直接,其许多制度如可流通票据、有限责任合伙直接为近现代商法所吸收,并且对资本主义的萌芽具有直接的影响。

## 参考阅读书目


1. 周一良、吴于廑主编:《世界通史资料选辑》(中古部分),商务印书馆 1981 年版。
2. [美]汤普逊:《中世纪经济社会史》(下册),耿淡如译,商务印书馆 1984 年版。
3. [比]亨利・皮雷纳:《中世纪的城市》,陈国樑译,商务印书馆 1985 年版。
4. [法]基佐:《法国文明史》(四),沅芷、伊信译,商务印书馆 1998 年版。
5. [德]汉斯-维尔纳・格茨:《欧洲中世纪生活 7—13 世纪》,王亚平译,东方出版社 2002 年版。
6. [美]孟罗・斯密:《欧陆法律发达史》,姚梅镇译,中国政法大学出版社 1998 年版。

# 第八章　伊斯兰法

图1　奥斯曼帝国审判法庭—1877年

**【导　读】**

公元7世纪兴起于阿拉伯半岛的伊斯兰教，不单纯是一种宗教，还是一种生活哲学、一种社会制度、一种整体生活方式。与它同步产生、始终相伴的伊斯兰法，是其宗教信仰、伦理道德、价值观念和社会理想的核心。在伊斯兰社会里，以伊斯兰法为核心的有关调整人与安拉间关系的宗教规范和人与社会之间关系的社会规范的法律，成为伊斯兰教的重要内容和伊斯兰国家政教合一体制的主要模式，构成了博大精深、绚丽多彩的伊斯兰法文化。本章通过阐明伊斯兰法的概念、基本特征、起源及其发展阶段、伊斯兰法的渊源、主要内容、法学家的历史作用等，力求引导读者全面概括地认识伊斯兰法，为进一步学习和研究伊斯兰法奠定基础。

**【问题讨论】**

1. 什么是沙里亚？什么是斐格海？两者是一种怎样的关系？
2. 扼要阐述伊斯兰法的历史发展阶段。
3. 麦加立法与麦地那立法的特征是什么？
4. 伊斯兰法渊源在伊斯兰文化体系形成中的作用。
5. 如何看待“调整人与安拉之间关系的宗教规范”在伊斯兰法中的作用？
6. 如何看待伊斯兰法学家的历史贡献？

## 第一节 伊斯兰法概述

### 一、伊斯兰法的概念

伊斯兰法以其独特的渊源和结构独树一帜于世界法系。其在结构上分为两部分:“沙里亚”(الشريعة)与“斐格海”(الفقه)。两者犹如一对孪生兄弟,既有内在联系,又有外在区别,只因相互间的差异,往往令非专业人员难以分辨、混为一谈。确切地说,沙里亚是“伊斯兰法”的专称。依伊斯兰教义,它是真主意志的体现,是真主引导穆斯林的道路,其神圣性与永恒性,排除了人为修正的可能性,与世俗法有着质的区别,是一部无始无终、亘古长存的天启法律,是伊斯兰法的总纲。而斐格海是“伊斯兰法学”的称谓,与沙里亚不同,它是具备严格特定条件的伊斯兰创制学者对沙里亚中有关人与真主、人与社会关系的法律内容的正确理解和全面诠释,是法学家通过创制[1]方式构筑的符合沙里亚原则和精神的法律实体,是一门解决社会实践中法律问题的专门学科,故又称为教法学。[2]

伊斯兰法的创制

“沙里亚”,是阿拉伯语的音译,伊斯兰法的专称。该词在阿拉伯语中的含义较多,但主要有:应遵循的“常道”,引申为真主指引的道路。此外,“通向水泉的路径”,泛指“行为”与“道路”,意指沙里亚宛如甘甜不涩的泉水一样,是穆斯林物质与精神生活不可缺少的。此外,沙里亚的阿语原型动词的含义主要是“制定”“奠定”等。作为专门的法律术语,尽管学者们对沙里亚的定义有所不同,但其基本定义为:真主为穆斯林制定的信仰、法律、道德和社会等方面的法律规范的总和。这些法律规范体现在《古兰经》和圣训(以下简称经训)之中,沙里亚的全部内容源自这两部经典。

因此,基于规范性的视角,穆斯林学者把沙里亚的规范分为三类:一是信仰规范,即对穆斯林个人和社会的信仰作出的规范,如信真主、信天经、信先知等,该领域属教义学的研究范畴;二是法律规范,即对穆斯林个人和社会的行为作出的规范,该领域属法学即斐格海的研究范畴;三是道德规范,即对穆斯林个人和社会的道德作出的规范,如诚实守信等,该领域属伦理学的研究范畴。沙里亚正是通过对穆斯林的信仰归属、行为模式和伦理感受的层层规范,构筑了穆斯林社会的秩序大厦,其形状宛如金字塔:信仰是塔基,法

---

〔1〕 创制是伊斯兰法中比较重要的一个概念,请参阅二维码中的阅读内容。

〔2〕 本章的“伊斯兰法”,除个别地方指“沙里亚”外,主要是指“斐格海”即“伊斯兰法学”。但为便于行文,本章把“斐格海”用“伊斯兰法”予以表述。同时,文中所说的“伊斯兰法律”也指“斐格海”。因为,历史上伊斯兰法律及其创制不是以国家名义完成的,也不是一定国家的专有活动,而是由法学家完成的。此外,国内学者在使用伊斯兰法的称谓时不尽相同,有称“沙里亚法”、“伊斯兰法”、“伊斯兰教法”及“伊斯兰教教法”等,我们认为,它们属同一概念,无实质性差异,只是学者们的语言表述和习惯用法不同而已。因为,不论使用何种称谓,它们在阿拉伯语中的称谓不外乎两个概念:“沙里亚”和“斐格海”,而两者的含义是十分明确的。

律是塔身,而位居塔尖的则是道德。信仰、法律和道德是支撑这座秩序大厦的三大柱石。

"斐格海"一词在阿拉伯语中也有诸多意思,但基本意思有二:一是"懂得""理解""知道";二是"对说话人意思的理解"。伊斯兰早期时代,斐格海的含义较为宽泛,是指人们通过学习通晓经训及其相关知识而成为学者,并非专指伊斯兰法;其另一层含义是指经训中有关信仰、法律、伦理等全部内容的总和,犹如沙里亚的含义,法学大师艾布·哈尼法(699~767年)时代这种含义也较为普遍,故他把斐格海定义为:"各人应该知道自己的作为与不作为。"[3]此定义涵盖沙里亚的基本三要素:信仰、法律与道德。

嗣后,伴随伊斯兰文化的发展与演变,伊斯兰各类学科日渐成熟,研究范畴逐渐分化,形成了分门别类、相对独立的学科部门。斐格海也不例外,阿拔斯王朝初期成为有别于其他学科的"伊斯兰法学"的专称,是指专门以规范穆斯林个人与社会法律行为为研究对象的学科总称。即它是由精通经训、法律知识的法学家们本着沙里亚的基本原则、理论基础、立法渊源、立法程序,运用创制演绎的形式,对沙里亚中有关穆斯林个人、国家和社会的法律内容作出的正确、规范性的解释与运用。换言之,沙里亚的法律明文即经训明文——尤其《古兰经》的明文——除财产继承、部分刑罚等法律规范之外——具有高度抽象性、原则性与概括性的特征,只是构筑了法律框架,而社会生活丰富多彩,社会关系日益流变、错综复杂,社会实践中层出不穷的问题,有些有沙里亚法律明文可依,但大部分则无法从沙里亚中找到具体规定和按字合意的法律明文。因此,依照变化了的社会条件,立法者必须对沙里亚的原则性和抽象性的规定,创制出新的法律规范,以解决层出不穷的法律问题,而斐格海恰恰是对沙里亚作出的具体、详细、精致的诠释,是法学家和法官以沙里亚的明文与精神为指导,就社会实践中源源不断的法律问题进行的法律创制,从而精心构筑的法律实体。

基于此,法学家们根据斐格海特有的性质与范畴给出经典性的定义:"斐格海是伊斯兰法学家依据沙里亚的细则条文与精神,创制法律规范的学科。"[4]此定义说明了斐格海与沙里亚互为表理、相辅相成、相得益彰的逻辑关系。

其一,沙里亚具有广泛、普遍、整体的概念,包含了穆斯林个人和伊斯兰国家信仰原则、伦理道德、法律规范、文化经济等全部内容,而斐格海只研究和实施沙里亚中有关法律的内容,是沙里亚不可分割的组成部分。

其二,依伊斯兰教义,沙里亚是真主意志的体现,其内容永无谬误、永恒不变。穆斯林个人、社会及国家只有对其加以理解和遵守的义务,而无质疑和抗拒的权利与权力。而斐格海是对沙里亚的具体应用,是可变的,它必须根据时代条件的变化重新加以理解和修订,但这种理解和修订不能是随意和臆断的,更不能削弱沙里亚的可靠性。

其三,斐格海的规则须以沙里亚的细则条文即经训明文,以及经沙里亚核准的诸如"公议"和"类比"等立法渊源为根据方能生效。否则,斐格海的规则是无据可循的,无据

[3] 阿布都·克雷姆·宰达尼:《伊斯兰法研究入门》(阿文本),贝鲁特使命出版社1989年版,第54页。

[4] 阿布都·克雷姆·宰达尼:《伊斯兰法研究入门》(阿文本),贝鲁特使命出版社1989年版,第54页。

可循的规则是不能生效的。

其四,斐格海的大部分规则,是创制学家在无经训明文可依的情况下,本着沙里亚的原则与精神创制产生的,是个人理智思维判断的过程。对于普通穆斯林来说,遵守其规则是义务,但对具备创制(伊智提哈德)资格的创制学家(穆智台哈德)来说,他们不被允许相互间效仿,也不许将自己创制的规则强加于其他创制学家。

## 二、伊斯兰法的基本特征

"法律必须被信仰,否则它将形同虚设。"[5]美国著名法哲学家、法律史学家伯尔曼的这句脍炙人口的名言,深刻揭示了法律存在和有效运行的实质条件,即法律必须被信仰。作为典型的宗教法系,法律遵守与宗教信仰是伊斯兰法文化系统的两项基本要素,是伊斯兰法文化中等量齐观、不可分割、相互依赖、互为作用的两个概念。法律代表秩序,信仰代表准则。法律是通过权利义务分配社会资源及解决利益纷争为穆斯林创造合作纽带的程序,信仰则是穆斯林行为的指南及生活终极意义的界定。没有法律,秩序难以形成,社会难以维系,信仰会变为狂信;没有信仰,无法为法律行为提供自觉化意识,法律也会退化成机械的教条。故此,相对世俗法律而言,伊斯兰法具有一些显著特征。

法律惩罚的两世性。作为一种宗教法系,从沙里亚的角度,伊斯兰法的显著特点是集宗教教义、法律行为、道德规范于一体,它将三者有机统一。因此,在政教合一的伊斯兰国家中,伊斯兰法的实施是以国家强制力保障的,它以国家名义保护合法行为、惩罚违法行为,以维护公共秩序。但与世俗法律不同的是,伊斯兰法除具有现世制裁和惩罚的功能外;基于穆斯林的宗教信仰,还有后世的惩罚,即真主对在现世违背法律行为的惩罚,且后世的惩罚是主要的。

结构的稳定性与灵活性。任何一个民族的法律在其历史发展中都无法回避这样一种悖论:法律的稳定性与灵活性。凡是历史悠久和影响广泛的法律传统,几乎都有维持稳定和实现变通的机制。伊斯兰法在这方面也有自己的独特之处。[6]从结构上讲,法的稳定性体现在以经训为内容的"沙里亚"中,其内容亘古不变。而法的灵活性则体现在斐格海中,它所拥有的创制原则是实现法的灵活性的变通机制,能够解决特定时空背景下无经训明文可依的具体问题,使伊斯兰法始终处在不断充实与不断变化之中。

"法学家之法"的典型。研究伊斯兰法史,我们就会发现,伊斯兰法在其诞生之后不久,就产生了现代法学所说的"职业法学家群体"。这种职业法学家群体,随着伊斯兰国家的发展得以发展,至阿拉伯帝国形成时,已成为一个庞大的社会职业群体。实际上,这种职业法学家群体的产生,是由伊斯兰法的性质决定的。具体而言,在伊斯兰法中"立法权"和"创制权"是既有联系更有区别的两个概念:立法权专属真主,创制权属于具备创制资格的学者。所以,穆罕默德之后,发展法律的任务历史性地落在了创制学者的肩上,他

---

〔5〕 伯尔曼:《法律与宗教》,梁治平译,中国政法大学出版社2003年版,第3页。

〔6〕 高鸿钧:《伊斯兰法:传统与现代化》(修订版),清华大学出版社2004年版,第189页。

们在宗教、法律和道德事务上是社会的代言人，他们创制的法律，一般而言，是对经训内容绝对无误地表达，是伊斯兰法的构成内容。因此，在传统伊斯兰法中包括政府在内的任何组织或团体不享有法的创制权力，除经训外，也没有以政府或组织名义颁布的法律规章，穆斯林适用的法是他们尊奉的创制学者们的创制规则与裁决，伊斯兰法是人类法律文化史上“法学家法”的典型。[7]

伊斯兰法的世界影响

## 第二节　伊斯兰法的历史沿革

伊斯兰法自诞生至今，始终与伊斯兰国家的发展有着千丝万缕的联系，它在伊斯兰国家特定的历史条件下经历了不同阶段。

### 一、先知穆罕默德时期（610～632年）

穆罕默德（约570～632年）出身于麦加城古莱什部落哈希姆家族一个贵族家庭。在他出生前，父亲就去世了，6岁时母亲病逝，后由祖父抚养。家境贫寒，小小年纪替人放羊。几年后，祖父又去世了，伯父艾布·塔利布收养了他。12岁时，他跟随伯父经商，曾到过叙利亚和地中海东岸。25岁时，与麦加富孀赫蒂彻结婚。婚后生活安定，逐渐摆脱商务，专心隐居祈祷。610年斋月，他奉到《古兰经》启示，受命为圣，开始宣传伊斯兰教。

伴随《古兰经》的颁降，伊斯兰法应运而生了，伊斯兰法纪元开始。《古兰经》的颁降，取代了阿拉伯半岛氏族社会的习惯。“《古兰经》代表了阿拉伯人从氏族社会不成文法向文明社会成文法的一种转变”，[8]结束了半岛社会没有成文法的历史，使之进入法律的新时期。[9]

穆罕默德宣传伊斯兰教的23年，是伊斯兰法的初创时期。当时伊斯兰教限于阿拉伯半岛本土，在统一的穆斯林共同体社会中没有因政治和宗教因素产生各种派系，社会关系较为单纯，加之穆罕默德既是宗教先知，又是共同体领袖，这种特殊身份，使之成为所有问题的裁决者和最具权威的《古兰经》的解释者。因此，经训是这一时期唯一的立法渊源。这一时期，又分为“麦加立法”和“麦地那立法”两个阶段。

麦加立法。穆罕默德自610年在麦加开始宣传伊斯兰教，至622年迁徙至麦地那之前，这是伊斯兰法的麦加阶段。此间，《古兰经》的内容侧重于信仰原则和基本教义的制

---

〔7〕 高鸿钧：《伊斯兰法：传统与现代化》，社会科学文献出版社1996年版，第104页。

〔8〕 高鸿钧：《伊斯兰法：传统与现代化》（修订版），清华大学出版社2004年版，第26页。

〔9〕 需强调的是，伊斯兰法是随着伊斯兰教的兴起而产生的，而且经训是伊斯兰法的根本渊源和发展起点，离开了经训，伊斯兰法乃至整个伊斯兰文化定会成为无源之水、无本之木。当然，伊斯兰法系形成的历史中某些法律思想和规则保留和借鉴了与伊斯兰法律原则和精神相符的阿拉伯人的个别习惯和其他民族的法律思想，但这种吸纳和借鉴并非机械组合，而是系统化和伊斯兰化的创新过程。

定,主要针对半岛社会的信仰与道德问题,旨在根除半岛社会因袭的多神偶像崇拜,把其信仰和伦理纳入“除真主之外,别无神灵,穆罕默德是真主的使者”这一信仰原则,确立“认一论”(真主是唯一的、超绝的、终极的本真存在)基本信条在个人信仰和社会意识中的核心地位,廓清人们的部落意识和多神信仰的混乱局面,为此后的麦地那立法奠定了法律信仰基础,也为最终半岛社会的统一奠定了思想认知基础。

麦地那立法。622 年 9 月,由于麦加古莱什贵族的残酷迫害,穆罕默德及其一些弟子迁徙至麦地那。在那里,他们受到了热烈欢迎。这次迁徙伊斯兰史称“希吉来”,它意味着麦加时期的终结,麦地那时期的开始。它是伊斯兰教发展史上的重要转折点,开创了伊斯兰教宣传的新局面,标志着伊斯兰新纪元的开始。这次迁徙对伊斯兰教的发展、伊斯兰社会的创建,以及后来哈里发国家的形成,均产生了深远影响和重大意义。

穆罕默德到了麦地那后,为了穆斯林社会的未来,着手创建以伊斯兰教为主导的社会,率领广大穆斯林进行社会改良,特别是进行了三项基础性工作:一是建立清真寺,命名为“先知寺”。这座清真寺在当时及后来的穆斯林社会中占有极其重要的地位。它是穆斯林从事宗教活动、社会事务、司法裁决和知识传播的中心,发挥着重要的宗教和社会功能。二是建立了以伊斯兰信仰为基础的“凡信士皆兄弟”的社会关系,把麦加的迁士与麦地那的辅士团结起来,打破了阿拉伯人原有的以氏族、部落和血缘为纽带的社会关系,将一盘散沙的部落群体构筑成统一的穆斯林共同体。三是为了整个社会长久稳定、健康有序发展,穆罕默德妥善处理了穆斯林与麦地那犹太的关系,制定了协调彼此关系的《麦地那宪章》。该宪章是伊斯兰史上极其重要的宪法性法律文件,它承认并保护犹太人的人身和财产安全,在宗教信仰自由原则基础上同犹太部落达成协议,共同治理麦地那社会。

此后,随着伊斯兰教的发展,穆斯林共同体形成。此时,麦地那社会中出现的问题,远比麦加时期广泛得多、复杂得多。经训的立法内容除继续完善麦加的信仰和伦理制度外,更多侧重于社会方面的立法。例如,关于国家及其相关事务的政治法令;关于婚姻家庭、遗产继承、商贸交易、债权债务、契约借贷的民事法令;关于凶杀复仇、社会犯罪的刑事法令;关于国家交往、抵抗侵略、实现和平的国际法令;等等。概言之,穆罕默德时期的经训立法,内容全面、广泛,奠定了伊斯兰法的理论基础和基本规则,为后世法学家创制和完善伊斯兰法提供了充分翔实的法律渊源与法律理论。它不但巩固了当时穆斯林共同体的社会秩序,而且为后世哈里发国家法律秩序的建立提供了基本模式。

### 二、四大正统哈里发时期(632 ~ 661 年)

穆罕默德逝世后,伊斯兰教步入四大正统哈里发时代。“哈里发”(الخليفة)是阿拉伯语的音译,意为“继承人”“继位者”。四大正统哈里发系指穆罕默德的四位继承人。他们相继是艾布·伯克尔(632 ~ 634 年在位)、欧麦尔(634 ~ 644 年在位)、奥斯曼(644 ~ 656 年在位)和阿里(656 ~ 661 年在位)。他们既是穆罕默德的弟子,更是穆罕默德的忠诚战友、亲密伙伴，以熟谙经训、博学多才、秉公执法、雄才大略著称。他们的执政时期，史称“四大正统哈里发时期”。如果说穆罕默德时代的经训立法是伊斯兰法的奠基时期，结束了阿拉伯半岛的混乱，确立了阿拉伯半岛的秩序的话，那么四大哈里发执政的30年则是伊斯兰法的巩固时期。

这个时期，哈里发们解释和创制法律的基本方式是：若一件事需要裁决时，首先依照《古兰经》的规定，倘若从中找不到具体依据，则按照圣训裁决。此间，伊斯兰教对外交往增多，国家版图不断扩大，社会关系日趋复杂，社会结构发生变化，哈里发们遇到了许多新问题，这促使他们和圣门弟子中的创制学者在坚持经训的原则和精神，以及伊斯兰法基本价值的基础上，创制法律，以满足社会需要。因此，法律创制成为这一时期伊斯兰法得以发展的重要方式，也是哈里发及创制学者们面对的一项艰巨的任务，它对巩固和扩展伊斯兰法起到了重要作用。[10]

但在艾布·伯克尔和欧麦尔时期，法律创制主要是以集体协商的形式进行的：当一件事需要裁决，哈里发把法学家们召集在一起，摆出问题，大家讨论，如意见一致，就此执行。若有分歧，以较为正确或大多数的意见为最终裁定。这个时期是穆罕默德之后伊斯兰法治建设的理想时期。

### 三、伍麦叶王朝时期（661～750年）

伍麦叶王朝时期，约从661年穆阿威叶·本·艾布·苏福扬建立伍麦叶王朝开始，至750年阿拔斯王朝诞生前结束。此间，穆罕默德时代年龄较小的部分圣门弟子健在，故这一时期又称为再传弟子时代。此间，伊斯兰国家的政治、经济、文化和社会发生了很大的变化，这些变化加快了伊斯兰法的发展步伐，推动了伊斯兰法的发展进程。如果说前面的两个时期是伊斯兰法的初创奠基和根基巩固时期的话，那么，伍麦叶王朝则是伊斯兰法的发展时期。

如果说哈里发时期的圣门弟子领受了穆罕默德的教诲，奉行的是他为他们确定的法治之道和创制模式的话，那么，这一时期的再传弟子则得益于前辈圣门弟子的教诲，奉行的是圣门弟子们的法治之道和创制模式。因此，伍麦叶时期的法学家创制规则和法律裁决的基本程序是：首先从《古兰经》中寻求有关事宜的规定，倘若从中难以找到，则按圣训的规定裁定，倘若在圣训中也难以找到依据，则从圣门弟子们创制的法律规则中寻找，倘若也难以找到，他们就依据经训原则与精神，以及圣门弟子们的创制理论、创制规程和创制方法进行法律创制，以求问题得到解决。这个时期由于大部分圣门弟子健在，伊斯兰法治建设得以良好发展，主要表现为以下方面：

一是伊斯兰法领域的扩大。伊斯兰国家内部事物纷繁复杂，国家疆域进一步扩展，皈依伊斯兰教的民族增加，而各民族不同的文化传统、社会状况、生活方式、风俗习惯等，

---

〔10〕 本章所说的“法律创制”与“意见创制”属同一概念。

给政府和学者们带来了许多极为复杂的法律问题,促使了法律创制的增多和领域的扩大。

二是圣训传述的增多。由于法学家们赶往伊斯兰世界的各个城市,如巴士拉、库法、开罗、大马士革等,在各地宣传和实施法律,以及各地法律问题层出不穷,从圣训中找到具体规定及从中创制法律的要求增多,自然促使了圣训传述的扩大。

三是圣训派与意见派的产生。四大哈里发时代,法学家们就意见创制持两种倾向:一部分主张意见创制;另一部分虽不反对意见创制但持谨慎态度。这一时期,这两种法律思想和创制倾向更加趋于明显,各自的方法更加鲜明,两派的学者群体逐渐形成,并拥有各自的基本理论,直至形成相对独立的两种学派:"圣训派"(مدرسة الحديث)和"意见派"(مدرسة الرأى)。圣训派的基本主张是,法律问题的裁决应该紧扣经训明文、圣门弟子们的言行和判例,不能随意超越经训明文进行个人创制,以免法律创制中的随意性、主观性和错误性。这一观点的主要代表者是大部分麦地那学者。而意见派则认为,法律问题的裁决在紧扣经训明文的同时,还应当在研究其深厚内涵、分析其真实原因、掌握其基本宗旨的基础上创制规则,形成判决。故他们积极主张运用意见创制和推理方式进行法律创制。这种观点的代表者主要是伊拉克库法地区的大部分法学家。由此,麦地那形成了圣训派,库法形成了意见派。

## 四、阿拔斯王朝时期(750~1258年)

阿拔斯王朝时期正值伊斯兰国家的全面发展、繁荣昌盛时期。疆域辽阔、经济发达、文化繁荣、政通人和,以及政府的良好政策,为伊斯兰法的发展提供了良好契机,法律创制空前发展,法律解释异常活跃,法学研究繁荣昌盛,法律体系基本定型,法学学派基本形成,法学学科趋于完善。

如果说伍麦叶王朝时期是伊斯兰法的发展时期,那么阿拔斯王朝时期则是伊斯兰法的全盛时期。这一时期,涌现出一大批出类拔萃的创制学者,他们依据经训的原则与精神,结合社会实际,研究各派学说,创制立法渊源,确立创制理论,著书立论,编纂出分门别类、风格迥异的法典,以满足日益增长的社会需求。形成了哈乃斐、马立克、沙斐仪和罕伯里四大正统法学派,出现了一批品学兼优的圣训学家,他们全面系统地研究和整理圣训:去粗取精、去伪存真、分门别类、编纂成书,完成圣训及圣训学的理论建构,为创制法律提供了极大方便。

这个时期,伊斯兰法长足发展的另一个原因,体现在国家和政府对法律的重视、对法学家的支持与关怀。庞大的阿拉伯帝国建立后,哈里发政府为维护国家统一、调整不同的社会关系,十分重视法律的发展,对学者采取宽容奖掖、热情赞助的国家政策。例如,哈里发哈伦·赖世德要求艾布·哈尼法的大弟子艾布·优素福制定一部适用于全国的税务法规,为答应哈里发的要求,艾布·优素福写出了其名著《赋税论》。该著作问世后,在东西方学界影响巨大,成为古典经济学家们关注和讨论的课题。这一切适应了社会的需要，极大促进了伊斯兰法的完善，造就了伊斯兰法史上鼎盛时期、黄金时期、繁荣时期、著书立说时期和法学家时期的美誉。

### 五、保守稳定时期（13～18世纪中叶）

这个时期大约为13～18世纪中叶。这一时期，法学家们虽然知识渊博，各类典籍基本成书，文化资源优越，却以前辈学者的学术成果为依托，因袭学派的学术思想、理论观点和创制规则。甚至有人认为，这个时期法的“创制大门”已关闭，加之整个伊斯兰世界经历由盛而衰的转变等，伊斯兰法制建树不大，处于相对稳定时期。

尽管如此，法学家们还是做了许多尝试性的工作，为伊斯兰法做出了突出性贡献。一是深入细致地阐述和诠释前辈创制学者们的著作，使其更加范畴化、条理化；二是研究和总结各个学派的创制理论，实践各个学派历史上创制学者的创制方法，从而发展和完善了著名法学家沙斐仪在其《法源论纲》中的伊斯兰法理学（或称法源学）体系；三是客观公正地分析和比较同一学派尤其是不同学派学者的创制理论和法律规则，总结出它们的相同与不同，并说明其中的原因；四是通过解释法律及其法律规则生效的根据，使抽象的法律条文具体化和细则化。这些创制性的工作使各个学派创制理论、创制方法和创制规则更具理论化、系统化和更具实践性，从而完善了伊斯兰法的体系。

### 六、近现代时期（18世纪中叶至今）

近代以来，迅速发展的现代工业使西方国家向伊斯兰世界伸出触角。至19世纪上半叶，伊斯兰世界的主要地区相继沦为西方列强的殖民地、半殖民地，西方文化和意识形态随之也在这些地区传播，使伊斯兰世界的政治、经济和文化受到很大影响，特别是伊斯兰法受到很大冲击。加之伊斯兰世界的一些国家尤其是阿拉伯国家社会内部的因素，迫使它们探索国家法制或法治的改革。

法制改革的意义在于变法图强、摆脱殖民统治、改变国家落后面貌。但改革采取的方式方法值得商榷。当时，伊斯兰世界由于政治腐败、经济衰退和军事失败，不得不接受西方强加于它们的一系列丧权辱国的条约，加之统治者急于改变本国的社会状况，希望通过变法，寻求新秩序的建立，就轻率接受和吸纳西方的法律制度，而对西方法律制度是否适宜和能否完全适应本国的文化传统和基本国情没做充分评估和考量。因此，不论是近代早期统治阶层的法制改革，还是后来的法制改革，都将作为本国传统法律的伊斯兰法弃之不顾，把西方法律作为构建本国法律的蓝本，对此照搬照抄，使本国法制现代化的发展受到阻碍，更使伊斯兰法的国家地位和社会作用发生了根本性变化。

为便于对近现代以来伊斯兰法在各国的变化有一个基本了解，我们可将自18世纪中叶至今的250多年的历史，大致分为三个阶段。

第一，20世纪之前的伊斯兰法。早在15世纪，奥斯曼帝国将作为指导帝国运行的法赋予新的内涵，从而促使占主导地位的伊斯兰法有了变化。帝国的法律制度除伊斯兰法之外,还有苏丹的敕令(包括行政命令、军事、财政及警务等法律)、阿德特(古突厥人、奥斯曼人及被征服的各民族所遵从的习惯法)和乌尔夫(在位苏丹的个人权威和意志)。这三种增添的"法"是标准的世俗法。其中第一种是其他两种的准绳,具有废除或修改其他两种法令的特权。同时,帝国的统治者把国家机构划分为两大部分:统治机构(包括政府官员、军事人员等)和穆斯林机构(包括伊玛目、伊斯兰法学家和法官等)。[11] 而帝国的统治阶层有其特有的法律机构——独立的法官和法庭,它们有别于普通意义上的法律及其机构,只要案件不涉及伊斯兰法,它们则为统治阶层服务。

然而,自近代以来,以法俄为代表的西方资本主义国家,取得了在奥斯曼帝国的治外法权。它们利用各种攻势,改变帝国统治者们的思想,让他们认识到曾为帝国繁荣做出贡献的伊斯兰法存在的所谓问题,迫使他们进行法制改革,削弱伊斯兰法的地位。1839年11月,奥斯曼苏丹玛哈茂德二世向全国发布的"御园敕令",标志帝国法制改革即"坦志麦特"时期(1839~1876年)的开始。其间,帝国制定并颁布了许多法律。其中以法国法律为基础的主要有四部,即1850年的《商法典》、1858年的《刑法典》、1861年的《商业程序法典》和1863年的《海商法典》。[12] 此外,奥斯曼帝国于1847年建立了民刑混合法庭,法官中欧洲人和奥斯曼人各占一半。概言之,自1840年以来,奥斯曼帝国不仅存在伊斯兰法和源自西方的世俗法,而且存在与伊斯兰法院相对应的世俗法院,而且后者的司法权限逐渐超出了前者。奥斯曼帝国对商法、民法和刑法改革的结果,使这三个领域不再属于传统的伊斯兰司法权范围,从此伊斯兰法只限于穆斯林家庭范围。[13]

第二,20世纪60年代之前的伊斯兰法。随着奥斯曼帝国开创借鉴和吸纳西方法律的先河,许多伊斯兰国家纷纷仿效奥斯曼帝国的做法,把西方法律制度作为制定本国法律的蓝本,以完成本国法律制度由伊斯兰法向世俗法的转换。埃及从1879年开始,在英国人的帮助下制定了《基本法》,1913年和1923年分别制定了《宪法》。埃及的司法系统,除伊斯兰法院之外,增设了审理涉外或外籍侨民案件的特别法庭,以及以实施英吉利法为主的民事法庭。这些法律的出台和法庭的建立,让埃及的伊斯兰法独享其名。

伊朗于1906年在英国支持下颁布宪法,实行君主立宪制度;1924年废除了伊斯兰法;1927年依据法国民法和刑法制定了民法和刑法;1928年颁布《土地法》,1929年作出规定:伊斯兰法只可适用于婚姻家庭和个人身份方面,其他案件则统一由国家法庭审理。[14]

黎巴嫩、叙利亚等国先后以西方国家法律为模板,颁布了一系列法律。例如,伊拉克1951年颁布的《伊拉克民法典》是以埃及1949年颁布的《埃及民法典》为基础的;北非的阿尔及利亚、突尼斯和摩洛哥等国成为法国的殖民地后,纷纷接受其法律制度,并将其融

---

〔11〕 陈恒森:《伊斯兰法的历史发展》,载《苏州大学学报》1987年第3期。
〔12〕 吴云贵:《当代伊斯兰教法》,中国社会科学出版社2003年版,第95页。
〔13〕 吴云贵:《当代伊斯兰教法》,中国社会科学出版社2003年版,第95页。
〔14〕 陈恒森:《伊斯兰法的历史发展》,载《苏州大学学报》1987年第3期。

入伊斯兰法之中，形成了混合式的法律条款；卡塔尔、科威特、阿曼和阿联酋等海湾诸国也颁布了以西方法律为蓝本的法律。

然而，被移植和吸纳的西方法律与伊斯兰法在法律精神、法律理念和价值趋向等方面颇有区别，加之各国对西方法律的借鉴和引进脱离了本国的历史传统、法律文化和社会现实，试图用体现西方价值和行为方式的法律制度取代根深蒂固的伊斯兰法，致使各国的法律发展举步维艰，无法在法律精神和法律意识方面实现真正的“西方法律化”。因为，西方法律无论多么“先进”，其终究不是伊斯兰历史上沿袭下来的法律，导致整个伊斯兰世界法律秩序的断裂。这也是当代伊斯兰法复兴的主要原因之一。

第三，当代伊斯兰法的复兴。“二战”后，伊斯兰国家逐渐摆脱西方殖民统治，民族运动日益高涨，开始抵御西方法律及世俗法律，呼吁回归伊斯兰法。特别是随着伊斯兰世界联盟的成立，这种回归浪潮更为强劲。20 世纪 70 年代，中东兴起了当代伊斯兰法复兴运动，强调伊斯兰国家具有独特的文化传统和价值观念，西方法律与伊斯兰法存有质的差异，西方法律是西方国家特定历史的产物，只代表西方社会的经验，不具有普遍意义。人们对自身社会的现状予以反思，谴责自近代以来国家法律的世俗化改革，不但没能带来人民向往的民主政治、法律发达、经济繁荣，反而打破了穆斯林社会的优秀传统，造成社会腐败、贫富悬殊、道德沦丧等。总之，他们在以一种批判的眼光和否认的态度看待西方法律在伊斯兰国家中的地位与作用的同时，致力于研究和探索伊斯兰法的复兴；主张重启伊斯兰法的创制大门，旨在托古改制、自我更新，力求伊斯兰法的与时俱进，并要求本国政府将伊斯兰法作为社会治理的基本制度。

例如，巴基斯坦对建国时以英国法律为蓝本的法律作了修正，加入了伊斯兰教的成分。1971 年 10 月 28 日，当时的利比亚政府宣布恢复伊斯兰法，废除了带有西方法律色彩的相关法律及其条款。1979 年，伊朗伊斯兰共和国建立，将伊斯兰法作为国家的根本法律。1982 年 8 月，伊朗最高司法委员会下令废除共和国建立前的法律，恢复伊斯兰法。1983 年，当时的苏丹政府宣布废除了此前与伊斯兰法不一致的《民事诉讼法》《刑法典》《刑事诉讼法》《买卖法》《代理法》等法律或条款。

当代伊斯兰法的复兴在各国的具体表现还有：一是伊斯兰法作为国家宪法和法律的主要渊源已得到许多国家的认同；二是确保国家法律条款与伊斯兰法律原则相一致；三是一些国家和有关伊斯兰组织成立了专门的伊斯兰法研究机构；四是定期或不定期举办世界性和地方性的伊斯兰法研讨会；五是许多国家的国立大学恢复或新建了伊斯兰法学院；六是恢复伊斯兰婚姻家庭法、民商法及司法组织；七是制定或编纂现代形式的伊斯兰法典；八是伊斯兰法的研究采取灵活多样的方式方法；九是发表和出版了许多将伊斯兰法与现代法律融为一体的研究成果等。这些工作皆是在重新解释传统伊斯兰法，以及以新的眼光看待伊斯兰法价值在现代化进程中的地位与作用的基础上进行的。

伊斯兰法在当代伊斯兰国家中的适用现状

## 第三节 伊斯兰法渊源及其在文化体系形成中的作用

### 一、伊斯兰法渊源

法的渊源,其内涵明确,原意为法的"源泉"、"来源"和"源头"。作为法学的专门术语,法的渊源外延广泛,学者们常从不同角度理解并使用这一概念。这里所说的伊斯兰法渊源,是指伊斯兰法的效力渊源,又称伊斯兰法的形式渊源或法律规范的渊源,即作为具有伊斯兰法的效力和意义的外部表现形式。它是伊斯兰法的效力的直接来源。在伊斯兰法理学中法的渊源分为"一致公认的法渊源"和"辅助法渊源"两种。

一致公认的法的渊源。是指法学家在法创制活动中所依据的一致公认、无任何意见分歧的渊源。依次为《古兰经》、圣训、"公议"和"类比"四种。

1.《古兰经》。它是伊斯兰教的最基础和最基本的经典,是整个穆斯林生活环绕转动的枢轴,是伊斯兰国家信仰原则、哲学思想、伦理道德、政治经济、法律创制和司法实践的第一源泉和权威准则,是伊斯兰法的效力的第一渊源。《古兰经》的内容包罗万象、丰富多彩。仅从规范性的角度,如前所述,穆斯林学者把《古兰经》的规范分为三类:一是信仰规范,即对穆斯林个人和社会的信仰作出的规范;二是法律规范,即对穆斯林个人和社会的行为作出的规范,它包括调整人与真主之间关系的宗教规范和调整人与社会之间关系的社会规范两方面;三是道德规范,即对穆斯林个人和社会的道德作出的规范。

图2 阿拉伯语的《古兰经》

2. 圣训。圣训的权威仅次于《古兰经》,是伊斯兰法的第二法渊源。它是穆罕默德对伊斯兰教义、法律、伦理和社会等问题的全面阐述与训示,是对《古兰经》基本原则、原理的重申、诠释和补充。形式上可分为语言圣训、行为圣训和默示圣训三种。

3. 公议。阿拉伯语读作"伊制马尔"(الاجماع),其语意有二:一是决心、决意;二是一致公认、一道赞同;是指穆罕默德之后伊斯兰民族同一时代的权威法学家就某一宗教和法律等问题发表的一致意见和达成的最终裁定。穆罕默德之后,穆斯林社会生活中出现了经训明文未涵盖的许多事物,是公议产生的直接原因。公议旨在通过这种方式由大家共同创制法律规则,解决面临的问题,避免个人创制中的错误和漏洞。

公议的成立和生效是以经训明文为依据的。《古兰经》说:"信道的人们啊!应当服从真主，应当服从使者和你们中的主事人。”〔15〕经文中的“主事人”具有复数含义，有多重解释，其中之一是指权威学者。圣训曰：“我的民众永远不会一道赞同一项谬误”〔16〕；“凡穆斯林大众视为正义的，在真主看来也是正义的”。〔17〕经训肯定了时代的权威学者在宗教和法律等事务上是社会的代言人，他们一致赞同的意见是不会有悖经训的，而是对其内容的正确表达。公议的要件有：一致公认、一道赞同和最终裁定；法学家必须是具备创制资格而非一般学者；法学家必须都是穆斯林；法学家得出的公议决定是有关宗教和法律等问题的。

4. 类比。类比亦称“比论”“援例”，是阿拉伯语“格亚斯”（القياس）的中文译名。其语意为衡量、确定某物的长度、质量和重量等，通常是指两物间的比照和对比。作为伊斯兰法的专门术语，类比是指法学家和法官在处理具体问题或案件的过程中，由于具体问题或案件无经训明文可依，故把有关经训的规定扩及经训未涵盖的问题或案件中，即把关于某个问题或案件的原判例的法律规则运用于与之相似的问题，以求新的结论，形成新的判决。

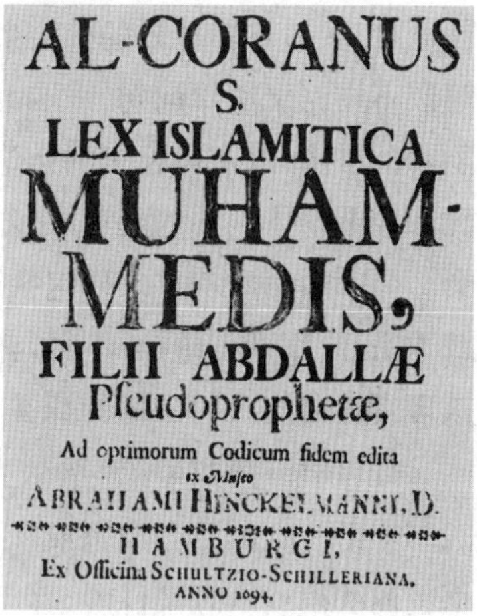
AL-CORANUS
S.
LEX ISLAMITICA
MUHAM-
MEDIS,
FILII ABDALLÆ
Pseudoprophetæ,
Ad optimorum Codicum fidem edita
ex Museo
ABRAHAMI HINCKELMANNI, D.
HAMBURGI,
Ex Officina SCHULTZIO-SCHILLERIANA.
ANNO 1694.

图3　拉丁语的《古兰经》

类比是一个严谨的理性思维活动，它所形成的结论，是伊斯兰法规则产生的主要形式之一，它的运用拓宽了伊斯兰法的领域，对伊斯兰法的发展起到了重要作用。与公议一样，类比的成立和生效也是由经训保障的。类比的要件有：要以经训的规则为类比的根据；无经训规定可依事实的存在；经训的规则必须是有关合法、非法、厌恶、允许等明确的法律规则；待解决的事实与经训的规则应有共同的缘由；等等。

辅助法的渊源。它是在上述四大法的渊源基础上的演绎和补充。称之为辅助渊源，一是由于不同地区和时代的法学家所处的地域环境不同，对经训明文和精神有着不同的理解和主张，因而创制出各自学派的辅助立法渊源；二是法学家运用这些渊源时侧重不同、多寡不一，未一致赞同、统一接受。辅助法的渊源主要有七种：

1. 择善。哈乃斐学派创制了这一法渊源，被该派视为类比之后的第五个渊源。哈乃斐学派法学著作中经常可以看到“此问题的裁决以择善为根据”的话。这一渊源的提出与运用曾引起法学家们的争议：马立克学派和罕百里学派承认，而沙斐仪学派的创始人、著名法学家沙斐仪则视其为异端。

“择善”一译“优选法”或“唯美”，是阿拉伯语“伊斯提哈桑”（الاستحسان）的意译，语意为“把某事看作美好的、最美的”，是指法学家创制法律和法官裁决案件时，在无经训明

〔15〕《古兰经》，妇女章，第59节。
〔16〕阿布都·克雷姆·宰达尼：《简明伊斯兰法理学》（阿文本），贝鲁特使命出版社1987年版，第18页。
〔17〕沃哈布·祖海里：《伊斯兰法理学》第2册（阿文本），大马士革思想出版社1986年版，第736页。

文可依的情况下,可根据特殊法律明文、公议、习惯、利益等实际需要,从一般的伊斯兰法原则或法规则的裁决转为特殊的裁决,或从表面的类比转入隐晦的类比。如非现货交易行为,按一般伊斯兰法原则,属买空卖空的非法交易,因为,交易活动中的货币与实物是买卖有效的两个基本要素,而非现货交易中要么缺一种要素,要么两种要素同时都无,但出于人们生活便捷和交易习惯等实际考虑,则以择善判其为合法。

2. 公益。又译为"酌定利益",阿拉伯语"麦索里哈·穆勒瑟里"(ا المصالح المرسل)的意译,原意为"待确定的利益"。是指伊斯兰法既没有规定适用也没有规定废除的利益。具体而言,面对日新月异的社会生活,法学家出于社会公共利益和为人们趋利避害的需要,可以不拘泥于法律词句,采取灵活变通的方法,创制无经训明文可依且有益于社会整体利益的法律,以求得公正的结论或判断。[18] 例如,伊斯兰国家的政府可以规定有利于人民和社会整体利益的经训明文而未被涵盖且与其原则和精神不悖的法律,以造福于社会。公益适用的基本条件包括通过创制法律所要保护的社会利益,必须符合伊斯兰法的基本宗旨、原则与精神;不得与经训明文有悖;必须是为人们和社会趋利避害的;必须是被理智健全的人们公认的利益。公益主要是马立克和罕百里学派的法渊源。

3. 习惯。阿拉伯语"欧尔夫"(العرف)的意译,是指社会生活中长期逐渐养成的、一时不容易改变的社会规范或社会风尚。即法学家或法官在无经训明文、公议、类比为根据创制法律或审理案件时,基于社会盛行的习惯和习俗,而采取的灵活变通的创制或审判原则。当然,伊斯兰法对这一法渊源中的"习惯"的含义和外延作了许多界定,避免对这一法渊源的滥用。例如,将习惯分为语言习惯、行为习惯、普遍习惯和特殊习惯等。习惯适用的基本条件是:法学家或法官所依据的习惯或习俗,不得违背经训的规定;具普遍性和广泛性,即盛行于某一社会的全体或大多数人中间;事先存在,即某一问题的裁决依习俗时,习俗必须先于该事物而存在,并为人们所熟知。实际上,它就是法社会学家们所讲的习惯规范或习惯法。

4. 我们先前的法律。是指适用于穆罕默德之前的历代先知和使者及其民族的法律。例如,犹太教和基督教的法律。关于"我们先前的法律"能否成为伊斯兰法渊源,在伊斯兰法学界颇有争议,在此不作赘述。

5. 穆罕默德弟子们的主张。穆罕默德之后,圣门弟子们肩负伊斯兰教的使命,他们中的许多人以知识渊博、通晓法律、秉公裁决而著称,如四大哈里发、阿布都拉·本·阿拔斯、阿布都拉·本·麦斯欧德、穆阿兹·本·杰拜利等。他们留下了许多创制规则和案件判决;他们之后的法学家们在无经训明文、公议、类比可依的事务上,可以据此裁决。关于穆罕默德弟子们的主张能否成为法律创制和案件裁决的根据,不同学派的主张有异。

6. 连续性。阿拉伯语"伊斯提斯哈布"(الاستصحاب)的意译,原意为"寻找联系""持

[18] 杨克礼、罗万寿主编:《中国伊斯兰百科全书》,四川辞书出版社 1994 年版,"公益"词条,第 163 页。

续状态”，是指法律确认的已知事物的状态持续存在并将保持下去，直至与之相反的情况出现，打破了这种持续状态。连续性渊源的含义与现代法律中的“无罪推定”原则较为接近，即任何人在没有被依法确定有罪之前，应被假定无罪（这是一种持续状态），直至其犯罪的证据成立（它打破了无罪的持续状态）。例如，原告控诉被告有其债务，原告未拿出证明被告借债的依据时，被告应被视为无债务之人。因为，人原本是无债务的，故被告不负证明自己无债务义务的事实，被告有债务的证据，应当由原告提供和证明。这一法的渊源主要被马立克、罕百里以及大多数沙斐仪和扎希里学派学者适用。

7. 堵塞渠道。阿拉伯语“散德·则雷尔”（سد الذريعة）的意译，“散德”意为堵塞、设备障碍；“则雷尔”有两种含义：一是通往某事的道路、渠道；二是媒介。通过道路到达事务既有好的也有坏的，但通常是指坏的、卑劣的事。因此，凡提到“散德·则雷尔”时，一般指堵塞通往坏事的渠道和媒介，故也有人将其译为“防微杜渐”。作为伊斯兰法的专门术语，堵塞渠道是指某一行为其本来属于合法、允许的授权范围，但其从根本或很大程度上会导致另一违法行为的发生，故法律把这一原本合法、允许的行为视为非法，加以禁止。例如，房屋租赁是合法的交易，但出租方明知承租人租其房屋从事非法行为，故原本合法的行为按非法来处理，以堵塞非法行为的发生。对这一法渊源的适用，法学家持不同意见：马立克和罕百里学派赞同；沙斐仪和扎希里学派则持反对态度。

就一致公认和辅助两种法的渊源，法学家从另一角度又将其分为“传述渊源”和“理性渊源”。前者是指这类法的渊源主要是通过传承方式代代相传下来的，它包括经训、众议、穆罕默德弟子们的主张、我们先前的法律。后者是指这类法的渊源是法学家运用个人理智推理的形式，从经训中演绎出的，它包括类比、唯美、公益、连续性、堵塞渠道。需说明的是，这两类法渊源效力的最终确立，都不是单纯理智推理的结果，而是基于经训的明文与精神，是以经训为根据和得到经训的核准而生效的。因为，任何一项依公议、类比、唯美、公益等法渊源生效的法律规则，其内涵最终归属于经训的原则和精神。若经训没有赋予这些法渊源合法性和权威性，任何一项依这些法渊源生效的法律规则都是无据可循的，无据可循的法律规则是不能生效的。

## 二、法的渊源在伊斯兰文化体系形成中的作用

伊斯兰文化是由阿拉伯帝国内的阿拉伯民族及穆斯林各民族在历史实践中共同参与创造的，以经训为理论基础的，以阿拉伯语为主要学术媒介的，包括精神文明、物质文明两大方面的一种文化方式和文明类型。作为宗教文化实体，它与伊斯兰教同步产生，互为因果。它在形成体系的历史过程中，始终以伊斯兰原则和精神为价值取向和指导方针，并以开放的态度将阿拉伯、波斯、印度、希腊等东西方古典文化融为一体，以伊斯兰文化的形式出现。在这一历史进程中，伊斯兰法学家从经训中创制演绎出的法的渊源，作为筛选净化、整合定型机制，是伊斯兰文化体系得以形成发展，绵延千余年，保持纯洁性、主体性和独特性不变的根本原因。某种意义上说，如若不是法学家从经训中创制和演绎

出的法渊源在此中发挥巨大作用,伊斯兰文化体系是难以建立的。

具体而言,穆罕默德时期,伊斯兰教限于阿拉伯半岛本土,几乎没有与其他异质文化发生交融、产生碰撞的机会。穆罕默德之后,随着历代哈里发政府的对外伊斯兰宣传、国家疆域扩大、其他民族大量涌入伊斯兰教,以及阿拉伯人经商等活动,伊斯兰社会结构和文化形态发生了巨大变化。这使得伊斯兰教面临两个无法回避的问题:一是如何保持伊斯兰文化的纯洁性、主体性,并将其发扬光大;二是在与其他民族的交往中,如何对待非伊斯兰的外族丰富多彩的文化遗产和先进的科学知识,以及如何处理好伊斯兰文化与各民族文化之间的冲突与融合。从某种意义上讲,这两方面关系处理得成功与否,直接关系伊斯兰文化的发展,乃至存亡,是摆在哈里发政府特别是学者们面前的十分紧迫和艰巨的课题。

基于这一根本原因,学者们在长期的社会实践中,本着经训的立法原则、立法精神、立法价值,运用法律创制方式,从经训中演绎创制出了公议、类比、唯美、公益等经训之外的渊源,藉以保护伊斯兰文化主体、移植嫁接外域先进文化、完善伊斯兰文化体系。伊斯兰文化是人类历史上独立起源、自成体系的文化,而法的渊源是促成伊斯兰文化多元一体的重要因素之一,以及文化精神的支撑点,是伊斯兰文化成为独立形态的基本要素。伊斯兰文化系统的形成,如若没有法的创制和法渊源显然是不成的,这是由伊斯兰文化的本质特征所决定的。

如前所述,伊斯兰文化是各族穆斯林在长期社会实践中,在吸收被征服地区各民族文化的基础上,经过伊斯兰信仰原则和根本价值的筛选净化、提炼改造后,形成的一种普遍为人们所效法和认可的信仰准则、行为规范和价值观念的综合体。[19] 这种"综合体"从学理上可以从两个层面上解释。

一是伊斯兰文化的共性,即该文化中的伊斯兰精神。它是指伊斯兰文化是以伊斯兰教为本位的文化体系,"伊斯兰教即是伊斯兰文化的核心,也是伊斯兰文化的灵魂。说它是核心,是指它是伊斯兰文化的主体部分;说它是灵魂,是指它渗透于伊斯兰文化的各个领域"。[20] 实际上,这种伊斯兰精神归根到底就是伊斯兰文化的经训化。这是伊斯兰文化具有的独特象征,它不同于世界其他文化的内在核心与灵魂,它如同生命在世界各地穆斯林的信仰和意识中流动。这一点我们可视为伊斯兰文化的共性。

二是伊斯兰文化的个性。从文化发生学意义上讲,伊斯兰文化诞生后,最初仅限于阿拉伯半岛,之后发生了超越原先地理环境的深刻变化。特别是随着伊斯兰对外宣传与交往的增多,伊斯兰文化必须打破与异质文化之间的地域界限和文化隔阂,进行各种形式的广泛交流与沟通,以便被不同文化背景的其他民族所接受,使自己成为一个泛伊斯兰文化体系。诚然,在这一历史过程中,伊斯兰文化不断克服阻碍其发展的部落、种族、血缘、肤色、语言、地域、民俗等限制性因素,使自己置身于异质文化的系统中,并根据自

---

〔19〕 杨怀中、余振贵主编:《伊斯兰与中国文化》,宁夏人民出版社 1995 年版,第 549 页。

〔20〕 孙承熙:《中世纪阿拉伯伊斯兰文化的几个特点》,载《阿拉伯世界》1993 年第 3 期。

身需要，吸纳、借鉴异质的发达文明，并将其转化成自身的文明，形成了相互依存、相互促进、相互包容、相互融合的新的文化格局，这种文化格局具有超越性、开放性和普遍性的特征。

但是，从伊斯兰文化共性与个性的辩证关系上讲，只有当伊斯兰文化的共性寓于民族文化的个性之中，它才能在世界各地生根、开花、结果。[21] 故伊斯兰文化中明显地含有民族文化的因素；离开伊斯兰文化的民族载体——民族文化，伊斯兰文化也就无从谈起。当然，民族文化中也有伊斯兰文化因素，否则它也不会成为伊斯兰文化的组成部分。[22]

尽管如此，伊斯兰文化与其他民族文化之间的撞击和冲突无时不有，民族文化不断对共性的伊斯兰文化施加压力，彼此之间也有一定的张力。对此，伊斯兰法渊源作为协调共性文化与个性文化关系的筛选净化、整合定型机制，吸收了个性文化中与共性文化相适应的习俗和制度，排除一切与共性文化相对立的习俗和制度，从而化解了两者间的冲突，并通过这一机制创造了它所需要的哲学、经济、法律、道德等制度。

详言之，伊斯兰文化吸纳其他民族文化的原则是：被吸纳的文化必须符合经训的明文、原则与精神，不得与之相悖。这就要求对被吸收的民族文化进行筛选净化、提炼改造，使之伊斯兰化。然而，作为伊斯兰共性文化价值标准的经训——特指《古兰经》——有着高度抽象性、概括性、原则性的特征，其内容特别是有关法律明文几乎都以提纲挈领、提要钩玄的方式阐述。而作为伊斯兰个性文化的各民族文化，则千姿百态、不尽相同，许多问题无法从经训中找到直接答案和按字合意的明文。那么，如何处理经训明文的有限性与各民族、各地区不同文化的多样性、复杂性以及社会问题无限性的矛盾，这就必须使抽象的、概括的、原则的经训内容具体化、细则化，使之在世界穆斯林中得到实践。当然，这是一个程序化、技术化、逻辑化与系统化的过程，在这一过程中对某一文化的取舍虽未直接以经训为根据，但它是由经训的原则与精神决定的。依照经训的原则与精神决定某一文化的取舍，又是个人运用理性推理的创制活动，为避免其中的随意性，凡是被取舍的文化，都须以一种诸如公议、类比、唯美、公益等的法渊源为根据方能生效。

总之，伊斯兰法渊源使有限的经训明文扩充到伊斯兰文化的各个领域，解决了穆斯林社会中层出不穷的问题，并把伊斯兰文化及其精神活灵活现地落实、贯穿在个人与社会生活中。不论伊斯兰社会的内部结构和外部形态如何变化，伊斯兰文化的理论与实践是相结合的，原则性与灵活性是相协调的，共性与个性是相统一的。

---

〔21〕 吴云贵：《伊斯兰文化的共性与个性》，载《世界宗教文化》1996 年第 1 期。

〔22〕 吴云贵：《伊斯兰文化的共性与个性》，载《世界宗教文化》1996 年第 1 期。

## 第四节 伊斯兰法的主要内容

伊斯兰法内容博大精深、丰富多彩。作为宗教法系,其内容和形式与世俗法律的内容和形式有相同的一面,但更多的是它有其独具特色的一面。在此,我们仅从法的应用方面作简明扼要的介绍。概括地讲,伊斯兰法的内容主要包括两大方面:一是调整人与真主之间关系的宗教规范;二是调整人与社会之间关系的社会规范。

### 一、调整人与真主之间关系的宗教规范

如果说宗教信仰是伊斯兰教的内核的话,宗教礼仪则是信仰的外部表现。伊斯兰法在对穆斯林的宗教信仰作了具体规定的同时,也对穆斯林的宗教礼仪作了规定,这就是作为宗教礼仪基石的五项基本义务,或称为五项基本功课,即信仰的表白、礼拜、斋戒、天课、朝觐。简称为念、礼、斋、课、朝。伊斯兰法著作中的前几章通常总是论述这些内容。

1. 信仰的表白。即念作证词,这是穆斯林对伊斯兰教信仰的表白。阿拉伯语读作“舍哈德”(كلمة الشهادة),意为“作证”,就是庄重而严肃地用阿拉伯语念作证词:“我作证除真主外、别无神灵,我作证穆罕默德是真主的使者。”中国穆斯林称之为“清真言”。这两句话是伊斯兰教的基本信条,是穆斯林念诵频率最高的诵词。一个穆斯林来到这个世界的时候,首先听到的是这两句话,离开这个世界的时候,最后自己念或听到的也是这两句话。伊斯兰教没有类似其他宗教的入教仪式,任何人欲皈依伊斯兰教时,首要学会并当众念诵这两句话,立刻就成了一名穆斯林,伊斯兰法也就承认他信奉了伊斯兰教,他也就有权享受和履行穆斯林的权利和义务。

2. 礼拜。阿拉伯语“索俩特”(الصلاة)的意译,原意为“祷告”“祈祷”“赞颂”,即礼拜真主。伊斯兰教不但要求穆斯林信仰真主,而且要求从行为上崇拜真主。这里所讲的礼拜,是指伊斯兰法规定穆斯林完成的一整套,诸如必须具备法定的洁净、法定的时间、朝向麦加、以阿拉伯语诵读某些《古兰经》文和祷文、按一定的礼则等形式,崇拜真主的动作和礼仪。在穆斯林看来,礼拜是他们与真主建立联系,以及把“有形的拜主”与“无形的拜主”结合起来的最佳方式。

经训反复地要求穆斯林谨守拜功。根据伊斯兰法规定,除每天中的个别时间外,穆斯林在任何时候礼拜都是嘉许的,但是每天五次固定时间的被称为“主命拜”的礼拜则是必须履行的:拂晓时礼一次,叫晨礼;中午太阳稍偏西时礼一次,叫晌礼;下午日落前礼一次,叫晡礼;日落黄昏时礼一次,叫昏礼;夜晚睡觉前礼一次,叫霄礼。一天五番拜,要求穆斯林尽可能去清真寺集体礼拜,一人领拜,众人跟随,如有特殊情况,个人在家独礼也行。一周有一次聚礼必须集体礼拜。一年有两次会礼,即开斋节的会礼和宰牲节的会

礼,也必须集体礼拜。此外,伊斯兰法规定了特定情况下的不同仪式的礼拜,如丧葬、日食和月食等。

3. 斋戒。阿拉伯语"索姆"(الصوم)的意译,意为戒止食色和嗜欲。中国穆斯林称之为"封斋""闭斋"。斋戒是伊斯兰法定制于穆斯林的一项主命。凡成年男女穆斯林在斋月("莱麦丹"月,伊斯兰教历9月)必须封斋。于黎明前进用封斋饭,日落黄昏后进用开斋饭。其间,严禁饭食、房事或任何嬉狎非礼行为。斋戒者必须谨言慎行、自我克制、身心洁净、诚心立意;通过一年一度的斋戒,达到制欲检行、克己复礼、磨炼意志、惩赎己过、悔过自新、体念贫弱和敬畏真主之目的。依伊斯兰法规定,凡患疾病者,长途旅行者,老弱体虚者,妇女处于月经、生产、哺乳期者等可不斋戒,但需要根据各自情况补斋或施舍。除一年一度的"主命斋戒"即"莱麦丹"月的斋戒之外,伊斯兰法还规定:圣行斋戒,即根据穆罕默德的言行而提倡的斋戒;副功斋,即穆斯林出于虔诚而履行的斋戒;斋戒的禁止,即禁止在开斋节和古尔邦节当天及其后的两日内斋戒,因为,这些日子是欢乐和感恩的日子。

4. 天课。阿拉伯语"则卡提"(الذكاة)的意译,原意为"纯洁""净化",是指穆斯林通过缴纳天课使自己的财产更加洁净。《古兰经》曰:"你要从他们的财产中征收赈款,你借赈款使他们干净,并使他们纯洁。"[23]经训反复强调天课的重要性,把它与礼拜相提并论,要求穆斯林谨守拜功、完纳天课。伊斯兰法规定,凡具备法定条件和资格的穆斯林,其资产除正常的消费开支外,如个人和家庭的开支、必要的购置、债款的偿还等,其剩余的资财超过一定限额时,应按一定比率缴纳天课。至于应缴天课的比率、天课的物品、天课施济的范围、天课接受者的条件、施舍天课的原则和意义等,伊斯兰法均作了详细的规定。天课是伊斯兰教的一种社会保障制度,旨在通过履行这种法定义务,限制富者聚敛财富、贪婪自私,要求社会关爱弱势群体,以此缓和贫富对立的社会矛盾。

5. 朝觐。阿拉伯语"罕志"(الحج)的意译。《古兰经》云:"凡能旅行到天房的,人人都有为真主而朝觐天房的义务。"[24]伊斯兰法规定,凡成年穆斯林男女,只要理智健全、身体健康、旅途安全、能自备往返旅途费用并能安置好家属的生活,一生中至少一次应当前往麦加,参加伊斯兰教历12月8日至12日举行的朝觐。妇女的朝觐,除具备以上条件外,还须由丈夫或男性至亲陪同。不具备上述条件的可免除这项义务。这种依法律规定、按照一定仪式和程序、每年伊历12月8日至12日完成的朝觐,称之为"大朝"或"正朝"。此外,其他任何时候去麦加完成的朝觐,称为"小朝"或"副朝"。一年一度的朝觐期间,来自世界各地、五湖四海的数百万穆斯林,相聚麦加,共同履行朝觐功课。他们虽然语言、肤色和人种不同,但和睦相处、互助友善,体现着伊斯兰教团结友爱的精神。

---

〔23〕《古兰经》,忏悔章,第103节。

〔24〕《古兰经》,仪姆兰的家属章,第97节。

图4 位于沙特阿拉伯王国麦加的天房

## 二、调整人与社会之间关系的社会规范

这是伊斯兰法的第二部分,其内容更加广泛,囊括了现代法律所有部门法的全部内容。但传统上法学家们没对伊斯兰法作类似现代法律形式的划分,在他们看来,这种划分意义不大。因为,传统伊斯兰社会的司法形式不同于现代国家的司法形式,当时审判、裁决及其程序是单一的,一个法官几乎对所有民事、商事、刑事等案件进行审理和判决,无须专门的法庭。[25] 然而,自近代以来,受现代法律和法学的影响,伊斯兰法学家还是按照现代法律的分类形式,将其分门别类,使之范畴化和体系化。主要包括以下几个方面:

1. 宪法。是指伊斯兰法规定伊斯兰国家社会制度、国家体制、政治制度、国家与民众的关系、公民的基本权利和义务、政治协商原则等法律规范的总和。宪法作为国家的根本大法,具有最大的法律权威和最高的法律效力,它既是国家治国安邦的总章程,也是公民立身行事的总依据。在伊斯兰法中能具备上述特征者惟有《古兰经》,但《古兰经》只是一般性、原则性地提出了伊斯兰宪法的基本内容,并非对其所有内容分门别类地详细规定。因此,伊斯兰宪法是法学家们以经训为准则,以伊斯兰法原则为依据,以历史上哈里发国家的制度为先例,经解释与扩展而构建的。

2. 婚姻法。是指调整穆斯林婚姻关系、家庭关系和财产继承关系的法律规范的总和。伊斯兰教鼓励结婚,提倡男女正常合法的婚姻生活,反对独身和出家修行,严禁淫乱。伊斯兰教认为,婚姻是穆斯林男女间的一项具有法律、社会和宗教等多方面意义的契约,是夫妻和家庭关系的法律依据。婚姻家庭问题在整个伊斯兰法中有着举足轻重的

〔25〕 欧麦尔·艾什格里:《伊斯兰法学史》(阿文本),安曼贵重出版社1990年版,第35页。

地位，因此婚姻法以较大篇幅从个人、社会和宗教的角度阐述和规定了有关婚姻的重要性、婚姻的条件、择偶的自主权、婚姻的缔结、夫妻之间、父母与子女之间的权利义务、离婚和财产继承等一整套规范。

3. 民商法。是指伊斯兰法运用民事、商事法律的基本原则和各项具体规定，对生活中穆斯林发生的各种民事、商事关系，加以确认、保护、限制和制裁的法律规范的总和。内容涉及贸易、债务、借贷、抵押、信托、担保、租赁、雇用、合伙、破产等领域。其基本原则是：保护正当的商业活动；倡导公平交易、等价交换、恪守商业道德、信守契约合同和通过合法经营获取利润；禁止放债取利、放高利贷、弄虚作假、投机取巧、欺行霸市等不正当竞争行为。

4. 刑法。是关于对穆斯林规定什么是刑事犯罪，以及对犯罪分子处以什么刑罚的法律规范的总和。根据经训的规定，伊斯兰法把刑法从总体上分为两类：一是"法度刑"，阿拉伯语称为"罕得"，意为"界限""限制"，法度系指真主的法度，即侵犯了"真主的权利"的犯罪行为和刑罚。[26] 法度刑包括私通罪、诬陷私通罪、酗酒罪、偷盗罪、抢劫罪和叛教罪六类。这类刑罚权在真主，包括法官在内的任何人和组织，只能依律而断，无权更改。二是"酌定刑"，是指法度刑以外的其他犯罪及其刑罚。这类刑罚较为灵活，凡属违犯法律禁止或拒绝履行法定义务、而又不能适用法度刑的犯罪行为，法官可视情灵活掌握、酌情定罪。酌定刑主要包括故意杀人罪、故意伤害罪、过失杀人罪、过失伤害罪等。

5. 国际法。包括伊斯兰国际公法和国际私法。前者是指有关调整伊斯兰国家与其他国家在和平或战争时期之间关系的原则、规章和制度的总称；后者是指有关调整伊斯兰国家内部的非穆斯林彼此之间，以及他们与伊斯兰国家之间关系的原则、规章和制度的总称。

6. 诉讼法。它是程序法律的主要形式，是指伊斯兰法确立对实体法规定人们在政治、经济、社会等各方面的权利进行保护的方法和手段，是关于当事人民事、商事、刑事等方面的审判程序法规的总称。主要内容包括证人、证据、证人资格、证人信誉、法院的组成、法官的资格、权限、职责、原告、被告、审判程序等，旨在维护一切合法权益，制止一切非法行为。诉讼法在其法律中占有十分重要的地位，是与实体法互为依赖、互为依存的。

综观以上伊斯兰法宗教规范和社会规范两方面的内容，不难理解，伊斯兰教常被视为一种社会制度、一种总体生活方式的原因所在。现代法学认为，法律主要作用于人们的外部行为，着重要求人们外部行为的合法性，只调整那些对建立正常社会秩序具有重要意义的社会关系，而单纯的信念不属法律调整的对象。伊斯兰法则不然。作为一种宗教法系（从沙里亚的角度），它的显著特点在于集宗教教义、法律制度、道德规范于一体。

---

〔26〕 伊斯兰法从个人权利与社会权利的统一性出发，把权利以其享有者为标准分为三个方面：一是真主的权利。此权利代表社会的公共利益，又称为社会权利。真主是万能的，无须任何权利，之所以将该权利归于真主，是证明它的广泛、普遍、尊严和不可剥夺性。二是个人的权利。三是兼具真主与个人的权利，此中，或许真主的权利侧重较大，或许相反。

它把对穆斯林内心信念的规范和外部行为的规范融为一体,通过念、礼、斋、课、朝五项宗教义务,深化他们的信仰,净化他们的心灵,培育他们的人格,规范他们的思想,使他们的法治观念建立在共同的宗教信仰和道德规范的基础上,从而为法律的顺利实施及法律尊严在人们心目中的树立奠定了思想和道德基础。不仅如此,伊斯兰法又通过一整套有关调整人与社会之间关系的社会规范,使宗教信仰得以外化和延伸,并将其贯穿和渗透于伊斯兰社会生活的各个领域。伊斯兰法具有精神价值的超越性。

## 第五节　伊斯兰法学家的历史贡献

在伊斯兰法系形成的漫长历史中,伊斯兰法学家的作用是巨大的,他们为之付出的努力是伊斯兰法系得以形成和发展,并绵延千余年保持主体性与独特性不变的重要原因。

### 一、建立了伊斯兰法系

如前所述,穆罕默德之后,随着历代哈里发政府的对外伊斯兰教宣传和阿拉伯人经商等活动,伊斯兰国家的社会结构、文化形态发生了巨大变化,以及阿拉伯穆斯林与其他民族的长期接触、相互影响,带给他们极为复杂的各种问题,其中许多问题的解决都无法从经训中找到具体明文,这迫使法学家本着经训的立法原则和精神运用创制方法创制法律,满足社会生活的需求。实际上,这一过程也是伊斯兰法系形成的过程。主要表现为:

1. 大批法学研究者的涌现促成职业法学家群体的形成。伊斯兰法系形成于伍麦叶王朝后期,定型于阿拔斯王朝。此间,帝国一些文化发达的城市,如麦地那、巴格达、大马士革、库法等,出现了一批批从事案件裁判、创制法律和解释法律的专业学者,其中不乏大师级的学者,如四大法学家、奥扎尔、苏福杨·骚里、艾布·优素福、穆罕默德·本·哈桑·谢伊巴等,他们被公认为"富格哈"(الفقهاء),即法学家。这主要得益于社会兴起的知识热潮。那时,人们倾向性地认为知识就是对法律问题的研究。这些学者中的大多数对伊斯兰各类学科尤其是法学颇具造旨,他们在清真寺或书院讲课,为人们传道授业、答疑解惑,尤其对于经训明文未作规定的问题,援引经训的精神,或在不违背经训原则的前提下依照法的创制规程、司法实践和民俗习惯提出自己的见解,以满足人们生活的需求,从而形成了文书记载和口头相传的创制规则和案件判例。这种社会自发的学术活动和专业法律研究队伍的出现,促进了伊斯兰法理论与实践的发展,为伊斯兰法体系的建立打下了坚实的基础,也映衬出了大批社会公认的法学家。

2. 法律术语的制定及法律典籍的编纂。法学研究中最为基础的工作,是制定和解释大量的概念,否则研究工作难以进行。对此,法学家们极为重视。他们制定了一系列的法律术语,并对其含义作了解释。法律术语的确定和统一,为伊斯兰法系的构建奠定了基础,为各地研究者相互交流和深入研究法学或法律提供了便捷,也使伊斯兰法在民间得以广泛应用。此外,法学家们以著书立说为己任,创作了经久不衰、广为流传的许多法学典籍。例如,马立克教长的《穆宛塔圣训集》,其中汇集圣训 500 余段,包括 1700 个有关审判惯例。还有哈乃斐学派的《伊斯兰法大全》,马立克学派的《大全》,沙斐仪学派的《母典》和《法渊论纲》,罕百里学派的《伊斯兰法大汇集》等。法律典籍的问世,为国家实施管理提供了法律根据,为公共秩序的形成提供了法制保障,促进了法学研究的深入发展及法学派的形成。

3. 四大法学派的形成确立了法学的理论基础和创制模式。法学家们一致公认,经训是法律创制的根本渊源和法律裁决的首要依据。但他们对经训中的或然含义经文的理解不同、对圣训取舍标准存在的差异,以及所处的地理环境和人文环境存在的差别等,导致法律创制模式的不同,从而形成了诸多学派。公元 8 ~ 9 世纪,先后出现了裁德、贾法尔、艾巴德、扎希里等 10 多个学派,但随着社会的发展尤其各个学派自身的因素,哈乃斐、马立克、沙斐仪和罕百里四大学派最终确立,成为伊斯兰世界公认的、穆斯林在法的适用中必须遵守的学派。迄今为止,这四大学派仍然在世界不同民族的穆斯林社会中发挥着不可替代的作用。

### 二、构建了伊斯兰法理学体系

公议、类比、唯美和公益等法的渊源成为法律创制中须遵循的依据,而这些法渊源适用的合法性和权威性,以及解释经训明文的方法论等问题,都需理论加以支持。9 世纪后,法学大师沙斐仪在深入研究和总结前人学说的基础上,完成了伊斯兰法制史上的第一部法理学著作《法渊论纲》。该书系统地阐述了公认的四大法渊源的权威性及相互关系,以及其他法理问题,奠定了法理学的学科体系。此后,历代法学家不断研究和完善这门学问,使其逐渐发展成为一门思想精湛、逻辑严密、内容齐全的学科。法理学的建立使法学研究更上一层楼,为法学研究提供了理论支持,规范了法律创制的方法,避免了创制活动中的盲目性和随意性。

### 三、推动了阿拉伯语和《古兰经》的研究

经训的特殊地位决定了法律创制和法律解释活动,必须始终环绕经训而进行。然而,经训是以阿拉伯语成书的,这使阿拉伯语与伊斯兰法形成了不可分割的天然关联,因此,精通阿拉伯语成为创制学者的必备条件。这使学者们不畏艰辛,深入沙漠腹地,认真向贝督因人讨教,收集整理阿拉伯词语、修辞等,以便准确理解经训含义。从某种意义上讲,凡具备创制资格的法学家本身就是语言学家。法学家对阿拉伯语深入细致的研究,极大地推动了阿拉伯语各类学科的发展。

### 四、推动了社会发展的步伐

伊斯兰教的入世性使伊斯兰法与社会生活密不可分,两者的结合促进了各自的发展。一方面,伊斯兰法的发展由伊斯兰社会所驱动,是伊斯兰社会发展的重要组成和发展结果,没有伊斯兰社会的发展,伊斯兰法的发展既不需要,也不可能。因为,伊斯兰法的发展要由伊斯兰社会推行,伊斯兰社会为伊斯兰法的发展创造了广阔空间和广泛基础。另一方面,伊斯兰社会的发展要由伊斯兰法保障和推动,并为其活动指明方向和提供调整社会关系的各种规则。伊斯兰社会需要伊斯兰法,伊斯兰社会的发展需要发展的伊斯兰法,正是伊斯兰法的发展,保障了伊斯兰社会发展的健康有序、富有生机。

## 参考阅读书目

1. 高鸿钧:《伊斯兰法:传统与现代化》(修订版),清华大学出版社 2004 年版。
2. 吴云贵:《伊斯兰教法概略》,中国社会科学出版社 1993 年版。
3. 吴云贵:《当代伊斯兰教法》,中国社会科学出版社 2003 年版。
4. [埃]胡祖利:《伊斯兰教法学史》,庞士谦译,宗教文化出版社 2014 年版。
5. 哈宝玉:《伊斯兰教法:经典传统与现代诠释》,中国社会科学出版社 2011 年版。
6.《奥斯曼帝国民法典》,王永宝译,商务印书馆 2018 年版。
7. 何勤华、马慧玥、徐震宇、王笑红、陈晓聪:《宗教法》,载何勤华主编:《法律文明史》(第 5 卷),商务印书馆 2017 年版。

# 第九章　英国法

图 1　威斯敏斯特宫，英国议会所在地

【导　读】

英国法是英美法系的母国，英美法的许多重要法律制度及概念都源于英国，英国法的发展道路、表现形式、结构与内容都独具特色。本章旨在帮助大家详细了解英国法的发展演变历程，掌握英国法的主要渊源、典型制度和基本原则，领会现代英国法的结构、特征和观念。

【问题讨论】

1. 普通法"程序先于权利"的特征是怎么形成的？
2. 如何理解衡平法概念？与普通法相比它有哪些特点？对英国法律的发展有何影响？
3. 英国宪法有哪些原则和特点？
4. 何谓对价？它有哪些主要原则？
5. 英国侵权行为责任原则是如何演变的？
6. 英国陪审制是怎样形成的？它有什么意义？

# 第一节 英国法概述

与许多欧洲国家不同,英国法律的发展曾经较为平稳和缓慢,现代英国法无论在形式还是内容上都与封建时代的英国法有着千丝万缕的联系。然而,从20世纪末开始,英国法在许多领域发生了引人注目的变化。

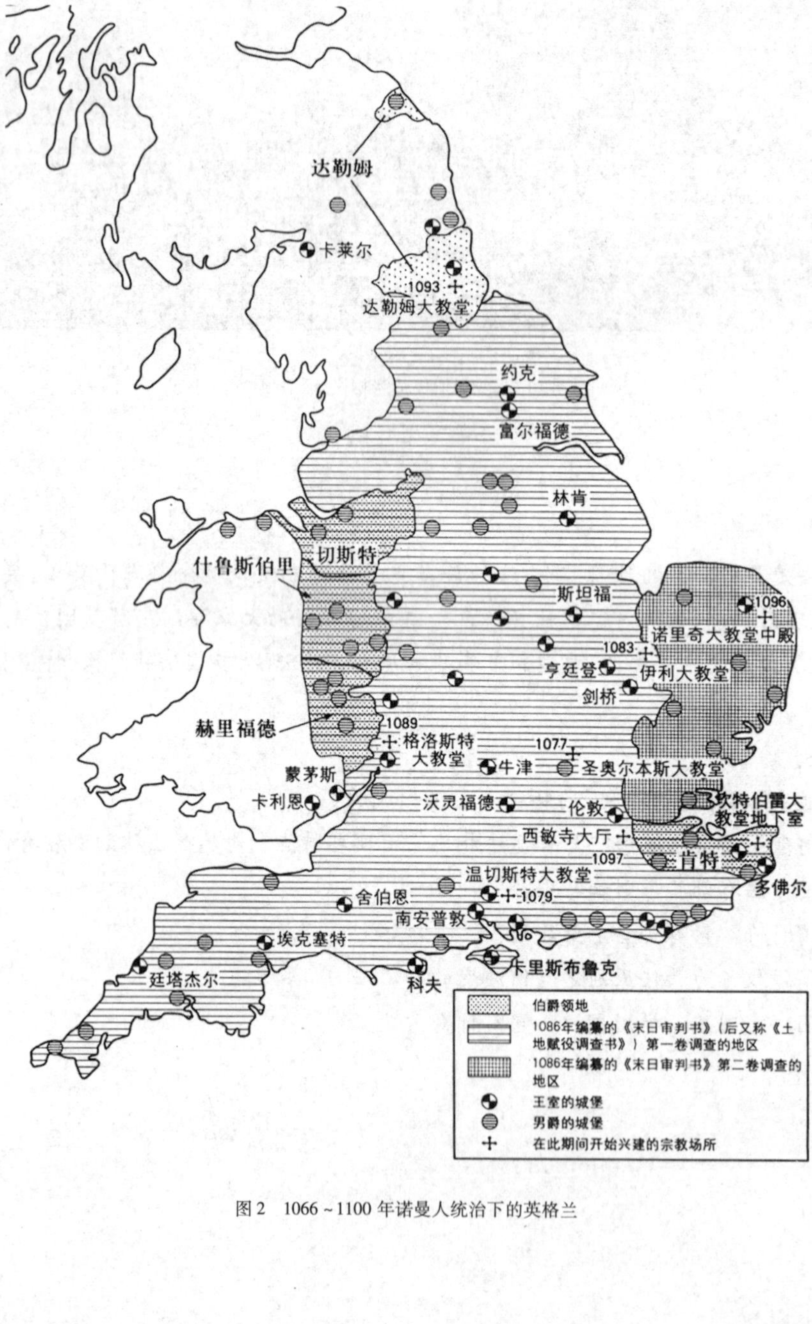


图2 1066~1100年诺曼人统治下的英格兰

## 一、英国法的形成与发展

### (一)诺曼征服前的法律概况(5 世纪~1066 年)

在日耳曼"民族大迁徙"中,盎格鲁、撒克逊、裘特等日耳曼部落自 5 世纪中叶起,从欧洲大陆渡过北海侵入不列颠,逐渐征服土著居民凯尔特人,先后建立了一系列盎格鲁-撒克逊王国,结束了罗马人对不列颠数个世纪的松散统治。在征战过程中,盎格鲁-撒克逊人的社会关系发生了根本变化,原有的氏族习惯逐渐演变为法律。

最初,盎格鲁-撒克逊习惯法口耳相传,因部落人群而异。但由于 6 世纪后期基督教会势力介入不列颠,谙熟罗马法的神职人员的观念深深影响了不列颠政治,加上受欧洲大陆各日耳曼王国争相编纂法典的启示,盎格鲁-撒克逊各王国也结合当时社会状况,相继对原有的习惯法进行编纂。其中,较重要的包括:600 年前后编纂的肯特王国的《埃塞伯特法典》,694 年威塞克斯王国的《伊尼法典》,759 年以后默西亚王国的法典,阿尔弗烈德(871~900 年在位)统治时期制定的《阿尔弗烈德法典》等。总之,诺曼征服以前英国的法律发展状况与欧洲大陆大致相当,但英国社会及其法律的封建化过程显然比欧洲大陆要缓慢。盎格鲁-撒克逊习惯法从整体上说是日耳曼法的有机组成部分,根据习惯法编纂的法典亦被称作"蛮族法典",具有日耳曼法的一般特征。但是,与欧洲大陆的"蛮族法典"不同,盎格鲁-撒克逊人编纂的法典多以本民族的文字制定,而没有采用拉丁文,[1]这似乎预示着英国从一开始就不像大陆国家那样对罗马法有着天然的好感。值得注意的是,虽然英吉利王国在诺曼征服前两个世纪就已经在形式上统一,并在反抗丹麦人的斗争中进一步团结起来,但在诺曼征服以前,不列颠基本上处于割据状态,地方习惯法占据统治地位,缺乏通行全国的"普通法",其基本原因是缺乏统一的司法机构。[2]

### (二)英国封建法律体系的形成(1066 年~17 世纪中叶)

1066 年的诺曼征服对英国法律的发展产生了深刻影响。威廉公爵侵入英国后,建立了诺曼王朝,加速了英国在盎格鲁-撒克逊时代即已开始的封建化过程。诺曼王朝的历代国王都致力于加强中央集权制,建立并完善王室司法机构,使统一的封建法律体系的建立成为可能。诺曼征服后,逐渐形成了英国法的三大渊源:普通法、衡平法和制定法,从而使英国封建法律体系得以确立。在以后漫长的历史发展中,英国法的渊源很少发生实质性的变化。因此,许多西方学者认为,英国法的真正历史开始于诺曼征服。[3]

#### 1. 普通法的形成

作为一种法律渊源,普通法(Common Law)指的是 12 世纪前后发展起来的、通行于

---

〔1〕 [法]勒内·达维德:《当代主要法律体系》,漆竹生译,上海译文出版社 1984 年版,第 293 页。

〔2〕 J. H. Baker, *An Introduction to English Legal History*, Butterworths, 1990, p. 4.

〔3〕 英国法制史学家梅特兰(F. W. Maitland)将该事件形容为"决定着整个英国法特征的大变故"(转引自 J. H. Baker, *An Introduction to English Legal History*, p. 14)。另外参见[德]K. 茨威格特、H. 克茨:《比较法总论》,潘汉典等译,贵州人民出版社 1992 年版,第 335 页;沈宗灵:《比较法总论》,北京大学出版社 1987 年版,第 163 页。

全国的普遍适用的法律。它的形成可以说是中央集权和司法统一的直接后果。

首先,中央集权制的建立。诺曼征服以后,威廉在宣布盎格鲁-撒克逊习惯法继续有效的同时,也把他在诺曼底统治时期行之有效的行政管理方式带到了英国。他大批没收盎格鲁-撒克逊贵族的土地,宣布自己是全国土地的最高所有者,并将其中的一部分用于酬劳亲属和随从。当然,这种酬劳分封是有条件的,受封者不仅必须服兵役,还得缴纳赋税,尤其是采邑继承税。与欧洲大陆各国的分封制不同,威廉不仅要求直属的附庸宣誓效忠,而且要求臣下的附庸也效忠于自己。这样,封建主不可能割地称雄,与国王抗衡,封建附庸关系直接化了。为了进一步了解臣属的财产状况,以便于向领地征税,1086年,威廉在全国实行广泛的土地调查,并编成土地调查清册。土地调查使每个封建主的财产分布及其收入状况一览无余,无法逃避任何赋税,人们面对调查就如同面临末日审判,因此,调查清册又被称为"末日审判书"(*Domesday Book*)。这些措施为强有力的中央集权制的建立打下了坚实的基础。

其次,统一的司法机构的建立。诺曼征服以前,英国并无统一的王室司法机构,各类诉讼皆由古老的郡法院和百户法院以及后来出现的领主法院和教会法院管辖。除教会法院外,这些法院的审判依据主要是各地的习惯法。司法权的分散对于中央集权的建立无疑是极为不利的。威廉在宣布保留这些机构、尊重其审判权的同时,要求这些机构根据国王的令状并以国王的名义进行审判,从而巧妙地将它们纳入国王的审判机构中,有效地防止其扩大权力。与此同时,引入诺曼底时代的管理机制,建立了由僧俗贵族及高级官吏组成的"御前会议"(Curia Regis, the King's Council),它不仅是国王的咨询机关,还行使着立法、行政、司法职能。起初,它只在王国的安宁受到重大威胁,而各地法院又无法满足正义要求时才行使最高审判权。后来,它的司法职能受到重视,逐渐从中分离出一系列专门机构,分别行使王室司法权。最初分离出来的是理财法院,又称"棋盘法院"(the Court of Exchequer),专门处理涉及王室财政税收的案件。以后又先后从御前会议中分离出"民事诉讼高等法院"(the Court of Common Pleas)和"王座法院"(the Court of King's Bench),前者专门处理有关契约、侵权行为等涉及私人利益的案件,后者专门审理刑事案件和涉及国王利益的民事案件。起初这些王室法院只在威斯敏斯特宫办公,但为了扩大王室法院的管辖权,建立和维护一种统一的法律秩序,法官们便开始到各地巡回审判。

亨利二世(1154~1189年)统治时又进行了重大的司法改革。其改革内容主要包括:(1)1176年的诺桑普顿诏令将巡回审判变成一种定期的和永久性的制度;(2)1166年克拉灵顿诏令和1176年诺桑普顿诏令建立了由陪审团参与审理和由王室法官进行调查的刑事司法制度;(3)1179年的大巡回审判诏令(the Grand Assize)引入了一种新的审判方法来解决有关土地所有权的争端,由一个12名当地骑士组成的陪审团来确定哪一方享有争讼土地的所有权,从而发出权利保护令状,使其拥有合法资格。[4] 亨利二世的改革

---

[4] D. G. Cracknell, *Englisn Legal System Textbook*, 17th edition, HLT Publications, 1995, p. 2.

极大地促进了普通法的产生。巡回法官们在各地陪审员的帮助下既了解了案情,又熟悉了各地习惯法。回到威斯敏斯特后,他们在一起讨论案件的难点,交换法律意见,彼此承认各自的判决,并约定在以后的巡回审判中加以适用。久而久之,形成了通行于全国的普通法。

2. 衡平法的兴起

衡平法(Equity)是英国法的又一重要渊源,是14世纪左右由大法官的审判实践发展起来的一整套法律规则,因其号称以"公平""正义"为基础,故名。

衡平法的产生可以说是适时调整经济关系的需要,是对普通法自身缺陷的一种弥补。

(1)经济社会关系的急速发展。诺曼征服后,建立了强有力的中央集权制,政局相对稳定,使经济的稳步发展成为可能。12世纪、13世纪,英国的封建经济发展到较高水平,特别是羊毛业和商业贸易的兴旺,使英国经济走上了多元化发展的道路。随着商品经济的发展,新的财产关系和人身非财产关系不断涌现,这要求法律作出相应的调整。

(2)普通法自身的缺陷。首先,保护范围有限。普通法的保护范围是由令状(writ)确定的。令状是由大法官以国王的名义颁发的要求接受令状者履行某种行为的命令。普通法院的诉讼必须以诉讼令状为基础,原告只有申请到合适的令状才能在普通法院起诉。在普通法形成和发展的早期,令状是由大法官根据实际需要颁发给申请人的,在种类上不受限制,但在13世纪后半期以后,大法官不再颁发任何不符合先例的新令状,从此,令状及其所记载的诉讼形式的种类都被严格固定下来。不同的令状意味着不同的诉讼形式,也意味着不同的诉讼程序,乃至不同的实体权利。而那些固有的诉讼形式都是旧的封建自然经济关系的反映,因此,对于在新的商品经济关系中形成的权益,人们很难在普通法院找到合适的诉讼形式来加以保护。其次,内容僵化。由于普通法是在封建自然经济中形成的,其内容十分陈旧、僵化。例如,按照夫妻一体原则,夫妻双方不得相互起诉;在抵押债务中,如果债务人到期不能偿债,债权人就有权永久取得抵押品的所有权;等等。这些规定显然已不符合当时经济发展的需要。最后,救济方法有限。普通法的救济方法以损害赔偿为主,而且只能对现实的损害进行赔偿,对于无法以金钱衡量的损失以及受害人将来可能遭受的损失则不予考虑,这就会严重损害当事人的利益。此外,对于不要求赔偿,只要求制止侵权行为的受害人也无法提供有效的保护,因为普通法院不能对加害人颁发禁令。

经济的发展需要法律作出适时的调整,而普通法自身的缺陷又阻碍了它灵活地作出相应的反映,衡平法便应运而生了。

衡平法的形成有一个历史发展过程。在当时人们的观念中,国王是"公平""正义"的源泉,行使着最高审判权,因此,凡依普通法得不到保护的当事人,就按自古形成的习惯直接向国王请求裁决。最初国王总是亲自审理这类案件,但终因不堪重负而将此重任转交给大法官(Lord Chancellor)。大法官是国王的首席大臣,又是"国王良心的看护者",

担此重任再合适不过。大法官在审理案件时,不受普通法诉讼形式的限制,不实行陪审,也不引用普通法判例,而是根据“公平”“正义”原则,对案件作出适时判决。到 15 世纪时,大法官及其助手们正式形成了大法官法院(Court of Chancery)。越来越多的衡平补救措施和规则被大法官法院创制出来,并逐渐发展为完整的衡平法律体系。

3. 制定法的发展

制定法(Statute Law)是英国法的第三大渊源。制定法即成文法,是享有立法权的国家机关或个人以明文制定并颁布实施的法律规范。作为英国封建法律体系的有机组成部分之一,制定法并非一开始就享有如普通法和衡平法一般重要的地位。英国封建时代享有立法权的主要是国王,13 世纪以后作为等级代表机关的国会成立后也分享了部分立法权。在整个封建时代,国王和国会为了争夺立法权展开了激烈的斗争,而制定法的数量和地位正是随着国会立法权的加强而增多和提高的。

诺曼征服以后,随着王权的加强,国王立法的数量也日益增加,这类立法多为对普通法的补充。13 世纪以后,随着诸侯对农民统治地位的巩固,摆脱王权的要求也日渐强烈。1215 年 6 月,诸侯在反对国王的斗争中取得胜利,国王被迫签定了《大宪章》。《大宪章》在一定程度上限制了王权,确认了封建贵族和僧侣的特权,并规定国王在征税时必须召开由大贵族参加的“大会议”,征得贵族的同意。此外,《大宪章》还规定,任何自由民非经合法程序不得被逮捕、监禁、放逐、没收财产。由于这些规定有效地限制了王权,保障了臣民的若干权利,后来被资产阶级用来作为反封建的武器,《大宪章》成为重要的宪法性文献之一。

英国《大宪章》

1265 年,以西门·德·孟福尔为首的大贵族战胜了国王,根据《大宪章》召开了由僧俗贵族参加的“大会议”,并首次正式允许骑士和市民代表出席大会议。这次会议便是英国国会的雏形。1295 年,英王爱德华一世为筹措军费召开国会,出席国会的成分与 1265 年西门所召开的大会议一模一样。此后英国统治者常以 1295 年国会为榜样召开国会,所以它被称为“模范国会”。1297 年,国会获得批准赋税的权力。14 世纪时,国会又获得颁布法律的权力,并成为审理王国政治案件的最高法庭。由于各阶层的利害关系不同,贵族和平民经常分别集会,从 1343 年起,国会便正式分为上下两院:上议院由僧俗贵族组成,又称“贵族院”(House of Lords);下议院由地方骑士和市民代表组成,又称“平民院”(House of Commons)。从 1414 年起,法案必须由下院向国王提出,征得上院同意后方可制定成法律,国王对法案拥有否决权。

随着国会立法权的加强,制定法的数量逐渐增多,地位也逐渐上升。但从总体上说,在资产阶级革命前,国会并未取得至高无上的立法权,在很大程度上仍要受制于国王,制定法不过是对普通法和衡平法的补充,其数量和地位都无法与资产阶级革命以后相比。

(三)资产阶级革命后英国法的发展(17 世纪中叶～19 世纪 30 年代)

17 世纪 40 年代,英国爆发了声势浩大的资产阶级革命,开始了世界历史的新纪元。这次革命以资产阶级和新贵族联合起来反对君主专制制度和教会的统治为主要内容,以资产阶级的妥协、君主立宪制的确立而告终。英国资产阶级革命是一次不流血的“光荣”革命,加上英国法本身具有的过于注重程序的特性,使得英国革命对法律发展的影响远不如法国等国革命对其法律制度的影响那么强烈。但是,它终究是一场资产阶级革命,阶级力量对比的变化和政体的改变不可能对古老的封建法制毫无触动。

1. 国会立法权得到强化,制定法地位提高。由于君主立宪政体的确立,王权受到很大程度的抑制,国会的地位则大为提高。虽然英王仍是“一切权力的源泉”,是“国家的化身”“大英帝国的象征”,但国王的实际权力已完全丧失。随着“议会主权”原则的确立,国会获得了至高无上的立法权,国王对于国会上下两院通过的法案必须批准,不得行使否决权。由于国会成为国家最高立法机关,形式上不受任何限制,其结果必然使制定法数量大增,地位提高。

2. 内阁成为最高行政机关。为了防止国王为非,18 世纪前期逐渐形成了责任内阁制。内阁由下院多数党议员组成,帮助国王掌理朝政,对国会负连带责任。由于国王行使任何权力都必须由内阁首相副署,而内阁实际上只对国会负责不对国王负责,这样,内阁便逐渐成为国家最高行政机关,首相则是王国的最高行政首脑。

3. 普通法和衡平法在内容上得到充实,并被赋予资产阶级的含义。普通法和衡平法虽然名称未变,形式上依然是判例法,但内容却得到了一定程度的充实。资产阶级革命后,大批法官和法学家对 16 世纪以前的普通法作了总结和解释,并将罗马法的某些原则输入普通法,出现大量普通法著作和汇编,其中影响最大的要数布莱克斯通(Sir William Blackstone,1723 ~ 1780 年)于 1765 ~ 1769 年写成的《英国法释义》(*Commentaries on the Laws of England*)。该书以他在牛津大学所作的英国法讲座为基础写成,首次对中世纪以来以判例形式出现的粗糙而又杂乱无章的普通法进行了编排和整理。全书共分两卷四册,分别论述个人权利、物权、个人不法行为和公共不法行为。布莱克斯通试图将普通法与当时盛行的自然法学说联系起来,为普通法的合理性辩护。同时,他还对判例的法律地位作了精辟论述,认为判例与法律具有同等地位,恪守先例是法官的义务,为“遵循先例”原则的确立奠定了理论基础。该书为英国普通法的系统化立下汗马功劳,并成为法院争相引用的法律依据。衡平法在资产阶级革命后也得到很大发展,在很大程度上成为片断的、不系统的罗马法和英国传统法的结合体,不断创造出适应资本主义需要的新的法律原则和补救办法。

(四)19 世纪的法律改革(19 世纪 30 年代 ~ 20 世纪初)

19 世纪上半叶,经历了工业革命的英国经济得到迅速发展,工商业已成为经济活动的中心,城市人口急剧增加,但由于选举制度的陈旧,国会上下两院仍由保守的世袭贵族、教会贵族及土地贵族所把持,无视广大工人和新兴资产阶级的利益。普通法院与衡平法院在管辖权方面的纵横交错和复杂的程序规则给当事人带来的巨大不便,与快速解决纠纷的社会需求产生了激烈的矛盾。与此同时,以边沁(Jeremy Bentham,1748 ~ 1832 年)为首的功利主义学派对英国法律的历史和现状进行了全面考察,认为普通法的传统制度是以历史的偶然性而不是以合理设计为基础的,并不适合服务于社会秩序的主要目的,即“最大多数人的最大幸福”,而立法则是使法律增强确定性和简明易懂的唯一途径。因此,边沁大力提倡通过全面的法典化来实现对英国法律的彻底改革。在这种背景下,从19世纪30年代至20世纪初,英国进行了广泛的法律改革。

1. 选举制的改革。1832年,国会通过了《选举改革法》,调整了受到激烈批评的选区划分和名额分配,取消或削减了一些没落村镇和小城镇的代表名额,增加了城市资产阶级代表的名额,并对选民的财产限制有所放松,从而使选民数量大增,并使工业资产阶级在下议院中占据了统治地位。以后,随着“宪章运动”的高涨,英国统治者又逐步进行改革,以秘密投票制取代了公开投票制,并对选举中的舞弊行为进行限制和处罚。但妇女的选举权仍未得到确认。

2. 制定法数量大增,地位提高。由于边沁等人的倡导,更由于工业资产阶级在国会中取得主导地位,英国统治者开始注重利用国会立法来调整社会秩序。到20世纪初,大批重要法规相继出台,其中包括1837年《遗嘱法》、1855年《有限责任法》、1856年《地产授予法》(1877年修正)、1882年《汇票法》、1890年《合伙法》、1893年《货物买卖法》、1925年《地产法》等。当然,这些法规离边沁等人所推崇的“全面法典化”还有很大距离,因为它们不是以特定的哲学为基础创制出来的法典,而是对长期统治私法领域的判例法的认真总结,也是对判例法中许多不合时代潮流规定的大胆改革。因此,它们的颁布并不意味着取代了该领域的判例法,事实上,只有借助判例法的背景才能真正理解它们。

3. 对法院组织和程序法进行改革。1873年通过、1875年生效的《司法法》对英国的法院组织和程序进行了划时代的改革。这次改革结束了英国普通法院和衡平法院数百年分立对峙的局面,将所有法院统一在一个法院系统中,简化了法院组织和诉讼程序,排除了法院管辖重叠的可能性;同时,废除了传统令状制及其所确定的诉讼形式,减轻了普通法的僵化程度。

### (五)现代英国法的发展(20世纪初以来)

“一战”以后,英国的国际地位发生了很大变化,“日不落帝国”已成为历史,许多殖民地纷纷宣告独立。与此同时,生产和资本进一步集中和垄断,工人运动风起云涌,民主思潮广泛传播。国际国内形势的变化促使英国法得到相应的发展:

1. 立法程序简化,委托立法大增。由于国会立法程序复杂、速度缓慢,无法应付快速变化的社会需求,“一战”前夕,国会便将部分立法权力下放给某些机构(主要是政府部门)以减轻重荷,国会则保留监督权。“一战”以后,国会在立法方面的作用受到来自内阁的强大挑战。伴随着内阁权力的扩大,许多重要措施都以委托立法的形式颁布,而且数量惊人,制定迅速,内容几乎涉及社会生活的各个方面。这表明在垄断时代,统治者为了提高国家机器的办事效率,不得不简化立法程序,甚至不惜以破坏“三权分立”原则为代价。

2. 完善选举制。为了适应民主化的社会思潮,1918年颁布的《人民代表法》进一步降低财产限制，有条件地确认了妇女的选举权。1928 年《人民代表法》规定，男女享有平等的选举权。"二战"以后，又进一步改革，至 70 年代基本确立了普遍、秘密、平等、公正的选举制度。

3. 社会立法活动加强。"一战"以后，为了医治战争创伤，缓和社会矛盾，同时，也为了与整个社会越来越高的人道主义呼声相协调，英国政府加强了社会立法，对劳工的受教育权及其他福利问题作了积极的规定，在一定程度上保护了劳工利益。此外，随着科学技术的发展，资源、环境等问题逐渐为人们普遍关注，科技立法数量大增，环境保护法、自然资源保护法、航空法、太空法等相继成为重要的法律部门。

4. "入欧"与"脱欧"对英国法产生了重要影响。1972 年，英国加入欧共体，承认欧共体所有现行的或未来的条约、立法和判例法在英国自动生效。根据欧共体的法律高于其成员国法律的基本原则，英国国会必须对已有的法律规范进行协调，以确保与欧共体法律的一致性，并且不得通过与欧共体法相冲突的法律；同时，欧洲法院有权就涉及共同体法的案件对英国臣民进行判决，任何英国法院都必须承认其法律效力。1993 年，英国国会通过了《欧洲共同体法（修正）》，正式批准了《欧洲联盟条约》（《马斯特里赫特条约》）。随着欧洲共同体向欧洲联盟的转变，欧洲的一体化进程已经由经济扩大到政治、社会、文化、外交、安全以及司法等各个领域，对各国主权的限制也逐渐加强，英国的法律体系也作出了相应的调整。2016 年 6 月 23 日，英国就是否退出欧盟举行了全民公投，有超过 51% 的公民赞成脱欧，就此开启了英国脱欧进程。2020 年 1 月 9 日，英国议会下院通过《脱欧协议法案》。同年 1 月 31 日，经欧盟批准，英国正式脱欧，进入为期 11 个月的过渡期，在此期间内英国仍需遵守欧盟法律。同年 12 月 31 日，过渡期结束，欧盟法律在英国不再具有直接适用的效力，但是，已经转化为英国国内法的欧盟法律规范仍继续有效。

## 二、英国法的渊源

### （一）普通法

#### 1. 普通法的概念

"普通法"并非英国法独有的概念，最初教会法学家就以此来称呼一般的教会法，以区别于各地方习惯。在法国和德国，"普通法"用来泛指那些区别于地方习惯或特殊规范的适用于整个国家的法律，当然，它们的出现比英国普通法晚了好几个世纪。

"普通法"本身是一个不确定的词汇，即使对英国法而言，也可在多重含义上使用它。如果从法源的意义上说，它特指由普通法院创立并发展起来的一套法律规则。它既区别于由立法机关创制的制定法，也区别于由衡平法院创立并发展起来的衡平法。

#### 2. 普通法的基本原则——遵循先例

"遵循先例"（stare decisis，或 the doctrine of precedent）是普通法最重要的一项原则。当然，这项原则的最终确立经历了一个漫长的发展过程。其实，尊重其他法官的判决并在今后的审判中加以引用恰好是普通法形成的重要条件,但当时这种做法只是出于统一法律规则、扩大王室法院管辖权的需要。13 世纪以后,随着人们对判例集的兴趣日增,遵循先例的做法越发普遍。但中世纪的人们只把先例看作适用法律规则的样板,并不像现代人一样认为它本身具有拘束力。直至 19 世纪,随着可信赖的官方判例集制度的建立,遵循先例原则才最终确立。

关于"遵循先例"的含义,简单地说,遵循先例即"以相似的方法处理相似的案件,并遵循既定的法律规则与实践"。〔5〕换句话说,一个法院先前的判决对以后相应法院在处理类似案件时具有拘束力。在现代英国普通法的实际操作中,这项原则相当复杂,在不同级别的法院中具有不同的意义。一般说来,它具有如下要点:

(1)欧洲法院在解释欧盟法时所作的判决对所有英国法院具有拘束力。〔6〕

(2)上议院的判决对所有英国法院有拘束力。2009 年 10 月,英国建立了真正的最高法院,原上议院的司法权力全部转移至最高法院,最高法院判决的效力与上议院相同。

在 1966 年以前,上议院也必须遵循自己先前所作的判决。但 1966 年以后情况发生了变化。上议院在这一年发表了一项著名声明,声称:"上议院议员们认为,先例的运用是决定什么是法律以及对个体案件适用法律的必要基础。它起码对个人借以处理事务提供了某种确定性,并对法律规则的有序发展提供了基础。但是,议员们意识到,过于机械地恪守先例可能导致在特定案件中的不公正,并且过分地阻碍法律的适当发展。因此,他们建议修改目前的做法,在普遍遵循自己先前判决的同时,如果认为有必要,可以违背先前的判决。"〔7〕

(3)上诉法院的判决对所有下级法院有拘束力。除特别情况外,其民事分院必须遵循自己先前的判决〔8〕;而刑事分院在很多情况下不如民事分院那样严格遵循自己先前的判决。〔9〕

(4)高等法院的判决对所有下级法院有拘束力,但对其自身无拘束力。不同分庭之间一般会相互遵循对方作出的判决,但如果认为一项先前的判决有错误,则可以不遵循。

(5)所有下级法院均受以上高级法院判决的约束。它们的判决对其他任何法院及其自身无约束力。

这里需要指出的是,一个有拘束力的判决并非每个组成部分都可作为先例加以引用。事实上,只有判决的核心部分"判决理由"(ratio decidendi)才对今后的法院有拘束

---

〔5〕 D. G. Cracknell, *English Legal System Textbook*, 17th edition, HLT Publications, 1995, p. 88.

〔6〕 在英国完成脱欧的法律程序后,欧洲法院的裁决对英国法院不再具有拘束力。

〔7〕 D. G. Cracknell, *English Legal System Textbook*, 17th edition, HLT Publications, 1995, p. 95.

〔8〕 在 1944 年"杨诉布里斯托飞机公司案"中,上诉法院认为,民事分院一般受自己先前判决的约束,但有三个例外:第一,存在两个互相矛盾的上诉法院判决时,可选其中之一加以遵循;第二,与上议院判决相违背的上诉法院判决不得加以遵循;第三,如果一项上诉法院判决系疏忽大意中所作,不必加以遵循。

〔9〕 上诉法院在"杨案"中确立的三项例外在刑事分院同样适用。此外,在 1950 年"国王诉泰勒案"中,刑事上诉法院(上诉法院刑事分院的前身)提出:在涉及臣民自由的问题中,如果该院认为先前的判决适用或理解法律有错误,就必须重新考虑该判决。

力,至于其“附带意见”(obiter dicta)则仅有说服力而无拘束力。所谓判决理由,是指一个判决中对于法律的声明和达成该判决所必需的理由;附带意见是指对于该判决不一定必需的法律理由和声明。因此,正确区分判决理由和附带意见对于法律实践是很重要的。

3. 普通法的主要特征——程序先于权利

相对于衡平法和制定法,普通法有许多特征,比如它的封建性较浓,它的保护方法以损害赔偿为主,不能对当事人颁发禁令等。但它最重要、对整个英国法律体系影响最大的特征是程序先于权利。

所谓“程序先于权利”(Remedies precede rights),即一项权利能否得到保护,首先要看当事人所选择的程序是否正确,如果程序出现错误,其权利就得不到保护。这个特征的形成与普通法的令状制有直接关系。在普通法发展的早期,国王为了扩大王室法院的管辖权,实现司法集权化,要求臣民根据其令状起诉,法院也以国王的名义审判,从而把地方司法行政权和领主法院一并纳入国王的审判机构。到亨利二世时已基本形成“无令状即无权利”(Where there is no writ there is no right)这一原则。13 世纪的令状主要分为两大类:一是王室特权令,即法院根据至高无上的王权,对已有初步证据将要定案的案件作出的,如人身保护令、履行职责令、移审令、停止执行令等;二是原始令状,即开始诉讼令,是责令被告到法院出庭的书面命令,为提起诉讼所必需。后一类令状对于普通法的形成及其救济方法具有关键意义。它根据原告的不同申诉而分类,逐渐定型。每一种令状都与一定的诉讼形式和诉讼程序相联系,也就是说,每一种令状都规定着相应的管辖法院,相应的被告传唤方式、答辩方式、审理方式、判决方式和执行方式等。如果申请不到相应的令状,就无法确定诉讼的方式和程序,当事人的权利也就无法得到保护。如果选错了令状,权利同样无法实现,因为适用这种令状的一套诉讼形式可能并不适用另一种令状。因此,原告在申请诉讼令状时,必须认真选择哪一种令状最适合自己在法庭上证明事实。由于令状意味着诉讼形式,诉讼形式则意味着救济方法,救济方法又意味着权利的实现,这样,普通法对程序的关注远远超过对实体权利的确定。难怪英国著名法学家梅因(Sir Henry Maine)会感叹,普通法是“从程序的缝隙中逐渐渗透出来的”。[10]

1875 年以后,虽然令状制已经废除,与之相联系的诉讼形式也已取消,程序法已经大大简化,有关实体法的制定也越来越受重视,但英国法以及法律从业者更关注程序的倾向并未改变。法官、律师及法学家们最关心的仍是如何对当事人进行救济,即解决争端的方法和技巧,而非据以作出判决的实体法规则。“正当程序”规则在很多方面决定着法律的制定和实施,许多判例和立法仅仅因为程序上有纰漏就被推翻。另外,传统的诉讼形式虽然已失去程序上的意义,但它们对实体法的发展仍有深刻影响。契约法、侵权行为法、财产法等重要法律部门在很大程度上是以传统的诉讼形式

令状

〔10〕 转引自[英]梅特兰:《普通法的诉讼形式》,王云霞等译,商务印书馆 2009 年版,第 34 页。

为基础划分内容的。正如法律史学家梅特兰(H. W. Maitland)所言:"我们已经埋葬了诉讼形式,但它们仍从坟墓里统治着我们。"[11]

(二)衡平法

1. 衡平法的概念

"衡平"即"平等""公正"。该名词并非英国人独创。早在希腊时代,柏拉图、亚里士多德等思想家就对此有过一些论述,认为它不是一般意义上的"公正",而是源于绝对的自然法则、高于人类法的"自然正义",要凭人类的理性去发现。不过,希腊人并未将它运用于法律实践。罗马法是"衡平法"的最早实践者,最高裁判官法就是典型的罗马衡平法。英国人借用了这一现成的概念,将它发展为一套完整的法律制度。现代意义上的衡平法仅指英美法渊源中独立于普通法的另一种形式的判例法,它通过大法官法院,即衡平法院的审判活动,以衡平法官的"良心"和"正义"为基础发展起来。

2. 衡平权利和救济方法

随着社会经济的发展,人们之间的财产关系和非财产关系日趋复杂。由于普通法拘泥于现成的令状及其诉讼形式,无法保护人们在新的社会关系中形成的权益,衡平法院便在其长期的审判实践中逐渐创制了许多新的权利和救济方法,其中最为重要的有:

(1)"信托"(早期称"受益"):甲为了乙的利益而获得控制某项财产的法律权利。信托制是衡平法对英国法的最大贡献之一。

(2)"衡平法上的赎回权":抵押人有权从抵押权人手中收回其财产。

(3)"部分履行":在某些情况下,普通法要求有书面契约。如果无书面契约,而其中一方已履行了他那部分契约义务,衡平法可以强制另一方履行他那部分义务。

(4)"衡平租赁":普通法只承认期限超过三年的租赁为契约。衡平法则可强制执行那些不符合此条件的租赁契约。

(5)"衡平法上之禁止推翻"(equitable estoppel)[12]:如果契约一方通知另一方他无意行使某项合法权利,在某些情况下,他不得违背这种诺言。

(6)"禁令":衡平法最重要的救济方法之一。有多种形式:义务性禁令是一项强制当事人为某种行为的命令;禁止性禁令是一项不允许为某种行为的命令;预防性禁令旨在禁止当事人做另一方将来打算做的事;中间性禁令可在全面审判前获得,旨在维护某种状态。

(7)"特别履行":强制履行一项契约的命令。它只用于普通法上的损害赔偿不足以补偿因违约而造成的损失的情况下。例如,在涉及土地、稀有财产或个人动产的转移的契约中,损害赔偿显然是不够的。

(8)"纠正":当一项书面文件未能反映当事人的真实意图时,衡平法院可在特定情况

---

〔11〕[英]梅特兰:《普通法的诉讼形式》,王云霞等译,商务印书馆2009年版,第34页。

〔12〕又译为"衡平法上之不得自食其言"。有的书上译为"衡平法上之禁止翻供",这极易与刑事诉讼中被告的翻供相混淆,不妥。

下予以纠正。

(9)“撤销”:如果当事人一方是某种不公正或违法行为的受害者,该契约得予以撤销。

(10)“返还”:即责令当事人归还因欺诈所获得的金钱。[13]

3. 衡平法的诉讼程序

普通法素有“诉讼程序的奴隶”之称。与此相反,衡平法的诉讼程序却相当简便、灵活,以快速、经济、切实解决当事人的争端为宗旨。衡平法院的诉讼不必以令状为起点,只要有原告的起诉书即可。起诉书也不拘泥于形式,请求范围也不受限制。在某些情况下,甚至只要有原告的口头申诉即可提起诉讼。大法官接受起诉后,可向被告发出传唤令状。如被告拒不到庭,即可以藐视法庭罪将其投入监狱,从而避免陷入普通法院那种由于缺乏有效手段强制被告到庭,从而使审判遥遥无期的困境。在审理案件时,不采用陪审制,也无须证人出庭作证和法庭辩论,而是由大法官进行书面审理,最终作出判决。法庭所使用的文字也很简单,无须特定的法律用语。另外,在最初几个世纪,衡平法并不要求严格遵循先例,只要求大法官根据“公平”“正义”原则和自己的“良知”作出判决,这使得大法官具有极大的自由裁量权,因此人们形容早期的衡平法是“大法官的脚”,可大可小,具有很大的伸缩性。以后,先例原则逐渐在衡平法院确立起来,衡平法院也像普通法院一样严格遵循先例。

4. 衡平法与普通法的关系及其对英国法的发展

直至19世纪末,衡平法与普通法的并立一直是英国法的重要特征。两种法律分别由不同的法院创立并加以实施,各自有不同的实施领域、诉讼程序和救济方法。衡平法的产生并不是为了取代普通法,从一开始,它就只是对普通法的补充。从实施领域看,普通法是全方位的,从民事侵权行为到刑事犯罪,从土地转让到家事纠纷,几乎涉及公法、私法的各个领域;而衡平法只关注那些普通法调整不力的方面,比如信托、契约等私法领域。从救济方法看,普通法的救济方法以损害赔偿为主,虽然单一,但其适用却极为普遍;只有在普通法的救济方法不足以弥补当事人的损失时,衡平法的救济方法才能充分发挥作用。所以说,普通法是一种完整的法律制度,而衡平法却是一种“补偿性”的制度,其存在是以普通法的存在为前提的。

由于普通法和衡平法的管辖范围从来就不是泾渭分明的,时常有重叠交叉,加上衡平法院颁发禁令的权力过大,有时甚至可以禁止当事人在普通法院起诉,或者推翻普通法院的判决,这就不可避免地引起两大法院系统之间的冲突。冲突的白热化爆发在王座法院首席法官柯克和大法官埃尔斯密尔之间。1615年,柯克在“考特利诉格兰威尔案”中宣布,禁止衡平法院干涉普通法院的诉讼活动。埃尔斯密尔则在“牛津伯爵案”中针锋相对,认为衡平法院有强烈的道德心来纠正普通法院的错误。这场争端最终以国王詹姆

---

〔13〕 D. G. Cracknell, *English Legal System Textbook*, 17th editions, HLT Publications, 1995, p. 3 – 4.

斯一世支持衡平法院而告终。国王裁决道:“在今后的案件中,如果普通法与衡平法的规则发生冲突,衡平法优先。但是,衡平法必须尽可能地遵循普通法规则,只有在普通法未能提供足够的救济时,衡平法才能干预普通法。”〔14〕

衡平法在其发展过程中,创制出许多新的救济方法,及时确认和保护了当事人的权利,对英国法律体系的完善做出了重要贡献。1875 年以后,虽然普通法院和衡平法院两大系统合而为一,所有法院都可适用英国法的全部规则,不论该规则是在普通法院或衡平法院发展起来的。这在很大程度上为普通法和衡平法的融合创造了条件,很多衡平法规则被普通法或制定法所吸收。但是,这并不意味着普通法和衡平法已经融合,更不意味着衡平法已经消失。直至今日,衡平法仍是创造新原则和补救规则的重要手段。丹宁勋爵在 1947 年“高树案”中确立的“衡平法上之禁止推翻”原则无疑是对契约法的重要发展。1975 年创设的“玛利瓦禁令”(Marewa injunction)以及 1976 年创设的“安东·皮勒命令”(Anton Piller order)〔15〕现在已成为许多法律程序中的关键内容。另外,衡平法优先原则也在 1981 年《最高法院法》中得到重申。因此,衡平法仍在英国法律体系中发挥着重要作用,只不过它已不能独立发展,没有了单独适用的法院。

(三)制定法

在英国法律体系中,制定法所占比例虽然不如普通法和衡平法这两种判例法,但其地位却不可小觑,因为它可以对判例法进行整理和修改。尤其是 19 世纪法律改革以后,制定法数量大增,社会法、劳动法等一些重要法律部门几乎完全是在制定法的基础上发展起来的。

1. 制定法的种类

在现代英国,制定法可根据立法主体的不同划分为以下几类〔16〕:

(1)国会立法。国会立法是英国近现代最主要的制定法。根据“议会主权”原则,国会立法权是与生俱来、毫无限制的,无须任何人或任何机构的授予,因此国会立法被看作“基本立法”(primary legislation)。国会立法不仅数量多,而且地位也很高,许多重大社会改革措施都以国会立法的形式出现,不少新型法律部门也都以国会立法为主要渊源。在 1972 年加入欧共体以前,国会立法是英国至高无上的法律,任何机构都无权加以审查,法院只能根据一定的原则加以解释,不能就其有效性提出质疑,也不得以任何理由拒绝适用。

(2)委托立法。委托立法(delegated legislation),又称附属立法(subordinate legislation),即国会将特定事项的立法权委托给本不享有立法权的政府部门、地方政权或其他

〔14〕 D. G. Cracknell, *English Legal System Textbook*, 17th editions, HLT Publications, 1995, p. 7.

〔15〕 “玛利瓦禁令”和“安东·皮勒命令”分别在“玛利瓦诉国际散装货船公司”(1975 年)和“安东·皮勒诉制造加工有限公司”(1976 年)两案中创立,都来源于衡平法的“中间性禁令”。“玛利瓦禁令”意在禁止债务人在审判结束前转移财产,从而使债权人得以实现其债权。“安东·皮勒命令”意在准许原告检查那些将在审判中作为关键证据的属于被告的货物及文件,以免它们被被告暗中销毁。

〔16〕 在 2020 年脱欧之前,欧盟法也是英国法的重要渊源,其地位高于英国议会制定的法律。

团体,从而由这些机构制定法令、条例、章程、细则等。20 世纪初以来,委托立法数量日增,大有与国会立法相抗衡之势。究其原因,主要是现代社会形势瞬息万变,立法者不可能预见到一项立法的所有后果,这就需要有一种较为灵活的方式随时加以修补;有些社会问题急需解决,程序复杂的国会立法显然无法应付;有些立法需要有相应知识的专家才能胜任,国会议员有些力不从心;另外,以国会有限的人力和复杂的立法程序,根本无法处理治理国家所必需的所有立法,只有适当减轻国会的负担,才有可能保证国会这架立法机器的正常运转。[17] 当然,委托立法必须以国会授权为前提,并且不得超出授权范围。国会保留对委托立法的监督权,司法部门亦可对其进行司法审查。根据主体的不同,委托立法可分为枢密院令、政府法令、地方法规和其他社会团体的章程、细则等,以枢密院令最为古老,政府法令数量最多,对国家政治生活的影响也最大。

2. 制定法和判例法的关系

制定法与普通法和衡平法这两种判例法在形式上的区别是很明显的,而且其来源和缔造者截然不同。但它们之间的联系十分密切,对英国法的发展所起的作用各有千秋。从数量上看,大量的法律规则都包含在难以计数的判例之中,制定法在整个法律体系中所占的比重确实不如判例法。但从效力上看,制定法又高于判例法,因为制定法可以推翻、修改或补充判例法,并且可以对某一领域中的判例法进行整理和编纂,从而将其吸纳为制定法。从社会改革和法律改革的角度看,制定法所起的作用更大一些,因为判例法的遵循先例原则使其很难快速改变以满足社会变革的需求。然而,制定法又不能脱离判例法而存在,不仅许多制定法的内容需要由判例法加以补充才算完整,而且其解释也必须借助于相应判决予以明确。

(四)其他渊源

1. 习惯

作为一种法律渊源,习惯[18]的重要性远不如前面三项渊源。但它对英国法的发展曾起过重要作用,并仍在许多领域影响着法律的内容及其实施。比如各种各样的宪法惯例,至今仍是英国宪法的重要渊源;在司法领域,习惯也在很大程度上左右着律师的分工及辩护方式。在普通法产生之前,英国法的渊源主要为各地习惯。普通法也是在承认各地习惯的基础上发展起来的,不过,一种地方习惯一旦被普通法所吸收,成为通行于全国的法律规范,其性质也就发生了根本变化。在现代英国,能够直接作为法律依据的习惯已经很少见,只有同时符合远古性、合理性、确定性、强制性和不间断性五项条件时才能引用。[19]

2. 学说

严格说来,学说本身并无法律效力,不能作为法律渊源直接加以引用。但是,由于判

---

〔17〕 D. G. Cracknell, *English Legal System Textbook*, 17th editions, HLT Publications, 1995, p. 23.

〔18〕 其含义相当于国内教科书中的"习惯法",而非一般意义上的习惯。

〔19〕 D. G. Cracknell, *English Legal System Textbook*, 17th editions, HLT Publications, 1995, p. 17 – 18.

图3 布莱克斯通

例法本身的庞杂和缺乏系统性,在判例集尚不完备、遵循先例原则尚未确立的年代里,司法实践中经常引用那些被称为"权威性典籍"的早期法学著作。其中最著名的有:格兰威尔(Glanvi Ⅱ,1130～1190年)的《论英国的法律与习惯》、布拉克顿(Bracton,1216～1268年)的《英国的法律与习惯》、利特尔顿(Littleton,1402～1481年)的《土地法论》、柯克(Coke,1552～1634年)的《英国法总论》以及上节提到过的布莱克斯通的《英国法释义》。19世纪以后,随着判例集的日臻完备,遵循先例原则的确立,这些权威性典籍对司法实践所起的作用也逐渐减小,但是,"正如有时为了证明现行法也援用古代判例一样,这些权威性典籍有时仍被当作现行法的论据来引证"。[20] 另外,在缺乏现成的制定法或判例法依据的极个别场合,权威性典籍就成了权威法律渊源。

## 第二节 宪 法

英国是近代宪治的策源地,其宪法被西方学者誉为"近代宪法之母",足见它对世界各国的影响之深。英国宪治不仅开展较早,最早形成近代意义的议会制,而且许多宪法制度及原则都被其他国家广泛继承和发展。与此同时,英国宪法也在形式和内容上保留着独特的风格。

### 一、英国宪法的渊源

英国是不成文宪法的典型,至今并无一部完整的宪法典。但这并不意味着其所有宪法制度都以习惯法反映出来,事实上,其宪法渊源包括三部分:成文的宪法性法律、不成文的宪法性惯例以及涉及宪法制度的判例。

#### (一)宪法性法律

在英国历史上,出现过许多宪法性法律,它们从不同的侧面对国家基本制度及臣民的权利进行规定。其中较为重要的有:

1215年《大宪章》(《自由大宪章》)。1215年6月15日英王约翰迫于贵族、骑士及市民压力而签署,由序言和63条条文组成,基本内容与目的已在第一节有所描述,此处不

---

〔20〕 [日]高柳贤三:《英美法原理论》,杨磊、黎晓译,西南政法学院1983年版,第65页。

再重复。由于它在很大程度上是一种契约性文件,其实施有赖于缔约者的誓言和切实履行,从这一点看,它与近代宪法还有一定距离。但是,它毕竟限制了王权,保障了臣民的权益,成为后世权利法案的典范。[21]

1628年《权利请愿书》。国会在资产阶级革命酝酿期间针对英王查理一世滥用职权而制定的法律。全文共8条,主要内容是重申《大宪章》对王权的限制及对臣民权利的允诺。它列举了国王滥用权力的种种行为,宣布:非经国会同意,国王不得强迫征收任何赋税;非经合法判决,不得逮捕、拘禁、驱逐任何自由民或剥夺其继承权和生命。

1679年《人身保护法》。资产阶级革命初期,国会针对英王查理二世的专横暴虐而制定的法律。全文共20条,主要内容是对被拘禁者申请"人身保护令"有关事宜的规定。人身保护令是一种古老的王室特权令,旨在提供有效手段保证释放在监狱、医院或私人羁押中的被非法拘禁者。虽然它并未规定任何实体权利,但由于它旨在限制非法逮捕和拘禁,保障臣民的合法权益,加上英国法固有的重程序特征,它被英国人视为人权保障和宪法的基石。

1689年《权利法案》。奠定君主立宪制政体的重要宪法性法律之一。它规定:未经国会同意,国王不得实施或中止法律,不得征收和支配税款,不得征集和维持常备军,不得设立宗教法院和特别法院,不得滥施酷刑和罚款,不得在判决前没收特定人的财产;臣民有向国王请愿的权利;议员在国会得自由发表言论而不受国会以外任何机关的讯问;等等。该法还确认了奥兰治亲王威廉和玛丽继承王位的事实,制定了一套忠实于国家及其主权的誓言,并规定罗马天主教徒及与天主教徒结婚者不得继承王位。最后,该法废除了国王施行法律的权力。

1701年《王位继承法》。奠定君主立宪制政体的重要宪法性法律之一。它根据长子继承制原则,详细规定了威廉去世以后王位的继承顺序,旨在彻底排除罗马天主教徒继承王位的可能性。同时,为了防止外国人染指英国政权,规定外国人不得担任国会上下两院议员及其他重要官职。此外,它还规定,非经国会解除职务,法官得终身任职,从而保障了司法的独立性;凡在王室担任官职、领取薪俸者,均不得担任国会下院议员;非经国会通过、国王批准,一切法律均属无效。该法确立了君主立宪制政体,并进一步明确了国家基本结构和政权组织方式及活动原则。

1911年和1949年《议会法》。1911年《议会法》规定:凡财政议案必须由下院提出并通过,上院无权否决,只能拖延一个月;若上院在一个月内不能通过,该案可直接送交国王批准公布为法律;对于下院通过的一般议案,上院可行使否决权,但如果下院在二年内连续三次通过,该议案仍可呈请国王批准公布为法律。这项法律明显地削弱了国会上院的立法权。为了提高国会的立法效率,1949年《议会法》进一步限制了上院的权力,把上

---

〔21〕 2015年是《大宪章》签署800周年,世界各国举办了各种纪念活动,学者们也撰写了大量的纪念文章。关于如何正确理解《大宪章》的意义,参见美国学者吉尔·莱波雷:《大宪章:神话延续800年》,王笑红编译,载何勤华主编:《外国法制史研究》(第18卷),法律出版社2016年版。

院对一般议案拖延二年的期限改为一年。

此外,较为重要的宪法性法律还有:涉及议会选举制度改革的1918年、1928年、1948年、1969年《人民代表法》;涉及内阁职责的1937年《内阁大臣法》;1972年《国家豁免法》等。

(二)宪法惯例

宪法惯例是指那些未经制定法明文规定,却又被国家许可而在实践中起宪法作用的原则和制度。这些惯例往往是由于特殊的历史原因造成的,对英国的政治活动有着重大影响。在英国宪法中,惯例占了相当大的比重,很多重要的宪法原则和制度,比如:英王的权力范围,其作为最高宗教领袖的地位,其统而不治和超越党派的性质,国会的会期和人数,内阁的产生及其活动原则,文官制度的无党派性质,等等,都是以惯例形式出现的。那么,惯例何以拥有法律效力呢?据英国著名宪法学家戴雪(A. V. Dicey,1835～1922年)的分析,主要是因为这些惯例与法律有着密切联系。比方说,国会每年必须召开一次,如果不遵守这一惯例,国会一年内不开会,那么,每年的军队法案及财政法案就不能制定,军费就无法筹措,税收也无法决定。所以,这项惯例虽无法律明文规定,但实际上必须遵守,否则,政府的活动就变成非法的了。

(三)宪法判例

这是指法院就某些涉及宪法制度的案件所作的判决。英国是判例法国家,法官在审理涉及公民的自由权利或者国家机关的基本活动方面的案件时,所创制的法律原则是宪法的有机组成部分。在英国,许多宪法原则是通过法院判决确立起来的,如关于公民的各项自由权利、保障这些权利的司法程序、法官的豁免权等。

## 二、英国宪法的基本原则

对于英国宪法的原则,戴雪在其名著《英宪精义》中作了详尽阐述。他认为,基本原则有三:正式的法律规则和非正式的宪法惯例之间的密切关系;国会在立法方面的最高权力;法治。其第一项原则实际上阐述了宪法渊源的多样性,着重论证了惯例之所以成为宪法渊源的必要性;后两项原则已被后人继承补充,发展为四大原则:

(一)议会主权原则

议会即国会,所谓"议会主权"即国会在立法方面拥有最高权力,并且这种最高权力是与生俱来的,无须任何人任何机关的授权,甚至也不需要宪法的授权;任何人任何机关不得宣布国会通过的法律无效,亦无权限制国会立法权;法院无权以任何理由拒绝适用国会通过的法律;只有国会自身能够修改和废止原有法律。根据资产阶级"主权在民"思想,国家主权理应由人民掌握。但实际上,人民所享有的主权只是政治意义上的,法律上的主权则由民选或指定的代表来行使,这就是议会主权原则的依据。自"光荣革命"后确立议会主权原则以来,英国国会确实树立了至高无上的权威,不仅在立法方面享有垄断权,而且还拥有对政府行政的监督权以及理论上的最高司法权。但是,19世纪末以后,国会的权威受到来自政府的严重挑战。由于委托立法的盛行以及行政权的膨胀，内阁的地位日益提高，不仅分享了原本专属国会的立法权，而且国会对内阁的监督在很大程度上也流于形式。所以，议会主权原则已多少失去了其原来的意义。

(二)分权原则

相对于美、法、德等国，英国并非典型的三权分立国家，立法、行政、司法三权之间的分立与制衡并不十分严格。但是，英国宪法仍然大致体现了资产阶级宪法的共同特征，即权力分立。

1. 国会拥有制定、修改和废除法律的权力；并有权对政府行政进行监督。上下两院各司其职，彼此制约。在1911年《议会法》生效前，上下两院拥有大致相当的立法权，任何法案需经两院通过才能生效。1911年以后，下议院成为立法的主体，上议院的立法权则受到极大限制，但仍可行使搁延权。

2. 行政权由内阁行使，但必须向国会负责，接受国会的监督。

3. 英王虽然“统而不治”，但其象征性权力的存在，在某种程度上也构成了对国会和内阁的制约。比如，虽然英王对国会通过的法案并无否决权，但形式上任何法案都必须呈送英王批准才能生效；必须以英王的名义召开、停止和解散国会；从理论上说，英王有权任命首相，组阁名单也须经英王批准；此外，英王还有权宣战、媾和以及赦免。当然，英王行使权力必须得到内阁的副署。

4. 司法权由法院掌握，法官独立行使审判权，无经证实的失职行为得终身任职。但是，直到21世纪初，在理论上，上议院仍是最高司法机关；而且大法官同时是内阁大臣，并有权任命各级法官。

21世纪初以来，英国进行了一系列宪治改革。上议院的司法职能移交给了2009年10月建立的最高法院，沿袭了1400余年的大法官制度也被废除，[22]立法、行政和司法的分立变得更为清晰。

(三)责任内阁制

在英国，内阁(Cabinet)是政府的代名词。所谓“责任内阁制”即内阁必须集体向国会下议院负责，是议会主权原则的体现。其具体内涵包括：内阁必须由下议院多数党组成，首相和内阁成员都必须是下议院议员；首相通常是下议院多数党首脑；内阁成员彼此负责，并就其副署的行政行为向英王负责；内阁向国会负连带责任，如果下议院对内阁投不信任票，内阁必须集体辞职，或者通过英王解散下议院重新选举；如果新选出的下议院仍对内阁投不信任票，内阁必须辞职。

英国是责任内阁制的发源地。但该原则在英国的产生并非出于法律明文规定，而是

---

〔22〕 经过改革，大法官的传统职能被一分为三：关于法院、监狱及缓刑事务的权力转移至2007年5月设立的司法部；作为上议院议长的权力转移至2006年7月设立的上议院首席发言人；法官任命权则转移至2007年4月建立的法官任命委员会。参见英国国会网，http://researchbriefings. parliament. uk/ResearchBriefing/Summary/SN02105，最后访问时间：2015年11月20日。

出于一系列惯例。1688 年,查理二世从枢密院中选拔少数亲信秘密商讨决策,日久形成了固定的组织。因其在国王的私人密室活动,故名“内阁”。1714 年,乔治一世即位,因不懂英语,经常不理朝政,而由一位大臣主持政务,便出现首相一职。1742 年,首相沃波尔在新选出的下议院中未能取得多数信任,内阁全体辞职,首创内阁向下议院负责的先例。1783 年,托利党领袖小威廉·庇特出任首相,次年因得不到下议院支持,下令解散下议院重新选举,开创了内阁得不到下议院支持可解散下议院重新选举的先例。1832 年选举制度改革后,责任内阁制作为宪法惯例被固定下来。直至 1937 年颁布的《国王大臣法》,才正式以制定法的形式肯定了内阁和首相的称谓。

(四)法治原则

“法治”(the rule of law)的字面意思即“法律的统治”,是资产阶级宪法广泛采纳的基本原则。它强调的是法律面前人人平等,任何人都不享有超越法律的特权;政府必须在法律明确规定的权力范围内活动,不得滥用权力侵犯个人的自由和权利。在英国,戴雪等宪法学家也对“法治”有过详细阐述,认为它有如下几层含义:其一,非依法院的合法审判,不得剥夺任何人的生命、自由和财产;其二,任何公民和政府官吏一律受普通法和普通法院的管辖,如果由行政法和行政法院来管辖行政违法行为,那就是赋予政府以特权,不符合法律面前人人平等原则;其三,英国公民所拥有的自由权利并不体现在成文宪法中,而是一种“自然权利”,既不由任何法律所赋予,也不能随意被剥夺,政府必须有合法理由才可以限制这种权利。

### 三、英国宪法的特点

1. 英国宪法是历史长期发展的产物,具有极强的延续性。无论其成文的宪法性法律,还是不成文的惯例和判决,都是经过相当长时期的积累,逐渐定型、完善的。新的宪法原则和精神的发展并不意味着彻底否定旧的宪法渊源,而是对旧的渊源的继承和充实,使其能够顺应社会政治经济发展的需求。

2. 英国宪法的内容很不确定。由于英国并无一部成文的宪法典,其各部分渊源又不断随着社会变化而发展,这势必造成其内容的不确定性。比如内阁的活动原则和权力范围,从来就没有制定法加以确定,其活动原则随着社会发展逐渐充实、完善,其权力范围则由于国家对经济活动干预的加强不断扩大。

3. 英国宪法是柔性宪法。在当今世界上,绝大多数国家的宪法都是刚性宪法。刚性宪法的修正程序较普通法律严格,因而其效力高于普通法律;柔性宪法的修正程序与普通法律相同,其效力也往往与普通法律一样,只是所调整的社会关系有所不同而已。因此,判断一项英国法律是否属于宪法性法律,既不能从形式上判断,也不能从效力上判断,而要看其内容是否调整带有根本性的社会关系,比如国家基本制度、国家机关的组织和活动原则、臣民的权利与义务等。

## 第三节　财　产　法

财产法(Property Law)是英国法最古老的法律部门之一,也是最为复杂的法律部门之一。它是调整财产所有、占有、转让、继承、信托以及合法使用等各种法律关系的法律规范的总称。从内容上看,它大致相当于大陆法系的物权法。但大陆法系的物权法对不动产和动产兼重;而英国(也包括其他英美法系国家)财产法却侧重于不动产,确切说,主要是土地法,有关动产产权的法律主要属于其他私法部门。

由于英国财产法的体系极为庞杂,不易在较小篇幅内全面描述,本节着重介绍其中一些较有特色、影响较大的制度。

### 一、财产的分类

与大陆法系国家一样,英国也首先将财产分为动产和不动产,但划分的依据和它们的概念是不同的。大陆国家使用这一对概念源于罗马法,主要依据物的特性来划分。一般说来,大陆法系的动产(movable property)指的是可移动而不改变其性能的物品;而不动产(immovable property)指的是不可移动之物,如移动就会改变其性能。英国财产法关于动产和不动产的划分源于中世纪普通法诉讼程序之分。不动产(real property)来自对物诉讼(actio in rem ),意即这种诉讼要求收回实体的、特定的物;动产(personal property)来自对人诉讼(actio in personam),意即这种诉讼要求特定人归还原物或赔偿损失。从范围来看,属于不动产的主要是土地,但不包括租借地;属于动产的几乎包括所有可移动的物品和某些无形的权利,以及不可移动的租借地。

另外,英国还按照财产的物质形式,将其划分为有形财产和无形财产,这大致相当于罗马法中的有体物和无体物。有形财产是指那些能够直接占有的动产和土地;无形财产是指能够带来财产利益的法定权利,如债权、股份、知识产权等。

### 二、地产制(estates in land)

地产制是英国财产法的独特制度,也是相对于大陆法系的物权法而言最为复杂的制度之一。大陆法系的土地所有权也有可能受法律规定的限制,也可能要承担地役权和抵押权带来的义务,但这些限制和义务都被看作对所有权使用的限制,而非对所有权本身的分割。但英国法中的地产权是可以分割的,同一土地可以同时存在有利于几个人的不同的财产权益。

这种特点与英国封建制的特征有关。诺曼人征服英国以后,把封建的土地占有方式强加于英格兰。国王拥有全国土地,而私人只能拥有土地上的一定权益,即地产

(estate)。地产权并非严格意义上的所有权,因为它是以国王为根源的,私人在何种条件下可以成为土地持有人,在何种情况下可以转让等问题,国王都有权加以规定。私人持有地产一般都必须向国王承担若干封建义务,如各种赋税及劳役。国王颁布的有关土地诏令,连同由此而形成的各种权利义务,加上普通法院法官们的努力,逐渐形成了英国独特的地产制。

在1925年以前,英国存在着以下几种形式的地产权。

(一)占有地产权(estate in possession)和将来地产权(estate in expectancy)

前者是现在就能占有土地的地产权;后者是指一定期限后才能占有的地产权(或称“期待地产权”)。例如,某人将一项地产授予A终生占有,A死后则由B占有。A获得的是占有地产权,而B获得的是将来地产权。但无论是现在占有的地产权还是将来占有的地产权,其权利现在都可以转让。

(二)残留地产权(remainder)和复归地产权(reversion)

两者都属于将来地产权。但存在复归地产权时,土地最后将归还给地产授予人;而存在残留地产权时,土地将转到第三者手中。例如,A拥有一块土地的地产权,他将其授予B终生享用,即授予B终生地产权,但未说明B死后怎么办,这样,该地产将复归于A或他的合法继承人。也就是说A拥有复归地产权。但如果A将地产授予C终生享用,然后将地产留给D,这样土地就脱离了A,最终转到D的手中。在此情形下,D拥有残留地产权。[23]

(三)完全拥有的地产权(freehold estate)和租借地产权(leasehold estate)

完全拥有的地产权是没有占有期限的地产权。它有三种基本形式:一是不限嗣继承地产权(fee simple),它是普通法中最接近于土地所有权的一种地产权,它确认地产拥有人生前有权对地产进行完全的占有、使用和处分,这种权利并且可以通过遗嘱继承给他人。若死者未留下遗嘱,则根据制定法的规定传给有权获得此项地产的亲属。若死者既未立遗嘱也无亲属,则该项地产权终止,地产收归国王。二是限嗣继承地产权(fee tail),只限于地产拥有人本人及其继承人享用。地产拥有人具有完全的占有和使用收益权,在他死亡时,地产权传给其继承人。继承人的范围只限于其后裔,有时甚至进一步限于男性或女性后裔。若无后裔,则土地归还给其授予人(复归地产权人)或享有残留地产权的人。三是终身地产权(life estate),以地产拥有人的寿命为期限。这种地产拥有人有权占有地产,并获得地产收益,但这种地产不能被继承。当终身地产权终止时,将来地产权就生效,该地产或转至他人之手(残留地产权人)或转归其授予人(复归地产权人)。

租借地产权是有一定期限的地产权。最常见的租借地产权是定期租借权,即地主和租户以契约形式规定一个期限,在该期限内,租户享有占有、使用和收益的权利。租借地在英国被认为是动产,不能通过不动产诉讼程序保护其权益,只能按动产诉讼程序控告

---

[23] [英]F. H. 劳森、B. 拉登:《财产法》,施天涛等译,中国大百科全书出版社1998年版,第89页。

地产权人违约，请求赔偿。

1925 年，英国颁布了《土地授予法》《受托人法》《财产法》《土地登记法》《土地特殊权益法》《遗产管理法》六项财产法，最终完成了对封建土地法的资本主义改造，废除了许多封建土地制度，地产权仅剩下两种：一种是完全保有地产权（不限嗣继承地产权），另一种是租借地产权。完全保有地产权已与真正的所有权没有多大区别。地产持有人及租借人只需交纳税款或租金，无须承担封建义务。同时，大大简化了土地转让的手续，并规定了土地登记制度，将土地使用和转让置于政府管理和监督之下。

### 三、信托制

信托制（Trust）是英国财产法的一项重要制度。由于信托制与财产法的其他制度不同，不是在普通法院发展起来，而是由衡平法院的审判活动发展起来，加上其内容具有相对独立性，许多教科书将它作为一个单独的法律部门加以论述。信托制也是英国法对世界各国最重要的贡献之一。现代信托法基本上源于英国，而英国的信托制又源于中世纪的受益制。

#### （一）受益制

封建的地产制对于土地使用和转让有许多限制，给土地占有人带来诸多不便，而且土地占有者还必须承担沉重的封建义务。十三四世纪时，随着英国工商业和手工业的发展，资产阶级化的新贵族日益要求摆脱封建义务，使土地能够按照自己的意志转移，于是产生了受益制。

受益制（use）又称"用益权制"，即为了他人的利益而占有和使用土地。在受益关系中，土地持有人（出托人）将地产交给受托人代管；受托人享有对地产的使用、收益权，并按约定将地产的收益交给出托人指定的受益人。

受益制的发展与衡平法有直接联系。当十三四世纪受益制开始出现时，普通法的令状制度早已固定下来，由于受益制当事人无法申请到相应的令状，便无法在普通法院诉讼，也就得不到普通法的保护。于是，当事人只好向支持受益制的教会法院请求保护。但很快，英王爱德华一世（1272～1307 年在位）下令禁止教会法院管辖涉及土地利益的案件，受益制当事人在权益受到侵害时转而向大法官申诉。大法官根据公平、正义的原则对当事人的权益给予适当的保护。到 15 世纪下半叶，受益制的衡平规则逐渐确立起来。

受益制可分为两类：一是消极受益制，即受托人仅按受益人的指示处理财产，对于受托地产并不承担经营管理的积极责任，目的仅在逃避封建义务或法律制裁；二是积极受益制，即受托人对于受托地产承担积极的经营管理责任，直接收取土地的租金和孳息，并按约定将土地的收益转交给受益人。由于受益制使得逃避封建义务成为可能，国王和封建领主们对此极为不满，1535 年亨利八世强使国会通过了《受益制条例》，取消了消极受益制，使这种受托地产转为法定地产，强迫受益人承担法定地产的所有封建义务。积极受益制得到承认，并逐渐发展为信托制。

(二)信托制

信托制是财产所有人为了第三人的利益,将财产交给受托人管理的一项制度。信托制源于受益制,确切说,是积极受益制。由于受益制能够使土地持有人得以自由处分地产,非常符合日新月异的商品货币关系发展的需要,到资产阶级革命后,便发展成为现代意义上的信托制。

1. 信托制与受益制的主要区别

(1)标的更为广泛,受益制的标的仅仅是封建地产,而信托制的标的可以是任何形式的动产或不动产。

(2)受益制受托人主要按照出托人和受益人的意愿管理地产;而信托制受托人则按照自己的意愿管理财产,不受受益人的支配。

(3)信托制的受托人范围更广,不仅可以是自然人,也可以是法人,如专门的信托投资公司。

(4)受益制的主要目的是逃避封建义务或自由处分地产,而信托制则主要是为了更好地经营财产,更多地增值财富。

2. 信托关系当事人的权利和义务

信托关系当事人(委托人、受托人、受益人)的权利义务主要由信托契约、有关法律以及法院命令加以规定。受托人的主要权利是:(1)受托人有权按自己的意愿管理信托财产;(2)受托人有权选择最有利的时机出售信托财产并进行投资;(3)有权按规定取得报酬。

受托人的主要义务是:(1)按规定将信托财产的收益交给受益人,并以公正态度对待各受益人;(2)定期向受益人提供充分的收支账目报告;(3)除非得到委托人或法院认可,不得把自己的职权委托他人行使;(4)不得从所经营的信托财产中牟利,不得购买信托财产;(5)必须像一般人管理自己的财产一样管理信托财产,始终善意地为受益人的利益进行管理。相对而言,受托人的义务体现了委托人和受益人的权利。如果受托人违背信托义务,对受益人造成侵害,必须负损害赔偿的责任;如若侵吞信托财产,则须负刑事责任。

信托制在现代社会发展中最明显的作用是利用信托财产进行投资活动。由于现代信托在投资及纳税等方面有很大的投机性,加上其经营管理的难度越来越大,个人很难胜任,于是,大量的信托投资公司应运而生,它们在经济发展中发挥着越来越大的作用。

## 第四节 契 约 法

契约法是英国法的一个重要法律部门。在大陆法系,契约法并非独立的法律部门,它是作为民法中债法的两个重要组成部分之一(另一个为侵权行为法)而存在的。英国契约法的规范主要来自古老的判例法(包括普通法和衡平法),但近现代在契约法领域也颁布了大量制定法,其最重要的代表为 1893 年《货物买卖法》(后为 1979 年《货物买卖法》所取代)。

## 一、历史概况

相对于财产法等领域而言,契约法是较晚形成的法律部门。早期的普通法院只受理涉及土地的契约,而且要求这种契约必须具有书面形式,加盖印章,并有证人作证。一切口头契约在普通法院看来均属无效,当事人因此而引起的损失也得不到应有的救济。一些得不到普通法院救济的当事人转而向不受诉讼形式限制的衡平法院寻求保护。15 世纪以后,随着商品经济的发展,私人之间的口头契约日益增多,普通法院意识到如果再不接受这类诉讼,衡平法院势必取得对契约诉讼的管辖权。于是,普通法院的法官们开始在实践中探索新方法,他们将罗马法的有关知识融入英国侵权行为的法律规定中,逐渐从非法侵害之诉中发展出违约损害赔偿诉讼令状,对口头契约等非正式契约进行保护。16 世纪,出现了英美契约法中所特有的对价制度,确立了契约只有通过互相提供对价才能成立的原则,为契约法的继续发展和最终定型奠定了基础。17 ~ 18 世纪,进一步确定了契约形式在契约法中的地位,并明确了契约是法律强制履行的依据。但从整体上说,契约法在当时还远未完备。18 世纪后半叶出版的布莱克斯通的名著《英国法释义》第 1 卷第 2 册是关于财产法的论述,仅有寥寥数页涉及契约,而且契约只是获得和转让财产的一种方式,契约法被视为财产法的一个分支,并非独立的法律部门。[24] 可见,当时英国的契约法仍处于初级阶段。

至 19 世纪,英国契约法最终形成。这一方面是受大陆法系契约法的影响,吸收了大陆法系契约法的一些重要原则;另一方面也是最重要的原因,是英国资本主义工商业的迅猛发展和自由放任经济思潮的推动。在这种背景下,英国契约法终于在"缔约自由"和"契约神圣"等口号下发展起来并最终形成。1875 年英国法官约翰 · 杰西尔爵士在"印刷与登录公司诉桑普森"一案中对此作了注解:"如果公共秩序有什么更需要做的事,那就是有充分理解力的成年人在缔结契约上应当享有最大限度的自由,他们那些自由与自愿缔结的契约应当被看做是神圣的,并且,应当由法院来执行。"[25]

进入 20 世纪以后,契约法的原则有了进一步的发展。由于国家干预经济活动的加强,以及垄断资本的形成,缔约自由原则受到极大限制。另外,契约神圣原则也有所修正。由于社会发展状况瞬息万变,如果出现了某些在缔约时无法预料的事实,从而使契约的目的落空或事实上不可能履行,法院可根据案情解除契约,而不像过去那样一味按照契约条款严格执行,这就是"契约落空"原则。

---

〔24〕 Sir William Blackstone, *Commentaries on the Laws of England*, Vol. 1, Book II, J. B. Lippincott Co., 1893.

〔25〕 高尔森:《英美合同法纲要》,南开大学出版社 1984 年版,第 2 页。

## 二、契约的概念和要素

按现在的说法,“contract”一词一般译为“合同”。但鉴于传统英美法中许多原则仍以“契约”名之,如“缔约自由”“契约神圣”等,我们仍沿袭旧惯,称 contract 为“契约”。

英国关于契约的定义很多。最早流行的是布莱克斯通所下的定义:契约是“按照充分的对价去做或不去做某一特殊事情的协议”。[26] 这一定义虽然简单,却指明了契约的两个最基本的要素:协议和对价。以后,制定法也对契约的概念作了解释,1893 年颁布的《货物买卖法》对货物买卖契约所下的定义是:“所谓契约,乃是规定订立契约的一个为取得价款而将所有物以商品的形式转让于或同意转让于契约的另一方(买方)的文件。”

尽管各种定义的表述和措辞不同,但大致说来,根据英国法的规定,契约必须包含下列要素:第一,当事人必须具有缔结契约的能力,未成年人、精神病人、严重醉酒者以及某些特定的外国侨民(如战时敌国侨民)不具备正常的缔约能力。第二,必须由双方自愿达成协议,因错误、欺诈、不当影响以及胁迫而缔结的契约可以撤销。第三,必须具备有效的对价,不具备有效对价的契约不能强制执行,除非该契约具备书面盖印形式。第四,标的和格式必须合法,当一项协议的构成或履行被认为是犯罪或侵权行为,或与公共利益相违背时,该协议无效;某些契约要求特定的形式,如书面盖印,若不具备特定形式则无效或不可强制执行。在此四项要素中,对价是英美契约法特有的要素,也是英美契约法最重要的制度之一。

## 三、对价制度

### (一)对价的概念

对价(consideration),又译“约因”。按照英美契约法,对价是盖印契约以外一切契约的必备要素,“没有对价的许诺只是一件礼物;而为对价所作出的允诺则已构成一项合同”。[27] 可以说,有无对价是法院判断当事人之间是否存在契约、有无权利义务关系的主要根据。

1875 年,在“柯里诉米萨”一案中,英国高等法院法官路希对“对价”一词作了解释:“按照法律上的含义,一个有价值的对价就是一方得到某种权利、利益、利润或好处,或者是另一方作出某种克制、忍受某种损害与损失,或者承担某种责任。”当然,这个概念中所说的一方得到某种利益或另一方受到损害,其实是从不同的角度来观察同一个事物。比如,甲售货与乙,对甲而言,失去货物就是损失;而乙因得到货物而获利。然而,获利和受损是相互的,甲虽失去货物却得到价款,乙虽得到货物去失去价款。因此,对价实际上是互有损失,互相得利。用更简明通俗的话来说,所谓对价,就是以自己的诺言去换取

---

〔26〕 Sir William Blackstone, *Commentaries on the Laws of England*, Vol. 1, Book II, J. B. Lippincott Co., 1893, p. 446.

〔27〕 董安生等编译:《英国商法》,法律出版社 1991 年版,第 20 页。

对方的诺言；或者，为了使对方作出某些有利于自己的行为而以自己对等的行为来作保证。

（二）对价的原则

在长期的审判实践中，英国法院逐渐通过一系列判决形成了对价的若干原则：

1. 对价无须相等。只要提供了对价，为此作出的允诺就可以强制执行，法院不问其价值的大小，只关心对价的有无。英国 1842 年有一个判例。托马斯生前表示，他去世后其妻可在他遗留的房子里居住。遗产管理人基于两个理由同意：其一，这是托马斯生前的愿望；其二，托马斯夫人每年须付 1 英镑。法院认为，愿望在此无任何效力，但既有 1 英镑作对价，托马斯夫人便有权居住。这一原则在自由资本主义时代极为流行，但在现代英国已有所动摇，因为这样做的结果可能导致明显的不公平。

2. 过去的对价无效。所谓过去的对价，即订立契约前已经履行的对价。当某人为他人履行了某项劳务而没有后者的允诺，或没有理解为将被付给报酬，后来所作的对该劳务付酬的诺言不具备法律约束力。比如，某乙在某甲手术后自愿为其护理两个星期，两人从未谈及报酬。一个月后某甲允诺某乙将为其劳务付酬 200 英镑。如果某甲食言，某乙不能通过法院强迫某甲付酬。因为他提供的对价是过去的对价，在某甲的诺言之前已经完成。

3. 履行原有义务不能作为新诺言的对价。1809 年“斯蒂尔诉迈里克”一案就是该原则的典型判例。原告是个船员，他与船长约定承担在 5 个月内往返英国与波罗的海之间的航运义务。中途由于天气恶劣船期受阻。船长允诺如果按期到达，他将加付酬金。但船长食言。而原告却败诉，因为按期到达目的地乃是原来的契约义务，他并未对船长的允诺提供新的对价。

4. 平内尔原则。这是 1602 年“平内尔诉科尔”一案确立的原则，即债权人同意债务人用归还部分欠款的办法来抵消全部债务的允诺不受法律约束，因为债务人未对此允诺提供新的对价，债权人可以追索余款。1884 年“福克斯诉比尔”一案重申了这一原则。[28]

5. 不得自食其言原则，即“衡平法上之禁止推翻”原则。这一原则是对对价制度的重要限制。当一方以言辞或行动向另一方作出允诺，企图对双方间的法律关系有所影响，一旦对方确信此诺言并按诺言采取了行动，允诺人就不得推翻自己的诺言。即使受允诺者并未提供有效的对价，但由于已按照对方的诺言采取行动，如果允诺者不履行诺言就会造成明显的不公正，那么，该诺言可以由法院强制执行。

---

〔28〕［英］A. G. 盖斯特：《英国合同法与案例》，张文镇等译，中国大百科全书出版社 1998 年版，第 103 页；杨桢：《英美契约法论》，北京大学出版社 1997 年版，第 125～126 页。

# 第五节 侵权行为法

## 一、概述

侵权行为法是英美法特有的法律部门,也是最古老的法律部门之一。在大陆法系中,侵权行为属债法领域,是债的主要发生依据之一。

侵权行为法是一个相当古老的法律部门,在诺曼征服后的最初几个世纪即已产生。其发展与普通法中的令状制度紧密相连。最初侵权行为的范围非常小,因为相应的令状种类很少,大致限于对他人人身、土地及其他财产的直接侵害,普通法中称为"直接侵害之诉"(trespass)。14 世纪以后,法律对非法侵害所造成的间接侵害也予以追究,这种新的诉讼形式被从直接侵害之诉中分离出来,称"间接侵害之诉"(trespass on the case)。以后,衡平法院亦对部分侵权行为进行管辖,使侵权行为法的补救办法进一步扩展到禁令。至 17 世纪,侵权行为法作为一个法律部门正式形成。

从整体上看,侵权行为法主要是判例法,近现代亦颁布过不少制定法。然而,无论是判例法还是制定法,都未规定适用于各种侵权行为的一般法律原则,也未将那些分散的侵权行为法律规范纳入一个协调一致的体系。

## 二、各种侵权行为

### (一)对人身的侵害

1. 殴打和恐吓

殴打(assault, battery)是对他人实施任意的暴力而构成的一种侵权行为。恐吓(threaten)是使他人产生某种权利将受暴力直接侵害的恐惧,但未真正使用暴力的一种侵权行为。

2. 非法拘禁(false imprisonment)

各种缺乏正当理由的拘禁或限制他人行动自由的行为,均构成非法拘禁。实施非法拘禁可以在车内、屋内、监狱内、一个城市或一条街道上。用以限制行动的障碍物既可以是物质的,也可以是精神的,如以武力相威胁。

3. 诋毁和诽谤

诋毁(slander)是指用口头方式对他人名誉进行侵害;诽谤(libel)是指用文字形式对他人名誉进行侵害。对于诋毁,受害人一般必须证明有实际损害才可提起诉讼。但在特殊情况下,受害人即使缺乏实际损害证据亦可获得赔偿,如指责某人犯罪、患有可憎的传染病、不忠实或无能力担任某职、妇女不贞等。对于诽谤,凡所用文字足以使受害人遭人轻视或嘲笑、致其人格或信用受到破坏,受害人就可提起诉讼索赔,无须对实际损害进行证明。

(二)对财产的侵害

1. 非法侵入土地(trespass)

即未经所有人同意,故意进入或逗留于他人土地的一种侵权行为。例如,在他人土地上行走,将水灌入他人土地,将石块或垃圾扔在他人土地上,或吸引不明真相者进入他人土地等,都属非法侵入他人土地的行为。

2. 骚扰行为(nuisance)

其是指由于被告的活动而产生过多的尘埃、噪音、恶臭、烟雾、振动或严重的情绪干扰等,妨害了原告对其土地或住房的享用的一种侵权行为。骚扰行为往往对人身及财产同时有所侵害,法院对原告的救济除了损害赔偿外,也可以禁令方式令被告停止骚扰。

3. 非法侵害动产

其是指对他人所有的动产加以故意的实质性的任何干扰,如将其破坏或转移。如果被害人的财物已被损坏或丧失,可以要求赔偿。

4. 非法处理动产

其是指故意在严重违反权利人利益的情况下,擅自处理其动产的侵权行为。通常表现为行为人在没有合法根据的情况下占有他人财产并任意加以支配。如盗窃财物,或从盗贼处购买赃物,或虽经法定程序但不具备正当理由地获取财物,或在合理合法的要求下拒不交出财物(如拾得遗失物者拒绝交还遗失物)等。

(三)其他侵权行为

1. 对婚姻的侵害

如利用权势或实施暴力扰乱他人夫妻间的和谐关系,诱拐已婚妇女等。

2. 干涉商业关系的侵权行为

如盗用他人商业秘密,侵犯他人商标、专利、著作权等行为。

3. 违反产品责任的侵权行为

制造商在制造产品时必须对使用产品者负注意的义务,如果违背了这种义务,使产品因瑕疵而对使用者造成损害,必须负赔偿责任。

4. 精神折磨

即故意对他人进行精神迫害或严重情绪干扰的侵权行为,受害者有权起诉索赔。

### 三、侵权行为责任原则

在英国,侵权行为的责任原则先后出现过三项:

(一)过错责任原则

早期英国的侵权行为与犯罪并没有明显界限,12 世纪时两者才开始逐渐分离。但当时对侵权行为的处理仍带有刑事处罚特征,采取绝对责任原则。也就是说,无论行为人主观上有无过错,只要造成损害就必须负责。14 世纪末 15 世纪初,法院开始重视行为人的主观状况,被告如能证明其对原告所造成的损害既非故意也非过错,而是出于不可避免的偶然事故,则可免负责任,所谓"无过错即无责任"。到 17 世纪资本原始积累时期,过错责任原则正式形成。该原则以被告对原告的利益负有适当注意的义务为前提,如果被告未能尽到法律承认的适当注意的义务就是过错,由此过错对原告造成损害,被告须负赔偿责任。在诉讼中,原告必须清楚地证明被告未能尽他应负的适当注意义务,而且原告本人必须毫无过错,否则,很难获胜。该原则在整个自由资本主义时代非常流行。由于它突出了过错在确定责任中的作用,有利于刺激资本家的冒险精神。他们在经营活动中,无须担心不可避免的事故和伤害,不必承担无法预测的后果所带来的赔偿责任。显然,这项原则对于大多数受害者是极为不利的。

(二)比较责任原则

19 世纪中后期,在过错责任原则的基础上,形成了比较责任原则。它仍以个人的过错为基础,但在确定赔偿时,不仅要考虑被告的过错,也考虑到原告的过错,对双方的责任进行比较,根据双方过错的轻重以确定责任的大小。它与过错责任原则的区别在于,过错责任原则强调的是只有被告的过错是赔偿的基础,如果原告也有过错,哪怕这种过错小到可以忽略的地步,也得不到赔偿;而比较责任原则注重的是过错的大小,如果被告的责任大于原告,就应负赔偿责任。1945 年颁布的《共同过错的法律改革条例》使该原则有了制定法依据,它规定:"不能因被害人有过错而取消赔偿,但赔偿必须减少到法院认为与受害人的过错公平地相适应的程度。"

(三)严格责任原则

19 世纪下半叶以来,随着工业化程度的提高,由生产和操作引起的工伤事故频繁发生。依照过错责任原则和比较责任原则,都必须证明被告确有过错,而这种证明对于现代化工业社会中的受害者来说是极为困难的。因此,许多受害者得不到应有的补偿,从而带来许多社会问题。于是,英国法院又通过司法实践创立了严格责任原则,或无过错责任原则。即在法律规定的某些条件下,无论被告是否有过错,只要发生了损害事实,被告就必须负完全的赔偿责任。上议院在 1868 年"赖兰兹诉弗莱彻"一案中确认,被告必须为其承包商的危险行为对原告造成的损失负赔偿责任。这种严格责任很快就被上议院广泛适用于采矿、建筑、铁路运输等特别危险的工业部门,19 世纪末被扩大适用于所有工业部门。如果在这些部门发生了工伤事故,无论雇主有无过错,都应对受伤害的工人负赔偿责任。英美法学家认为,关于雇主对工伤事故的赔偿责任,并不是基于雇主与工人之间的契约关系,也不是基于雇主的作为与不作为,而是基于现存的雇佣关系。[29] 1948 年的《工伤事故国家保险法》、1965 年的《原子核装置法》、1971 年的《商船污染法》、1974 年的《污染控制法》等制定法也先后采用了严格责任原则。此外,在产品责任及交通事故中,为了保护消费者和受害者的利益,也都实行严格责任原则。

---

〔29〕 潘华仿:《英美法论》,中国政法大学出版社 1997 年版,第 155 页。

## 第六节　家庭法和继承法

### 一、概述

家庭法和继承法在英国其实属于两个基本独立的法律部门。家庭法主要规定婚姻、夫妻关系、夫妻财产、父母子女关系、收养、监护以及未成年人保护等制度;继承法主要调整遗嘱继承、无遗嘱继承和遗产管理等问题。由于两个部门之间相互交叉和联系的问题较多,一般教科书都将它们放在一起讨论。

与英国绝大多数法律部门一样,家庭法和继承法领域也没有完整统一的法典,而是由多年来形成的判例、单行法规和其他部门法规中的相关条款共同构成。封建时代的家庭法曾长期由教会法调整,继承法则与封建财产法紧密结合在一起,充满对妇女、非婚生子女的歧视和对家长、长子特权的维护。19 世纪以后,家庭法和继承法领域的封建色彩逐渐减少,尤其是“二战”以后,男女平等的原则真正得到确立,非婚生子女与婚生子女的差别基本消除,对子女权益的保护日益完善。

### 二、家庭法

中世纪的婚姻家庭法是教会法的重要组成部分。婚姻被视为男女两性的神圣结合,严守“一夫一妻”制。结婚必须出于男女双方自愿,而且不存在法定的婚姻障碍。主要的婚姻障碍包括:不准与异教徒和背叛基督教的人结婚,一定范围的亲属之间禁止结婚等。按照教会法的要求,结婚必须举行宗教仪式,并且一般情况下禁止离异。英国资产阶级革命爆发后,曾于 1660 年颁布一项法令,使当事人在极端的情况下获得解除婚姻的可能,但限制极严。据统计,该法令颁布后的 150 年中,在英国只有 4 名妇女的离婚请求获得批准。[30]

1836 年颁布的《婚姻法》改变了结婚必须举行宗教仪式的规定,当事人可以选择在教堂举行婚礼,也可选择在政府部门进行登记,由监督登记官经过法定程序发给结婚证书成立婚姻关系。

1857 年的《婚姻诉讼法》将婚姻案件的管辖权由教会法院移交给新设立的离婚法院,婚姻才最终获得世俗性质。该法首次承认可以通过离婚法院的判决离婚,但在离婚条件上,夫可以妻与人通奸为由请求离婚,而妻必须证明夫与近亲属通奸,犯重婚罪、强奸罪,或虐待、遗弃妻二年以上等事实方可请求离婚。

1895 年、1902 年的几项法令进一步放宽了妻子的离婚条件,1923 年的《婚姻法》最终

---

〔30〕 何勤华主编:《英国法律发达史》,法律出版社 1999 年版,第 323 页。

规定妻子可以夫与人通奸为由请求离婚,从而使妇女在离婚问题上取得了与男子平等的权利。

1969年的《离婚改革法》、1973年的《婚姻原因法》和1984年的《家庭诉讼法》等法令则将离婚理由进一步简化为婚姻已不可挽回地破裂,从而彻底抛弃了以往的"过错"离婚原则,代之以"无过错"离婚原则。

妇女在家庭中的地位也是逐渐提高的。在中世纪,按照教会法的"夫妻一体"原则,妻子处于从属于丈夫的地位,非经夫的同意,妻不得为任何法律行为,不能签订契约,不能出庭作证,夫妻间也不得提起诉讼。夫妻财产也是"一体制",妻子的所有婚前婚后财产都必须由丈夫管理并支配,当然丈夫也有义务偿还妻子婚前所欠债务,并对妻子的侵权行为负责。

为了改善已婚妇女的经济地位,衡平法通过对信托财产的调整和保护,确认已婚妇女可以成为信托财产的受益人。直到1882年颁布《已婚妇女财产法》,英国才最终赋予已婚妇女以独立的财产权。该法规定,已婚妇女有权将婚前或婚后取得的财产作为独立的财产,单独对该项财产进行管理和处分,从而形成了普通法系国家的"分别财产制"。1935年及其后颁布的一系列有关已婚妇女财产的法律进一步规定,废除"夫妻一体制"的封建残余,已婚妇女不仅有占有、管理和处分财产的能力,还具有订立契约、偿还债务和对侵权行为负责的能力。

在父母子女关系方面,子女地位逐渐提高,非婚生子女的权益也逐渐受到保护。在中世纪,家长对子女享有绝对的特权,不仅对子女的婚姻有最终的决定权,还有权惩戒甚至禁闭子女。在资产阶级革命以后相当长的一段时间里,亲子关系仍保留着父权制的痕迹,21岁以下的未成年人结婚仍需得到父亲的同意,未经父亲许可不得单独占有、使用、处置财产或签订契约。"二战"以后,未成年人的权益受到越来越多的关注。1969年的《家庭改革法》将成年年龄降至18岁。1974年的《未成年人救济法》规定,未成年人有权订立生活必须之契约,其所签订的关于举债以及供应商品的契约一律无效,但对与之订立契约的成年人一方则有效。

非婚生子女在家庭中的地位在中世纪完全不受法律保护,他们没有权利向生父提出任何要求,1235年的《麦顿条例》并且明确禁止认领非婚生子女。资产阶级革命后,父母与非婚生子女的关系逐渐得到法律的确认。1926年的《合法地位法》引入了一项罗马法原则,即非婚生子女因其父母结婚而取得合法地位。根据1935年《未成年人监护法》的规定,生母可以优先于生父取得对非婚生子女的监护权,并对子女的婚姻行使同意权。虽然在普通法上,生父与非婚生子女并无亲子关系,可以不负抚养义务,但在某些情况下,地方法院可下达"确认父子关系"的命令,责令父亲抚养孩子至16岁为止,[31]特殊情

---

〔31〕 上海社会科学院法学研究所编:《各国宪政制度和民商法要览》,欧洲分册(下),法律出版社1986年版,第422页。

况下可延长至21岁。[32]

## 三、继承法

英国的继承法起源于盎格鲁—撒克逊时代有关继承的习惯法。最初的继承主要是身份继承,财产继承处于从属地位,而且动产和不动产的继承有很大区别。当时的封地不能直接继承,持有人死亡后,其子须经封君重新授封才能继续持有封地。至12世纪初,持有人之子可以继承封地,但必须向封君缴纳土地继承税,而且土地不得分散,由此逐渐形成了身份和财产合一的长子继承制。13世纪以后,随着土地转让的日益普遍,形成了"不限嗣继承制"和"限嗣继承制"。[33]

1540年,国王颁布法令承认了土地的遗嘱继承。至于封建时代的动产继承则深受教会法的影响,教会曾利用教规及其特权,规定死者遗产中的动产必须分为三份,死者的妻子和子女各得一份,其余一份则留给教会,称为"死者的份额"。

资产阶级革命以后,遗嘱继承有了显著发展。1837年颁布的《遗嘱法》将处理动产和不动产的遗嘱形式统一起来,规定:遗嘱必须采用书面形式;必须由遗嘱人签字或在其监督下由他人代签;遗嘱人签字时必须有两名证人同时在场并在遗嘱上签字"证实"。在1938年以前,英国实行绝对自由的遗嘱继承制,即遗嘱人有权自由处分遗产,可以剥夺任何法定继承人的继承权,遗嘱只要通过法定程序设定即发生法律效力。但由于这种做法会带来许多社会问题,并使遗嘱诉讼日益增多,1938年英国颁布了《家庭扶养法》,对遗嘱自由加以适度的限制。该法规定,财产所有人之未亡配偶、未成年儿子、未出嫁女儿和由于身体或精神原因而无生活能力的子女,有权享受遗产的一定数额,使其生活得到必要的保障。这一规定为"二战"后颁布的一系列继承和财产法所肯定。1969年的《家庭改革法》并且规定,非婚生子女与婚生子女一样,有权从被继承人的遗产中获得抚养费。1975年的《继承法》则进一步将有权从死者遗产中获得抚养费的范围扩大至成年子女、死者未再婚的前配偶,以及死者生前部分或全部直接抚养的任何人。

如果死者生前没有立遗嘱,或者遗嘱无效,就实行无遗嘱继承。在无遗嘱继承问题上,英国曾长期实行长子继承制和男子优于女子的继承原则。1925年的《继承法》彻底废除了上述封建继承制度和原则,并且将动产继承与不动产继承规则统一起来。根据该法及其后颁布的一系列相应法律的规定,如果发生无遗嘱或者遗嘱无效的情况,死者的遗产将由其遗产管理人以信托方式出售。在遗产已变卖为现款并已清偿债务后,遗产管理人即根据法律的规定,在死者的某些近亲属中分配遗产。[34] 有权分得遗产的亲属包括:(1)生存配偶;(2)生存子女;(3)生存父母;(4)其他生存的近亲,如兄弟姐妹、祖父母

---

[32] 徐尚清主编:《当代英国法律制度》,延边大学出版社1990年版,第181页。

[33] 参见本章第三节中的"不限嗣继承地产权"和"限嗣继承地产权"。

[34] 上海社会科学院法学研究所编:《各国宪政制度和民商法要览》,欧洲分册(下),法律出版社1986年版,第416页。

和外祖父母、叔伯姑舅姨等。如果某人死亡未留遗嘱,且无上述范围的亲属,则遗产将成为无主物而归国家所有。与遗嘱继承一样,在无遗嘱继承中,也允许某些受死者生前抚养的人向法院提出在遗产中请求抚养费。

## 第七节　刑　　法

### 一、概述

英国是世界上少数几个至今没有颁布成文刑法典的国家之一。但英国刑法的发展却几乎随着整个英国法律史。早在盎格鲁-撒克逊时代,就存在以血亲复仇或赎罪金的方式来惩罚犯罪者的制度。1066年诺曼征服以后,在保留习惯法的基础上,对刑法作了适当改革,减轻了刑罚的严酷性,限制了血亲复仇。1166年的《克拉灵顿诏令》赋予巡回法官以审判所有重大罪行的权力,从而初步统一了刑法规范。13世纪时形成了重罪与轻罪的划分,并通过普通法院的司法实践活动逐渐形成了一些普通法上的罪名,如叛逆罪、谋杀罪、抢劫罪、强奸罪等。中世纪后期,国会也曾根据社会发展的需要颁布过一些刑事法令。但从整体上看,在19世纪中叶以前,英国刑法仍以普通法为主要法律渊源。19世纪中叶以后,国会颁布了大量的刑事立法,一方面对杂乱无章的普通法上有关犯罪与刑罚的内容进行整理和修补,另一方面也根据社会发展的需要增加一些新的原则和制度,如假释、缓刑等。在现代英国,刑法主要由制定法所规定,只有在制定法没有规定的场合才由普通法加以补充。但是,由于缺乏系统的刑法典,加上大量的刑事立法都只是对普通法规则的重新确认和整理,刑事立法的适用自然就离不开法院的判例,仍要依赖法官的解释。

### 二、犯罪的概念和分类

英国刑法并未对犯罪这一概念作统一定义。有的法学著作将其定义为:"犯罪是一种非法的作为、不作为或者事件。不管它是否同时也是一种民事侵权行为、不履行契约或违背信托,其主要后果是:如果查明了行为人而且警方决定起诉,就要由国家或者以国家的名义提起控诉;如果行为人被判定有罪,则不管是否责令他赔偿被害人的损失,他都要受到刑罚处罚。"[35]有的学者简要地将其定义为:"犯罪是一种可以提起刑事诉讼并导致刑罚的违法行为。"[36]

普通法曾长期将犯罪划分为叛逆罪、重罪和轻罪。叛逆罪指危害国家主权和安全的

---

〔35〕［英］鲁珀特·克罗斯、菲利普·A.琼斯:《英国刑法导论》,赵秉志等译,中国人民大学出版社1991年版,第1页。

〔36〕徐尚清主编:《当代英国法律制度》,延边大学出版社1990年版,第195页。

犯罪,在君主制政体下,它包括一切图谋致国王及王室重要成员于死地或使其身体受到伤害,或公开宣布这种意图,发动反对国王的战争,依附或帮助国王的敌人等叛逆行为。重罪指的是涉及没收罪犯土地与财物的严重犯罪,如谋杀、伤害、纵火、强奸和抢劫等。轻罪是指除了叛逆罪和重罪以外的较轻微的犯罪。1967 年《刑事法令》颁布以后,这三种罪的划分被取消,代之以可起诉罪、可速决罪和既可起诉又可速决罪的新分类。所谓"可起诉罪"(indictable offences),是指那些较为严重的、通过公诉程序加以审判的犯罪。公诉程序在皇家刑事法院进行,由法官和陪审团共同审理。所谓"可速决罪"(summary offences),是指那些较轻微的、通过简易程序加以审判的犯罪。简易程序在治安法院进行,由治安法官单独审理。"既可起诉又可速决罪"(offences triable either way)指的是那些既可用公诉程序又可用简易程序审判的犯罪。这类犯罪由 1980 年《地方法院法》明确列举,或由创设这些罪名的制定法明文规定,比如重婚、性骚扰等都是制定法明文规定的既可起诉又可速决罪。至于盗窃罪,则要视盗窃数额大小而定,数额大的是可起诉罪,数额小的就是既可起诉又可速决罪。

## 三、刑罚

英国历史上的刑罚较为严酷。由于长期盛行报复与威吓主义刑罚思想,死刑、苦役、肉刑等曾被广泛采用。19 世纪以后,刑罚的严酷性大大缓和,苦役和肉刑被废除。死刑的存废问题曾引起很大争议,自 1965 年《谋杀罪(废除死刑)法》颁布后,英国已基本废除了死刑,但理论上仍保留对叛逆罪和暴力海盗罪的死刑。有意思的是,尽管英国实际上已不执行死刑,并且是首批加入 1950 年《欧洲人权公约》的国家之一,但却拒绝签署《欧洲人权公约第六议定书》,因为该议定书要求成员国在和平时期废除死刑。直到 1998 年 9 月,随着《犯罪和骚乱法》的生效,英国最终彻底废除了死刑。现代英国的刑罚主要包括如下几种:

### (一)监禁

监禁的期限短则几天,长则终身。通过简易程序判决的监禁一般在 5 天到 6 个月之间。通过公诉程序判决的监禁一般不得超过法律规定的该项罪名的最高期限,但对惯犯可在法定最高刑之上加重处罚。终身监禁是英国现行刑罚体制下最严厉的刑罚,只适用于少数诸如谋杀等特别严重的犯罪。

图 4 英国历史上关押贵族囚犯的著名监狱——伦敦塔

### (二)缓刑

如果一项判决的刑期不超过 2 年,并且法官认为没有必要让罪犯在狱中服刑,法官可宣告判决暂缓执行,缓刑期限为 1 年以上 2 年以下。如果罪犯在缓刑期内未犯新罪,该判决即告终止,若再犯新罪,则除了对新罪判刑外,原判决也必须执行。

(三)罚金

在现代英国,罚金是一种广泛采用的刑罚,除谋杀罪以外,几乎所有犯罪都可适用。罚金既可独立适用,也可作为附加刑适用。法律对罚金的数额未作具体规定,由法官根据犯罪的性质以及罪犯的社会环境、收支状况等酌情而定。

(四)无偿劳动

这是对犯有轻微罪行者适用的刑罚。根据1972年《刑事审判法》的规定,对犯有应处监禁刑的16岁或16岁以上的罪犯,如果法庭认为合适,在征得罪犯本人和缓刑官同意以后,可发布社会服务命令,要求其从事一定时间的无偿劳动,其总和不少于40小时,不多于240小时。

(五)监督管制

对于无须判处监禁的年满16岁的罪犯,如果法官认为不需要对其判处更严厉的刑罚,但又有必要继续对其监督,可以直接判处6个月至3年的监督管制。

(六)无条件或有条件释放

对于某项法律未明文规定刑罚的犯罪,法院可根据罪行性质和罪犯的情况,如认为不适宜对其判处其他刑罚,可宣布对其无条件或有条件释放。无条件释放者即刻获得自由,案件终结;有条件释放者在规定期限内(不超过3年)如再次犯罪,则原来的罪行也要重新判刑。

(七)没收财产

没收财产为附加刑,一般不单独适用。只要法院认定罪犯曾使用或企图使用某项财产从事犯罪活动,就可没收该项财产。

由于英国缺乏统一的刑法典,刑罚的适用难免出现效率低下、量刑标准不一等现象。为了克服这些弊端,英国于20世纪末开始对量刑制度进行规范化,成立独立的量刑指南机构制定针对各类犯罪的量刑指南,以指导法官规范量刑。与此同时,英国开始考虑对议会制定的分散的各类犯罪法进行系统化。2018年11月,英国法律委员会提出了一个整合既有量刑立法的“量刑法提案”。2020年1月21日,英国议会通过了《量刑法》,该法于同年12月1日生效。该法通过将以前所有的量刑立法整合到一个单一的法律中,简化了量刑程序。有英国律师评论道:“该法将分布在65个不同的议会立法中的1300多页法律汇集在一起,并对以前的立法进行了189项相应的修正,将它们整理成一个单一的法典。这使得找到正确的、相关的立法更加容易,并带来更准确、更公平的判决。”[37]

---

[37] Clea Topolski & Libby Anderson, *The Sentencing Act* 2020, https://crucible. law/insights/the - sentencing - act - 2020,最后访问时间:2022年9月1日。

# 第八节　诉　讼　法

## 一、法院组织

英国历史上曾长期存在普通法院与衡平法院两大法院系统。19 世纪后期司法改革以后，取消了两大法院系统的区别，逐渐摆脱了旧的繁琐形式，形成了较为统一的法院组织体系。现行的英国法院组织从层次上可分为高级法院和低级法院；从审理案件的性质上则可分为民事法院和刑事法院。

### （一）高级法院和低级法院

19 世纪后期直至 2009 年，英国的高级法院包括上议院、枢密院司法委员会和所谓“最高法院”。上议院是实际上的最高法院，由大法官、前任大法官和法律贵族组成，是英国本土民事、刑事上诉案件的最高审级。依惯例，外行的贵族并不参加上议院的审判活动。依据 1981 年《最高法院法》，所谓“最高法院”只是英格兰和威尔士地区的高级法院，由上诉法院、高等法院和皇家刑事法院三个部分组成。根据 2005 年《宪政改革法》，英国于 2009 年 10 月建立了有史以来第一个真正的最高法院，取代了上议院的司法职能，成为除苏格兰刑事案件之外英国本土最高司法机关。相应地，原来的“最高法院”调整为“英格兰和威尔士高级法院”。[38] 枢密院司法委员会是英联邦某些成员国、殖民地、保护国和托管地法院的最高上诉审级，同时也受理教会法院、军事法院及其他专门法院的上诉案件。

低级法院包括郡法院和治安法院。

图 5　英国最高法院，坐落于议会广场西侧，原米德尔塞克斯市政厅旧址

〔38〕 参见英国法律信息网，http://www.inbrief.co.uk/legal-system/supreme-court.htm，最后访问时间：2015 年 11 月 28 日。

(二)民事法院和刑事法院

现行的民事法院系统由郡法院、高等法院、上诉法院民事分院和最高法院组成。郡法院是处理民事案件的基层法院,有权审理标的在25,000英镑以下的人身伤害赔偿案件以及赔偿要求在50,000英镑以下的民事案件。不服其判决者可上诉至上诉法院民事分院或高等法院。高等法院设有三个法庭:王座法庭、大法官法庭、家事法庭。审理赔偿要求超过50,000英镑的初审民事案件。根据1991年《高等法院和郡法院审判权规则》,对于标的在25,000英镑和50,000英镑之间的民事案件,当事人可以选择在高等法院或郡法院起诉。亦有权受理不服郡法院判决的上诉案件。上诉法院民事分院受理来自郡法院、高等法院及全国劳资关系法院和各种行政裁判所的上诉案件,一般情况下其判决为终审判决。最高法院虽为最高审级,实际上只审理极少数具有"普遍重要性"的涉及法律争议的上诉案件。刑事法院系统由治安法院、皇家刑事法院、上诉法院刑事分院和最高法院组成。治安法院有权审理可速决罪和少年犯罪案件,同时有权对可起诉罪进行预审,亦可兼理某些轻微民事案件。大约有98%的刑事案件都由治安法院通过简易程序加以审判。[39] 皇家刑事法院有权审理可起诉罪,是刑事法院系统中唯一适用陪审制的法院。它分散在全国各巡回审判区开庭审判。除初审管辖权外,亦可受理不服治安法院判决的上诉案件。上诉法院刑事分院主要受理来自皇家刑事法院的上诉案件。从理论上说,不服上诉法院刑事分院判决者还可以上诉至最高法院,但实际上这种可能极小,除非是有重大影响的案件。

## 二、陪审制度

(一)起源及演变

一般认为,英国是现代陪审制(jury system)的发源地。但英国的陪审制并非土生土长,而是从法兰克移植而来。法兰克的一些封建君主为了巩固王室权力,发展了一种调查程序,即召集若干熟悉情况的地方人士,宣誓证实有关古代王室的权力,以削弱诸侯的势力。诺曼征服后,这种制度被带到英国。1166年,亨利二世颁布了《克拉灵顿诏令》,将陪审制正式确立下来。它规定,发生刑事案件后,必须由熟悉情况的12名陪审员向法庭控告,并证明犯罪事实。这就是所谓的起诉陪审团,即大陪审团。由于同一批人既控告犯罪,又证实犯罪,容易使被告陷入危险的境地,1352年,爱德华三世下令禁止起诉陪审团参与审判,要求另设一个12人的陪审团进行实体审理。这就是通常所说的小陪审团。至此,英国出现了两个陪审团:大陪审团负责起诉,决定是否对犯罪嫌疑人提出控诉;小陪审团负责审理,决定被告是否有罪。大小两个陪审团在英国共存了几百年,并因此构成英国陪审制的重要特点之一。

---

〔39〕 D. G. Cracknell, *English Legal System Textbook*, 17th editions, HLT Publications, 1995, p. 179.

（二）陪审制的运用

在历史上，陪审制曾被作为一种民主的象征而广泛采用，几乎所有的初审民事和刑事案件都可要求陪审团参与审理。但是，随着社会的发展，审判节奏也要求加快，英国法就逐渐限制了陪审制的运用。根据1933年的《司法管理（混合规定）法》的规定，在民事审判中，当事人有权请求陪审团参与的仅限于欺诈、诽谤、诬告、非法拘禁案件。然而，根据1990年的一个判例，即使在这些案件中，如果法院认为陪审团参与审理会拖延对有关文件、账目的检查或者对有关证据的科学的、地方性调查的话，可以决定不设陪审团。〔40〕

在刑事审判中，只有皇家刑事法院在审理可起诉罪时才召集陪审团。陪审团的职责是就案件的事实问题进行裁决。在刑事案件中，陪审团必须就被告是否有罪进行裁决，一般不涉及量刑问题。如果裁决无罪，必须当庭释放被告；如果裁决有罪，则由法官决定刑罚。在民事案件中，陪审团必须决定责任程度和赔偿数额。陪审团的裁决在历史上必须是全体通过，现在一般案件只要求多数通过，但仍有些案件要求一致通过。如果不能作出一致或多数裁决，法官将解散该陪审团，重新组织一个陪审团。对陪审团作出的裁决一般不允许上诉。当然，如果法官认为陪审团的裁决存在重大错误时，可以撤销，重新判决。

## 三、辩护制度

早在希腊、罗马时代，法庭辩护制度就已出现，当事人既可为自己辩护，也可委托他人为自己辩护。罗马帝国后期，职业法学家在法庭中为当事人辩护已十分流行。英国人继承了这项制度，并加以发展。由于英国普通法的形式主义及其程序的复杂性，职业律师参与诉讼更有必要。在长期的实践活动中，英国逐渐发展出一套与大陆法国家完全不同的对抗制诉讼方式和独特的律师制度。

（一）对抗制

对抗制（adversary system），又称“辩论制”，即民事案件中的原被告律师以及刑事案件中的公诉人和被告律师在法庭上相互对抗，提出各自的证据，询问己方证人，盘问对方证人，并在此基础上相互辩论。法官主持开庭，并对双方的动议和异议作出裁决，对违反命令者则以“藐视法庭罪”论处。但法官不主动调查，也不参与提问，在法庭中仅仅充当消极仲裁人的角色。这就是所谓的“对抗制”。与此同时，大陆法国家则采用纠问制（inquisitory system）的诉讼方式，对于诉讼的进行及证据的调查皆以法院为主，法官以积极审判者的形象主持法庭。

（二）律师制度

传统英国律师制度的最大特征就是其律师分为两大类：出庭律师（barrister）和事务律师（solicitor）。事务律师，又称诉状律师，主要从事一般的法律事务，如提供法律咨询，

---

〔40〕 D. G. Cracknell, *English Legal System Textbook*, 17th editions, HLT Publications, 1995, p. 218.

制作法律文书,准备诉讼,进行调解等,也可在低级法院如郡法院、治安法院出庭,代表当事人进行诉讼。但他们不能在高级法院出庭辩护,这一权利由出庭律师独享。出庭律师可以在任何法院出庭辩护。他们不直接与当事人发生联系,而由事务律师聘请。事务律师向出庭律师介绍案情,为其准备材料,陪同其出庭辩护。两种律师之间界限分明,互不统属。相比之下,出庭律师地位较高,因为他们是法官的主要后备力量。他们执业 10 年或更长时间以后,可以被提名为巡回法官、高等法院法官或上诉法院法官,或者由大法官提名,由英王授予皇家大律师的头衔。而事务律师执业时间更长,最多被提名为治安法院法官或皇家刑事法院的记录法官。

由于两类律师各有分工,当事人的诉讼费用就不可避免地增多了。在一般案件中,当事人都必须同时聘请两个律师;如果案件涉及皇家利益,则必须再聘请皇家大律师,这样当事人就要同时负担三位律师的费用。因此,不同律师的划分受到很多批评。近年来,英国对律师制度进行了重大改革,两类律师之间的差距日益缩小,两者的职业垄断已被打破。事务律师如经过严格的培训和考核,亦可取得在高等法院辩护的权利;而财产转让等事务也不再由事务律师独占。[41]

图 6　四大律师学院之一的内殿法院

## 第九节　英国法的历史地位

### 一、英国法的影响

在当今世界各种法律体系中,影响最大的莫过于普通法系(英美法系)和民法法系

〔41〕 王云霞:《从分立迈向合并:英国律师制度改革的基本走向》,载《中外法学》2003 年第 2 期。

(大陆法系)。英国则是普通法系的发祥地,普通法系的许多重要原则和制度都源于英国的法律传统。英国法无论在发展方式还是结构体例、表现形式、分类方法、概念术语、具体制度乃至思想观念上,都与大陆法系国家存在巨大差异,正是这些差异使得英国法独具魅力,并对许多国家和地区的法律制度产生了深刻影响,从而也使普通法系具有与大陆法系完全不同的内涵和形式。与此同时,英国法一直是普通法系的核心,普通法系在其形成和发展过程中,始终是以英国为中心向外传播的:普通法是传播的基础和核心,英语是传播的媒介和工具,殖民统治是传播的动力和保障,而英联邦则是维护传播的纽带和桥梁。总之,英国法虽然只有一千多年的历史,却对世界法制文明产生了深远的影响,而这种影响的最集中表现,就是普通法系。

## 二、普通法系

### (一)普通法系的形成

普通法系(common legal system)是指以英国普通法为基础建立起来的世界性法律体系。它是随着英国的对外殖民扩张而逐渐形成的。英国大约从17世纪开始推行殖民扩张政策,相继在世界各地建立了许多殖民地,并在当地推行英国法。虽然英国在一定程度上允许殖民地适时制定一些法律,并相应建立了殖民地司法机构以行使审判权,但是,殖民地立法不得与英国法律相抵触,并且英国保有殖民地案件的最终审判权。经过几个世纪的殖民统治,英国法已深深融入当地社会,成为殖民地占统治地位的法律规范。到19世纪英国成为名副其实的"日不落帝国"时,普通法系也最终形成了。第一次和第二次世界大战以后,许多殖民地获得独立,但大都加入了英联邦,依然保留着殖民地时期的法律传统。普通法系非但没有解体,反而通过英联邦这条纽带得到进一步加强,英国法的许多新发展都可能对英联邦成员国产生重大影响,成员国彼此之间在法律上的变化也可能相互影响。在普通法的形成过程中,由于各殖民地的社会文化背景不同,接受英国法的途径和后果也不尽一致。大体说来,有如下三种类型:

1. 殖民地社会尚未开化,在英国殖民者到来之前还没有国家和法律,美国、澳大利亚、新西兰等前英国殖民地就属于这种情况。由于殖民地领土广阔,土著居民稀少,社会发展水平低下,而英国移民却相对众多,这些地区对英国法的接受相对来说较为顺利,也比较全面,只在某种程度上根据自身发展的需要作了适当修改。

2. 殖民地原有社会发展水平相对落后,但已经存在粗浅的法律制度,亚洲、非洲的许多前英国殖民地就属这种情况。英国殖民者对这些地区一般采取间接管理的方法,既强行推行英国法,又在一定程度上允许原有习惯法和宗教法的适用。

3. 殖民地原有社会发展水平较高,已经存在较为发达的法律制度,如印度等。英国殖民者没有从一开始就强行推行英国法,而是表示尊重原有法律传统,通过逐渐引入英国法律原则和制度、对原有法律传统进行改良等方式,建立一种既与英国法相兼容、又保留了传统法律的新秩序。

(二)普通法系的特点

相对于大陆法系而言,普通法系具有如下基本特点:

1. 以判例法为主要法律渊源。受英国法的影响,普通法系国家的法律渊源一般都分为普通法、衡平法和制定法。有些国家如印度等并没有单独的衡平法院,但衡平法的规范依然存在。普通法和衡平法都是判例法,是通过法官的判决逐渐形成的,以遵循先例为基本原则。普通法系国家也有制定法,其中也有不少名为“法典”的制定法,而且制定法的数量日增,地位也越来越高。但普通法系的制定法大都是对判例法的补充或整理,往往缺乏系统性;其法典也不像大陆法系的法典那样高度概括、严密而富有逻辑性,往往比较具体、细致,而且其内容往往比较狭窄,不能涵盖整个法律部门。

2. 以日耳曼法为历史渊源。普通法系的核心英国法是在较为纯粹的日耳曼法——盎格鲁—撒克逊习惯法的基础上发展起来的,日耳曼法的一些原则和制度对普通法的影响非常大。这与大陆法系以罗马法为历史渊源恰成对照。虽然英国法也曾受到过罗马法的影响,但只在契约、动产、商法、遗嘱等具体制度上吸纳了罗马法,并不像大陆法系那样从原则制度到结构体例、概念术语等各方面全面继承罗马法。

3. 法官对法律的发展举足轻重。由于普通法系以判例法为主要法律渊源,而判例法正是法官在长期的审判实践中逐渐创造的。一项判决既已作出,不仅对当时的案件具有拘束力,对以后相应的案件也同样有法律效力。也就是说,法官的判决具有立法的意义。此外,由于普通法系的制定法往往只是对判例法的重申和整理,对制定法的理解和适用自然就离不开法官的解释,以致一项制定法的颁布本身已失去实际意义,只有在法官依据它作出相应判决以后,人们才能理解并运用它。因此,普通法系素有“法官造法”之说。

4. 以归纳法为法律推理方法。由于以判例法为主要法律渊源,法官和律师在适用法律时,必须通过对存在于大量判例中的法律原则进行抽象、概括、归纳、比较,然后才能将最适当的法律原则运用到具体案件中去。这一特点深刻影响了普通法系的法学教育方式。英美国家法学院培养学生要“像律师那样思考问题”,因此主要运用判例教学法授课,学生通过阅读大量的判例和资料,讨论分析案情,掌握包含于判决中的法律原则。

5. 在法律体系上不严格划分公法和私法。普通法系受罗马法的影响较小,并不按照法律规范所保护的是公共利益还是私人利益,将各法律部门截然划分为公法或私法。但现代有些法学家为了阐述问题的方便,也引用公法和私法的概念。由于不严格区分公、私法,英国的行政法曾长期得不到应有的重视,也不存在单独的行政法院。相应地,普通法系很多国家都没有统一的民法部门,而是按照历史传统,将相关的法律划分为财产法、契约法、侵权行为法等部门。

## 参考阅读书目

1. [英]丹宁勋爵:《法律的正当程序》,李克强等译,群众出版社 1984 年版。

2. [英]F. W. 梅特兰:《普通法的诉讼形式》,王云霞等译,商务印书馆 2009 年版。

3. [英]威廉·布莱克斯通:《英国法释义》(第 1 卷),游云庭、缪苗译,上海人民出版社 2006 年版。

4. 何勤华主编:《英国法律发达史》,法律出版社 1999 年版。

5. 王泽鉴主编:《英美法导论》,北京大学出版社 2012 年版。

6. 李红海:《普通法的历史解读——从梅特兰开始》,清华大学出版社 2003 年版。

7. 李红海:《英国普通法导论》,北京大学出版社 2018 年版。

8. [英] 哈利·波特:《普通法简史》,武卓韵译,北京大学出版社 2022 年版。

9. [美]腓特烈·坎平:《盎格鲁—美利坚法律史》,屈文生译,法律出版社 2010 年版。

10. 冷霞:《英国早期衡平法概论——以大法官法院为中心》,商务印书馆 2010 年版。

11. D. G. Cracknell, *English Legal System Textbook*, 17th ed. , HLT Publication, 1995.

12. J. H. Baker, *An Introduction to English Legal History*, 3rd ed. , Butterworths, 1990.

# 第十章　美国法

图1　宣读《美国宪法》

【导　读】

本章的学习主要是了解美国在继承英国普通法基础之上创立和发展本国法的历史，了解美国法律的特质，了解美国宪法的基本精神和基本原则，了解美国富有特色的部门法制度的演进和主要内容，了解美国法律对世界法律的影响。

【问题讨论】

1. 怎样理解美国法在继承英国普通法传统的基础上获得独创性发展？
2. 美国宪法的基本原则及其理论基础。
3. 美国联邦最高法院违宪审查权的确立、运用及其影响。
4. 美国司法制度的特点。

# 第一节　美国法的形成及发展

美国的前身，是英国在北美建立的13个殖民地。美洲大陆最早的居民是印第安人，1492年，意大利航海家哥伦布航行到达美洲大陆。从16世纪初开始，西班牙、荷兰、瑞典、法国、英国等殖民者纷纷入侵，对北美进行激烈争夺。到1722年，英国战胜其他殖民者，在北美建立了13个殖民地。[1]

由于美国和英国的特殊的历史渊源关系，因而美国法一开始就被打上了英国法的烙印，美国法是在继承和改造英国法的基础上逐步建立和完善的，其发展大致可划分为三个时期。

## 一、美国法的起源(殖民地时期)

美国法的发端，在北美的殖民统治时期。由于欧洲各殖民国家的激烈争夺，北美殖民地出现过一个短暂的法的多元化局面。随着英国对北美的殖民统治的确立，英国普通法被带到北美并在北美殖民地推行。

但是，18世纪以前，英国法并没能在北美取得支配地位。

从18世纪初到北美独立战争，北美出现了接受普通法的趋势。1722年，英国在北美建立了13个殖民地，在北美取得了绝对优势。1756年至1763年，英法两国为争夺北美和印度，进行了著名的七年战争，结果，法国失败，两国订立了《巴黎和约》，英国在北美取得了加拿大和密西西比河东岸的土地，从而进一步确立了它在北美殖民地的统治地位。

15

图2　1624～1774年的十三个殖民地

至此，普通法在北美殖民地的支配

[1] René David and John E. C. Brierley, *Major Legal Systems in the World Today*, Stevens & Sons, 1978, p.369.

地位也最终确立。这一时期,英国普通法在北美殖民地得以取得支配地位,原因主要有以下几点:

第一,殖民地经济发展的需要。殖民地经济的发展,要求有与之相适应的法律进行调整,而当时的英国法已经适应资本主义经济的发展,逐步摒弃了法的封建性因素,走向近代化,为调整殖民地经济关系提供了现成的规范。

第二,英国政府加强了对北美殖民地立法的干预。英国政府要求殖民地立法必须服从英国法原则,凡被认为违反英国法的立法均被宣布无效。

第三,普通法文献和知识的广泛传播。从18世纪初期开始,随着经济贸易关系的发达和政治观念的改变,殖民地人民用新的眼光来看待大量输入的英国法律,很多人接受关于英国法律的专门训练,成为通晓英国法的法官和律师。1771年,英国法学家布莱克斯通的《英国法释义》在美国费城出版并引起"惊人的反映"。[2] 这些都为人们了解、研究英国法提供了极大的方便,使英国法理论和原则得到广泛传播。

北美殖民地时期英国普通法的施行奠定了美国法的基础,决定了美国法的基本风格。以此为开端,美国法在继承、改造英国法的同时,赋予其法律以不同于英国法的特质,逐步形成自己的法律体系。

## 二、美国法的形成(1776年~19世纪中叶)

1776年至19世纪中叶,是美国法的形成时期。1776年7月4日,在费城召开的北美第二次大陆会议通过了《独立宣言》,宣布北美独立,建立美利坚合众国。这为美国法的形成和独立发展创造了条件,此后,美国法进入它的形成时期。

### (一)美国法形成过程中的独立化倾向

早在殖民地时期,北美人民试图摆脱英国法的影响,走法的独立发展道路的观念就已经萌芽,一些殖民地纷纷制定自己的成文法律,如1639年康涅狄格的《基本法规》,1641年马萨诸塞的《自由典则》,1668年卡罗来纳的《根本法》,1682年宾夕法尼亚的《施政大纲》等都清楚地表达了这种独立自主的观念,以及一开始就存在的英美两国对成文法态度的差异。随着美国的独立,创建美国自己的法律制度和法律体系成为亟待解决的问题,法律创制的独立化倾向也日益明显。独立后,美国除制定全联邦性的《邦联条例》(1777年)、《联邦组织法》(1781年)和《美利坚合众国宪法》(1787年)等法律外,很多州禁止援用英国判例,并相继制定成文法,如1808年新奥尔良地区按照法国法的模式,通过了自己的民法典,1836年马萨诸塞州立法委员会也要求起草一部法典。美国试图摆脱对英国法那种往往不加鉴别或修改而给予认同的状况。加上边沁倡导的法律改革和法典编纂思想的影响以及美国社会生活和文化观念的特殊性,美国法在它的形成过程中,呈现出与英国法相对独立的发展趋势。

---

[2] Lawrence M. Friedman, *A History of American Law*, Simon and Schuster, 1985, p. 102.

（二）以普通法为基础的新法律的创制

十八九世纪的英国普通法已经随着工业革命的开展，完成了由封建法向资本主义法的转变，古老的法律原则和法律概念，被赋予全新的资本主义内涵，这就决定了它与美国的政治经济性质的一致性，为美国对英国法的继承提供了一个基本前提。并且，对于刚刚独立的美国来说，英国普通法在法学理论上和司法实践上都表现出强大的优势，庞大的普通法法学家和法官队伍以及他们的努力工作已使普通法深入人心。此外，随着1783年英、美《巴黎和约》的签订，民族矛盾得到解决，加之在美英国移民的增多，语言文化的相通，所有这些都影响了美国法风格的最后确立。

19世纪上半叶，是美国的法学研究成果多产的时期，美国法学家和法律工作者纷纷发表文章和著作，对美国法进行阐释，这些法学家中最有影响的人物是詹姆斯·肯特（James Kent，1763～1847年）和约瑟夫·斯托里（Joseph Story，1779～1845年）。[3] 1826年至1830年，法学家詹姆斯·肯特的伟大著作——四卷本的《美国法律评论》出版。肯特主张尽可能地依赖古老的英国法律，当普通法判例不适当或者没有这方面判例时，应采用大陆法原则。1831年至1845年，美国最高法院大法官约瑟夫·斯托里的多卷本系列美国法评论著作问世。[4]这些著作包括：《保释》《论宪法》《冲突法》《衡平法法理学》《衡平法的申诉与答辩》《代理》《合伙》《汇票》《期票》。在这些著作中，斯托里不仅系统评论了美国法，而且科学地阐释了美国法与英国法的关系。他们的著作不仅使人们知道了美国法是什么样的，而且他们遵循英国法传统，创制美国化法律的基本思想和主张最终在理论上对美国建国初期的法律争论和实践作了小结，肯特和斯托里为美国最终继受英国法起到了积极作用。

对美国法的形成起了重要作用的，还有19世纪中叶戴维·达德利·菲尔德（David Dudley Field，1805～1894年）倡导的法典编撰运动。菲尔德是美国律师，曾受纽约州立法机关的任命，任诉状和诉讼程序委员会的成员、法律汇编委员会主席，他致力于法典编撰著述和实践，领导制定了纽约州的《民事诉讼法典》（1848年）等几部法典，进行了普通法法典化的伟大尝试，声称："我们所要的是普通法的法典化。""我们将要拥有一部我们自己的法律文献——一部美国法典。"[5]菲尔德的努力推动了其他州的法典编撰工作。这一运动虽然没有改变美国继承英国法的基本格局，但对美国法的独立发展起了重要作用。到19世纪中叶，以英国法为基础的美国法模式最终确立。

## 三、美国法的发展（19世纪中叶以后）

19世纪中叶以后，随着产业革命的完成，新科学技术被广泛应用，交通和通信得到了极大改善，美国在经济上已成为工业化强国，加之海外扩张的结果，使美国城市迅速发

[3] Lawrence M. Friedman, *A History of American Law*, Simon and Schuster, 1985, p. 328 – 331.

[4] Lawrence M. Friedman, *A History of American Law*, Simon and Schuster, 1985, p. 330.

[5] [美]伯纳德·施瓦茨：《美国法律史》，王军等译，中国政法大学出版社1989年版，第79页。

展,人口大大增加,这一切都给美国法的发展提出了新的要求,促进了美国法的发展。从19世纪中叶开始,美国对既有法律进行了卓有成效的改造。作为这种改造的结果,美国法在承袭普通法传统的同时,以自己独创性风格迅速发展。就法律的发展进程来看,在19世纪中叶以后,美国法经历了南北战争以后的平稳发展时期以及罗斯福新政和第二次世界大战后两个大的发展时期。19世纪中叶以来美国法的发展主要表现为如下几个方面:

(一)法的统一化和系统化

美国法律体系既是一个以判例法为主体的法律体系,又是一个包含了纷繁复杂的各州法律的法律体系。为实现普通法法典化和各州法律的统一化,于1878年成立的美国律师协会(American Bar Association, ABA)将推动通行于整个联邦的统一立法作为它的主要工作目标。

1892年成立了美国统一州法律全国委员会( National Conference of Commissioners on Uniform State Laws,NCCUSL),其成员由各个州委派的代表组成。该委员会对判例法和各州立法进行了系统整理,先后制定出一百多部称为"标准法"的法典。根据美国宪法原则,这些法典对各州不具有当然的强制性效力,只是为各州的相关立法和司法提供参考和准则。这类法律比较重要的有1896年的《统一流通票据法》、1906年的《统一买卖法》和《统一仓库收据法》、1909年的《统一提单法》和《统一股票转让法》、1914年的《统一合伙法》、1933年的《统一信托收据法》以及1952年的《统一商法典》等。这些成文法有的为大多数州所采纳,有的得到各州的一致采纳,如1952年的《统一商法典》就实施于美国的50个州和哥伦比亚特区。

1923年,美国法学会(American Law Institution, ALI)成立,该学会由律师、法官和法学家创设,学会以非官方的"法律重述"(Restatement of the Law)的形式对判例法进行归纳整理和体系化编纂,使普通法的规则得到系统阐释和表述。1923年开始的第一版"法律重述"涉及九个领域,包括合同、代理、冲突法、侵权、恢复原状、财产、信托、担保、判决。1952年和1987年又分别编撰了第二版和第三版,增加了对外关系法、不当得利、保证法、反不正当竞争法等内容,第三版的修订目前仍在进行中。重述中的每一条通常由规则、评注、示例和报告人注释四方面内容构成,通过解释、评注、案例等方式对普通法的规则展开阐释,使其内容得以清晰化。法律重述虽不具有强制拘束力,但一直被认为是"具有高度说服力的法律渊源",在法院判决中被频繁引用;同时,法律重述也使杂乱无章的普通法规则得到逻辑化、体系化的整理,极大推动了美国法的统一化和系统化。[6]

此外,美国联邦国会也开始将国会历年颁布的单行法规进行整理汇编,以《美国法典》(U. S. Code)的形式颁布。1926年,《美国法典》第一版出版发行,包括了1925年12月7日之前全部有效的国会制定法,内容按50个专题分类汇编。1934年出版了《美国法

---

〔6〕 参见林彦:《美国法律重述与判例》,载《法律适用》2017年第8期。

典》第二版，此后每六年会重新编纂颁布一次，目前的版本共53卷。在六年的期间内，每年国会新通过的法律会被编辑成一个补充卷，以便于最新法律的查找。《美国法典》是"索引式"的法律汇编，以便于制定法的分类与检索，其形式不同于大陆法系逻辑严密的法典编纂，但对美国法的系统化亦产生了积极影响。[7]

（二）法律内容的近代化

19世纪中叶以后，美国法在实现统一化和系统化的同时，实现了由封建的普通法向资产阶级法的彻底转变。这种转变主要表现为根据美国国情和宪法精神，对普通法和旧法令进行修正和改造，使古老的法律原则近代化，跟上社会政治、经济和法律观念的发展进程。

南北战争以后，伴随着资产阶级在政治、经济和思想上的胜利，1865年，《美国宪法》第13条修正案宣布废除奴隶制度，标志着资本主义在美国取得全面胜利并得到根本法的确认。1868年颁布的《美国宪法》第14条修正案，通过对各州权力的限制，为公民的生命、自由和财产权提供了充分的法律保障。以后又通过了一系列宪法修正案和法律，禁止对公民选举权在性别、种族、财产等方面的资格限制，并通过新判例和新法律废除了种族歧视性法律。尤其是美国根据国情和资本主义精神对普通法原则进行了批判和改造，如为鼓励资本主义的土地开发和利用，取消了对不动产转让的特殊限制，确立了土地的自由转让制度和土地的"逆占有"（adverse possession）所有权转移制度。[8]对繁琐的诉讼程序进行改革，使各州的诉讼制度趋于统一化。

也是在这一时期，美国建立了富有特色的判例法理论，形成了自己的"先例原则"。这一原则的具体规则是：州下级法院在州法律问题上受州上级法院判决的约束，在联邦法律问题上，受联邦法院，特别是联邦最高法院判决的约束；联邦法院在联邦法律问题上，受联邦上级法院判决的约束，在州法律问题上，受相应州不违背联邦法律的州法院判决的约束。但美国联邦最高法院和州最高法院在实行先例原则的时候，一开始就享有在必要时改变先例和创造新判例的权力，不受先例的绝对约束。对先例是否遵循，主要是以是否有利于美国资本主义发展为标准。通过一系列的立法和司法改革，美国法被赋予新的精神和观念，始终保持对美国经济与社会发展的保护和促进作用。

（三）法在现代时期的发展

以19世纪末20世纪初为转折点，美国进入垄断资本主义时期。随着经济上从自由竞争走向垄断，美国在政治上表现出一种联邦主义倾向，联邦权力相对于州权力不断加强，与此同时，联邦中央权力结构中，以总统为代表的行政权力日益扩大，法律的"社会控

---

〔7〕《美国法典》的全文内容可以在美国康奈尔大学"法律资讯中心"（Law Information Institute）网站上查阅，查询网址请见 https://www.law.cornell.edu/uscode/text。

〔8〕"逆占有"也称"相反占有权"，内容为如果有人以主人身份使用他人土地，而土地所有人在规定的时间内未采取阻止措施，那么，土地所有人就将丧失土地所有权，非法占有人取得该土地所有权。该制度的形成和发展与美国西部开发、国家鼓励人们有效利用土地资源的政策相关。参见 Lawrence M. Friedman, *A History of American Law*, Simon and Schuster, 1985, p. 413。

制”功能加强,这一切都使20世纪的美国法较之19世纪末以前有了较大变化,带有现代社会的新特点。这些变化主要有以下几个方面:

1. 行政命令增多,委托立法出现。19世纪末以来,行政命令的作用和地位日益提高,成为一种重要的法律形式。如罗斯福新政立法涉及工农业、金融业以及劳工和社会保障领域。此外,国会往往以授权委托的形式将某一特定事项的立法权交给总统或某一行政机构行使。政府往往以这种行政命令和委托立法的形式干预和调整社会生活。

2. 新的法律部门的建立和成文法地位的上升。除了传统的法律部门外,随着现代经济的发展,新的法律部门纷纷建立。1890年,美国制定了世界上第一部现代意义的反垄断法——《谢尔曼法》,随着以后《克莱顿法》《联邦贸易委员会法》等反垄断法的建立,美国形成了完善的反垄断法体系。1932年,联邦国会制定第一部现代劳资关系法——《诺里斯—拉瓜迪亚法》,以后又制定了以1935年《国家劳工关系法》为代表的一系列劳工立法,从而形成劳工立法体系。1935年,美国制定了它的第一部社会立法——《社会保险法》,从此,社会福利立法成为美国重要的法律部门。

与这种变化同时存在的,是成文法地位的上升,判例法地位的下降。

3. 民主性和科学性的加强。20世纪中期,世界范围内民主力量不断增长,工人罢工斗争不断。为限制工人的政治和经济斗争,保护垄断资产阶级利益,美国在这一时期制定了《塔夫脱—哈特莱法》(1947年)、《颠覆活动管制法》(1948年)、《国内安全法》(1950年)等一系列反民主法律。但50年代以后,美国法的民主倾向和科学性逐步加强。在公法领域制定一系列人权法案和宪法修正案,强调对人权的确认和保护以及对公民的平等保护。在法律上解决了种族平等、男女平权问题。在实施宪法平等保护条款的时候,提出了为真正实现法律形式上的平等,应当对事实上处于不平等地位的一部分人提供法律补偿的问题。行政法从以控制权力为中心转向以提供福利和服务为中心,完善了公众监督机制。刑事法律的修订和发展体现出轻刑化和非刑事化倾向。在私法领域,注重在保护私人利益的同时,强调对社会公共利益的保护。环境保护、消费者权益保护、劳动关系的调整打破了行业界限,形成了社会调整机制。新的科学技术在法学研究和法律实践中得到广泛应用。〔9〕

4. 国家安全与公民自由遭遇新挑战。20世纪90年代后,美苏冷战因苏联解体而宣告终结,美国成为世界唯一的超级大国。为维护以美国为主导的国际秩序,美国以民主自由为借口不断发动对外战争,但也导致了恐怖主义兴起的恶果,自身国家安全受到严重威胁。在这种情况下,反恐怖主义与国家安全立法开始成为活跃的立法领域。1986年和1996年通过的《综合外交安全与反恐法》和《反恐和死刑实施法》,成为美国反恐立法的先声。2001年“9·11事件”后,美国国会又相继通过了《爱国者法》《国土安全法》等多部旨在预防和打击恐怖主义犯罪的立法,建立了相对完整的反恐法体系。这些法案导

〔9〕 关于美国法在现代时期的发展,详细参见何勤华主编:《美国法律发达史》,上海人民出版社1998年版,第二章。

致执法部门的权力扩张，如无须司法机构审查即可实施电子监控、放宽住宅搜查限制、人身保护令状受限等，给传统的公民自由保护带来了新挑战，引发了一系列宪法诉讼，成为新时期美国法律发展的焦点问题。

## 第二节　宪　　法

### 一、宪法的历史渊源

《美国宪法》虽颁布于1787年，但《美国宪法》精神和基本框架的形成却起源于独立战争时期。

（一）《独立宣言》

从18世纪下半叶开始，英国加强了对北美殖民地的统治，先后颁布了《印花税法案》（1765年）、《唐森德条例》（1767年）、《茶叶税法》（1773年）和《强制法令》（1774年），因而激起北美殖民地人民的强烈反抗。1775年4月19日，波士顿的列克星敦和康科德人民打响了武装反抗殖民统治的第一枪，开始了独立战争。1775年5月10日，在费城召开的第二届大陆会议，决定组织“大陆军”，任命华盛顿为总司令。1776年7月4日，大陆会议通过了《独立宣言》，向全世界宣告北美脱离英国的殖民统治，成立美利坚合众国。

图3　托马斯·杰弗逊

《独立宣言》是由美国的资产阶级民主派托马斯·杰弗逊、约翰·亚当斯、本杰明·富兰克林、罗杰·谢尔曼和罗伯特·利文斯顿五人组成的委员会共同讨论起草的，讨论结果由杰弗逊执笔写成。宣言由四部分组成：第一部分为前言，阐述了宣言的目的；第二部分阐述宪制思想，即自然权利学说和人民主权的原则；第三部分历数英国压迫北美殖民地人民的条条罪状，说明殖民地人民是在忍无可忍的情况下被迫拿起武器的，以论证独立的合法性和正义性；第四部分是宣布北美殖民地正式独立，成为自由独立的国家。

图4　《独立宣言》

其中，对后世影响最大的是第二部分有关宪制思想的论述。杰弗逊以最精炼的语言概述了北美殖民地独立和美国建国的宪制原理。他宣称:“我们认为以下真理不言而喻:人人生而平等,被造物主赋予某些不可转让的权利,其中包括生命权、自由权和追求幸福的权利。为了保障这些权利,政府才在人们中间得以建立,而政府的正当权力则来自被其统治的人民的同意。当任何政府对这些目的造成损害时,人民有权改变或废除它,以建立新的政府。”从中不难看出,这些原则是以欧洲启蒙运动中的“天赋人权”和“社会契约”理论为基础的,尤其继承了洛克在《政府论》提出的自然权利与人民主权学说,而宣言的意义在于将这些启蒙思想从抽象的理论转化为现实政治的原则。

当然,《独立宣言》也有其历史的局限性。杰弗逊在宣言中提出“人人生而平等”,其中的“人人”(all man)指的是有产的白人男性,并不包括殖民地的无产者、黑人奴隶和妇女。《独立宣言》的初稿中曾有谴责奴隶制的条文,也由于南部奴隶主的反对而被删掉。尽管如此,这部宣言仍不失为一部伟大的政治纲领。它的字里行间闪耀着批判性和创造性光辉,因而被马克思称为“第一个人权宣言”。[10] 这份充满激情的政治性文件,不仅鼓舞和推动了美国乃至欧洲各国的资产阶级革命,而且为后来诞生的美国宪法奠定了思想理论基础。

(二) 州宪法

《独立宣言》通过前后,各殖民地纷纷宣布独立,并开始制定州宪法,这些州宪法的制定也构成了美国立宪史的开端。虽然英国是不成文宪法的传统,但由于殖民地时代英国王室对殖民地政策的随意性非常大,使各州深感以文字形式将宪法固定下来十分重要。只有将国家组成的基本原则(包括国家权力机构、政府的权力范围、人民的基本权利)都用成文宪法(constitution)的形式确定下来,才能为法治奠定坚实的基础。

州宪法的制定,开始于1776年新罕布什尔州的宪法。到1778年,弗吉尼亚、新泽西、宾夕法尼亚、纽约、马萨诸塞等大多数州都通过了各自的宪法。也有的州,如康涅狄格和罗德岛,继续沿用原殖民地的宪章,但删去了效忠英国的内容。这些宪法大多由州议会制定和批准,但也有例外。比如,马萨诸塞州在1779年曾召集专门的宪法批准大会,由人民直接选举的代表来批准宪法,这一做法也为后来的联邦宪法和其他州宪法所采纳。

州宪法贯彻了《独立宣言》提出的自然权利和人民主权的思想。许多州宪法都宣称政府是个人自愿组成的政治实体,建立在人民同意的基础之上。在政府权力方面,各州宪法都采取了立法权和行政权的分离,以避免政府的专断和对人民权利的侵犯。与英国宪法的原则一致,各州宪法都确立了以议会为中心的权力结构,多数州都建立了两院制的立法机构,并且民选的众议院通常比参议院拥有更大的权力。在行政权方面,各州宪法将原来的总督转变为州长,多数州长由立法机构选举产生,任期和权力都受到很大限制,也没有否决议会立法的权力。由此可见,州宪法与后来的联邦宪法的一个显著差别是,州宪法并未采取立法、行政和司法三者分权制衡的体制,而是以议会权力至上为

---

〔10〕《马克思恩格斯全集》(第16卷),人民出版社1964年版,第20页。

原则。〔11〕

在人民权利方面，州宪法普遍重视基本权利的规定，多数州宪法都将《权利法案》作为宪法最重要的部分置于政府权力条款之前。少数没有专门的《权利法案》的州宪法也都在宪法条款中列举了公民的基本权利。州宪法普遍赋予公民以较广泛的选举权，大多数纳税的白人成年男子都享有了不同程度的选举权。虽然无产者、黑人和女性依然没有选举权，但较之当时的英国只有少数成年男子有选举权的状况，这一规定在当时已是极大的进步。

总之，州宪法的制定是美国立宪史的重要起点，代表了美国建国初期的宪法原则与风格。虽然它们在许多制度上与后来的美国联邦宪法有显著差别，但由其开创的人民主权与共和政体等基本原则依然构成了联邦宪法得以诞生的重要基础。

（三）1781 年《邦联条例》

在制定州宪法的同时，各州也开始考虑州际联盟的基本法问题。在争取独立的过程中，各殖民地曾结成政治联盟，但并未明确联盟的性质是一个民族国家（nation - state）还是一个邦联（confederation）。最初，主张联盟应为邦联的看法占优势，大陆会议于 1777 年 1 月通过了《邦联和永久联合条例》，简称《邦联条例》（Articles of Confederation）。由于各州在土地问题上的争议，条例直到四年后才获得 13 个州的批准，于 1781 年 3 月 1 日正式生效。

《邦联条例》全文共 13 条，其核心问题是各州之间的权力关系。条例首先宣布 13 州“缔结邦联和永久联合”，并将邦联定名为“美利坚合众国”。条例宣布建立联盟的目的是“共同的防御、自由的保证和相互间的共同福利”，邦联各州有相互援助的义务。

条例将“大陆会议”改称“邦联国会”，〔12〕作为邦联主要的国家机构。邦联国会是一院制的国会，由各州派 2 ~ 7 名代表组成，各州无论大小都只有一票表决权。邦联国会集立法、行政等各项权力于一身，尤其是拥有战争、缔约、外交、铸币、召集军队等重要权力。但对于这些重大事项的决策，必须至少有 9 个州（所有州数量的 3/4）的同意才能通过。由于各州在重大问题上长期存在分歧，邦联事实上难以行使这些重要权力。

同时，《邦联条例》也没有给予国会有效的征税权、关税权以及管理州际贸易这些重要的权力。条例没有建立独立的中央行政机关和司法机关，只是规定在邦联国会休会期间，由“州际委员会”和国务秘书处理日常事务。由于各州拒绝缴纳应缴的邦联款项，邦联政府的财政极其紧张，以至于难以维持自身运转。与此同时，条例赋予各州很大的权力，规定各州保留各自的主权，拥有“所有没有明确让予邦联国会的权力”。

严格地说，《邦联条例》并不是一部国家宪法，而只是一部国家联盟条例，因为它的主权基础在各州，而不是联邦。另外，《邦联条例》又确实赋予邦联国会以外交、军事等重要

---

〔11〕 王希：《原则与妥协——美国宪法的精神与实践》（增订版），北京大学出版社 2014 年版，第 61 ~ 65 页。

〔12〕 大陆会议的英文为 Continental Congress，邦联国会的英文是 Congress Assembled，两者的英文都是 Congress，但在中文翻译中使用了“会议”和“国会”的不同表达。

的主权性权力,加强了州际之间的联系,为联邦制的出现奠定了基础,并在1787年宪法制定之前事实上发挥着宪法性作用。《邦联条例》中初见端倪的邦联与各州的权力划分模式对于后来的联邦宪法也产生了深远影响。

## 二、《1787年联邦宪法》

### (一)宪法的制定

随着形势的发展,《邦联条例》缺少强有力中央政府的弊病逐渐开始显露。首先,由于缺少统一的税收,邦联难以维持自身运转,也无力协调各州关系,从而导致州际矛盾加剧、经济秩序混乱和严重的通货膨胀。其次,对外无法形成统一的外交政策,也无力建设陆海军,难以保证新生政权的国家安全。最后,这些矛盾的集聚,使人民生活水平下降,底层民众债务激增,导致了阶级矛盾激化和社会动乱的发生。1786年8月至12月,马萨诸塞州爆发的"谢斯起义"就是上述矛盾冲突的结果。美国统治阶级感到迫切需要建立一个强大的全国性政府,以巩固独立战争的胜利成果,建立稳定的宪法秩序,发展资本主义经济。

1787年5月25日,来自12个州的55位代表出席了在费城召开的关于修订《邦联条例》的会议,但与会代表感到,仅仅修改条例无法解决当时美国面临的问题,因此,他们超越了各州的授权,开始讨论制定一部全新的联邦宪法。这次会议也因此被称作"制宪会议"。参加会议的55位代表中最终有39人在宪法上签字,其中绝大多数都出自商人、律师和种植园奴隶主等社会阶层,并曾在殖民地和革命时期扮演过领袖角色。华盛顿担任了会议主席,麦迪逊在整个会议的过程中发挥了重要的领导作用。

由于各州之间的利益冲突,制宪会议在许多问题上都产生了激烈争论。比如,对于国会代表权的分配,大州倾向于依据各州人口总数按比例分配代表席位,小州则坚持各州在国会应享有平等的代表权。又如,在计算各州总人口的问题上,由于南北方在奴隶制存废上的差异,南方各州坚持要把奴隶人口算入总人口数内,而北方则坚持只有自由人才能作为人口的基数。最终,这些争论都是通过谈判与妥协才得以解决:在国会代表权的分配上,采取了二元代表制的方案,众议院代表权按人口比例分配以满足大州的要求,而参议院则采取平等代表制以保护小州利益。各州人口的计算,则是通过历史上著名的"五分之三条款"(黑人居民按实际人数的3/5计算)才最终形成了妥协方案。

经过近四个月的激烈辩论,制宪会议于9月17日正式通过宪法草案。9月28日该草案提交邦联国会批准后,被送交各州批准。按照宪法草案的规定,须经13个州中的9个州的批准,宪法方能生效。宪法批准未采取传统的州议会批准的方式,而是交由各州召集的专门的宪法批准大会,以体现宪法的权威直接来源于人民。宪法批准在全国范围引发了激烈辩论,并形成了两个不同的政治派别——支持批准宪法的"联邦党人"和反对批准宪法的"反联邦党人"。1788年6月,宪法已得到9个州的批准,但因弗吉尼亚和纽约两个重要的大州还未批准,宪法没有立即生效。至7月27日,先后得到这两个州的批准后,宪法获得通过,开始发生效力。1789 年 3 月 4 日,首届国会开幕,并宣布宪法正式生效。

图 5　费城独立宫——《独立宣言》及《1787 年联邦宪法》的签署地

## (二)宪法确立的基本原则

图 6　签署《1787 年联邦宪法》

《宪法的签署》由美国著名画家霍华德·克里斯蒂(Howard C. Christy, 1873~1952年)创作。现藏于美国国会大厦众议院。油画展现了1787年制宪会议上乔治·华盛顿主持宪法签署的情景,来自12个州的55名代表中有39人在宪法文本上签字。

《1787年联邦宪法》(本章下文亦可简称宪法或美国宪法)由序言和7个条文组成。宪法序言简要阐明了宪法制定的宗旨。序言以“我们人民”(We the people)为主语,指出制定宪法的目的是“建立更完善的联邦,树立正义,保障国内安宁,提供共同防务,促进公共福利,并使我们自己和后代得享自由的幸福”。宪法第1条规定立法权;第2条规定行政权;第3条规定司法权;第4条规定授予各州的权力;第5条规定宪法修正案的制定程序;第6条包括多项规定,主要强调宪法作为全国最高法律的效力;第7条规定宪法本身的批准程序。

《1787年联邦宪法》确立了如下基本原则:

1. 分权原则

美国宪法的分权原则包括“纵向分权”与“横向分权”两个方面。前者是联邦政府与各州政府的分权;后者是指联邦政府内部的分权,主要指立法、行政与司法的三权分立。

(1)纵向分权

美国是世界上第一个建立现代联邦制的国家。在历史上,共和政体一直被认为只适用于小国,而大国只适合君主制。美国之所以能够第一次在大国范围内建立共和政体,一方面与代表制的运用有关,另一方面也得益于联邦制的发明。

所谓联邦制,即由两个或两个以上的政治实体结合而成的一种国家结构形式。联邦的权力高于州权,但同时州也享有充分的自治权力。对于联邦权力,宪法采取肯定式列举,明确列举了联邦政府被授予的权力。对于州权力,宪法则采取否定式列举,明确列举了禁止州政府行使的权力;并同时规定,除此之外的其他权力均由各州保留。具体规定如下:

首先,宪法明确列举了联邦的权力,主要包括如下方面:①外交权。包括对外缔结条约、派遣驻外使节等。②军事权。包括对外宣战、媾和;征召、统率和指挥军队。③铸币权。包括铸造货币,厘定国币和外币的价值,并规定度量衡的标准。④邮政管理权。包括设立邮局、开辟邮路等。⑤财政权。包括征收各州税收、偿付国债、提供公共福利。⑥知识产权管理权。包括保障著作和发明的专有权,建立专利管理制度。⑦州际事务管理权。包括接纳新州,管理州际和国际商业贸易。⑧联邦立法权。即联邦国会为行使上述联邦权力而享有的立法权,其范围由宪法第1条第8款采取列举方式明确规定。⑨联邦司法权。即联邦法院对于涉及上述联邦事务的案件享有的司法权,其范围主要包括在宪法和联邦法律之下发生的一切涉及普通法和衡平法的案件、以合众国为当事一方的诉讼、州与州之间的诉讼、一州公民与另一州公民之间的诉讼、涉及外交的诉讼等。

其次,宪法明确列举了禁止各州行使的权力。

依据宪法第1条第10款的规定,禁止各州行使的权力主要包括:缔结条约、同盟或联盟;颁发拘押敌船许可状;铸造货币;发行信用券;使用金银币以外的物品作为偿还债务的手段;通过褫夺公权的法案、追溯既往的法律或损害契约义务的法律;授予贵族爵位。未经国会同意,不得对进出口货物征收进口税;不得征收船舶吨税;不得在和平时期设置军队或战舰;不得与他州或外国缔结协定或契约;不得进行战争。

最后,依据宪法修正案第 10 条,"凡宪法未授予合众国也未禁止各州行使的权力,保留给各州行使,或保留给人民行使"。从实践中看,这些权力的范围非常广泛,包括但不限于:选举和组织地方政府;组织警卫力量维持地方治安;制定民事、刑事立法;审判民事、刑事案件;管理州的商业、劳工问题;管理州的文化、教育、卫生、交通等事业。

从以上规定可以看出,宪法对于联邦和州的权力的规定各有侧重。其中,联邦的权力包含了所有重要的主权性权力,但权力的范围受到严格限制。各州虽然被剥夺了诸多重要权力,但在权力范围上却比联邦要广泛得多,享有充分的自治权。

(2)横向分权

美国宪法的横向分权指的是联邦政府内部的分权问题,具体来说就是立法权、行政权与司法权的三权分立,这三种权力分别归属于国会、总统和法院。

立法权属于国会。国会是国家立法机关,由参众两院组成。参议院议员由州立法机关选举,每届任期 6 年,无连任限制,名额各州相等;众议院议员由各州选民直接选举,每届任期 2 年,无连任限制,名额依各州选民人数按比例确定。两院对所有法案有同等的表决权,但有些权力属于专属权力:比如,众议院享有联邦预算提案权(参议院不能修改,只能批准或拒绝),参议院拥有批准总统提名的官员和法官的权力。

行政权属于总统。总统制是美国宪法最重要的创造之一。与议会制下的政府首脑由议会产生、对议会负责不同,美国总统由人民选举产生,与国会彼此独立,互不隶属。总统既是国家元首,也是政府首脑,其职能包括负责执行法律、处理外交事务、统率联邦所有武装力量。总统也分享一定的立法权,包括立法的建议权、签署或否决国会法案的权力。总统的选举采取选举人制度,任期 4 年,最初无连任限制,后改为连续任期不超过两届。

司法权属于法院。联邦法院由最高法院和依据国会立法设立的低级法院共同组成。目前的联邦法院由联邦最高法院、联邦上诉巡回法院和联邦地区法院构成。联邦法院的法官由总统提名,经参议院同意任命,只要品行良好即可终身任职。法院的职权包括审判普通的诉讼案件,也包括违宪审查。依据 1803 年的"马伯里诉麦迪逊案",法官享有宪法解释权和司法审查权,可对联邦法律、州宪法和州法律是否符合联邦宪法进行审查。

2. 制衡原则

由分权原则派生出来的是制衡原则。分权的目的是限制政府的权力,通过权力之间的"制约与平衡"(check and balance)来防止权力的扩张。制衡原则具体表现在以下方面:

首先,国会的权力受到总统和法院的制约。根据宪法,国会两院通过的法案,必须由总统签署才能生效。如果总统不同意,可以行使否决权和搁置否决权。国会通过的法律,也可能受到法院的违宪审查,法院有权宣布违宪的法律无效。

其次,总统的权力受到国会和法院的制约。根据宪法,总统及政府的活动经费必须由国会通过预算法案;国会可以参众两院的2/3多数票推翻总统的否决权;国会可以弹劾总统(众议院发起弹劾,参议院进行审判);总统提名的政府官员和法官,须经参议院审查和批准。总统也受到法院的制约,如法院可对总统的行政命令进行违宪审查。

最后,法院的权力也受到总统和议会的制约,根据宪法,总统拥有提名联邦法官的权力,可以决定法官的人选。而对于总统提名的法官人选,还必须经过参议院的审查和批准。此外,议会还可以决定联邦法院的设立与废止,并对违法的法官进行弹劾。

美国宪法的制衡原则也和分权原则一样,不仅表现为联邦三机关间的制衡,也表现为联邦权力和州权力的相互制衡,联邦中央三机关、联邦政府和州政府中的任何一方都不享有完全、绝对的权力。这些权力制衡的背后体现了制宪者"以野心对抗野心"的观念,通过"给予各部门抵制其他部门侵犯的必要手段和主动权"来防范权力的集中与膨胀。

3. 限权政府原则

美国宪法的分权原则与制衡原则的最终落脚点是限权政府的原则。无论是分权,还是制衡,都是为了限制政府的权力,将政府的活动限定在法律的范围之内。

限权政府的原因是基于美国制宪者对权力的看法。一方面,制宪者认识到,松散的邦联无力保护公民的安全与自由,因此必须建立强有力的联邦政府。但另一方面,制宪者又担心联邦政府的权力过于强大,蜕变为侵害公民自由与权利的力量。因为在制宪者看来,"如果人人都是天使,也就不需要政府",政府的存在正是因为人性的不可靠,因此制定宪法的目的就是在赋予联邦政府以权力的同时,限制其权力的扩张。

限权政府的具体表现包括限制政府权力与保护公民权利两个方面。首先是通过上述分权与制衡的制度设计来限制政府的权力,以实现以权力来约束权力的目的。其次是还表现在关于个人权利和自由的规定上。政府在行使权力时,必须以保证个人权利和自由为目的,如宪法规定,联邦政府和州政府都不得通过任何剥夺公民权利的法律和溯及既往的法律。宪法修正案在对公民权利和自由作出规定时,重点也是从如何防范政府权力侵害的角度作出了一系列明确的规定,包括禁止立法剥夺言论自由、正当程序条款、陪审团权利等。

(三)宪法修正和宪法解释

《1787年联邦宪法》自生效以来,经过了200多年的发展,至今仍然有效。200多年来,宪法内容和制度有了很大变化,但宪法第5条所规定的严格的宪法修改程序始终未变,正因如此,美国宪法被称为"刚性宪法"。

根据宪法的规定和司法实践的历史,美国宪法的修改和完善主要通过宪法修正案和联邦最高法院的司法解释来实现。此外,国会的有关补充性法律以及惯例也都对宪法条文的具体实施和宪法制度的发展发生着作用。

宪法修正案是1787年宪法明文规定的修改宪法的唯一形式。根据宪法第5条的规定，宪法修正案由国会在两院各有2/3议员认为必要时提出，或由应2/3州议会的请求而召开的制宪会议提出，不论哪种方式提出的修正案，都须经3/4州议会或3/4州制宪会议的批准方能成为宪法的一部分而发生效力。

自1787年宪法制定以来，美国共有27条修正案已经各州批准而生效。其中最重要的宪法修正案是第1－10条修正案和第13－15条修正案；前者被称"权利法案"（又称"人权法案"），后者被称为"重建修正案"。

司法审查——马伯里诉麦迪逊案

"人权法案"制定的背景是1787年宪法没有关于公民基本权利的条款，因此在宪法批准的过程中，遭到了反联邦党人的激烈反对。对此，联邦党人认为，此前制定的各州宪法中已对公民权利作了详尽规定，而联邦宪法对政府权力的限制也构成对公民权利的保护，因此没有必要再作专门的列举。而且权利的列举总是有限的，列举权利反而可能为政府限制权利提供借口。但为了加速宪法的批准和生效，麦迪逊等联邦党人最终还是做出妥协，承诺会在联邦国会召开后制定有关公民权利的修正案，但前提是尽快通过宪法。因此，当第一届国会于1789年4月开幕时，制定"权利法案"成为国会的首要议题。

"权利法案"的主要内容包括：国会不得制定法律限制公民的言论、出版、集会、请愿等表达自由（第1条）；人民拥有持有和携带武器的权利（第2条）；军队不得任意进驻民房（第3条）；人民的人身、住宅、财产不受无理搜查和扣押（第4条）；任何人不能自证其罪，不经正当法律程序，任何人不得被剥夺生命、自由和财产（第5条）；被告有权获得陪审团的公开审判和有权获得辩护（第6条）；联邦法院不得重新审查经陪审团裁决的事实（第7条）；禁止残酷和非正常的处罚（第8条）；宪法未列举的权利由人民保留（第9条）；宪法未授予联邦也未禁止各州行使的权力由各州和人民保留（第10条）。

"重建修正案"是在1865年美国南北战争后，林肯和约翰逊政府在领导南方重建的过程中制定的第13、14、15条修正案，其主要内容包括：在美国永远废除奴隶制（第13条）；禁止各州不经正当程序剥夺任何人的生命、自由和财产，禁止各州拒绝给予任何人以平等的法律保护（第14条）；任何公民不得因种族、肤色或以前是奴隶被剥夺选举权（第15条）。其中，尤其是第14条修正案，改变了"权利法案"重点防范联邦政府权力的倾向，将州政府侵害公民自由的行为纳入保护公民基本权利的宪法机制之中。

此外，参议院改为直接选举的第17条修正案（1912年）、确立女性选举权的第19条修正案（1919年）等修正案也都对美国宪法有重大的影响。

在长期的宪法实践中，美国也形成了一些宪法性惯例，如在现代发展为宪法重要内容的政党制度、总统候选人由政党提名的制度等，都是以惯例形式存在的重要宪法制度。

(四)美国宪法的评价

《1787年联邦宪法》是近代第一部成文宪法,它以自然法学思想和汉密尔顿、麦迪逊等人的宪制理论为基础勾画了美国社会基本的政治制度和经济制度。在以后200多年的时间里,先后颁行的一系列宪法修正案、相关的国会立法以及联邦最高法院的司法解释,使美国宪法不断丰富和发展,成为一部对美国及其域外产生深刻影响的宪法。这种影响主要表现在:

首先,较之英国的不成文宪法传统,美国宪法开创了成文宪法的世界潮流。从美国宪法开始,成文宪法被视作国家的根本法和政治经济生活的最高准则,具有高于其他法律的特殊地位。其他各部门法律所规定的权利都成为宪法权利的具体体现,都可以上升为宪法权利。这种宪法至上的观念,使得违宪审查制度成为可能,也深刻影响了政府和公民的行为方式。在美国的影响下,编纂成文宪法逐渐成为世界各国的主流,拉美各国,欧洲的法国、德国,亚洲的日本、韩国、菲律宾等国家,都在不同程度上受到美国宪法的影响。

其次,美国宪法在具体制度上有许多重大创新。美国宪法是第一部联邦制的宪法,首次在大国范围内建立起共和政体,初步完成了美国的现代民族国家的构建。美国宪法是第一部由制宪会议制定并交给人民批准的宪法,是人民主权理论的一次生动实践。美国宪法也是第一部总统制的宪法,开创了与英国议会制不同的政体类型,也第一次将洛克、孟德斯鸠等启蒙思想家提出的分权理论付诸实践。这些制度上的创新使美国宪法在世界立宪史上具有里程碑的意义,成为了后世资本主义民主共和宪法的典范。

当然,美国宪法也并不完美。在制定之初,美国宪法未曾赋予黑人、妇女和无产者以任何政治权利。在此后两百多年的发展中,虽然宪法在形式上不断民主化,但并没有改变美国政府为少数大资产阶级操纵的事实。议会内部金权交易的泛滥、行政权力的日益膨胀,都使美国宪法在实践中背离了限权政府的目标,也导致无法真正将人民权利落到实处。

## 第三节　行　政　法

### 一、美国行政法的形成与发展

19世纪末期以前,美国行政活动的领域比较狭小。在现代属于行政控制的领域,当时则主要通过市场调节和法院干预来介入,因而不存在行政法部门。对行政机关及其活动的规范和控制也主要沿袭英国法传统,并通过法院对行政活动进行司法审查来实现。美国行政法作为一个独立的法律部门而出现则是在19世纪末20世纪初。

(一)行政法的形成(1887~1933年)

19世纪末,美国资本主义经济已经得到高度发展,从自由竞争阶段走向垄断阶段。

现代工业和铁路运输迅速发展,生产和资本高度集中,托拉斯已成为经济生活中的统治力量。垄断造成了竞争机制的破坏和一系列矛盾的加深。在"自由放任"经济下的政府不干预态度已经不能适应经济的发展,这就需要运用行政力量对经济和社会活动进行有效控制。1887年,针对州政府无力有效地控制铁路运输中的垄断现象这一问题,国会制定了《州际商业法》,设州际商业委员会协调控制铁路运输问题。实际上,这就是美国最早的联邦行政裁判机构。州际商业委员会独立于行政机关和总统,可制定与自己的管理职能有关的法律,同时负责这些法律的执行,还有权裁决所辖领域的行政纠纷,兼有立法、行政和司法权。在1933年以前建立的这类独立机构还有:联邦储备委员会(1913年)、联邦贸易委员会(1914年)、联邦能源委员会(1930年)。

这一时期还确立了独立机构行政行为基本规范,法院有权按法律规定的程序对独立机构进行司法审查。

(二)行政法的发展(1933~1946年)

1929年至1933年,美国经历了一场空前的经济危机,为振兴危机后的美国经济,罗斯福政府实施了"新政"。在紧接着的第二次世界大战期间,美国政府进一步加强了对经济的调节和管制职能,所有这些都导致政府权力的大大扩张,同时行政法也得到迅速发展。这一时期,美国颁布了一批行政法规,并建立了一批新的独立机构。

这一时期,行政法的发展除了表现在行政立法的大大增长,还突出地表现为行政程序的完善和统一。1946年,国会通过了《联邦行政程序法》,该法规定了行政机关的行政活动应当遵守的一般程序,从而使联邦行政程序得到统一。

此外,1946年还制定了《联邦侵权赔偿法》,该法否定了传统的主权豁免原则和观念,明确了国家侵权行为的赔偿责任。上述两个法律的制定,代表了美国行政法理论和实践的重大发展。

(三)行政法的现代化改革(1947年以后)

随着现代经济、政治的发展和民主化进程,1947年以后,美国行政法经过一段时间的巩固发展,很快进入了现代化改革阶段,通过改革使行政法更适应现代社会的发展。

1947年以后美国行政法的现代化改革主要表现为三方面:[13]

第一,行政法调整领域的转变。此前的美国行政法的核心内容是对经济领域的控制,而这一时期行政法的重心则转向社会控制领域、环境保护领域和消费者保护领域。

第二,行政法作用的变化。行政法产生的初期,其主要作用是防止政府及其工作人员滥用职权,保护公民的合法权利不受侵犯。而这一时期,不仅保留这一作用,要求行政机关不侵犯公民权利,而且更强调行政机关积极地为公众提供福利和服务。

第三,行政公开原则的确立。为了加强对行政活动的监督,这一时期对1946年《行政程序法》进行了几次修改,提出了行政公开原则,要求除法律规定的情况外,全部政府

---

〔13〕 王名扬:《美国行政法》(上),中国法制出版社1995年版,第56~59页。

文件必须公开,任何人有权要求得到政府文件,行政机关不得拒绝。

20世纪70年代以来,美国的行政法理论和实践中,一直在探讨政府行政控制权的行使与法院对行政机关的司法审查二者之间的关系问题,强调法院司法审查与政府行政控制权的适度平衡;探讨行政控制的效益分析问题,强调行政控制所得到的效益必须大于控制所带来的牺牲。

## 二、行政法的基本内容[14]

美国行政法具有不同于作为大陆法系代表的法国行政法的特点。法国行政法源于封建制末期法国司法专横,行政机关因而主张独立和权利以排除司法干扰,因而,有关行政机关的权力和行政活动的规范作为一个独立的部分,和行政组织法、行政程序法、行政法制监督法等一起构成法国行政法的主体内容。美国行政法具有控权法特征,加之美国有一部至高无上的宪法,一切立法、一切领域的法律调整都须以宪法为最终基础,因而美国行政法中对行政机关的权力和活动一般只设定基本原则,更注重从行政程序上对行政行为进行规范。

美国联邦行政法从其内容来看,大致包括行政组织法、行政程序法和对行政的监督和控制法三方面的内容。

### (一)行政组织法

这方面的立法主要规定联邦政府的行政组织的设置、地位、基本活动原则及其相互之间权力的划分。

美国的行政组织包括总统、总统的执行机构、内阁、部、独立机构、政府公司。

总统是行政组织的核心。联邦宪法规定,行政权属于总统。总统享有宪法规定的官员任免权、条约缔结权、军队统帅权、保障法律执行权、减刑权、赦免权及法案否决权和搁置否决权,以及其他依法行使职权的权力,如发布行政命令权。

总统的执行机构是指总统的一些办事机构,如白宫办公厅。它们是总统执行职务的参谋部。总统的执行机构的具体部门根据工作需要设置,可随形势的变化和总统的更替而变更或撤销。

美国的内阁是总统的顾问、咨询机构。和英国内阁不同,美国内阁不享有决策权,也不集体承担政治责任。

部是最主要的行政机关,其权力集中于部长,部长根据法律和总统行政命令行使职权。

独立机构是为了控制某一方面的经济活动或社会活动,按分管专业或行业设置的,享有行政权、行政立法权和行政司法权。

政府公司是以公司组织形式从事企业经营活动的行政机构,如从事航运和发电业务

---

〔14〕 详细参见王名扬:《美国行政法》(上、下),中国法制出版社1995年版。

的田纳西流域管理局，从事铁路旅客运输业务的国家铁路客运公司，从事邮政业务的邮政公司。1945 年以后，联邦的政府公司只有在国会制定法律后才能成立。董事和经理由总统提名经参议院同意后任命，他们不是股东，不能购买公司的股票。[15]

（二）行政程序法

1946 年 6 月 11 日，美国国会通过了《联邦行政程序法》。该法后来经过多次修改，至今仍然有效。

《联邦行政程序法》对联邦政府几项重要的行政权力的行使程序分别作了系统的基本的规定。这些程序包括调查程序、制定法规的程序、正式程序裁决中的听证程序、证明程序、决定程序以及司法审查程序和行政赔偿程序等。

构成行政程序法重要部分的还有 1966 年制定并于 20 世纪 70 年代、80 年代几次修改的《情报自由法》，该法规定除法定的特别事项外，全部政府文件必须公开。1976 年又制定《阳光下的联邦政府法》，该法规定，合议制的行政机关会议必须公开。

除了行政程序法对政府行为进行规范外，美国宪法第 5 条修正案和第 14 条修正案都是关于正当法律程序的规定，行政法所规定的程序规则必须符合宪法上的正当法律程序。

（三）对行政的监督和控制法

美国行政法强调和侧重对行政行为的监督和控制。这种监督和控制主要通过司法审查、总统控制、立法控制、行政公开制度等手段来实现。

司法审查对行政的控制是指联邦法院审查行政法规是否合乎宪法，以及法院审查政府行政行为是否合法。

总统控制主要是依据宪法赋予的最高行政权、任命权、要求书面意见权和监督法律忠实执行权的行使来实现。

立法控制是指国会对行政的控制，包括通过法律进行控制和法律以外的控制，行政行为前的控制，执行中的监督和事后的检查，如监督政策和计划的忠实执行，制止行政机关滥用权力，检查法律、政策和计划执行的结果。

行政公开是实现公众对行政的有效监督的客观要求，“二战”以后成为一种趋势。它主要是指个人或团体有权获知并取得行政机关的档案资料和其他信息，政府的特定的行政事项（如政府委员会的报告和决定）必须公开，以增加透明度。行政公开制度还包括另一个方面，即为了国家安全，保证行政行为有效地进行以及保护公民个人权利（如隐私权）的目的，政府享有保密权。美国的行政公开制度在西方国家中最为完善，对其他西方国家产生了影响。

此外，法律还明确规定了行政侵权的赔偿责任。

---

〔15〕　王名扬：《美国行政法》（上），中国法制出版社 1995 年版，第 188 ~ 191 页。

**三、行政法的特点**

1. 联邦法和州法双重体系并存。美国各州立法机关有权规定州行政机关的组织、权力和行政程序并监督州行政机关的活动,因此,联邦行政法和州行政法体系并存,如除《联邦行政程序法》外,联邦还制定了《州标准行政程序法》,各州参照该法形成了州行政程序规则。

一般说来,有关教育、公共福利、保健卫生等方面的权限,由各州和地方团体行使。

2. 行政司法以独立机构为主体。美国的独立机构按主管事项和专业设置负责管理相关事务,制定所辖业务领域的行政法规,处理相关行政纠纷。这既不同于法国设专门的行政法院的模式,也有异于英国由普通法院行使行政司法权的传统。美国普通法院对独立机构的行为享有司法审查权。

3. 注重行政程序的完善。美国行政法中对行政活动之类的问题一般只作原则规定,且分散在程序法和对行政的监督控制法等法律中,更强调从程序上对行政行为进行规范,行政程序比较完善。

## 第四节　财　产　法

美国不存在像大陆法系国家那样的民商法部门。美国的民商法领域的立法以财产法、契约法、侵权行为法、继承法、婚姻家庭法、公司法、买卖法、票据法、保险法、破产法等形式独立存在。

根据美国宪法原则,美国民商事法律领域的立法权,由联邦和州共同行使,有关税收、通商、归化、破产、币制和度量衡、著作权和发明权的保护,以及合众国已接受或购买的州领土范围内的一切事项的立法权由联邦国会行使,其他的民商事问题的立法权由各州行使。

独立战争前,美国各州被英、法、荷、葡等国分割,民事法律极不统一。英国在北美确立统治地位后,北美殖民地因袭英国法。独立后,各州相继制定了一些成文法。

19 世纪下半叶开始,完成了工业革命以后的美国致力于法律的统一工作,美国法学会和统一州法委员会制定了一系列旨在促进各州法律统一的"标准法",民商事法律逐步走向统一。这些立法主要有:《统一流通票据法》(1896 年)、《统一买卖法》(1906 年)、《统一合伙法》(1914 年)、《统一商业公司法》(1928 年)、《统一信托收据法》(1933 年)。美国各州或采纳标准法或以标准法为蓝本制定相应的州法调整州民商事活动。为适应经济的发展,1952 年《统一商法典》颁布,该商法典颁布后,经过多次修订,现行商法典是

2007 年修订本，被全部 50 个州和哥伦比亚特区采纳，[16] 该法对各种交易活动和契约类型都作了明确规定，成为调整美国商事活动的一部非常成功的、有影响的法典。

## 一、财产法的渊源

美国财产法是在英国普通法的基础上，伴随着美国近代化和日益发展的城市化和工业化要求逐渐发展完善的。财产法是美国民商法最基本、最重要的内容之一，并在美国法律体系中占有重要地位。关于财产法的内容，散见于判例法、制定法及政府行政规范中。凡涉及财产的占有、使用、收益、处分的判例和制定法都属于财产法的范畴。

美国与英国不同的是，美国更注重成文立法，除联邦统一立法外，许多州制定了单行法规对财产的买卖等进行调整，路易斯安那州还以法国的法典为蓝本制定了州民法典。

## 二、财产法的基本原则

英国法学家布莱克斯通在其著作《英国法释义》中对财产所有权作了这样的表达："财产所有权是一个人能够在完全排斥任何他人权利的情况下，对世间的外部事物所主张并行使的那种专有的和独断的支配权。"这一观念被美国所接受和继承，构成美国近代财产法的基本特点。美国将财产权看成"独有的和专断的支配权"，将财产权的行使看成一个人自由意志的体现。美国宪法第 5 条修正案规定："不经正当法律程序，不得剥夺任何人的生命、自由或财产。不给予公平赔偿，不得将私有财产充作公用。"在 20 世纪初以前，美国财产法彻底贯彻绝对私有权原则，这一原则在大法官霍姆斯时代的一宗栅栏案[17] 的审理中得到了最充分的体现。

从 19 世纪末 20 世纪初开始，财产法在对个人财产权给予保护的同时，也高度重视对社会利益的保护，强调受保护的个人财产权与社会利益的一致性，以及两者发生冲突时社会利益保护的优先地位。财产在法律上不仅是权利，而且意味着责任。

## 三、不动产法[18]

美国财产法将财产划分为不动产和动产。

不动产主要指土地、建筑物、矿藏、植物及土地或建筑物上的添附物，土地是美国不动产的最基本、最普遍的形式，不动产法是美国财产法的核心。根据美国法律，对土地的所有权不仅指对土地本身的权利，而且包括土地之上的一系列权利，如对土地上空的空间权、对土地之下的地下权以及对土地添附物的权利。

不动产的转让形式主要有买卖、赠与、遗赠和继承、折抵财产税的强制出售、逆占有、国家征用等。

---

〔16〕 路易斯安娜州采纳了《统一商法典》的大部分条文。

〔17〕 [美]伯纳德·施瓦茨：《美国法律史》，王军等译，中国政法大学出版社 1989 年版，第 136 ~ 137 页。

〔18〕 关于不动产法部分，参见李进之等：《美国财产法》，法律出版社 1999 年版，第 59 页以下。

逆占有制度——雪球公司诉波普案

美国早期不动产法主要源于英国普通法,美国独立后逐步改造普通法,废除了带有封建因素的土地占有制度和土地继承制度。为适应美国西部开发,以及建设开放性、近代化国家的需要,美国财产法强调和保护不动产的有效利用,比较早地允许不动产的自由买卖,这一原则构成美国不动产法的主题。[19]

(一)土地权益

按照美国财产法,财产权是可以分离而分属于不同的主体的,因而,同一个标的物土地,可以产生两种或多种土地权益,法律分别予以调整。因而土地权益概念是不动产法中一个重要的问题。

土地权益概念渊源于英国封建土地制度中的占有地产权与将来地产权概念。美国财产法中,土地权益相应地分为现实权益和未来利益。

1. 现实权益

现实权益又称即时权益,包括土地占有权、使用权和享受权,对土地的排他性占有是现实土地权益的最主要特征。现实土地权益可以由两个或两个以上的人共同占有。

现实权益分为绝对土地权益、限制性继承土地权益、终身土地权益和附条件的所有权。

(1)绝对土地权益(fee simple absolute),是一种完全所有权,所有权人可以自由处分他所拥有的土地。所有权人死亡而又无遗嘱时,该土地按法定顺序继承。

(2)限制性继承土地权益(fee tail),是一种基于限制性继承而产生的土地所有权。它是为适应将土地在家族内世代相传的需要而出现的,限制性继承所有权人不能将土地转让给家族之外的人。如土地所有人将土地指定给其儿子甲及其子嗣继承,这时土地所有人的儿子甲及甲的儿子都拥有限制性继承所有权。限制性继承所有权人生前对财产的处分行为会使相对人利益受到损害,如债权人无法变卖土地实现债权;买受人必须退还土地。由于限制性继承所有权的封建色彩和自身弊端,美国在独立战争后不久,就基本废除了该所有权制度,现只有四个州(缅因、马萨诸塞、特拉华和罗得岛)承认限制性继承所有权。

(3)终身土地权益(life estates)。终身所有权人并不是地产的所有者,但他对地产拥有终身享有权。终身所有权人在行使享有权时,不能有浪费行为,即不能降低或损害原所有人的利益。终身所有权人甲可以将地产享用权转让给乙,但如果甲死亡,则乙必须将该地产还给原来的所有权人或原所有权人在转让该土地给甲时已指定的第三人。终身所有权人所转让的享用权随着终身所有权人的死亡而终结。

(4)附条件的所有权(defeasible estates)。该所有权形式与大陆法所理解的意义基本一致。指土地所有权人在转让地产时,明确规定一些合理条件,作为受让人所有权发生的前提,一旦这一条件不存在了,则受让人的财产权便会终止或变更。这种附条件的

---

〔19〕 Lawrence M. Friedman, *A History of American Law*, Simon and Schuster, 1985, p. 412.

所有权分为自动终止性的完全所有权和受未来条件支配的完全所有权。前者是在受让人没按约定的条件使用该地产时,该转让自动终止,地产便回归原所有人;后者是指在转让时约定了财产的用途,同时也规定了违反这一约定时原所有人保留收回地产的权利。当所附条件不存在时,即该约定被违反时,所有权是否收回取决于原所有人的态度。

2. 未来利益

在美国法中,土地权益中的未来利益是一种受法律保护的、现在就存在的财产权。分为回收权、继受权和取代权几种形态。

(1)回收权。是指财产所有人将地产转让给受让人,而由受让人享用该地产的某些权利(如终身所有权),当受让人权利期限完结时,如终身所有权人死亡又未指定他死后的继承人时,该地产又回到原所有人那里,原所有人所拥有的这种财产权被称为回收权。回收权可以转让和继承。当未来利益所有权人在可以行使回收权而没有行使时,实际占有人可通过占有时效获得该土地所有权。

(2)继受权。如财产所有权人在其财产上设定终身所有权将其地产转让给某甲终身享用,并指定某甲死后,该地产由某乙继受。此时,该乙就拥有了继受权,它是一种财产法上的未来利益。此时某乙也获得了控告对该地产不法侵害(包括某甲在内)的权利。某乙甚至可以在某甲死亡前转让其所拥有的继受权。

(3)取代权。被称为取代权的是指这样两种情形:财产所有人将土地转让给某甲,但条件是某乙必须从战争中生还;或者,财产所有人将土地直接转让给某乙,条件也是某乙从战争中生还。在这两种情形下,如果某乙真的生还,则获得取代权。在前一情形中,乙取代甲的权益;后一种情形,乙取代原财产所有权人的权益。

(二)不动产交易和不动产产权登记

不动产交易规则和不动产产权登记制度是美国不动产法的重要内容。在美国,不动产交易通常是通过契约来实现的。1677 年英国《反欺诈法》对不动产买卖行为的规制,至今仍在美国大部分州生效。按照宪法的要求,不动产交易契约必须是书面形式,并由双方签字。不动产法对不动产交易契约条款的要求是极为细致的,契约主要条款包括交易双方的身份、对交易标的物的说明、价格、价金支付方式等。在书面契约被法院认为是双方共同意志的最后表达,但又未包括全部条款时,法律也允许以不与书面契约冲突的口头协议作为对书面契约的解释和补充。关于不动产交易契约的履行、对违约后的救济等都遵循契约法的相关规定和规则。

不动产法对不动产产权登记作了明确规定,不动产所有权转让、不动产抵押、抵押品的转让、抵押契约的履行以及留置物的返还等都要求进行产权登记,通过法定程序对不动产所有权加以确认,并防止侵权行为的发生。根据美国宪法原则,美国各州有权决定州内不动产转让的形式和效力。

## 四、动产法

动产在美国财产法中,主要是指除土地和建筑物以外的其他各类财产。动产包括有形动产和无形动产。有形动产如汽车、家用电器和牲畜等。无形动产包括有价证券和专利权等。

动产所有权的拥有和转移一般是以占有为标志的,因此,占有是美国动产法中的一个重要问题。根据美国法律界通常的理解,占有指在事实上实际支配或控制财产的一种权利。占有包括以下几种权利:(1)在没有更优先的权利的情况下,继续其和平占有的权利;(2)追索被非法侵占的财物的权利;(3)向侵权行为人索赔的权利。

根据美国法律,占有可以时效经过或法院确认的方式而转为所有权。

动产所有权的取得和转让主要通过占有、购买、生产、接受赠与、遗赠和继承、财产添附、国家征用等形式实现。法律严格保护私人财产权。动产交易主要由各州采纳的《统一商法典》调整。

## 五、信托财产制度

信托财产制度也是美国财产法的重要内容。美国的信托财产制度渊源于英国。英国的信托财产制是在中世纪受益制的基础上发展起来的,它既是衡平法的创造,又是规避传统法律的结果。英国的信托财产制度以英国传统文化观念为背景,建立在信托人和受托人之间相互信任的基础上,因而信托财产制度主要表现为非营业信托,一般只适用于家庭财产的转移或继承、对已婚妇女财产权的保护以及宗教、慈善事业。民事信托是其信托制的基本形态。和英国不同的是,美国营业信托和非营业信托、民事信托和商事信托并行发展,并广泛运用于财产转移、融资集资以及公益事业的几乎一切领域,公司制和信托制相结合,使信托财产制度在美国得到了长足发展。

19 世纪末 20 世纪初以来,美国财产法有了很大的发展变化,这种变化主要表现为财产概念的扩张和法律对财产权的限制。财产不仅仅指有形的动产和不动产,而且包括无形财产,如能够带来物质利益的权利。随着垄断资本主义的形成和社会法学思潮的出现,美国法在保护个人财产权的同时,倡导法的"社会化"精神,从社会的整体利益和长远利益出发对个人财产权加以限制,最终通过对社会利益的保护强化对私有财产权的保护。国家在对财产权进行保护的同时,强调财产权的行使不得侵害第三人利益和社会公共利益。如法律规定,不动产的开发和利用必须符合环境保护的要求。国家可以为了公共利益征用私人土地。当然,根据法律规定,这种征用必须符合正当法律程序。

## 第五节　契　约　法

### 一、契约法的渊源

在美国,契约的运用极为广泛,契约占主导地位被视为近代法的标志。契约法同财产法一样,是美国民商事立法的重要组成部分。

美国契约法也是从英国普通法发展而来的。契约法的渊源主要有普通法和制定法。

在美国,契约关系主要由各州法律调整,基本上每个州都制定了本州的契约法,本州的契约法不仅适用于本州的法院,有时对联邦法院也有拘束力。

比较集中体现美国契约制度的文献是由统一州法律全国委员会主持起草推荐各州采纳的 1906 年《统一买卖法》(主体内容成为《统一商法典》第 2 编)和 1952 年《统一商法典》。此外,美国法学会以《契约法重述》(*The Restatement of the Law of Contracts*)的形式而阐述的契约法基本理论和原则对美国的契约法实践起着重要的指导作用。

### 二、契约法的主要内容

在早期普通法中,契约法只占有极不重要的位置,封建制度的衰微和资本主义经济的兴起,使契约法的发展成为可能。适应着市场经济的发展,契约法成为法律的主体部分。19 世纪以来,契约法领域不断扩大,契约法理论不断完善。因此,19 世纪被美国当代法学家劳伦斯 · M. 弗里德曼称为"契约法的黄金时代"。[20]

所有主要的法的部门中,英、美两国的契约法最为相似。在为数不多的有关契约的成文法中,最著名的立法是 1677 年英国制定、至今仍然施行于美国大部分州的《反欺诈法》。该法的目的是防止契约关系中的欺诈行为,在致力于这一目的同时,它在法律上确立了契约的合意原则,契约必须履行的原则以及契约必须符合规定的形式等契约法基本原则。该法还列举了某些契约种类,如土地契约,涉及另一个人允诺偿还债务、承担债务不履行和错装货物责任的契约以及一定价值以上的商品买卖契约,这些契约必须是书面形式,并且必须由当事人或其代理人签字表示将要对此承担责任,否则不能生效。该法在适用过程中通过司法解释已发生很大改变,以致变得仅仅是一些普通法规则,它的适用往往依靠普通法院的详细说明。

近代美国契约法与当时的"自由放任"经济相适应,确立了契约自由原则,尊重订约双方当事人的自由意志,这一时期的判例和成文法都体现了这一原则。

---

〔20〕 Lawrence M. Friedman, *A History of American Law*, Simon and Schuster, 1985, p. 275.

对价与诺言的对应——加伯诉哈里斯信托与储蓄银行案

美国契约法和英国契约法一样,契约法理论将对价作为契约生效的前提条件。没有对价的契约不具有法律效力。这一原则要求,契约必须基于双方的交换需要,必须具有法律上的价值,而不仅仅是道德约束,否则,不具有强制履行的效力。〔21〕 至于交换价值是否等价、是否公平,法律一般不予干涉。

美国契约法奉行保护财产的有效转让和买卖的原则。1859 年,纽约州劳伦斯诉福克斯一案创造了所谓"第三方受益人契约"的先例。〔22〕 该案认为在一些旨在使第三人受益的契约中,尽管在确切意义上说,该第三人不是契约的一方当事人,但他可以要求有关一方当事人履行契约,使契约付诸实施。从而改变了不允许受让人向原始权利人提起诉讼的普通法传统,保证了财产的有效转让。

19 世纪,随着契约法理论的发展,违约的损害赔偿法也得到发展。1854 年英国的哈德利诉巴克森德尔一案确立了契约一方违约造成的损失的赔偿原则,即原告所要求的赔偿是违约造成的"自然结果",包括能够预见和考虑到的损害。〔23〕

### 三、契约法的发展

现代社会的发展,使美国契约法也出现新的变化,以 1906 年《统一买卖法》的颁布为标志,美国契约法开始走向统一。1952 年,美国统一州法委员会和美国法学会在对以前颁布的一系列统一法(uniform Act)进行清理的基础上,颁布了《统一商法典》,该法以契约法为主体,经过多次修改,是美国所有州都采用的现行重要成文法。

现代美国契约法的变化还表现在契约自由原则的变化。伴随着经济上的垄断,契约的自由、合意原则受到冲击,具有垄断特征的定式契约出现。在一些经济领域,垄断经营的大公司凭借自己的经济实力,拟定专断性契约条款,迫使对方当事人接受,在契约的形成过程中,几乎没有协商余地。另外,对形式要件合法而又极不公正的契约,基于社会正义和公共利益的要求,法院有权拒绝强制实施。

契约神圣原则的动摇。近代契约法认为,契约一经成立,便对双方具有约束力,法律保护契约的强制履行。现代美国契约法有关于免除契约的履行义务的规定,在一些情况下,契约一方可提出免除契约履行义务的申请,依法免除义务。当然,这种申请的提出必须具有法定理由。〔24〕

---

〔21〕 Lawrence M. Friedman, A History of American Law, Simon and Schuster, 1985, p. 277.

〔22〕 Lawrence M. Friedman, *A History of American Law*, Simon and Schuster, 1985, p. 534 – 535.

〔23〕 Lawrence M. Friedman, A History of American Law, Simon and Schuster, 1985, p. 535.

〔24〕 关于现代时期美国契约法的变化,详细参见王军编:《美国合同法》,中国政法大学出版社 1996 年版。

# 第六节　侵权行为法

## 一、侵权行为法的渊源

美国侵权行为法的迅速发展是在19世纪。在传统的普通法中，侵权行为方面的法律很少。19世纪，美国除援用英国侵权行为法规则外，还创立了一些新判例，逐渐确立了基本的侵权行为法规则。美国侵权行为法体系中，以州法律为主。历史上，一些州判例对侵权行为法的发展起过重要作用。此外，大多数州都制定了单行法，成文立法对侵权法的发展有重要意义。[25]

## 二、侵权责任的基本原则

美国侵权行为法是随着工业革命的发展以及与这种发展相伴随的人身伤害的增多而迅速发展的。一方面法律要对受害人提供保护，另一方面又要保护企业不被侵权责任所束缚，不被侵权赔偿所拖累，保证整个经济的迅速发展。因而在19世纪末期以前，美国侵权行为法的基本倾向是对侵权赔偿加以限制，保护企业利益。这一时期，侵权行为法确立了如下基本原则：

第一，过错责任原则。美国侵权行为法认为过错即指对公众不履行义务，被告没有做一个有理性的人应该做的。侵权责任以过错为基础，无过错则无责任。在这一原则下，原告不仅必须证明被告有过错，而且要证明自己无过错。如果原告有一点点疏忽，他就不能从被告方获得赔偿。

第二，风险负担原则。如果原告自愿地受雇于人，接受了某项工作，就被认为他在自愿受雇佣的同时，也就自愿地承担了雇佣的风险，包括工作中受伤的风险，因而他就不能获得侵权赔偿。

第三，同伴工人过错规则。根据这一原则，在生产和工作过程中，雇员受到的损害如果是由于另一雇员的过错造成的，则受害雇员不能向雇主提起诉讼要求赔偿，只有当雇主个人的过错行为造成雇员的损害时，雇员才可向雇主提出诉讼。雇主不对由于同伴工人的过错引起的损害承担责任。

第四，近因原则。要求承担侵权责任的行为必须是造成侵权后果的最接近的原因，中间不应有其他原因的介入。

第五，豁免原则。根据这一原则，政府以及慈善机构、医院等可免予侵权之诉。

从19世纪下半叶开始，侵权行为归责原则开始发生变化，社会正义和归责原则的公

---

〔25〕 关于美国侵权法的沿革，参见李亚虹：《美国侵权法》，法律出版社2003年版。

平性问题被引入侵权行为法领域,侵权行为法发生了如下主要变化:

第一,比较过错原则的应用。"比较过错"观念在一些州法院的判决中出现是在19世纪下半叶,但其作为归责原则的广泛应用,是在20世纪。19世纪末20世纪初以来,侵权行为法通过判例和成文立法得到了很大发展。

第二,事实自证原则的产生。事实自证原则最初见于1863年英国的伯恩斯诉博德尔案(Byrnes v. Boadle),并为美国侵权行为法所援用。该原则的含义是:某人(原告)被坠落物砸伤,坠落物的主人(被告)如果不能证明自己无过错,则必须承担侵权赔偿责任,因为没有疏忽,坠落物当然不会自己落下,物体下落这一事实本身就证明了疏忽的存在。在对船难、撞击、爆炸以及坠落物或移动物击中人这类情形造成的伤害责任的归属问题的判定中,这一原则被广泛应用。

第三,绝对责任原则的确立。在铁路交通等行业造成的损害中实行绝对责任原则。如1908年,美国国会通过了《联邦雇主责任法案》,该法规定,工作中出现死亡或伤害,无论工人是否有过失,雇主都要承担责任。又如,在1963年的格林曼诉尤巴电力产品公司案(Greenman v. Yuba Power Product Inc.)中,在产品责任的侵权行为法中确立了严格责任原则;此后,这一原则也在1965年的《侵权法重述(第二版)》中得到肯定。

第四,同伴工人过错原则和豁免原则的废除。联邦和很多州都制定法律,确立了工人有权就因同事的过错导致的伤害获得赔偿的原则。政府、慈善机构、医院等不再享有侵权诉讼的豁免权。

第五,侵权行为法调整范围的扩大。除财产权利保护外,人身权利保护已成为侵权行为法的重要内容。

从总的趋势来看,在20世纪上半期,美国的侵权法改革出现了扩张化的倾向,严格责任的适用越来越多,侵权诉讼获得赔偿也越来越容易。但从20世纪70年代开始,也逐渐出现对于侵权诉讼爆炸、责任保险危机等问题的职责,从而使侵权扩张的趋势停止了,并导致了侵权法限制运动的出现,使侵权责任的认定又趋于严格。[26]

## 第七节　婚姻家庭法

美国婚姻家庭法主要是州法,各州的具体规定有一些差异。婚姻家庭法是在普通法的基础上发展起来的,各州还制定了一些成文法以补充不足。

依照普通法,婚姻关系被看作契约关系,由具备结婚条件的男女双方订立。

美国在接受普通法婚姻传统时,对普通法婚姻制度进行了改造。由于美国的神职人

---

〔26〕　董春华:《论美国侵权法限制运动及其发展趋势》,载《比较法研究》2014年第2期。

员很多都是为了逃避压迫和排斥而从英国移居到美国的清教徒,因而他们在婚姻仪式中,只作为一般客人,不起决定作用。美国大法官肯特认为,普通法并不要求基督教形式的婚姻才有效。因而和英国比较起来,美国的婚姻制度更为世俗化。

从联邦范围看,主要存在宗教的和民事登记的两种婚姻形式。一些州规定只要进行了登记,婚姻即为有效。有的州要求到教堂举行宗教仪式。此外,近代还有依习惯结婚的方式,只要双方同意结婚并以夫妻相待而同居,就是合法婚姻。

夫妻关系早期实行"夫妻一体"原则,已婚妇女没有单独的居住权和其他民事权利。1848 年第一次妇女代表大会后,妇女获得了一些权利,如妻子的独立住所权被承认。直到 20 世纪初,妇女才逐步取得了独立于男子的经济权、财产权以及选举投票权等权利,妇女的地位才真正开始改善。

关于离婚。美国独立后,在离婚许可上南北差异很大,南部比较严格,离婚仍然和独立前一样很少见。如南卡罗来纳州在整个 19 世纪几乎没有完全意义上的离婚。南部其他州,采取由立法机关通过个别离婚法案而离婚的形式,如 1798 年的佐治亚宪法允许立法离婚方式,即在高等法院进行所谓"公正审理"之后,提出一个离婚判决,由立法机构投票以 2/3 多数票通过后准予离婚。在北部,法院判决是离婚的通常形式。关于离婚理由,大部分州遵循过错原则,即离婚诉讼的被告必须有婚事不法行为,而且要求原告自己没有婚事不法行为。以伊利诺伊州为例,离婚理由一般有:无性行为能力、重婚、通奸、遗弃 1 年以上,酗酒或吸毒成瘾 2 年以上,用毒害或其他"证明是恶意的手段"危害配偶生命,反复的肉体或精神虐待,使无辜的配偶染上性病等。纽约州仅将通奸规定为绝对离婚理由。佛蒙特州规定的离婚理由有:无性行为能力、虐待、通奸、3 年故意遗弃、长时间失踪推定死亡。[27] 自 20 世纪 70 年代起,离婚问题的过错原则被破裂原则所取代。1970 年 1 月 1 日生效的加利福尼亚州离婚法标志着摒弃过错原则,支持破裂原则趋势的开始。1970 年,美国统一州法委员会制定了《统一结婚离婚法》,但到现在为止,许多州尚未采用。

进入 21 世纪以来,婚姻法中最具争议的问题是同性婚姻的合法化问题。美国历史上一直奉行一男一女结合的婚姻观,这一观点曾在 1996 年国会通过的《捍卫婚姻法》中得到重申。但从 2004 年马萨诸塞州允许同性婚姻开始,越来越多的州通过州立法或州最高法院判决承认同性婚姻的合法地位。2015 年,通过联邦最高法院的判决(奥博格菲尔诉霍吉斯案),同性婚姻最终在全国范围内取得合法化地位。

---

〔27〕 Lawrence M. Friedman, *A History of American Law*, Simon and Schuster, 1985, p. 205.

# 第八节　公司法和破产法

## 一、公司法

### (一)公司法渊源

美国的公司制度渊源于英国法。在19世纪初,美国的公司法领域还是死水一潭,所涉及的多是非营利性的团体,如政府机构、慈善团体和教会,只有少量的桥梁、制造业、银行和保险公司。19世纪,商业公司迅速发展,引起关于公司法理论的争论和法律数量的增加。到19世纪70年代,公司在经济活动中取得了主导地位。公司的迅速发展使美国公司法脱离英国法而获得独创性发展。

美国公司法的主要渊源是诉讼判例和成文立法,主要属于州法范畴,各州都有自己的判例和成文法,一些州的重要判例和成文立法往往被其他州所采纳,因而各州立法虽不完全一致,但关于公司的基本原则和制度的规定大致相同。1950年,美国律师协会制定了《标准公司法》,旨在促进各州公司立法的统一。1991年,美国在前几次修订的基础上,对该法又作了全面修改。目前,该法的一些条款已被大多数州采用。

### (二)公司法的发展

19世纪下半叶,渊源于英国法的公司建立的特许制度走向衰微,许多州,如纽约州、伊利诺伊州、威斯康星州、马里兰州等都实行按特许制建立公司和依普通公司法建立公司的双重制度,当依普通法建立公司不能达到目的时,允许按特许制建立公司。路易斯安那州1845年宪法还采取更激烈的步骤,完全禁止适用特许制度,随之,别的州相继效仿。到19世纪60年代中期,美国国会废除了所有公司组建的特别立法,全美实行依照普通公司法建立公司的制度。

公司法把公司作为实现经济目标的合法工具,其发展充分反映了经济发展的要求。早期公司法倾向于主张公司管理自由,公司可以做它高兴和希望做的事情,法律对公司持保护和扶植态度。19世纪下半叶,各州对公司的权利义务、解散、清算等问题有了新的明确规定。到1874年,有16个州的宪法规定国家不得拥有私人公司的股票,20个州禁止国家借资金给任何公司。这一时期公司法还注重对公司行为进行规范,把确立诚实交易原则作为一个基本目标。通过判例确立了信托责任规则,根据信托责任规则,董事作为公司财产的受托管理人不得自己受益,不得同该公司做买卖。此外,美国通过立法确立了公司的有限责任制度。19世纪末,垄断公司出现,公司滥用权力以及公司利用有限责任制度规避债务的情况时有发生,公司法便从早期的对公司的保护扶植转向约束,如制定反垄断法对公司的垄断行为进行干预。

20世纪20年代的美国,大公司的巨大权力及其对美国社会的巨大影响已经以极端的形式展示出美国社会的紧张,因而引发了此后关于公司法基本理论问题的长时间讨论,而对传统公司法理念形成最大冲击的是关于现代公司作用或公司社会责任问题的争论。20 世纪末,在经过半个多世纪的公司法理论的探讨和争论以后,面对公司法实践中的新问题,以 1989 年宾夕法尼亚州议会修改公司法为开端,美国共有 29 个州相继修改了公司法,这一较大规模的公司法变革深刻反映了美国现代社会和经济发展的需求,反映了现代美国公司法理念和公司法价值目标的革命性变化,美国公司法开始了它新的发展时期。

## 二、破产法

### (一)破产法的历史演变

破产法在美国属联邦法范畴,其核心是破产程序。美国沿袭英国破产法,分别于 1800 年和 1841 年颁布过两部联邦破产法,但都在实施后不久被废止。因此,在 19 世纪中期以前,美国根本不存在有影响的联邦性的破产法,各州也都是一些关于无力清偿债务、延缓执行和免税方面的法律,几乎没有关于企业破产的法律。1867 年,国会通过了第三部联邦破产法,该法允许两种形式的破产,即"自愿的"和"非自愿的"破产。该法由于对企业比较苛刻,因而遭到反对,它在 1878 年终于被废止。

1898 年 1 月,经过激烈争论,美国通过了一部《联邦破产法》,该法的目的是在全国建立起一个统一的破产制度。根据该法,任何一个欠有债务的人,都被给予自愿破产的权利;对工薪阶层和主要从事农业种植的人不能强制实行非自愿破产;破产企业的工人和职员可优先获得破产前 3 个月或 300 美元以内的工资。在以前几次修改的基础上,1978 年又对《联邦破产法》进行修改,颁布了《破产改革法》,并于次年 10 月生效。此后,随着社会、经济的发展,美国于 1984 年和 1986 年先后对《破产改革法》进行了两次大的修改。1988 年和 1990 年国会分别通过了关于专利及知识产权破产事项的修正案和个人债务人的债务解脱修正案,从而形成现行破产法体系。2005 年 4 月,美国国会对破产法进行了自 1978 年以来的最大一次修订,修订后的破产法于 2005 年 10 月 17 日生效。

### (二)破产法的基本原则和内容

现代美国破产法,是面对激烈的竞争以及由此而导致的剧烈的经济和社会冲突,作为工业社会一种减震措施和制度安排而存在的,它的理论基础是 20 世纪的社会法学和美国的现实主义法学。基于这种理论,破产法致力于最大限度地兼顾破产程序中债权人和债务人双方利益,致力于对社会整体利益的保护,在破产法的实际贯彻中,主张"破产损失分担主义"。破产法的这一原则深刻反映在破产法的具体规定中。

《破产改革法》不仅对清算程序、破产原因、财产豁免、清偿顺序、重整程序等问题作了一般规定,而且对债务人规定了一系列保护条款。

该法规定的破产程序有直接破产程序和协商改组程序。直接破产程序即由债权人或债务人向法院提出申请,按破产法规定,宣布债务人破产并对其财产进行清算。协商改组程序即在债权人和债务人双方同意的情况下,签订协商改组协议,改变债务人企业的经营机构,暂缓清偿债务,继续经营一段时间后,再偿还债务。如暂缓期满后债务人仍无力清偿债务,可转为直接破产程序。该法对那些被称为"诚实而不幸"的破产者,在照顾债权人利益的前提下,尽可能使其在生活和经营方面有新生机会,因而有关于减免、延期清偿破产债务以及为破产者保留最低限度的资产的规定。联邦破产法从考虑社会利益的角度,建立起了预防破产制度。于2005年10月开始生效的修订后的破产法对个人申请破产的条件规定更为严格,对申请破产企业的重组问题规定更严格,要求申请破产企业必须在18个月内提出重组计划,以保护债权人利益。

## 第九节　反垄断法与社会立法

### 一、反垄断法

#### (一)反垄断法律体系的形成

南北战争以后,美国加快了城市化和工业化进程,随着交通的发达,全国性市场的形成,生产力的提高,公司制的普遍施行,资本主义经济得到迅速发展,这造成生产和资本的集中。在激烈的竞争中,一些大企业通过控股或其他方式,吞并或联合其他小企业组成垄断组织托拉斯,这类托拉斯具有强大的经济实力,并借助这种实力控制产品的生产、销售和市场价格,以不正当手段排挤其他企业,损害消费者利益。19世纪70~80年代,托拉斯迅速发展,在石油、铁路、制糖、产棉、煤炭、威士忌酒及烟草等行业都出现了托拉斯,托拉斯造成公平竞争秩序和合理市场结构的破坏,严重威胁了美国经济的生存和发展。传统的普通法和既有的成文立法都无法有效地控制这种垄断局面,于是反垄断法应运而生。

美国是世界上第一个建立反垄断法制的国家。根据美国宪法的规定,管理对外贸易和州际贸易的权力属联邦国会,因而美国的反垄断立法主要属联邦立法权范围。此外,很多州制定了相应法律对本州内的贸易活动进行规范。1890年,美国国会制定了第一部联邦反托拉斯法——《谢尔曼法》(*Sherman Antitrust Act*),以此为开端,美国陆续制定了一系列反托拉斯法规,形成反托拉斯法律体系。这些法规主要有:《克莱顿法》(*Clayton Act*,1914年)、《联邦贸易委员会法》(*Federal Trade Commission Act*,1914年)、《罗宾逊—帕特曼法》(*Robinson – Patman Price Discrimination Act*,1936年)和《哈特—斯科特—诺迪罗反托拉斯改进法》(*Hart – Scott – Rodino Antitrust Improvements Act*,1976年),此外,还有规范企业合并事项的《合并准则》(1968年颁布,并于1982年、1984年修订)和1992年美国司法部和联邦贸易委员会联合颁布的《1992年横向合并准则》。

#### (二)反托拉斯法的基本内容

《谢尔曼法》颁布以前,司法实践主要遵循普通法关于"对贸易的限制违反公共政策"

的规则,借助判例法保护竞争。1889 年,密歇根州、堪萨斯州、内布拉斯加州通过了州反托拉斯法令,内布拉斯加法令将“以任何契约、协议等形式为某一产品规定一个通用价格或限制该产品的生产、销售总量和范围”等行为规定为违法。这种少量的州立法组成美国反托拉斯运动的一部分,但未能控制托拉斯行为。

《谢尔曼法》是美国联邦第一部反托拉斯法,也是美国历史上第一个授权联邦政府控制、干预经济的法案。该法规定:凡以托拉斯形式订立契约、实行合并或阴谋限制贸易的行为,均属非法,旨在垄断州际商业和贸易的任何一部分的垄断或试图垄断、联合或共谋行为为犯罪。违反该法的个人或组织,将受到民事的或刑事的制裁。该法奠定了反垄断法的坚实基础,至今仍然是美国反垄断的基本准则。但是,该法对什么是垄断行为、什么是限制贸易活动没有作出明确解释,为司法解释留下了广泛的空间,而且这种司法解释要受到经济背景的深刻影响。

1914 年的《克莱顿法》对《谢尔曼法》作了补充,明确规定了 17 种非法垄断行为,其中包括契约中签订搭售条款、排他代理条款等行为。《克莱顿法》的主要目的是制止反竞争性的企业兼并及资本和经济力量的集中,关于非法兼并和合法兼并的确认的原则是在该法的实施过程中不断完善的,它在反托拉斯法体系中占有重要地位。1980 年的《反托拉斯诉讼程序修订法》对《克莱顿法》第 7 条进行了修改,使独立核算的大型合伙企业和不具备法人资格的合营企业都要受该法的规制。但该法的规定也很笼统。

1914 年的《联邦贸易委员会法》授权设立联邦贸易委员会,该委员会负责反托拉斯法的实施,有权对涉嫌违反反托拉斯法的行为进行调查,有权命令个人或企业停止其违反反托拉斯法的活动。该法的主要目的是禁止不正当竞争和不公正或欺骗性的商业行为。该法所禁止的不正当竞争手段相当广泛,如骚扰、以拒绝出售为手段对买方施以强迫、联合拒绝购买、诽谤竞争对手、从事商业间谍活动、蓄意破坏商业契约的履行、盗用或假冒商业或公司名称、进行有误导作用的广告宣传等。

1936 年的《罗宾逊—帕特曼法案》是对《克莱顿法》第 2 条的修正,主要目的是禁止那些会削弱竞争或导致市场垄断的价格歧视,鼓励价格统一,保护中小厂商利益。该法由于制定于 20 世纪 30 年代经济大萧条时期,因此有局限性,实践中很少适用。

现行的《合并准则》主要调整企业横向合并事项,为企业合并提供具体的可操作的规范,限制不利于竞争的企业合并。

在长期的司法实践中,美国反垄断法的理论和制度不断完善,反垄断法成为推行政府的经济政策、保护经济正常运转的强有力手段。

### 二、劳工法

美国劳工法的出现晚于其他法律,劳工问题被作为法律的重要话题是在南北战争以后。美国劳工关系的调整长期依赖判例法,传统的判例法确立的是一种劳资双方权利、地位极不平等的基本格局。法官往往站在雇主立场上,作出不利于被雇佣者的裁决。在诉讼中,法院也往往以契约自由原则和宪法规定的正当法律程序条款为理由否定工人所主张的权利,免除企业主的法律责任。19世纪末,美国一些州通过立法对工人最长工作时间、最低工资、童工问题等作了规定,但直到20世纪初,最高法院仍以这类理由否定关于工作时间、禁止雇佣童工、保证最低工资、在解决劳工争端过程中禁止发布禁止令等法规的效力。在19世纪末以前,美国劳工关系法的主要倾向是保护雇主利益,限制工人权利。

19世纪的最后10年,劳工运动取得了极大进展,各州制定的劳工保护法日益增多。有的州禁止将工人列入黑名单,有的法令对雇主支付工人工资的方式和时间作了规定,有的甚至惩罚侵害工会称号的行为。

20世纪30年代,经济危机等原因导致工人运动进一步高涨。1932年,联邦国会颁布了《诺里斯—拉瓜迪亚法》(*Norris – La Guardia Act*),该法赋予工人签订集体契约的权利,禁止对工会适用反托拉斯法。作为罗斯福"新政"立法的一个组成部分,美国制定了一系列劳工法,对劳工关系进行调整。如1935年的《国家劳工关系法》(又称《华格纳法》,*Wanger Act*)等。《国家劳工关系法》规定工人有组织、成立和参加劳工组织的权利,有选派自己的代表进行集体谈判的权利,有为了集体谈判或其他互助或保护的目的采取一致行动的权利。这一时期的劳工法注意到了对工人权利的确认和保护。这些法律实施的结果,引起了资产阶级保守派的激烈反对,因此20世纪40~50年代,美国又制定了一些反劳工法律,如1947年的《国家劳资关系法》(又称《塔夫脱—哈特莱法》,*Taft – Hartley Act*),该法加强了对工人权利的限制,规定法院有权下令禁止工人罢工80天;罢工前必须有60天的"冷却期",静候政府调查;禁止工会代表全国性同业工人与资方谈判,等等,并宣布1935年国会通过的《国家劳工关系法》中允许工人自由组织工会、集体谈判和签订契约的条款无效。

20世纪60年代后,美国的劳工关系法逐步走向民主化。如1959年对《国家劳资关系法》进行修改,修改后的该法成为调整劳资关系的重要法律;1962年通过了《人力开发培训法》,规定由联邦拨款举办就业培训和在职培训;1975年又制定了《综合就业与培训法》,对以前的相关法律作了补充修改;1970年美国国会通过的《职业安全与卫生法》和1977年国会的《联邦矿山安全与卫生法》等,则对劳工的安全生产作了详细规定。现代美国劳工法包括工资和工时、劳动保护与安全卫生、职业教育、劳动仲裁以及劳资关系调整等方面的内容,由此形成了比较完善的劳工法体系。

### 三、社会福利法

美国的社会福利立法也出现得较晚。社会福利立法是在劳工赔偿法等保护工人权利和利益的法律的基础上发展起来的。20世纪初的宪法革命及宪法观念的更新,为社会福利立法的发展奠定了基础,建立社会福利制度成为现代社会政府的一项重要职责。此后,社会福利救助不再被仅仅看作州和地方当局的职责,责任的重心向联邦政府转移,提供社会福利救助成为联邦和州共同的职责。法律也从最初的对工资保障、工时限制、女工和童工保护、损害赔偿这些有关工人福利和利益的基本问题的规定，逐步扩展为确立以退休和抚恤制度以及失业保险制度为中心内容的社会福利和社会救助制度。

1935年8月，美国颁布了《社会保障法》，政府也相应设社会保险局，这是美国社会保障法的开端。《社会保障法》的主要内容有：建立联邦—州失业补贴联合系统，促进各州制定失业保险立法；联邦通过税收、建立社保信用基金、发行信用基金债券和贷款等方式分别建立联邦和州的社会福利救助基金，对老年人、退休者、失业者、残疾人、贫苦人和孤残儿童提供补贴和救助；帮助各州设立公共健康、职业康复、妇幼照料之类的社会服务项目。该法的颁布，使美国的社会福利制度开始走向统一，标志着联邦将社会福利和保障事业纳入法律规制的范围。该法以后经过多次修改，其修订所反映出的发展趋势是逐步扩大社保对象的范围、降低获取保障的年龄等条件限制。美国于2000年通过的《老年公民自由工作法案》对1935年颁布的《社会保障法》作了历史性改变。该法案规定，已超过退休年龄但仍在工作的人也可以是社会保障的受益人，而此前的法律要求必须先退休才能获得足够的社会保障。美国社会保障法实施过程中，在20世纪七八十年代遭遇了财政资金不足问题，虽得到解决，但从长远来看，这依然是一个制约着社会保障制度发展且尚在不断探讨的问题。

社会福利立法是美国的福利国家政策的重要方面，也是实施福利国家政策的有效手段。

## 第十节　刑　　法

美国刑法受英国刑法的影响，19世纪以前主要援用英国普通法。19世纪，许多州制定成文法，以修正古老的普通法刑法原则，从而使刑法体系日益完善。

### 一、刑法的结构体系

美国刑法由联邦法和州法两部分构成，根据联邦宪法关于联邦权限的规定，有关伪造合众国证券和通行货币的惩罚、有关海盗罪和在公海上所犯的重罪以及违反国际法的犯罪行为的界定和惩罚、对叛国罪的宣告和惩处等属于联邦刑事法律的范畴，其立法权由联邦行使。对除此之外的其他犯罪和刑罚的规定，属州刑事法律范畴，其立法权由各州行使，州刑法构成刑法的主体。联邦国会通过联邦刑法，由联邦刑事执法机构、联邦检察官、法院、监狱等系统执行。各州议会制定本州刑法，由州和县的检察官、地方和州一级的法院、州或地方监狱行使刑事司法权，大部分刑事司法活动是在州和地方政府主持下进行。但联邦刑法的权限在整个20世纪的扩张势头锐不可当。如今，联邦刑法可被用来起诉许多在传统上被视为归州负责审理的罪行。

联邦刑法和州刑法都表现为制定法和判例法两种基本形式。联邦以宪法形式对叛国罪作了特别规定:"对合众国的叛国罪只限于同合众国作战,或依附其敌人,给予其敌人以帮助和支援。无论何人,除根据两个证人对同一明显行为的作证或本人在公开法庭上的供认,不得被定为叛国罪。"最早的联邦刑事立法是1790年的《治罪法》,该法对叛国罪、海盗罪、伪造罪、伪证罪、贿赂罪等犯罪作了规定。以后陆续制定和汇编的刑事法律,都对重大犯罪作了明确规定。在司法实践中,联邦法院也以判例形式吸收运用普通法制度。19世纪以来许多州都制定了成文刑事法律,现大多数州都有自己的刑法典。

## 二、刑法的历史发展

美国刑法是在普通法基础上发展起来的,殖民地时期不仅沿用英国判例法,而且有些上诉案要到英国去审理。独立后,美国通过成文立法和新判例对普通法进行了改造并创立了自己的刑法制度。从19世纪开始,刑事成文立法大量出现,如1876年,纽约州制定《爱尔密拉教养院法》,规定纽约州在爱市设立的教养院里,对犯人分类管理,区别对待,给予职业训练和就业机会;刑期不定,根据表现可长可短,表现好的可在实现监督的条件下予以假释。该法第一次确立了假释制度和不定期刑制度。很多州还制定了自己的刑法典。在20世纪以前,由于联邦法和州法体系双重结构的特点以及判例法和制定法的并存,刑法表现出繁杂性和不统一性。

20世纪,刑法逐渐走向统一。20世纪30年代,美国着手统一各州刑法的工作。1962年,美国通过了由美国法律协会拟定的《标准刑法典》,该法典的宗旨在于促使联邦和州对刑法进行全面审查,并为联邦和州刑法的修改和制定提供范本。该法典颁布后,虽未被各州所采用,但对各州刑法的统一有重要意义,现2/3的州都以它为蓝本修改或制定自己的刑法。1966年美国国会建立的联邦刑法改革委员会于1970年又提出一个刑法草案,并于1979年由参议院通过,刑事法律制度的改革和完善成为趋势。从刑法内容的变化来看,20世纪中叶以前,美国刑法具有镇压职能日益加强的倾向,20世纪初制定了一些旨在加强镇压的法律。20世纪中叶以后,美国对刑法进行了改造,刑罚趋于缓和,出现轻刑化,非刑事化的趋势。具有现代特征的刑事立法出现,如行政刑法、经济刑法等。[28] 20世纪末,随着互联网的迅速发展,专门的网络犯罪立法体系也开始建立起来。

进入21世纪以来,美国的轻刑化继续得到发展,其中争议较大的问题是死刑的限制。美国的一些州出现了较激进的废除死刑运动,但在联邦层面,联邦最高法院表现出谨慎的态度:一方面,最高法院依然坚持死刑的合宪性,坚持死刑不违反美国宪法第8条修正案中有关"禁止残酷与非常规惩罚手段"的规定。另一方面,联邦最高法院也通过一系列判决限制了死刑的适用条件,如宣布禁止对智力障碍者和未满18岁者适用死刑。

---

〔28〕 关于现代时期美国刑法的发展,参见储槐植:《美国刑法》,北京大学出版社1996年版。

### 三、犯罪的概念和分类

美国没有如同大陆法系国家那样的综合性和抽象性刑法典，因此，美国刑法在理论上缺乏明确的犯罪概念，但联邦宪法对叛国罪作了特别规定。

犯罪的分类是美国刑法的一个重要问题，美国刑法根据不同的标准对犯罪作了不同的分类：[29]

按照犯罪行为的危害性程度划分，有重罪与轻罪。

按法律渊源划分，有普通法的犯罪与制定法的犯罪。前者是指普通法上规定的犯罪，后者是指制定法上规定的犯罪。

按犯罪性质划分，有本质邪恶的犯罪与法规禁止的犯罪。前者指违反人类同情心和正义感的犯罪，行为本身具有明显的反社会性和反道德性，不需要根据法规也可以作出否定的评价。后者是指其行为本身没有明显违反传统的道德伦理观念，只是由于法律的禁止才被认定为犯罪，如美国刑法中的酒后开车、经营赌具等。

普通法的犯罪与制定法的犯罪——波普诉马里兰州案

概括地说，美国刑法设定的罪主要分为：对个人的犯罪（如谋杀和强奸），对财产的犯罪（如偷窃和纵火），对公共秩序的犯罪（如危害治安的行为和暴乱），对家庭的犯罪（如重婚和乱伦）和对公共行政的犯罪（如行贿和作伪证）。

## 第十一节　司法制度

### 一、法院组织

根据美国宪法的规定，合众国的司法权属于最高法院和国会随时规定和设立的下级法院。在实际中，联邦权力与州权力斗争和妥协的结果，历史地形成了联邦法院系统和州法院系统，这两个系统互不隶属，各自独立。

（一）联邦法院系统

美国联邦法院包括两类法院，即“依据宪法创立的法院”（constitutional court）和“依据立法创设的法院”（legislative courts）——前者是依据《宪法》第 3 条（宪法的司法条款）创设的法院，后者是依据《宪法》第 1 条（对于联邦国会的立法授权）创设的法院。

“依据宪法创设的法院”是联邦法院系统的主体，包括联邦最高法院、联邦上诉法院和联邦地区法院。1789 年 9 月 24 日，第一届国会颁布了联邦《司法条例》，对联邦法院的设置作出了明确规定。以后，条例经过多次修改，其基本部分至今仍然有效。

“依据立法创设的法院”主要包括索赔法院（Court of Claim）、国际贸易法院（Court

[29] 储槐植：《美国刑法》，北京大学出版社 1996 年版，第 14 ~ 17 页。

of International Trade)、美国关税和专利上诉法院(Court of customs and Patent Appeals)、财税法院(Tax Court)、军事上诉法院(Courts of Military Appeals)、属地法院(Territorial Courts)等专门法院,这些法院不仅有司法权,还有一定的立法和行政职能。[30]

以下主要介绍“依据宪法创设的法院”:

1. 联邦最高法院

联邦最高法院是联邦法院系统中的最高审级。它设立于1790年,最初由1名首席法官和5名法官共6人组成,以后有过几次调整,最后固定为由1名首席法官和8名法官共9人组成。最高法院法官由总统提名经参议院同意后任命,终身任职,非经国会弹劾不得被免职。最高法院审理的案件主要有:涉外的以及某一州为当事人的初审案件;对州最高法院判决不服又涉及联邦法律问题以及对联邦上诉法院判决不服的上诉案;对联邦上诉法院或州最高法院判决不服,经特别申请,最高法院法官投票表决获准,以最高法院调卷令的形式移送的案件。除初审案件外,最高法院只就案件涉及的法律问题进行审查。

2. 联邦上诉法院(又称联邦巡回上诉法院)

上诉法院是联邦法院系统的第二审法院。它的前身是依据1789年《司法条例》建立的联邦巡回法院。巡回法院最初并非独立的法院层级,而是由联邦最高法院和地区法院的法官兼任巡回办案的法官。最初的巡回区是3个,但随着美国的扩大和案件的增多,常年骑马巡回各地的法官越来越不堪重负。因此,1869年的《司法条例》建立了单独的巡回法院司法系统,在当时的9巡回区中设立了专门的巡回法官职位。1891年《上诉巡回法院法》则完全结束了巡回审判的历史,只在法院的固定驻所审判,但“巡回”的名称依然被保留。[31]

美国现有13个联邦上诉巡回法院,其中11个是按数字排序的管辖数州的巡回法院,第12巡回法院是首都哥伦比亚特区的巡回法院,第13个法院是在全联邦范围的巡回上诉法院(由旧的索赔法院、海关法院和关税和专利上诉法院合并而成)。上诉巡回法院的法官由总统提名并经参议院同意后任命,终身任职。其主要职能是受理来自联邦地区法院的上诉案件,也受理来自财税法院、索赔法院、国际贸易法院等专门法院的上诉案件,还受理独立规制委员会的上诉案件。上诉法院在案件审理时只就法律问题进行审查,不对事实部分进行审理。

3. 地区法院

地区法院是联邦法院系统的基层法院和一般民刑事案件的初审法院。美国现有94个联邦地区法院,每个州包括一个或几个联邦地区法院,在哥伦比亚特区、关岛、波多黎各、维尔京群岛也设有地区法院。地区法院法官均由总统提名并经参议院同意后任命,终身任职。地区法院的审理实行陪审制,其初审管辖权包括:针对合众国的犯罪案件;根

---

〔30〕［美］亚伯拉罕:《司法的过程——美国、英国和法国法院评介》,泮伟江、宦盛奎、韩阳译,北京大学出版社2009年版,第171~182页。

〔31〕［美］霍尔主编:《牛津美国联邦最高法院指南》,许明月等译,北京大学出版社2009年版,第157页。

据联邦宪法和法律提起的、争议额超过50,000美元的案件;不同的州或公民与外国人之间的争议所涉价值超过50,000美元的案件;复审和执行某些联邦行政机构和部门的命令。

(二)州法院系统

美国州法院的设置,由州法律自行规定,因而各州法院体制名称不尽相同。州法院系统大致有州基层法院、州上诉法院和州最高法院三级。有的州只设初审和上诉审两审级。除宪法规定的或国会根据宪法授权规定的联邦法院管辖范围外,大部分民刑案件都由州法院管辖。对联邦法院和州法院拥有共同管辖权的案件,原告有权决定在联邦法院起诉还是在州法院起诉。州最高法院还对所在州的宪法和法律享有解释权。

美国州法院的法官人数在4万人以上,构成美国法官的主体。与联邦法院不同的是,州法院的法官大多不是任命产生,而是由选民选举产生,并有一定的任期;也有少数州的法官采取任命制。在州基层法院之下,还有处理小额案件和轻微犯罪的治安法官(Justice of the peace),其职能既包括司法审判,也包括部分行政事务。治安法官由选举产生,多数由未接受法律职业教育的普通人担任。

(三)联邦最高法院的违宪审查权

司法审查制度是美国司法制度中最有特色也最重要的制度之一。司法审查是违宪审查的一种,是由法院通过司法程序审查和裁决立法行政机关制定的法律、法令以及行为是否违反宪法的政治制度。从理论上说,美国各层级的法官都有司法审查的权力,但由于联邦最高法院的判决具有终局性,因此联邦最高法院的司法审查具有最重要的影响力。

美国联邦宪法中并无司法审查制度,但早在宪法制定过程中,很多制宪者就曾提出司法审查的观点。在《联邦党人文集》中,汉密尔顿也曾阐述应由法院实施违宪审查的理由。在1803年的马伯里诉麦迪逊案中,马歇尔大法官通过司法先例正式确立了司法审查制度。但在19世纪大多数时期,法院很少行使这一权力。直到19世纪末20世纪初,联邦最高法院才开始频繁使用司法审查权,尤其致力于对经济自由的保护(如1905年宣布州劳工立法违宪的洛克纳案)。20世纪30年代之后,联邦最高法院开始将审查中心从经济领域转向公民权利;尤其是在五六十年代的“沃伦法院”时期,联邦最高法院作出了一系列推动平等权利保护的重要判决(如1954年废除种族隔离的布朗案)。进入21世纪后,美国有关选举民主、平权运动、文化冲突方面的议题依然纷争不断,联邦最高法院也频繁使用司法审查权参与纷争的解决。

美国的司法审查制度的特点是一种具体、被动的审查。法院有权通过有关案件的审理,解释宪法并宣布联邦法律或州宪法和法律是否符合联邦宪法。法院在具体案件的审理过程中,如发现联邦法律或州宪法和法律与联邦宪法相抵触,可宣布其违宪。某项法律一经宣布违宪,法院便不能再援用。法院在行使司法审查权时遵循的一项重要原则是“政治问题回避”,即如果法院行使司法审查权会引起与立法、行政部门的权力冲突时,这类案件可以被看作“政治问题”而给予回避(最典型的是有关外交政策的各类诉讼)。但在司法实践中,司法问题和政治问题的划分取决于法院的解释,具有很大的灵活性。

司法审查作为一项制度,以分权、制衡和法治原则为基础,在维护资产阶级民主制度,调整联邦和州的矛盾冲突,调整行政、立法、司法三机关的关系的过程中发挥着重要作用。

## 二、诉讼制度

殖民地时期,美国的诉讼制度因袭英国普通法,适用普通法院和衡平法院二元诉讼制度。独立后,美国宪法及其修正案和1789年《司法条例》都对诉讼制度和程序作了原则规定。在19世纪的法律改革中,各州相继进行民事诉讼和刑事诉讼立法,规定本州法院适用的诉讼程序规则,各州法院根据自己的诉讼程序进行工作,但诉讼制度的基本方面与联邦相似。

### (一)民事诉讼

1938年联邦最高法院颁布的《联邦民事诉讼规则》,是美国民事诉讼法历史上一个里程碑式的法律文件,它不仅规范了联邦法院的诉讼活动,而且推动了各州诉讼程序的改革和统一。

传统的普通法民事诉讼程序由诉答和开庭审理两个阶段构成。在诉答阶段,当事人之间只确定争点而不交换证据。美国民事诉讼制度是在英国法当事人主义诉讼观念和诉讼框架上,适应近代资本主义市场经济发展的需要而建立起来的,是一种当事人在诉讼中起主导作用的诉讼法律制度。

1938年《联邦民事诉讼规则》的一项重要改革和发展是:在诉答程序之后规定了发现程序,即将当事人在庭审前向对方收集和调查证据作为一个诉讼阶段和诉讼权利规定下来,这不仅在一定程度上防止了传统诉讼制度中很容易出现的当事人之间庭上突袭问题,而且对英美法系的当事人主义机制产生了巨大影响。为加强对发现程序的监督和管理,防止发现程序滥用,美国在20世纪80~90年代,围绕法院如何加强审前程序的管理问题对《联邦民事诉讼规则》进行了几次重大修改。1993年12月,美国联邦最高法院又进一步修改联邦民事诉讼规则,规定了强制出示制度,即当事人向对方收集信息和证据之前应主动向对方提供与该请求相关的信息和证据。

美国民事诉讼的基本程序包括:起诉、初审、上诉审、发布执行令。民事审判采取辩论制,由权利主张者承担举证责任,并实行"占有优势证据"(by a preponderance of the evidence)的证据原则,即要想胜诉,必须提供至少51%以上的有利证据。

### (二)刑事诉讼

美国的刑事诉讼也承袭普通法传统。联邦和各州都有自己的刑事诉讼法规,但没有统一的刑事诉讼法典。1945年制定的《联邦刑事诉讼规则》,经过多次修改,是现行有效的刑事诉讼制度。美国刑事诉讼制度包括了侦查、起诉、审判各阶段的一系列具体原则、制度和程序,而美国刑事诉讼中比较有特色和影响的是它的辩诉交易(plea bargaining)制度和诉讼权利宪法化特点。

1. 辩诉交易

辩诉交易又称辩诉谈判(plea negotiation)、辩诉协议(plea agreement)。它是一种庭外活动,由控辩双方磋商和谈判,在这一过程中,控方以撤销部分指控、降格控诉或者建议法官从轻判决等许诺换取被告人作认罪答辩,以节省诉讼时间和开支,降低诉讼成本,特别是避免审判的不确定性。如果法官认为被告人已承认检察官所指控的犯罪,便不再召集陪审团听证审理而直接量刑。辩诉交易是自由裁量权最典型的体现。

为保护被告人的合法权益,对辩诉交易也存在一些限制或要求:第一,法庭不被允许参加辩诉交易过程;第二,被告人必须充分了解作认罪答辩的后果;第三,被告人必须是自愿;第四,要求辩护律师必须从被告人利益出发,认真分析指控的性质、控方掌握的证据,比较接受协议与接受审判的利弊,从而帮助被告人作出明智的选择。另外,《联邦刑事诉讼规则》和《联邦证据规则》均规定,有关被告人在与检察官进行辩诉交易中的陈述,关于被告人曾打算作认罪答辩或者被告人曾作出认罪答辩后又撤回的证据,不得作为不利于该被告人的证据采纳。

2. 诉讼权利的宪法化

美国以宪法修正案(如第4~8条修正案)的形式规定了公民的一系列诉讼方面的权利。如没有合理根据不得发出搜查和扣押状,任何人不得在任何刑事案件中被迫自证其罪,刑事案件中被告有取得律师帮助的权利,有要求陪审和公开审判的权利,有和证人对质的权利,有以强制程序取得有利于本人的证据的权利等。任何诉讼除必须遵循诉讼法规定的程序外,还必须符合宪法规定的正当法律程序条款。

刑事诉讼一般在犯罪地法院提出。刑事审判实行无罪推定,有罪判决必须以"毫无合理怀疑"(beyond reasonable doubt)为原则。刑事审判也采用辩论制。

(三)陪审制度

美国宪法第7条修正案原则规定了陪审制度。在诉讼中,原告、被告都可提出陪审团审判的要求,陪审团分为大陪审团和小陪审团。大陪审团只适用于刑事案件,其主要职责和权力是决定是否起诉。小陪审团在刑事诉讼中通过对案件事实的认定,决定嫌疑人是否有罪,在民事诉讼中决定是否赔偿。

## 第十二节　美国法的历史地位

### 一、美国法的历史地位

独立战争以来的200多年时间里,美国法律经历了独特的发展过程。美国在接受英国普通法传统的同时,赋予古老的法律以惊人的活力,并以深刻的批判精神和创新精神建立了符合美国国情的法律制度。在普通法系中,美国法占有重要地位,成为普通法系中与英国法并驾齐驱的又一代表性法律。

美国创造了对宪法产生深刻影响的近代宪治思想和制度,制定了世界第一部资产阶级成文宪法,宪法中所体现的分权、制衡和法治原则,奠定了资产阶级宪法的基本格局,并对整个近代时期的资产阶级宪法实践发生了深刻影响。

美国首创了违宪审查制度,这一制度真正赋予了宪法以根本法的地位,它将一切法律都置于宪法精神的统治之下,一切法律权利最终都起源并归结于宪法权利。这一制度的实施,不仅对维护法制的统一、调整统治阶级内部关系有着积极意义,而且创造了发展宪法、实现宪法监督和保障的独特模式。因此,世界上许多国家都纷纷效仿,先后建立起各具特色的宪法监督和保障制度,以维护宪法的权威,保证宪法和法律的正确实施。如英国、瑞士等国建立了议会立法监督制度,依照立法程序来行使宪法解释权和宪法监督权。日本等国建立了由各级法院行使违宪审查权的司法审查制度。而法国、德国等国家则在普通法院之外设立宪法委员会、宪法法院等机构来行使司法审查权。在违宪审查权的行使过程中,法国等大陆法系国家还进一步创造了被称为"抽象的原则审查"或"预防性审查"的制度,即由违宪审查机构依照法定程序,在某项法律颁布以前对其进行合宪审查。美国的违宪审查制度开世界宪法监督和保障制度的先河,大大推进了宪治制度的发展。

美国根据宪法的分权原则和本国实际,创造了立法和司法的双轨制,这种体制及其运作也为中央和地方关系的协调提供了经验。美国刑法率先创造了缓刑制度,并将教育刑观念和人道主义观念引入刑法的改革。美国法将反垄断作为法的重要职能,最早建立了反垄断法制。尤其是美国法在继承普通法与建立本国法的过程中表现出了批判和革命精神。所有这些都决定了美国法在普通法系乃至西方资产阶级法中的重要地位。

另外,美国法在它的历史发展进程中,也曾以它的一些反民主立法对世界法的发展产生过消极影响,如它的反劳工立法和种族歧视性立法等。

### 二、美国法与英国法的联系与区别

美国法与英国法同属普通法系,二者有着天然联系。美国法与英国法的共同点主要表现为:

1. 判例是主要的法律形式。美国法律的主体部分是判例法,法律的创制、法律原则的形成和发展以及法律的解释往往是通过判例形式实现的。尽管其在19世纪下半叶以来制定了大量成文法,但始终保持了判例法的主体地位,奉行判例法主义。

2. 法律风格的一致。美国也遵循"先例原则",法院创造的先例对以后的同类案件具有拘束力。在司法实践中,法院和法官享有重要地位,法官不仅享有司法审判权,而且享有司法解释权以及由"先例原则"所决定的实际上的立法权。在审判风格上,同英国一样,美国也采用归纳法推理方式。在对待实体法和程序法的态度上,更强调程序法的重要性。此外,美国继承英国法关于法律分类的传统,不采用公法和私法的划分方式,也没有独立的民商法部门。

但是,美国法又具有不同于英国法的特质,它在成长过程中,逐渐形成了自己的特点。表现为:

1. 法律移植中的批判精神。美国法继承了英国普通法传统,英国的很多普通法判例被美国直接援用,但美国对英国法的运用,以符合美国的国情为前提,对不适合本国国情的普通法规则不予适用。如它改革了英国法中的不成文宪法传统,创造了成文宪法和富有特色的宪法制度。它改变普通法的诉讼制度,取消了“普通法之诉”与“衡平法之诉”的区分,简化了繁琐的诉讼程序。美国还通过制定法,消除了土地法、家庭继承法中的封建因素。在适用“先例原则”时,美国法认为,如果固守先例会不利于案件的公正处理或不利于法律发展时,绝不恪守先例,等等。因此,英、美两国法律相比较,英国法常常过分强调传统,较为保守,而美国法则更富于批判和创新精神。

2. 立法和司法的双轨制结构。和英国的单一制不同,美国的立法权由联邦和州根据宪法分别行使,联邦法和50个州法各成体系。法院分为联邦法院系统和各州法院系统,两套法院系统互不隶属,独立行使权力。

3. 判例法与制定法并重、学理和实践互补。美国法较之于英国法,较早地表现出重视制定法的趋向,尤其是19世纪下半叶以来,制定法大量出现,迅速发展,国会立法成为改革和完善法律制度的重要途径,除联邦法外,各州都有大量的成文立法。因而在评价美国法时,很多西方学者认为,美国法是国会立法和司法造法相互作用的产物,是一种判例法和制定法并重的“混合体制”。

美国既强调法院和法官的作用和地位,也注重法学家的作用,如由律师、法官和法学教授共同完成的对法律规则进行抽象的理论表述的“法律重述”,对美国的司法实践有着一定的影响力,有的州在判决中,如果没有先例可循或先例不明确,法官往往求助于“重述”。美国法官的培养也完全是大学法学院的任务,学生们所接受的是法学教育而不仅仅是法律技术训练。

4. 法律解释的灵活性。美国法院对先例、对制定法条文都享有司法解释的权力,这种解释往往造成判例规则和制定法条文含义的极大伸缩性。

## 参考阅读书目

1. [美]劳伦斯·M. 弗里德曼:《美国法律史》,苏彦新等译,中国社会科学出版社2007年版。
2. [美]伯纳德·施瓦茨:《美国法律史》,王军等译,中国政法大学出版社1989年版。
3. [美]彼得·海:《美国法概论》(第3版),许庆坤译,北京大学出版社2010年版。
4. [美]亚历山大·汉密尔顿、詹姆斯·麦迪逊、约翰·杰伊:《联邦论》,尹宣译,译林出版社2010年版。
5. 何勤华:《美国法律发达史》,上海人民出版社1998年版。
6. 任东来、陈伟、白雪峰等:《美国宪政历程:影响美国的25个司法大案》,中国法制出版社2004年版。
7. 王希:《原则与妥协——美国宪法的精神与实践》,北京大学出版社2014年版。

# 第十一章　法国法

图1　法国国民议会大厦(波旁宫)

【导　读】

法国是西方历史较为久远的大国之一。在法律领域,法国法接续罗马法,开创了大陆法系,法国法制史因此具有特殊的重要意义。本章简略叙述了法国法的历史发展,为法国创立大陆法系提供了历史背景的说明;重点叙述了近代法国塑造的、并成为后世大陆法系各国模板的法国六法,以展示近代"法律国"的基本面貌;同时,简要介绍了法国法自近代以来的变化,以便了解200年来近代法如何在保持它的基本理念、制度的同时因应社会的急剧变迁。

【问题讨论】

1. 拿破仑的统治与法国近代法律体系的形成是否存在必然联系?
2. 法国缘何成为"宪法的试验场"? 法国宪治体制经历了哪些反复与变动?
3. 由隶属于行政权的行政法院发展确立起的法国行政法如何"把法治精神注入法国行政当中"?
4. 为何法国人认为1804年《法国民法典》是法国人真正的宪法?
5. 从法国两部刑法典看,近代以来的刑法经历了哪些主要变化? 导致这些变化的原因有哪些?
6. 法国的司法体制颇具特色,形成这些特色的原因有哪些?
7. 两大法系的基本区别有哪些? 最近几十年来两大法系日益接近,具体有哪些表现?

法国全称法兰西共和国，面积55万平方公里，人口6563万（2022年），其领土包括本土13个大区、96个省以及5个海外省、8个海外领地、2个特殊行政单位，是当代世界最有影响力的大国之一。

在最近千余年的历史中，法国一直是欧洲社会中典型的大国。中世纪法国是封建制度的中心，法国也是欧洲最早形成的民族国家之一，从文艺复兴时代起，法国是典型的统一的等级君主制国家，被认为是“真正地开辟现代新纪元的国家”，它所具有的典型性是欧洲任何国家所没有的。[1] 近世以来，法国大革命更被视为人类文明史中现代的起点，其影响迄今未消。就西方法律文明史来说，法国的贡献尤为卓著，影响尤为深远。

## 第一节　法国法的形成与发展

现今的法国领土是人类在欧洲最早驻足、生活过的地区之一。约从公元前1500年开始，克尔特人居住于这片地区，古罗马人称之为高卢。公元前58年至公元前50年，凯撒征服高卢全境，高卢全境统归罗马统治。5世纪时，西哥特人、法兰克人、勃艮第人先后在高卢境内定居、建国。

在罗马统治时期，高卢适用罗马法。日耳曼诸王国建立后，法律管辖采用属人主义原则，罗马法（主要是西哥特国王阿拉利克二世编纂的《阿拉利克罗马法辑要》）仍是高卢—罗马人主要的法律渊源；与此同时，日耳曼各部落继续遵循各自的习惯法。在查理曼时期，除了早期的蛮族法典与粗俗罗马法之外，他凭借其统治西欧大部分地区的权力所进行的法律统一工作，对日耳曼法与罗马法的融合起到了一定的作用。随着查理曼帝国的瓦解，封建割据的形成，法律的主要部分被分散的地方习惯法取代，属人主义原则也被属地主义取代。各地习惯法是在日耳曼法和罗马法相融合的基础上形成的，这种习惯法直到法国大革命之前，仍占重要地位。

### 一、法兰西独立国家的形成至法国大革命前的法国法

随着843年《凡尔登条约》将加洛林帝国分给皇帝虔诚者路易一世的三个儿子，帝国分裂为中、东、西三个法兰克王国。西法兰克王国成为以后法兰西独立国家的雏形。在西法兰克王国国王秃头查理统治下，国内动乱，暴力盛行，沿海受到北欧海盗和地中海穆斯林的骚扰，国王无法实行中央集权，各地领主纷纷拥兵自重，形成了一系列国中之国，国王实际控制仅有以巴黎为中心的所谓法兰西岛的小块领地。西法兰克王国的加洛林

---

[1] 参见恩格斯为马克思的《路易·波拿巴的雾月十八日》1885年第三版所作的序言，载中共中央马克思恩格斯列宁斯大林著作编译局编：《马克思恩格斯选集》（第1卷），人民出版社1995年版，第582~583页；[英]安东尼·吉登斯：《民族—国家与暴力》，胡宗泽、赵力涛译，生活·读书·新知三联书店1998年版，第128页。

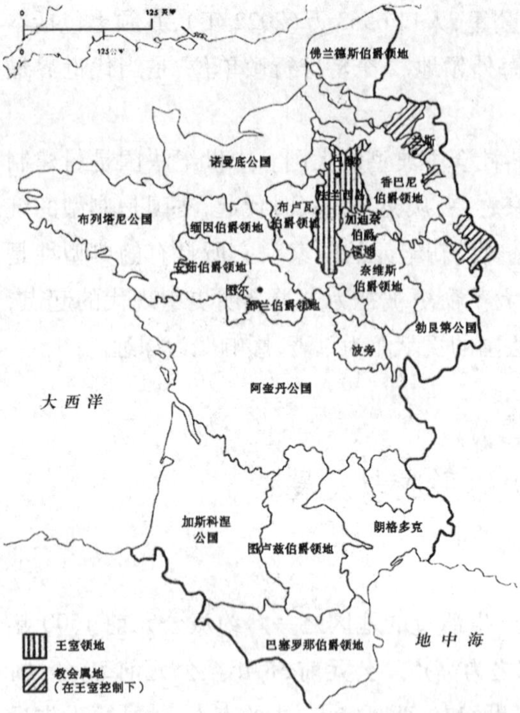


图2　公元1000年前后的法国

王朝至路易五世告终(987年),罗贝尔家族的卡佩当选为国王,为法兰西王国卡佩王朝(987～1328年)的首位君主。

(一)卡佩王朝时期

卡佩王朝初期,法国封建制度已稳固建立。国王通过公开讨伐叛逆,干涉继承,不断扩大领土。腓力二世(腓力·奥古斯都,1180～1223年在位)加强了国王的权力,国王控制的领地有了大规模的增长。腓力四世(美男子腓力,1285～1314年在位)时期,法兰西王国的国土疆域大致划定。

在卡佩王朝时期,从13世纪中期开始,法国逐渐从御前会议中分化出了以巴黎巴列门(Parlement de Paris)为核心的各种高度组织化的王室法院施行常规统治;国王亦在地方任命大司法官(bailli)或司法总管(sénéchal)管理地方事务。上诉制度在路易九世取消司法决斗后基本成形,对实现王国法律的统一意义重大。而随着罗马法的复兴,法国法学家们发明了法国国王是"他王国内的皇帝"这一公式,将罗马法上皇帝的威权赋予了法国国王;并借助于罗马法的冒犯君主罪(lèse－majesté)强化了王权的神圣不可侵犯。

经由以巴黎巴列门为核心的各王室法院数百年的努力,国王的司法管辖权逐渐限制、削弱、取代了中世纪各种共同体(包括封建领地、自治城市和教会)的管辖权,最终实现了王国司法的统一。王权也借由司法实现了将王权扩张到王国之内的每一个地方、每一个人的目标。正是通过巴列门这一中介,法国国王才得以将他们所继承的零碎的土地整合为一个单一的王国。〔2〕

在卡佩王朝末期,出现了代议机构的雏形。1302年5月,为帮助腓力四世对付卜尼法斯八世教皇,法国召开了第一次全国三级会议。会议由国王召集,第一等级(教士)、第二等级(贵族)和第三等级选派代表参加。三个等级的代表分别开会,表决时每个等级投一票。不过,法国的三级会议始终未能成为英国式的议会。自1614年后,三级会议一直没有召开。直至1789年5月5日,路易十六为克服财政危机,被迫召开已停止了175年的三级会议。第三等级由于担忧任何改革尝试都将被两个特权等级否定,率先倡导成立

〔2〕　陈颐:《立法主权与近代国家建构:以近代早期法国法律为中心》,法律出版社2008年版,第11～26页。

革命的国民议会(6月17日),从而标志着以传统社会等级为基础的代议制的结束。

卡佩王朝时期,法国出现了一些私人习惯法汇编,著名的有《博韦习惯法》《法国习惯法大全》等。这类汇编虽然粗糙且不完善,但为援用习惯法提供了成文依据。在这一过程中,主要体现为习惯的封建法和庄园法得到了完善和系统化。

复兴的罗马法学对法国产生的重大影响。罗马法复兴之初,意大利的波伦那大学就有很多法国人。法国的蒙彼利埃大学、奥尔良大学早在14世纪即已成为“传授法律的权威代表”。[3] 罗马法不仅影响了巴列门的判决,也为法兰西王国王权的强化提供了理论支持。

(二)伐卢瓦王朝时期

伐卢瓦王朝(1328~1589年)之初,爆发了英法“百年战争”(1337~1453年)。在这场打打停停长达百余年的战争的前期,英军屡占上风,但自1429年圣女贞德率军击退围困奥尔良的英军开始,法国逐渐取得优势,并于1453年收复除加来外全部被英国占领的领土。这场以争夺领地和王位继承权开始的战争最终演变为两个民族之间的战争,激发了法国人的民族情感,巩固和强化了法国的王权,对法兰西民族国家的形成意义深远。

从查理七世开始,伐卢瓦王朝的历代国王即致力于通过敕令的方式实现习惯法的法典化,促进法国法的形成。在这些习惯法法典中,影响最大的是1510年的《巴黎习惯法》。在这一进程中,杜穆林(Charles Dumoulin)、克里斯多弗·德·图(Christophe de Thou)等法律家发挥了非常重要的作用,他们与同时代的法国人文主义法学共同为后世法国法典编纂奠定了坚实基础。[4]

图3　查理七世御临巴黎巴列门

(三)波旁王朝时期

30年宗教战争(1562~1594年)之后建立的波旁王朝(1589~1789年),进一步巩固了王权。在路易十四(1643~1715年在位)时代,法国专制王权达到巅峰,国王成为经济、财政、宗教、文学艺术、司法、立法等一切领域的主人,其核心为“一个国王,一种法律,一种信仰”(un roi, une loi, une foi)。

在路易十四时代,全国三级会议已经消失,而至17世纪中叶政治实力仍然相当可观的巴列门在路易十四的强硬统治下,彻底臣服,路易十四成为真正的主权立法者。在柯

[3] 关于罗马法复兴之初,罗马法在法国的传播,参见[英]保罗·维诺格拉多夫:《中世纪欧洲的罗马法》,钟云龙译,中国政法大学出版社2010年版,第51~71页。维诺格拉多夫亦认为,前述《博韦习惯法》受到了罗马法复兴的强烈影响。

[4] 陈颐:《立法主权与近代国家建构:以近代早期法国法律为中心》,法律出版社2008年版,第28~73页。

尔伯的协助下,路易十四借助于主权立法者的威权,编纂了一系列体系化的法典,推出了一系列财政、司法、行政改革法令。

在路易十四的系列法典中,1667 年的《民事司法改革法令》为整个王国引入了统一的民事诉讼体系,1806 年拿破仑的《民事诉讼法典》几乎全部重复了该法律;1670 年的《刑事法令》为王国确立了统一的刑事诉讼程序和死刑执行程序,厘清各种管辖权的范围;1673 年的《商事法令》与 1681 年的《海事法令》为法国提供了统一的商法和海商法,是拿破仑《商法典》的基础。此外,1679 年的《森林法令》一直沿用到了 1827 年,1685 年的《黑人法典》一直沿用到了 1847 年。路易十四的系列法典,标志着统一的国家法取代了共同法(ius commune),近代国家的立法主权的统治模式已然形成。[5]

## 二、法国大革命以来的法国法

18 世纪的法国社会发生了巨大的变化,但"旧制度"极端腐朽,弊病百出,波旁王朝竭力维护君主专制统治,不愿改革旧制度,坐失从中世纪过渡到近代的良机,致使法国成为剧烈革命的现场。

### (一)从法国大革命至 1804 年

1789 年 5 月 5 日,国王被迫召开三级会议。6 月 17 日,第三等级代表因表决权受到歧视自行召开国民议会。6 月 20 日,路易十六封闭会场大门,国民议会代表即在附近网球场宣誓:不制定宪法绝不休会。7 月 9 日,国民议会改名制宪会议。但国王及贵族阴谋镇压,巴黎人民群情激愤,于 7 月 14 日举行起义,攻陷巴士底狱,标志着旧制度的结束。

制宪会议先后通过了《废除封建特权的法令》(8 月 4 日)和《人权宣言》(8 月 27 日)。1791 年,国王批准了维护君主立宪制的"1791 年宪法",制宪会议解散,立法议会成立。1792 年 9 月 21 日,召开的国民公会,废黜国王,并于次日宣布成立共和国,史称"法兰西第一共和国"。1793 年 6 月,雅各宾派推翻了吉伦特派的统治,建立了雅各宾专政,颁布了"1793 年宪法",废除封建所有制。1794 年 7 月"热月政变"爆发,罗伯斯比尔等人被处死,法国大革命实际结束。1795 年 10 月督政府成立。1799 年 11 月,拿破仑发动"雾月政变",成立执政府,自任第一执政,法国从共和制走向君主制。1804 年年底,拿破仑加冕为皇帝,史称"法兰西第一帝国"(1804~1814 年)。

从 1789 年至 1804 年为期 15 年的革命时代是一个充满沸腾的理想的过渡时期。这一时期法律已渗透着受 18 世纪哲学影响的许多新的原则,并留下了它们的烙印。其中包括:个人的全面自由(家庭组织内的自由、契约自由、贸易自由等)原则;人人平等原则;所有权神圣原则;取缔中间组织原则;民事法律世俗化原则,等等。

在此基础上,革命者精心制定了为数众多的法令。这些法令在许多领域(人法、财产法、继承法等)取代了旧制度时代的法令,为法国统一法典的制定开辟了道路。

---

〔5〕 陈颐:《主权立法者的塑造——路易十四对立法权的垄断及其法典编纂事业》,载《中外法学》2007 年第 4 期。

(二)拿破仑的法典编纂事业

《拿破仑法典》的编纂工作(1804～1810 年)在法国法律史上居于支配地位,是法国法演进中的一个分水岭,标志着旧时代的结束和一个新纪元的开始。

法国大革命后,编纂统一的法典不仅有了可能,而且非常必要。不过,应该说,《拿破仑法典》的编纂只是由于拿破仑的个人作用才成为可能,他给予了法典编纂最大可能的关注,并亲自主持编纂了这些法典。拿破仑试图让他的法典建立在这样的一种原则之上,即要在历史上第一次创立一部纯粹理性的法律,要摆脱一切过去的偏见,从"升华的常识"推导出它的内容;它在道德上的合理性不是从古老的习俗或君主的家长式的统治中去发现,而是在它与理性要求的一致性中去发现。这些法典包括流传广泛、声誉卓著的 1804 年《法国民法典》、1806 年《法国民事诉讼法典》、1807 年《法国商法典》、1808 年《法国刑事诉讼法典》,以及 1810 年《法国刑法典》。这些法典不仅统一了法国法,同时也改造了法国法,使之得以现代化。这五部法典加上拿破仑的帝国宪法被称为"法国六法",形成了一个以罗马法为蓝本,承继以往法国历代立法精华以及大革命成果,以民法典为基础,以宪法为根本法的有机整体。它的出现,标志着法国近代法律制度的最终确立,也标志着大陆法系法律制度基本框架的确立。

(三)拿破仑法典编纂事业完成以来

在拿破仑之后,法国政治和宪法经历了长期的动荡。1815 年,拿破仑失败后,波旁王朝复辟(1815～1830 年)。1830 年,巴黎发生"七月革命",推翻了波旁王朝,奥尔良公爵路易·菲利普被议会宣布为国王,史称"七月王朝"(1830～1848 年)。19 世纪 40 年代全面的经济危机触发了 1848 年的"二月革命",国王退位,"法兰西第二共和国"(1848～1852 年)成立。1852 年,路易·波拿巴发动政变,即皇帝位,是为"法兰西第二帝国"(1852～1870 年)。1870 年普法战争法国战败,巴黎人民要求宣布共和,成立了"法兰西第三共和国"(1870～1940 年)。其间,1871 年爆发了巴黎公社革命,1875 年通过了"法兰西第三共和国宪法"。1940 年贝当投降德国,第三共和国覆亡。法国光复后,于 1946 年通过宪法,建立了"法兰西第四共和国"(1946～1958 年)。1958 年,因阿尔及利亚危机爆发,国民议会授予戴高乐全权处理危机,戴高乐因此制定了新宪法,建立了"法兰西第五共和国"

图 4 大卫:拿破仑皇帝在杜伊勒宫

(1958 年至今)。

政治和宪法的长期动荡,对法律自身发展的影响(除宪法外)并不大。在 19 世纪的绝大部分时期内,法律发展极为缓慢。政治制度上的变化仅对私法产生微弱影响,而王朝复辟本身亦未如人们担心的那样恢复旧制度时代的法律。仅在商界,由于大型企业的形成和大量动产财富的出现,商法从那时起发生了一些重大的变革。

19 世纪末以来,由于政治、社会和经济上的巨大变化,拿破仑时期的法律及其蕴含的思想开始发生了持续至今的变化。拿破仑法典经历了许多重大的修改,文本的主要部分已有显著的改变,一些条文,甚至整章整节已被废除,代之以新的条款。法典之外,出现了大量的单行立法。法院为弥补法律缺陷或使之符合当代需要而作的法律解释,也在一定程度上改变了法律的面貌。

这些变化,从形式层面来说,表现为法律的多样化,出现了越来越多的适用于特定类别的人或行为的特殊规范。如商法已拓宽其领域,并因脱离民法而增强了它的独立性;其他法律部门也不断获得各自的自主性,逐渐成为不同的领域,如劳工法、农业法等;由于新的经济活动形式的出现,商法领域内部的若干法律部门如海商法、航空法等也像雨后春笋般地成长起来。

从实质层面来说,其一是主导法律的思想观念发生了巨大变化,虽然在人法、家庭法,以及权利能力与行为能力方面,个人主义倾向仍占据了支配地位;与之相反,在财产法方面,包括所有权、契约法、民事责任法,则出现了一些集体主义或社会主义的倾向,以力求达到更公平地分配财产、更公正地衡量义务的履行以及更好地赔偿损害所造成的损失。其二则是"私法公法化"。由于大型产业的诞生,战争和经济危机,以及国家承担公共福利、公共责任之类的原因,各个领域内的国家干预大量增加,公共政策概念得以扩张和强化,计划方法及权力干预被频繁使用,私法日益"公法化"。如作为建立在自由主义原则基础上的私法部门的商法已经明显适应经济计划化和私法公法化的发展趋势;在传统商法与行政法的边缘,则出现了崭新的法律——计划经济法。不过,法国民法仍保持最自由主义的、最适宜抵制公法化运动倾向的精神。

此外,法国先后于 1957 年签订关于建立欧洲共同市场的《罗马条约》、1992 年全民公决批准了《马斯特里赫特条约》,是欧洲共同体和欧洲联盟的主要领导者之一,对欧洲一体化进程做出了巨大的贡献,而其法律也明显体现了"欧洲一体化"的趋势。

## 第二节　宪　　法

在世界近代化的进程中,法国被视为民主与宪治的试验场。自法国大革命以来,法国历史上共产生了 15 部宪法，从 1789 年至 1958 年，平均每隔 11 年就有一部新宪法，[6]其间经历过 3 次君主立宪制、2 次帝制和 5 次共和制。立宪活动以及每次政体之争和政权更替形影不离，宪法的以新换旧是政治势力较量不可或缺的一环，更是一派战胜另一派的显著标志。法国历史上制宪频繁是政体不稳定的重要标志，而政体不稳定也是匆匆制宪的直接原因，二者相辅相成。[7]

法国宪治史大体可以分为三个时期，第一个时期始自 1789 年大革命，一直延续到第三共和国建立，这一时期大革命余震未消，宪法一变再变；第二个时期为第三共和国稳定地确立了议会共和制；第三个时期则是确立了新政体的第五共和国宪治。

## 一、大革命与宪法

从 1789 年至 1875 年，法国宪法更替频繁，共出现了 13 部成文宪法，经历了 15 种不同政体，这些政体经常是相互对立的。其间，法国发生了至少 4 次革命、2 次政变和 3 次外国势力的干预。法国学者迪瓦热（Maurice Duverger）将称为"宪法的华尔兹舞"，"随着革命的音乐翩翩起舞"。在迪瓦热看来，1789 年至 1870 年的法国宪法，可以区分为两段：第一段始于 1789 年，终于 1814 年；第二段始于 1814 年，终于 1870 年。这两段时期中，宪法和政体的演变几乎一致：先是有限君主制（或君主立宪制），然后是共和制，最后是君主专制（或帝制）；君主立宪制企图延缓民主进程，民主势力奋而推翻了它并建立了共和国，而共和国最终因政变陷落，专制政体于兹形成。[8]

### （一）人权宣言

《法国人权宣言》（摘录）

法国近代宪法肇始于 1789 年制宪会议的召开。8 月 26 日，制宪会议正式通过了人类历史上的重要法律文献《人权宣言》。《人权宣言》在宣判旧制度灭亡的同时，宣告了新社会的诞生，正式掀开了法国近现代宪法史的第一页。

《人权宣言》全称《人权与公民权利宣言》，是法国大革命诞生的第一部宪法性文件，由米拉波（Mirabeau，1749 ~ 1791 年）领导的五人委员会起草完成。宣言全文由序言和 17 个条文组成。宣言以古典自然法学家的思想为指导，其核心内容是确认和保障人的"自然的、不可让与的、神圣的人权"，宣布"人生来并且始终是自由的，在权利上是平等的"，"自然的不可消灭的人权"是"自由、财产权、安全与反抗压迫"，"自由交流思想和意见的权利是最尊贵的人权之一"，"一切政治结合的目的都在于保持自然的、不可消灭的人权"。宣言确立了国民主权和权力分立原则，宣告"全部主权的源泉根本上存在于

---

〔6〕 这 15 部宪法是：《1791 年宪法》、《1793 年宪法》、《1795 年宪法》（《共和三年宪法》）、《共和八年宪法》（1800 年）、《共和十年宪法》（1802 年）、《共和十二年宪法》（1804 年）、《1814 年宪章》、《1815 年帝国宪法补充条款》、《1830 年宪章》、《1848 年共和宪法》、《1852 年宪法》、《1870 年宪法》（1852 年宪法修正案）、《1875 年宪法》、《1946 年宪法》和《1958 年宪法》。

〔7〕 韩大元主编：《外国宪法》（第 3 版），中国人民大学出版社 2009 年版，第 51 页。

〔8〕 Maurice Duverger, *Les Constitutions de la France*, 13e éd., PUF, 1993, p. 35 - 36. 转引自韩大元主编：《外国宪法》（第 3 版），中国人民大学出版社 2009 年版，第 51 页。

图5　《人权宣言》

国民之中”,“任何社会中,如果权利不能得到保障或不能确立权力分立,即无宪法可言”。宣言还明确提出了法治原则,宣告“法律是公共意志的体现”,“一切公民在法律面前人人平等”,并规定了罪刑法定、无罪推定、法不溯及既往等基本法治原则。

《人权宣言》经典地阐明了近代宪治的基本原则和框架,是法国大革命的一面旗帜,开创了一个崭新的时代。此后,法国历次宪法或将其作为序言,或将之重新宣布,或确认和扩充它所宣布的人权。《人权宣言》对法国乃至世界的人权、公民权、权力分立制度和法治的发展产生了重大影响。

（二）1791 年宪法

《人权宣言》通过后,制宪会议即着手起草宪法并于 1791 年 9 月 3 日通过宪法草案,9 月 14 日,国王路易十六因出逃未遂被迫在宪法上签字施行宪法。史称“1791 年宪法”。

1791年法国宪法（摘录）

1791 年宪法是法国第一部成文宪法,也是欧洲大陆第一部成文宪法。该宪法把 1789 年《人权宣言》置于开端,表明它是以《人权宣言》为基础制定的,在第一篇中将公民权利具体化并有所扩大。它重申了制宪会议此前通过的诸多反封建的法律的原则,建立了君主立宪制的代议制宪治体制,并按孟德斯鸠的学说实行三权分立。宪法重申了《人权宣言》规定的国民主权原则,规定:“主权属于国民”,是统一的、不可分割、不可剥夺、不可转移的,“一切权力只能来自国民”。但国民只能通过代表行使权力,只有积极的公民才有选举权,而且只是初级会议的选举权,违背了《人权宣言》的原则。[9] 宪法将立法权授予一院制的国民议会,但国王对议会通过的法案拥有否决权;行政权授予国王,任命各部部长之权专属国王,国王之人身神圣不可侵犯,王位世袭,军队亦由国王统率,但国王只能根据法律治理国家,应宣誓忠于国家和法律;司法权委托给选举产生的法官行使。

1791 年宪法是法国大革命与旧制度妥协的产物,反映了当时政治斗争的局势,但它重申了国民主权原则,限制了国王的行政权力,符合《人权宣言》所宣布的权力分立原则,为法国近代宪治制度奠定了基础。

（三）1793 年宪法

1792 年 8 月 10 日,巴黎市民发动第二次武装起义,推翻了国王,结束了君主立宪派

〔9〕 根据 1791 年宪法之规定,“积极公民”是指享有投票选举第一阶段的立法议员和行政官员权利的人;“消极公民”则不享有选举权。“积极公民”必须是男性,年龄在 25 岁以上,在选区至少居住达 1 年以上,无破产情况,缴纳的直接税为当地非熟练劳动力日薪的 3 倍以上。根据 1791 年国民大会公布的数据,当时积极公民占法国总人口的 15.6%,占法国男性 25 岁以上人口的 61%。

的统治。1792 年 9 月 21 日,被赋予新的制宪职能的国民公会开幕,22 日,国民公会宣布成立共和国,史称法兰西第一共和国。1793 年 6 月 2 日,雅各宾派上台执政。6 月 24 日,国民公会通过了雅各宾派领导制定的宪法草案,7 月至 8 月,该宪法草案经公民投票批准通过。史称"1793 年宪法"。

1793 年宪法包括由罗伯斯比尔起草的新的《人权宣言》35 条和宪法文本 124 条。罗伯斯比尔起草的新的《人权宣言》,将平等置于基本人权的首位,宣告平等、自由、安全与财产是人的自然的和不可动摇的权利;新的《人权宣言》还增补了受教育权、获得社会保障权以及人民反抗压迫的起义权。1793 年宪法明确用卢梭的"人民主权"思想取代由西耶士提出并被 1791 年宪法确认的"国民主权"观念,规定"主权属于人民",主权是"统一的、不可分割、不可动摇和不能让与的",人民对法律拥有复决权;并规定了直接选举制,赋予了人民普选权。宪法宣布了共和原则,反对联邦制。在政权组织方面,宪法贯彻了卢梭的思想,没有规定三权分立,而是宣称"任何一部分人民不得行使全体人民的权利",规定"统一而不可分割的、常设的"立法议会是最高权力机关,最高行政机关执行会议从属于立法议会,其成员由立法会议从每郡选举会议的候选人中选任。

1793 年宪法是法国第一部共和宪法,也是法国大革命时期最激进的民主宪法。由于雅各宾政权的失败,该宪法并未实施,但它对法国宪治运动和法治建设仍具有重要影响。

(四)频繁革命时期的其他宪法

此后历部宪法亦均有其特色。热月政变后通过的共和三年宪法(1795 年)提出了"公民主权论",首创了两院制议会(元老院和五百人院),行政权托付给立法机关选任的五人督政府。拿破仑在其执政期间(1799 ~ 1814 年)主持制定的三部宪法,分别为共和八年宪法、共和十年宪法和共和十二年宪法,后两部宪法是对前一部的增补。共和八年(1799 年)宪法被认为是"结束法国革命的宪法"。这部宪法确立了高度中央集权的军事独裁体制,任期 10 年、可连选连任的第一执政拥有无限的权力;同时该宪法首创了四院制(参事院、元老院、立法院和咨议院);取消了法官选举制和陪审制;该宪法也未依照传统将《人权宣言》置于宪法开篇。共和十二年宪法(1804 年)宣告了第一共和国的终结与第一帝国的正式建立。拿破仑在"百日王朝"期间制定的《帝国宪法补充条款》增加了公民权利与自由一章,将多院制改为两院制。

1814 年波旁王朝复辟至 1870 年法兰西第二帝国覆亡,法国宪法几乎重演了前述宪治历程。

1814 年宪法(又称《波旁王朝钦定宪法》),该宪法虽然承认君主立宪,但宣称权力属于国王,主权来自上帝,从而否定了主权在民这一革命原则;宪法同时也承认人的自由、平等和财产权,承认信仰自由、言论出版自由,并继承了拿破仑时期创设的一些国家机构和制度。1830 年宪法(又称"七月王朝宪法")建立了君主立宪政体,国王的权力受到了一定的限制,国王要遵守宪法,依循法律进行统治,不得废止法律或中止法律的执行;立法权授予由选举产生的贵族院和众议院组成的议会。1848 年宪法重新恢复了共和政体。

第一次把“自由、平等、博爱”作为共和国的原则写入宪法,宣布法国是民主的、统一的、不可分割的共和国;承认主权在民,重新确认了公民的人身、出版、言论、结社、集会和信仰自由不受侵犯,恢复了第一个共和时期的普选权。1848 年宪法规定了由直选产生的总统为国家元首和政府首脑,享有行政、外交、军事权,不受议会制约;与此同时,1848 年宪法设置了一院制的议会,议会享有立法、宣战、批准条约的权力,不受总统监督,总统亦无权解散。在这一体制下,总统和议会之间潜伏了不可克服的权力冲突。这一体制亦可视为法国现行第五共和国宪法的“半议会半总统制”的初次实验。1852 年路易·波拿巴的第二帝国宪法则是 1799 年宪法的翻版,从形式到内容大同小异。1870 年宪法(1852 年宪法修正案)则非常类似于 1815 年颁布的《帝国宪法补充条款》,二者的效用也是一致的。[10]

## 二、后革命时代的宪法

1870 年 9 月,法国战败,巴黎再次爆发革命,第二帝国覆亡,法兰西第三共和国建立,结束了频繁革命的时代,给法国带来了相当长的宪法稳定时期。从 1875 年宪法诞生至今,法国仅出现了 3 部宪法,与前一时期形成了巨大的反差。这三部宪法中,除 1946 年第四共和国宪法存续时间(12 年)较短外,1875 年第三共和国宪法(存续了 65 年)、1958 年第五共和国宪法(至今已存续了 60 余年)为法国近现代历史上存续时间最长的两部宪法。与此同时,政权形式虽有些变化,但共和政体却坚如磐石。

### (一)第三共和国宪法(1875 年宪法)

第三共和国宣告诞生之后,制宪工作并不顺利。直到 1875 年,国民议会才通过了由三部宪法性文件——《参议院组织法》、《政权组织法》和《政权关系法》组成的宪法,史称“法兰西第三共和国宪法”,又称“1875 年宪法”。该宪法是法国历史上唯一一部没有采纳系统完整的宪法法典形式的宪法。

1875 年宪法规定参议院、众议院行使立法权,并拥有修宪权,众议院拥有弹劾总统或内阁成员之权,参议院拥有组织审判总统或内阁成员的法庭并审理危害国家安全的案件的权力。总统由参、众两院以绝对多数选举产生,与参、众两院共享创制法律之权,总统在征得参议院同意后可以解散众议院。内阁对参、众两院负责,总统的命令由内阁部长副署。随着 1884 年 8 月 14 日参、众两院通过宪法修正案,该修正案明确规定禁止修正“政府的共和政体”,凡曾统治过法国的家族的成员不得当选为共和国总统,从而在宪法上使共和制巩固下来,排除了旧贵族复辟君主制的可能。法国由此发展为比较典型的议会制共和国。

1875 年宪法结构并不完整,既缺乏对人权和公民权的确认,也未对司法权作出规定,但这部充满妥协痕迹的、结构残缺的宪法却是法国迄今最长寿的一部宪法。法国学者迪

---

〔10〕 韩大元主编:《外国宪法》(第 3 版),中国人民大学出版社 2009 年版,第 53 ~ 55 页。

瓦热认为,1875年宪法之所以长寿,是因为"它使得1789年以来支离破碎的两个法国得以和平共处:一个是革命的法国,另一个是旧制度的法国"。[11]

(二)第四共和国宪法(1946年宪法)

1946年10月13日经国民复决通过的第四共和国宪法被认为是1875年宪法的延续,"由1946年宪法确立的体制与1875年宪法的体制像兄弟一样相似"。[12]

但新宪法在内容和结构上也有诸多不同之处。

1946年宪法包括序言和正文12篇106条。序言部分除对《人权宣言》所列举的权利予以确认外,又添加罢工权、男女平等权、劳动者企业参加权等权利,并首次赋予女性以选举权。正文部分宣布共和国的原则为"民有、民治、民享"的政府,突出共和国的信条"自由、平等、博爱",第一次全面提出"法兰西是不可分割的、世俗的、民主的和社会的共和国"。在政府体制方面,1946年宪法削弱了参议院的职权,提升了国民议会的立法地位,国民议会享有修宪、倒阁及对总统拟议的政府总理人选进行信任表决等独有权力;内阁只对国民议会负责;总统发布的任何命令,均须政府有关部长副署方能生效,总统无权否决议会通过的法案,这进一步削弱了总统权力;宪法还对内阁解散议会设置诸多苛刻条件,使解散议会几近不可能(而议会倒阁却可以不受限制);宪法还创立了法兰西联邦、经济委员会、最高司法委员会和宪法委员会。第四共和体制缺乏权力均衡机制,导致了强议会、弱行政局面,在实践中,"议员的共和国"危机重重,议会倒阁乃家常便饭。在第四共和国期间,政府更替26次,平均寿命仅6个月,其中最长的也只有15个月,最短的只有两天,这导致法国政局极为不稳,1958年的阿尔及利亚危机加速了第四共和政体的覆灭。同年6月1日,国民议会授权政府首脑戴高乐制定新宪法,第四共和国宣告终结。

(三)第五共和国宪法(1958年宪法)

1958年6月1日,为应对阿尔及利亚危机,戴高乐受命组阁。他要求议会授予全权,以半年为限,以重建国家秩序,并要求授权政府草拟新宪法,新宪法无须通过议会径行提交全民公决,以便革除现行体制之弊端。1958年夏,戴高乐亲任宪法委员会主席,开始新宪法起草工作,9月28日,新宪法在全民公决中以压倒多数通过,10月5日公布生效。史称"第五共和国宪法"或"戴高乐宪法"。该宪法由序言和正文15章92条组成。序言部分除对《人权宣言》所列举的权利以及1946年宪法新增权利郑重申明恪守不渝外,并未具体列举权利内容。

1958年宪法旨在变更"强议会"体制。由于法国为多党制国家,议会或政府均缺乏过半数的多数党控制局面,而第三、第四共和国所设计的议会与政府权力关系格局中,议会处于绝对优势地位,一旦结盟之各政党在议会中稍生龃龉,内阁命运便岌岌可危。此

---

〔11〕 Maurice Duverger, *Les Constitutions de la France*, 13e éd., PUF, 1993, p. 75. 转引自韩大元主编:《外国宪法》(第3版),中国人民大学出版社2009年版,第55页。

〔12〕 Maurice Duverger, *Les Constitutions de la France*, 13e éd., PUF, 1993, p. 74. 转引自韩大元主编:《外国宪法》(第3版),中国人民大学出版社2009年版,第56页。

前法国政局不稳,多半是议会滥用倒阁权之故。内阁的频繁更迭,大大削减了法国政府的力量,并影响到法国对内对外的威望和地位。戴高乐试图通过抑制议会权力从而抑制党派势力,以求达到重树政府权威之目的。[13]

法国宪法（第五共和国）（摘录）

1958 年宪法的内容和特点如下:

第一,确立了以总统为中心的新宪治体制。在强化行政权以领导国家走出困境的理念指导下,1958 年宪法特别强调总统的重要地位。新宪法的主要起草人德勃雷即主张,共和国需要一个“拱顶石”,而“这根拱顶石,就是共和国总统”。根据 1958 年宪法,共和国总统由约 8 万人组成的选举团选举产生(1962 年宪法修正案规定总统由直接、普选产生),任期 7 年(2000 年宪法修正案将总统任期缩短为 5 年),宪法并未就总统连任事宜作出规定或限制,总统因此可以连选连任(2008 年宪法修正案规定连任不得超过两届)。

1958 年的宪法赋予共和国总统史无前例的权力和在国家机构运行中的绝对作用。自 1962 年起,总统由法国人民直接普选产生,总统是法兰西人民的代表、国家的卫士,负责“保卫国家领土完整”和“国家的连续性”,因而总统凌驾于各党派之上,可以直接组织全民公决。总统还是政府当局的最高领导,他确定政策大方向交由政府和总理执行,总理由总统从议会内占多数席位的党派中选定。总统可以解散国民议会,而国民议会不得推翻总统,只能监督政府。国民议会的会议日程由政府安排。在国家遭受危难时,总统还可以动用紧急命令权,同时掌握行政与立法大权而形成“共和国总统的临时独裁”。在第五共和国历任总统治下,法国总统成了真正的政府执政的发动机。[14] 在国际舞台上,总统代表法兰西,是法兰西的最高代表。总统议定、批准并监督遵守各项条约。国防与外交中的主要职责是总统的“保留领域”。总统是三军统帅,也是唯一的军队总负责人。

第二,形成了双重执政的格局。1958 年宪法中,总统行使国家权力,总理领导政府行使政府权力,行政权这个词本身也从宪法中消失了。1958 年宪法所谓国家权力包括遵守宪法、保证国家独立和遵守国际承诺、确保国家的连续性,以及对政治上的纷争作出裁判;所谓政府权力指通过推动立法制定国家政策、通过民事和军事行政机构执行法律实施国家政策。但是,这两种权力是紧密地联系在一起的。一方面,总统和总理领导的政府对几乎所有的领域拥有共同决定权,总统的决定或者需由总理提议(公投、修宪),或者由其联署才能作出;另一方面,政府的重要决定都是由内阁会议作出的,总统主持内阁会议并批准会议日程,这样总统就享有了否决权,并得以在事实上参与政府权力。

不过总统和总理领导的政府的权限划分及比例大小主要由“谁能控制国会多数”这一事实推演而成的。在多数情形下,总统与总理隶属同一政党时,总统对总理具有制度上和政治上的权威,从而导致总统制。在总统与总理隶属不同的政党(“左右共治”)时,

〔13〕 何勤华、李秀清主编:《外国法制史》,复旦大学出版社 2002 年版,第 319 ~ 320 页。

〔14〕 只有在“共治”期间(1986 ~ 1988 年和 1993 ~ 1995 年的密特朗政府、1997 ~ 2002 年的希拉克政府),议会中反对党占多数时总统的影响力才有所减弱,从多数党中产生的总理领导下的政府是总统阵营的对立面。

总理拥有事实上的最高权力，议会发挥了更大的作用。[15]

第三，削弱了议会权力。在传统的立法权领域，1958 年宪法虽然规定了立法权由议会行使，但同时对议会立法权作了限制。宪法规定，政府为执行施政纲领，可以要求议会授权政府制定法令，政府法令具有与议会法律一样的法律效力；总统可以直接将由其提出的立法案交由全民公决，总统还可以行使"非常立法权"进行立法；议会讨论立法案应优先讨论政府法案；议会通过的法案须经宪法委员会审查并经总统公布方能生效，总统有权将议会通过的法案提交全民复决。议会所享有的监督权已受到限制，其中以国民议会对政府的"不信任案"权的行使限制最多，"不信任案"实际上很难通过。

在 1958 年宪法下，法国传统的议会制共和政体很大程度上被修正了，尽管戴高乐总统将 1958 年宪法体制概括为"既是议会制的又是总统制的"，但议会左右国家政局的时代无疑就此终结了。

第四，完善了宪法委员会制度。1946 年宪法规定的宪法委员会形同虚设，而在 1958 年宪法中，宪法委员会被改造为法国宪治体制和人权的维护者。根据 1958 年宪法，宪法委员会成员 9 人，任期 9 年，不得连任，每 3 年改选 1/3。其成员由总统、国民议会议长、参议院议长各任命 3 名。此外，历任前总统为宪法委员会终身当然成员。

宪法委员会的最主要职能包括监督选举活动和全民公决以及对法律进行合宪性审查；自 1971 年 7 月 16 日发布关于"结社自由"的裁决后，宪法委员会审理关于自由与权利的诉讼的职能急速发展。

宪法委员会对组织法和普通法律的合宪性审查是一种抽象的事前审查程序。[16] 启动违宪审查机制的一般条件是，只有总理有权（并且被要求）向宪法委员会提出对组织法审查的请求，对普通法律的违宪审查则可由总统、总理、国民议会议长、参议院议长或 60 名国民议会议员或参议院议员提起。被宪法委员会裁决为违反宪法的条款不得公布，也不得执行；对宪法委员会的裁决不得上告；宪法委员会的裁决对于政府各部、一切行政机

---

〔15〕 具体情形可分为四类：第一，具有强大权力的总统，他既有体制上的权威，又有政治上的权威。当总统不仅得到议会多数的支持，而且完全控制多数党的时候，就会形成强大的权力。在这种情况下，总统具有两种行使权力的手段：国家权力的手段和多数党权力的手段，他有时可以使用这种手段，有时又可以使用那种手段。在此情形下，总理对政党和选民都不具有自己的政治权威，他的权力即被大大地削弱。第二，总统得到议会多数的支持，但在政治上却不能完全控制议会。这种形势并没有削弱总统的权力，但大大地影响了总理的权力，因为总理有了搞临时结盟的行动余地。第三，总统没有获得议会多数支持（"共治"），但仍保留着捍卫自己在制度上享有特权的手段。这时，总统就塑造了一种独特的政治身份：一方面，他是宪法意义上的内阁会议主席，另一方面，他又是政府的反对派的领导人。他面对的，是总理这位政府首脑和议会多数的领导人。总理拥有议会制政府首脑的权力，但是需要与总统妥协。第四，总统被局限在宪法条文所赋予的权力中，不得不对宪法赋予他的特权做最基本的解读，并将政府的权力完全交给总理。随着 2000 年宪法修正案将总统的任期缩减为 5 年后，总统与国民议会议员的选举时间与任期趋于一致，"左右共治"出现的几率大为减少（2002 年至今未曾出现）。

〔16〕 2008 年《宪法修正案》对宪法委员会的事前审查模式进行了补充。根据《宪法》第 61 - 1 条的规定，"当法院审理案件时，如一方当事人认为案件涉及的法律条款侵犯了宪法所保障的公民权利和自由，宪法委员会可以受理由最高行政法院或者最高法院在规定期限内移送的案件"，该条款授予了宪法委员会事后审查的权力。2010 年 3 月 1 日，宪法委员会正式启动了该程序。

关和司法机关具有强制约束力。[17]

第五共和国宪法自实施以来,先后经历了1960年、1962年、1963年、1974年、1976年、1992年、1993年、1995年、2000年、2008年等多次修正,但这些修正并未实质性地变更第五共和国宪治体制。

第五共和国宪法体制一开始就被认为是为一位特殊人物——戴高乐总统专门建立的,但是它在戴高乐总统去世后经受住了各种政治、社会危机以及政权更替的考验,并成功地在法国传播了一种综合了大革命以来所出现的多种宪治体制的新的宪治文化。

### 三、法国宪法史的主要特征

法国是近代西方主要国家中制定成文宪法最多的国家,宪法发展的历史在法国法律史上具有特殊的意义。大体而言,其主要特征有二:

第一,法国大革命对法国宪法史具有特殊的意义。一方面,大革命的动荡与激情直接导致了法国宪法体制的多变和不稳定,历部宪法要么是革命的产物,要么是反革命的产物,要么是革命与反动妥协折中的产物;大革命的动荡也赋予了法国宪法变更频率高、变更方式激烈的特征。另一方面,由《人权宣言》所确立的大革命的原则在经历革命洗礼后,已成为法国民众根深蒂固的观念意识,以致历次宪法无论由何种政权制定、采用何种宪治体制,大多将《人权宣言》置于篇首,作为序言,或以新的序言对之加以修改扩充。当权者即便在事实上背离了《人权宣言》所确立的原则,为顾及民意,在宪法形式上亦不敢公然违逆。《人权宣言》已成为法国宪法之魂。

第二,法国宪法始终保持成文宪法与刚性宪法的形式。在法国15部宪法中,除去1875年宪法系由3个宪法性文件组成外,其余宪法皆采用了体系完备、结构严谨的法典化形式。与此同时,法国除1814年宪法和1830年宪法外,历部宪法均具有刚性宪法的特征。依据革命领袖们的见解,一部好的宪法,理应具有永久性;宪法关乎立国之根本,不应仓促变易。不过,也正是法国宪法的刚性特征,反而使宪法不易适应世事变迁,这也是法国宪法通常较为短命的原因之一。[18]

## 第三节 行 政 法

法国是现代行政法的主要发源地,被称为“行政法母国”,其高度发达的行政法制度对世界许多国家都产生了重大影响。但与法国其他部门法不同,行政法是法国罕见的未

〔17〕 韩大元主编:《外国宪法》(第3版),中国人民大学出版社2009年版,第80~86页。
〔18〕 何勤华、李秀清主编:《外国法制史》,复旦大学出版社2002年版,第321~323页。

曾法典化的部门法，具有“判例法”的特征，行政法院判例构成法国行政法的基础。[19] 法国行政法形成和发展的过程，也是行政法院的建立和演化过程。

## 一、行政法院与行政诉讼

### （一）概述

法国行政法院的起源可以追溯到波旁王朝时期。在波旁王朝时期，巴列门（高等法院）大量干涉行政事务，阻止一些君主试图引入的改革措施。因此，国王于 1641 年颁布《圣日耳曼敕令》（*Edict of Saint – Germain*）禁止巴列门对任何涉及国家、行政或政府的案件进行裁判，将该权力移转到国王和他任命的人手中。国王与巴列门的冲突一直持续到了大革命发生。

大革命时期，国民公会为防止法院干涉行政，于 1790 年相继通过立法，规定行政职能和司法职能永远分离，司法机关不得干涉行政事务、不得受理有关行政权力的诉讼；行政诉讼由地方行政机关审理，上诉案件由主管部长审理。

1799 年，共和八年宪法建立了第一执政领导下的参事院（Conseil d’ État），行使行政立法、行政咨询和行政司法大权，受理行政诉讼；同时设立省参事院（conseil de prefecture），除非法律另有规定，行政案件由参事院初审。1831 年，参事院诉讼委员会开始发表附有理由的判决书，并允许当事人聘请律师出庭。1870 年，参事院被撤销。1872 年 5 月 24 日法律恢复参事院，同时将参事院确立为行使行政司法审判权的机关，正式确立为最高行政法院。[20] 1889 年 12 月 3 日，参事院在卡多（Cadot）案中裁决，行政案件可直接向行政法院起诉，无须先经由有关部长裁决，从而确立了参事院独享行政司法权的地位。此案标志着法国行政司法审判制度的正式确立。

1873年布朗戈诉国家案

随着行政诉讼案件数量的逐渐增多，国家参事院不堪重负，法国分别在 1953 年和 1987 年进行了两次大规模的改革，先后设立了行政法庭和行政上诉法院，正式形成了相对完整的行政法院体系，国家参事院成为真正意义上的最高行政法院。

### （二）行政法院组织

法国现行行政法院体系分为三级，分别是最高行政法院（国家参事院）、上诉行政法院与行政法庭。

最高行政法院由政府总理担任院长，总理不能履行职务时，由司法部长担任。最高行政法院日常工作由司法部长提名、总统在内阁会议上通过法令任命的副院长主持。最高行政法院的职权主要有二：作为政府顾问向政府提供法律草案咨询意见；审理行政诉

〔19〕 关于法国行政法的判例法特征的详细描述，参见王必芳：《判例在法国行政法上的地位》，载《中研院法学期刊》2009 年第 5 期。

〔20〕 国家参事院与最高行政法院一词均系译自法文 Conseil d’ État 一词，也许是受早期翻译的影响，通常谈论 20 世纪早期之前的 Conseil d’ État 习惯性地使用“国家参事院”一词，谈论 20 世纪中叶以来的 Conseil d’ État 则使用“最高行政法院”一词。但实际上，行政诉讼只是 Conseil d’ État 的主要职能之一，译为“最高行政法院”并未涵盖 Conseil d’ État 的所有职能。为避免误解，本书仍依从习惯译法。

讼案件。最高行政法院因此也分为行政机构和司法机构两部分,行政机构包括处理来自相关部委事务的5个行政组(内政、财政、公共工程、社会、行政管理)以及报告与研究组,司法审判工作则由诉讼组负责。1987年改革之后,最高行政法院基本上成为一个法律复核审机构,主要负责对初审行政法庭与上诉行政法院以及审计法院、财政和预算纪律法院、最高司法委员会和一些专业惩戒委员会(如医生专业委员会)的裁决进行法律复核审。

图6 法国最高行政法院

上诉行政法院于1987年开始陆续设立,目前共有8个上诉行政法院,分别在巴黎、波尔多、马赛、里昂、南锡、南特、杜埃和凡尔赛。上诉行政法院的主要职能是审理辖区内不服行政法庭裁决的上诉案件。

行政法庭是法国行政诉讼案件的初审法院,目前共有42个行政法庭。行政法庭除审理普通行政诉讼案件外,也拥有若干行政职能。

法国学者认为,行政法院必须保持绝对的独立性和专业化。因此,行政法官须与在职行政官员分离,而咨询功能仍是行政法院最主要的职能之一。与此同时,宪法也确认了行政法院的独立性。[21]

---

〔21〕[法]让·里韦罗、让·瓦利纳:《法国行政法》,鲁仁译,商务印书馆2008年版,第750~753页。

（三）行政诉讼

法国行政法院的诉讼程序与普通法院有很大差异。目前，法国行政法院诉讼程序均已编入《行政司法法典》。

法国行政诉讼程序遵循的基本原则有三：其一，对审原则，每方当事人都要被传唤到庭，就对方当事人提出的问题作出说明；其二，公平公正原则，法官裁判时不得有任何成见或偏见，要绝对公正客观；其三，合理期限内作出判决原则，每个人有权要求诉讼"在一个合理的期限内"得到审理。

法国行政诉讼的一般特征为：行政诉讼采用纠问式程序，法官驾驭、领导整个诉讼；行政诉讼是一种书面的诉讼程序；行政诉讼程序不拘泥于形式。[22]

通过行政法院裁决行政机关之间、行政机关与公民之间的纠纷，调整国家利益和公民个人利益，整体利益与局部利益的关系，保障公民权利，贯彻法治行政原则，保障国家机器的正常运作，是法国行政法的本质所在。在这一意义上，法国是一个由行政法院行使对国家的控制的法治国。[23]

## 二、行政法的主要特点

法国行政法是在行政法院判例的基础上发展起来的，它最核心的概念是行政行为，行政行为概念规定了行政法的管辖对象和范围。法国行政法上的行政行为包含三个层次：行政机关所为的法律行为；直接发生法律效果的法律行为；可能导致行政诉讼的某些非行政机关的行为。

法国行政法最核心的原则和基础是行政合法性原则与责任原则。行政合法性原则意味着行政机关必须依法行政，否则行政机关的决定则有被行政法院撤销的危险，这项原则确保了行政机关遵循法治原则。责任原则意味着行政机关有责任对在行政决定或行政行为中遭受损害的公民给予赔偿，这一赔偿责任并不以行政决定或行政行为违法为前提。责任原则的救济方式不仅包括赔偿，也包括撤销侵害性的行政决定。[24]

概括而言，法国行政法具有以下特点：

1. 行政活动受独立的法律部门调整。在法国，有明确的公私法之分。行政法作为公法的一部分，是一个独立的法律部门，政府的行政活动一般只受行政法调整。法国行政法之所以很早就成为一个独立的法律部门，主要是因为行政知识丰富的行政法官垄断了行政诉讼的审判权。

2. 行政活动受独立的行政法院管辖。在审判体制上，法国是最早从而也是最典型的

---

〔22〕［法］让·里韦罗、让·瓦利纳：《法国行政法》，鲁仁译，商务印书馆 2008 年版，第 828～833 页。

〔23〕［英］L. 赖维乐·布朗、约翰·S. 贝尔：《法国行政法》（第 5 版），高秦伟、王锴译，中国人民大学出版社 2006 年版，第 7 页。

〔24〕［英］L. 赖维乐·布朗、约翰·S. 贝尔：《法国行政法》（第 5 版），高秦伟、王锴译，中国人民大学出版社 2006 年版，第 173～174 页；［法］让·里韦罗、让·瓦利纳：《法国行政法》，鲁仁译，商务印书馆 2008 年版，第 34～42 页。

采取双轨制的国家,行政案件与普通案件分别由行政法院和普通法院管辖。行政法院与普通法院是互不隶属的两个系统,两者的法官身份迥异。政府的行政活动只受行政法院管辖,普通法院不能插手;行政法院审理案件适用独立的诉讼程序,即行政诉讼程序。一旦发生管辖权争议,则由专门设立的权限争议法庭裁决,以保证两大法院系统在各自的权限范围内,平稳有序地行使审判权。

3. 判例是行政法的主要渊源。法国行政法几乎所有重要的原则,均来自行政法院的判例。一部分判例被法律吸收,但大部分至今仍处于判例状态,如行政行为无效理由、行政赔偿责任的条件、公产制度、行政合同制度、公务员的法律地位等,都是由判例创立并大部分仍保持判例状态。不过,成文法作为行政法的法源的地位日趋重要。

4. 行政法没有编成完整的法典。由于行政事务的广泛、复杂与多变,将调整一个国家全部行政活动的行政法规范编纂为系统的法典,不仅在技术上困难重重,而且实际效用也值得商榷。

法国前总统德斯坦曾在1979年高度赞扬了最高行政法院的成就,他称:"最高行政法院的实质贡献是,在没有任何立法机关的干预下,仅仅通过判例法循序渐进和审慎的优点,成功地把法治的精神注入法国行政当中,即尊重法律,并且使它逐步充满这种精神"。法国的这一体制也被大部分欧洲国家如比利时、荷兰、卢森堡、意大利、西班牙、葡萄牙、希腊等所仿效,欧洲共同体法院也深受法国体制的影响。[25]

## 第四节 民 商 法

法国民商法的历史源远流长。卡佩王朝时代的法兰西王国就有著名的民事习惯法汇编、关于民事规范的王室法令以及巴列门的判例。在16世纪,法国即有意识地整理、统一各地民商事习惯法,法学家们有意识地借助于罗马法整理、融合习惯法与罗马法,塑造独立的、体系化的法国私法。不过,尽管路易十四在其系列法典编纂构想中亦包含了民法典,但直至旧制度结束,法国仅仅由路易十五时期的大法官阿居瑟(d'Aguesseau)编纂了关于赠与(1731年)、遗嘱(1735年)和代位继承(1747年)三部小法令。这三部小法令虽被称为"近世法典之嚆矢",但统一的、系统的、体系化的民法典一直未能得以编纂,直至划时代的1804年《法国民法典》的问世。就商法而言,法国商法至少可以追溯到中世纪商业复兴后出现的商人习惯法、自治城市有关商事交往的规则和判例;12世纪中叶出现的《奥内隆法典》则是中世纪最著名的海商法典之一,在法国、英国、荷兰及北海、波罗的海各沿岸国家广泛适用;路易十四的1673年《商事法令》和1681年《海商法令》均为

---

〔25〕 [英]L. 赖维乐·布朗、约翰·S. 贝尔:《法国行政法》(第5版),高秦伟、王锴译,中国人民大学出版社2006年版,第256~270页、第277页。

近代早期最引人注目的法典之一,为1807年《法国商法典》的制定奠定了基础。

## 一、1804年《法国民法典》

在法国民商法史乃至世界法律史上,1804年《法国民法典》(本章下文或称《民法典》)都具有突出的地位。它既是时代之产物,亦推动了时代之发展。

### (一)1804年《法国民法典》的立法背景

1804年《法国民法典》的产生是欧洲整体社会发展进程的产物。文艺复兴、宗教改革与启蒙运动为《法国民法典》的诞生奠定了思想观念与社会基础。文艺复兴运动以人性反对神性,以人道主义反对神道主义,以理性反对蒙昧,以个性解放反对封建等级制度,提倡人性至上、个性至上、理性至上。宗教改革运动则认为,人是社会的产物,人性在于心灵的信仰,道德出自人的心灵信仰,符合心灵信仰的就是道德,反之就不是道德。这些观念的传播对于将中世纪社会中毫无个性的人从宗教的束缚中解放出来,对《法国民法典》确立个人主义的立法本位具有不可替代的作用。

1804年《法国民法典》产生的直接原因是法国大革命。1789年法国大革命高举"自由、平等、博爱"的大旗,推翻了旧制度在法国的统治,通过了《人权宣言》,从此,自由、平等、博爱的思想深入人心。自由、平等的思想深刻影响了《法国民法典》,成为《法国民法典》确立民事主体平等和意思自治的政治基础和指导思想。另外,统一和改革法律,特别是民法,也是法国大革命的主要任务之一。在1789年革命开始以后的10年中,著名法律家康巴塞雷斯(Cambacérés)就曾先后起草了三部民法典草案,可惜都未能成为法律。

1804年《法国民法典》的产生与拿破仑个人的贡献分不开。拿破仑于1799年雾月政变成为法兰西的主宰后,结束了长达10年的动荡,建立了稳定的秩序,为大规模的法典编纂活动提供了坚实的保障。1800年8月,时任第一执政的拿破仑即委派普雷梅阿纽、波塔利斯、特龙歇、马勒维尔4人组成民法典编纂委员会。委员会经过4个月的努力完成了民法典草案的编纂工作。

拿破仑本人亲自参与民法典的起草工作中。在他看来,《民法典》既是权力的工具,又是征服的武器。对内,《民法典》应当奠定和构建新的社会秩序,对外,它应当摧毁旧世界(旧社会)并将人们的精神纳入法国模式。由于他的主导性作用,法典的风格、结构和内容在许多方面都体现了他的思想。例如,拿破仑在草案起草中坚持民法典必须明确简练、清楚易懂,能够为一般民众所接受,能够成为和《圣经》一样的公民人手一册的通用读物,成为指导每个公民行为的准则。因此,民法典草案语句流畅、格调优美,堪称文学杰作。[26] 如波塔利斯在1804年所作的定义,《民法典》是"旨在指导和确定属于同一国家的人们之间社会、家庭与利益关系的法律大全"。

在参事院为审议民法典草案召集的107次会议中,拿破仑亲自主持的就有55次之

〔26〕 当然,拿破仑的"圣经"之说还有另外一层含义,即在政教分立、宗教退隐至人们的内心之后,《民法典》就是人们行为的"圣经"。

图7 《法国民法典》起草委员会

多。拿破仑以其果敢的决断力、天才的组织能力、渊博的知识和超凡的智慧,保证了法典高效率、高质量地完成。1803～1804年,民法典草案以36个单项立法的方式陆续获得通过,最后由1804年3月31日法令将之合为一体,并冠以“法国人的民法典”的名称,公布生效。可以说,1804年《法国民法典》是在拿破仑的直接催产之下诞生的。这部民法典也先后于1807年、1852年两次被命名为《拿破仑法典》。

(二)1804年《法国民法典》的渊源、基本内容及其特点

1804年《法国民法典》的主要渊源有:习惯法、罗马法、革命前王室法令和革命时期的立法。大体上,已婚妇女地位、夫妻财产制和某些继承规则依据习惯法;所有权、债和嫁妆制度源于罗马法;公民身份、赠与、遗嘱、证据等制度吸收了王室法令;成年时间、婚姻和抵押制度保留了革命时期的立法。总的来说,在习惯法和罗马法这两种倾向中,习惯法略占优势,因为法典是在习惯法的中心巴黎制定的,立法机关的大多数成员来自北部各省,巴黎巴列门在革命前的法律发展中又起到了重大作用。

法国民法典（摘录）

1804年《法国民法典》的编纂采用了东罗马帝国皇帝查士丁尼主持编纂的《法学阶梯》的体例,由序编和三卷组成,共2281条。序编仅6条,规定法律的公布、效力及其适用。第一卷标题为“人”,主要规定法国公民的民事权利、法国国籍的取得与变更、身份证书、住所、失踪的推定和宣告,以及婚姻、离婚制度,亲子关系制度,收养制度,亲权制度以及关于未成年、监护和解除亲权的制度,成年与受法律保护的成年人制度等。第二卷“财产以及所有权的各种变更”,主要规定财产的分类,所有权,用益权,使用权与居住权,役权与地役权。第三卷“取得财产的各种方式”,主要规定继承制度,生前赠与及遗赠,契约或约定之债的一般规定,包括准契约以及侵权行为、准侵权行为而发生的非经约定之债,夫妻财产契约与夫妻财产制,买卖、互易、租赁契约以及借贷契约、射幸契约、委托契约、保证契约等具体契约形式,合伙,寄托和诉争物的寄托等,还规定了和解、仲裁、质押、优先权与抵押权,不动产扣押与债权人之间的顺位,时效制度与占有制度,等等。

1804年《法国民法典》贯彻了近代民法四大基本原则:

第一,民事权利地位平等原则。法典规定“所有法国人都享有民事权利”(第8条),“满21岁为成年,到达此年龄后,除结婚章中规定的例外,有能力为一切民事生活上的行为”(第488条),从而在民事领域中确立了法律主体的平等地位,体现了自然法的人权精神。

第二,私人财产所有权无限制原则。法典把所有权定义为“是对于物有绝对无限制

地使用、收益及处分的权利”（第 544 条），并对财产所有人的权利给予广泛而充分的保障，规定土地所有权包括土地上空和地下（第 552 条第 1 项，即所谓“上及碧空下至黄泉”）。

第三，契约自由原则，或称意思自治原则。法典规定“契约为一种合意，依此合意，一人或数人对其他一人或数人负担给付、作为或不作为的债务”（第 1101 条）。契约的内容只要不违反法律或“公共秩序”“善良风俗”，就可以约定任何事项。依法成立的契约，在缔约当事人间有相当于法律的效力。

第四，过失责任原则。法典规定“任何行为使他人受损害时，因自己的过失而致行为发生之人对该他人负赔偿的责任”（第 1382 条）。未成年人、雇工、学生和学徒所致损害由其父母、雇主、教师和工艺师负责，是为推定过失。但若父母、教师和工艺师能证明自己没有过失，可免除责任。

从 1804 年《法国民法典》的内容和形式来看，主要有以下特点：第一，它是一部典型的资本主义早期的民法典。个人主义、自由主义的民法原则，即私有财产无限制、契约自由和过失责任，得到了明确的表达。第二，反映了革命原则和传统之间的妥协与折中。法典保持了法国大革命的精神和 1789 年以来已经实现的许多变革，但放弃了革命高潮中采取的激进措施，恢复了部分传统。第三，法典注重实际效用。拿破仑要求法典具有实用性，4 名起草委员都是长期从事司法工作的实践家，是从法官和律师的角度看待法典的。他们并不拒绝抽象概括，但不会放弃法条的适用性，在具体编排上，便利使用的考量优先于理论演绎的精致。第四，法典语言通俗易懂，文风言简意赅。巴丹戴尔称，“没有比《民法典》的最初文笔更加纯洁的文字”。[27]

（三）1804 年《法国民法典》的历史贡献及其影响

1804 年《法国民法典》在法国甚至在整个法律文明史上具有不可替代的特殊地位。首先，它统一了法国的民事法律，对法国法制与经济社会的发展均发挥了重大作用。其次，它第一次以成文法典的形式确立了个人在社会生活中的中心地位，将文艺复兴以来的自由、平等、博爱的价值观以法典的形式固定下来；法典所确立的近代民法四大基本原则在法律上保障了资产阶级尊重人、尊重人追求自己利益的权利的伦理要求，为资产阶级社会中人们追求财富的积累奠定了法律基础。在这一意义上，《法国民法典》是一个划时代的民法典。自 1804 年以来，法国历史上经历了两个王朝、两个帝国和四个共和国，却只有一部《民法典》，《法国民法典》也因之被称为“法国真正的宪法”。最后，作为近代资本主义社会第一部民法典，《法国民法典》适应了时代的需要，在内容和编纂技术上取得了光辉成就，被那些与法国有共同或近似法律传统的国家所仿效，对大陆法系的最终确立起到了举足轻重的作用。

---

〔27〕［法］罗贝尔·巴丹戴尔：《最伟大的财产》，载《法国民法典》（上册），罗结珍译，法律出版社 2005 年版，中译本代序。关于 1804 年《法国民法典》的语言，流传最广的是法国文学家司汤达的说法。1840 年司汤达曾给巴尔扎克写信称：他在写作《巴马修道院》时，每天早上都要读几页《民法典》，以便“把准音调”。

《法国民法典》的影响分为两种情况:一是直接采用的,如比利时、卢森堡和多米尼加;二是参照《法国民法典》制定本国法典的,主要有意大利1805年民法典、荷兰1838年民法典、葡萄牙1867年民法典、西班牙1889年民法典、美国路易斯安那州1808年民法典、加拿大魁北克省1865年民法典、秘鲁1852年民法典、智利1855年民法典、哥伦比亚1855年民法典、阿根廷1869年民法典、墨西哥1871年民法典、玻利维亚1895年民法典,等等。此外,还有一些国家的民事法律在不同程度上受到《法国民法典》的影响,如阿尔及利亚和埃及等。

1804年《法国民法典》所取得的巨大成就也足以让晚年被流放到圣赫勒拿岛上的拿破仑自豪地宣称:"我的光荣不在于打胜了40个战役,滑铁卢会摧毁这么多的胜利……但不会被任何东西摧毁的,会永远存在的,是我的民法典。"〔28〕

(四)1804年《法国民法典》颁布后法国民法的发展

为了适应不断变化的社会经济政治条件,自颁布以来,对《法国民法典》具体条款的修改从未间断。这些修改集中在以下几个方面:其一,民事权利主体与客体的扩大。民事主体从个人发展到合伙、法人、联合组织、公司,国家也进入民事主体之列。民事客体由物质财富扩及非物质财富(智力成果)。其二,对所有权的限制日益增加,如对矿山、土地、草原、森林、土地上空权、电力分配等,均以法律形式对绝对所有权予以限制。其三,契约自由受到限制和干预;契约种类增多,出现"集体契约""定式契约""强制契约"等。其四,侵权行为的责任原则转向兼采过错和严格责任原则。其五,婚姻家庭继承方面,削弱了夫权,赋予已婚妇女完全的权利,家长干预子女结婚的"同意权"逐渐被取消;对未成年子女的惩罚性措施被教育措施取代;婚生子女与非婚生子女实现了法律地位的平等,拥有平等的继承权等。

近年来,《法国民法典》修改幅度非常大,这些修改主要涉及人的身份能力、人权与人格权的保护、遗传学研究成果的运用对人的身份的影响,产品责任与人身保护。2004年5月26日法律与2006年6月23日法律大幅修改了婚姻、家庭法,继承法几乎全部改写。修改后的条文总体上反映了法国社会家庭观念与家庭关系的变化,反映了妇女社会地位的提高,妇女财产权利以及儿童(子女)权利进一步得到重视。2007年3月5日法律对未成年人与成年人的法律保护规定作了全面修改。法典以专章规定的财产托管、电子文书以及亲密伙伴协议等内容均系近年新增。但是,法典有关财产与契约方面的条文一直少有修改,体现了自大革命以来法国社会财产关系与经济生活规则的相对稳定。

另外值得一提的是,2006年3月23日法律改变了《法国民法典》自1804年问世以来的未曾更易的三编制体例。该法律将法典由三编改为五编,原第3编第14章"保证"、第17章"质押"、第18章"优先权与抵押权"等三章经增修后被移到第4编"担保",并新增第5编"关于适用于马约特的特别规定"。

---

〔28〕 转引自《拿破仑法典》,李浩培等译,商务印书馆1979年版,"译者序"。

此外，现行《法国民法典》中大量条文文字繁复，已不复1804年《法国民法典》简洁的旧貌，究其原因，恐怕还是基于社会现实的需要。[29]

## 二、1807年《法国商法典》

1807年《法国商法典》是近代第一部独立的商法典，它的问世标志着近代意义上的独立、完整、统一的商法的形成。

### （一）1807年《法国商法典》的立法背景

早在1673年，法国国王路易十四主持制定的《商事法令》即是调整商人之间商事关系的独立、系统的商法典，在法国乃至欧洲都具有重要影响。该法典共12章122条，规定了商业性质、居间、商事簿记、商业合伙、公司、票据、期票、破产、商事仲裁等内容，系统地总结和汇集了中世纪商业复兴以来法国及其他欧洲城市发展起来的商事规则，包括贸易习惯、罗马法中的商法原理、商事法庭的判决以及国王敕令中的有关规则。路易十四又于1681年颁布《海事法令》，内容包括海上裁判所、海员及船员、海事契约、港口警察、海上渔猎等5编。这两部法令是近代早期商法体系化、法典化的一大成就，促进了法国商事立法的统一进程。

法国大革命时期，制定统一商法典的设想即已提出，但直到拿破仑时期才得以实现。从1801年起，拿破仑任命的七人委员会在1673年《商事法令》和1681年《海事法令》的基础上起草商法典，1803年商法典草案公布，并于1807年9月获得议会通过，1808年1月1日公布实施。1807年《法国商法典》对法国旧商法的基本精神作了重大修改，摒弃了旧商法中的商人主义的立场，而以商行为观念作为其立法基础，首创近代以来商法中的商行为主义。该法典开创了大陆法系国家民商分立体例的先河。

### （二）1807年《法国商法典》的基本内容及其特色

1807年《法国商法典》共4卷，648条。法典第一卷为商事总则，共9编，内容包括商人、商业账簿、商业交易所及证券经纪人、行纪、买卖、汇票、本票及时效。第二卷为海商，共14编，包括船舶、船舶抵押、船舶所有人、船长、海员、佣船契约、载货证券、租船契约、以船舶为抵押而设定的借贷、海上保险、海损、货物投弃、时效、拒诉。第三卷为破产，共3编，包括财产转移、破产、复权。第四卷为商事法院，共3编，包括商事法院的组织、管辖、诉讼及上诉程序等。

1807年《法国商法典》的主要特色有：其一，开创了民商分立的立法模式，该法典的编纂不仅在形式上，更在实质上奠定了民商分立的基础。此后大多数大陆法系国家都采用了这一体例。时至今日，法国商法仍牢固地维持其独立于民法的基本法的地位，且独立性越来越明显。其二，率先确认了商行为概念，创立了商行为主义的立法例。不过，在现行《法国商法典》中，法国已转向折中立场，商人主义与商行为主义被共同作为商事立

---

〔29〕《法国民法典》，罗结珍译，北京大学出版社2010年版，“关于《法国民法典》新译本的简短说明”。

法体系化的基础。其三,实质意义上的法国商法是指以《法国商法典》为基础,各单行立法为主体的法律体系。

1807 年《法国商法典》对许多欧亚和中美洲国家产生了巨大影响,很多国家仿效该法典制定了本国商法典,如比利时、卢森堡 1811 年的商法典、西班牙 1829 年的商法典、阿根廷 1889 年的商法典、秘鲁 1902 年的商法典等。所有这些以 1807 年《法国商法典》为蓝本编纂商法典的国家,统称为“法国商法法系”国家。

(三)2000 年《法国商法典》的重新编纂

1807 年《法国商法典》制定伊始,对于商事领域是否适宜法典化的质疑就出现了,围绕着商事领域是否适宜法典化的不同态度,1807 年《法国商法典》几经变化。

从 19 世纪初开始,立法者大量采用了单行立法的模式变革商法,这些单行立法废止、修改、增补商法典的相关规定,但大部分修改、增补的内容并不编入商法典中,仍维持单行立法的样式,同时废止商法典中的相关规定。这一法典修改方式使 1807 年《法国商法典》名存实亡。如 1838 年在破产法领域和 1867 年在公司法领域的改革就采用了单行立法的模式,这一状况一直延续到了 20 世纪末。至 2000 年重新编纂商法典之时,1807 年《法国商法典》原有的 648 条条文中仅剩下 150 多条条文仍然适用。[30]

20 世纪末,法国重燃法典编纂的热情,不过在编纂方式上不再寻求体系严密的“货真价实的法典化”,改采“按照既定法编纂法典”的方式,这一方式仅对特定领域现行有效的法律条文进行整编,对编入法典的条文原有文字表述不作任何实质性的修改。这一编纂方式本质上只是“法律汇编”。不过,对商法典而言,以这一方式重新编纂商法典,仍有意义,一方面便利于法律条文的查阅和使用,同时也避免了《法国商法典》直接被废除的命运。[31]

2000 年 9 月 18 日重新编纂的《法国商法典》在体例和内容上与 1807 年《法国商法典》相比有着非常大的区别。新法典共 9 卷 1800 多条,第一卷商事总则,第二卷商事公司与经济利益合作组织,第三卷特定形式的买卖与排他性条款,第四卷价格与竞争自由,第五卷商业票据与担保,第六卷企业困境,第七卷商事法院及商事组织,第八卷某些受特别规则约束的职业,第九卷适用于海外(省、领地)的规定。[32]

## 第五节　刑　　法

法国近代第一部刑法典,也是法国历史上第一部刑法典为 1791 年《法国刑法

---

〔30〕《法国商法典》,罗结珍译,北京大学出版社 2015 年版,上册“译者序”;尚尤、孙涛、吕文杰:《法国商法典二百周年纪文》,载史际春主编:《经济法学评论》(第 12 卷),中国法制出版社 2012 年版,第 305 ~ 336 页。

〔31〕聂卫锋:《法典化与〈法国商法典〉的最新发展》,载《国家检察官学院学报》2013 年第 2 期。

〔32〕参见《法国商法典》,罗结珍译,北京大学出版社 2015 年版。

典》。[33] 该法典由制宪会议在改革刑法过程中制定，于 1791 年 10 月 6 日公布。法典贯彻了体现在《人权宣言》和其他法律文献中的古典刑法理论和原则。法典分为两编，第一编总则，由刑罚、适用于再犯的加重刑罚、缺席判决的执行、年龄对刑罚性质和期限的影响、刑事追诉的期限以及被宣布为犯罪者的名誉之恢复等 7 章组成。第二编为犯罪及其刑罚，由两章组成，第 1 章侵犯公共利益的犯罪及未遂行为，包括侵犯国家外部安全罪、侵犯国家内部安全罪、违反宪法罪、不服从法律与法官罪、渎职罪和侵犯公共财产罪等；第 2 章侵犯个人利益的犯罪，包括侵犯人身罪和侵犯财产罪。1791 年《法国刑法典》规定的犯罪种类明显减少，旧制度下的许多罪名如渎神、异端、巫术等均被取消；法典取消了行政机关对已决犯的减刑和免刑权（赦免权）；废除了终身监禁；法典以机械的方式贯彻罪刑法定原则，为每一种犯罪设定固定的刑罚，取消了法官量刑上的自由裁量权；法典规定的刑罚较轻，只规定了 32 种适用死刑的犯罪。1791 年《法国刑法典》为 1810 年拿破仑主持制定的《法国刑法典》奠定了基础。

## 一、1810 年《法国刑法典》

1810 年《法国刑法典》是拿破仑系列法典编纂工作的最后一部。1810 年通过，1811 年 1 月 1 日正式施行。法典共 4 编 284 条。第一编是关于重罪、轻罪之刑及其效力；第二编是关于重罪、轻罪之处罚、宥恕与刑事责任；第三编是关于重罪、轻罪及其刑罚；第四编是违警罪及其处罚。该法典具有如下特点：

1810年法国刑法典（摘录）

1. 贯彻罪刑法定原则，但给予法官有限的自由裁量权。法典规定：“不论违警罪、轻罪或重罪，均不得以实施犯罪前法律未规定的刑罚处之。”明确表述了罪刑法定原则和“法不溯及既往”的原则。但法典第三编在把罪刑法定原则具体化时，并未遵从 1791 年《法国刑法典》的机械方式，而是规定了刑罚的最高限和最低限，对某些犯罪还规定了不同刑种的刑罚，在量刑上赋予了法官一定程度的自由裁量权。

2. 受刑事古典学派客观主义的影响，定罪判刑时重视犯罪行为，“有行为就有责任，无行为即无责任”，其他因素均处于次要地位。法典对既遂犯与未遂犯、主犯与从犯在确定刑罚时并无区别，对预备犯则不予追究。但法典仍以罪过为基础，规定精神病患者无刑事责任；未成年人之行为若非出于恶意，则免除刑事责任。

3. 刑罚残酷。同 1791 年《法国刑法典》相比，死刑增多，采用肉刑，规定了一般没收，并恢复了终身监禁刑。

4. 在立法技术上体现了拿破仑法典编纂的一般方法和风格。法典注重实际运用，条文简明，不追求刑法原则的理论概括。

1810 年《法国刑法典》的颁布标志着拿破仑“六法全书”体系的完成，尽管它没有取得民法典那样的历史地位，但它贯彻了罪刑法定原则，又是在拿破仑法典编纂的一般方

---

〔33〕 早在 1670 年，路易十四就颁布了名为《刑事法令》的法典，该法典实为刑事诉讼法典。

法指导下完成的,在近代初期具有相当的代表性。

在19世纪初、中期,它成为大陆法系许多国家刑法典编纂的范本。除荷兰、比利时直接采用该法典外(比利时于1867年、荷兰于1886年制定了本国刑法典),1848年西班牙刑法典、1852年葡萄牙刑法典等均是仿效该法典编纂而成的。19世纪中期以后,随着新派刑法学的兴起以及德国、意大利刑法典的问世,法国刑法典的地位开始下降,但在拉丁美洲和非洲法语国家仍具有广泛的影响。

1810年《法国刑法典》自颁行后,进行了4次较大的修改:第一次是在1832年,主要是减轻刑法的残酷性,如死刑减至9种,废除肉刑。第二次是在1863年,主要是增补了关于累犯的规定以及一些新的犯罪种类,并对大部分犯罪增加了减轻处罚的规定。第三次是在1958年,改革了法典关于一般犯罪的构成要件和相应的刑罚制度的规定,并全面承认了法人犯罪的刑事可罚性。第四次是在1960年,法典全面修订了危害国家利益的犯罪和侵犯经济秩序的犯罪,保障戴高乐新政策的贯彻。1981年10月9日,法国正式颁布全面废除死刑的法律。此外,根据1858年宪法,违警罪也不再属于立法的范围,而是由行政法规性质的条例调整。自此,刑法典已由两个不同层次的法律渊源构成:一是法律;二是条例。

## 二、1994年《法国刑法典》

1994年法国刑法典（摘录）

从19世纪下半叶开始,法学界就曾提出全面修改法典的意见,并提出过修改草案,但都未经议会讨论。为了彻底解决刑法体系结构的庞杂、零乱,也为了突出反映当代社会公认的刑法价值观念,经过数十年的反复酝酿,迟至1992年7月22日,法国终于正式颁布了第二部完整的刑法典,以取代1810年《法国刑法典》,并于1994年3月1日正式施行。

法国刑法权威——总检察长皮埃尔·特律什和巴黎第一大学教授米海依尔·戴尔玛斯—马蒂将法国新刑法的特征概括为“一贯性”、“演变中的连续性”和时代性。

新法典基本保留了1810年《法国刑法典》的精神,体现了新、旧法典之间的“一贯性”。这种“一贯性”体现在以下方面:其一,新法典使用的术语和概念,与旧法典相比少有变化,只是对定义有所修改。其二,旧法典中的重罪、轻罪、违警罪的三分法得以保留;有关犯罪未遂或共犯的法律后果几无变化。其三,新法典不仅保留了罪刑法定原则,而且用了8项条款加以确认。其四,就分则部分来说,分则第二卷至第五卷的体系与旧法典相近,二者对许多犯罪的规定也是一样的,只是在编排次序上有所调整。

新法典所谓“演变中的连续性”的特色,是指新法典中的许多新规定,在此之前,或已经见于单项法律(如反人类罪),或为填补经法院判例揭示的缺漏所扩大了的原规范惩治的范围(如将诈骗罪扩大到对“服务的诈骗”等),或系原规范中的部分内容独立成罪(如将原为加重情节之一种的“恐怖活动”独立成罪、将原规定在犯罪主观要件中的“置他人于危险”独立成罪)。“演变中的连续性”也体现在轻刑化、刑罚多样化以及刑罚个别化上。新法典继续扩大了轻刑的范围,增加了一系列可供选择的刑罚手段以尽量减少短期徒刑的适用,鼓励以罚金刑代替自由刑,并在违警罪中完全取消了自由刑;新法典规定了诸如日罚金、吊销驾驶执照、禁止签发支票以及信用卡付款、禁止从事某种职业或社会性活动、参加无薪公益活动,以及剥夺公权、民事权与亲权等多样化的刑罚手段;新法典还专辟"刑罚个别化方式"一节共46个条文,规定了刑罚个别化。此外,在新法典中,重罪与轻罪之间的差别有所加大。在重罪方面,刑罚极为统一并且十分严格;而在轻罪方面,由于法官有了适用"刑罚个别化"的权力,刑罚多种多样,十分灵活。[34]

此外,新法典将危害人类罪置于分则之首,以及对法人犯罪的详细规定,亦体现了法典的时代性。新法典第121－122条规定:"除国家外,法人依第121－124条至第121－127条所定之区别,且在法律或条例有规定之场合,对其机关或代表为其利益实施的犯罪行为负刑事责任"、"法人负刑事责任不排除作为同一犯罪行为之正犯或共犯的自然人的刑事责任"。新刑法典对于法人犯罪也规定了一系列刑罚,如罚金、解散、禁止从事某种职业或社会性活动、实行司法监督、禁止参与公共工程、禁止公开募集资金、禁止签发支票或使用信用卡付款等。新法典的规定对于有效惩治愈益严重的法人犯罪起到了十分重要的作用,对于备受法人犯罪困扰的其他国家的刑事立法也有极大的借鉴和指导意义。[35]

## 第六节　诉讼法与司法制度

法国诉讼与司法制度早在卡佩王朝晚期随着高等法院(巴列门)的建立,即已逐渐成形。拿破仑时代编纂的1806年《法国民事诉讼法典》(本章下文或称《民事诉讼法典》)与1808年《法国刑事诉讼法典》为近代法国诉讼法与司法制度奠定了坚实的基础。20世纪下半叶以来,法国的诉讼法与司法制度经历了重大改革,这些改革一方面延续了近代法国诉讼与司法体制的基本精神和框架,另一方面也对社会生活的巨大变化作出了回应。

### 一、民事诉讼法

#### (一)1806年《法国民事诉讼法典》

早在1667年,路易十四即颁行了《民事司法改革法令》,首次以法典形式系统地规定

---

〔34〕［法］皮埃尔·特律什、米海伊尔·戴尔玛斯—马蒂:《论法国刑法修改中的谨慎态度》,罗结珍译,载《检察理论研究》1996年第5期(总第23期)。

〔35〕郑伟:《法国新刑法评述》,载《法学》1997年第2期;［法］卡斯东·斯特法尼等:《法国刑法总论精义》,罗结珍译,中国政法大学出版社1998年版,第100～105页。

了民事诉讼程序规则,为整个王国引入统一的民事诉讼体系。法国大革命后,法国开始对旧的民事诉讼程序和法院组织进行改革。1806 年,《民事诉讼法典》制定完成,并于 1807 年 1 月 1 日公布实施。法典共 2 篇,1042 条。第一篇关于法院程序,规定了由治安法院、初审法院、上诉法院和最高法院组成的法院体制和民事诉讼的审级,详细规定了起诉、传唤、证人、鉴定人、回避、辩护、调解和诉讼费用等。第二篇关于各种程序的规定,包括了清偿债务程序、继承开始程序、仲裁程序、共同规则等。

1806 年《民事诉讼法典》确立了民事诉讼中的当事人主义原则,要求在诉讼中实行对审原则和辩论原则,法院的审判活动应当建立在经一方当事人提出申请、双方当事人对作为判决依据的论据和证据进行充分辩论的基础上。此外,法典还具有以下特点:一是规定诉讼自主。法典规定民事案件一般由当事人提起诉讼,只有涉及国家利益和人身安全等情况下检察官才参与诉讼;法典为当事人平等原则提供了充分的保障。二是为维护债权人的利益作了相当详细的规定,当债务人拒不履行义务时,债权人有权要求法院扣留债务人。三是保留了不少旧制度的残余,人们责备这部法典过分照搬了 1667 年的《民事司法改革法令》,[36] 法典充满形式主义色彩,诉讼成本昂贵。

1806 年《法国民事诉讼法典》是最早的一部近代民事诉讼法典,是近代民事诉讼制度发展的新起点,为德国、意大利和瑞士等西欧各国制定民事诉讼法典提供了雏形和框架,在近代民事诉讼制度发展史上具有重要地位。

自 19 世纪中期以来,1806 年《法国民事诉讼法典》历经修改,并最终被 1975 年的新法典取代。

(二)1975 年《法国民事诉讼法典》

1975 年 12 月公布、1976 年 1 月 1 日施行的《法国民事诉讼法典》废止了 1806 年法典的大部分条文,只保留了原 1042 条条文中的 541 条。新法典共 4 卷 1507 条。第一卷为适用于所有法院的通则,涉及诉讼指导原则、诉权、管辖、起诉、防御方法、和解与调解、证据制度、诉讼参加、诉讼代理、判决、上诉、再审、执行和司法协助等。第二卷为各类法院的特别规定,包括初审法院、大审法院、商事法院、上诉法院以及最高法院的诉讼程序。第三卷为特定案件的特别规定,内容涉及宣告失踪、离婚、分居、收养、监护、继承、申请支付令等案件所适用的相关程序。第四卷为仲裁,包括仲裁协议、仲裁审理、仲裁裁决、上诉、国际仲裁、对外国仲裁裁决的承认与执行等。

与旧法典相比,新法典在编纂技术以及制度上都有很大的突破和进步。新法典编纂者在法典中对大量法律术语概念作出界定,法典所使用的语言简洁清晰,通俗明白。法国新民事诉讼法典主要特点有:

第一,新法典在体例上有所创新。新法典开篇以专章 24 条条文集中规定了法国民事诉讼程序的基本指导原则,包括推动诉讼的原则、处分原则、对审原则、诉讼恒定原则

---

〔36〕 [法]让·文森、塞尔日·金沙尔:《法国民事诉讼法要义》(上),罗结珍译,中国法制出版社 2001 年版,第 67 ~ 68 页。

以及法官不得处分争议原则等;法典引入“诉权”概念并以专编(第二编)加以规定;法典将仲裁制度纳入法典中,使新法典成为综合性民事程序法典的范例。

第二,新法典继承了旧法典诸多原则和制度。法典继承了当事人处分原则,规定只有当事人能够起诉,当事人可以在诉讼终止前结束诉讼,当事人得就其能自由处分的权利,以明示的合意把辩论的范围限于某些法律定性和法律点,约束法官;法典继承并坚持了民事诉讼辩论原则,当事人有权就对方提出的主张、论点和证据进行争论,对于没有听取其陈述或没有传唤过的当事人不得作出判决;法典继承了诉讼恒定原则,诉讼程序一经开始,程序的各个因素(当事人、诉讼标的、诉因)及其框架不得改变,法官的判决既不得超出、也必须覆盖当事人的所有请求。

第三,新法典弱化了传统的当事人主义诉讼模式,形成了“当事人与法官合作”的新的混合模式。法国民事诉讼制度一直以来崇尚绝对的当事人主义,充分尊重当事人在诉讼程序中的意思自治和处分权。但这一诉讼模式暴露出诸多弊端,包括诉讼成本高昂、诉讼迟延、诉讼效率低下以及诉讼程序繁琐等问题。新法典因此强化了法官调查证据的权限,赋予了法官在确定事实和法律因素上的主动权,进一步限制当事人的权利,增强了民事诉讼中的职权主义色彩,以提高诉讼效率。改革后,尽管法国传统民事诉讼制度以处分原则和对审原则为中心的当事人主义模式仍具有不可动摇的基础地位,但法官在推动诉讼方面的权力日益扩大,这使传统诉讼模式糅合了许多职权主义模式的特征,形成了学者所谓“当事人与法官合作”的模式。这一模式表明诉讼程序不再完全属于当事人控制的范畴,而是由当事人与法官在诉讼程序中各自发挥作用、相互配合共同推进。〔37〕

法国新民事诉讼法典颁布后,又出台了大量的新法令,如1998年12月28日第1998-1231号法令、2004年8月20日第2004-836号法令、2005年12月28日第2005-1678号法令等,这些法令的目标都在于使现行民事程序更为简捷高效。

## 二、刑事诉讼法

从中世纪中后期开始,法国就逐步抛弃了蒙昧时期的神明裁判和司法决斗,转而采用纠问制诉讼。路易十四颁布的1670年《刑事法令》是名副其实的刑事诉讼法典,明确了刑事诉讼程序和各种管辖权的范围以及死刑的执行。1808年拿破仑颁行的《法国刑事诉讼法典》的许多内容均来自这部《刑事法令》。路易十六时期,法国对刑事诉讼制度进行了较大的改革,1780年8月24日法令废除了预先拷问和刑讯逼供,1788年废除体罚,并要求法官判决时说明理由。法国大革命时期的1789年10月8日法令确立了刑事审判的公开原则,1791年9月16~29日法令规定了重罪案件的参审制度。

### (一)1808年《法国刑事诉讼法典》

1808年《法国刑事诉讼法典》是拿破仑主持制定的基本法典之一,于1808年11月

〔37〕 金邦贵主编:《法国司法制度》,法律出版社2008年版,第408~435页。

17 日通过,同月 27 日公布施行。法典由序言和两编构成,共 643 条。

序言宣布了刑事诉讼的一般规则。第一编是关于侦查、起诉的规定,包括司法警察的职责,检察官的权力,侦查管辖,预审程序,传讯、拘押、保释和起诉等。第二编是关于法院审判的规定,包括违警罪、轻罪和重罪的审理,陪审,撤销判决,复审,管辖冲突,案件移送及保护公民权利的规定等。法典规定,不同等级的犯罪(重罪、轻罪和违警罪)分别由该管辖法院进行审理;重罪法院应设参审员,参审员和法官共同组成合议庭;起诉由检察官进行,但受害人可以提起因犯罪行为所致损害的赔偿之诉(民事诉讼);检察官附设于法院(审检合一);实行法庭审理的辩论原则;对选择和判断证据的自由心证原则作了具体规定。该法典对大陆法系许多国家的刑事诉讼法有很大影响。

(二)1958 年《法国刑事诉讼法典》

1958年法国刑事诉讼法(摘录)

1958 年法国全面修订了 1808 年《刑事诉讼法典》,并于 1959 年颁布施行。新法典由卷首和正编 5 卷共 802 条组成。卷首规定了公诉和私诉(指由犯罪造成的民事损害赔偿诉讼)的区分,正编 5 卷分别是:

公诉与预审、审判法庭、非常上诉、特别诉讼程序以及执行程序。需要注意的是,广义的法国刑事诉讼法除了立法部分之外,还包括了对立法条文进行补充的"条例性规定"。[38]

1958 年的新法典力求在个人自由与刑罚必要性之间谋求内在的契合,为此,新法典采用了"审前程序纠问主义,庭审程序弹劾主义"的制度设计。在审前程序,预审法官依然享有较大的权力,犯罪嫌疑人的权利依然颇受限制;但在庭审程序,明确确立了公开、言辞以及对席审判的原则。

以 1958 年《刑事诉讼法典》为代表的法国刑事诉讼制度具有如下特色:

1. 检警一体化的制度设置,检察官为侦查程序的主导者和指挥者。检察官负责汇集犯罪信息,确立调查机构,并在现行重罪或轻罪案件中行使预审权、在预侦案件中行使调查权。通过侦诉职能的一体化以及检警关系的紧密化,检察机关可以有效地实现侦查、起诉、上诉等诉讼行为的衔接和协调。

2. 程序分流机制。为应对诉讼膨胀的压力,法国设立了刑事处罚令程序、刑事和解程序、刑事调解程序、庭前认罪答辩程序等速决程序,缓解法院尤其是轻罪法院的庭审压力。

3. 法国大革命时期引入并适用至今的重罪参审制颇具特色。如参审员的遴选机制更能体现司法民主,采用特殊的"问题列表"制度解决参审制与判决理由制度的冲突,奉

---

〔38〕 1958 年《法国刑事诉讼法典》中的"条例性规定"包括四类:其一是"条例",是公共行政规章与最高行政法院提出资政意见后发布的法令;其二是"普通行政令",与前述经最高行政法院提出资政意见后发布的法令相对应;其三是"部颁条例"的有关规定;其四是"通知",包括由掌玺官发布的有关执行的一般通知。参见[法]卡斯东·斯特法尼、乔治·勒瓦索、贝尔纳·布洛克:《法国刑事诉讼法精义》(上册),罗结珍译,中国政法大学出版社 1998 年版,第 101 ~ 102 页。

行诉讼经济理念限制参审制的适用范围等。[39]

法国《刑事诉讼法典》生效以来,经历了一些重大的修改。这些修改集中在以下几个方面:其一,加强公民权利保护,如1970年7月17日法律、1975年8月6日法律、2007年3月5日法律等进一步限制了审判前施行剥夺或限制自由的措施,1978年11月22日的法律进一步严格了监狱制度,2000年6月15日法律强化了无罪推定与被害人权利保障等。其二,提高法院审理案件的效率,如1972年1月3日法律、1972年12月29日法律、1975年8月6日法律以及创设庭前认罪答辩程序的2004年3月9日法律等。其三,改革警察机关、司法机关的运作,使之更好地适应当今社会的状况,如1975年7月11日法律、1987年7月16日法律等。此外,在《欧洲人权公约》的影响下,法国大幅修改了审判前程序尤其是预审程序。[40]

法国刑事诉讼法最近几十年的发展中,还体现了欧洲化与宪法化的趋向。所谓欧洲化,主要指的是《欧洲人权公约》具有高于法国国内法的权威,其所有条款(尤其是涉及刑事诉讼程序的条款)对法国法院具有直接的约束力。此外,欧洲人权法院的判例对法国法院具有约束力;欧洲法院的判例对法国法院的裁判也起着一定的引导作用。所谓宪法化,是指法国宪法委员会可应要求,审查有关刑事诉讼程序的法律规定是否符合宪法。法国宪法委员会已经多次作出裁决,认定提交其审查的有关诉讼程序不符合宪法,从而确立了对刑事诉讼领域的立法权的限制。[41]

## 三、司法组织体系

### (一)概述

法国司法制度源远流长,早在13世纪末,法国就已形成了专门化的司法机构——巴列门审理案件。到旧制度末期,司法领域卖官鬻爵成为普遍现象,长袍贵族把持的司法机构成为旧制度末期波旁王朝改革的主要反对力量。法国大革命摧毁了旧制度下的司法体制,重建了一个完整的司法系统。大革命时期的重建工作包括:在民事司法领域创设治安法官并设立初级法庭,设立作为现代大审法院雏形的省级法院,法官选举制替代了任命制;在刑事司法领域根据违警罪、轻罪和重罪的区分分别设立违警法庭、轻罪法庭和重罪法庭,重罪法庭由1名通过选举产生的主席、3名从各裁判区挑选的法官和拥有12名成员的陪审团组成;建立最高法院,对案件作出唯一确定的终审判决,但由于长期以来对司法的不信任,制宪会议拒绝承认最高法院对法律享有解释权;撤销律师在司法系统中的机构设置,律师从此成为一项自由职业;检察官的地位更加突出。

---

[39] 金邦贵主编:《法国司法制度》,法律出版社2008年版,第391~399页。

[40] [法]卡斯东·斯特法尼、乔治·勒瓦索、贝尔纳·布洛克:《法国刑事诉讼法精义》(上册),罗结珍译,中国政法大学出版社1998年版,第103~108页;贝尔纳·布洛克:《法国刑事诉讼法》(原书第21版),罗结珍译,中国政法大学出版社2009年版,第54~57页。

[41] [法]卡斯东·斯特法尼、乔治·勒瓦索、贝尔纳·布洛克:《法国刑事诉讼法精义》(上册),罗结珍译,中国政法大学出版社1998年版,第108~111页。

1799 年拿破仑上台执政,是法国司法制度史上具有“里程碑”意义的时期。拿破仑统一了民事和刑事司法制度,对司法组织进行严格的等级划分。此外,拿破仑新设了上诉法院,每三个省设立一个上诉法院;新设劳资争议委员会,审理个人劳动纠纷案件;建立了最高行政法院(国家参事院)。

此后,法国司法制度的变化不是很大。比较重要的有:

第三共和国时期,1872 年 5 月 24 日法律确立了国家参事院作为最高行政司法机构的法律地位;并因此设立了权限争议法庭(Tribunal des conflits),该法庭以司法部长为庭长,由数量相等的最高行政法院和普通最高法院的成员组成,解决行政司法与普通司法两大法院系统之间的管辖权纠纷。1883 年 8 月 30 日的法律将所有上诉法院归于同一审级(巴黎上诉法院除外),形成三级审判制度,简化了普通司法体系的法院组织。

第四共和国时期,1946 年宪法建立了最高司法委员会(Conseil Supérieur de la Magistrature),享有法官任命建议权及监督法官的权力。该委员会由共和国总统担任主席,成员中除两名由总统任命之外,其余分别由国民议会和法官选举产生。法官终身制在 1946 年宪法中重新得以确认并维持至今。1946 年宪法重新设置了特别高等法院(Haute Cour de Justice),由国民议会和参议院在每届任期伊始从议员中选举 12 人组成,负责对总统的叛国行为和各部长的职务违法和犯罪行为进行审判。

第五共和国时期,1958 年的改革取消了初级民事法庭的设置,改由每个省会城市设立大审法院作为初级法院;1987 年创设了上诉行政法院作为行政诉讼的二审法院,以减轻最高行政法院的负担;从 1978 年开始,司法成为一项无偿服务,不过由此所带来的司法财政赤字累累的困境是亟待解决的一大难题;司法的独立地位进一步加强,1958 年宪法规定共和国总统保证司法机关的独立,最高司法委员会的地位进一步加强;1946 年宪法中形同虚设的宪法委员会(Comité Constitutionnel),其地位在 1958 年宪法中大大强化,此后,宪法委员会发展成为真正的宪法司法机构,使宪法在事实上真正处于法律体系之首,宪法委员会也因此拥有了法国整个司法机构中不可动摇的最高地位;此外,1993 年 7 月 27 日的宪法修正案设立了共和国法院(Cour de Justice de la République),负责审理部长在行使职权过程中犯有轻罪或重罪行为的案件;原特别高等法院成为专门审理总统叛国罪的机构。[42]

### (二)司法组织

法国司法组织区分为相互独立的审理普通民刑事案件的普通法院系统与审理行政案件的行政法院系统。[43] 这一普通司法与行政司法相分离的二元体制是法国的首创,并被大陆法系其他国家所继受。除了普通法院与行政法院两大系统外,法国还有 4 个特别法院:其一为负责违宪审查的宪法委员会;其二为审理总统叛国罪的特别高等法院;其三

---

〔42〕 关于法国司法制度历史发展的详细论述,参见金邦贵主编:《法国司法制度》,法律出版社 2008 年版,第 3 ~ 20 页。

〔43〕 关于法国行政法院的组织,参见本章第三节。

为审理部长轻罪或重罪案件的共和国法院；其四为裁决普通法院与行政法院管辖权争议的权限争议法庭。特别高等法院与共和国法院统称为特别政治法院。

法国普通法院体系负责审理民、刑事案件，民事案件包括普通民事案件、商事案件、社会案件（劳动纠纷及社会保险纠纷）、农村租约案件。从法院设置来看，普通法院体系呈现一种金字塔结构，最高法院位于金字塔顶部，上诉法院位于中部，底部为一审民事法院和一审刑事法院。从审理程序看，法国民事、刑事案件大体上实行二审终审，部分案件实行一审终审，最高法院仅负责法律复核审（不进行事实审）。

最高法院现有 6 个审判庭，包括 3 个民事庭、1 个商事庭、1 个社会庭以及 1 个刑事庭。最高法院的职能主要有：民事、刑事案件的法律复核审，这是最高法院最主要也是最传统的职能；由 1991 年 5 月 15 日法律赋予最高法院回复下级法院的请示的职权；在刑事案件中，最高法院享有对刑事案件的纠正审理权和对违反人权的刑事案件的审查权。

上诉法院是主要的二审法院，负责对一审案件的事实和法律进行重新审理，上诉法院的判决是终审判决，当事人就其判决只能向最高法院提起法律复核审。除一审终审案件或存在特殊上诉机构外，凡未经上诉法院审理的案件都不得向最高法院提起法律复核审。法国目前共有 36 家上诉法院（其中 6 家在海外）。

一审民事法院分为普通民事法院和特殊民事法院，前者包括司法法院、近民法院；后者包括商事法院、劳资争议委员会、社会保险法院和农村租约对等法院。

司法法院（Tribunal judiciaire）由原大审法院与小审法院合并而来，于 2020 年 1 月 1 日正式成立运行，是民事案件基本审判机关，现有 164 家。除了专属于其他民事一审法院管辖的案件外，其他民事案件均由司法法院管辖。

近民法院根据 2002 年 9 月 9 日法律设置，是近民司法改革的结果，其目的是让法国民众更易接近司法。近民法院由非职业的近民法官独任审判标的额不超过 10,000 欧元的小额民事案件。即对数额较小、案情简单的民事诉讼案件由非职业的近民法官进行简易快捷的审理。目前共有 125 家。

商事法院负责审理一审商事纠纷案件，主要管辖商人之间、银行之间或者商人与银行之间的债权纠纷；商事公司的合伙人之间的纠纷；所有人之间因商事行为产生的纠纷，所谓商事行为是指因行为性质（如为了转卖而进行购买）、行为形式（如使用汇票）、行为人的身份（商人）而受商法调整的法律行为或法律事实。商事法院的法官从商人中选举产生。

劳资争议委员会负责劳动合同和试用合同纠纷案件。劳动争议委员会的劳动法官为非职业法官，由雇佣方群体与受雇方群体选举产生。劳资争议委员会遵循口头原则及调解前置原则。

社会保险法院包括社会保险法庭和无劳动能力及工伤法庭。社会保险法庭负责审理一审社会保险普通纠纷，案件由 1 名职业法官与 2 名分别代表雇主与受雇人的参审员组成合议庭审理，案件审理采用口头程序，判决前调解程序为必经程序。无劳动能力及工伤法庭专门负责审理涉及诸如残疾程度和丧失工作能力的认定等带有医疗性质的技术性纠纷,法庭由 1 名职业法官和 4 名参审员(2 名代表受雇人、2 名代表雇主和自由职业者)组成;不服该法庭裁决的,可上诉至全国无劳动能力与劳动事故保险定价法院。后者是全法国唯一的审理社会保险技术问题的上诉法院,由 1 名上诉法院法官和 4 名参审员组成。

农村租约对等法院是审理在履行农村租约过程中产生纠纷的专门法院,由 1 名小审法院法官和 4 名选举产生的参审员(土地出租人代表与土地承租人代表各 2 名)组成。法庭审理案件程序与小审法院大致相同。

一审普通刑事法院包括治安法院、轻罪法院、刑事法院以及巡回法院。未成年人法院、军事法院、海商事法院为一审特殊刑事法院。

治安法院管辖前五级违警罪,〔44〕即罚款不超过 1500 欧元,累犯时不超过 3000 欧元的轻微犯罪,采用独任审判制。

轻罪法院与司法法院是同一个法院,负责审理一审普通轻罪案件,是法国惩治犯罪最主要的审判机构。轻罪法院还对刑事附带民事纠纷拥有管辖权。

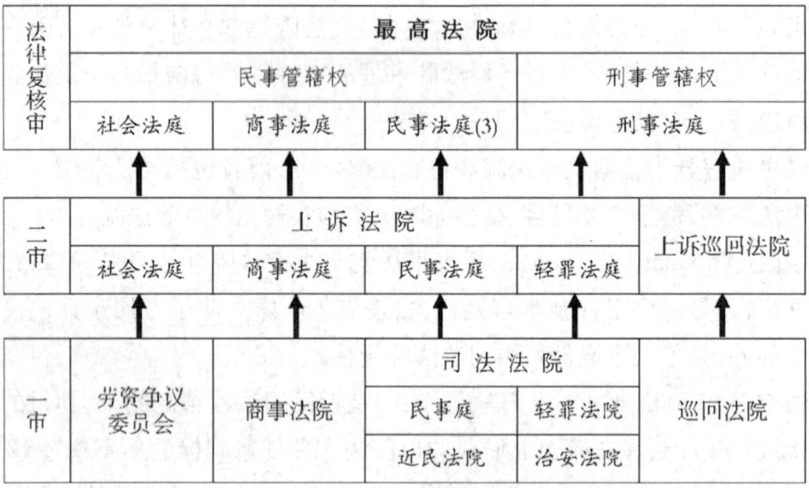


图 8　法国普通法院体系结构图〔45〕

(资料来源:根据 http://www. justice. gouv. fr/organisation – de – la – justice – 10031/制作。)

巡回法院是负责审理包括谋杀、强奸等可能判处 10 年以上刑期的重罪案件,是法国唯一设立陪审团审理刑事案件的法院。巡回法院为非常设审判机构,一般每 3 个月开庭 1 次;必要时可根据案件数量增加开庭次数。一般由 3 名职业法官(来自上诉法院和大审法院)和 6 名参审员组成。2000 年之前,当事人不得就巡回法院的裁决提出上诉,只能向最高法院申请法律复核审。2000 年之后,法国设立了巡回法院上诉制度,当事人可就巡回法院裁决向最高法院刑事庭提出上诉请求,经审查符合受理条件后,由最高法院刑事

〔44〕　前四级违警罪案件在 2017 年 7 月 1 日前由近民法院审理,此后统归治安法院审理。

〔45〕　普通法院与行政法院的管辖权争议,由权限争议法庭解决。普通法院与行政法院审理案件时,如一方当事人认为案件涉及的法律条款侵犯了宪法所保障的公民权利和自由,审理法院可中止案件审理,层报最高法院与最高行政法院提请宪法委员会裁决。

庭指定另一巡回法院重新审理,此时,该巡回法院即称为上诉巡回法院,其审理上诉重罪案件应由3名职业法官和9名参审员组成。[46]

需要指出的是,法国司法制度中有一项非常重要的原则,即民事法院与刑事法院同一性原则,如前所述司法法院与轻罪法院、近民法院与治安法院均为同一法院。此外,在法国,很多法院并不具有单独的办公场所,而设在其他法院内,如农村租约对等法院、未成年人法院、海商事法院设在司法法院内。

从人员结构上看,截止2020年的数据,法国司法法院体系共有职业法官近7530余名,检察官2150余名,非职业法官近25,000名(2016年数据,主要是劳资争议委员会与商事法院的法官),近民法院法官480名左右。[47]

(三)检察机关

通常认为,检察制度起源法国。由卡佩王朝的腓力四世建立的检察官制度,被认为是现代意义上的检察制度的开端。

法国检察院驻在各大审法院、上诉法院以及最高法院,是独立于法院的司法机构。检察机关作为整体来看,具有独立性、等级隶属性以及可替换性。检察机关的独立性表现为相对于法院和法庭的独立性、相对于受法院裁判的人的独立性以及检察机关作为主当事人的不回避。等级隶属性是检察机关组织的根本特点。检察机关所有人员均隶属于政府,司法部行使对最高法院总检察长和上诉法院检察长的领导权,上诉法院检察长同时领导司法法院检察长,司法法院检察长同时领导违警罪法院检察官。检察院所有人员均可看作根据检察长的委托履行职务,检察官不得违抗检察长的指示。所谓可替换性,是指在同一所检察院,每位检察官从整体上都代表检察院,检察人员在同一案件中相继的庭审中可以有效地互相替代,诉讼的不同行为也可以由不同的检察官实施。[48]

在刑事诉讼中,检察院代表受损的社会利益提起公诉,旨在请求有管辖权的法院适用刑法惩罚违法犯罪行为人,其功能不可替代。法国检察院在刑事诉讼中的主要职责有:启动追诉程序、适用刑事替代和决定不起诉、提起公诉并出庭、建议具体刑罚、提出上诉、执行刑罚、指挥和监督司法警察等。在民事诉讼中,检察院或作为主当事人提起诉讼,以保护公共利益,或作为从当事人提供法律适用意见。检察院同时行使大量的、多样化的行政管理职能,如监督律师、公证人、专家鉴定人等司法辅助人员,监督监管场所、精神病人安置机构、私立学校和酒类零售机构,监督民政事务等。[49]

---

〔46〕 为缓解巡回法院的案件压力,法国根据2019年4月25日法令设立了刑事法院(Cour criminelle)(试行)。刑事法庭由5名专业法官组成,不设陪审员,负责审理可能判处15~20年监禁的罪行。第一批于2019年9月运行的刑事法院共有7家。2020年5月,法国国民议会通过政府提案,将刑事法庭的试行范围从9个省扩大到30个省,以清理巡回法庭积压的案件。根据2021年12月22日法令,刑事法院将于2023年1月1日起在全法国普遍设立。

〔47〕 http://www. justice. gouv. fr/statistiques – 10054/references – statistiques – justice – 12837/references – statistiques – justice – 34256. html.

〔48〕 何家弘主编:《中外司法体制研究》,中国检察出版社2004年版,第204~216页。

〔49〕 金邦贵主编:《法国司法制度》,法律出版社2008年版,第275~291页。

在法国,检察官的身份具有双重性,既是司法官又是公务员。因此,检察官与法官不同,法官职务是终身制,而检察官职务可予以罢免或解除。总检察长和上诉法院检察长,由司法部长提名,征求最高司法委员会意见后,由总统在内阁会议上以法令形式任命;其他检察官,由司法部长提名,征求最高司法委员会意见后,由总统直接任命。

2019 年 3 月,法国制定公布了《司法规划与改革法(2018 - 2022 年)》,全面改革诉讼与司法制度,其改革的主要内容包括:简化民事诉讼程序(发展庭外纠纷解决机制,简化向法院提交民事案件的方法,简化和加快离婚程序,加强弱势成年人的保护,解除法院的非诉讼任务,设立专门的支付令法院,小额简易案件在线处理等),提高司法行政事务效率(强化判决执行以减少上诉),简化刑事诉讼程序(在不破坏常规和传统的情况下尽可能地简化刑事诉讼程序规则,包括刑事调查、预审和审判程序,让受害人更容易接受刑事司法,扩大检察官对于日常违法行为处置权,试行刑事法院制度以大幅减轻巡回法院的案件负担等),改革刑罚制度(取消短期监禁刑,发展电子监控下的家庭拘留、社区服务等社会化措施,扩大缓刑适用等),调整司法组织以提高效率(合并大审法院与小审法院为司法法院,改革上诉法院的组织),以及司法部门的数字化转型。时任法国司法部长贝鲁贝(Nicole Belloubet)称,改革的目标是:简化和澄清程序,将法官的注意力重新集中在他的工作上,以提高司法的质量,更好地保护受害人,并与日常犯罪作斗争,防止再犯。[50] 该法律设定的各项改革措施仍在持续展开,其具体改革效果有待继续观察。

## 第七节 法国法的历史地位

法国法既有丰硕的思想基础,又有完备的体系结构,是大陆法系的典型代表。拿破仑时代创立的“六法体系”,不仅对大陆法系的形成和发展具有主导作用,而且对近代各国法律制度的发展产生了重要影响。

### 一、法国法的历史地位

1. 法国法在欧洲大陆具有典型意义,不仅是中世纪封建法的典型,而且在资产阶级革命后又成为资本主义成文法典法的典型代表。

法国的法律制度,典型地体现了西欧封建法的基本特征。从法律渊源看,法国封建法有习惯法、罗马法、国王敕令、教会法等,几乎包罗了西欧封建制法的各种形式。这些法律形式在法国封建法发展的不同阶段不断变换,清晰地反映出法国封建时期历史发展的轮廓,法国法从分散到统一的发展过程在欧洲大陆国家中是最典型的。

---

〔50〕 http://www.presse.justice.gouv.fr/art_pix/CAB_DP_PJL_Justice_200319_V4.pdf.

法国是欧洲大陆较早进行资产阶级革命的国家，且革命较为彻底，迅速地消灭了法国的封建制度，建立了纯粹的资产阶级统治，这场革命为法国资产阶级法律制度的传播创造了条件。在轰轰烈烈的大革命结束后，法国开始了大规模的法典编纂活动，最先创立了反映资产阶级利益的、完整的、系统的法律制度，影响极大。特别是1804年《法国民法典》成为许多资产阶级国家立法的范本，成为大陆法系的一面旗帜，促进了大陆法系的形成。

2. 法国法以启蒙思想家的自然法理论为指导，以成文法为基本形式，其所体现的资产阶级法律原则明确而系统。

孟德斯鸠的分权思想、法治思想，卢梭的人民主权思想在法国的《人权宣言》中都得到了贯彻和体现。启蒙思想家们从理性主义出发，相信人类可以在“理性”的指引下制定出清晰严密、体系完整的法典，使每个公民都能预知自己的行为将产生的法律后果，同时严防法官擅断，铲除封建的司法专横和不法状况。法国大革命中还极力倡导民族主义和国家主权学说，主张国家应该有独创的法律，要求编纂体现法兰西民族精神的全国统一的法典，以代替封建时代混乱的、源于外国的法律，所有这些原则和思想均成为法国资产阶级立法尤其是拿破仑立法的理论根基。由于有明确的指导思想和充分的理论准备，法国资产阶级法制才能迅速、完整、系统地建立起来。

3. 法国沿袭了罗马法的传统，以严格划分公法与私法作为其建立资产阶级法制的基础。

法国法是在继承罗马法的基础上发展起来的成文法体系，沿袭了罗马法区分公法与私法的传统。18世纪启蒙思想家的政治学说与分权理论为公法和私法的划分，并为以这种划分为基础的大规模法典编纂提供了理论基础。个人财产和个人契约的自由不应受国家的侵犯和干涉，法律领域内只有两个主体——国家和个人，国家在公法范围内活动，其唯一作用就是承认并保证个人权利的实现；个人在私法领域内行事，民法典在私法领域内发挥着类似宪法的作用。

此外，20世纪以来，在公法与私法之间，法国出现了一系列公私兼备的法律领域，如经济法、劳动法、工业产权法、社会保障法等，这些新的法律领域统称为社会经济法。社会经济法的出现，部分动摇了公、私法严格区分的传统。

4. 法国是最先奉行普通司法权与行政裁判权分立原则的国家，法院组织分为司法法院和行政法院两大系统，两者的组织、人员、职能及适用法律截然不同，相互独立。这一典型的双轨制司法体制世所罕见，对其他国家（如德国、意大利、日本等）的司法制度产生了深远的影响。

## 二、法国法与大陆法系

大陆法系是指以罗马法为基础发展起来的法律的总称。由于该法系的主要历史渊源是罗马法，首先在欧洲大陆各国兴起，这些国家主要由拉丁族和日耳曼族构成，法系的内容主要是民法，法系的代表性法律文献《查士丁尼国法大全》和《法国民法典》等都是法典,故该法系又被称为罗马法系、民法法系、罗马—德意志法系、法典法系等。属于大陆法系的国家和地区,主要是以法、德两国为代表的欧洲大陆国家,包括意大利、比利时、西班牙、葡萄牙、荷兰、瑞士、奥地利等。但它的影响扩展到世界上广大地区,其中主要是以前法国、西班牙、荷兰、葡萄牙四国的殖民地国家和地区,还包括日本、泰国、土耳其、埃塞俄比亚等国。

大陆法系形成的历史可以简略地描述为:渊源于古代罗马法,中间经过 11 ~ 16 世纪罗马法在欧洲大陆的复兴、18 世纪资产阶级革命,最后于 19 世纪发展成为一个世界性法系。

通常认为,大陆法系具有如下主要特点:其一,大陆法系在继承罗马法的基础上形成和发展起来。大陆法系接受了罗马法法学家推动法律发展的技术方法,包括罗马法的术语、概念、规范分类的范畴,以及思维推理的方式等;吸收了许多罗马私法的原则和制度,特别是保护私有财产和调整商品生产关系的原则和制度。其二,实行法典化。建立了以宪法、民法、商法、刑法、民事诉讼法和刑事诉讼法等基本法典为主干,以若干单行法作为补充的成文法体系,各法典具有系统性、确定性、逻辑性和内部和谐一致的特点。其三,明确立法与司法的分工,强调制定法的权威,判例通常不具有正式的拘束力。其四,法学理论在法律发展中起着重要作用。法学不仅为法典编纂和立法提供了理论基础,也是法官解释法律的学理依据,而且,使法律适应社会发展需要的任务也首先由法学家来完成。许多法律规范和原则的转变是由法学家提出并加以论证以后,再由立法机关在条件成熟时将其实现的。其五,法律规范的抽象化、概括化。这是法学家创造性活动的结果,法官的任务就是把这些规范运用到各种具体的社会事实上。

在大陆法系形成过程中,法国是其中最关键的一环。早在 16 世纪,法国的习惯法编纂和人文主义法学运动的结合统一了习惯法,并赋予了习惯法罗马式的体系化的结构,成为近代大陆法系各国塑造本国统一私法的样板。17 世纪至 18 世纪,法国革命与古典自然法、理性主义思潮共同促进了大陆法系的发展。法国革命和自然法学说构成了大陆法系公法的历史渊源;有力推动了私法部门的变革,为近代民法的基本原则(民事权利平等、私有财产神圣不可侵犯、契约自由以及过错责任)分别提供了政治基础和思想基础;带来了新的法律思想,强调法律代表人的理性或人性,代表全体社会成员的意志,法律面前人人平等,法律的主要作用在于确定国家和人民的关系,保障人民的自然权利和限制国家对权力的滥用等;法国革命和自然法学说的重大影响也体现了制定法在法律渊源中的首要地位以及法典化等方面。1804 ~ 1810 年拿破仑的法典编纂事业,确立了大陆法系法律体系的基本模式,即一国之法律体系区分为几个主要的法律部门,每一法律部门均拥有抽象的、体系化的、理性的法典,这些法典构成有机的整体,是为“六法全书”体系。在拿破仑的系列法典中,1804 年《法国民法典》的作用尤为突出。该法典以简明、严谨的法律词句对近代社会民事法律关系作出了较全面的规定。拿破仑系列法典编纂事业的完成及其在 19 世纪的传播,标志着大陆法系的最终确立。可以说,近代法国法的建立和完善,对大陆法系的形成起着奠基和导向的作用。

## 参考阅读书目

1. [法]卢梭:《社会契约论》,何兆武译,商务印书馆 2009 年版。
2. [法]托克维尔:《旧制度与大革命》,冯棠译,商务印书馆 2009 年版。
3.《拿破仑法典(法国民法典)》,李浩培、吴传颐、孙鸣岗译,商务印书馆 2009 年版。
4. 何勤华主编:《法国法律发达史》,法律出版社 2001 年版。
5. [英]贝尔:《法国法律文化》,康家昕、周青阳、李鹿野译,清华大学出版社 2012 年版。
6. [法]达维:《英国法与法国法:一种实质性比较》,潘华仿、高鸿钧等译,清华大学出版社 2002 年版。
7. [美]艾伦·沃森:《民法法系的演变及形成》,李静冰、姚新华译,中国法制出版社 2005 年版。
8. 何勤华主编:《法律文明史(第 9 卷)大陆法系》,商务印书馆 2015 年版。
9. [法]乔治·杜比主编:《法国史》,吕一民、沈坚、黄艳红等译,商务印书馆 2010 年版。
10. 郭华榕:《法国政治制度史》,人民出版社 2015 年版。

# 第十二章　德国法

图1　德国议会大厦

【导　读】

本章德国法的学习，主要帮助同学了解德国法在长达千年的历史进程中发生、发展的过程，熟悉近代德国社会转型与以民法典为基础的六法体系的形成、主要内容及对大陆法系的影响，了解"二战"后德国法律秩序的重建及在宪法、民法、经济法、刑法、司法等领域的重大发展。通过本章内容的学习，同学们可以获得对德国法这一在欧洲乃至世界范围内具有重要影响的成文法典法体系比较全面、系统的理解和把握。

【问题讨论】

1. 德国法的形成、发展主要经历了哪几个阶段，有什么特点？
2. 近代德国法律体系的形成及其变化。
3. 德国近代宪法制度的演变及主要原因。
4.《德国民法典》制定的历史背景、过程及其意义。
5. 德国司法制度的基本内容与特点。

# 第一节　德国法的形成与发展

## 一、前德意志帝国时代的法律

德国位于欧洲心脏地区，原为法兰克王国的一部分。919 年，分立后的东法兰克王国推举萨克森公爵为国王，开始了德国历史上的萨克森王朝(919～1024 年)，这标志着德意志国家的初步创立。在漫长的岁月中，伴随着王权盛衰与诸侯称霸，以及周边强邻的持续干预，德意志社会在纷繁、曲折的历史场景中前行，德国封建法由杂乱、分散的地方习惯法逐步演进为以罗马法为基础的相对集中和系统的邦国法集合体。但是，直到 19 世纪下半叶，德国境内尚存在 300 多个邦国、几十个自由城市和 1500 多块帝国骑士领地。与这种政治社会结构相对应，法律的分散性和法律渊源的多样化便是这个时期德国法的基本特征。

### (一)德国封建法渊源

封建时代德国法的渊源主要有习惯法、帝国法令、罗马法和地方法。

日耳曼习惯法是德意志王国的主要法律渊源。最初适用的习惯法并无文字记载，至 13 世纪，才出现了习惯法汇编。

较为有名的有《萨克森法典》(Saxony Code，1220 年前后编成)和《施瓦本法典》(Schwaben Code，约 1275 年编成)。《萨克森法典》又称《萨克森明镜》(The Mirror of Saxony)，分为两部分：一是当时地方法院适用的有关民事和刑事问题的地方习惯法以及诉讼规则；二是调整封建关系的采邑法。从内容上看，法典还吸收了教会法的某些规范。就立法水平而言，《萨克森法典》不及同时代法国的《诺曼底大习惯法》。《施瓦本法典》原名为《帝国国法和封建法合编》，主要汇集了德意志南部地区的习惯法，还收入了查理大帝的敕令和罗马法、教会法的内容，因偏重施瓦本地方习惯法而闻名。

图 2 《萨克森法典》

帝国法令作为封建法的渊源，只有少

量通过帝国议会征得封建主同意而公布的,才起较大作用。1122 年颁布的《沃尔姆斯宗教协定》(Warms' Concordat),帝国皇帝承认了教皇及其教会势力在德意志境内至高无上的地位。1356 年,经帝国议会同意,帝国皇帝查理四世(Karl Ⅳ,1316~1378 年)颁布了一项重要立法,因该项法律加盖用纯金制作的印章,被称为《金玺诏书》(The Golden Bull),该法令承认了选帝侯的特殊地位。[1]

1532 年,当时的统治者以帝国名义颁布了一部刑法典,即《加洛林纳法典》(Carolina Code)。其主要特点是:广泛适用死刑,实行威吓原则,以残酷的刑罚防止和减少犯罪;对于宗教犯罪和所谓男女"变节"罪,均处以重刑,除适用死刑外,还适用肉刑。同时规定,法官适用刑罚必须作出解释,以显示定罪量刑的"公平"。法典还初次对刑法中的未遂、同谋行为、共犯和正当行为等作出规定,在德国封建法的发展中具有重要影响。

罗马法对德国封建法的形成具有重大影响。13 世纪起,德意志境内城市兴起,复兴中的罗马法迎合了这种需要。德国大规模采用罗马法始于 15 世纪。1495 年,德国设立帝国法院(Reichs kammergericht),该法院成为国王与各邦君主共掌国家审判权的组织形式。帝国法院主要管辖有关公共秩序、非法监禁、违反皇帝敕令等涉讼事项,并受理各地的民事上诉案件。但是,它无权对享有特权的领地所审理的案件行使管辖权。

地方法作为德意志帝国法律制度的重要组成部分,包括邦国法和城市法两部分。13 世纪后,随着大量自由城市的出现,产生了不少以维护城市自治地位和保护商业活动为主要内容的城市法。至 17 世纪、18 世纪,地方法的发展达到高潮,各邦纷纷编纂法典,力图实现邦法的系统化,从而与散乱的帝国法形成鲜明对照。

《普鲁士普通邦法》

封建时代德国的民事规范相当分散,直到统一前,情况未有大的改观。基于帝国法令和罗马法而成长起来的"普通法",成为民法的重要渊源。因此,各邦民法存在不少共同点:其一,所有财产和家庭关系都建立在封建土地的等级所有制之上,土地所有权分属领主及其附庸。同时,公社土地所有制长期存在。其二,在所有权的保护上,重视对善意占有的第三人权利的保护。其三,在继承方面,长期保留家庭财产共有制,妇女不得继承遗产。采用罗马法后,遗嘱继承逐步盛行。14 世纪以后,为防止土地分散,贵族土地实行长子继承制。

(二)德国封建法的主要特征

透过德国封建法发展的曲折历程,大致可以归纳出以下几个特征:

第一,德国封建法以其法律规范的分散性、法律渊源的多样化和适用范围的属地性

[1] 1275 年,德国历史上首次出现由科隆、美因茨和特里尔三个大主教,萨克森公爵、巴拉丁伯爵、勃兰登侯爵和波希米亚国王七大诸侯选举德王的事件。《金玺诏书》对百余年来封建诸侯代表的地方割据势力与象征帝国权力的皇权之间持续不断的斗争加以总结,确认了七大诸侯操纵国政的事实,承认选侯的地位与皇帝相同,规定每年召开一次选侯会议,决定国家大事,选侯有权参加帝国法院,行使最高司法权。它是德国封建时代最重要的一项法律文件,其效力一直延续到 1648 年。

为主要特征。[2]

第二,基于对罗马国家的历史认同,罗马法成为一种被全德各邦封建君主共同接受的法律文化遗产。帝国法院在传播、适用罗马法上发挥了很大作用,[3]虽然,德国对罗马法的研究略晚于近邻的法、意诸国,但就结果而言,其对罗马法的研究,领域更广、成果也更加显著。

第三,邦法、城市法组成的地方法成为德国封建法的基本形式,相对成熟和完备的地方法体系为统一后德国法的创制提供了最初的模式。因此,从某种意义上讲,近代德国法的统一是在地方法的基础上实现的。1794 年颁布的《普鲁士普通邦法》长达 17,000 多条,融诸法于一体,代表着封建地方法发展的水平。[4]

## 二、近、现代德国法的形成和发展

1871 年德国统一后,开始了大规模的法律创制活动。近代德国法的建立和发展,追循着国家政体变换和社会结构的演变,经历了一条曲折多舛的道路。其间,既有令人称羡的非凡成果,也有遭人唾弃的斑斑劣迹。近代德国法依国家政制的演变,可以分为三个不同时期:(1)德意志帝国时代法律体系的确立(1871~1918 年);(2)德意志共和国时代法制的重大发展与逆变(1919~1945 年);(3)德意志联邦共和国法律秩序的重建与现代化(1949 年以来)。后两个时期还分别可以进一步划分为前后两个阶段,即以德国法西斯政权的建立为界,把第二个时期分为德国近代法制的重大发展与法制的蜕变;以德国的重新统一为界,把第三个时期分为东西德国法制并存与德国法的统一适用。

### (一)德意志帝国的建立与近代法律体系的形成

19 世纪以降,德国经济持续增长,民族意识增强。1848 年爆发全国范围内的资产阶级民主运动,冲击了封建贵族和农奴制度。但是,资产阶级的软弱和政治社会分裂造成的民主力量的分散,没有能够实现国家统一这一时代使命。此后 20 年间,德国工业迅猛发展,同时带动了农业经济的改革,缩短了同其他国家的差距。生产关系的变革、劳动力的重新配置为以自由竞争为基础的社会经济的发展准备了条件。这样,清除封建割据、实现国家统一,成为德意志民族向前发展的首要任务。1862 年,德意志国家利益的忠实

---

〔2〕 法律规范的分散性是指封建德国不存在比较完整、比较系统的适用于全帝国的法律制度,即使某一部门法的情形亦是如此。法律渊源的多样性是指无论从少量的帝国立法还是从为数众多的地方立法的内容来看,日耳曼习惯法、罗马法、教会法的影响,清晰可见。不少城市法在形成中,还受到周围地区法律及贸易惯例的影响。规范效力的属地性是指与长期分裂的政治社会相适应,德国封建法基本上是地方法。虽有少量以帝国名义颁布的法律,但其规范社会生活的功能极为有限。所以,德国封建法实质上是邦法和城市法的组合。

〔3〕 德国接受罗马法始于 12 世纪。15 世纪设立的帝国法院,虽然对加强皇权毫无作用,但对罗马法的传播起了很大作用。帝国法院的法官必须精通罗马法,断案以罗马法为依据。因此,帝国法院对推动德国继受罗马法以及普通法的形成起着重要作用。

〔4〕 13 世纪,随着城市的兴起,涉及城市行政管理和调整商业关系的法典不断产生,成为德国商法的基础。至 17 世纪、18 世纪,几大主要邦国纷纷编纂体系比较完整、规范详尽的具有“法典”性质的邦法。普鲁士邦法曾在普鲁士施行 100 余年,直到 1900 年才为《德国民法典》所取代。

代表、容克贵族[5]出身的俾斯麦被任命为普鲁士宰相。作为德国统一的实际组织者、领导者,俾斯麦发挥了杰出作用。[6] 自1864年起,普鲁士先后战胜了丹麦、奥地利和法国,为实现统一扫清了道路。

1871年1月18日,统一后的德国定名为德意志帝国。帝国统治者十分重视法律的制定。统一后3个月,德国颁布了宪法、刑法。稍后,制定和颁布了刑事诉讼法、民事诉讼法和法院组织法。到20世纪初,举世闻名的《德国民法典》及商法典颁布施行。经过30年的努力,德国建立了比较完整的、颇具民族个性特色的近代法律体系,成为大陆法系国家的又一典型。

近代德国法的形成,受到来自两个方面的影响。一方面是周边先进国家民主自由思想的广泛传播,对统一后法制的建立产生积极作用。在德国民法典的制定,以及民事、刑事诉讼制度的建立中,都可以找到这种影响。另一方面是由于普鲁士在国家统一中所起的作用,该邦既有的法律制度及其观念形态对近代德国法的体制和性质具有决定意义。德国的统一是通过王朝战争的形式实现的,封建专制主义没有受到根本否定,君主专制仍被视为国家的最高原则。因此,凭借国家强权建立起来的法律统治,不能不是一种带有民主自由色彩而高度集权的君主专制的社会形态,这一时期的德国是典型的专制主义的法制国。

(二)德国法的重大发展与扭曲

德国统一后的30多年间,经济迅速发展,一跃成为欧洲强国,统治集团的扩张欲随之膨胀,开始抛弃以往以维护专制秩序与稳定及在大国间保持均势为宗旨的内外政策,挑起了第一次世界大战(1914~1918年)。战争失败导致了君主专制的崩溃。1918年11月,德国爆发革命,德皇威廉二世(Wilhelm Ⅱ,1859~1941年)逃亡荷兰,德国成为共和国,政权为社会民主党人所掌握。1919年2月,在魏玛召开的国民会议上,艾伯特(F. Ebert,1871~1925年)当选为共和国总统,谢德曼(P. Scheidemann, 1865~1939年)担任总理,他们组织起草共和国宪法。宪法草案经多次修改后获得通过,于同年8月1日公布施行,史称《魏玛宪法》,共和国因此得名。

1. 魏玛时代德国法的发展

魏玛共和国的建立,对德国法的发展具有重要意义。一是它公开宣告君主专制政体的终结,开始按照资产阶级法治原则改造社会,开展民主政治的初步尝试;二是在部门法领域,除了继续沿用帝国时代的法律,还针对资本主义进入垄断后社会矛盾的尖锐化,就社会经济制度和劳工利益保障等,依照社会民主主义原则,着手制定新法律。

---

[5] 容克是德语Junker的音译,是近代德国资产阶级化的农村贵族地主阶级,长期在政治、经济生活中占据主导地位。

[6] 奥托·冯·俾斯麦(1815~1898年),德意志帝国的第一任宰相,曾在普鲁士议会上宣称:"德意志看得起普鲁士的,不是它的自由主义,而是它的实力,当前各种重大问题的解决,不是靠演讲和大多数人的决议,而是靠铁和血。"这段话,被认为是俾斯麦统一德国的"铁血政策",他本人也因此被称为"铁血宰相"。参见[德]艾密尔·鲁特维克:《俾斯麦》,韩洁译,国际文化出版公司2009年版。

魏玛共和国成立后立即颁布了“社会化”法律，宣布了对私有企业实行社会共有的几种形式。一种是全部社会化，国家征收企业，接管企业的所有权并进行管理。另一种是部分社会化，国家取得企业的部分股份和部分管理权。还有强制卡特尔，即在保留业主所有权的前提下，由国家将同类企业联合起来，设立公共机关，统一管理，以提高经营效益。根据宪法规定：(1)只有联邦才有权制定私人企业实行“社会化”的法律；(2)一切企业非到完全成熟时不得社会化，非到紧急需要时，不得违反企业主的意思将企业组成公共管理机关予以管理；(3)对实行“社会化”的企业，应由国家负责赔偿。可见，魏玛共和国时期的社会化立法实际上是对私有制的一种改造及对私有财产权的限制，就其性质而言，属于国家资本主义。

关于保障劳工利益的立法，强调了工人参与企业管理、与雇主共同决定涉及企业经营发展和劳工切身利益的重要问题。法律规定，凡职工人数达到一定规模的企业都要建立由工人代表和企业主参加的劳工会议，共同管理企业；劳工会议享有经济权力和社会权力，既可就企业经营、生产管理等事项提出意见和建议，还有权监督国家法令、协定和裁决在企业的执行，并对涉及工人工资、劳动保护和医疗、住房等问题，与雇主协商，保护工人的社会经济权益。上述两项颇具特色的法律制度的建立，不仅对现代德国法的发展和完善产生重要影响，而且成为现代西方国家社会经济和劳工立法的先导。

2. 法西斯专政时期法的蜕变

魏玛共和国时代，社会矛盾尖锐、复杂，危机四伏。德国工人团体和其他民主力量为争取社会进步、实现自由民主，进行了英勇不屈的斗争。垄断资本集团则与极右翼反动势力相勾结，力图扼杀民主制度，策划在德国建立公开的独裁统治。1933 年 1 月，德国总统兴登堡根据宪法任命纳粹党头目希特勒出任总理，组织政府，标志着德国法西斯统治的建立。[7]

希特勒上台后，迅速制定一系列法律，葬送了魏玛共和国，在德国建立起公开的独裁恐怖统治。

一是颁布确立法西斯专政的根本性法律。1933 年 3 月颁布的“授权法”(《消除人民和国家痛苦法》)规定，政府有制定法律的权力；政府总理掌握行政、立法和外交大权，政府制定的法律可以抵触宪法。这样，依据资产阶级分权原则建立起来的议会制遭到彻底破坏。而此前发布的《保护人民与国家条例》，宣布停止实施《魏玛宪法》中有关公民基本权利的第 114、115、117、118、123、135 条等条文，规定对“严重扰乱治安者”可处死刑，使《魏玛宪法》成为一纸空文。根据“授权法”，希特勒先后颁布了《联邦摄政法》、《文官任用法》、《关于政党及国家之保障的法律》、《禁止组织新政党的法律》、《德国改造法》和

---

〔7〕“纳粹”一词为德文 Nationalsozialixmns 的缩略音译，即德国法西斯主义政党——德国民族社会主义工人党的简称。1933 年，纳粹党赢得议会选举的胜利，党首希特勒受命负责组织政府，在德国建立起法西斯独裁政权。希特勒法西斯政权的基本特征是：以纳粹党的法西斯主义为指导思想，以元首制为组织原则，通过“合法”途径攫取国家权力，借用“法制”，确立党政合一、一党专政、领袖独裁的政治体制，德国学者将其称为“国家社会主义”。德国法西斯专政时期的法律制度充分显示了上述特征。

《关于帝国最高领袖的法令》等法律,全面实行法西斯专政。1933 年 4 月制定的《联邦摄政法》,规定根据总理的要求任命各邦摄政,普鲁士总理由联邦总理兼任,摄政由纳粹党党魁担任,效忠于希特勒,加强了对各邦的控制。次年 1 月颁布的《德国改造法》废除了各邦人民代表制,各邦政府隶属联邦政府,各邦摄政直接受联邦内务部长领导,实现了法西斯的中央集权。1933 年 12 月颁布了《关于政党及国家之保障的法律》,1934 年 7 月颁布《禁止组织新政党的法律》。前者规定法西斯主义为德国国家的指导思想,确认了党政合一制度。后者规定纳粹党为德国的唯一政党,维持其他政党或者组织任何新的政党,均以谋叛论罪。并根据《文官任用法》,清洗一切非纳粹分子,尤其是进步人士,使之不得担任公职。该法将文官的范围扩大到包括国家机关、军队、警察、地方自治机构,直至企业、事业单位、社会团体和各类学校的任职人员。1934 年 8 月《关于帝国最高领袖的法令》,取消了总统,把总统和总理的职权合二为一,称为"元首",由希特勒担任,终身任职,并得指定继承人。

上述法律,彻底剥夺了德国人民的基本权利,取消了联邦制,并且力图消除一切反纳粹势力,实行法西斯一党专政,把国家权力集中于希特勒一人,从国家指导思想到组织体制全盘法西斯化。

二是制定服务于法西斯统治的部门法。希特勒政权不仅在宪法领域立法改制,摧毁德国的自由民主制,而且在民法、刑法等基本法律部门,推行法西斯主义。

法西斯专政时期,德国虽仍采用 1900 年民法典,同时,又颁布了许多民事法规,对民法典作了修改和补充。其特点是极力发展垄断组织,维护容克地主和富农的利益,贯彻反动的种族主义,排斥资产阶级民事立法原则。1934 年 7 月颁布的《卡特尔变更法》和《强制卡特尔法》,取消了对卡特尔协定的限制,授权联邦经济部长在必要时,得强制建立垄断组织。法律实施的结果是吞并、消灭了数以万计的中小企业,加速了资本的集中和垄断。1934 年 11 月颁布的《德国经济有机建设法》,把全国经济分为六个大组,即工业、商业、银行、保险、动力和手工业,设立全国性组织负责制定各行业的生产发展政策,限制各企业的产销数额。同时,设立帝国经济商会,全国所有企业都必须加入这个统一组织。这些经济组织都是国家机关,统一指挥全国的生产。这样,垄断资本与国家权力合为一体,引导德国经济按照希特勒军事扩张的要求,高速运转。

1933 年 9 月颁布的《世袭农地法》,规定只有日耳曼人,拥有面积在 75 ~ 125 公顷世袭农地的农户,才能称为农民。世袭农地只有长子或幼子才能继承,不准分割、抵押、转让或因无力清偿债务而被没收。该法的实施,一方面在农村造成了一个强大的富农阶层,成为法西斯政权的社会基础;另一方面迫使那些无土地继承权的年轻人进入工厂和军队,保证军队有足够的兵源,也使垄断企业获得充裕的劳动力。

在婚姻家庭方面,希特勒政权制定了不少法律,全面贯彻反动的人种论。严格规定日耳曼种族内的婚姻制度,严禁德国人与其他人种,尤其是犹太人结婚。1935 年 9 月颁布的《德意志血统名誉保护法》,禁止德国人与犹太人结婚,剥夺犹太人的德国国籍,禁止犹太人雇用35岁以下的日耳曼女仆,以防止非婚生子女的产生和引起血统的混乱。

此外,希特勒政权还将法西斯的“领袖原则”推行于经济领域,建立起具有军事苦役性质的企业生产秩序,公开剥夺劳动者的基本权利和自由,提倡男尊女卑,把妇女重新赶回“厨房”。1933年6月颁布的《失业缓和法》,要求女工从生产企业转向家庭,充当女佣,对放弃工作的妇女给予奖励,竭力将妇女排挤出劳动岗位。1934年1月颁布的《国民劳动管理法》明确规定,企业主是企业的领袖,工人是下属。企业主有权决定企业中的一切事务,工人必须对企业主保持忠诚。为了强迫工人劳动,监视工人的言行,该法允许企业主从下属中物色亲信组成企业机密委员会提供咨询,以加强管理。为了强化劳动秩序,还颁布了许多其他法令,禁止工人任意变动工作场所,允许企业主延长劳动时间,甚至规定政府主管机关有权调派任何国民从事任何一项劳动,保证国民经济军事化。

全面加强刑事镇压是法西斯专政的一个主要特征。希特勒政权一方面继续沿用1871年《德意志帝国刑法典》,并作重大改动;另一方面根据独裁统治的需要,制定和颁布了一系列刑事法律。《国社党刑法之觉书》(以下简称《觉书》),集中表达了希特勒法西斯刑法的基本思想。[8] 根据《觉书》的精神,希特勒政权对刑法典作了大量修改:其一,缩小既遂与未遂的区别。其二,在惩罚上注重行为人的主观意图。其三,贯彻种族主义的素质论。其四,刑罚极端残酷。扩大死刑适用范围,增加身体刑,恢复了封建时代的野蛮刑罚——去势。实际上,见诸法律的刑罚仅从一个侧面反映出希特勒法西斯统治的野蛮和残酷,那些未载入法律而广泛采用的灭绝人性的酷刑,才是对法西斯野蛮行径的真实写照。

希特勒时期的司法审判。希特勒执政时期,对德国的法院组织进行彻底改造,取消了“司法独立”,对原有法官队伍进行大清洗。1934年建立了“人民法庭”,以取代最高法院,专门审理“叛国案件”。法庭由两名专职法官、五名纳粹党官员以及从党卫队和武装部队中选出的人组成,审判通常秘密进行,被告一旦被判决有罪,不是被判死刑就是重刑。法庭的判决为终审判决,不得上诉。

实际上,在法西斯专政时期,对各种进步势力的镇压很少经过司法程序。希特勒自己就一再宣扬:“我就是德国人民的最高法官”,有权中止任何诉讼,也有权改变任何一项判决。1933年建立的秘密警察——盖世太保(Gestpo),对每个德国人均有生杀予夺之权,它有自己直接管辖的监狱和集中营。对被抓获的各种在押者实施残酷刑罚,如强光

---

[8] 1933年发表的《国社党刑法之觉书》,集中地表达了希特勒法西斯刑法的基本思想。其主要内容是:(1)取消罪刑法定原则,要求司法机关根据“人民健全的正义感”和“刑法基本原则”,对法律未加规定的行为进行处罚。据此,1935年6月28日的法律对刑法典第2条作了修正,抛弃了“罪刑法定主义”,为统治阶级扩大司法镇压提供了法律依据。(2)用“意思刑法”代替“结果刑法”。《国社党刑法之觉书》认为刑法惩罚的对象不一定要有犯罪的行为和犯罪的结果,只要有犯罪的意图和思想,就应受到惩罚。这样,任何在思想上反对纳粹党的人都可以作为刑事罪犯而遭到镇压。纳粹党认为,犯罪是由人的素质决定的。素质高贵者的犯罪是偶然的,也是可以改造好的,如日耳曼人;素质低贱者的犯罪则是惯常的,也是无法改造的,对这种人只能施予重刑,将其隔绝于社会,最有效的方法是在其犯罪之前给予保安处分。

纽伦堡审判

照射、水牢监禁、铁丝鞭刑、模拟枪决等。对盖世太保滥用刑罚的行为,法院无权加以干涉。

1935 年普鲁士最高法院的一项裁决认定秘密警察的行为和命令不必经过司法复审,1936 年 2 月 10 日的法律进一步肯定,法院绝不干涉它的任何行动。这样,数以万计的被囚禁者惨死在盖世太保的魔掌下。[9]

(三)现代德国法的重建

1."二战"后德国法的重建

"二战"结束后,苏美英法四国对德国分别实行军事占领。随着国际形势的变化和东西方对立的加剧,终于导致两个德国的产生。

1949 年成立的德意志联邦共和国,由原来的英、美、法三国占领区构成。同年 9 月召开的第一届联邦议会选举特豪多尔·豪斯(Theodor Haus,1884～1963 年)为联邦总统,阿登纳(K. Adenauer,1876～1967 年)担任联邦总理。联邦德国(俗称西德)在政治上,通过铲除纳粹势力,重建民主政治;经济上努力克服战争造成的巨大创伤,摆脱贫困。经过全体国民的艰苦奋斗,再度成为经济繁荣的强盛之国。60 多年来,联邦德国重视法治,依靠法律巩固国家的民主体制,调整各种社会集团之间的利益冲突,引导和促进经济健康发展,取得成功。

图 3　纽伦堡国际法庭审判德国战犯

由苏占区组成的德意志民主共和国(俗称东德)在德国统一社会党领导下,按照社会主义原则对社会进行全面改造。在彻底清除纳粹分子和惩办战争罪犯、消灭垄断资本主义政治、经济势力的基础上,开展全国范围内的土地改革,根据公有制和民主集中制原则管理国家的政治经济事务。根据 1949 年和 1968 年通过的宪法,东德的最高权力机关为人民议院,其他国家机关均由它产生。其法律规范体系分为:宪法、法令、行政法令和法规、准则;形成了包括民法、民事诉讼法、刑法、刑事诉讼法、经济法、劳动法和合作社法、教育法、版权法、专利法、海事法、家庭法、公证法、法院组成法和法律适用法等十多个法律部门组成的比较完善的法律体系。同时,在极为有限的领域,东德继续适用德意志帝国时代的法律。

2. 统一后德国法的发展趋向

20 世纪 80 年代末,苏联解体与东欧局势的急剧变化,为德国的重新统一提供了极为有利的条件。东、西德国,尤其是西德抓住这一有利时机,慷慨解囊,从政治、经济、外交

[9]　德国法西斯时期的司法,参见[德]英戈·穆勒:《恐怖的法官——纳粹时期的司法》,王勇译,中国政法大学出版社 2000 年版。

图4　见证德国分裂和统一的标志性建筑——勃兰登堡门

诸方面发动强大攻势，终于促成东德国家的解体，并自1990年10月3日起并入德意志联邦共和国。德国人民在经受了40年的分裂后，重新实现了统一。根据东西德国签订的《统一条约》的规定，双方分别于1990年5月和8月签订了关于建立经济、货币和社会联盟的"第一个国家条约"和关于实现统一的"第二个国家条约"，即《德国统一条约》。东德解体后，德意志联邦共和国的法律施行于全德国。

德国的重新统一，也给法律制度的发展带来了新课题。首先，制定一部新宪法以取代当时仍在适用的《基本法》，似乎成为立法机关的当务之急，尽管《基本法》所构建的德国法治社会的框架必将成为新宪法的基础而基本保存下来。其次，成功地完成对原东德地区社会制度的改造，使之适应现存的法律秩序和管理模式，实现德国社会内部的和谐统一，也是一项十分艰巨的任务。最后，面对统一后国家所面临的新情况，如何对一些重要部门法，尤其是对适用长达百年的民法典等进行必要的整理和修订，使之便于在社会生活中的适用，也是现代德国法发展中需要解决的问题。然而，无论是统一后重大善后问题的解决，还是本国宪治制度的进一步完善，德国都循着欧洲一体化的道路，遵从现行法律秩序的指引，按照规范有序、稳中有变的原则，逐步推进包括宪法、民法、刑法在内的各项法律制度的改革，以有效应对进入21世纪以来国家所面临的各种挑战。

## 第二节　宪　　法

### 一、宪法的成长

德国制定宪法的历史始于1815年。当时，受法国资产阶级革命影响较深的南部诸邦，开始制定邦宪法。但对近代德国政治生活影响最大的，则是1850年的普鲁士宪法和

1867年的北德意志联邦宪法。[10] 自1871年统一以来，德国先后制定、实施了三部宪法。它们分别是《德意志帝国宪法》、《德意志共和国宪法》和《德意志联邦共和国基本法》，德国宪法的历史演进正是近代德国社会转型所经历的漫长而曲折的艰难历程的真实写照。

## 二、德意志帝国宪法

1871年《德意志帝国宪法》以《北德意志联邦宪法》为蓝本，稍加修改而成。[11] 同年4月16日，新选出的帝国国会批准了这部宪法。该宪法共14章78条，主要内容和特点是：

1. 宪法规定德国是一个联邦制国家，由22个邦和3个“自由城市”组成，帝国中央拥有极大权力，各邦地位很不平等。宪法把军事、外交、海关、银行、刑法、民法、迁居、出版、交通运输和邮电等，均列入帝国立法范围，各邦只保留教育、卫生、地方行政等权力。事实上，德意志各邦已成为联邦政府的地方自治单位，失去了原有的独立性。上述规定，肯定了德国统一的事实，有利于资本主义的发展。

2. 帝国政权组织形式是君主立宪制，由普鲁士掌握帝国最高行政权，宪法赋予皇帝和宰相极大权力。根据宪法，联邦元首称德意志帝国皇帝，由普鲁士国王世袭，从而确认了普鲁士在帝国的统治地位。宪法授予皇帝的权力极为广泛，他有立法创议权和监督帝国法律执行的权力；有权召集联邦国会；他是帝国行政的最高首脑，可以以帝国名义宣战、媾和、结盟、缔约、派遣驻外使节；他还可以在帝国任何地区宣布战争状态。宰相为从属皇帝的最高行政官吏。宪法规定宰相由普鲁士宰相担任，依照皇帝的旨意并以皇帝的名义主持帝国政府，只对皇帝负责。帝国宰相还是联邦参议会的主席，直接参与立法活动。皇帝公布帝国法律时要由宰相副署。可见，宰相在帝国国家机构中占有特殊的地

---

〔10〕 1850年普鲁士宪法是普鲁士国王迫于当时的革命情势而颁布的一部钦定宪法。该宪法共计119条。宪法规定，普鲁士实行君主立宪制，国王是行政首脑，任军队总司令。宪法赋予国王以巨大的权力，包括宣战和缔结和约的权力，决定国会的召开和解散国会的权力。内阁大臣对国王负责而不对议会负责。宪法规定，“立法权由国王和两院共同行使之”，国王有权拒绝国会两院通过的任何法令，并可以直接颁布具有法律效力的命令。凡经国王或任何一院否决的法律草案，不得在同年召开的国会会议上再度提出。国会由上院和下院两部分组成。上院议员由国王任命的终身或世袭议员组成，下院通过选举产生。根据选举法的规定，只有有产者才享有议员选举权，而有产者内部又按纳税多少分为若干个等级，享受不同的权利，目的是要保证容克贵族和大资产阶级在下院中拥有绝对优势。关于司法权，宪法一方面规定普鲁士实行“司法独立”原则，实行法官职务终身制；另一方面又规定，高级法官由国王直接任命，低级法官则以国王的名义任命。法官作出的一切判决，都必须以国王的名义宣告和执行。宪法还确认了自19世纪初形成的普遍的义务兵役制。这是当时德意志其他各邦所没有的。具有浓厚君主专制色彩的普鲁士宪法，后经多次修改，长期沿用，直至1919年才被废除。

〔11〕 1867年《北德意志联邦宪法》是在普鲁士领导的对丹麦和奥地利的战争取得胜利的背景下出台的，旨在确立和巩固普鲁士邦在未来德国的统治地位。宪法着意创立一种德意志的立宪君主政体，在确保君主专制的统治优势的前提下，在一定程度上满足资产阶级的愿望，从而建立起容克地主和资产阶级的政治联盟。宪法规定，联邦内部各邦在形式上保持独立；联邦立法机关由国家议院和联邦议院组成，国家议院的议员由各邦根据普遍、直接和秘密的选举法选举产生；联邦议会的成员由各邦按其地位的重要性来分配，为了保证普鲁士的垄断地位，在43个议席中，普鲁士占17席。宪法还规定普鲁士国王同时担任联邦元首，还是军队的最高统帅，普鲁士首相兼任联邦首相，仅对国王负责，不受议会控制。所有这些，都为4年后《德意志帝国宪法》的制定提供了蓝本。

位。自1871年帝国建立至1890年,宰相一职一直由俾斯麦担任。他是帝国的积极组织者和实际领导者。俾斯麦下台后,宰相的作用逐渐缩小,地位下降。

3. 宪法规定帝国立法权由联邦参议会和帝国议会两院制议会行使,但帝国议会完全处于从属地位。联邦参议会共由58名议员组成,分别由帝国各邦君主和"自由城市"参议会任命。其中,普鲁士占17席,其他各邦依其大小,各占1~16席不等。目的是要保证普鲁士对宪法的修改有最后决定权。因为根据宪法第78条的规定,有关修改宪法的议案,只要有14票反对就不能通过。联邦参议会的职权非常广泛。它有权提出和通过法案,批准和否决帝国议会的法案,颁布某些行政法令;皇帝对外宣战、缔约时,须经它的同意;决定帝国财政;作为最高司法审级,审判解决各邦之间的争端。联邦参议会实际上受各邦君主控制。

帝国议会议员由选民直接选举产生,任期五年。宪法宣布实行普遍直接选举和秘密投票。依据1869年《选举法》的规定,妇女、25岁以下男子、受救济的穷人和现役军人,均无选举权。帝国议会作为立法机关的一部分,其立法权受到很大限制:所有法案须经联邦参议会通过,并经皇帝批准始能生效。它不享有行政监督权,政府不向它负责。这在一定程度上表明,德国资产阶级在统一后的国家机构中,只获得很小一部分权力。

4. 宪法还以专章规定了帝国的军事制度,把普鲁士的军事法律施行于全国。这样,也就把普鲁士的军国主义推行于全帝国。

由此可见,1871年《德意志帝国宪法》所确立的国家制度,具有深厚的专制色彩,国会只是一种点缀。不仅劳动大众,而且就是资产阶级也没有获得多少实际的政治权利。

### 三、魏玛宪法

1919年《德意志共和国宪法》,因在魏玛召开的制宪会议上通过,习惯上称作《魏玛宪法》。宪法草案经过7个月的反复讨论和修改,以262:75票获得通过。宪法共181条,1.4万余字,是当时世界上最长的一部宪法。全文分为两篇,第一篇规定联邦的组织和职权;第二篇规定人民的基本权利和义务。宪法的主要内容是:

1. 宣布德国国家结构形式仍然采用联邦制,由18个邦组成。在联邦与各邦权限的划分上,赋予联邦中央极大权限。宪法把立法权分为联邦专有和与各邦共有两部分。有关外交、国籍、殖民制度、关税和货币等项立法,均属联邦中央权限范围。而在共有部分,如民法、刑法、出版、卫生、商业和社会保险等方面,规定了联邦中央的优先权,联邦不行使时各邦可以行使。同时规定,各邦的宪法、法律不得与联邦宪法、法律相抵触。

2. 规定国家管理实行共和制度,共和国依照资产阶级分权原则组织政府。宪法赋予总统广泛的权力。

根据宪法规定,立法机关是联邦议会,由联邦国会和联邦参政会组成。联邦国会议员由德国人民按比例选举制普选产生,任期4年。联邦参政会由各邦政府的代表组成。宪法对立法权的行使作了比较复杂的规定,联邦国会有立法、修改宪法和监督政府的权力。但是,法案须由联邦政府或联邦参政会提出。联邦参政会在一定程度上可以否决联邦国会通过的法律。联邦总统有权公布法律,也可以在公布前把法律交付人民投票表决来否决或延缓法律生效。宪法还规定人民有复决权和法律创制权。

行政权由联邦总统和政府行使。总统由选民直接选举产生,任期 7 年,选举连任。总统对外代表国家,对内任命包括总理在内的文武官员,统率军队。总统还享有立法权,可以提前召开或者解散国会。魏玛共和国总统的权力极大,特别反映在宪法第 48 条。该条赋予总统"强制执行权和独裁权"。"强制执行权"是指总统可以使用武力强制各邦遵守联邦宪法和法律。"独裁权"是指总统可以使用武力来恢复"公共秩序和安宁",临时停止宪法规定的公民权利。这就为统治者公开使用暴力镇压人民、取消民主制度、建立独裁政权提供了法律依据。后来,希特勒纳粹党正是利用这一规定策划和建立法西斯专政。

联邦政府由总理和各部部长组成,对国会负责。如果国会对政府成员不信任,无论何人,即应辞职。联邦政府主持日常行政工作,有权提出法案和颁布行政法规。总统命令由总理和有关部长副署后生效。

根据三权分立原则,司法权由联邦法院和各邦法院行使。法官由总统任命,地位独立,并得终身任职。

3. 宪法对公民基本权利作了全面、详尽的规定。宪法第二篇以相当大的篇幅规定了公民的基本权利,宣布德国人民在法律面前人人平等,男女平等,废除因出生和阶级带来的不平等待遇。规定公民有言论、迁徙、通信、请愿、结社、集会、学术研究和宗教信仰等自由。国家保护公民的财产所有权、继承权、工作权、休息权、失业救济和受教育的权利。

4. 宪法还对社会经济生活专门作了规定,因此,有"经济宪法"之称。第一,宪法规定了公民的工作权利和经济权利、国家保护劳动力、对失业者实行救济等,增添了不少"社会主义"新条文。这既是当时德国特定历史条件下,统治阶级用来笼络人心、稳定政权的一种手段,也是德国人民长期斗争的结果。第二,与资本主义由自由竞争向国家垄断的发展相一致,宪法在规定"经济自由""工商业自由""所有权受宪法保护""契约自由"的同时,已不再强调"私有财产神圣不可侵犯",而是根据"社会化"原则,规定了对私有制的限制。《宪法》第 153 条规定:"所有权为义务,其行使应同时增进公共福利。"第 154 条规定:国家可以依法征收继承财产。第 156 条规定:联邦得依法律将私人企业收归公有。当然,宪法确认的私人企业的"社会化",收归公有,并非要建立全民的社会所有制,而是用国家资本主义形式补充私人资本主义形式。第三,根据社会民主主义的思想,宪法规定了"劳工会议制度"和"经济会议制度"。劳工会议制度确认工人和企业主"共同管理企业",由双方代表组成劳工会议"制定工资劳动条件及生产力上全部经济发展之规章"(第 165 条)。经济会议制度确定工人、工会、重要的职业团体代表和企业主的代表按经济区组成经济会议和联邦经济会议,审议和提出重大的经济法律草案,并得派代表一人出席联邦国会。这是国家关于社会经济事务管理上的一种制度创新。

《魏玛宪法》的制定得益于那个特定的时代。内忧外患导致德国宪法学大家辈出，宪治之争不绝于耳，凯尔森、施密特、斯门德等，盖出于此。然而，这部颁布之初评价极高的宪法，其结局却十分不幸！

## 四、"波恩基本法"的适用和修改

《德意志联邦共和国基本法》（以下简称《基本法》）是现行德国根本法，1949 年 5 月制定。该法由原西德 11 个州参加的制宪会议制定，经当时美英法占领当局批准后，经 2/3 州议会同意，于 5 月 23 日公布施行。法律起草者考虑到未来德国的统一，没有采用"宪法"一词。

《基本法》共 11 章，146 条，它把"社会的和民主的联邦国家"作为根本原则（第 20 条）。

首先，《基本法》规定公民的基本权利。鉴于以往的深刻教训，《基本法》强调："人的尊严是不可侵犯的，尊重和保护这种尊严是国家的义务"，指出人权是人类社会和平与正义的基础，该法所规定的公民各项基本权利是每个人为了过尊严和自尊生活所必不可少的权利，具有直接的法律效力，国家各部门均受其制约。《基本法》还规定国际法的基本规则是联邦法律的组成部分，直接为联邦境内的居民创设权利和义务。"在任何情况下，不得危及基本权利的实质"，任何人均可因基本权利受到公共权力的侵犯，通过司法途径提起宪法申诉（第 19 条）。《基本法》中关于公民基本权利和义务的内容，与《魏玛宪法》大致相同。

其次，《基本法》分别对联邦和各州、联邦议会、总统、立法、行政、财政和司法等部门的制度和权限作出原则规定，重新确立了三权分立的民主政体，规定了法治社会的一般原则。该法取消了纳粹党的一党制，恢复了传统的多党制（第 21 条），并对纳粹党法西斯主义在政治上做了清算。规定任何企图破坏和取消现存的民主和自由的基本秩序，或者破坏和平、准备侵略战争的行为均属违宪，依法予以取缔。

《基本法》规定国家结构形式继续采用联邦制，各州重新取得本州的行政管理权和组织管理文化教育等项权力。它把保持各州一定程度的独立地位作为联邦原则予以确认，同时又规定联邦权力高于各州权力（第 31 条），各州宪法必须符合《基本法》的原则（第 28 条）。甚至联邦政府有权向各州发布指令，在各州不履行《基本法》或联邦其他法律所规定的义务时，联邦政府得使用强制方法使各州履行其义务（第 37 条）。所以，德国实际上是一个中央集权程度较高的联邦制国家。

德国的立法机关由联邦议院和联邦参议院组成。联邦议院成员由选民依普遍、直接、自由、平等和秘密的选举原则选出，任期 4 年。联邦议院的主要职能是：选举和撤换联邦总理；制定联邦法律；作为选民代表，反映民意。联邦议院在立法中居主导地位，任何法案只有经过它的同意，才能成为法律。

联邦参议院是各州在联邦设立的联合机构。参议员由各州政府委派，无固定任期。

图5　德国联邦最高法院

每州至少有三票表决权。作为议会的第二院,联邦参议院的职能主要是参与联邦立法和行政管理权。参议院拥有立法创议权和审议权,当与联邦议院发生分歧时,把争议交由两院相等代表组成的仲裁委员会解决。联邦参议院还负责审议联邦政府的行政命令和一般管理法规,以保证这些行政命令和法规在各州的贯彻。

《基本法》规定联邦总统不再由人民选举,改由联邦大会选举产生,任期5年,只能连任一次(第54条),并且大幅度削减总统权力。总统对外代表国家,对内根据其他政府机关的决定行事(第58、59条)。总统发布命令须有联邦总理或有关部长签署。总统的职能主要是礼仪性的,类似英国的女王。《基本法》还规定,总统故意违反本法或其他联邦法律时,联邦议院或联邦参议院可以向联邦宪法法院提出弹劾,后者可以宣告总统丧失职权或以临时性命令暂时停止其职权(第61条)。

《基本法》规定,联邦政府由联邦总理和各部部长组成(第62条)。联邦总理作为政府首脑,在国家管理中发挥领导作用。他有权提名各部部长,决定政府工作人员的组成;负责制定政府政策的指导原则,并对政府工作向议会负责(第64、65条)。联邦总理由联邦总统提名,经联邦议院选举产生,一般都由联邦议院多数党领袖担任。联邦议院可以通过不信任投票迫使总理下台。但是,《基本法》第67条规定,只有在选出了新的联邦总理并能够立即组成政府时,原政府才可以被推翻。这种建设性不信任投票制度保证了政局的稳定。

最后,《基本法》规定在国家机关活动中,立法部门服从于宪法秩序,行政部门和司法部门受法律和正义的约束。在三权相互关系、保障公民基本权利和维护宪法程序上,《基本法》强调国家的司法保护。为此,特别设立联邦宪法法院(第92条)。联邦宪法法院的权限包括四个方面:解决联邦与州之间及各州之间的争端;解决联邦各机构的争执;审查联邦法律是否合宪,州法律是否符合联邦法律;受理公民个人或团体的宪法控诉。

《基本法》施行后,到1984年,联邦议会已对其中49个条款作了程度不等的修改和补充,使整部法律规范更加严密,内容更加充实。德国重新统一后,制定一部新宪法的任务已经摆上议事日程。根据《统一条约》的规定,德国联邦议会于1992年1月成立了一个"联合宪法问题研究委员会",探讨是否应当制定一部正式宪法。其研究报告仅建议对《基本法》进行修改而非制定一部新宪法,以保持宪治的连续性。[12]

鉴于德国统一是以东德并入西德的方式完成的,《基本法》所建立的德国国家和社会的基本制度没有发生大的变化,并继续发挥重大作用。关于两德统一后对基本法的修改情况,在最初的146个条文后面,已经附随有46个修正案。截至1999年,仅剩下85个条款尚存初始模样。最近一次修改在2012年7月11日,并于2012年7月17日生效。对基本法的细节性修改,目的是要保证作为整体的宪法的有效存续,所有修改的唯一正当理由就是要让宪法跟上时代潮流。[13]

## 第三节 行 政 法

### 一、德国行政法的形成

德国行政法历史悠久,最初存在于各地邦法之中,《普鲁士普通邦法》就包含大量行政法的内容。现代意义的德国行政法始于德意志帝国建立以后。随着君主专制的法制国家的建立,行政法获得迅速发展。德意志共和国的建立,对于推动行政法成为一个独立的法律部门起了很大作用。《魏玛宪法》的施行,不仅在全国范围内建立起完整的行政法院组织,而且推动了各邦行政诉讼制度的完善。

德国行政法的发展与行政法院的设置关系密切。早在1863年,巴登邦首先设立行政法院。此后,各邦相继效法,设立专门的行政法院。但是,统一后的德国却没有设立单独的行政法院,而是根据实际需要,设置了一些专门的行政法庭。普通法院与行政法院相分离的审判制度是在魏玛共和国时期实现的。行政法的发展在希特勒法西斯专政时期遭到彻底破坏,初具规模的行政法院体系被废除。德意志联邦共和国建立后,法治原则重新获得确认,行政法得到空前发展。德国行政法发展之初受到法国的影响,在后来的一个世纪里,随着行政法学的繁荣,形成了完整而富有个性的行政法原理,并且按照成文法的要求,在公共行政领域颁布了许多重要法律。1960年制定的《行政法院法》不仅规定了在联邦境内建立统一的行政法院组织,还对行政诉讼程序作了明确规定。1976年

---

〔12〕 参见《宪法委员会提交最后报告》,载《德国法官报》1994年第2期,转引自韩大元主编:《外国宪法》,中国人民大学出版社2000年版,第104页。

〔13〕 基本法的具体修改内容,可参见[德]迪特尔·格林:《现代宪法的诞生、运作和前景》,刘刚译,法律出版社2010年版。

施行的《行政程序法》则对联邦境内的行政机关的工作程序作出了统一规定。规范详尽的部门行政法则把德国国家机关的活动严格地纳入法制轨道。德国行政法的完备,表现在部门实体法的详尽、程序制度的完善和行政司法制度的发达,这在成文法国家中也不多见。

## 二、德国行政法基本制度

德国行政法从内容上可以分为一般行政法和部门行政法两大类,从性质上可以分为行政实体法和行政程序法。广义的行政程序法包括行政程序与行政诉讼程序两个方面。

### (一)公务员制度

公务员制度是德国行政法的一项基本制度。德国公务员制度的形成与确立,始于19世纪初期。早在1713年普鲁士邦率先采用法官任用考试制度。稍后,这种考试任用制度开始在更大范围内适用。由于帝国时期专制国家的性质,公务员制度发展缓慢。魏玛共和国建立后,开始对公务员制度作出实质性规定,明确要求政府公务员政治上必须保持中立,无重大过失,不得解除其职务,从而推动了公务员制度的现代化。这一进程在第二次世界大战结束后,才得以完成。1950年,德国制定了《公务员法》,1953年制定了《联邦公务员法》,1972年又制定了《联邦法官法》,1980年颁布了《联邦公务员工资法》,把公务员制度严格建立在法制的基础上。

根据《联邦公务员法》的规定,公务员享有五个方面的权利:依法取得报酬和享受待遇的权利;查阅本人人事档案的权利;结社的权利;随时辞职的权利;获得公务员服务证书的权利。公务员应当履行的义务主要有:保持政治中立;忠诚职务;支持和服从上级;严守职务机密。公务员在任职期间有违法失职行为的,须受惩戒处分,根据行为的性质由主管机关给予警告、罚款、降薪、降职,直至开除公职的处分。受惩戒公务员不服的,可依法定程序提出申诉。

### (二)委任立法

委任立法是指联邦议会可以通过法律把自己的一部分立法权转交给其他机关行使,得到立法委任而实施这种立法权的活动谓之委任立法。德国的委任立法有以下几个特点:委任立法以无立法权为前提;委任立法包括行政委任和自治委任;委任立法权由基本法总设定,由法律具体实施;委任立法权受到严格限制。

德国的委任立法受到司法控制,这种司法控制主要通过两种方式来实现:一是直接审查,二是间接审查。直接审查系指宪法法院在审理违宪控告中,对被诉法规或规章的合宪性进行的审查;间接审查是指行政法院在审理行政案件中附带地审查委任立法是否越权,这种审查,只有当具体的行政纠纷涉及某项法规或规章时,方可适用。

### (三)行政程序法

德国重视行政程序的规范化,把建立公开而严格的行政程序作为依法行政的基础。20世纪60年代初,联邦内政部着手起草“行政程序法”草案,经多次修改,于1970年正式向立法机关提出,时隔5年后终获联邦议院的批准。1976年生效的《联邦行政程序法》分为8章,103条,该法对行政程序的统一作出了大胆尝试,规定各邦应在遵守时效、公正、民主、书面、一致等项原则的基础上,自治地修订各自的行政程序。《行政程序法》还对行政申诉制度作了规定。该法的实施,大大提高了行政机关的办事效率,从程序上对行政关系中的被管理者提供了可靠的法律保障。

### 三、德国行政法的发展

20世纪90年代以来,随着德国的重新统一,行政法领域出现较为活跃的改革动向。主要表现在以下几个方面:

(一)改革行政职能

在强化政府管理职能的同时,精减公务员队伍,提高效能。1969年曾对联邦行政机关的设置及其权限,作了较大规模的调整,主要是增强政府对国民经济的干预和调节的职能。统一后,对原东德部分按照联邦德国地方制度的模式加以改造,以便在行政体制上实现一体化。1994年8月对《基本法》的修改,确立了联邦邮政、电信系统的民营化原则,加之稍早进行的联邦铁路行业的民营化,将上述两大行业的从业人员依工作性质区别为具有公法上勤务关系的官员和基于契约关系的雇员与劳务人员,后者属于股份公司职员,分别受不同法律的调整和保护。

(二)改革公务员法

1995年年底,联邦政府提出《联邦公务员法》修改草案,经联邦议会长达两年的审议后,获得通过。该法的主要内容是:改革公务员的工资,规定在确定公务员工资的高低及晋升时应当更多地考虑其政绩和功绩,而不能仅仅考虑其工作年限;改革退休制度,适当提高提前退休的年龄,并增加对提前退休人员的经济保障。此外,联邦政府还就裁减公务员人数作出决定。

(三)提出统一的行政诉讼法

由于德国长期存在普通行政诉讼和特别行政诉讼的区分,关于统一行政诉讼程序的要求,早在20世纪50年代就被提了出来。经过联邦政府与行政法学家的共同努力,1978年由联邦司法部公布了"行政诉讼法草案"。该草案包含了合并三种法院(行政法院、社会法院和财政法院)组织和简化诉讼程序的内容和原则。几经讨论和修改,联邦政府于1985年再次向联邦议院提出统一草案,但仍未获得通过。德国在1990年12月公布了《行政法院法》第四次修正案,最新的法律文本公布于1998年,仍然保持以往的行政法院体制及诉讼程序,没有采取统一法的形式。由于行政诉讼本身的复杂性,加之长期形成的行政审判体制,制定一部统一行政诉讼法的努力,尚未有最后结果。

### 四、德国行政法的基本特点

德国作为大陆法系国家,成文法典化的特征在行政法领域也十分突出,这与法国不

同。同其他国家相比,德国行政法具有以下几个特点:

1. 坚持公、私法的划分,将行政法调整的范围严格限制在公法领域。在德国,公、私法的划分,对法律的实际运用具有指导意义。行政法是关于公共行政机关的职能、程序和组织的法律规范的总和,它调整着行政机关和公民之间的关系,并据此规定公民在行政关系中的权利和义务,属于公法的一个部门,这就有别于那些即使适用于公共行政机关的私法。因此,德国行政法的调整范围相对较窄,仅限于传统的以行使国家行政职权为基础的政府管理部门的活动。这一原则同样适用于司法领域,只有纯粹涉及行政法律关系的公法案件才由行政法院管辖,大量兼具公、私法混合色彩的法律纠纷分别由普通法院或专门法院来处理。

2. 以成文法为主体,概念明确、体系完整。虽然,行政法由于其调整对象的广泛性,很难像民法、刑法那样以一部成文法典的形式将所有重要原则和规范纳入其中。但是,德国行政法从部门法律体系来看是相当完整的。国家立法的重点放在基本行政法律制度方面,对行政组织制度、公共行政程序、行政申诉和行政诉讼制度作出明确规定,将联邦范围内国家行政机关及其公务员的活动纳入一个比较统一的规范体系之中,确立了共同的原则,从而从总体上对依法行政提供了法律保障。由于采取成文法的形式,立法部门不能不对大量复杂的行政法基本概念,如行政行为、行政合同、行政授权、国家责任等作出简明扼要的解释,这不仅有利于法律的实际适用,而且有助于行政法学的发展和繁荣。

3. 行政司法体制的独特性。从行政审判角度来看,德国同样采取双轨制司法体制,即从诉讼程序和审判机关的设置上,采取普通法院和行政法院单独设立的方式。但是,德国为了更好地坚持公、私法二元化,将行政诉讼局限在纯公法的范围内,在行政法院之外,另行设立包括财政法院、劳动法院在内的不属于普通法院系统的专门法院,以处理大量依严格的公、私法标准难以归类的法律纠纷。

## 第四节　民　商　法

### 一、民商法的历史渊源

德意志帝国建立前,民法已经得到相当程度的发展,各邦都有自己的法律或法典,商法也随着各种关税同盟的建立而趋于成熟。

各邦在民法典编纂中获得的巨大成功和民法学的勃兴成为日后德国制定民法典及商法典的重要基础。

在法典编纂方面,1756 年的《巴伐利亚马克希米里安民法典》(Godex Maximilianeus

Bavar ic us Civilis)是近代欧洲最早的一部民法典。[14] 1794 年公布的《普鲁士普通邦法》(Allgemeines Landrecht fürdie preu Bischen Staaten)集宪法、行政法、民法、刑法和商法于一身,民法部分不仅涉及物法和亲属法方面的许多具体制度,而且还有关于人、物、行为、意思表示等民法总则方面的规定。这部被称为体现着"普鲁士的自然法"精神的法典,一直施行到《德国民法典》施行之时,影响不可谓不大。

另一部有影响的法典是 1811 年公布的《奥地利普通民法典》(AGBG),它产生在《法国民法典》之后,体系比较完整。法典分为三编,分别为人法、物法和人法物法的共同规定。法典对婚姻家庭和继承作了详细规定,物法编各用一章规定物权和债权。该法典在奥地利一直施行至今,对当时《德国民法典》的编纂,也有一定影响。

此外,这一时期出现的其他法律,如《撒克逊民法》(1863 年)、《德国普通商法典》(1861 年)、《德国普通票据法》(1848 年)等,都为统一民法典和商法典的制定提供了基础。

自 15 世纪以来,德国对罗马法的研究,形成了所谓"潘德克顿法学"(Pandektenwissenschaft),德语 Pandekten(潘德克顿)系希腊语 Pandectae(《学说汇纂》)的转译。因为德国法学家研究罗马法偏重于《学说汇纂》,而当时广泛流传的《学说汇纂》为希腊文版。所以,在德国,潘德克顿意指罗马法。其核心是私法学。它是罗马法原理与德国固有法相结合的产物,并为《德国民法典》的制定提供了理论学说基础。

潘德克顿法学

尽管如此,近代德国在创立完整的法律体系、实现法制统一的过程中,以民法典的制定最为复杂和困难。这除了德国社会的政治结构与阶级力量对比关系的特殊性以外,法学家意见分歧和社会转型期经济关系的复杂化,也使法典编纂者不能不持特别审慎的态度。

对于是否需要制定一部统一的民法典,法学家的观点尖锐对立。[15] 延续几十年的学说之争,多少影响到法典的实际编纂。不过,这种争论也使民法学的研究日益深入,理论更趋成熟,从而为民法典的制定提供了丰富的材料和依据。19 世纪后半期德国潘德克顿法学的成熟,形成了博大精深的民法学体系,其代表作是罗马法学家温德莎得(Beruhard Windscheid,1817 ~ 1892 年)的《潘德克顿教科书》。温德莎得直接负责德国民法典初稿的起草工作,该稿虽经多次修改,但就法典的编制、结构、概念、语言来说,均是德国罗马

---

〔14〕 该法典以《法学阶梯》为蓝本,分为四编:第一编为人法,包括法的分类、与人的身份有关的权利与义务、家庭身份、父权、婚姻、监护等;第二编为物权法,包括所有权、时效、占用、抵押、地役权、用益权等;第三编为继承法;第四编为债法。该法典尽管在内容和体例的编排上存有许多缺陷,却开创了民法典编纂的先例。

〔15〕 最早创议制定统一民法典的是自然法学派的代表蒂博特(A. F. J. Thibaut,1772 ~ 1840 年)。他在 1814 年出版的《论统一德国民法典的必要性》一书中,认为只有统一法律才能实现民族的统一;要使德国兴盛必须编纂用德语书写的统一民法典。他认为,编纂德国统一民法典的条件已经成熟,立法是人们理性的产物,凭借理性便可以制定法典。蒂博特的观点遭到了历史法学派的代表萨维尼(F. K. Savigny,1779 ~ 1861 年)的批评。萨维尼在《论当代立法和法学的使命》一书中写道:编纂一部成功的民法典必须具备完备的学说,这一条件在德国远未具备。法律是民族精神的产物,是历史自然发展的结果,过早地立法会歪曲和违背民族精神,因此,他坚决反对制定统一的民法典。继自然法学派与历史法学派的交锋之后,又有日耳曼法学派和罗马法学派之间的争鸣。

法学的产物,以致德国法学家也认为:“从根本上说,民法典的编纂是沿袭罗马法《学说汇纂》的产物,同时带来了《学说汇纂》的优点和缺点……”[16]

1874 年联邦议会成立了由 11 人组成的法典编纂委员会,3 年后公布了民法典的第一个草案,很快遭到否决。联邦议会在 1890 年又另行组织法典编纂委员会,于 1895 年完成了第二部草案。经联邦议会审查修改后,把两次审定的第三稿提交帝国议会讨论,帝国议会对草案又作若干修改后,于 1896 年 7 月通过,同年 8 月 18 日经德意志帝国皇帝批准,即予公布,1900 年 1 月 1 日施行。民法典从起草到公布施行,前后花了 20 多年时间。

无论从法典体系、结构、原则,还是具体条文、概念来看,《德国民法典》较之《法国民法典》,更加成熟,具有很高的科学性和学理性。这除了能够系统总结自法国民法典制定以来近百年的立法经验外,还应当归功于编纂者的“精雕细琢”。英国法学家梅特兰(F. W. Maitland,1850 ~ 1906 年)对这部民法典的评价是:“我以为,从未有过如此丰富的一流智慧被投放到一次立法行为当中。”[17]

### 二、1900 年民法典及其发展

#### (一)民法典的基本特点和意义

《德国民法典》共分五编,2385 条,另附施行法 31 条。第一编总则,对人、物、法律行为和时效等作了规定。第二编债务关系法,包括债的通则以及买卖、赠与、租赁、借贷、雇佣、承揽和保证等各种债务关系。第三编物权法,包括动产与不动产所有权、所有权的取得与丧失、共有、地上权、役权、抵押和质权等内容。第四编家庭法,包括结婚、离婚、夫妻财产、亲属关系、收养、监护、保佐等内容。第五编继承法,包括继承、继承人范围和顺序、遗嘱、继承权的丧失和放弃、继承特留份等内容。从法典的编排,不难看出,它完全遵循古罗马《学说汇纂》的编纂方法和体系,把民法所具有的调整财产关系和人身关系的功能,在内容上作了明确区分。但是具有总论性质的第一编却采纳了罗马法关于“人、物、诉讼”,即《法学阶梯》的划分方法,从而实现了对私法基本制度的普遍适用性的高度概括。[18]

图 6　温德莎得

《德国民法典》(本章下文或称法典)的基本原则是在法律统治下的“自由”和“平等”。自由是指契约自由和所有权自由,平等则表现为公民在私法上的地位平等。基于上述原则所规范的自由经济人模式和通过法律行为实现私法自治的市民社会关系模式,

---

〔16〕《外国民法资料选编》,法律出版社 1983 年版,第 74 页。

〔17〕沈宗灵:《比较法总论》,北京大学出版社 1987 年版,第 273 页。

〔18〕[德]诺伯特·霍恩:《百年民法典》,申卫星译,载《中外法学》2001 年第 1 期。

为现代资本主义的成长提供了成熟的法律机制。《德国民法典》不仅贯彻了近代西方社会确立的民事立法的一般原则,并且反映了资本主义由分散的自由经济向大规模垄断经济发展这样一个时期的法律特征,具有时代特色。

第一,法典明确规定法人是民事权利的主体。"凡是以经济事业或非经济事业为目的的社团,都是法人"(第21、22条),并对法人制度作出详细规定。随着德国境内经济的发展和活跃,各种股份公司逐步成为工商业活动的主要形式。法人制度的建立为制定公司法、完善公司制度奠定了法律基础。1804年的《法国民法典》没有法人的规定。

第二,关于民事合同,法典肯定"契约自由"原则,在契约的意思表示和条文的表述上有所发展。法典把当事人的意思表示一致作为契约成立的条件,并对要约和承诺作了规定:"向他人为缔结契约的要约者,受要约的拘束",而受要约人在得到要约之后,即时作出承诺或在承诺期限内作出承诺者,契约即告成立(第145、147条)。契约依法订立后,当事人必须依约履行。法典对契约中的意思表示一致,采取表示主义,以外部表现出来的意思为准。即使由于某种原因,当事人表示的意思与原来的有出入,除法律另有规定外,契约不得变更。意思自由开始受到限制。这表明,为了保证日益频繁的商业活动正常开展和稳定,法典由强调个人意志自由转化为强调社会义务。

图7　耶林

在文字表述上,法典采用了一些抽象和富有弹性的概念,如规定"契约违反善良风俗的无效"(第138条);"当事人应依诚实信用及交易习惯履约"(第242条)等。这样,司法机关就能够在复杂的经济活动中,对案件作出灵活的裁决。

法典还专门对人身雇佣契约作了详细规定,积极维护雇主的利益。法典第611条规定,雇佣契约订立后,雇工有替雇主工作的义务,雇主有支付报酬的义务。雇佣契约的标的物,得为各种"劳务"。劳动者迫于生计签订雇佣契约后,即将劳动力出卖给资本家,任凭雇主支配和使用。法典还规定,工作报酬如未事先约定,则按习惯上的报酬额支付(第612条)。允许雇主得根据经营上的需要,任意解雇劳动者。

第三,法典严格保护私有财产所有权,特别强调对容克地主土地所有权的完整保护。法典规定:"物之所有人,在不违反法律或第三人权利的范围内,得自由处置该物,并得排除他人对物之一切干涉"(第903条);"土地所有人之权利扩及地面上之空间与地面下之地层"(第905条);"与土地所有权结合的权利视为土地的构成部分"(第96条)。但是,"所有人对于他人在高空或地下所为之干涉,无任何利益者,不得禁止"(第905条),"若从高空或地下对他人土地进行干涉而未造成损害者,土地所有人不得禁止。土地所有人对于烟、气、音响、震动等干扰,如不妨碍其使用土地时亦不得禁止"(第906条)。这表明根据工业化社会的需要,法典对所有权的绝对不受限制性的规定有所变化。法典还禁止财产所有人滥用权利,“行使权利以损害他人利益为唯一目的时,应予禁止”(第226条)。

法典还用不少篇幅规定了对地主的土地所有权及基于土地私有而产生的其他权利的保护,如地上权、役权、先买权等。法典第1141条规定,土地抵押债务期满,债权人在通知土地所有人之后,经土地登记机关进行所有权的登记,即取得土地的所有权。这一规定便于地主、富农和高利贷者对农民土地的掠夺。

第四,在婚姻、家庭和继承方面,法典既反映了资产阶级的愿望和要求,也保留了浓厚的封建制度的残余。在家庭关系中,妇女的法律地位有所提高。法典规定妇女有行为能力和诉讼能力。但是,法典同时规定妻的财产由夫占有、管理和收益。家庭生活中的重大事情,如住所的选择等,夫有决定权。妻虽有订约能力,但妻只能订立与对夫所负义务不相冲突的契约(第1353条)。可见,男女民事权利仍然不平等,法典保留了家长制残余。

在继承法中,法典确立了子女平分遗产(第1924条)和被继承人可以自由遗嘱处分遗产(第2064条)的原则。除法定继承外,法典显著扩大了遗嘱的自由。

第五,关于民事责任,法典规定了过错责任和无过错责任原则并存。法典规定,因故意或过失不法侵害他人的生命、身体、健康、自由、所有权或其他权利者,负赔偿之责。依法律规定,行为人虽无过错但有违反法律之可能时,亦按过失情形,负赔偿的义务(第823条)。这较传统的严格过错责任原则是一个进步。它或多或少扩大了企业主和政府部门的责任,使众多工伤事故、交通事故和其他意外事故的受害者,因而获得赔偿,有利于缓和社会矛盾。

《德国民法典》既反映了时代发展、社会进步对法律产生的重大影响,在贯彻资产阶级民法基本原则(私有财产无限制、契约自由、过错责任)方面已有若干变化,同时也还保留了不少长期存在于德国社会的封建因素。这部被誉为19世纪“德国法律科学之大成”的法律巨作,无论是在立法技巧还是体例结构上,都达到了很高水平。法典的颁布和施行对统一德国法制作用极大,成为德国民法发展的基础。《德国民法典》还对世界上许多国家民事立法产生直接影响。瑞士、奥地利、日本、泰国以及国民党统治时期的中国的民事立法,都在不同程度上参照了这部民法典。

### (二)民法的发展

1900年施行的《德国民法典》仍是德国现行法典。但是,在20世纪,对民法典的修改已超过150次,通过了143项民法典修改法,所涉条款已超过整部法典的1/3,内容发生了重大变化。[19]

不过,这也进一步证明了民法典作为私法的基本法地位。

德国民法的发展,除了直接对民法典的条文加以修改外,还通过制定民事补充法的

〔19〕 关于《德国民法典》的主要修改情况,参见《德国民法典》,郑冲、贾红梅译,法律出版社1999年版,“译者的话”及“附录:德国民法典历次修改情况”。

办法来实现。后者无论从数量还是内容上看,都对民法典的完善起着重要作用。此外,司法判例和学说,也对包括民法典在内的整个民法的适用产生了影响。

民法的重要发展首先反映在债务关系和家庭法方面。

契约自由的原则受到限制。民法典中有关"善良风俗""诚实信用""交易惯例"等一般条款,被用来适应新的民事法律关系。通过广泛采用"标准协定"(国家事先规定一些共同条件,也称"必要条款"),限制当事人在决定合同内容上的自由。而且,法院也可以通过裁定合同的有效性来实施限制。此外,对垄断企业订立合同的自由,国家通过制定特别法规加以限制,如《反对限制竞争法》《反垄断法》等。

民法典确立的过错责任原则,已为严格责任(无过错责任)原则所取代。这种责任特别强加于交通、能源、动力及环境污染部门,通过制定特别法规加以确定。同时,还建立普遍的强制劳动保险制度,将国家和垄断资本承担的责任和风险转移到社会和广大劳动者身上。当然,过错责任原则作为一般原则在物质和非物质的损害赔偿中仍被充分适用,而且法院还将这一原则扩大到对人格权和无形价值的损害赔偿。

在家庭法方面,根据《基本法》的原则进行改革。1957 年制定的《男女权利平等法》规定:男女双方意愿一致婚姻才能成立,夫妻双方都有处理自己的财产和选择职业的自由,父母都有权对子女行使亲权。1975 年的法律,将成年年龄从 21 岁降为 18 岁,并且降低了婚龄。只要男女一方达到成年年龄,经法院同意,另一方 16 岁也可结婚。该法还改善了非婚生子女的社会地位,给予非婚生子女与婚生子女以同样的权利。在离婚问题上,开始采用"婚姻破裂"原则。对婚姻关系破裂无法挽回且夫妻分居达三年者,允许离婚。1977 年公布的新《婚姻法》还特别强调了对因婚姻关系破裂所引起的妇女、儿童权益的保护。近年来,对民法典第四编的修订愈加频繁。1997 年制定的《亲子关系改革法》、《继承权地位平等法》,以及 1998 年的《子女抚养法》,都把重点放在对子女(尤其是非婚生子女)权益的保护上,力图追随现代社会的步伐,消除残存的家长制痕迹。

德国民法发展的另一个重要领域是有关房屋租赁和住宅建设的房地产法。[20] 在住宅制度方面,德国一方面继续适用民法典关于合同制度的规定,另一方面适用新制定的单行法的规定,使之成为一个公、私法交叉的法律部门。民法典主要调整房屋租赁关系,规定最高房租;而《住宅费用法》和《住宅费用管理法》则具体调整公民个人与国家的关系,属于公法,通过国家干预的方式,保障公民的居住权。

---

〔20〕 1950 年联邦德国有 50% 的家庭租房居住。为了保障公民的居住权,解决房屋租赁纠纷,在私法领域,立法机关对民法典有关房屋出租的条款加以修改,对租赁合同的基本内容作出规定,并对房租进行适当调节。规定承租人在履行合同的前提下,其租用权受法律保护,并可拒绝出租人收回房屋的请求。在公法领域,国家住房立法主要围绕两个目的:一是根据社会国家的原则,保证社会成员,尤其是生活贫困家庭解决住房;二是鼓励社会集资建房,加快住宅建设。联邦德国早在 20 世纪 50 年代初就颁布了《住宅建设法》,1980 年 7 月 30 日颁布了第二个《住宅建设法》,规定国家帮助建造社会公寓,以解决贫困家庭的住房困难。国家提供部分费用,降低房租,仅收成本租金。1982 年 12 月 27 日颁布的《住房费用法》,对低收入家庭、多子女家庭和其他有特殊困难的社会成员提供住房补贴。

### 三、1900 年商法典及其发展

#### (一)商法典的基本内容

《德意志帝国商法典》(本章内以下或称《商法典》)于 1897 年 5 月 10 日获得通过,与早先公布的民法典同时生效。《商法典》具体调整商业关系,仅适用于商人。它是根据民法典的一般规定制定的特殊法律。法典共 905 条,分为 4 编。

第一编商人,包括商人的概念、商业注册、商号、商业账簿、商业代理、店员和经纪人等。法典把商人解释为经营商业事务的人(第 1 条),并对商业事务的范围作了划分。法典规定了商号真实原则。自然人的商号,必须以姓名为商号,其他商号的选用应当与营业的范围和种类相称。

第二编商业公司与隐名合伙,规定了公司的种类和形式。公司的形式主要有:无限公司、两合公司、股份两合公司和股份有限公司四种。无限公司又叫合名公司,即以共同的商号从事商业活动,公司成员对商号的债务负无限责任(第 105 条)。两合公司是由无限责任股东和有限责任股东共同组成的公司,又叫合资公司,它是无限公司的进一步发展。股份两合公司是两合公司的特殊形式,它和两合公司的区别,在于有限责任股东的资本必须分为股份,兼有无限公司和股份有限公司的性质。股份有限公司就是以确定的资本分为若干股份,由 5 人以上的有限责任股东组成的公司,它是德国大企业的基本组织形式。法典还规定了隐名合伙。隐名合伙人以投资方式加入他人经营的企业,分享盈利并分担亏损,不直接对外负责,对企业享有某些监督权(第 335 条)。

第三编为商业行为,法典明确商业行为是符合经营其业务的商人的行为(第 343 条),并且对各种商业行为一一列举。法典还规定了商业合同的一般条款,内容涉及商品买卖、批发、仓储、发送和转移等。

第四编为海商法。

《商法典》没有破产法的规定,也不包括保险和票据,这些都由单行法调整。凡《商法典》没有规定的,适用民法典以及商业惯例。

#### (二)商法的变化

现代德国商法的变化,主要表现为商法典中有关商业组织的规定被逐渐分离出来,经历了由公司法向企业法的过渡。并且,越来越为独立的企业法所取代。[21] 德国在 1937 年制定了《公司法》,1965 年公布了新的《公司法》。而 1951 年制定的《钢铁工业共同决策法》和 1976 年颁布的《共同决策法》,对经济组织的规范则超出了《公司法》的范围,初步形成了颇具特色的企业法,这是对传统商法的一种改造。

企业法的特征是不再把企业活动视作纯粹私人的事情,对一切自主的企业,无论其性质与规模,均应受该法的管制;企业法以作为社会制度一部分的企业为主体,而不同于

---

〔21〕《商法典》的缺陷在于,它把商业组织的活动纯粹当作私人之间的经济活动,并且同等地看待工业和商业,不承认作为一种社会制度和经济力量中心的企业具有组织上的独立性与自主性,完全不考虑企业职工在参与企业管理中的权利和义务。因此,对《商法典》的修改无法避免。

商法仅限于商人;企业法包含职工参与管理和共同决策权,这使《公司法》和《劳动法》紧密结合起来。独立的企业法的形成,反映了德国社会的巨大变化,以及对经济组织功能的重新认识。企业法的概念已获得法律的认可,并在司法实践和学理上广泛使用。不过,它仍被认为是一个"过渡时期的法律概念"。〔22〕

(三)商法与民法的关系

法国拿破仑时代创立的民商法分立的私法结构,为德国所承袭。如果说民法是商品经济的产物,商法则是现代工业社会市场经济的果实。〔23〕

在私法体系中,商法与民法是特别法与一般法的关系。德国商法与民法的关系,体现在以下几个方面:

第一,《商法典》的许多规范,是以民法典确立的一般性原则为基础制定的,但调整的范围及适用对象远较民法狭小。

第二,《商法典》中的不少规范所调整的行为方式超出了一般私法上的行为方式,而且具有商人权利主体的属性,因此,这些法律规范成为《民法典》的补充规范,它的存在补充和完善了私法规范。

第三,因民法为一般法,而商法为特别法,所以依特别规则优先于一般规则适用的法律原则,在商事领域,必须先适用商法,只有在现行商法无相应规定时,方可适用民法的规定。

## 第五节　经济与社会立法

### 一、经济法

(一)经济法的形成和发展

经济法(Wirtschaftsrecht)这个概念,最初是由德国学者在1906年提出来的,用来说明与组织、规制和调节经济有关的各种法规。第一次世界大战期间,德国为了适应战争的需要,加强了对社会生活的干预,制定和颁布了一系列紧急立法,以限制物价、保障粮食供应、实行国家强制征用等。从性质上看,这些法律已经超出传统的公法范围,介于公、私法之间。魏玛共和国时期,政府为了摆脱战败后出现的经济困难,贯彻宪法关于社会化的原则,扩大了经济立法的范围。1919年颁布的《煤炭经济法》是世界上第一个以经济法命名的产业统制法。其他重要的经济立法有:《反不正当竞争法》(1909年)、《关于社会化法律》(1919年)、《关于劳工会议的法令》(1920年)和《防止滥用经济权力法令》(1923年)。其中,《防止滥用经济权力法令》是一部具有代表性的经济统制法。该法

〔22〕［德］托·赖泽尔:《联邦德国的企业法理论》,江志译,载《法学译丛》1989年第1期。

〔23〕何勤华主编:《德国法律发达史》,法律出版社2000年版,第236～237页。

为防止企业联合体组织(卡特尔)对参加卡特尔者和未参加卡特尔者实行强制,对滥用经济权力设立了许多限制性条款,并授予政府部门通过法院进行干预的必要权力,达到削弱卡特尔对市场的支配力。关于私有企业“社会化”的法律,规定了私人企业实行社会共有的几种形式。

这些法律颁布的目的,是要凭借国家权力直接干预和控制经济,力图把贯彻社会化政策、保护公平竞争同保护私有财产权、维护契约自由原则结合起来。

(二)战后的经济立法

联邦德国十分重视经济立法。国家对社会经济的管理主要表现为法律的指导和调节。几十年来,国家制定颁布的经济法规多达数千件,重要的部类包括:金融、商业、公司、市场管理与反垄断、劳动和劳资关系、消费者利益保护,以及价格、税务等方面。从法律规范的性质来看,包括公、私法两大领域。较有代表性的法律,包括《币制改革法》、《联邦银行法》、《反对限制竞争法》、《经济稳定与增长促进法》、《公司法》(修订)、《上市股票公司法》、《证据交易法》、《标准合同条件法》、《企业责任法》、《企业章程法》、《解雇保护法》、《就业促进法》、《损害赔偿责任法》、《产品责任法》等。完备的法制,不断消除经济发展中出现的各种弊端,引导国民经济高速、实效和健康发展。

联邦德国成立初期,经济立法的中心是致力于建立一个自由的社会市场经济。1948年占领当局制定和颁布的《币制改革法》,为整顿经济迈出了第一步。同年6月18日颁布的《货币改革后经济政策和指导原则法》,取消了战后定量配给制度和对物价、工资的控制,允许商品自由流通,依靠价格波动达到市场自由化,从而为社会市场经济的建立奠定了基础。在社会市场经济原则的指导下,这一时期的立法,重申国家严格保护私人财产所有权、企业地位独立和经营自由,以推动在竞争基础上的自由经济的发展。

为了防止对以自由和充分竞争为特征的市场的破坏,政府立法的重点开始转移到反对限制和妨碍竞争方面。1957年7月27日颁布了《反对限制竞争法》,后经多次修改,1980年9月24日重新颁布施行,这是其中的一项主要法律。该法禁止大企业之间在产品和劳务方面订立限制竞争的垄断性协议,阻止大商业集团垄断市场。法律还规定了具体标准,作为认定是否构成垄断的依据。同时允许中、小企业在适当限制竞争的情况下,订立卡特尔合同,以提高经营管理水平。国家设立卡特尔局负责反垄断法的实施,它有权宣布滥用垄断市场地位的合同在法律上无效。政府还对某些投资大、利润薄的经济要害部门,如铁路、航空、邮电、市政交通、水电、煤气及部分银行等,实行国有化。

20世纪60年代,随着经济的繁荣,为了不断克服和改善因竞争造成的社会困境,引导经济良性循环,德国加强了对经济的全面管理和宏观控制。由当时的联合政府提出的“稳定物价、充分就业、经济增长、外贸平衡”的四大宏观经济目标,成为这一时期经济立法的重心所在。1967年6月8日制定的《经济稳定与增长促进法》,反映了国家经济政策与法律之间的高度联结。该法强调了联邦与各州政府的配合,在实行社会市场经济的同时,采取某种程度的计划。该法规定经济政策的总方针是:“联邦和各州应该通过各种经济的和财政的措施以达到总体经济的平衡”,以便实现“在市场经济的体制下促使经济持续地适当地增长,同时保持物价稳定、高度就业和外资平衡”(第1条)这一国家经济发展战略的总目标。

德国经济的高速发展,一度造成严重的环境污染,引起社会各界的关注。环境保护方面的立法显著增加,成为德国经济法中的一个重要内容。联邦德国的环境保护法主要由法典性质的《联邦环境保护法》和一系列单项法规组成。

此外,关于消费者利益保护、知识产权、自然资源与能源等方面的法律,也在经济法中占有相当的比重。

## 二、劳资关系法

### (一)第二次世界大战前的立法

早在1918年年底,当时的人民委员会就发布命令,规定凡职工在20人以上的企业,都要建立由工人代表和企业主参加的联合委员会以保护工人的利益。根据《魏玛宪法》的有关规定。国民议会在1920年2月4日通过了《企业会议法》,对劳工会议的组织原则、形式及其权力作了规定。该法规定,企业劳工会议依对等原则,由工人代表和企业主组成,共同管理企业。劳工会议享有经济权力和社会权力,可以参加企业行政会议,向企业提出新的工作方法等;可以监督法令、协定和裁决的执行,反对任意开除工人,协助解决有关工资、劳动保护、医疗和住房等问题。劳工会议制度的设立,主要是为了协调劳资双方的关系,减少纠纷,以利于企业主对企业的严格管理和提高经营效益。

由于当时条件的限制,上述法律没有能够得到真正实施。但是,魏玛共和国为探索建立新型劳资关系做出了努力,它在劳资立法上取得的成就,为联邦德国所继承。

### (二)第二次世界大战后的发展

联邦德国在建立社会市场经济之初,就十分注重保障劳动者的经济权益,恢复了魏玛共和国初期工人参与企业管理的制度,并且根据现代社会的实际情况,大大向前推进,以便有效地提高劳动者的生产积极性。

自20世纪50年代起,联邦德国先后制定和颁布了《工资协议法》《预告解除雇佣合同通知保护法》《有子女的劳工法》等70多项法律,涵盖了劳动者基本权利、就业政策、工作条件、社会保障、工资制度,以及劳动关系、劳动监督管理等方面,对工人的工作时间、休息、工资待遇、解雇及女职工的劳动保护诸方面作了详细规定。1972年1月15日颁布新的《企业章程法》,确认和扩大了自魏玛共和国以来确立的工人参与企业管理的制度。该法宣布工人有参加企业经营决策的权利,规定所有企业均应选举工人代表组织企业委员会,负责监督企业管理中的重要事务,保障工人的各项权利。1976年5月4日制定的《共同决定法》,进一步完善了职工参与企业管理制度。该法规定,职工人数在2000人以上的企业都应成立由劳资双方对半组成的监事会,负责监督企业的经济活动和财务,任免董事会成员。董事会对监事会负责并管理企业的日常工作。凡雇用职工在5人以上的企业也要设立由职工组成的企业委员会,企业委员会有权监督企业的人事、工资、福利、劳保等涉及职工切身利益的广泛事务,对企业行使监督权和咨询权。

职工参与企业管理制度虽然不可能改变企业的私有制性质。但是,它在一定范围内协调了企业内部利益冲突,缓和了劳资双方的对立,促进了企业的发展,在一定程度上保障了社会经济的长期、稳定发展。

### 三、社会(保障)法

#### (一)社会法的概念和历史发展

社会法,即社会保障法。在德国,社会法是根据《基本法》确认的社会国家原则,在经济高速发展的基础上,国家把全面推进社会成员的整体福利和生活保障作为基本职责,围绕着社会保障、国家补助和社会救济而制定的一系列法律。社会法就其性质而言,它介于公法和私法之间,属于新型的独立的法律部门。德国社会法是实现社会福利国家的重要手段,其目标是追求社会平衡和实现社会保障。社会平衡要求国家尽力缩小贫富差距,以建立一个公正、合理的社会秩序;社会保障要求国家担负起保障公民基本生存的职责,增强公民抵御各种可能出现的风险的能力。社会法就其调整的社会关系来看,则是确定和具体的,即调整国家、社会组织和公民三者之间有关社会保障、社会救济和国家补助方面形成的权利义务关系。因此,它不同于一般意义上的社会立法。

德国的社会法最早可以追溯到德意志帝国时代。这一时期立法的重点是,通过对劳动者人身安全和健康的初步保障来维持其正常的劳动和生存,借以缓和劳资对立,减少社会冲突,这些法律的制定和实施,为之后德国社会福利制度的发展奠定了基础。

#### (二)第二次世界大战后社会法的发展

第二次世界大战结束后,德国在积极消除战争灾祸、重建经济的同时,把保障国民的基本生存条件作为政府的重要责任。1950 年以来,在社会法领域,除了继续适用以往法律的同时,还制定了一批新法律,包括《劳动就业法》、《青少年福利法》和《儿童补助法》等。自 20 世纪 70 年代起,德国开始对社会法进行系统整理和修订,于 1983 年 7 月公布了《社会法典》。从已公布的法典内容来看,整部法典共分十六编,采取成熟一编,公布生效一编的办法。

目前发布的法典的体例如下:第一编总则(1975 年);第二编求职者的基本保障(2004 年);第三编就业促进法,该法制定于 1969 年,本世纪初立法者对原先的失业救济制度加以改革后编入;第四编社会保险法通则(1976 年);第五编法定医疗保险(1988 年);第六编法定养老保险(1989 年);第七编法定工伤事故保险;第八编青少年救济(1990 年);第九编残疾人康复与参与;第十编管理监督机制、争议调解程序(1980 年、1982 年);第十一编社会护理保险,以及第十二编社会救济。法典的目标是要把各个不同时期颁布并且继续有效的社会立法,全部汇集起来。法典内容浩繁,篇幅甚巨,全面规定了对公民生老病死各个方面的社会保障。

德国社会法的内容分为三个方面:社会保险、社会补偿和社会救济。关于德国社会法所包含的社会补偿的内容,也有称为社会赔偿、社会照顾的。实际上,它包括社会赔偿和社会资助(社会供养)两方面。

社会保险包括疾病保险(对疾病和怀孕的保险)、养老保险(丧失劳动能力保险、老年保险和无生活依靠而死亡的保险)、事故保险(由于工伤事故、由于某种法律上一致公认的事故或某种职业病所造成的丧失劳动能力的保险)、失业保险和护理保险。凡生活在德国的居民,均须参加一至数项社会保险,保险费用采用集体互助方法解决。除政府提供部分保险基金外,其余部分由社会提供。公务员的保险费用由国家支付;企业的保险费由雇主和雇员共同分担。

社会补偿由社会赔偿和特别平稳方法两部分组成。起先它是为了解决战争给公民造成的巨大财产损失,帮助战争受害者重新生活,并对那些因政治、宗教和种族原因而受纳粹迫害的人给予赔偿而形成的。现在,社会补偿的对象日益扩大,用于联邦国防军义务兵、官方规定的防疫注射事故的受害者,以及死于暴乱中的无辜者,因公民为国家和社会履行自愿或非自愿性的身体健康冒险性义务而遭受健康损害的情形等。

社会救济主要是由国家对既无力自救又不能从第三方获得帮助而达不到政府规定的最低生活水准的家庭提供生活补助,并对有其他特别困难的公民提供帮助。它是德国整个社会福利制度的基础。社会救济法分为两个部分:一般生活救济和特别生活状况救济。前者主要包括:食物、住宿、衣物、身体保护、家庭用品、取暖和个人日常生活需要,这种救济一般根据各州规定的标准发放。在特殊情况下,可以降低救济标准至维护被救济者最低生存限度,目的是要阻止某些具有劳动能力或者收入来源的人从事寄生生活。特别生活状况救济的目的是要为被救济者建立或确保一种生活基础,如家庭计划和孕妇、产妇的救济,残废者的就业救济;结核病患者的救济;对需要护理者的救济;克服社会特殊困难的救济(使无家可归者、醉汉、吸毒者、刑满释放者等适应社会),等等。

## 第六节　刑　　法

### 一、1871年刑法典

颁布于1871年的《德意志帝国刑法典》(本章后文或称刑法典)实际上是《北德意志联邦刑法典》的翻版,于1872年1月1日起施行于全国。这标志着德国境内刑事立法的统一。

刑法典由总则和两编组成,共370条。总则部分包括罪的分类、刑法适用的原则和范围等。刑法典把犯罪分为三类:重罪、轻罪和违警罪。第一编“刑例”,规定刑罚的种类有:死刑、无期徒刑、有期徒刑、苦役、拘留、罚金和剥夺公民权等。它还对刑罚的适用、未遂、共犯、不论罪和正当防卫等作了规定。第二编为"罪及刑",列举了各种犯罪及其处罚。

1871 年刑法典的主要特点如下:

1. 它接受了资产阶级刑法的民主原则,宣布法无明文规定不为罪,法不溯及既往。

2. 法典特别保护最高统治者的利益,镇压人民的反抗。谋杀皇帝被定为首罪,要处以死刑(第 80 条)。[24] 凡企图以暴力紊乱德意志帝国与各邦宪法或变换皇统者,处无期惩役或无期徒刑(第 81 条)。还规定了对于国君之不敬罪,对于皇帝和各邦君主,有不敬行为者,处 2 个月以上 5 年以下之监禁(第 94 条)。

3. 法典严格保护土地贵族和资产阶级私有财产不受侵犯,用较大篇幅规定侵犯财产罪及其处罚。对盗窃、强盗和霸占侵犯财产罪予以严厉制裁。法典规定,以不法所有之意思夺取属于他人的动产,属盗窃罪。对盗窃罪,即使未遂也要加以处罚(第 242 条)。以不法所有之意思使用暴力,强取属于他人之动产,属强盗罪。对犯强盗罪者可处 5 年以上之惩役(第 249、250 条)。

4. 法典还专门规定了"宗教罪"。对亵渎神灵、侮辱教会戒律,或者扰乱宗教场地秩序、妨碍他人礼拜者,处 3 年以下监禁(第 166 条)。

5. 法典还规定了职务罪。官吏违背职责,接受他人赠物或其他利益的,构成贿赂罪,处 5 年以下徒刑。行政官员滥用职权,司法官徇情枉法,均构成职务罪,予以处罚(第 332、334、339 条)。

刑法典具有两个方面的特征。一方面,它吸收了《法国刑法典》公布以来刑事立法的成果,无论是立法体例还是对具体刑事制度的规定,都有所创新。立法者把法典分为总则和分则两部分,结构上更加完整和系统。在内容上,不仅确认了资产阶级刑法的一般原则,而且进一步具体化。例如,规定了适用法律从轻原则、议员豁免原则,以及关于犯罪未遂、从犯减轻处罚和假释制度等。这些都是刑法学理论发展和刑法改革的结果,反映了时代的进步。另一方面,刑法典具有浓厚的封建性和保守性,反映了德国社会的本质。法典对帝国皇帝和邦君的人身给予特别保护,对容克地主的经济利益,严加照看,并对宗教势力予以容忍,规定了大逆罪、谋叛罪和对国君的不敬罪,以及对宗教的犯罪。这些都与统一后德国君主专制政体的建立有关,资产阶级远未在政治上、经济上占据统治地位。

## 二、1975 年刑法典

### (一)刑法典的修改

联邦德国成立后,废除了纳粹刑法,恢复了 1871 年刑法典的效力。同时,对刑事立法的一些原则作出规定,主要体现在《基本法》中。1954 年,联邦议会设立刑法改革委员会,着手制定新刑法,并于 1962 年公布了《刑法典草案》。这个草案虽对 1871 年刑法典

---

[24] 以下各条均引自《外国法制史》编写组编:《外国法制史资料选编》(下册),北京大学出版社 1982 年版,第 663 ~ 671 页。

作了许多修改和补充,但在刑罚原则方面变化不大。它仍然保持了重罪、轻罪和违警罪的划分和劳役监禁、监禁、拘役三类徒刑;对于违警罪仍然规定适用短期监禁,不适用罚金;限制缓刑制度的适用。因此,受到法学界的批评。1966 年年底,由 14 位刑法学教授联合发表了《供选择的刑法典草案》。其主要特点是:体现了改造罪犯的人道主义精神;规定了统一的徒刑,扩大罚金和缓刑制度适用的范围;主张设立"社会治疗院"以"救治"那些严重的累犯和所谓"人格严重失调"的罪犯。在两个刑法草案经过对立双方数年的激烈辩论后,联邦议会刑法改革委员会在调和双方意见的基础上,制定了 1969 年刑法改革法案,先后公布了总则和分则,于 1975 年合并为一部刑法典,于 1 月 1 日生效,其正式名称是《1975 年 1 月 1 日修订的 1871 年 5 月 15 日刑法典》。实际上,它是德意志联邦共和国刑法典。

(二)刑法典的主要特点

联邦德国的刑法典体现了资产阶级刑法理论的最新发展,受到西方世界的普遍关注。刑法典除了继续重申资产阶级法制原则,在规范人们的行为、维护社会秩序与保障人权方面作了更加缜密的考量与平衡之外,还非常注重理论对立法的指导作用,对刑法学的研究成果细加斟酌,吸其精华,使刑事立法与社会发展的步伐保持协调。法典用《刑法通则和第一编》代替旧法典的总则部分,并对分则部分作了较大的删改和补充。它将犯罪行为缩小,限制在维护公共秩序所必需的范围内;废除了旧法典对罪行的三分法;扩大了罚金和缓刑制度的适用范围;并且采取了许多新的制裁方法。[25]

主要有以下几个特点:

1. 严格实行罪刑法定原则。刑法典总则部分明确规定,法无明文规定者不为罪。"犯罪人之责任为量刑之基础"(第 46 条)。同时,在分则中对各种犯罪行为及其处罚,作了极为详尽的规定。

2. 废除死刑,实行轻刑。法典规定最高刑为无期徒刑,并仅限于那些严重罪行如发动侵略战争、叛国、谋杀、灭绝种族,以及造成严重后果的投毒、绑架、纵火、抢劫等罪行。对溯及力采用从轻原则:"行为终了时有效之法律于裁判前变更者,用最轻之法律。"法典对 6 个月以下短期徒刑,要求尽量用罚金代替。只要法官认为罚金能够达到改善和抑制罪犯的目的,便禁止适用短期徒刑而强制采取罚金加以处罚。法典统一了徒刑的执行方式。除无期徒刑外,有期徒刑最高为 15 年,最低为 1 个月。

3. 严格保障宪法秩序。法典规定"变更基于联邦宪法(基本法)而存在之宪法秩序者"处无期徒刑或者 10 年以上有期徒刑;对"危害和平罪"也规定了较重的刑罚。法典还用不少条文规定了侵犯财产罪及其处罚,严格保护私有财产不受侵犯。法典重视对个人隐私权的保护,规定"以窃听器窃听自己无权知悉他人非公开言论者",处 1 年以下徒刑或并处罚金。对公民的基本权利予以较为全面的保护。

---

〔25〕《德意志联邦共和国刑法典》共 28 章,358 条;现为 30 章,358 条。

此外,刑法典还规定了“改善及保安”处分这种特殊的处罚手段。它包括以下剥夺自由的强制措施:收容于精神病疗养院;收容于强制禁戒所;收容于社会矫治机构;保安监督,也包括不剥夺自由的强制措施;行为监督;剥夺驾驶执照;禁止从事某种职业。这类处分既不同于传统刑罚,也有别于行政强制手段,目的是要预防和减少犯罪。

此后40多年,针对德国社会的巨大变化,尤其是两德的统一,以及欧洲一体化进程加速,在犯罪预防与刑事处罚方面所面临的一系列新情况,新问题,德国对刑法典又不断地作出修改和完善。修改的重点主要围绕这样几个方面:一是完善刑法原则,突出犯罪预防,严格罪刑法定,将刑事犯罪的惩处置于人道主义的基础之上;二是根据形势变化,调整刑法规制的范围和处罚力度,一方面注重对于金融、高科技、毒品、贿赂犯罪,以及国际恐怖行为的打击。另一方面对传统领域的某些轻微犯罪进一步去罪化。在刑罚的适用上,扩大了假释的适用范围,放宽了假释的条件,并且废除了颇有争议的累犯加重的规定。突显刑事立法中的教育刑思想。德国刑法的修改采取法典条文的修正与单行刑事立法并行。通过制定多个刑法改革法和数十个刑法修改法,对法典的基本制度和具体的条文作出修改,并在适当的时候对经多次修改的法典予以重新颁布。最近的刑法典重新颁布于1998年,2002年又作了修改。此外,德国还制定了包括反洗钱法、有组织犯罪法等在内的大量单行刑事法律,作为刑法典的有机组成部分。

### 三、经济刑法的形成与发展

第二次世界大战结束后,德国经过几十年的努力,再次步入快车道,发展成为一个现代化经济强国。随着经济发展,经济领域的犯罪也日趋严重。由于经济犯罪的特殊性以及内在要素的复杂性有别于普通刑事犯罪,仅靠刑法的一般规定已难以有效地打击和遏制此种犯罪。可以说,德国自确立建设社会市场经济体制后,在大规模、系统性的经济立法中开始将各种严重经济违法行为作为犯罪予以处罚。这是德国经济刑法的最初表现形式。

德国在1976年公布了《经济犯罪对策法》,明确了经济犯罪的概念,规定了对各类经济犯罪的制裁及其处罚程序,新设了骗取补贴罪和骗取信贷罪,还规定了破产犯罪,统一了高利贷的犯罪标准等,这是第一部比较系统的惩治经济犯罪的立法。在1986年颁布的《经济犯罪对策法》中,进一步扩大了经济犯罪的种类,除了先前规定的各类严重违反社会市场经济法律的刑事犯罪(包括不正当竞争犯罪、利用公司犯罪、商业诈骗犯罪、侵犯和环境污染犯罪等)外,还新增加了利用计算机犯罪、滥用信用卡罪、伪造支票罪、欺诈投资罪、骗取国家资助罪等。重点是惩治利用计算机犯罪,同时,增加了对侵犯商业秘密、金融、证券交易领域犯罪的打击,扩大了刑法的保护范围。

在德国,所谓“经济刑法”,是指由单行经济犯罪惩治法、经济立法附带刑事规范和刑法典关于经济犯罪的规定三部分构成的刑事法律规范的统称;其条目繁多,涉及面广,整个体系正趋向成熟,逐步发展成为德国刑法中一个相对独立的重要分支。

## 第七节　司 法 制 度

### 一、1877 年的诉讼法典

德意志帝国在 1877 年 1 月 27 日颁布了《法院组织法》,依据司法原则设置法院,法院行使国家司法权。该法规定,审判权由法院独立行使,法院只服从法律,法官实行终身制。德国的普通法院系统由区法院、地方法院、高等地方法院和帝国法院四级构成。区法院为基层法院;地方法院为第二级法院;高等地方法院为上诉法院,其所受理的民事案件限于上诉和抗告两类,刑事案件则多为再审案件;帝国法院为德国的最高法院,享有终审权。1877 年 1 月 30 日,德国颁布了《民事诉讼法》,2 月 1 日颁布了《刑事诉讼法》,分别对民事诉讼和刑事诉讼制度作出规定。

民事诉讼始于当事人的控诉。原告起诉后,所提出的诉讼请求不得擅自变更或撤回。法官负责调查和搜集有关事实方面的材料,控制诉讼进程。当事人应当为自己的权利主张提供证据。证据的采纳由法院决定。审理时,法官一般先行调解,调解不成,再作判决。除在初级法院当事人可以自行辩论外,其他法院均须由律师出庭代理。当事人不服初审法院判决、裁定的,可以上诉、请求再审或者抗告。

刑事诉讼由检察官提起。个别情况下,被害人及其代理人也可以告诉。检察官负责侦查犯罪事实,搜集证据,并代表国家对罪犯提起公诉。凡重罪案件应先预审,以确定是否起诉。庭审阶段,检察官与被告进行辩论。最后,法官对案件作出判决。不服第一审判决的被告或检察官,可向高一级法院上诉或抗告。

经过 100 多年的时间,无论是民事诉讼制度还是刑事诉讼制度,均已发生重大变化。立法机关对两部法律作了多次修改和补充,特别是在联邦德国成立后,依照《基本法》的规定,根据人权保障和司法程序中的人道与公正的要求,对刑事诉讼法作了较大修改,并在 1994 年公布了经修改的《刑事诉讼法》。民事诉讼法的情况,大致相仿。后者的修改,侧重于对当事人主义原则的进一步确认,以及简化诉讼程序和缩短审理时间等。不过,产生于帝国时代的诉讼法的精髓部分被保留了下来,并且成为现代德国民事和刑事诉讼制度的基础。

### 二、现代司法制度的发展

根据《基本法》第 92 条的规定,与日益庞大的法律体系相适应,德国建立了颇具特色的司法体制,以保障法律的实施。

“任何人的权利如遭受有关当局损害,可通过司法途径上诉,如所属辖区不予受理,可向联邦普通法院上诉”(第 19 条),这是一项宪法权利。为了保障公民的诉讼权利,通过制定相应法律，联邦德国先后设立了联邦宪法法院、联邦普通法院、联邦社会法院、联邦劳动法院、联邦财政法院和联邦行政法院，以及其他特别法院。同时，各州设立相应的法院，与联邦法院一起，构成完整的国家司法体制。

（一）宪法法院

宪法法院分联邦宪法法院和州宪法法院两种，相互之间没有隶属关系，独立行使职权。无论从法院所具有的地位和职权，还是从它们在国家生活中所起的作用来看，联邦宪法法院具有特别重要的意义。德国联邦宪法法院根据1951年3月12日的《联邦宪法法院法》建立，设于卡尔斯鲁厄城，并于1952年正式开始工作。法院内设两个评议庭，由人数相等的法官组成。第一评议庭负责管理涉及公民基本权利和法律保障问题的宪法诉讼；第二评议庭负责管理涉及国家利益的宪法性争端。宪法法院的基本职能有两项：一是对公民实现法律保障并对国家机关的各项活动进行宪法监督；二是解决联邦机关之间、联邦与州之间，以及各州之间在职权及权利义务问题上发生的争执，保证国家体制的正常运转。联邦宪法法院受理宪法诉讼主要通过三种程序：具体的法规审查程序、抽象的法规审查程序、个人宪法申诉程序。

（二）普通法院

普通法院是整个国家司法系统中规模最大的一个分支，其特点是联邦法院与各州地方法院组成一个有机整体，具有隶属关系。根据1877年1月27日制定、1975年9月5日重新颁布的《法院组织法》设立的联邦（普通）法院，亦即联邦最高法院，对普通民事、刑事案件享有终审管辖权。普通法院分为联邦法院、州高等法院、州中等法院和区法院四级，除在区法院设立民事庭、刑事庭和商事庭外，其他法院均设民事庭和刑事庭。实行一审终审制，但高一级法院可以就法律问题和程序问题，应当事人申请进行复审。

（三）劳动法院

根据1953年9月3日《劳动法院法》的规定，联邦设立联邦劳动法院，各州设州劳动法院，劳动法院负责审理劳资纠纷案件和根据《企业章程法》规定的有关劳工参与企业管理权利的争议案件。实行三审终审制。劳动法院就其性质而言，属于普通法院。但是，它享有部分劳动行政事务的管辖权。

（四）行政法院

德国的行政法院分为两类：一类是普通行政法院，另一类是专门行政法院。后者包括社会法院和财政法院。

普通行政法院根据1960年1月21日的《行政法院法》设立，分为联邦行政法院、高等行政法院和行政法院三级。行政法院主要受理“非宪法性质之所有公法上争议，除联邦法律明文规定，应由其他法院审理外”，涉及州公法领域的诉讼亦同。其管辖范围相对狭窄，既不包括内部行政案件，也不包括公共行政中有关税务、社会保险与社会救济，以及劳动管理等案件。

社会法院根据1953年9月3日的《社会法院法》设立，分为联邦社会法院、州社会法院和社会法院三级，主要受理因社会保险、社会补偿和社会救济而引起的争议案件。

财政法院根据1965年10月6日的《财政法院法》设立，分联邦财政法院和州财政法院两级，负责受理有关财政税收纠纷引起的诉讼案件，实行二审终审制。

### 三、现代司法制度的特点

作为一个联邦制国家，德国在司法体制上，既考虑到各州的相对独立，又努力实行某种程度的统一，以提高司法效率。其司法制度可概括为以下三个特点：

1. 联邦法院和州法院属于一个系统。与其他联邦制国家一样，法院组织依级别划分为联邦法院和州法院两大类。但是，除宪法法院外，各州法院均为联邦法院的低级法院；任何不服州法院裁决的案件，均可依照法定程序上诉于联邦法院。这是其司法体制单一化的地方。

2. 行政审判权分属各专门法院。作为大陆法系国家，德国的行政审判制度不同于法国。德国行政法院并非唯一受理全部行政案件的法院。根据《行政法院法》的规定，社会法领域内的行政案件由社会法院受理；财政税务行政案件由财政法院受理；劳动行政案件由劳动法院受理。此外，相当部分的行政登记管理案件由普通法院管辖。行政法院主要受理因政府机关的行政行为、行政合同而引起的行政诉讼案件，其管辖范围相对狭窄。所以，行政审判权实际上由普通行政法院和专门（行政）法院分掌。德国行政法制之发达，由此可见一斑。

3. 司法审级多样化。德国六种主要法院的组成，体制不同，内部结构各异。各有各的诉讼程序，审判制度各有千秋。宪法法院由联邦和各州分别设立，各自独立，互不隶属，审理案件实行一审终审制。行政法院系统多为三级，实行两审终审制。普通法院分为四级，实行三级三审终审制。而且，各类法院的审判组织，差别较大。一些法院由专职法官担任审判员，另一些法院则由专职法官和兼职法官联合进行审判。这是德国司法制度复杂性的一面。

## 第八节　德国法的历史地位

### 一、德国法的历史地位

综观德国法律制度发生、发展的历史过程，不难看出，严格意义上的德国法形成于1871年德意志民族国家建立之后。此后百余年间，尽管德国社会大幅震荡，民族几经劫难。但是，正如德国经济的腾飞令人称羡一样，其法律上的成就也为世人瞩目。德国法的发展异常迅速。它在认真借鉴和汲取周围国家法制建设成功经验的基础上，努力探索、不断创新，创制了一套深具民族特色、符合本国实际的比较完善的法律制度，由最初以民法典为核心的近代六法体系发展成为部门众多、门类齐全、规范详尽的现代法律体系。权威的《德国法导论》将现代德国法分为包括宪法、民法、住宅租赁法、商业、公司和经济法、劳动法、社会法、青少年法、刑法和治安处罚法、道路交通法、兵役法、环境保护法和税法在内的13个部门。如此庞大的规模体系构筑起现代德国法治社会的坚实基础。

德国法以其高度的学理性和独创性,成为大陆法系国家的又一个典型,对世界其他国家和地区的法律制度产生了重要影响。

虽然德国法起步较晚,但是,法学作为一门重要学科,在德国统一前已经发展到相当成熟的地步。延续数百年的"潘德克顿"运动,实现了罗马法的德国化,推动着以民法学为核心的古典私法学的现代化。德国法学家对法律现象的研究,没有停留在对法的一般原理的探讨上,而是致力于对具体法律规范、结构和体系的深入思考,积累了丰硕成果。所有这些,都为日后大规模地制定法典提供了充实的理论依据。德国民法典的制定,不仅标志着德国法的高度统一,而且是对法国民法典颁布以来民法学的深刻总结。这一世所公认的事实乃是德国法具有高度学理性的一个明证。大陆法系国家法学家对法律制定和实施的指导作用,在德国法中得到了充分体现。德国法高度学理性的特征,在第二次世界大战以后德国法的发展中继续得以保持。在德国行政法、经济法、社会法和刑法的发展中,法学家参与了法律的制定和法典的编纂,对上述领域中令人生畏的法律难题,力图用简洁明了的法律术语作出回答,以便为法律的实际运用提供统一的标准。19世纪70年代新《刑法典》、《社会法典》和《联邦行政程序法》的颁布,在一定程度上反映了德国法学在这几个部门的新发展。

德国法的独创性,表现在以下几个方面:其一,坚持立法的成文法典化方向。在德国,几乎所有重要法律部门均由成文法构成。判例作为成文法的补充,作用十分有限。德国不仅在建国之初就致力于建立完备的成文法律体系,而且在经济高度发展、法律介入社会生活的领域空前广阔的今天,依然坚持这一方向,始终推进法律的成文法典化进程。部门法的发展一旦达到成熟的程度,立法者就十分自然地把编纂法典的愿望付诸实践。20世纪70年代《联邦行政程序法》和《社会法典》的制定和颁布,都很好地说明了这一点。其二,在坚持传统公、私法二元化的基础上,根据社会发展的需要,不断扩展法律的调节范围,创立新型法律部门。被誉为"经济宪法"的德国《魏玛宪法》,针对20世纪初资本主义的深刻变化,根据社会民主主义思想,率先将经济制度作为专章列入宪法,运用国家权力干预经济,注重协调劳资关系,创设了"经济会议制度"和"劳工会议制度",促进了德国经济法和劳动法的发展,并且最终形成为两大独立的法律部门。第二次世界大战结束后,德国社会市场经济的蓬勃发展,得益于由上述两大法律部门提供的充分、完善的法律保障。德国经济法和劳动法较好地处理了国家、企业和职工三者之间在经济发展中的利益关系,有效地缓解了劳资双方的对立。德国经济立法和劳工立法的成功经验,早已引起世界各国的重视。其三,别具一格的司法体制,把各种冲突有效地控制在法律秩序的范围之内,实现了国家的长期稳定、和平发展。一百多年间,德国经历了由君主专制政体向民主共和政体的转变。魏玛共和国时代短暂的民主试验,被希特勒法西斯政权的恐怖统治所毁灭。第二次世界大战结束后,德国认真吸取历史教训,严格遵循资产阶级自由民主原则管理国家,在《基本法》的引导下,注重对公民权利的司法保障,建立了包括民事诉讼、刑事诉讼、行政诉讼和宪法诉讼在内的四大诉讼制度。完善的司法体制和通畅的诉讼渠道,确保整个社会运行在法治的轨道上。

## 二、德国法与法国法的联系与区别

德国法和法国法同属大陆法系,都是在罗马法基础上,根据近代资本主义发展的需要,逐步建立和完善的成文法律体系。无论是从法的体系、结构、表现形式,还是从法的地位、本质和作用来看,两国都极为相似。德国法与法国法之间的紧密联系,还在于具有开创意义的近代法国六法体系对晚它近一个世纪的德国法的创立所发生的巨大而直接的影响。德国法对法国法的继承关系是显而易见的。

尽管如此,我们仍然应当注意德国法与法国法之间存在的巨大差别。两个国家法的产生、发展所处的具体社会历史条件不同,民族的个性及文化传统的差异是造成这种差别的内在原因。德国法和法国法相比较,主要存在以下区别:

1. 德国法成型于德意志帝国时代,是君主专制主义的产物,具有浓厚的保守性。这一特征在公法领域尤为突出。法国法从总体上看是资产阶级革命的产物,具有时代进步性,代表着近代西方法的发展方向。

2. 德国法在私法领域所取得的成就,足以使法国法逊色。德意志民族国家的建立,并未在公法领域为法的发展提供多少余地,却在私法领域为法学家施展才华开辟了广阔天地。这使延续数个世纪的“潘德克顿”法学由纯学理性研究转化为实践,使博大精深的民法学说转化为详尽实用的完备法典。德国民法典所取得的巨大成就,充分说明了这一点。如果说,近代法国法以其革命性、开创性和历史进步性而独占鳌头,那么,德国法以其透彻的学理性、高度的法律技术和严密的逻辑思维著称于世。

3. 德国和法国作为大陆法系具有代表性的两大国家,习惯上,人们总是以民法典为依据,说明两国法的区别。实际上,这并不能从总体上反映两国法的不同之处。确切地说,德国法和法国法在体系、结构和具体制度上的区别,主要体现在这样几个方面:(1)德国始终全面坚持成文法典化的立法方向,即使在行政法领域,也不例外。(2)在部门法方面,除了对法国民法典的重大发展外,德国还首创经济法,并且使之迅速成为一个富有生气的独立法律部门。在劳动立法上,德国建立的职工参与企业管理的制度成为现代企业制度的重要内容。(3)德国在坚持区分普通民事诉讼、刑事诉讼与行政诉讼的前提下,把行政诉讼限制在纯行政的范围内,而将依传统公、私法标准难以区分的法律纠纷划归其他专门法院处理。(4)为了保障宪法的实施,德国建立了比较完善的宪法诉讼制度,从而形成了当今世界首屈一指的体系庞大、组织严密的司法体制。

## 参考阅读书目

1. [德]罗尔夫·克尼佩尔:《法律与历史——论〈德国民法典〉的形成与变迁》,朱岩译,法律出版社 2003 年版。
2. 陈志斌:《德国政体教程》,华东师范大学出版社 2007 年版。
3. [德]克劳斯·施莱希、斯特凡·科里奥特:《德国联邦宪法法院》,刘飞译,法律出版社 2007 年版。
4. [德]萨维尼:《历史法学派的基本思想(1814－1840 年)》,郑永流译, 法律出版社 2009 年版。
5. 邵建东编:《德国司法制度》,厦门大学出版社 2010 年版。
6. 何勤华等:《纽伦堡审判:对德国法西斯的法律清算》(第 2 版),商务印书馆 2015 年版。
7. [德]克里斯托夫·默勒斯:《德国基本法:历史与内容》,赵真译,中国法制出版社 2014 年版。

# 第十三章　日本法

图1　日本国会大厦

【导　读】

本章学习有助于了解日本封建法的演变及基本内容、明治维新与日本近代法律制度的建立,及日本各主要部门法的现代变化和最新变革,理解日本法与两大法系的关系,并对在世界法律史上既具有大陆法系与英美法系的混合色彩,又体现东西方法律文化的有机结合的现代日本法有深入的理解和系统的把握。

【问题讨论】

1. 日本封建法的特点是什么?

2. 两次世界大战期间,日本的法律发生了那些变化? 有何历史影响?

3.《日本国宪法》包含了哪些主要原则? 其实施情况如何?

4. 明治民法的特点及其在当代的变化主要有哪些方面?

5.《禁止垄断法》的主要内容是什么? 其历史地位怎样?

6. 1907 年刑法典有哪些主要特点? 当代日本刑法有何发展?

7. 日本司法领域最近有哪些变革?

8. 日本法的历史地位怎样?

## 第一节 日本法的形成及发展

日本地处东亚,由北海道、本州、九州、四国四大岛屿及周围数百个小岛组成。公元1世纪,日本已经出现了上百个部落。2世纪末,九州地区出现了一个具有部落联盟性质的奴隶制国家,称邪马台国。此后,在本州中部,又兴起了一个更为发达的奴隶制国家——大和国,它经过不断扩张和征服,兼并了周围许多部落,于公元5世纪统一了日本。604年,当时的摄政圣德太子(574~622年)颁布"宪法十七条",目的是确立以天皇为最高权威的政治体制。645年,大和国发生宫廷政变,建年号为"大化",迁都大阪。次年元旦,颁布革新诏书,仿中国隋唐制度进行政治经济改革,史称"大化革新"。于是,日本确立了以天皇为中心的中央集权的封建国家。直至1868年明治维新,日本的社会性质开始发生根本变化,于是法律也走上了近代化的道路。

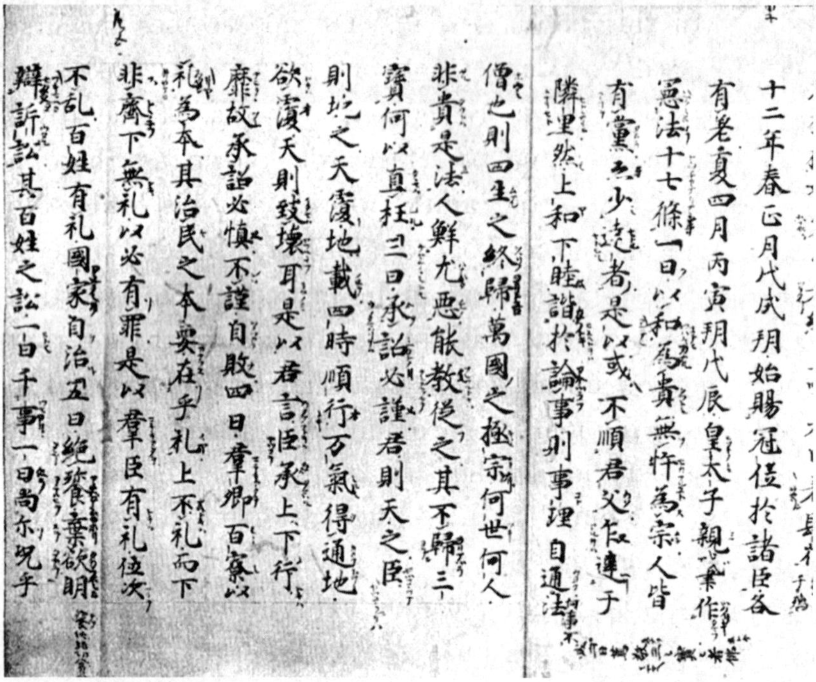
十二年春正月戊戌朔始賜冠位於諸臣各
有差夏四月丙寅朔戊辰皇太子親肇作
憲法十七條一曰以和爲貴無忤爲宗人皆
有黨亦少達者是以或不順君父乍違于
隣里然上和下睦諧於論事則事理自通
僧也則四生之終歸萬國之極宗何世何人
非貴是法人鮮尤惡能教從之其不歸三
寶何以直枉三曰承詔必謹君則天之臣
則地之天覆地載四時順行万氣得通地
欲覆天則致壞耳是以君言臣承上行下
靡故承詔必慎不謹自敗四曰群卿百寮以
礼爲本其治民之本要在乎礼上不礼而下
非齊下無礼以必有罪是以群臣有礼位次
不乱百姓有礼國家自治五曰絶饗棄欲明
辯訴訟其百姓之訟一日千事一日尚尓况乎

图2 圣德太子的"宪法十七条"

### 一、日本封建法概述

#### (一)日本封建法的演变

日本的封建法,大致可分为三个阶段。

1. 以天皇为中心的中央集权制时期的法律(645~1192年)

"大化革新"以后,日本便开始了以中国的隋、唐法律制度为模式,以律、令、格、式为主要表现形式的法典编纂工作。律指刑法典,令指刑法以外的其他法律,格是指修改、补充律令的规定,式则指关于实施律、令的细则规定。[1] 律、令、格、式,构成了日本这一时期的封建成文法体系。

《大宝律令》是日本的第一部成文法典,于701年(大宝元年)制定,共有"律"6卷、"令"11卷。内容体系有:户田篇、继承篇、杂篇、官职篇、行政篇、军事防务篇、刑法和刑罚篇等,它以中国唐朝《永徽律》为蓝本。718年(养老二年),《养老律令》颁布,有"律"10卷共12篇、"令"10卷共30篇,内容与唐律大体相同,只不过是在《大宝律令》基础上,为适合日本国情而作了部分的修改和补充。833年,天皇政府编撰关于令的注释书,即《令义解》(共10卷),于834年施行,它具有与"令"相同的法律效力。

前述律、令制定后一百年左右,格、式在法律渊源中逐渐居于主要地位,其中比较著名的有《弘仁格式》(820年)、《贞观格式》(868年)、《延喜格式》(格907年成立,式927年成立)。[2]

在律、令、格、式的成文法体系之外,这一时期还有若干习惯法,大多是关于官厅执行公务程序方面的内容。[3]

2. 镰仓和室町幕府时期的法律(1192~1603年)

1192年,天皇大权旁落,日本进入了以幕府为中心的"武家政治"时期。武家政治的特点是天皇被将军所挟持,以将军为首的幕府成为实际上掌握国家最高权力的机关。

镰仓幕府(1192~1336年)初期,朝廷颁布的法律(公家法)和调整各庄园内部事务的"庄园法"仍起一定的作用,但由于武家掌握政权,以武士、幕府贵族等为调整对象的"武家法"应运而生,这样就形成了公家法、庄园法、武家法三个法律体系鼎立的局面。自镰仓幕府中期开始,公家法、庄园法逐渐颓废,武家法则得到显著发展。

其中,1232年颁布的《御成败式目》是镰仓幕府时期著名的武家法典,它是依据司法实践,并参考《养老律令》而制成的。"成败"乃审理、裁判之意,"式目"则指成文法规,因其制定于贞永元年,故又称为"贞永式目"。初为51条,后条文有所追加。在当时,其适用范围甚广,并被普遍认为是武家所有法律的基础。

3. 德川幕府时期的法律(1603~1867年)

1603年由德川家康(1542~1616年)所创立的幕府,称"德川幕府"(亦称"江户幕府"),其主要法律形式是幕府法和藩法。

就幕府法而言,其成文法初期称为"法度",中期以后多称为"御定书"。御定书中最主要的是《公事方御定书》(1742年),它在继承传统习惯法的同时,又仿照中国的明律。

---

〔1〕［日］高柳真三:《日本法制史(一)》,有斐阁1949年版,第38页。

〔2〕［日］杉山晴康:《日本法史概论》,成文堂1980年版,第73页。

〔3〕［日］石井良助:《日本法制史概要》,创文社1952年版,第28页。

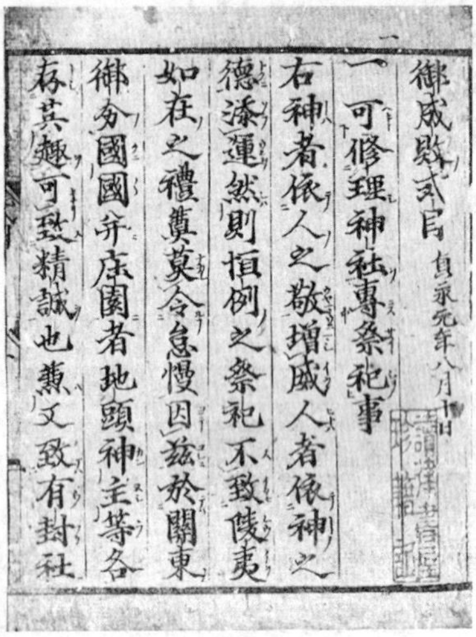
御成敗式目 貞永元年八月十日
一 可修理神社專祭祀事
右神者依人之敬增威人者依神之
德添運然則恒例之祭祀不致陵夷
如在之禮奠莫令怠慢因玆於關東
御分國國并庄園者地頭神主等各
存其趣可致精誠也兼又致有封社

图3 《御成败式目》

分上、下两卷,上卷共81条,是各种法令和判例的汇编;下卷共103条,通常称为“御定书百条”,主要是关于刑法和刑事诉讼的规定,它是幕府刑事法的基础。该御定书的大部分内容一直沿用至德川幕府末年。

就藩法而言,德川幕府时期,尽管各大名是将军的臣下,原则上应服从将军,但事实上大名在自己的藩内有自由治政的权力。因此,各藩在接受幕府法约束的前提下,可以制定法令,它们大都受到中国明代法律的影响。

(二)日本封建法的基本内容

1. 所有权制度

封建初期,土地制度以“大化革新”为基础进行调整。对动产的所有权,原则上没有限制。因先占、拾遗、发掘等获得的动产,可以依法取得所有权。

镰仓幕府时期,由于武家制度的建立,土地制度也发生了变化。从《御成败式目》的规定可以看出,原则上土地的私有制得到确立。动产的买卖方式简便,只需买卖双方的合意。德川幕府时期,中央的权力加强,土地私有制并未发生变化,但各种限制增加。

2. 债权债务制度

封建初期的律令,对债权债务制度的规定并不多,债的概念比较狭窄,物的给付即是债。债分为出息之债和其他之债。出息之债是指因附利息的借贷消费发生的债,除出息之债外,均是其他之债。镰仓、室町幕府时期,债权关系的诉讼占有重要的地位,债权可以转让和继承,债务也可继承。债务的强制执行有国家的强制扣押和私人的强制扣押之分。德川幕府时期,对债权的转让作了各种限制,对不履行债务者的强制执行方法,初期允许私人强制执行,后由官方执行。

3. 家庭、婚姻、继承制度

封建初期,《大宝律令》关于亲族、婚姻、继承的规定,体现了封建宗法关系的原则。镰仓、室町时期,婚约的成立仍要征得父母的同意,但若订立婚约者有一方是出身于武士之家,那订立婚约还需得到更高一级掌权者(如将军)的许可。德川时期,父亲可以放逐、惩戒子女,并对子女有身份支配权。婚姻成立的形式有所改变,大名的婚姻须得到将军的批准,武士的婚姻须得到上司的许可,庶民的婚姻须登记在户籍上。武家继承主要是封禄继承和家名继承,原则上均由嫡长子继承。

4. 刑法

封建初期,刑法的内容具有强烈的政治、道德色彩。《大宝律令》是以刑法为主的法典。犯罪的种类很多,大体可划分为三大类:侵犯国家和天皇权益的,如谋反、谋大逆、大不敬等;侵犯社会利益的,如赌博、私铸钱币、通奸等;侵害个人权益的,如杀人、欺诈、恐吓等。刑罚分正刑和附加刑。正刑按轻重依次为笞、杖、徒、流、死五种,笞为体刑,分五等,徒刑最高期为3年,流刑分近、中、远三等,死刑分绞、斩二种。附加刑有没官和移乡。

镰仓、室町时期,刑法制度主要体现在武家法典之中。犯罪的种类较以前增加。室町时代普遍采用连坐。原来的五刑改为流、死刑,流只有远流,死只有斩。德川时期,刑法制度虽因时、因地而不尽相同,但《公事方御定书》下卷所规定的刑法制度则颇具代表性。

5. 司法制度

封建初期,法院不是独立的组织,而是由一般行政官吏兼行司法权,法院有管辖一般人的普通法院和管辖官吏、僧尼的特别法院。普通法院又有中央法院与地方法院之别。法院系统的最高审级是天皇,他是司法权的根源。审判分为断狱与诉讼,大致上前者是刑事诉讼,后者是民事诉讼。刑事诉讼实行纠弹主义,法官审理时运用五听(辞、色、气、耳、目),并询问证人,检查证据。民事诉讼向被告所在地提出,诉讼的提起限于每年10月1日至次年3月30日。重视"五听",但不许拷问,特别重视书证,可以上诉。

镰仓时期,由于存在公家法、庄园法和武家法,法院也随之分为三个系统,当然,幕府的司法占据主要地位。刑事诉讼仍采纠弹主义,沿用"不告不理"的原则。审理时特别重视犯人的自供,鼓励刑讯逼供,同时"神明裁判"作为证据方式也被广泛采用。关于民事诉讼,由原告向管辖的法院提起附有证据的起诉状,并且须同时递上按原告身份出具的推荐状。法院通过审理可作出裁许状,也可协调双方和解,制成契约书。

德川时期,幕藩体制下领主权包含审判权,幕府的审判权原则上限于直辖领地,大名在领地内握有审判权,但幕府作为掌握最高权力者,仍有权干涉各大名的审判。法院仍然不是独立机构,而由行政官吏同时执掌司法事务。由于审判管辖错综复杂,幕府设立作为中央法院的评定所,统一管理全国的司法事务。在幕府的监督下,寺院有一定的审判职能。诉讼程序有"吟味物"与"出入物"之别,前者类似于刑事诉讼,后者相当于民事诉讼。

(三)日本封建法的特点

第一,日本封建法从体系到内容均深受中国隋唐法律的影响,公认的三大主要渊源,即《大宝律令》、《御成败式目》和《公事方御定书》,更是明显、集中地体现了对中国封建法的模仿。因此,大部分日本法学家莫不公认,日本封建法是中华法系的组成部分。

第二,在日本封建法的各个发展阶段,习惯法始终占据一定的地位。

第三,日本封建法律诸法合体、民刑不分,而且公法较私法发达。公法中尤以刑法最为突出,而私法,诸如婚姻、家庭、继承、债权等方面的法律规范,则相对较弱。

第四,日本整个封建时期的法律在内容上都体现了公开的等级不平等、确立封建土地制度、维护家族利益、刑罚残酷、男尊女卑等特点,同时,日本封建法律的内容还具有阶段性,即前一时期主要维护天皇为首的王室特权,后一时期则主要保护以将军为首的武士集团利益。

## 二、近代以来日本法的发展

### (一)明治维新和资产阶级法律制度的建立

1868 年,日本发生以反幕府派头面人物、下级武士西乡隆盛(1827 ~ 1877 年)、大久保利通(1830 ~ 1878 年)等为代表的倒幕运动,迫使德川庆喜(1838 ~ 1913 年)把政权交给天皇。这场以建立天皇制中央集权的资产阶级国家制度为内容的倒幕运动,史称“明治维新”。明治维新的总方针是实行“富国强兵、殖产兴业、文明开化”,其性质是资产阶级革命,但革命后仍保留许多封建残余。

明治维新后,日本开始创建资产阶级法律制度,至 1907 年日本近代最后一部法典——刑法典制定完毕,其间大致经历了两个时期。

1. 奠基时期(1868 ~ 1875 年)

1868 年明治维新开始至 1875 年明治天皇发布诏敕,宣布渐次建立立宪政体时为止,这一时期是日本创建近代法律制度的奠基时期。

1868 年 1 月,明治天皇在倒幕派的支持下颁布“王政复古”诏书,宣布废除幕府制度,建立天皇政府;同年 4 月,发表“五条誓文”,主要是学习西方资本主义,破除封建制度,建立资产阶级政权;同年 6 月,公布“政体书”,规定由天皇亲自执政,中央机构分行政、立法、司法三个部门,协助天皇进行统治,但所标榜的三权分立并未实现;1869 年 6 月,宣布“版籍奉还”,版即版图,籍即户籍,意为把封建领主管辖的土地和人民归还天皇;1871 年 8 月实行“废藩置县”,把全国划分为 3 个府,72 个县(后合并为 43 个县),府和县的知事由天皇任命,受明治中央政府直接统辖。这一系列措施,确立了以天皇为中心的统一的中央集权国家。随后又进行多方面的改革。

其中,在法律,尤其是司法制度方面:先后设立司法省和大审院,使司法行政与法院审判开始独立,地方设各级法院专掌审判工作;颁布《假刑律》(1868 年)、《新律纲领》(1870 年)、《改定律例》(1873 年)等刑事法规,改革刑罚体系;加强法律教育,翻译外国法典,聘请外国(主要是法国、德国)的法律专家帮助修订法律。所有这些改革,不仅巩固以天皇为中心的中央集权制政权,促进资本主义经济的发展,而且也为日本资产阶级法律制度的建立准备了条件。

2. 法典编纂时期(1875 ~ 1907 年)

19 世纪 70 年代中期开始,日本明治政府着手进行法典编纂工作,初以法国法为模式,后转而以德国法为蓝本。模仿法国法制定的法典,多是在当时日本政府的顾问、法国巴黎大学教授保阿索那特(Gustave Boissonade,1825 ~ 1910 年)的直接指导下编纂而成的,先后有“刑法典草案”(1880 年公布、1882 年实施)、“治罪法”(1882 年实施)、“民法典”(1890 年公布)等。由于它们过分法国化,并不符合当时留有封建残余的日本现实,遭到日本各界的普遍反对和抵触,故不得不转而参照德国法重新修订。

1889 年,颁布“明治宪法”,它是以 1850 年《普鲁士宪法》为蓝本制定的。随后编纂颁布商法典、民事诉讼法典、刑事诉讼法典、民法典、法院构成法,至 1907 年刑法典颁布,资本主义法律体系的各主要法典均告完成,这标志着日本近代资产阶级法律制度的最终确立。

(二)第一次世界大战后法律制度的变化

第一次世界大战后至第二次世界大战,日本法律制度发生较大变化,这种变化可以1932年政党政治被推翻、法西斯势力控制整个国家政权为界,前后分为两个阶段,即1932年以前法律制度逐渐发展的阶段和1932年以后法律制度法西斯化的阶段。

1. 第一次世界大战后至1932年前日本法律制度的发展

这一阶段,一方面为适应变化了的政治经济形势,对明治维新以后编纂的法典(除宪法典外)进行一些修改,另一方面颁布许多单行法规,从而使日本的法律体系得到充实,法律制度总体上有所发展。单行法规主要有:

在民事方面,一方面制定颁布《租地法》(1922年)、《租房法》(1922年)、《租佃调停法》(1924年)、《金钱债务临时调停法》(1932年),使日本传统的民间和解制度进一步发展,以克服、避免法院硬性判决所造成的缺陷;另一方面引进英美国家采用的信托制度,于1922年颁布《信托法》。

在商事方面,首先,1922年颁布新的《破产法》,以代替1900年商法典实施后仍以单行法形式继续生效的旧商法的第三编破产法;其次,1926年颁布《商事调停法》,试图以商事调停的方法解决商业纠纷,但该法公布后并未真正起到作用。

在经济方面,为适应战争的需要及为复兴经济,应付经济危机,颁布大量的经济法规,对日本经济的发展起了很重要的作用。

在刑事方面,主要是颁布《少年法》(1922年)和《治安维持法》(1925年)。《少年法》适用于14岁以上、不满18岁的少年犯罪。《治安维持法》在日本刑事立法史上占有特殊地位,它是以镇压进步分子为目的的反动法律,又被称为"危险思想法"。

在司法方面,主要是出台《陪审法》。1923年颁布、1928年10月起施行的《陪审法》,使日本诉讼制度发生很大变化,它是以英国陪审制度为依据制定的。其规定由12名陪审员组成陪审团,连续二年以上居住同一市町村、纳直接税3万日元以上、具有读写能力的30岁以上的日本男子,才有资格担任。[4] 陪审只适用于刑事案件,但对皇室犯罪、内乱罪、外患罪、妨碍国交罪、军事机密罪等案件也并不适用。这一制度存在许多缺陷,而且它也不符合日本的历史传统与缺乏民主、法治的现实,故其实际效果不甚理想。

2. 1932年后至第二次世界大战结束日本法律的法西斯化

日本法西斯专政的形成是一个渐进的过程。1932年少壮派军人制造"五·一五事件"枪杀政友会首相犬养毅(1855~1932年),这一事件标志着法西斯化的开始;1935年禁止"天皇机关说",重申国家主权属于天皇;1936年设立"五相会议",凡政府重大政策只由首相、陆军相、海军相、藏相和外相开会决定;1937年成立"帝国大本营",由天皇、军

〔4〕［日］捧刚:《陪审制的比较法文化论》,载［日］《比较法研究》1994年第56号。

部首脑和首相组成,作为国家的最高决策机关,这标志着天皇和军部独裁的进一步形成;1940 年提出“新政治体制”和“新经济体制”,解散所有政党;1941 年军部首脑、陆军相东条英机实行独裁统治,迅即发动太平洋战争,日本法西斯专政最终确立。1942 年建立“翼赞政治”体制,协助天皇和政府实行法西斯统治。

在日本确立法西斯政权的过程中,法律制度也逐渐法西斯化,《大日本帝国宪法》中消极的、封建军国主义的内容被强调和利用。除此以外,日本还颁布一系列国家主义统制立法和刑事特别法。前者主要是 1938 年通过的《国家总动员法》,它是战时国家统制立法的核心。后者主要是 1937 年制定的《思想犯保护观察法》、1942 年颁布的《战时刑事特别法》等。

(三)第二次世界大战以后法律的发展

第二次世界大战结束以后,日本作为战败国,被置于盟国远东委员会的控制之下,美国军队以“盟军”名义进驻日本。按照国际条约的规定,战后的日本应朝和平、民主、独立的方向发展。基于此,日本进行战后的各种改革。在法律制度方面,日本废除《治安维持法》《国家总动员法》等一系列法西斯立法;颁布《日本国宪法》,又制定了《国会法》《内阁法》《选举法》等;为适应新宪法所确立的原则,对包括民法、刑法在内的主要法典进行较大幅度的修改,主要是摒弃其中封建色彩较浓的内容,补充新的原则;制定《法院法》、《检察厅法》和《律师法》,对司法制度进行改革;发布《禁止垄断法》等法律,改革和重建日本经济。至 1952 年《旧金山和约》生效时,日本的各主要法律部门都已经进行较大的改革。

图 4　远东国际军事法庭在东京审判日本战犯

1952 年《旧金山和约》生效,日本获得独立,从此以后,日本进行自主的法律改革。一方面对已有法典继续进行修改,另一方面根据不同时期的特点颁布大量的法规,建立并完善高度发达的现代法律制度。

## 第二节　宪　　法

### 一、明治宪法

明治维新初期,以开设议会和制定宪法为基本要求的自由民权运动广泛开展,要求实行立宪政治的呼声日益强烈。迫于压力,明治政府于 1875 年 4 月发布诏书,承诺逐渐建立立宪政体。1881 年 12 月,天皇颁布诏书,明确定于 1890 年开设国会、颁行宪法。1882 年,伊藤博文(1841～1909 年)等人出使西欧考察欧洲各国宪治。1885 年日本设立内阁,伊藤博文任首任总理大臣。1886 年明治天皇责成伊藤博文、井上毅(1844～1895 年)等人秘密起草宪法。1888 年 5 月,日本成立枢密院,以审议和修改宪法草案及其附属法律草案。1889 年 2 月,审议工作完毕,由天皇举行仪式,以《大日本帝国宪法》为名发布。1890 年 11 月 29 日召开议会时,宣告宪法正式生效。

《大日本帝国宪法》(本章后文或简称宪法)又称“明治宪法”,它是以 1850 年《普鲁士宪法》为蓝本的钦定宪法,依次由天皇、臣民权利和义务、帝国议会、国务大臣及枢密顾问、司法、会计和补则组成,共 7 章、76 条。其内容特征主要包括下列方面:

(一)确立天皇专制制度

1. 宪法确立天皇主权原则。宪法第 1 条规定的“大日本帝国由万世一系之天皇统治之”和第 3 条规定的“天皇神圣不可侵犯”,说明天皇拥有国家主权并具有最高权威,任何人都须无条件地服从天皇的统治,这是日本固有的神权天皇制在宪法中的明文体现。

2. 宪法确立天皇居于国家统治权的中心地位。宪法仿照近代资产阶级宪法原则,确立国家统治权主要由立法、行政、司法三权组成的三权分立体制,但议会、内阁、法院的权力最终都集中于天皇。宪法规定“天皇是国家的元首,总揽统治权”(第 4 条)。帝国议会由贵族院和众议院组成,议会开会须由天皇召集。即使在形式上,议会也非最高立法机关,第 5 条规定的“天皇以帝国议会之协赞,行使立法权”表明天皇有权立法,议会只能在天皇行使立法权时起协助和赞同的作用。内阁由国务大臣组成,宪法规定大臣辅弼制,即天皇行使行政权要得到国务大臣的辅弼,但这极为有限,因为国务大臣由天皇敕命,他们对天皇负责,而且有关皇室及军队的事务不在大臣的辅弼范围之内。天皇代表政府享有宣战及缔约权、规定官制权、戒严命令权、荣典授予权等。宪法规定法院行使司法权,设立普通法院和行政法院、特别法院,但法院以天皇名义行使司法权,故司法权独立原则也仅是徒有其名。

3. 宪法确认天皇拥有独立的统帅权。宪法规定“天皇统帅陆海军”(第 11 条)和“天皇确定陆海军编制及常备兵员”(第 12 条),从而确定统帅军队的大权属于天皇。根据兵政分离原则,天皇的统帅权从一般国务中独立出来,议会及国务大臣等都无权干预。天皇往往是通过直属天皇的军部(包括参谋本部、海军军令部、内阁中的陆军省、海军省四个机关),行使军事统帅权。这就形成军部独立于内阁之外行使军权的现象,学者称为“二重内阁”。

(二)宪法规定有限的自由权利

宪法在“臣民权利和义务”一章中,除规定服兵役、纳税等义务外,也列举臣民享受居住、迁徙、通信、言论、出版、人身及私有财产受保护等自由、权利,但这有许多缺陷。

1. 宪法没有使用近代宪法通用的“公民”一词,而采用“臣民”。这就意味着,臣民必须服从天皇,臣民尽义务是为了天皇,享受的权利也来自于天皇对于臣民的恩赐。

2. 规定的自由权利范围较狭窄,种类也少,而且具有不彻底性。例如,一方面规定臣民有宗教信仰自由,另一方面以天皇为首的皇室所信仰的神道却被定为国教,强迫臣民参拜神社;宪法规定“法律面前人人平等”,但 1884 年颁布的《华族令》把明治维新的有功之臣定为华族,按级别享受一定特权,至宪法制定时华族制度仍被沿用,因此平等权根本无从体现。

3. 对自由权利作了较多限制性的规定。臣民必须在宪法和法律的范围之内享受自由权利时,同时宪法第 31 条规定“本章各条规定,在战争时及国家事变之际,并不妨碍天皇大权的施行”,实际上天皇可以战争或事变为由,取消臣民享受宪法所规定的自由权利。

总之,明治宪法作为日本历史上第一部宪法,是明治维新的产物和学习西方法制的结果,对于进一步打破封建制度,创建日本近代法律体系及推进日本政治的近代化有重要作用。但在明治宪法体制下,民主、自由的内容有限,天皇拥有绝对大权,而且默许军部享有独立于内阁之外的军权,这既是日本封建军国主义残余的体现,也为日后走上军国主义道路、发动法西斯侵略战争提供可能。

图 5 美浓部达吉在家中(1935 年)

明治宪法从 1890 年正式生效以后,一直实施到第二次世界大战结束。在这半个多世纪的时间里,宪法本身并没有被正式修改,但宪法的一些原则和制度却因宪法解释、宪法性法律的发布及新的国家机关的设立而发生较大变化。1912 年,东京帝国大学教授美浓部达吉(1873 ~ 1948 年)提出“天皇机关说”,主张国家主权并不属于天皇,天皇只是一个国家机关,只能依宪法行使职权。1924 年 1 月,政友会、宪治会组织宪治拥护会,要求确立宪治、实行政党内阁制和君民同治制度,这次宪治拥护运动客观上提高了议会的地位,使日本出现短时期的有限民主制度。1925 年颁布新的选举法,取消对于选举权的财产资格的限制,也在一定程度上体现民主制的发展。1932 年,政友会首相犬养毅被刺,日本逐步法西斯化。

## 二、《日本国宪法》

“天皇机关说事件”

在第二次世界大战中,日本战败。在盟军最高统帅麦克阿瑟(D. Macarthur,1880 ~ 1964 年)的亲自主持下,1946 年 2 月盟军总司令部政治局拟定并起草宪法草案(麦克阿瑟草案),送交日本政府。当时日本内阁迫于国际国内形势,采用了此草案,并于同年 3 月 6 日,将在此基础上拟定的“政府宪法修改草案纲要”公之于世,交国民讨论。同年 11 月 3 日,以《日本国宪法》为名正式通过颁布,于 1947

年5月3日开始实施。它是日本的现行宪法,条文采用口语体形式。

《日本国宪法》除序言外,正文共11章,依次为天皇、放弃战争、国民的权利和义务、国会、内阁、司法、财政、地方自治、修订、最高法规、补则,共103条。与明治宪法相比,它有很大的进步。

(一)国民主权原则

否定国家的一切权力属于天皇,确立国民主权原则。

现行宪法规定,天皇是日本国的象征,其地位以主权所属的全体日本国民的意志为依据,从而确立国民主权原则,否定明治宪法确立的以天皇为中心、主权属于天皇的国家政治体制。

第一,本宪法序言明确国家主权原则。"主权属于国民,并制定本宪法。国政依据国民的庄严委托,其权威来自国民,且其权力由国民代表行使,其福利由国民享受,本宪法即以此原理为根据。"

第二,本宪法规定国民行使主权的基本制度,即由国民选举国家最高权力机关(国会)来行使,"日本国民通过正式选出的国会中的代表而行动"(序言第一句)、"国会是最高的权力机关,是国家唯一的立法机关"(第41条)等,都体现这一制度。

第三,本宪法还规定国民直接行使主权的若干制度,如国民可用直接投票方式罢免不称职和违法的最高法院法官(第79条)、决定是否批准国会通过的宪法修正案(第96条)及决定是否同意制定只适用于某一个别地方的特别法(第95条)等。此外,作为民主政治原则之一,本宪法还规定地方自治制度。

(二)和平原则

宣布放弃战争,体现和平原则。

现行宪法不仅在序言中宣布日本国民希冀和平、维持和平的愿望,而且还以专章对"放弃战争"作了具体规定,即"日本国民衷心谋求基于正义与秩序的国际和平,永远放弃作为国家主权发动的战争、武力威胁或使用武力作为解决国际争端的手段。为达到前项目的,不保持陆海空军及其他战争力量,不承认国家的交战权"(第9条)。宪法所规定的和平条款颇具特色,它反映了广大日本国民的良好愿望。

(三)保障人权原则

扩大公民的自由和权利,强调对人权的保障。

第一,与明治宪法相比,现行宪法规定"国民的权利和义务"一章的条文多达31条,它是宪法中条文数最多的一章,说明对此方面的重视。

第二,现行宪法规定的国民自由权利范围较广。除一般的居住、财产、人身、集会、言论、结社、出版、通信、宗教信仰等自由权利外,还新增加选举罢免公职人员等参政权、受教育权、劳动权、获得国家赔偿权等社会经济权,新规定了思想及良心自由、择业自由等。

第三,规定国民权利是现在和将来都不可侵犯、剥夺的永久权利,有关的法律限制较明治宪法要少。

(四)明确三权分立原则与责任内阁制

根据现行宪法,立法权、行政权、司法权分别由国会、内阁、法院行使,三者之间相互牵制。国会由参议院和众议院组成,议员由普选产生,国会是国家的最高权力机关和国家唯一的立法机关。内阁是国家的最高行政机关,行使行政权,对国会负连带责任。在众议院通过对内阁的不信任案时,内阁如10日内不解散众议院就须总辞职。司法权属各级法院,法院独立审判,法官的身份受特别保障,最高法院院长由天皇根据内阁的提名任命,其他法官则由内阁任命。受到罢免控诉的法官,由国会议员组成弹劾法院进行审理。最高法院还是有权决定一切法律、命令、规则及处分是否符合宪法的终审法院。

基于上述,有的日本学者把现行宪法的基石概括为"民主、人权与和平"三大原则。它的颁布实施对于肃清封建主义和军国主义的影响、否定天皇专制制度有很重大的意义。它反映大部分日本国民热爱和平、要求民主的愿望,为第二次世界大战后日本进行政治体制改革奠定基础,从此也开创日本现代法制建设的新时代。但是,由于宪法产生于特定历史条件,即使从形式上看也并不完善,条文中前后矛盾之处甚多,如宪法中多处出现的"国家""国""国权"等概念很不明确。[5]

现行宪法颁布以来,尽管实际进行修宪的工作未曾有过一次,但宪法实施70多年来,护宪与修宪论争不断,随国际国内形势曾掀起过数次论争高潮。至今,全面的、明文的改宪目的并没有达到,但在宪法的实际运用过程中通过解释宪法、判例等手段,已使宪法的原则发生变化。其中,现行宪法第9条历来是争论焦点,现在该条虽未被正式修改或废除,但实际上其所体现的和平原则已名存实亡。2005年11月,日本自民党在庆祝建党50周年之际,公布修宪草案,将自卫队升级为军队,引起广泛关注。2015年,国会又通过由《国际和平支援法案》与《和平安全法制整备法案》组成的新安保法案,前者是为自卫队支援多国军队提供依据,后者则规定自卫队行使集体自卫权和发起武力攻击的条件。在此之前,2007年,国会已通过《关于日本国宪法修改程序的法律》(通称《国民投票法》),标志着日本修改宪法的程序在法律上有了依据;2014年,国会又通过修改后的新《国民投票法》,规定投票年龄将在新法实施4年后从"年满20岁"下调至"年满18岁",这表明日本朝修宪迈出了关键一步。日本今后将如何修宪,更加令人关注。此外,2018年实施《政治领域的男女共同参与推进法》,提出在参众两院及地方议会的议员选举中,男女候选人尽可能均等,并赋予各政党努力制定男女候选人数量目标的义务,旨在推进政治领域性别平等。

---

〔5〕[日]吉村正:《现行宪法的矛盾》,永田书房1975年版,第111页。

## 第三节　行　政　法

### 一、日本行政法的形成和发展

（一）日本行政法的形成

早在明治维新初期，日本就曾出现有关行政诉讼的规则。1889 年颁布的《大日本帝国宪法》尽管实质上确立天皇专制制度，但它形式上的立宪主义对日本行政法的形成起到了作用。该宪法规定的“由于行政官厅的违法处分而损害权利的诉讼，另以法律规定由行政法院审判，而不在司法法院的受理范围之内”（第 61 条），原则上确定行政诉讼审判权独立于普通法院司法权。

1890 年 6 月颁布《行政裁判法》。该法规定在普通法院之外设立行政法院，它属于行政机关，由长官一人与评定官、书记员若干组成，原则上合议审理依法令应由行政法院审理的案件。行政法院仅在东京一处设立，采取一审制，并以诉愿前置主义为原则。与《行政裁判法》同时实施的“行政厅违法处分的行政裁判事件”，对行政法院可以管辖的具体事件作了规定。随后颁布《文官任用令》（1893 年）、《文官考试规则》（1893 年）、《治安警察法》（1898 年）、《国税征收法》（1897 年）、《行政执行法》（1900 年）等一系列法令，规定行政组织、财政税收、治安、行政执行等制度。

至此，近代日本行政法制基本形成，它总体上属于大陆法系模式，尤其与德国的行政法有密切联系。

（二）日本行政法的发展

近代日本行政法形成以后，尽管存在许多不足，但至第二次世界大战结束前，并未发生很大变化。行政领域的主要法规仍被沿用，只是随政治形势的变化，各时期的行政法也相应地被打上政治烙印而各显示出时代的特点。

第二次世界大战后，《日本国宪法》的颁布，为日本现代行政法的发展奠定了基础，英美的一些制度和原则传入日本，从而形成具有大陆法系与英美法系相混合的行政法制。根据该宪法的规定，废止原来的行政法院，一切案件均由普通法院管辖审理，并且法院对行政行为是否符合宪法有进行审查之权，同时效仿美国行政委员会制度在行政机关内设立公正交易委员会及各种劳动委员会等。

受现行宪法颁布的影响，1947 年制定《国家赔偿法》《内阁法》《地方自治法》《国家公务员法》《警察法》，1948 年颁布《行政案件诉讼特例法》等，它们确立了战后日本行政法的发展方向。自那以后，由于国家活动范围的扩大，行政内容日趋复杂，行政管理职能大大增加，尤其是国家经济发展，要求行政更多地介入社会各种关系，各种法规命令和行政规则不断颁布，行政法在国家法律体系中所占比重迅速上升。1962 年，颁布行政法中很重要的两项法规——《行政案件诉讼法》和《行政不服审查法》,进一步推动行政法的发展。此外,20 世纪 60 年代经济的急剧增长带来广泛的社会公害,国民权益受到损害,受损害者为维护自己权益而频频发起行政诉讼,并取得一定成果,这使行政判例法得到发展,客观上也促进了行政法的发达。

现在,行政法不仅在日本法律体系中占据重要地位,已发展成为独立的法律部门,而且对于国家行政权的行使和国民生活的各个领域都有重大意义。

## 二、日本行政法的基本内容

日本行政法领域范围广泛,法源众多,其原则和制度主要体现在成文法源中。

### (一)行政组织

现行宪法确立地方分权原则,据此,日本的行政分为国家行政和地方行政,国家行政由国家行政组织执行,地方行政由地方自治组织执行。国家行政组织指内阁及其所属的府、省、厅等行政机关,包括人事院、国家安全委员会和公正交易委员会等,具有独立性质的会计检查院也属国家行政组织。国家行政组织按照宪法及有关国家行政组织法规行使权力,在结构上保持系统性和统一性。内阁是国家行政组织的最高机关,各省、厅、委员会要接受内阁的统辖和监督,但在行使职权时又具有相对独立性。

地方自治组织分为特别地方公共团体和普通地方公共团体。前者指特别区、地方公共团体的组合、财产区及地方开发事业团等;后者按普通行政区划设立,其组织包括都、道、府、县、市、町、村各级作为议事机关的议会、作为执行机关的行政首长(都道府县知事、市町村长)及各种委员会等。地方公共团体享有在不违反宪法、法律前提下制定条例和规则的权力,并且原则上地方公共团体不隶属于内阁,但中央可通过立法、行政、财政等手段控制、干预地方自治团体的事务。

### (二)公务员制度

在明治宪法体制之下,官吏由天皇任免,所有官吏对天皇及天皇政府尽职,官吏在身份上隶属于天皇。官吏享有特权。确立国民主权原则的现行宪法规定"选举和罢免公务员是国民固有的权利。一切公务员都是为全体国民服务"(第 15 条),从而奠定现代公务员制度的基础。《国家公务员法》(1947 年)和《地方公务员法》(1950 年)是调整公务员制度的主要法律。

日本的公务员是指除参、众两院议员外的在国家和地方公共团体中担任公职的人员。公务员可以分为国家公务员与地方公务员、一般职务公务员与特别职务公务员。公务员一方面享有身份上的权利、对不利处分请求审查权、薪金请求权及其他经济上的权利,另一方面负有专心工作、服从法令、保守秘密、不作丧失信用行为等义务。若公务员履行职务不适当,还按不同程度追究其惩戒责任、赔偿责任、刑事责任等。日本法律还规定公务员的职务等级制,并设立人事院作为国家公务员的人事机关,设人事委员会或公平委员会为地方公务员的专门人事机关,以管理公务员的等级考核、任免、惩戒、待遇等事项。

(三)行政行为、行政立法、行政强制及行政处罚

在日本,行政行为、行政立法、行政强制、行政处罚都是行政作用的主要形式。

第一,行政行为。行政行为是行政机关为行使公权力采取的对外部产生直接法律效果的行为,按不同标准有若干分类。根据法治行政的原理,所有行政行为都受法律约束,但由于法律是抽象的规范,而客观具体情况又要求行政行为采取适当的措施,因此行政机关又被承认有行政裁量之权。

第二,行政立法。日本的行政立法按性质分为法规命令和行政规则。法规命令是由行政机关制定的具有法规性质的规范,主要是关于法律的实施细则和行政机关基于授权而制定的委任立法;行政规则是行政机关发布的在其内部有效的抽象性规范,通常表现为告示、指示及通知。

第三,行政强制。行政强制是为确保行政义务得以履行而采取的强制手段,其执行方法主要有代执行、强制征收、执行处罚、直接强制。

第四,行政处罚。行政处罚是指对违反行政义务的行为给予的制裁,其自身并不是为了确保行政义务的履行。传统的有行政刑罚和秩序罚两种,前者是对违反行政义务者处以刑法规定的刑罚种类,后者则是对违反行政义务者处以单纯的罚款。近来,为确保行政义务人履行义务,又采取了一些新的行政处罚方法,如吊销执照、公布不履行义务者名单、课征金、拒绝给予。

(四)国家赔偿制度

现行宪法规定,"由于公务员的不法行为受到损害时,任何人都可以根据法律规定,向国家或公共团体提出赔偿要求"(第 17 条)。为实施这一原则,日本制定《国家赔偿法》。它规定,国家或公共团体对因行使公权力、公共设施的设置或管理上的缺陷和因私经济作用等给国民权益造成的损害都负有赔偿责任,具体的损害赔偿责任按照《国家赔偿法》和民法的规定承担。行使公权力的公务员,一般对受害人不负直接责任,但若公务员有故意或重大过失,国家或公共团体则对公务员享有赔偿请求权。

(五)行政诉讼制度

明治宪法之下,行政案件的审判虽由行政法院管辖,但行政法院归属于行政机关系统,没有很大的独立性,并且仅限于管辖法律所列举的事项,对国民的权益救济不力。《日本国宪法》颁布以后,行政案件归普通法院审理。根据 1962 年颁布的《行政案件诉讼法》,行政案件的起诉方式为概括主义,有抗告诉讼、当事人诉讼、民众诉讼和机关诉讼四种类型。其中,抗告诉讼是行政案件诉讼的中心,它是指有关对行政厅行使公权力不服的诉讼,主要有撤销裁决、确认无效、确认不作为的违法。

2004 年,作为日本司法改革的一个环节,全面修改《行政案件诉讼法》,主要是扩大行政诉讼原告的范围,增设课予义务诉讼与停止诉讼等诉讼类型,改变被告资格,完善法院管辖,延长起诉期间,并设立若干临时救济措施。此次修改,标志着行政诉讼改革取得了阶段性的成果,不过,日本的行政诉讼现仍存在有待进一步完善的若干课题。

### 三、日本行政法的基本特点

1. 在日本,至今对什么是行政法尚无定论,但大都承认行政法是关于行政的法,可以分为行政组织法、行政作用法、行政救济法三大体系。[6]

2. 日本的行政法领域没有制定系统的、概括的、独立的法典,有关行政法的原则和制度体现在宪法、法律、命令、规划、条约等成文法源和习惯、判例、条例等不成文法源之中,并且原则上以成文法源为主、不成文法源为辅。

3. 专门的、技术性的行政法规范在行政法体系中的比重日益增加。随着现代科技的发展,行政领域中出现要求高度的科学性和知识性的部门,如原子能、航空航天等。这客观上就对行政手段提出了更高的要求。

4. 尽管行政诉讼制度随时代变化而发生较大的变革,但行政诉讼在日本行政法制史上始终占据重要地位。不仅制定有行政诉讼的专门成文法规,而且在长期诉讼实践中形成许多具有法律效力的判例。

5. 与发达的行政实体法相比,日本的行政程序法长期以来一直比较薄弱,无法适应现代日本行政法制化的需要。1993 年,日本制定了《行政程序法》,一定程度地弥补了这一薄弱状况,该法在实施近三十年来,已经形成若干重要的判例。

此外,2021 年 5 月,日本通过《数字化社会形成基本法》。随着行政数字化建设的推进,行政法领域势必会作多方面的调整。

## 第四节 民 商 法

### 一、明治民法

#### (一)明治民法的制定

近代初期,明治政府在逐步制定各单行法规的同时,也意识到编纂统一法典的必要。民法典的编纂是其中较早进行且困难重重的工作。理论上对于制定民法典有两派争论,一派主张以欧洲各国法典为模式,另一派则主张以日本旧有法律和各地习惯为基点。各派纷纷着手私拟民法典草案的工作,至旧民法公布之前,出现的民法草案就多达六种。[7]明治政府确定以《法国民法典》为依据编纂民法典。1870 年设立制度调查局,着手进行《法国民法典》的翻译工作,随后聘请保阿索那特指导民法典的起草工作。几经周折,1890 年终于公布民法典草案,并预定 1893 年 1 月 1 日开始实施。它分为人事、财产、财产取得、债权担保和证据五编,共 1800 余条,后被称为“旧民法”。旧民法在内容上过于法国化,因而遭到社会舆论的强烈反对,终被帝国议会决定延期实施。

---

〔6〕 [日]森实、依田精一编:《日本的现代法》,法律文化社 1983 年版,第 250 页。

〔7〕 [日]高柳真三:《日本法制史》(二),有斐阁 1965 年版,第 153 页。

于是,明治政府于1893年成立以首相伊藤博文任总裁,穗积陈重(1855～1926年)、富井政章(1858～1935年)、梅谦次郎(1860～1910年)等为委员的民法典调查会,参照已公布的德国民法典草案,同时结合日本国情,重新起草民法典,于1896年4月公布总则、物权、债权三编,1898年6月公布亲属、继承二编,并同时公布“民法施行法”,确定全部五编于1898年7月16日开始实施。这就是“明治民法”,共36章,1146条,体例为第一编总则、第二编物权、第三编债权、第四编亲属、第五编继承。在日本,一般称前三编为财产法,后二编为家族法。

关于“旧民法”的争论

（二）明治民法的特点

1898年实施的明治民法是日本从仿照法国法转而学习借鉴德国法的成果之一,它的体例结构大致与《德国民法典》相同,只是把物权编调置于债权编之前,并且物权编中有关土地所有权的规定所占篇幅较大,表明这一时期日本资本主义还不发达,封建关系仍严重存在,债权不像物权那样受重视。法典还出现类似《德国民法典》规定的“善良风俗”“诚实信用”“公共秩序”等弹性概念。因此,明治民法是一部保留大量封建残余的资产阶级民法典。

1. 资产阶级民法的内容和原则主要集中体现在法典的财产法部分。法典不仅运用诸如法律行为、代理、时效、占有、无因管理、不当得利等近代资产阶级民法普遍使用的法律词汇,体现出其概念、术语的欧化和近代化,而且还贯彻了资产阶级民法原则。

法典第1条规定:“私权的享有,始于出生之时”,这表明公民民事权利形式上平等的原则。法典规定的“所有人于法令限制的范围内,有自由使用、收益、处分所有物的权利”(第206条)和“土地所有权于法令限制的范围内及于土地的上下”(第207条),集中确立资本主义私有财产无限制的原则。契约自由原则体现在法典第521、526、537、540条等条文中。按照这些条文,契约成立必须具备要约和承诺两大要件,并且当事人间的意思表示必须一致,契约即告成立。成立后的契约遂对缔约当事人具有约束力,双方不得任意毁约。债权编侵权行为一章,肯定民事责任的过错责任原则,如第709条规定:“因故意或过失侵害他人权利者,对因此而产生的损害要负赔偿责任。”

但是,即使在财产法部分,法典也保留具有封建色彩的内容,如物权编以专章规定体现封建剥削的永小作(永佃)制度。根据规定,土地所有人可因佃农2年以上不按时交齐地租而要求解除租佃关系,但永佃权人虽因不可抗力致收益受损时,也不能减免地租,只有当因不可抗力连续3年以上无收益或连续5年以上其收益少于佃租定额时,才得要求停止租佃关系,否则,必须在地主土地上永佃20年至50年。

2. 家族法则大量保留封建时代的内容。亲属编基本上沿用德川幕府时代以男性为中心的“家”的制度,法典专章对户主的特权与家属成员的从属地位作了具体规定。根据法典,户主对家族成员行使户主权,在整个家族中处于支配地位,对于其家属拥有居所指定权、婚姻及收养的同意权,户主权利不得任意抛弃。由法院确定的亲属会议决议对家族事务有决定作用。在婚姻家庭关系上,法典公开确立夫妻之间的不平等,妻子的行为能力受到限制,其财产由丈夫管理。妻子若与人通奸,丈夫就可提出离婚之诉,而妻子则必须在丈夫犯奸淫罪被处刑时才可提出离婚之诉。

继承编中,法典规定继承分为家督继承和财产继承。家督继承就是沿用封建时期固有的户主权利和义务的继承,其继承顺位是男子优于女子、婚生子女优于非婚生子女,并且均以年长者为优先。在遗产继承中,虽然确定诸子平分,但又规定直系卑亲属若有数人,庶子及非婚生子女的应继份为婚生嫡子应继份的1/2,而且法定家督继承人的直系卑亲属的特留份多于其他人。

## 二、民法的发展

明治民法颁布一个多世纪以来,已多次被正式修改,加之大量单行民事法规的颁行和民事判例的形成、适用,日本的民法已发生较大变化。除了两次世界大战期间民法内容部分体现那一阶段法律法西斯化特点外,日本民事法律制度的变迁是基本符合现代资本主义民法发展潮流的。

民法典的重大修改主要是在第二次世界大战以后。为适应《日本国宪法》的实施,日本于1947年4月公布"伴随日本国宪法施行的民法应急措施法",在此基础上主要对民法典亲属、继承两编进行全面修改,修改后的《日本民法典》从1948年1月1日开始施行,其条文较原来减少,该两编的条文采用口语体形式。此后至今,民法典又进行多次修改,其中,2004年的修改,使整部民法典全部口语化,也即现代语化。[8] 2017年的修改,主要涉及总则编、债权编,其目的有二:一是适应社会经济的变化,二是使民法便于一般国民理解。2018年3月,民法将法定成年年龄从20岁降至18岁,同年7月,对继承编作了较多修改,以应对日益加剧的老龄化等社会问题。这些修改,现在均已生效实施。

单行法规的颁布早在明治民法施行之初就已进行过,但大量单行法规的出现是在第二次世界大战以后,如《宗教法人法》(1951年)、《汽车损害赔偿保障法》(1955年)、《企业担保法》(1958年)、《关于原子能损害赔偿的法律》(1961年)、《假登记担保契约法》(1977年)、《租地租房法》(1991年)、《产品责任法》(1994年)等,单行法规侧重于对法典的总则编、物权编、债权编的补充和实施。此外,属于大陆法系的日本尽管理论上和原则上不承认判例的约束力,但在实践中法院的判决尤其是最高法院的判决往往具有法源的作用,民法典实施过程中形成的判例,特别对"物权编"的内容作了补充。

日本民法内容的发展变化,主要有下列方面:

1. 民法原则已有一定的变化。基于《日本国宪法》规定的"财产权的内容,应由法律规定以期适合于公共的福利"(第29条),1948年实施的《日本民法典》新增加第1条,即"私权应服从公共福利。行使权利及履行义务时,应恪守信义、诚实进行。不许滥用权利",表明所有权无限制原则和契约自由原则已发生变化。正因如此,有日本学者认为,

---

[8] 《最新日本民法》,渠涛编译,法律出版社2006年版,第411~414页。

修改后的《日本民法典》确立的是“公共福利原则”“诚实信义原则”“法律人格平等原则”。此外，日本通过判例和单行法规，在有些领域确立无过错责任原则，如1972年的《大气污染防止法》和《水质污染防止法》等，都明确了这一原则。

2. 财产法中某些具体的民法制度已得到发展。公益法人的范围已经扩大；物权的种类增多，如温泉权、流水利用权就是通过判例加以承认的新的物权种类。此外，所有权制度、债权制度等均发生了一定的变化。

熊本水俣病事件

3. 婚姻家庭制度发生较大变化。废除封建色彩浓厚的户主和家族制度，规定家庭的共同生活以夫妻和父母为中心；父母在平等基础上尊重子女的人格，监护和教育子女；取消成年人结婚须经父母同意的规定，以男女双方自由合意为婚姻成立的基础；强调夫妻在婚姻关系上的平等，夫妻双方可以同样理由提出离婚之诉；在财产关系上，夫妻拥有相同的权利和义务，废除原来的丈夫享有对妻子财产的管理权的规定；提高养子女、非婚生子女的地位。此外，为适应老龄化社会的到来，1999年日本还通过法律，大规模修改成年人监护制度。但是，日本至今在法律上还保留着针对妇女的“待婚期制度”（规定女子自前婚姻解除或撤销之日起，非经6个月不得再婚），没有明文确立“婚姻关系破裂”的离婚原则，对于是否应确立夫妇别姓制度也存在很大争议，这些均说明传统保守的婚姻家庭观仍没有被彻底清除。

4. 继承制度也有很大变革。废除家督继承制，确认继承仅限财产继承；财产继承的法定顺位依次为直系卑亲属、直系尊亲属、兄弟姐妹，同一顺位的继承人各自的应继份相等；规定被继承人的配偶恒为继承人，即配偶可以与前述任何顺位的法定继承人一起参与继承，并且照顾其应继份。2018年继承编的修改，主要是新设配偶居住权制度；对于自书遗嘱的要件、遗嘱执行人制度，也有较大幅度的修改。

### 三、明治商法及商法的发展

#### （一）明治商法

明治维新初期，为促进自由商业的振兴，明治政府于1868年设立商法司，并发布“商法大意五条”，次年又设立通商司以代替商法司的工作。通过数年努力，日本统一货币制度，建立铁道、通信制度，海运业、银行业、各种交易所均得以建立，日本经济获得急速的发展。其间，颁布许多单行商事法规，但为了进一步扶植民族企业，保护对外贸易，日本政府决定制定统一的商法典。

1881年，当时担任日本政府顾问的德国专家洛爱斯莱尔（H. Roesler，1834～1894年）受命负责起草商法典，1890年4月《商法典》获得通过，后来它被称为“旧商法”，分总则、海商法、破产法三编，共1064条。由于其脱离国情和传统商事习惯，故公布后不久也与旧民法一样遭到激烈抨击；后经多次修改，终于1893年使部分内容得以实施，直至1898年7月1日才以应急措施使其全部条款得以实施。

1899年3月，由梅谦次郎、冈野敬次郎（1865～1925年）等参加制定的《商法典》被通过、颁布,分五编,即第一编总则、第二编公司、第三编商行为、第四编票据、第五编海商,共689条,同年6月16日代替旧商法开始施行,这就是明治商法,它在继承日本传统商事习惯的基础上,主要效仿1897年《德国商法典》,同时还吸收法国商法、英国商法的内容。明治商法与旧商法相比,有许多变化:其一,旧商法把破产法作为一个重要的部分,而明治商法则没有破产法编,把它排除在外作为独立的单行法;其二,旧商法较重视民法对商业活动的调整、指导作用,而明治商法则强调商业习惯法的特殊效力;其三,旧商法规定必须由会计学校或法科学校的毕业生负责商业账簿的制作,这也是旧商法公布后遭到批评的焦点之一,明治商法则改之为"其他人"也可制作商业账簿,比较适合当时日本的国情;其四,旧商法规定股份公司的成立必须经过主管部门的批准,即采取特许主义,明治商法原则上采取自由设立主义。此外,明治商法还新增加允许公司合并的规定。

(二)商法的发展

明治商法施行至今并没有被废除,但经多次修改,法典的体例和内容都发生较大的变化。由于制定了《票据法》(1932年)和《支票法》(1933年),故法典的第四编票据已被删除,海商法从第五编改为第四编。除体系有较大变动外,法典各编内容也被多次修改,其中,至20世纪70年代为止,较大的修改有四次:[9](1)1938年的修改。主要是对总则编和公司编的修改和补充,增加关于公司登记的成立要件、章程认证、以虚构人或他人名义而认股的责任、公司职员的渎职罪等规定。(2)1950年的修改。这是在第二次世界大战结束以后,日本处于被占领时期进行的,故移植美国商法的若干内容。如采用授权资本制度和无票面金融股,修改董事会制度,即选任董事,以合适的管理人才为标准,并不要求一定是股东,增加代表诉讼制以提高股票持有者的地位,删除公司编中股份两合公司一章的所有内容。(3)1966年的修改。主要增加对股份让渡制度的限制,规定转换公司债务制度。(4)1974年的修改。针对一些大公司的倒闭所出现的决算问题,主要增加监察人制度、创设中期分红制度,并规定对停滞公司的整顿。

20世纪八九十年代以来,日本又相继对商法典进行多次修改。进入21世纪后,日本商法典的修改工作更加频繁、深入。2001年、2002年,日本进行自1950年代以来规模最大的商法、公司法修改,引入若干美国式的制度。2005年的商法修改,既涉及商法总则,而且使《公司法》从商法典中单列出来,对于公司治理大幅度放宽规制。2014年及2019年,又对《公司法》进行修改,目前它共计979个条文,从法典规模看,体现出精细化立法原则的效果,这标志着日本公司法现代化改革的完成,当然,其本身也存在一定的结构性问题,有待进一步完善。[10]

此外,在日本,有形式意义商法与实质意义商法之分。前者即指商法典,后者则不仅

---

〔9〕[日]小室金之助:《商法概说》,成文堂1979年版,第13页。

〔10〕参见朱大明:《公司法立法指导原则的研究——以日本公司法现代化改革为中心》,载《清华法学》2022年第2期。

包括商法典,还包括商事特别法、商事习惯法,甚至还包括民法典、民事习惯法等。因此,这些渊源的变化也就意味着商法内容实质意义的变化。

## 第五节　经济与社会立法

### 一、日本经济法的兴起和发展

(一)经济法的兴起

19世纪末,日本资本主义经济结构出现一个显著变化,即垄断资本逐渐形成。国家为加强对经济的干预,至第一次世界大战前,已颁布银行、证券交易、运输、渔业、森林、产业组合等方面的法规。尽管这样的法规数量不多,但一般认为,这是日本经济法的萌芽时期。

第一次世界大战时,为适应战争的需要,日本颁布《黄金出口禁止令》《炼钢行业奖励法》《军需工业动员法》等,标志着日本经济法的初步兴起。此后,为对付经济危机,控制通货膨胀,日本又颁布《米谷法》《制铁业奖励法》《卡特尔组织法》《石油经营法》《出口补偿法》。这一时期的经济立法数量极多,而且范围很广,几乎涉及农业、工业、外贸等经济生活各主要领域。

第二次世界大战时,为实现集中一切人力、物力投入侵略战争的目的,日本颁布一系列服务于战争的"战时统制立法",其中,1938年的《国家总动员法》是处于中心地位的战时经济法。此外,为控制通货膨胀和保障物资供应,日本还制定《价格统制令》《粮食管理法》。随着战争的进展和日本经济的逐渐困难,日本对《国家总动员法》进行多次修改。这一时期的经济立法主要体现了日本法西斯政策渗透到经济领域的特点。

(二)经济法的发展

第二次世界大战以后,日本在恢复和发展经济的过程中,非常重视利用法律手段加强对经济的宏观控制,制定大量的经济法规。各方面经济活动几乎无一例外地被纳入法制轨道,从而使经济法成为日本战后发展最为迅速的法律领域。战后日本经济法的发展大致分为两个阶段,即被盟军占领时期(1945～1952年)和独立时期(1952年以后)。

被占领时期,盟军对日经济政策的基本原则是实现经济非军事化、确立和平经济、建立民主化经济。为此,日本废除战时所制定的经济法规,颁布禁止私人垄断和保障公平竞争、解散财阀、改善农村土地及恢复经济、改革落后工业结构、推行财政平衡等方面的法规。至1952年《旧金山和约》生效前,三大经济改革任务基本完成,战后经济法体系得以确立。

1952年日本结束被占领时期,重新被纳入战后的国际经济秩序之中,从此开始进行独立自主的经济立法活动。至今70多年来,日本先后经历经济恢复期、经济高度成长期和经济低成长期等阶段,由于每一阶段国家的经济重点和经济政策中心的不同,各个时期颁布的经济法规也各有其侧重点。

总之,日本是一个重视对经济活动进行国家强力干预和宏观控制的资本主义国家。充分利用法律手段调节经济是日本宏观管理经济的一个重要组成部分,也是日本经济发展的成功经验之一。

## 二、日本经济法的基本内容

尽管经济法并不是指与经济有关的所有法律,但第二次世界大战后日本经济法范围非常广泛。按照日本《现行公司六法》的体例,经济法分为交易、企业、金融与财政、工矿能源业、公害、土地与建设、运输、邮政与通信、警察等编,涉及经济生活各个领域。

在众多的经济法规中,最重要、最基本的当首推 1947 年颁布的《禁止垄断法》。尽管日本的经济法学界至今对经济法的基本问题,如概念、范围、体系等尚未形成统一观点,但大多经济法学者都承认《禁止垄断法》在经济法体系中的核心地位,故它又被称为"经济宪法"。

《禁止垄断法》的全名为《关于禁止私人垄断和确保公正交易的法律》,由 10 章组成,共 114 条,它既有实体的规制内容,同时又有实施机构和处理违法事件程序的规定。实体规制内容主要有:禁止私人垄断和限制不当交易,禁止控股公司,限制大企业的股份所有总量和金融公司的股份保有;列举不当的区别对待、不当的价格、不当的引诱强制顾客、附有约束条件的交易、不当利用交易上的地位、引诱他人采取不利于竞争的行为等为不公正的交易方法。《禁止垄断法》的施行机关是公正交易委员会,由委员长 1 名和委员 4 名组成,由内阁总理大臣任命,接受其管辖,但行使职权时有一定的独立性。公正交易委员会拥有广泛的权限,其中最有特色的是享有对违反《禁止垄断法》的行为采取劝告或运用准司法的审判程序加以审决的权力。《禁止垄断法》除规定行政处分外,还规定了刑罚,但对违反该法的刑罚不能由公正交易委员会直接下令进行,而须由公正交易委员会向检察总长告发,再通过审判后才科以刑罚。

《禁止垄断法》至今仍具有效力,但已被多次修改。其中,2005 年,修改内容有:在强化制裁卡特尔违法行为方面,引入刑事调查权限,提高行政课征金额,引入减免行政课征金制度;在重新规范行政程序方面,废除事前行政审判制度,引入行政处分程序及在行政处罚之后进行行政审判的制度。此外,还废除同时提高价格的申报制度。[11] 2013 年,废除自 1948 年开始施行的公正交易委员会的审判制度及其相关规则,在反垄断法适用上扩大法院的职责。2019 年的修改,主要是对反垄断法的配套实施程序进行细化规定,出台《滥用优势地位的指南》。随着信息化不断发展,数字平台在消费市场的地位越来越受到重视,2020 年,又启动对于《禁止垄断法》的再一次修订工作,旨在规制特定数字平台。

---

〔11〕[日]村上政博:《日本禁止垄断法》,姜姗译,法律出版社 2008 年版,第 152 页。

70多年来，《禁止垄断法》的修改，根据经济形势变化，时而缓和、时而加强对垄断的限制，这对于维护日本经济秩序、繁荣企事业活动、确保消费者的利益等方面均具有重要的意义。

此外，在当代日本经济法领域中，环境立法的发展特别显著。最近30多年，日本颁布《再生资源利用促进法》(1991年)、《环境基本法》(1993年)、《容器包装循环利用法》(1995年)、《家电循环利用法》(1998年)等。2000年，又颁布《循环型社会形成推进基本法》《建筑循环利用法》《食品循环利用法》《绿色采购法》，同时将《废弃物处理法》《再生资源利用促进法》进行修改。这样，日本就构成以《循环型社会形成推进基本法》为主干、以相关专项立法为分支的循环型社会法律制度体系。《循环型社会形成推进基本法》宣布，日本要从过去那种"大量生产、大量消费、大量废弃"的经济社会中脱胎换骨，构建一个降低环境负荷并实现经济可持续发展的循环型社会。它的颁布，是日本环境立法史上的一座里程碑。

## 三、日本的社会立法

日本的社会立法，主要由劳动法和社会保障法组成。

### (一)劳动法

1.第二次世界大战以前的劳动法。早在19世纪末，纺织业等的急速兴起，吸收大量劳动者，各种劳资关系问题相继发生。明治政府于1898年制定"工场法案"，但由于受到资本家的广泛反对而没有得到颁布、实施。20世纪初，日本经济进一步得到发展，但劳动者的地位毫无提高，在各种压力下明治政府起草了"工场法"，终于1911年3月获得议会通过，于1916年开始施行。后对它作了修改(1923年)，主要是扩大适用该法的工厂范围，并规定劳动者的最低年龄，增加扶助职工的条文。第一次世界大战结束以后，为解决社会失业问题，相继颁布《职业介绍法》(1921年)、《船员职业介绍法》(1922年)、《劳动者募集取缔令》(1924年)及《营利职业介绍事业取缔规则》(1925年)等，一定程度上缓和了当时因社会失业带来的矛盾。1922年制定以劳动者为对象的《健康保险法》(1934年修改，主要是扩大被保险者的范围)。1926年还颁布《劳动争议调停法》，该法规定一般企业的劳动争议采取任意主义，公益事业的劳动争议则采取强制主义，规定设置调停委员会作为调停争议的组织，禁止在调停过程中进行诱惑、煽动争议者和阻碍调停的行为。可见，日本劳动法的起点并不晚，颁布的法规也不少，但日本政府对劳动法规的实施并不积极，在法西斯统治时期更是如此。

2.第二次世界大战以后劳动法的发展。日本劳动法体系可以分为劳动团体法、劳动保护法和失业者保护法。三者又被称为团结保障法、劳动基准保障法、雇佣保障法。[12]《日本国宪法》规定的"全体国民都有劳动的权利与义务，有关工资、劳动时间、休息及其

[12] [日]林迪广：《劳动法讲义》，法律文化社1979年版，第8页。

他劳动条件的基本标准,由法律规定之”(第27条第1、2款)和“保障劳动者的团结权、集体交涉及其他集体行动的权利”(第28条)等,为劳动法的发展奠定基础。

(1)劳动团体法的发展。1946年和1949年分别制定《劳动关系调整法》和《劳动组合法》(《工会法》),它们规定调整劳动争议的具体问题。此外,还有《公共企业体劳动关系法》(1948年)、《地方公营企业劳动关系法》(1952年)等,这些都一定程度地保障劳动者的团结权、交涉权及争议权。

(2)劳动保护法的发展。最基本的法律是1947年制定的《劳动基准法》,它规定劳动者劳动条件的具体标准,并附有罚则。此外,还有为确保劳动场所安全卫生的《劳动安全卫生法》(1972年)、规定劳动者最低工资待遇的《最低赁金法》(1959年)等。1947年的《船员法》则是针对船员劳动的特殊性,主要规定海上、水上勤务的船员劳动者的劳动条件标准。

(3)失业者保护法的发展。体现在制定下列法规:《职业安定法》(1947年),具体确立公共职业介绍安定所免费介绍职业的原则;《雇佣对策法》(1966年),它以达到国民经济的均衡发展与完全雇佣为目的;《雇佣保险法》(1974年)确定了失业劳动者一定期间的生活保障。此外,还有《身体障害者雇佣促进法》(1960年)及《职业训练法》(1969年)等。

(二)社会保障法

1.第二次世界大战前的社会保障法。早在1874年,日本就公布了“恤救规则”,规定对于残疾、年老及其他无生活能力等贫困者给予一定标准的购米钱等救济。1916年,旨在救济残废军人、军人家族的《军人救护法》得到实施。1929年迫于当时形势、参照外国立法经验的《救护法》颁布,与“恤救规则”相比,它规定的救济范围扩大,种类和内容丰富,救济机关和费用承担明确,并且从法律上明确国家的救济义务。[13] 但对于该法的施行,日本政府并不积极。其后颁布《虐待儿童防止法》(1933年)、《母子保护法》(1937年)、《医疗保护法》(1941年)、《国民健康保险法》(1938年)、《船员保险法》(1939年)、《劳动者养老金保险法》(1941年)等,从形式上充实了社会保障法的内容,但其中不乏作为战争的应急需要而制定的法规,故其真实的社会保障效力大打折扣。

2.第二次世界大战后社会保障法的发展。战后日本社会保障法的基本方针是向平等性、国家统一责任的方向发展。《日本国宪法》规定的“全体国民都享有最低限度的健康和文化生活的权利。国家必须在生活的一切方面努力于提高和增进社会福利、社会保障以及公共卫生的工作”(第25条),为社会保障法的发展提供原则依据。

社会保险制度是日本社会保障的重要内容之一。一方面日本对《国民健康保险法》进行多次修改,于20世纪60年代初确立国民全保险体制。另一方面,制定《劳动者灾害补偿保险法》(1947年)、《失业保险法》(1947年)等,而且对战时制定的《船员保险法》

---

〔13〕 [日]荒木诚之:《社会保障法》,青林书院新社1983年版,第99页。

《养老金保险法》等进行多次修改,从而形成战后日本的社会保险法体系。60 年代以后,随着日本经济水平的提高,原有的保险法规或被修改,或被废止,而且还制定新的法规,如《雇佣保险法》(1974 年)、《老人保险法》(1982 年)等。日本社会保险法的内容更趋充实,体系更加完善。

日本社会福利立法的发展也十分迅速。1951 年制定的《社会福利事业法》较为重要,它明确社会福利事业的公共性,规定社会福利事业的范围、种类,创设社会福利法人制度,体现福利事业的专门技术化和近代化特点。其后又颁布《精神薄弱者福利法》(1960 年)、《老人福利法》(1963 年)、《母子福利法》(1964 年)及《身心障害者对策基本法》(1970 年)、《勤劳妇女福利法》(1972 年)、《母子及寡妇福利法》(1981 年)等。近年来,日本社会立法又有了进一步的发展。2000 年,日本制定《社会福利法》,根据该法,社会福利制度从措施转变为契约。2004 年,《儿童福利法》进行了大幅度的修改。2005 年,日本制定《障碍者自立支援法》。最近几年,《社会福利法》《儿童福利法》等又有多次修改。

除社会保险、社会福利外,社会保障制度还包括国家的扶助救济制度。战败之初的日本,国民生活贫困,社会不安定因素增加。1946 年,日本遵照占领军司令部命令制定《生活保护法》,同时废止战前的《救护法》等法规。但由于该法缺乏明确的保护受给权的规定,与《日本国宪法》有关保障生存权的规定不符合,故日本于 1950 年制定现行的《生活保护法》,明确扶助救济贫困的国民是国家的责任,并且还规定扶助救济的实施机关、程序、种类,从而确立日本国家扶助救济制度的基本准则。

总之,日本当代的社会保障法获得了很大的发展,这与日本经济急速增长、国力增强紧密相连。但是也应看到,社会保障法体系内各领域的立法参差不齐,发展并不均衡,而且现实中的日本,普通国民的生活水平与发达的日本国力并不协调。随着日本社会老龄化的加剧和国民对生活水准要求的提高,日本的社会保障法必然要进行新的改革,势必出现新的立法课题。

## 第六节　刑　　法

### 一、1907 年日本刑法典

在 1907 年刑法典颁布之前,明治政府曾经从事过颁布刑事法规的工作。明治初期,《假刑律》(1868 年制定,"假"即"暂行"之意)、《新律纲领》(1870 年颁布)、《改定律例》(1873 年颁布)相继出台,但体例、内容等都不过是日本封建时期法律的翻版而已,并没有实现刑事立法的近代化。正因如此,1875 年明治政府着手制定西方式刑法典,保阿索那特受邀负责法典的起草工作,经过对草案的审议、修正、改订,于 1880 年 7 月正式颁布,

1882年1月1日开始施行。它后被称为"旧刑法",是以1810年《法国刑法典》为依据制定的,共430条,分为第一编总则、第二编关于公益的重罪轻罪、第三编关于身体财产的重罪轻罪及第四编违警罪。这是日本第一部西方式刑法典,首次规定"法无明文规定不为罪"和"法不溯及既往"等原则,并且对量刑幅度作了较严格的规定,以限制法官的自由裁量权。

与明治初期保留大量封建内容的刑事法令相比,旧刑法具有较大的进步性,但由于在许多方面并不适合当时日本国情,因此遭到社会舆论的反对。尽管一直实施到明治末期新刑法生效为止,但在实施过程中其地位极不稳定。

在旧刑法实施后不久,对它的第一次修正要求就被提出,司法省仍委嘱保阿索那特起草修正案,并于1891年向议会提出。但由于它仍仿照《法国刑法典》,与旧刑法相比并无太大变化,因此未获议会通过。明治政府于1892年设置刑法修改审查委员会,着手起草新的刑法修正案。日俄战争(1904～1905年)结束后,明治政府于1906年设立新的法律调查委员会,通过对原修改案的稍作修订,于1907年1月向议会提出,并获通过,同年4月公布,1908年10月1日施行,被称为"新刑法"。该法典共264条,分总则、分则两编,第一编总则是关于刑法适用范围、刑罚种类、假释、缓刑、未遂罪、并合罪、累犯、共犯等的原则规定,第二编规定各种犯罪及应处的刑罚。它既反映古典刑法学派的报应刑思想,又吸取社会刑法学派的目的刑思想,而且更加侧重于后者。

与旧刑法相比,新刑法在内容上有下列主要变化:

(1)新刑法废除旧刑法的重罪、轻罪的划分,并将违警罪从法典中剔除,另由《警察犯处罚令》加以规定,而代之以概括方式列举犯罪罪名。

(2)对旧刑法中争议最大的两个问题作了重大修改。其一,删除旧刑法中"法无明文规定不为罪、不处罚"的规定,理由是法律没有明文规定的不构成犯罪和不受到处罚,是不言自明、尽人皆知的普通道理,况且明治宪法第23条已有类似规定,即"日本臣民,非依法律,不受逮捕、拘禁、审问、处罚",因此沿用旧刑法中的此条规定已无必要。其二,扩大旧刑法中规定的刑期幅度,如惩役可以是1年以上、10年以下,有的条文甚至仅规定刑期的底限,而不明确最高刑期,从而为法官留下自由裁量的余地。

(3)改变旧刑法所规定的刑种。取消原来的徒刑、流刑的名称,废除监视、惩治场留置等附加刑,停止公权、剥夺公权等名誉刑未被列入法典,改由特别法加以规定,而将主刑定为死刑、惩役、监禁、罚金、拘留、罚款(科料),没收作为附加刑。

(4)改变旧刑法中的若干法律用语,如"期满免除"改为"时效","数罪俱发"改为"并合罪","不论罪"及"减轻"改为"犯罪不成立"和"刑的减免","再犯加重"改为"累犯","数人共犯"改为"共犯","谋杀故杀之罪"改为"杀人罪",等等。

(5)新刑法从属人主义原则出发,增加日本臣民在外国对日本国家或臣民所犯罪行的处罚规定,旧刑法对此未作规定。

(6)新刑法第一次规定缓刑制度,进一步完善假释制度,并且增加犯罪未被发觉前自首可以减刑和犯罪行为未完成前自首可以免刑的规定。对于正当防卫,原则上可以减轻或免除处罚,而对于累犯,则加重处罚。

(7)法典以侵犯皇室罪和内乱罪为最重大的犯罪。分则第一章专章规定"对皇室之罪",规定:危害天皇及其父母、妻、儿、孙者或欲加危害者,要处死刑,对以上人员有不敬行为者及对皇宫、皇陵有不敬行为者,处3个月以上5年以下的惩役。分则第二章专章规定"内乱罪",规定凡以颠覆政府、僭窃国土、紊乱朝政为目的而进行暴动者为内乱罪,其首魁处死刑或无期监禁,参与谋议或指挥群众行动者,处无期或3年以上监禁,附和随行及其他参与者,也要处3年以下监禁。此外,为保护地主资产阶级的私有财产,规定盗窃及强盗罪、侵犯住宅罪、侵占罪及欺诈罪等。

总之,新刑法基本上体现资产阶级刑法原则,同时又保留一定的封建残余。除罪刑法定原则外,其他资产阶级刑法原则和制度都基本得以体现,而它的封建性内容除体现在"对皇室之罪"外,还体现在"杀害尊亲属罪"(第200条)、"通奸罪"(第183条)等条文中。加之量刑幅度过大和有些罪的规定不明确,该法典实施以后,不仅国民权益得不到保障,而且为统治阶级迫害进步分子打开方便之门,因此施行后不久即受到指责。[14]

**二、刑法的发展**

虽然1907年刑法典至今仍然有效,但日本刑法制度已发生许多变化。

(一)对刑法典的修改

1. 第二次世界大战前的修改

1921年对刑法典作了部分修改,主要是把业务上的私吞罪的刑罚从原来的"1年以上、10年以下的惩役"改为"10年以下的惩役"。1941年为适应当时的总动员体制,日本对总则中的劳役场拘留、没收的规定作了修改,新设追征金的规定,在分则中新设"对安宁秩序罪"一章,并增设"强制执行不正免脱罪""强制投标妨害罪"等,修改贿赂罪的规定。此外,从20世纪20年代起还有过全面修改刑法典的活动。1926年临时法制审议会提出"修改刑法纲领",司法省在此基础上于1927年完成"刑法修改预备草案",修改后的总则篇于1931年以未定稿发表,修改后的分则篇于1940年也以未定稿发表。这两个未定稿构成的"修改刑法假案",虽因战争原因没有提交议会审议,但却成了战后刑法修改的重要参考依据。

2. 第二次世界大战后的修改

1947年依据新宪法精神对刑法典作了较大修改:总则,修改缓刑制度,增设抹消前科的规定,消除连续犯的规定,将假释条件由原来的有期徒刑应执行1/4改为1/3、无期徒刑应执行15年改为10年;分则,把第一章"对皇室之罪"全部删除,废除外患罪中的通谋利敌罪,国交罪中的对外国元首、使节之罪也被取消,删除法西斯统治时期增补的"妨害

〔14〕[日]中山研一:《刑法总论》,成文堂1982年版,第38页。

第二次世界大战后日本新旧两派刑法理论的分歧和论争

安宁秩序罪”,并参照各国刑法对通奸行为不予以处罚的通例,取消通奸罪,新增损毁名誉罪的事实证明规定,加重滥用职权罪、暴行罪及胁迫罪的法定刑。

虽然战后部分修改刑法的工作从未曾中断过,但由于都是针对特定时势所作的零星修补,远远不能满足已经发生重大变化的客观现实需要,于是日本考虑全面修改刑法。1956 年法务省设立修改刑法准备会,制定修改刑法草案,1963 年法制审议会设立刑事法特别内部会开始进行修改刑法的审议工作,1971 年草案制成,1974 年 5 月法制审议会批准公布了“修改刑法草案”,1976 年法务省还公布“关于刑法全面修改的中期报告”,1981 年法务省又发表“刑法改正作业的当前方针”。通过长期争论,一些难点渐趋明朗,不过,时至今日,日本全面修改刑法的工作并没有取得最终结果。

但是,在 20 世纪最后 10 年中,部分修改刑法典的活动又进行了两次:1991 年废除已实施 40 多年的《罚金等临时措置法》,并为适应货币价值的变动提高罚金额,而且将罚金数额规定到刑法各具体条文中;1995 年的部分修改主要是废除杀害尊亲属罪、伤害尊亲属致死罪、遗弃尊亲属罪、逮捕监禁尊亲属罪,并将法典原来使用的片假名全部改为平假名,使法条文字表述更为通俗易懂。进入 21 世纪,日本刑法的部分修改工作仍在继续,而且更显频繁,至今已经修改十余次。主要内容有:增设危险驾驶致死伤罪、破坏计算机信息系统犯罪、共谋罪;修改性犯罪,包括将强奸罪的行为对象由原来的“女子”改为“人”,增设监护人猥亵与监护人性交等罪,修改强盗强奸罪的规定;增设部分缓刑制度;提高侮辱罪的量刑,并将其诉讼时效期限由原来的 1 年延长至 3 年,等等。

(二)颁布具有刑罚内容的其他部门法规

在日本,狭义的刑法仅指刑法典,而在刑法典之外,还存在也规定犯罪与刑罚内容的法规,如刑事特别法及行政法、经济法等领域的法规。

刑事特别法是针对特定刑事犯罪的单行立法,它是刑法典的附属法规,具有补充刑法典的作用,如《关于处罚暴力行为的法律》(1926 年)、《轻犯罪法》(1948 年)和《公害犯罪处罚法》(1970 年)等。此后,刑事法规仍不断颁布,主要有《关于器官移植的法律》(1997 年)、《处罚有关儿童卖淫、儿童色情等行为及保护儿童的法律》(1999 年)、《关于规制实施无差别大量杀人行为的团体的法律》(1999 年)、《关于有组织犯罪的处罚及犯罪收益规制等的法律》(1999 年)、《关于防止儿童虐待等法律》(2000 年)、《关于规制基因克隆技术的法律》(2000 年)、《关于禁止不正当存取信息行为的法律》(2000 年)、《关于规制纠缠行为等的法律》(2000 年)、《关于防止配偶的暴力及保护被害人的法律》(2001 年)、《关于处罚为了对公众等胁迫目的的犯罪行为提供资金等的法律》(2002 年),等等。

其他领域,如《公职选举法》(1950 年)、《道路交通法》(1960 年)、《国家公务员法》(1947 年)等,均规定须强制遵守的罚则,其中不乏对违反行政义务者处以刑罚的规定,被称为“行政刑法”。经济法领域中的许多法规,也都设立对违反经济法令者的处罚规则,被称为“经济刑法”。其中,《证券交易法》(1948 年)规定,对于泄露证券公司秘密的证券公司负责人和职员,要判处 1 年以下徒刑。

刑事特别法及其他规定有刑罚内容的部门法规的相继颁布及不断的修改,既适应日本不同时期发展的需要,同时也体现日本刑法制度的发展变化。

纵观日本刑法的发展历史,它基本上是符合时代发展潮流的,特别是第二次世界大战以后进行的多次刑法改革,吸取国外先进的刑事立法经验,摒弃日本旧有的刑事法中的封建性内容,形成新的刑法理论与思想。但是,在日本刑事立法史上也曾有过不光彩的时期,除法西斯统治时期出现刑事立法的倒退以外,在20 世纪50 年代日本还曾颁布过一些反民主、反劳工的刑事法规,如 1952 年的《防止破坏活动法》、1953 年的《限制罢工法》、1954 年的《禁止教员从事政治活动法》。这些法规实际上限制、剥夺《日本国宪法》所规定的公民应享有的权利自由,与当时反对社会主义运动的政策是相一致的。

战后的日本是发达资本主义国家中犯罪率较低的国家,但随着社会经济的发展,近来犯罪案件有逐渐增加的趋势,而且出现电子计算机犯罪、信用卡犯罪、宗教团体犯罪等新型犯罪。面对新情况,日本的刑事法律和政策仍有待于改革和调整。

## 第七节　司 法 制 度

### 一、日本的司法组织

(一)近代司法组织的形成

明治初期法律改革之一是进行司法组织的改革。1871 年,日本废除原来的弹正台、刑部省,设置司法省,统一管辖刑事、民事审判事务。同年,在司法省之下设立东京法院和东京府之下的6 个区法院,其他地方的司法审判工作仍由地方行政官吏兼管。1872年,日本公布“司法职务定制”,规定审判机关采用审级制,设立司法省法院、府县法院及各区法院,还规定检事(检察官)和代言人(后来的辩护人)的职务。1875 年,日本设立大审院作为当时的最高审判机关,将过去司法省具有的审判权归属于大审院,从此明确区分司法行政与法院审判的职责,并在大审院之下设立上等法院、府县法院。同年,日本还制定“大审院各法院职制章程”和“司法省检事职制章程”。1876 年,日本又制定“代言人规则”。1882 年实施的《治罪法》,也规定法院组织,从法院名称到体制都模仿法国的司法组织,同时它还对检察官的职权作了规定。该法施行后,日本开始承认刑事被告辩护制度。

1889 年颁布的《大日本帝国宪法》尽管实质上确立的是天皇专制制度,但它形式上采用的三权分立促进日本近代司法制度的形成。1890 年,根据宪法,日本正式颁布《法院构成法》和《行政裁判法》。

《法院构成法》是参照1877年德国《法院组织法》制定的,分法院及检事局、法院及检事局之官吏、司法事务之处理、司法行政之职务及监督权等四编,共144条。其中,规定管辖民事、刑事案件的普通法院为区法院、地方法院、控诉院、大审院四级。区法院审理一般轻微民事和刑事案件。地方法院,除管辖第一审案件外,也受理不服区法院判决的上诉案件。控诉院在全国共有7个,它是地方法院的第二审级和区法院的第三审级。大审院作为全国的最高审判机关,是终审审级,同时负责对皇室犯罪和内乱罪的第一审(也是最终审),原则确立三审制。审理案件时,区法院由推事(审判官)1人、地方法院由推事3人、控诉院由推事5人、大审院由推事7人进行。该法还采取审检合一制,规定在各法院内设检事局,配备检事,其任务是侦查犯罪、支持公诉、监督判决的执行,必要时也可向法院提出有关民事案件的意见,但不得干涉法院的审判工作,下级检事局在行使职权时还须遵循其上级的命令。

《行政裁判法》第一章规定行政法院的组织。行政法院设在东京一地,由审判长及评定官组成合议庭进行审理。行政法院只审理依法律、敕令及有关行政审判文件所规定的行政违法案件。

此外,由于《大日本帝国宪法》规定"凡属于特别法院之管辖者,另以法律定之"(第60条),故在普通法院和行政法院之外,日本还根据《陆军军法会议法》、《海军军法会议法》及《皇室典范》等,设置一些特别法院,如"军法会议"(行使军事审判权)和皇室法院(设在"宫内省"内,专门处理皇族之间民事诉讼事务)。

1893年日本制定《律师法》,规定律师须在各地方法院的名簿上登记,而且要加入所在地的律师会,地方律师会则须接受地方检事局首长的监督。至此,日本近代的司法组织基本确立。

自那以后直到第二次世界大战结束,日本的司法组织变化不大。1913年日本对《法院构成法》进行部分修改,主要是扩大区法院的管辖权、减少合议庭的构成人员;1922年《少年法》虽然没有直接修改《法院构成法》,但为了对少年的特别保护而规定设立"少年审判所",它是行政机关,但由推事兼任少年审判官。法西斯统治时期,颁布的与司法有关的法规,主要有《法院构成法战时特例》、《战时刑事特例》和《战时民事特例》等,体现简化判决程序、限制上诉、限制辩护权的特点,而在司法实践中,法院审判工作常处于军部控制之下。

(二)第二次世界大战后司法组织的改革

第二次世界大战以后,根据《日本国宪法》,日本颁布《法院法》、《检察厅法》和《律师法》,从而使日本司法组织发生很大变化。

1947年颁布实施的《法院法》主要特点有:废除明治宪法体制下设立的行政法院和特别法院,实行单一的法院体系;法院为最高法院、高等法院、地方法院、简易法院4个审级;最高法院由院长1名和推事14名组成,除作为最高审级受理上诉和抗告外,还享有违宪审查权,即有权决定一切法律、命令、规则及处分是否符合宪法。1948年日本对《法院法》进行修改,增设与地方法院平行的、专门负责审理家庭案件与少年犯罪案件的家庭法院。《法院法》后又经多次修改。现在日本有最高法院 1 所、高等法院 8 所、地方法院和家庭法院各 50 所、简易法院 438 所。

1947 年颁布实施的《检察厅法》,主要有下列特点:按法院审级设置独立的检察厅,分为最高检察厅、高等检察厅、地方检察厅和区检察厅四级;作为统一执行国家检察工作的机关,下级检察厅受上级检察厅领导,法务大臣有权对检察厅进行一般的指导监督;检察官不再是司法官,而是国家行政官吏,其地位受法律保护。1948 年日本制定《检察审查会法》,规定建立“检察审查”制度。现在日本有最高检察厅 1 所、高等检察厅 8 所、地方检察厅 50 所及区检察厅 438 所。

1949 年颁布的《律师法》确立律师自治原则,改变日本律师处于国家机关严密监督之下的旧体制,并规定:律师的主要使命是维护人权、伸张正义,在地方法院辖区内设立律师会,在全国设立日本律师联合会;律师联合会是所有律师都必须参加的团体,是指导、联系及监督全国的律师及律师会的最高机关;律师有权设置律师事务所,但须向所在地的律师会办理申报手续。

## 二、日本的诉讼制度

### (一)近代诉讼法典的制定

1880 年,与“旧刑法”同时公布的《治罪法》是日本最早的西方式刑事诉讼法典,是以 1808 年法国《刑事诉讼法》为蓝本、在保阿索那特的直接主持下制定的,共 6 编、480 条。由于它不完全适合日本国情,而且在第二编中规定刑事法院的组织和权限,内容、体系颇为杂乱,故颁布后受到批评,不久就酝酿着对它进行修订。1890 年,以 1877 年德国《刑事诉讼法》为参照,通过对《治罪法》的修订,日本正式颁布《刑事诉讼法》,分为 8 编 15 章,共 334 条。基本特点是:将诉讼分为公诉与私诉,公诉由检事提起,以证明犯罪和适用刑罚为目的;私诉由被害人提起,以返还赃物及得到因犯罪行为造成的损害赔偿为目的;具体规定法官的回避制度;把预审作为公判审理前必需的诉讼程序;规定四种上诉形式,即控诉、上告、非常上告、抗告。该法典是为配合《法院构成法》而颁布的,纠正《治罪法》的某些缺陷,比较适合当时日本国情。

1880 年,日本曾仿照 1807 年法国《民事诉讼法》制定过一个草案,但因政府已准备改效 1877 年德国《民事诉讼法》而未能交付审议。1884 年聘请德国专家泰哈喔(Hermann Techow)帮助起草民事诉讼法典。法典经法律调查委员会的几度修改,于 1890 年 4 月获得通过并公布,次年 1 月开始实施。这是日本第一部民事诉讼法典,分为 8 编 12 章,共 805 条。主要特点有:贯彻当事人本人进行主义、法院不干涉的原则;肯定通过和解解决民事纠纷的传统做法,诉讼提起前可以申请法院和解,在第一审程序中的任何阶段法官都有权进行和解尝试,若和解不成再进行判决;法院在审理上诉案件时,只限于在原审提出的请求和上诉申请的范围内进行。《民事诉讼法》颁布同时,还公布作为民事诉讼法补则的《关于婚姻案件、收养养子案件及禁治产案件的诉讼规则》和《非诉讼案件程序法》。

1890 年颁布的《行政裁判法》,不仅规定行政法院组织,还对行政案件的诉讼程序作了规定。

(二)两次世界大战期间诉讼制度的变化

这一时期诉讼制度变化较大。一方面,《陪审法》的实施使诉讼制度发生变化;另一方面,日本则对刑事诉讼法典、民事诉讼法典作了全面修改。

修改后的《刑事诉讼法》于 1922 年公布、1924 年开始实施。该法典主要是:扩大检察、侦查机关的强制权,将提起公诉作为预审的绝对条件;改变原法典中关于上诉审只限于审查适用法律是否适当的规定,对于事实不当的情形也可审理;对未决犯拘留的日数作了限制;强化被告的当事人地位,扩大辩护制度,原法典只允许公判中选用辩护人,现在规定预审阶段辩护人也可参加。与原来的法典相比,修改后的《刑事诉讼法》具有较强的自由主义色彩,这与当时盛行的自由主义、民主主义思想是分不开的。[15] 但其精神在实际运用中并没有得到真正体现。

为适应因经济急速发展而引起的民事纠纷增加及其特点发生变化的需要,1926 年,日本对原来的《民事诉讼法》进行修改,并于 1929 年 10 月开始实施。修改后的《民事诉讼法》主要特点有:赋予法院以职权主动调查证据的权力,改变原来过分依靠当事人的规定;法院以书面材料作为审理案件的基础,改变原来的口头审理原则;新增加反诉的规定,而对上诉则依诉讼价额多少分别加以限制;扩大不同管辖的案件移送。该法典一方面体现对修改后的德国《民事诉讼法》及 1899 年奥地利《民事诉讼法》的借鉴,另一方面则反映少量日本固有的民事诉讼制度的创立。[16]

法西斯统治时期,日本的诉讼制度尽管在法律上没有大的变化,但在诉讼实践中往往片面强调国家职权主义,突出其专断的性质,忽视甚至任意侵犯公民的合法权利,对于思想犯和政治犯则根本不适用正常的诉讼程序进行审判,而且体现司法民主化的《陪审法》则于 1943 年被宣布停止实行。

(三)第二次世界大战后诉讼制度的变化

第二次世界大战以后,刑事诉讼制度发生很大变化。1947 年制定"伴随日本国宪法的施行刑事诉讼法的应急措施的法律"(《刑诉应急措置法》),同时进行全面修改《刑事诉讼法》的工作。1948 年通过了修改后的法典,即现行的《刑事诉讼法》,从 1949 年 1 月 1 日起施行。法典分 7 编,共 506 条,其特色有:规定各种强制处分都须有令状,新设宣告拘留理由制度,体现保障人权的原则;明确刑事案件的追诉权专属于检察官(国家追诉主义)和检察官根据罪犯情况享有起诉或不起诉的裁量权(起诉便宜主义),但又规定职权滥用罪,以防止检察官行使职权的不公正;废止预审,扩大辩护制度,限制被告人自供的证据能力,体现对被告当事人地位的尊重;检察官提起公诉时只向法院提交一份起诉状,

---

〔15〕 [日]高田卓尔:《刑事诉讼法》,青林书院新社 1978 年版,第 16 页。

〔16〕 [日]中野贞一郎等编:《民事诉讼法讲义》,有斐阁 1976 年版,第 24 页。

而不移送案卷和证据材料(起诉状一本主义),贯彻以庭审为中心和辩论原则;废除对被告人不利的再审,对被告有利的按其请求可以再审,第二审的控诉审从原来的复审制改为事后审查制。法典体现大陆刑诉与英美刑诉相结合的特点。

1999 年 8 月,日本公布《有关为搜查犯罪而监听通讯的法律》(《窃听法》),该法赋予刑事侦查机关为获取证据可以利用窃听手段的权力。这是在日本刑事诉讼领域引起广泛关注的一项立法,从而也使如何协调打击犯罪与保障普通民众的自由成为刑事诉讼的新的重要课题。

第二次世界大战后,随着客观形势的变化和受美国法律制度的影响,日本对 1929 年开始实施的《民事诉讼法》作了部分修改,颁布单行法规,在减轻诉讼双方的负担、削弱父权干涉主义及诉讼程序民主化等方面有所改进。后又出现将本来属于《民事诉讼法》的事项分离出来的趋势,如 1979 年制定的《民事执行法》、1989 年制定的《民事保全法》,使民事诉讼制度发生相应的变化。此外,值得一提的是 1951 年颁布的《民事调停法》,它发展了日本传统的民事调停制度,规定凡是民事纠纷当事人都可要求法院进行调停,但对于不宜调停的及当事人怀有不正当目的强行要求调停的民事纠纷可不予调停。

不过,日本民事诉讼制度的主要变革则体现在 1996 年 6 月 26 日颁布、1998 年 1 月 1 日开始实施的新民事诉讼法中。它共有 8 编、400 条,其主要创新有:完善争点和证据整理程序;扩充和完善收集证据的手段和程序;改革交叉询问制度;创设小额诉讼制度;改革最高法院的上诉制度。该法是日本长期以来为了公平、迅速地解决民事诉讼而进行的民事审判方式改革的成果,也是日本引进西方诉讼制度,实现民事诉讼现代化历史经验和教训的总结。2003 年,日本对《民事诉讼法》又进行修改,目的是进一步充实及加速民事诉讼程序的进行。

第二次世界大战后,日本废除行政法院的设置,行政诉讼案件也由普通法院审理。但由于行政诉讼案件的特殊性,日本 1948 年制定《行政案件诉讼特例法》。现行的行政诉讼制度则主要体现在 2004 年全面修改后的《行政案件诉讼法》中。

### 三、日本近期的司法改革

世纪之交,日本启动新一轮的司法改革,被称为"明治维新以来第三次大规模的司法改革"。1999 年 6 月,国会通过《司法改革审议会设置法》。2001 年 11 月,日本制定《司法制度改革推进法》。为顺利推动改革,日本政府于 2002 年 3 月制定《司法制度改革推进计划》。在 2002 年至 2004 年,日本国会通过有关司法改革的主要法律有:(1)2002 年,通过《关于法律代理的法律》和《法科大学院教育与司法考试相衔接的法律》,前者赋予代理知识产权案件和司法文书的法律工作者以诉讼代理权,后者规定设立法科大学院这一新的法曹培养机制;(2)2003 年,制定《仲裁法》、《人事诉讼法》及《配合司法制度改革修改部分法院法等的法律》,主要是扩大简易法院的事务管辖范围,降低民事诉讼费用,设立民事调停员和家事调停员,创设新的律师资格赋予制度;(3)2004 年,制定《裁判员法》

和《促进利用审判外纷争解决程序法》(也称“ADR 法”),修改刑事诉讼法、行政诉讼法及律师法。

其中,法科大学院的建制及裁判员(陪审员)制度尤其令人关注。法科大学院是日本新型的法律人才培养机构,这一建制是借鉴美国法学院模式的结果,它将日本法律人才培养的过程由过去的司法考试选拔、司法研修所研修转移到高等教育机关。它实施以来,其对于司法职业、法学教育的影响,引起广泛讨论。最近几年,法科大学院毕业生参加司法考试的合格率持续低迷,部分法科大学院不得不合并或撤销,改革没有达到预期效果。2019 年 6 月,国会公布《部分修改〈法科大学院教育与司法考试相衔接的法律〉等法律》,修改司法考试的应试资格,调整法科大学院及大学本科的课程设置,还对与此相关的配套法律进行修订。其效果如何,还有待观察。《裁判员法》由 7 章正文和附则组成,正文各章依次为总则、裁判员、裁判员参加的审判程序、评议、裁判员的保护措施、杂则、罚则。根据该法,在刑事诉讼中,由从普通市民中按规定程序选任的裁判员与法官一起进行刑事审判,共同评议和裁决案件。其目的是通过由具有丰富社会经验的人士参与裁判这一国民参与司法的方式,以确保社会对裁判制度的充分理解和信赖。该法规定显示,它具有大陆法系参审制与英美法系陪审制的混合特征。2009 年 5 月,日本的地方法院已开始采用这一制度。作为日本司法改革的重要环节,裁判员制度实施十余年来,对于日本刑事司法制度已产生较大影响,有助于推动司法民主化的进程,但在运行过程中,也出现裁判员辞退率过高等问题,尚需要进一步完善。

## 第八节　日本法的历史地位

### 一、日本法与大陆法系

明治维新以后,建立何种近代资产阶级法律制度确实至关重要。几乎没有什么大的争论,日本就决定选择以大陆法系为模式创建自己的资产阶级法律体系。由于法国资产阶级大革命的影响较早波及日本,法国资产阶级启蒙思想家的理论也在日本得到较广泛的传播,而且当时法国是大陆法系的主要代表国家,尚无其他国家的法律能与法国已形成的较完整法律体系相提并论。为效仿法国法制定法律,明治政府聘请法国专家,组织翻译法国的法律著作和文件,并在很短时间内以法国法典为蓝本起草或制定颁布民法、刑法、刑事诉讼法等法典。但由于日本与法国在社会经济等方面存在太多的不同,所制定的法典不免存在生搬硬套等问题。故有的在实际上根本没有生效,有的生效时间很短即被废除。但这一时期的立法实践,却为日本建立属于大陆法系的近代法律体系奠定基础。

由于仿照法国法制定的法典在现实中没有达到预期效果,明治政府转而寻求新的法律借鉴模式。这样，德国就继法国之后成为日本的仿效对象。这是因为：首先，日本与德国都是资产阶级革命后保留大量封建残余的国家；其次，德国历史上的1850年《普鲁士宪法》和1871年《德意志帝国宪法》均确立国王绝对主权原则和政府的优越地位，正好符合通过明治维新重握国家大权的天皇希望确立类似专制体制的心愿；再次，在1870年发生的旨在争夺欧洲霸权的“普法战争”中，法国败于普鲁士，给当时的日本明治政府带来很大震动，并对日本近代立法方向产生特殊影响；最后，至19世纪末期，德国也已形成完整的六法体系，它们所反映的主要是垄断时期资本主义法律的特征，也符合正从自由资本主义向垄断资本主义转变的日本社会的经济特点。至1907年为止，日本以德国法典为蓝本制定宪法典、民法典、刑法典、商法典、刑事诉讼法典、民事诉讼法典等，确立完整的“六法体系”。

日本近代资产阶级法律制度除具备六法体系这一特征外，还有下列特点：不承认判例的效力，法官只能严格执行法律；有公法与私法的划分，界限比较分明；审理行政案件的行政法院独立于普通法院，法院建制整齐，检察官设在法院内部；法院审理案件以纠问式诉讼为主，程序法中则强调职权中心主义；法律条文逻辑性强，所运用的法律术语、概念等也具有继承罗马法的大陆法系的特征。

自从近代法律体系创建至今，随着国内外形势的变化，日本的法律制度也已发生较大变化。尽管如此，从法律总体看，现在的日本仍属于大陆法系的国家，主要表现在：(1)尽管新的法律部门已经形成，并获得很大的发展，但传统的“六法”仍然存在，并仍对社会各种关系起着调整作用；(2)虽然判例的作用和地位不断提高，特定情况下判例在个别法律领域具有一定约束力，但是制定法的主导地位并未改变，除法典以外，大量单行法规不断出现，使得日本的法律制度不断得到补充而逐渐完善，而法官仍不像英美法系的法官那样具有正式造法的功能；(3)传统的概念、术语仍被使用，严谨的法学研究工作得到重视，法律教育仍以抽象的法律原则和理论为主，制作判决时仍采用演绎推理形式；(4)诉讼制度中职权中心主义并没有完全被抛弃。

## 二、日本法与英美法系

20世纪以来，原属大陆法系的日本法律制度出现吸收英美法系部分内容的特点。主要集中在两个时期：

### (一)20世纪20年代

为缓和工农群众的不满情绪，适应垄断经济的发展需要，改善日本在国际交往中的政治形象，适应资本主义世界的发展潮流，日本在法律制度上采取的措施之一就是吸收英美法系的部分制度和内容。主要体现在制定《信托法》(1922年)、《陪审法》(1923年)和《少年法》(1922年)等单行法规中，引进英美国家的信托制度、陪审制度和对少年罪犯的特殊保护原则。尽管这些法规在实施中并没有产生很好效果，但它仍具有一定的积极意义。

(二)第二次世界大战结束以后

如果说第一个时期对英美法系的吸收是日本为迎合国际潮流所作的零星吸收,那么,第二个时期的吸收则是范围较广,且形式上是不得已采取的措施。这主要是战败后日本被美军占领所致。法律的吸收主要表现在:

1.《日本国宪法》基本上采取英国的君主立宪制和议会内阁制,所规定的天皇不掌握实权的性质与英国国王的地位相同。此外,有关内阁与众议院的关系、内阁总理大臣的任命及权限等,均与英国相似。

2.《日本国宪法》把日本司法制度由原来的大陆型转变为英美型,废止明治宪法体制下的行政法院制度,司法权包含对行政案件的审判,宪法规定的"最高法院是有权决定一切法律、命令、规则以及处分是否符合宪法的终审法院"(第81条),实际上是采用美国运用宪法判例确立的违宪审查权。此外,宪法第31、33、35条的"令状主义"法定程序,第34条的对被拘留或拘禁的人必须告之理由,第39条的不得对同一犯罪重复追究刑事责任等内容,均来自对美国法律的借鉴。

3. 行政法方面,仿照美国的独立规制委员会,在国家和地方行政组织中设立行政委员会,如国家安全委员会、中央选举管理委员会、公正贸易委员会、劳动委员会等。

4. 刑法方面,在对刑法典进行修改的同时,仿照美国制定《缓刑者保护观察法》(1950年)和《预防犯罪更生法》(1950年),并且重新制定颁布《少年法》和《少年审判规则》。

5. 商法方面,在1948年和1950年对商法典的两次修改中,公司法部分主要吸收美国公司法中的若干原则和制度,如实行授权资本制度,对董事的选任采用"适任原则",加强股份公司经理及董事会的作用,提高股票持有者地位等。

6. 劳动法和经济法方面,表现在以美国法为模式制定的《劳动关系调整法》、《禁止垄断法》、《证券交易法》及《公司更生法》(1952年)等。

7. 诉讼法方面,尤其是刑事诉讼法方面,较多地吸收英美法律。由于宪法第32~39条采用了美国的刑事诉讼程序,故第二次世界大战后对刑事诉讼法的修改主要吸收的是美国的内容,体现在传统的以职权主义为中心的制度中融合当事人主义的色彩。

总之,在第二次世界大战结束之初的特定情况下,英美法系尤其是美国法律几乎影响到日本法律的各个部门,但这一时期对英美法系的吸收,从吸收方法、深度和广度等方面看,都无法与创建近代法律制度时对大陆法系的效仿和接受相比。第二次世界大战后的这种吸收不可能改变日本法的法系属性,而只能使日本法在继续保持原有的大陆法系基本特征的基础上掺入英美法系的部分特色。

## 三、日本法的历史地位

从日本法的变迁历史中,可以看出它从简陋到发达的发展轨迹。现在日本法在世界法律体系中已占据一席之地,并且颇具特色,从中确可总结出许多经验。

1. 现代的日本法既体现大陆法系与英美法系的融合,也体现东西方法律文化的有机结合。在法律的形成、发展过程中,日本非常重视对外来发达法律制度的借鉴和吸收。在建立封建法律制度过程中,日本主要参考、学习以中国隋唐法典为代表的中华法系,在明治维新以后创建近代资产阶级法律制度时,则以大陆法系为参照模式,20 世纪以来尤其是第二次世界大战以后,英美法系的许多内容又继之成为被吸收的对象。最近的改革,比如法科大学院及裁判员制度等,也都表明,这种吸收和借鉴仍在继续。应该肯定,现代日本法之所以能成为后起之秀,这与重视对外国发达法律的吸收和消化是分不开的,从而使得日本法具有大陆法系与英美法系的混合色彩,也为当代世界两大法系的逐渐融合架起桥梁,创造经验。同时,日本在吸收外国法律内容时,任何阶段都没有放弃日本法的固有传统,在近现代对西方法律的吸收过程中,保持作为东方国家和民族所独有的传统法律和习惯,从而使现代的日本法又体现东西方法律文化的有机结合。

2. 日本法的发展说明法律在经济发展中的重要作用。明治维新以来,日本资本主义经济获得确立并得到发展,现在日本已成为资本主义经济大国,在日本经济发展的各个阶段,法律始终与之相适应而不断发展完善。19 世纪末期创建资本主义法律制度时,日本从学法国模式转而效仿德国法律,其中一个不容忽视的原因就是日本正从自由资本主义经济向垄断资本主义转变;20 世纪初期至第一次世界大战之间,由于垄断经济的逐渐发展,为加强国家对经济的控制,协调劳工关系,稳定社会秩序,日本进行经济立法、劳动立法、社会保障立法的尝试;两次世界大战期间许多法律的出台也反映当时经济的发展特点;而第二次世界大战以后,日本法的发展更是如此,尤其是经济法从战后的勃兴到现在的高度发展,每一阶段的立法都反映了战后七十年各个时期经济发展的主要特征。日本的经济与法律存在有机的联系。

3. 日本法在不断发展和完善过程中,形成较为发达、完整的法学理论。早在日本古代,随着封建法律的产生和发展,就产生古代法学。明治维新以后,日本创建资产阶级法律制度的过程中,不同派别的法学理论纷纷登场。到了现代,日本的法学研究更是欣欣向荣,涌现出一大批法学专家,他们有的受大陆法学的影响,有的受英美法学的影响,几乎在所有法律领域都存在几派颇具代表性的学说,这使日本的法学理论在世界上独树一帜。法律制度的发展促进法学的繁荣,另外,各派学说对于法律的制定、执法过程中出现的问题、判例的解释及将来立法的发展走向等都有各自的观点,这种相互争鸣的结果,客观上又促进了法律的完善和发展。

4. 日本法的发展促进国民法律意识的提高,有利于日本社会的安定。明治维新以后,由于政府对教育的大量投入,国民文化水平普遍得到提高,加之对各种新事物的不断接受,具有近代社会意识的国民也逐渐形成。在创建近代资本主义法律制度的过程中,国民的法律意识得到培养,并随着现代法律制度的不断完善而普遍得到提高。现在的日本,如果说国民对自己权利的保护和利用诉讼方式解决纠纷的意识与欧美国家相比还显逊色的话,那国民的义务观念却很强,遵守各种秩序(包括法律秩序)的自觉性比较高,这体现出国民具有良好的守法意识。而这又有助于维护法律的权威,发挥法律效力,从而促进法律制度的进一步发展。

## 参考阅读书目


1. 何勤华、李秀清、方乐华、管建强:《日本法律发达史》,上海人民出版社 1999 年版。
2. 段匡:《日本的民法解释学》,复旦大学出版社 2005 年版。
3. 赵立新:《日本法制史》,知识产权出版社 2010 年版。
4. [日]盐野宏:《行政法》,杨建顺译,法律出版社 1999 年版。
5. [日]山本敬三:《民法讲义Ⅰ·总则》,解亘译,北京大学出版社 2004 年版。
6. [日]芦部信喜:《宪法》(第 3 版),高桥和之增订,林来梵、凌维慈、龙绚丽译,北京大学出版社 2006 年版。
7. [日]高桥宏志:《重点讲义民事诉讼法》,张卫平、许可译,法律出版社 2007 年版。
8. [日]西田典之:《日本刑法总论》,刘明祥、王昭武译,中国人民大学出版社 2007 年版。
9. [日]村上政博:《日本禁止垄断法》,姜姗译,法律出版社 2008 年版。
10. [日]田山辉明:《日本侵权行为法》,顾祝轩、丁相顺译,北京大学出版社 2011 年版。

# 第十四章　俄国法

图1　瓦西里升天大教堂(莫斯科)

【导　读】

俄罗斯的法律在世界上是独树一帜,在“罗斯洗礼”后受东正教的影响比较大。在1917年后,又创建了“苏维埃法律体系”,经70余年的发展,又再次改弦易辙,进入当代法的发展时期。本章主要通过对各时期俄罗斯主要法律文件的介绍,以概括地掌握各历史时期俄罗斯法的主要内容和特征。

【问题讨论】

1. 1917年以前的俄国法的发展表现出哪些特点?

2. 苏维埃时期的俄国法相比同期西方法律有哪些不同?

3. 1991年以后,俄国法有了哪些变革?

## 第一节 十月革命前的俄国法

俄罗斯人属于东斯拉夫人的一支,主要分布在第聂伯河流域至里海沿岸地区。“基辅罗斯”建立于882年,12世纪开始了封建割据时代;13世纪,为蒙古人征服,至15世纪始摆脱蒙古的统治。这时,莫斯科公国逐渐强大,并于16世纪前期建立中央集权制度。1574年,莫斯科和全俄罗斯大公伊凡四世(1533~1584年在位)称“沙皇”。1682年,彼得一世(1682~1725年在位)建立了君主专制的俄罗斯帝国。1861年,沙皇政府进行废除农奴制度的改革,建立资本主义制度,俄罗斯成为一个带有封建色彩的资本主义君主制的国家,至1917年为革命所推翻。

在这漫长时代里,俄罗斯的法律大体上可分为三个发展阶段。

### 一、古罗斯时期

9世纪开始至14世纪末是古罗斯时期。前期以习惯法为主,在基辅罗斯建立后,原来部落联盟的习惯转化为法律;10世纪时开始了成文立法。据说最早的成文法是《罗斯法律》,是基辅罗斯大公奥列格在习惯法基础上制定的,但该法律没有流传下来。

11世纪,出现了古代罗斯最重要的法律《罗斯法典》。《罗斯法典》又称《罗斯真理》,是在习惯法和立法的基础上汇编而成的。最初出现的,现称简明版,包括《雅罗斯拉夫法典》(或称《雅罗斯拉夫真理》)和《雅罗斯拉维奇法典》(或称《雅罗斯拉维奇真理》)两部分。前者约产生于1016年,共18条;后者产生于1072年,共25条。其主要内容是关于血亲复仇以及各种违法行为的赔偿金额的规定,体现了封建特权的原则。

12世纪上半期,又出现了详细版的《罗斯法典》,共121条。其中,后69条又称为《弗拉基米尔条例》。这一版本的《罗斯法典》适应封建制发展的需要,对简明版的《罗斯法典》作了许多补充和修改。

《罗斯法典》自产生之后,一直是古罗斯国家的主要法律文件,得到广泛的适用。上述《罗斯法典》两种版本流传至今的不同抄本达一百多种。这反映了在几百年中,《罗斯法典》不断地有所变化。约15世纪,莫斯科大公国又产生了一种对详细版进行删改的缩版《罗斯法典》,从而形成《罗斯法典》的第三种主要版本。

《罗斯真理》摘录

《罗斯法典》并不包括当时社会全部的法律规范,但反映了古代罗斯国家封建土地所有制形成和发展状况,以及社会各等级的法律地位、犯罪与刑罚、部分民事法律制度等较为丰富的内容,对俄罗斯法的发展具有重要意义。[1]

---

[1] 关于《罗斯法典》的详细内容,参见王钺:《罗斯法典译注》,兰州大学出版社1987年版。

## 二、中央集权制形成时期

这是15世纪开始至17世纪后期,俄罗斯国家走向统一的时期。在这期间,俄罗斯国家逐步强化了农奴制度,以沙皇为中心的一套国家制度逐步形成,立法活动也有明显发展,法律制度走向统一;主要有1497年和1550年的《律书》、1649年的《会典》等重要立法。

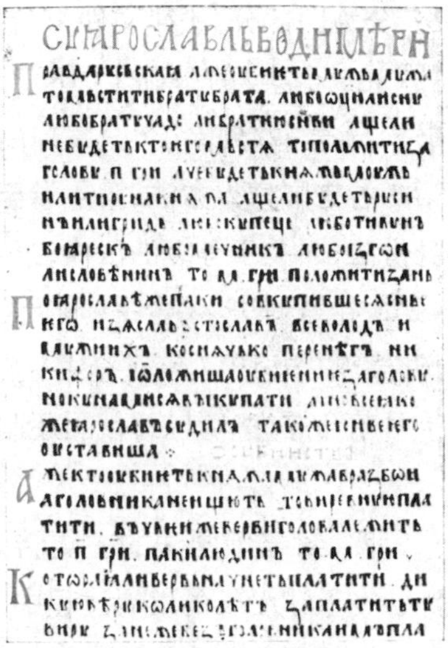
图2　《罗斯真理》

1497年的《律书》,又称"大公律书",是莫斯科大公伊凡三世(1440~1505年)基本统一俄罗斯后编纂颁布的,共68条,以《罗斯法典》、1467年《普斯可夫审判法规》及习惯法为主要渊源。《律书》对各种法院,包括总督法院、大公法院、贵族法院、教会法院的权限作了规定,统一了司法收费和诉讼程序,规定了一些新的犯罪,加强了刑罚。《律书》主要的意图在于促进和巩固中央集权制度,保护军功贵族和商人的利益。[2]

1649年《会典》,又称《阿列克赛·米海伊洛维奇法典》。该法典的制定,受到《律书》、贵族法院判决、16世纪立陶宛大公国颁布的几个条例、拜占庭法等法规的影响。《会典》分25章,共967条。内容分为国家管理、诉讼、物权、刑法四大部分;主要是加强了农奴制度、确立军功份地制度,强化对沙皇、教会、贵族人身和财产的保护,适用刑罚依被害人社会地位的不同而不同,死刑适用广泛。诉讼程序向纠问主义转变。《会典》制定后影响极大,一直使用至1835年。

## 三、俄罗斯帝国时期

帝国时期从1682年彼得一世即位起,一直延续到十月革命。其中虽有资本主义改革的变化,但法律基本上没有大的变动。这一时期的主要立法是1830年《俄罗斯帝国法令全集》和1833年《俄罗斯帝国法律全书》。

图3　斯别兰斯基

沙皇尼古拉一世(1796~1855年)为了强化专制统治,于即位后第二年,也即1826年改组了成立于1804年的法典编纂委员会,由法学家斯别兰斯基(1772~1839年)实际主持。1830年,《俄罗斯帝国法令全集》(以下简称《全集》)编纂完成。《全集》收集了自1649年《会典》颁布至尼古拉一世即位的全部立

[2] 关于1497年《律书》,参见张寿民所译的《俄国〈一四九七年会典〉》,载《外国法制史汇刊》(第1集),武汉大学出版社1984年版。

法,分为四部分:法律文件40卷,目录索引2卷,人事编制和税率3卷,图表1卷。

在《全集》的基础上,1833年又编纂完成了《俄罗斯帝国法律全书》(以下简称《全书》),《全书》剔除了《全集》中过时、矛盾的法令,按法律部门编排,共分15卷:第1卷至第3卷是国家根本法;第4卷至第8卷是关于国家的义务、收入和财产的法律;第9卷是身份法,即关于等级的法律;第10卷是民法;第11卷至第14卷是关于国家治安的法律;第15卷是刑法。《全书》颁行后,又有多次修订和补充,如把《1864年审判条例》补为第16卷等。至1917年,《全书》已扩大至10万条(款),规模十分庞大。《全书》一直适用至十月革命爆发。其后,俄国还制定过其他一些法典,但都是内容简陋,影响不大。

### 四、封建俄国法的主要特点

在上述漫长的发展过程中,俄罗斯法形成了以下一些特点:

1. 法律渊源比较统一。俄罗斯法属于斯拉夫法的一支,最初直接从部落习惯转化为早期封建法,《罗斯法典》主要是习惯的汇编。14世纪后逐步走向中央集权制,国家的立法活动显著加强。全国统一的立法相继出现。

2. 世俗法与宗教法统一,没有单独的教会法体系。古罗斯国家一开始就与拜占庭帝国有联系,皈依基督教后,东正教会及其法律对俄罗斯社会各方面都产生重大影响,但俄罗斯的教会始终没有摆脱世俗王公的控制,教会的法律都被吸收,或经国家立法形式出现。例如,在《罗斯法典》、1649年《会典》中,东正教会法律都作为主要的渊源而有所反映。但总体说来,俄罗斯法仍是世俗的法律。

3. 从法的内容上看,这时期的俄罗斯法与西欧的封建法在总体上没有大的区别,但是,其一,俄罗斯法特别强调居民的社会等级差别,体现了农奴制度的特点。其二,与西欧不同的是,因受东正教会法的影响,在一定条件下,夫妻可以离婚,在后期,妻子可以独立拥有财产。

## 第二节 苏联时代的法律制度

### 一、社会主义法的创立和苏联时代法的发展

1917年11月7日(俄历10月25日),列宁领导的布尔什维克进行了武装起义,宣告俄罗斯进入一个新的历史时期,法律制度随之发生了根本性的变化。

#### (一)社会主义法的创立

十月革命胜利第二天,11月8日,第二次全俄苏维埃代表大会就通过了两个重要法令:

1.《告工人、士兵与农民书》。宣告“各地全部政权一律转归工兵农代表苏维埃,各地

苏维埃应负责保证真正的革命秩序”,并保证把地主、皇族与寺院的土地无偿地交给农民委员会处理;将使军队彻底民主化,以维护士兵的权利;将建立工人监督生产的制度,等等。

2.《土地法令》。宣布立即没收地主、皇族和教会土地,废除土地私有制,全部土地归国家所有,并无代价地交由农民使用。

图4 1917年俄国发生“十月革命”

随后,在1917年至1918年,苏维埃俄国先后制定颁布了《宪法》《婚姻家庭法典》《关于法院的法令》。1922年,又制定了《民法典》《刑法典》《土地法典》《劳动法典》等。1923年,制定了《森林法典》《刑事诉讼法典》《民事诉讼法典》等。一系列法典的制定初步形成了一个全新的法律体系。这一立法高潮在俄国法的发展史上,具有深远的影响。

(二)苏联时期的法律发展

1. 第二次世界大战前的俄国法

1922年年底,苏维埃俄国和其他几个苏维埃共和国组成了苏联,俄国法成为整个苏联法的一个组成部分。由于俄国在苏联体系中是最大的一个加盟共和国,俄国法在苏联法中占有举足轻重的地位。这一时期的立法,主要是1924年和1936年的两个苏联宪法,尤其是后者,是此时期最重要的一个立法。

1941年6月,希特勒德国的突然进攻,中断了苏联的和平时期,也标志着一个法律发展阶段的结束。

2. 第二次世界大战后的俄国法

取得反法西斯战争胜利后,经过经济恢复时期,从20世纪50年代后期开始,苏联又进入大规模立法时期,至1980年,苏联最高苏维埃共颁布了15个立法纲要,还制定了一些全苏性的法典。根据这些法律,俄国也相应地修订了自己的法典,主要有1964年的《民法典》和《民事诉讼法典》,1969年的《婚姻家庭法典》,1961年的《刑法典》和1961年的《刑事诉讼法典》。

(三)法的结构

由于1922年成立了苏联,俄国长期实行的单一制法律制度发生了变化。1924年的苏联宪法对苏联和各加盟共和国的权限作了明确的规定,把外交、对外贸易、军事、铁道、邮政、国籍等划归苏联管辖,法院组织,刑事、民事立法基本原则,诉讼程序等也由苏联领导,而内政、农业、教育、司法等部门由各加盟共和国直接管辖,因此,法律实际上分为三大类:苏联法、加盟共和国法和苏联与加盟共和国共同立法。

## 二、宪法

(一)1918 年苏俄宪法

十月革命胜利后,苏维埃政权在制定一系列法律的同时,也公布了几个宪法性的文件。其一,《俄国各族人民权利宣言》,公布于 1917 年 11 月 16 日,宣言宣告了苏维埃国家的民族政策,其基本原则是俄国各族人民一律平等和自主,各少数民族和种族均得自由发展。该宣言对苏维埃政权在俄国少数民族居住区的巩固起了重要作用。其二,1918 年 1 月的《被剥削劳动人民权利宣言》。宣言明确了苏维埃政权是无产阶级专政的政权,确立工、兵、农苏维埃的最高权力,并肯定了苏维埃多民族国家的结构形式。其三,《关于俄罗斯共和国联邦机关》的决议,阐述了苏维埃国家最高权力机构的基本原则及其与地方权力机关的关系。

1918 年 7 月 10 日,第五次全俄苏维埃代表大会通过了《俄罗斯苏维埃联邦社会主义共和国宪法》,简称《苏俄宪法》,是十月革命后俄国的第一部宪法。分 6 篇、17 章,共 90 条。第一篇即《被剥削劳动人民权利宣言》,其余依次为总纲、政权结构、选举权与被选举权、预算法、国旗和国徽。其主要内容特点有:

1. 明确规定了国家的阶级实质为无产阶级专政,宣布苏维埃国家的基本任务是镇压资产阶级,消灭人对人的剥削,奠定没有阶级划分、没有国家权力的社会基础。

2. 贯彻了社会主义原则,建立社会主义的公有制经济。宣布一切土地、森林、矿藏、企业、铁路等生产资料为苏维埃国家所有,提出了"不劳动者不得食"的口号。

3. 贯彻了社会主义民主原则。规定劳动者享有最为广泛的民主权利和自由,确认苏维埃的选举制度,所有年满 18 周岁的劳动者都有选举权和被选举权,同时剥夺剥削者的选举权,并规定国家为人民实现民主权利提供物质保证。

《苏俄宪法》摘录

此外,《苏俄宪法》还规定了苏维埃俄国实行联邦制,规定了中央和地方各级政权机关的结构、活动程序和职权范围等。

1918 年的《苏俄宪法》,用根本法的形式确认了十月革命的成果,确认了无产阶级政权,是世界上第一部社会主义宪法,对许多国家宪法的制定产生了重大影响。

(二)1936 年苏联宪法

1922 年年底,俄罗斯、乌克兰、白俄罗斯和南高加索组成了苏维埃社会主义共和国联盟,并于 1924 年 1 月通过了第一部苏联宪法。该宪法包括苏联成立宣言和苏联成立盟约,分 11 章,共 72 条。它继承了 1918 年《苏俄宪法》,规定了苏联与各加盟共和国的权限划分,确立各加盟共和国有自由退出苏联之权。宪法巩固了苏联的成立,推动了苏联社会主义经济建设和法制建设。

经过十余年的发展,苏联的社会主义经济建设取得了重大成就,加盟共和国已发展到 16 个,原有宪法不再适合需要。1936 年 12 月,在斯大林主持下,苏联第八次苏维埃非常代表大会批准了《苏联宪法(根本法)》,通称《1936 年斯大林宪法》。分 13 章,共 146 条。其主要特点有:

1. 明确宣布苏联是工农社会主义国家,苏联的政治基础是劳动者代表苏维埃,苏联全部政权属城乡劳动者,由劳动者代表苏维埃行使。并肯定苏联共产党是"一切社会团体及国家机关之领导核心"(第126条)。

2. 明确宣告苏联的经济基础是社会主义经济体系及生产工具与生产资料社会主义所有制。这种所有制具体表现为两种形式:国家所有制(全民财产)和集体所有制(各集体农庄和合作社财产),实行"各尽所能,按劳分配"的原则。私有经济只在自力经营、绝不剥削他人的条件下被承认。凡侵犯社会主义公有财产者,即为人民之公敌。

3. 规定苏联最高国家权力机关是苏联最高苏维埃,由全体苏联人民按普遍、平等、直接选举制,用无记名投票方法选出,拥有专属立法权力。国家权力的最高执行机关是对最高苏维埃负责的苏联人民委员会(1946年后改称"部长会议")。最高审判机关是苏联最高法院,也由苏联最高苏维埃组织。

4. 规定全体苏联公民不分民族、种族、性别,在国家生活一切方面一律平等,享有广泛的民主、自由权利,并由国家来提供行使这种权利的物质保证。同时规定了公民有遵守宪法和法律、保护公有财产和保卫祖国的义务。

《1936年斯大林宪法》是整个苏联历史上最重要的一部宪法,共实施41年之久,对苏联各方面的发展起了巨大的推动和保障作用。在国际上也产生了广泛的影响,是第二次世界大战后各社会主义国家立宪的主要参照对象。

1937年苏俄根据该宪法制定自己的宪法,从形式到内容都基本一致。

(三)1977年苏联宪法

1977年10月,苏联第九届最高苏维埃第七次非常会议通过了《苏维埃社会主义共和国联盟宪法(根本法)》。宪法由一个序言和9篇组成,共174条。它保留和继承了先前几部宪法的特点和原则。主要的变化是:

1. 宪法宣布苏维埃国家已完成了无产阶级专政的任务,已成为全民国家。发达的社会主义社会已经建成,现在的任务是建立共产主义社会的物质技术基础,完善社会主义关系,并将其改造为共产主义社会关系。

2. 宪法突出了"人民"的概念,规定一切权力属于人民,劳动者代表苏维埃为人民代表苏维埃所取代,人民代表苏维埃行使国家权力,并监督其他国家机关,扩大了国家的政治基础的范围。同时公民权利范围也有所扩大。

1988年苏联最高苏维埃通过了修改1977年宪法的法令。主要的修改内容是:

1. 建立苏联人民代表大会制度,苏联人民代表大会是苏联最高权力机关,拥有广泛的权力。

2. 苏联最高苏维埃作为国家最高权力机关的常设机构,由苏联人民代表大会直接选举产生。

3. 在苏联最高苏维埃设立主席1名,对国家实施总领导。主席由苏共中央总书记担任,但须经苏联人民代表大会选举。主席任期5年,连任不得超过两届。同时最高苏维埃主席团继续保留。

4. 设立苏联宪法监督委员会,保障宪法的权威和实施。

1990 年 3 月,苏联第三次非常人民代表大会又通过了修改宪法的法律,按其规定,苏联设立由全国公民直接选举产生的苏联总统(首届总统例外,由苏联人民代表大会选举产生)。总统作为国家元首,拥有十分广泛的权力,有权提出国家高级官员的任免建议,有权否决最高苏维埃的法案,有权发布在全苏有效的总统令,有权宣布总动员及紧急状态,有权签署国际条约,有权组织总统委员会来决定内外基本方针政策和措施,同时也是武装部队总司令,等等。

**三、民法**

十月革命后,在废除旧法的同时,苏维埃政权也颁布了大量民事法规。但因受国内战争的影响,延至 1921 年,苏俄才开始了系统的法典编制工作,编纂了民法典、土地法典、劳动法典、婚姻家庭法典等。这些法典在苏俄一直适用至 60 年代后,才为新的法典所取代。

(一)1922 年《苏俄民法典》

这是 20 世纪 20 年代一系列法典中最重要的一部法典。1922 年 10 月,《苏俄民法典》在全俄中央执行委员会第九次会议上通过,并于 1923 年起生效。法典分总则、物权、债和继承四部分,共 436 条。

总则部分主要规定了民事法律关系主体、权利能力及行为能力、法律行为、民事权利客体,以及诉讼时效,共 5 章。物权部分主要是对所有权的规定,法典区分了所有权的种类,同时也规定了建筑权及抵押权,共 3 章。债部分规定了债的一般原则,各种由合同所产生的债,公司以及不当得利、损害他人之债,共 13 章。继承部分规定了继承方式及其适用原则,继承人范围及顺序,遗产范围等,不分章。

法典以当时苏俄的社会主义公有制为基础,按照一切法律都是公法的思想,在以下各方面都体现了新的特点:

1. 在内容体系上,划去了有关婚姻家庭关系部分,将其作为一类特殊法律关系,由专门的婚姻家庭法典调整。此外,还将土地关系、雇佣关系也排除在民法典调整范围之外,创造了与传统民法体系完全不同的新体系。

2. 在民事法律关系中,强调了国家利益至上的原则。凡有损国家利益,有违社会经济目的的法律行为一概无效;国家所有权高于其他所有权。

3. 强调所有权的地位,忽略其他物权。并依所有权的主体划分不同的所有权种类,对国家所有权做了特别周密的保护。同时取消了动产、不动产的区别。

4. 整个法典的规定较为简单和原则,其篇幅比起其他国家的民法典来,要短小得多。

1922 年《苏俄民法典》作为第一部苏维埃民法典,确认了十月革命后形成的苏维埃经济体制,为苏维埃经济的发展提供了基本的法律条件。法典的制定,不仅对苏俄,对其他苏维埃共和国的民法发展都产生了重大影响,有些苏维埃共和国直接运用这一法典。在世界范围内,它作为法制史上第一部社会主义民法典也占有重要地位。

(二)1964年《苏俄民法典》

1961年12月,苏联通过了《苏联和各加盟共和国民事立法纲要》,并于1962年5月起施行。按苏联宪法的规定,苏联法律,适用于全联盟,并有高于加盟共和国法律的效力,据此,苏俄最高苏维埃依据该民事立法纲要,重新制定了《苏俄民法典》,于1964年10月起实施。

新民法典与1922年民法典相比,有了很大的变化。它按照苏联民事立法纲要的内容和体系,分8编,42章(后5编不设章),共569条。编目与民事立法纲要的章名完全相同,具体条款的顺序,也与之基本相同。第一编总则,规定了法典的任务与调整对象,基本原则,法律主体及其权利能力与行为能力,法律行为、代理、委托、期限和诉讼时效等。第二编所有权,规定了所有权人的权利范围、各种不同的所有权及其取得和丧失、共有关系等。第三编债权,规定了债的一般原则,包括债的发生、履行、担保、转让、违反债的责任及终止,各种不同的合同及合同以外的债。第四、五、六编分别是关于著作权、发现权和发明权的规定。第七编继承,第八编是关于外国人、无国籍人的规定,及外国民法、国际条约的适用的规定。虽然法典在体系上有了重大变化,但在基本精神和基本原则方面仍然继承了1922年民法典,两者的基本特点大致相同。

(三)婚姻、家庭法

在苏俄时代,婚姻家庭法被从民法体系中分离出来,成为一个独立的法律部门,这被认为是世界法制史上的一个创举。1918年和1926年苏联分别制定过两个《婚姻、家庭和监护法典》,1969年7月又依据1968年《苏联和各加盟共和国婚姻和家庭立法纲要》制定了《婚姻和家庭法典》。

1969年法典规定的主要内容有:(1)婚姻自由。结婚以一夫一妻、双方自愿为基本条件,法律只承认经过登记的婚姻为合法。夫妻双方有同样的离婚权利。离婚以确认夫妻双方无法继续共同生活和维持家庭为依据。(2)男女平等。结婚不影响夫妻各自的人身权利。婚姻期间所获财产为夫妻共同财产,双方有平等的占有、使用和处分权,对子女双方有同样的亲权。(3)婚生子女与非婚生子女平等。

## 四、刑法

(一)1922年《苏俄刑法典》

十月革命后,苏俄颁布了一系列单行刑事法令;1919年12月,制定《苏俄刑法指导原则》,内容主要涉及有关刑法总则部分;初步确立起苏维埃刑法的统一原则。1922年5月,全俄中央执行委员会通过了第一部《苏俄刑法典》,并于同年6月起实施。法典分序言、总则和分则三部分,共227条。

法典在总则部分给犯罪下了定义:凡威胁苏维埃制度基础及工农政权在向共产主义

过渡时期所建立的革命秩序的一切有社会危险性的作为或不作为,均为犯罪行为(第6条)。同时法典还规定了类推制度(第10条)。对于刑罚,法典规定了从驱逐出境至死刑的刑罚种类,共11种。此外,还规定了四种社会防卫措施:送往专为精神有缺陷者准备的处所;强制治疗;禁止担任某种职务、从事某种活动或经营某种事业;放逐于指定地区之外。

1922年《苏俄刑法典》作为第一部苏维埃刑法典,在世界上第一次对犯罪概念作了实质性定义,并提出新的刑法原则,创立了新类型的刑法。法典对其他苏维埃共和国,以及后来的苏联刑事立法纲要都有广泛的影响。

(二)1961年《苏俄刑法典》

1958年12月,苏联最高苏维埃通过的《苏联和各加盟共和国刑事立法纲要》,共4章47条,对刑事立法基本原则作了规定。据此,苏俄于1960年10月通过了新的《苏俄刑法典》,并于1961年起实施。新刑法典分总则6章、分则12章,共269条。

总则部分规定了刑法的基本原则,效力范围,犯罪、刑事责任的根据,刑罚及其目的等。主要特点是:(1)法典实行了罪刑法定主义,法典第3条规定:"只有犯罪人,即故意或过失地实施刑法所规定的危害社会行为的人,才应担负刑事责任,并受刑罚。"第6条第1款规定:"某一行为是否构成犯罪和是否应受刑罚,根据实施行为时现行的法律予以确定。"(2)死刑,虽没有废除,但被规定为一种"非常刑罚方法",法典对其适用范围作了特别规定,即只适用于国事罪犯罪、军职罪中涉及战时状态的一些犯罪,及规定是严重情节的故意杀人罪、某些特定的强奸罪,其余犯罪均不适用,未满18岁及怀孕妇女也不适用。(3)规定了"医疗性和教育性的强制方法",包括对精神病人的强制治疗,对酗酒、吸毒人的强制治疗,对未成年人的教养和医疗教育等强制方法。

分则部分共12章,规定了12大类犯罪,其编排体系体现了对国家安全和国有财产的特别保护。

1961年《苏俄刑法典》颁布后,又得到不断的修订和补充,共增补了数十个条款。

## 第三节　苏联解体后的俄国法

1985年,戈尔巴乔夫出任苏共中央总书记后开始推行全面的改革。1990年,波罗的海三国首先掀起脱离苏联独立的浪潮,在3~5月相继宣布独立。苏俄也于同年6月12日发表了《国家主权宣言》,称俄罗斯是一个主权国家,俄联邦的宪法和法律至高无上,保留自由退出苏联的权利。此后,其他加盟共和国也相继发表主权宣言。1991年"8·19事件"后,形势急转直下。同年12月21日,俄罗斯等11个共和国在哈萨克斯坦首都阿拉木图签署了《建立独立国家联合体协议书》等六个文件,宣布独联体成立,并致函苏联总统,通知苏联已不复存在。12月25日,苏联总统辞职。26日,苏联最高苏维埃发表最后一个宣言,宣布苏联在法律上终止存在。12 月 25 日,苏俄改国名为俄罗斯联邦,开始了一个新时代。

苏联解体后的俄罗斯继续进行已经开始的经济、政治的全面改革;同时,在原苏联法和苏俄法的基础上,颁布大量法令法规,进行法律改革。

## 一、1993 年《俄罗斯联邦宪法》

1992 年 4 月,俄罗斯第六次人民代表大会,通过了新的《俄罗斯联邦宪法》草案,经 1993 年 12 月 12 日全民公决通过生效,宪法有一个前言、两编。第一编分 9 章,共 137 条。第 1 章宪法制度的基础;第 2 章人与公民的权利与自由;第 3 章联邦制度;第 4 章联邦总统;第 5 章联邦议会;第 6 章联邦政府;第 7 章司法权力;第 8 章地方自治制度;第 9 章宪法的修改和修订。第二编是最终的及过渡性条款,不设章,共 9 条。《俄罗斯联邦宪法》的主要特点是:

1. 规定俄罗斯是一个共和政体的、民主的、联邦的法治国家。联邦由权力平等的主体——共和国、边疆区、省、市、自治省、自治州组成,其政策旨在建立保障应有的生命和自由发展的条件。取消共产党在国家中的领导地位,实行政治的多样化、多党性,任何一种思想体系不得被规定为国家的思想体系。

2. 取消社会主义公有制,土地和其他自然资源可以有私人的、国家的、市政的或其他形式的所有制,无论为谁所有,都予以平等的保护。并强调私人财产未经法院判决不得加以剥夺。

3. 规定了较为广泛的人与公民的权利,并强调了人与公民的基本权利和自由不可割让。当这些权利和自由被侵犯,并在俄国内用尽一切手段仍不能得以保护时,可向有关的国际机构提出请求。对公民的行为实行无罪推定,公民也无自证无罪的义务。

4. 设立享有广泛权力的总统。总统任期四年,2008 年 12 月,俄罗斯联邦议会通过了第一个联邦宪法修正案,将总统任期延长至 6 年。可连任两届。总统是国家元首,有权任命总理,批准立法,统帅武装部队等,并有权发布总统令。总统有叛国行为及其他重罪时,由 1/3 杜马议员提出,并经联邦委员会在提出后 3 个月内作出决议同意,可交最高法院审理,是否有罪由最高法院判决确定。2020 年宪法修正案又增加了总统可解散国家杜马、任免联邦委员会议员、提名宪法法院和最高法院院长的权力,全面加强了总统对政府的控制权。

5. 规定立法权由联邦议会行使,联邦议会由联邦委员会和杜马组成,前者由每个联邦主体选出的 2 名代表组成,后者由选民选出的 450 名议员组成。宪法对议会两个机构的权限作了具体的列举,基本上相当于一般议会的上下两院。2020 年宪法修正案加强了对国家杜马的监督,规定总统可以向宪法法院提出审查议会通过的法案是否符合宪法,如果宪法法院宣布违宪,总统可以将法律退给国家杜马并拒绝签署。

6. 宣布司法制度独立原则。司法权由宪法法院、最高法院、其他联邦法院、最高仲裁法院和联邦总检察长行使。宪法法院负责宪法的解释及法律的违宪审查,最高法院负责一般的刑事、民事案件的审理;仲裁法院负责经济纠纷的仲裁;总检察长负责法律的监督。

新宪法反映了俄罗斯进行政治、经济改革的指导思想,确认在苏联解体后,俄罗斯新政治制度是一种总统制的联邦国家制度。

## 二、俄罗斯联邦民事和经济立法

《俄罗斯联邦宪法》摘录

自1990年以后,俄罗斯就着手于民法改革,1990年的《所有制法》《企业和经营活动法》《国营和市有企业私有化法》《俄罗斯联邦实现土地改革紧急措施的命令》,等等,使俄国民法发生了重大变化。

1994年10月,俄罗斯国家杜马通过了《俄罗斯联邦民法典》(第一部分),1995年12月通过了民法典的第二部分,2001年通过了第三部分,2006年12月通过了民法典第四部分,分别于1995年1月1日、1996年3月1日、2002年3月1日和2008年1月1日起实施,这是俄罗斯一系列法律改革中的一个重大措施。民法典共7编:总则、所有权和其他物权、债法总则、债的种类、继承法、国际私法、智力活动成果和个别化手段的权利,共77章,1551条。

从民法典的内容来看,较之先前法典的主要变化有:

1. 确认了民法的基本原则,即民事权利主体人人平等、财产不可侵犯、契约自由三项主要原则,并特别强调了后二项原则。民法典的这一规定,反映并确认了俄罗斯经济模式由计划经济向市场经济的转型。

2. 对民事权利客体的规定,比之传统有了扩大。民法典第128条规定:"民事权利的客体包括:物,其中包括金钱和有价证券;其他财产,其中包括财产权利;工作和服务;信息;智力活动成果,其中包括智力活动成果的专属权(知识产权);非物质利益。"

3. 对所有权作了新的规定,并增加了其他物权的内容。对所有权的规定,扩大了权能的广泛性。在其种类上,加强了公民所有权的规定,实际上是确认了私人所有权的存在。其他物权是新增的内容。按民法典第216条的规定,其他物权有:土地的终身继承占有权、土地的永久(无限期)使用权、地役权、财产的经营权和财产的业务管理权。这一规定使俄罗斯的物权体系趋向完整。

4. 对债的规定表现了周密性和具体性,不只停留在原则规定上。法典第三编中,关于债的一般规定就有6章、113条。另外还有关于合同的一般规定,比之1964年《苏俄民法典》,条文有了较多的增加。法典第四编,具体规定了31种不同的债。

5. 确认了民事立法权归俄罗斯联邦行使。民法渊源除法典和联邦法律之外,还包括交易习惯(第5条)。在法无明文规定,也无可适用的交易习惯时,可按法的原则和精神及善意、合理、公正的要求进行类推(第6条)。俄罗斯签署的国际条约具有高于国内法的效力。

6. 在继承法领域，更突出了保护私有财产不受侵犯和意思自治的原则。民法典强调了遗嘱继承，扩大了遗产和遗嘱继承人的范围，调整并扩大了法定继承人的顺序和范围，新增了遗产的保护和管理制度。

从民法典的体系结构来看，则具有如下特点：

第一，仍带有苏联时期民法体系的痕迹，表现为：(1)婚姻家庭关系和雇佣关系的规范不包括在法典之内；(2)知识产权，包括著作权、专利权等仍被包含在法典体系之中。这反映了俄罗斯保持一种独立的关于民法所调整的社会关系性质的价值观念。

第二，表现了民商合一的立法观点，包含了相当多的商业上的规范，如法人制度中的商合伙和商业公司，合同中的“商品信贷和商业信贷，银行账户，信用证结算，商品仓储保管”，等等。

除民法典之外，俄罗斯在独立后，配合社会制度的变革，还有一系列的单行民事和经济的立法颁布生效，较为重要的有1996年的《俄罗斯联邦家庭法典》，1991年的《竞争法》，1992年的《消费者权利保护法》，1991年的《外国投资法》《自然人所得税法》，1996年的《股份公司法》，1998年的《破产法》《农业法》《建筑法》《有限责任公司法》等。这些立法与民法典一起，基本上架构起俄罗斯新民事和经济法律制度的框架。[3]

## 三、刑事立法

### (一)1996年《俄罗斯联邦刑法典》

1960年的《苏俄刑法典》自苏联解体后被作了大量的修改，其中1992年10月和1993年7月是规模最大的两次修订。到1994年7月1日为止，原法典共269条，其中修改的条文涉及160余条，210余次。修改的内容主要是因实行体制改革而发生变化的部分，如有关社会主义制度、公有财产等；另外，有轻刑的倾向，如死刑的适用，只限很少数几个罪名。

在修改刑法典的同时，俄罗斯也在着手新刑法典的起草。1992年相继发布了第一个、第二个草案。1994年又发布了第三稿。1996年5月，俄罗斯国家杜马终于通过了新刑法典，同年6月，经联邦委员会和总统批准，《俄罗斯联邦刑法典》于1997年1月1日起生效。

《俄罗斯联邦刑法典》分总则和分则两部分，总则有6编15章，分则有6编19章，共计360条。新刑法典的主要内容有：[4]

1. 规定了刑法的基本原则是：法制原则、公民在法律面前一律平等原则、罪过原则、公正原则和人道原则。其中，法制原则，实际上就是罪刑法定原则。

2. 确定犯罪是以刑罚相威胁所禁止的有罪过地实施的危害社会的行为(第14条)。并区分犯罪为轻罪、中等严重的犯罪、严重犯罪和特别严重的犯罪四类，以剥夺自由刑的

---

〔3〕 关于俄罗斯的经济立法，参见张寿民：《俄罗斯法律发达史》，法律出版社2000年版，第七章第四节。

〔4〕《俄罗斯联邦刑法典》，黄道秀等译，中国法制出版社1996年版。

不等年限为区分标准。

3. 规定了多达13种的刑罚,其中强制性工作、劳动改造、限制军职、限制自由、拘役、军纪营管束、一定期限的剥夺自由、终身剥夺自由和死刑为主刑,剥夺专门称号、军衔或荣誉称号、职衔和国家奖励与没收财产是从刑,罚金与剥夺担任一定职务或从事某种活动的权利既可作为主刑,也可作为从刑。其中,终身剥夺自由和死刑在法典中的适用被严格控制,只有四种故意侵犯他人生命权的犯罪和种族灭绝罪才能适用。罚金的数额不再以一定的币值表示,而以最低劳动报酬的一定倍数,或被判刑人一定期限的工资收入以及其他收入来表示。

4. 除一般刑罚之外,法典还以专编(第六编)规定了医疗性强制方法,专门适用于特定的实施犯罪的行为人。医疗性强制方法可以和刑罚同时适用,也可单独适用。

5. 法典对已满14周岁、未满18周岁的未成年人的刑事责任也以专编(第五编)作特别规定。对未成年人犯罪,只能适用13种刑罚中的6种,或者适用教育感化性强制方法,如警告、交其父母监管等。对未成年人的量刑除一般因素外,还须考虑其生活和教育条件,心理发展水平、个人特点等。被判剥夺自由刑的未成年人,其服刑地点也有特殊规定。

6. 分则部分以6编规定了6大类犯罪,大体是按侵犯个人利益、侵犯社会利益、侵犯国家利益和侵犯全人类利益的顺序排列。在每一具体罪名中,又依从轻到重的顺序规定了犯罪情节及其相应的量刑幅度。

7. 规定了一些新增的犯罪,如第八编的经济领域的犯罪,第28章的计算机信息领域的犯罪等。

刑法典的上述内容特点,既反映了俄罗斯刑法的传统风格,又反映了俄罗斯社会发生重大变化后,俄罗斯人对犯罪的认识和刑事立法态度的变化,也反映了现代世界刑法理论的发展趋势。

(二)1996年《俄罗斯联邦刑法典》的修订

1996年刑法典施行后,几乎年年都有修改,到2010年已经修订几十次,涉及近300个条文。主要的修改是:

1. 总则中有关犯罪规定的修订。主要集中在累犯制度和过失犯罪制度方面。在累犯制度上,提高了认定累犯、特别是“危险累犯”和“特别危险累犯”这两种累犯的标准,并把曾犯轻罪和曾被判缓刑的,从认定累犯的前科中剔除。在过失犯罪上,过失犯现在仅存在于四类犯罪中的轻罪和中等严重的犯罪之中,其刑罚幅度降低了。另外,在正当防卫制度方面,也扩大了正当防卫的范围。

2. 总则中有关刑罚制度的修订。主要是取消了“没收财产”的刑罚,罚金刑也改为“2千5百卢布至1百万卢布,或者是被判刑人两周至五年的工资或其他收入”,不再是单纯的收入倍数制罚金,还允许在3年之中延缓缴纳,但“在被判刑人恶意逃避支付用作主刑的罚金时,可以在本法典分则相应条文法定刑规定的限度内替代罚金”,这实际上是可以用自由刑代替罚金刑。

此外,俄罗斯宪法法院在2009年11月宣布,从2010年1月1日起将无限期暂缓执行死刑,这实际上是在俄罗斯废除了死刑。

3. 分则中的修订。这是刑法修订的重要部分,主要涉及危害国家政权的犯罪、侵犯人身的犯罪、经济领域的犯罪等领域。这一方面是增加了一些罪名,如组织极端团体罪,使用奴隶劳动罪,拒不支付工资、养老金罪等;另一方面也取消了一些罪名,如欺骗消费者罪、逃离交通事故现场罪等。此外,对一些犯罪的表述及刑罚的幅度进行了修订。

这些修订反映了俄罗斯国内政治经济和社会形势的变化,是对刑法典实施经验的总结,以使法典更切合实际,具有可操作性,同时也使刑法典与国际公约更好地接轨,同时还体现刑法的人道主义精神。

## 参考阅读书目

1. 周尚文等:《苏联兴亡史》,上海人民出版社1993年版。
2. 赵士国:《俄国政体与官制史》,湖南师范大学出版社1998年版。
3. 张寿民:《俄罗斯法律发达史》,法律出版社2000年版。
4.《俄罗斯联邦刑法典》,陈明华译,法律出版社1996年版。
5.《俄罗斯联邦刑法典释义》(上、下册),黄道秀译,中国政法大学出版社2000年版。

# 第十五章　欧洲联盟法

图 1　欧洲议会大厦会议厅(斯特拉斯堡)

【导　读】

本章欧盟法的学习,主要帮助同学了解欧盟法产生、发展的过程及其特点,了解欧盟法的体系、结构、渊源和基本内容,了解欧盟司法制度的运行。通过本章内容的学习,同学们可以对当今世界这一最具创新特色的区域性国家联合而形成的法律制度有比较系统、完整的理解与把握。

【问题讨论】

1. 欧盟法的形成主要经历哪些阶段,有什么特点?
2. 欧盟法的主要渊源是什么? 对欧盟的建立、发展具有关键作用的条约主要有哪些?
3. 欧盟的组织机构与欧盟法的主要内容是什么?

# 第一节　欧洲联盟法概述

图2　欧盟总部

欧洲联盟法(以下简称欧盟法)是调整欧洲联盟在其建立及其内外关系活动过程中所发生的各种关系的法律规范的总称。广义上的欧盟法还包括欧盟各成员国的法律。

## 一、欧盟法的性质

欧盟法究竟属于国际法的范畴还是属于国内法的范畴,目前尚无定论。比较普遍的看法认为,欧盟法既不同于传统国际法,也有别于国家法,而是介乎于两者之间的一种“超国家法”。

### (一)欧盟法具有超国家性

欧盟是欧洲诸国推行经济一体化和政治联盟的产物,是现代紧密型国家联合的结果。作为欧盟法基本渊源的基础条约,欧盟法对欧共体和欧盟的目标、性质和功能,以及为实现前述目标而应采取的方法和步骤,作出了明确规定。为了实现欧盟的最终目标,各成员国必须根据条约的规定,为追求共同体的整体利益而对自身利益作出限制。欧盟正是遵循这一根本原则,依赖成员国的共同努力,自主形成了一套适用于欧盟成员国又不同于成员国国内法的法律规范体系。

超国家性是这套法律规范体系的最大特征,主要表现为两大原则:一是欧盟法直接效力原则;二是欧盟法优先原则。直接效力原则,是指在一定条件下,欧盟法可以在成员国国内直接适用,直接为个人创设权利和义务,欧盟成员国的公民和法人可以要求其国内法院依据欧盟法的有关规定保护其权利,即直接援用欧盟法。优先原则是指欧盟法与其成员国法律发生冲突的时候,成员国必须停止适用与欧盟法相抵触的国内立法,而优先适用欧盟法。这两个原则都不是由欧盟条约直接规定的,而是通过欧洲法院的司法实践发展起来的。

(二)欧盟法具有自治性

作为一种既区别于国际组织、又不同于主权国家的国际法主体,欧盟拥有一套独立的等级化的规则体系。这套规则体系既非国际法的组成部分,也与其成员国的国家法有所区别,能够独立于国际法和欧盟成员国的国家法而自主运行。欧盟法区别于国际法以及欧盟成员国国家法的法律秩序而独立存在,此即欧盟法的自治性。

具体而言,欧盟法的自治性可以从对内和对外两个维度进行理解。对内维度体现为欧盟法对成员国法的自治性,即欧盟法对欧盟成员国而言具有直接适用效力和最高效力;而对外维度则体现为欧盟法对国际法的自治性,即任何国际条约规范均不能损害欧盟法律秩序的完整性。

为了确保欧盟法的自治性得到维护,《欧盟条约》第 19 条第 1 款和《欧盟运行条约》第 344 条建立了一个旨在确保解释的一致性和统一性的司法制度,由欧洲法院垄断欧盟法的解释和适用。欧洲法院作为欧盟法律秩序的守卫者,由其垄断欧盟法的解释和适用权,被视为维护欧盟自治原则的必然要求。

作为独具特色的一种新型法律制度,欧盟法是 20 世纪以来国家组织发展、演变在法律制度上的重大突破。

## 二、欧盟法的形成和发展

欧盟及欧盟法是“二战”后西欧一体化的产物。1947 年,美国政府为了适应“冷战”的需要,提出了著名的“马歇尔计划”。这一方案得到了西欧诸国的共同响应。英国、法国、意大利、联邦德国等 17 国于同年建立了“欧洲经济合作委员会”,以推动建立西欧自由贸易区。次年,欧美诸国又签订了《北大西洋公约》,并建立“欧洲委员会”,作为欧洲军事和政治联合的尝试。

在上述背景下,当时的法国外交部长罗伯特·舒曼于 1950 年 5 月 9 日提出的“舒曼计划”,提议将欧洲的煤炭和钢铁工业联合起来,形成一个欧洲煤炭和钢铁共同体。随着六个创始国(比利时、德国、法国、意大利、卢森堡和荷兰)于 1951 年 4 月在巴黎缔结《欧洲煤钢共同体条约》(又称《巴黎条约》),“舒曼计划”最终成为现实。1957 年 3 月上述六国又于罗马签订了《欧洲经济共同体条约》和《欧洲原子能共同体条约》(又称《罗马条约》),创建了欧洲经济共同体和欧洲原子能共同体。1965 年 4 月签署的《建立欧洲共同体单一理事会和单一委员会条约》(以下简称《合并条约》)使上述三个共同体合并为欧洲共同体,简称欧共体。1986 年 2 月,各成员国签署了《单一欧洲法》,对上述三个共同体条约进行了实质性修改,提出在 1992 年年底建成单一欧洲市场的计划。

1992 年 2 月 7 日,欧共体各成员国签署了《马斯特里赫特条约》,宣布成立欧洲联盟,规定欧洲各共同体、共同外交与安全政策、司法与内政事务合作为欧盟三大支柱。自此,原来以经济一体化为主要特色的欧共体成为一个具有经济和政治双重性质的欧洲国家联盟。此后,1997 年 10 月签署的《阿姆斯特丹条约》和 2001 年 2 月签署的《尼斯条约》进一步推进欧盟的体制改革。为了保证欧盟的有效运作以及欧洲一体化进程的顺利进行,2004 年 10 月,各成员国的领导人在罗马签署了《欧盟宪法条约》。但该条约在法国、荷兰两国的全民公决中遭到否决。2007 年,欧盟推出了解决宪法批准危机的方案,不再试图以单一的宪法条约文本取代原先所有条约,而是起草一份改革现行诸条约的“改革条约”,以增强欧盟的民主合法性,并提高欧盟整体行动的效率。2007 年 12 月 13 日,欧盟各成员国的领导人在里斯本正式签署了该条约,此即《里斯本条约》。该条约将欧盟和欧洲共同体合并为一个单一的欧盟,自此,欧共体正式退出了历史舞台,欧盟从一个经济共同体走上了政治联盟发展的道路。

欧盟最高峰时共有 28 个成员国,[1]但 2020 年 1 月 31 日,英国议会正式批准《2020 年脱欧协议法案》,这标志着英国脱欧。英国脱欧是对欧盟一体化进程的重大打击,其脱欧过程中出现的争论也暴露了《里斯本条约》第 50 条关于脱欧程序规定的不足。

### 三、欧盟法的渊源

欧洲联盟法的渊源兼具西方两大法系的特征,基本上可以分为成文法和不成文法两大类。成文法包括以创始条约为核心的基础立法、国际协议以及次级立法,不成文法是指法的一般原则和判例法。[2]

#### (一)基础立法

基础立法的核心是一系列创始条约,即成员国为建立欧共体和欧盟而签订的国际条约。当前最重要的创始条约是《欧盟条约》和《欧盟运行条约》[3]。此外还包括创始条约的议定书和附件、修订和补充创始条约的后续条约、新成员国的加入法案以及《欧盟基本权利宪章》。基础立法在欧盟法中效力最高。

---

[1] 其中法国、德国、意大利、荷兰、比利时、卢森堡为创始成员国,于 1951 年结盟;此后,丹麦、爱尔兰和英国、希腊、西班牙和葡萄牙、奥地利、芬兰、瑞典先后成为欧盟成员国;2004 年 5 月 1 日,欧盟实现了有史以来规模最大的扩盟,波兰、捷克、匈牙利、斯洛伐克、斯洛文尼亚、塞浦路斯、马耳他、拉脱维亚、立陶宛和爱沙尼亚十国同时加入欧盟;2007 年 1 月 1 日,保加利亚和罗马尼亚加入欧盟。

[2] 参见[法]德尼·西蒙:《欧盟法律体系》,王玉芳、李滨、赵海峰译,北京大学出版社 2007 年版,第 261 ~ 263 页。

[3] 《里斯本条约》修订了《欧盟条约》与《欧共体条约》,并将后者重新命名为《欧盟运行条约》。

（二）国际协议

根据《欧盟运行条约》第216条的规定，欧盟可以与一个或多个第三国或国际组织缔结国际协议，而且该国际协议对欧盟机构以及成员国均有约束力。欧洲法院也通过判例规定，欧盟签订的国际协议一旦生效，法律效力等同于欧盟内部法律，无须经过将国际协议转化为欧盟内部法律的立法程序。[4]

在法源等级中，国际协议仅次于基础立法和欧盟法的一般原则，因此，欧洲法院有权依据国际协议精神审查次级立法的合法性，欧盟机构制定的次级立法必须符合国际协议的规定。

（三）次级立法

《欧盟运行条约》第288条规定了欧盟法的五种次级立法，包括条例、指令、决定、建议及意见。

条例是次级立法中最强有力的法律文件。它有三个基本特征：普遍适用性、全面约束力和直接适用性。条例的普遍适用性，是指条例的内容是就某一领域的事项创制在欧盟统一适用的一般性法律规则。因此，条例的适用对象为欧盟的所有法律主体。条例的全面约束力是指其法律效力的整体性。它不仅规定了目标，而且规定了达到既定目标应采取的行动方式。它要求成员国必须全面实施条例，禁止采取任何国内立法或行政措施变通实施条例。条例的直接适用性是指它不需要并且禁止成员国任何国内立法或行政措施的中转，直接对成员国公民和法人产生法律效力。

指令是欧盟最普遍的立法形式，其目的是在确保欧盟法的必要统一性的同时尊重国家传统和结构的多样性。指令是为履行欧盟条约上的义务而作出的，对特定成员国有拘束力的、命令该成员国通过国内立法手段来履行该义务的规定。指令与条例的最大区别是，前者不具有普遍适用性。它只能以成员国为发布对象，仅对成员国有拘束力。指令的内容是对其发布对象的成员国在一定期限内应达到的目标作出规定，至于达到目标的行动方式可由有关成员国自行选择决定。因此，指令也不能被直接适用，需要借助于成员国国内法的实施，才能产生法律效力。指令实质上是欧盟允许成员国以符合本国具体情况的方式实施共同体规则的一种法律形式，体现了统一性和多样化的结合，成为欧洲共同体协调成员国国内立法的主要手段。

决定通常用于在特定情境下欧盟一般性法律规则的具体实施，它要求成员国或者法人，甚至个人从事某项活动、禁止从事某项活动，或者对成员国、法人、个人实施某项处罚。可见，决定是欧共体法中具有具体行政措施性质的法律形式。决定与条例相比，在对发布对象具有全面法律约束力方面，两者是相同的。两者的区别在于，条例具有普遍适用性，而决定只具有特定的适用性。通常它仅为特定对象创设权利或设定义务，也仅对它们才具有拘束力。

---

[4] C-181/73, Haegemann v Belgian State [1974] ECR.

效力更弱的是不具有法律约束力的建议和意见,它们不会为其涉及的各方创设强制性的义务,而仅仅是为欧盟法的解释提供一个指引、建议和说明,供成员国参考,有时也可以针对个人和企业提出。尽管建议和意见仅具有政治性或道德意义,但也可发展成为具有法律约束力的法律文件,因而也可能具有间接法律效力。

条例、指令和决定具有法律拘束力,但其效力低于基础立法、欧盟法的一般原则和源自国际协定的法律。

(四)法的一般原则

欧盟法的一般原则主要是指支撑欧盟法律秩序的一系列不成文的原则。从欧洲法院的判例来看,作为欧盟法渊源的一般原则主要有:自治原则、直接效力原则、直接适用原则、欧盟法优先原则、辅助性原则、相称性原则、合法期望权益原则、保护基本人权原则,以及平等与不歧视原则等。这些原则大多来自《欧盟条约》和成员国国内法。

在欧盟法的法源等级中,出自条约或《欧盟基本权利宪章》的一般原则为基础立法的组成部分,其他一般原则效力低于基础立法,但高于所有其他法源。

(五)判例

欧洲法院以大陆法系各国的裁判制度为模式,原则上不受判例的拘束。法院的判决只适用于同一诉因的同一当事人。其判决只具有既判力,没有拘束力;在任何情况下,它只具有事实上的影响力。但是,以下情况说明欧洲法院的判决具有判例法的效果。

第一,欧洲法院的判决,无论在程序问题还是实体问题上,都存在明显的连贯性和一致性。虽然法院的每个判决本身并不具有先例的拘束力,但是,如果将同种类案件及其相同的判决积累起来,终究会成为确定的惯例。这不仅在相当程度上确保了判例的稳定性,而且事实上为以后的判决规定了方向。

第二,尽管欧洲法院并无立法职能,但在适用法律中,通过运用某些适当的解释方法,或者适用法的一般原则,或者援用国内法或国际法的原则,弥补成文法律之不足,逐步地发展了判例法。"佐审官"在这方面发挥着重要作用。他们对于欧洲法院适用的法律或法律原则的起源、性质、范围等,提供了大量值得信赖和有权威的意见。而且,根据《欧共体条约》和《欧盟条约》的规定,欧洲法院不仅对其管辖权范围内的案件享有裁决权,对实施欧盟法律享有强制权,还对欧盟机构行为的法律形式享有宣告无效的权力。可见,欧洲法院通过运用解释法律的权限,在某种场合下发挥着司法立法的职能,积累了一套判例法,并且凭借法院的权威性和判决的一贯性,使之取得了接近于拘束力的效果。因此,欧洲法院的判例也可列为欧洲联盟法的法律渊源。事实上,欧盟法中一些重要的发展来自欧洲法院的判决,这些判决确立了欧洲法的基本原则,确保了欧盟法的权威。

## 第二节 欧盟法的基本内容

### 一、欧盟调整内部关系的法律

欧盟调整内部关系的法律是指适用于欧盟本身以及成员国之间相互关系的条约、条例、指令、决定等规范性文件的总称。其范围非常广泛,既包括作为欧盟根本法的宪法性法律,也包括以确保货物、人员、服务及资本自由流通为核心的内部市场法,以及劳工和公平法、环境法、消费者保护法等社会经济法,乃至传统上被视为国家主权核心的司法和内政范围内的法律,如刑法。

(一)欧盟根本法的主要内容

从欧共体到欧盟的发展是以一系列基础条约的制定或修订为基础的。从 1957 年《罗马条约》到 1992 年《马斯特里赫特条约》,再从 2004 年《欧盟宪法条约》到 2007 年《里斯本条约》,这几部在欧盟发展史上具有代表性的宪法性文件标志着欧洲一体化进程中的重大事件,在欧洲一体化发展进程中具有重要意义。如《罗马条约》标志着欧洲经济共同体的诞生,《马斯特里赫特条约》标志着欧盟的成立,《欧盟宪法条约》标志着欧洲一体化进程中的制宪运动发展的高峰,而《里斯本条约》则是为《欧盟宪法条约》的批准危机找到了解决的出路。在这几个法律文件之外,还存在若干较重要的宪法性文件,如对《罗马条约》进行了重要修订的《欧洲单一法令》,对《马斯特里赫特条约》进行进一步补充与完善的《阿姆斯特丹条约》和《尼斯条约》。这些具有宪法功能的法律文件对于欧洲一体化的发展具有重要意义,都属于是欧盟的根本法。[5]

虽然从形式和内容上看,这些根本法的本质仍为主权国家间签署的国际条约,但是,随着欧洲一体化的进展,特别是欧洲法院判例法的发展,尤其是欧洲法院确立的优先原则和直接效力原则,使其超越了一般意义上的国际组织章程,其形式和内容都具备了国家宪法的很多特征。[6] 因此,有学者认为,欧盟基础条约已经从"宪法性条约"发展到了"条约性宪法",具有真正宪法的性质。[7]

欧盟宪法条约

权力的分配问题是欧盟根本法的一个核心问题,由于它涉及成员国的主权让渡,因而在欧洲一体化的过程中一直是个敏感问题。《里斯本条约》首次明确将欧盟的权能进行了划分,包括纵向与横向两个维度。

纵向的权能分配是指欧盟与其成员国之间的权力分配。决定欧盟与成员国权能划分的原则主要有两个:授权原则与辅助性原则。授权原则是指欧盟的权能是由成员

---

〔5〕 曾文革主编:《欧盟法》,对外经济贸易大学出版社 2015 年版,第 19 页。

〔6〕 戴轶:《宪法乎? 条约乎? ——对〈欧盟宪法条约〉的法理学分析》,载《欧洲研究》2005 年第 2 期。

〔7〕 李济时:《从宪法性条约到条约性宪法》,载《当代世界社会主义问题》2005 年第 4 期。

国赋予的，联盟应在基本条约规定的、由成员国赋予的权能范围内行动，以实现基本条约所规定的联盟目标，基本条约未授予联盟的权力由成员国保留。辅助性原则是指在非欧盟专属权能的领域内，对于拟采取的行动意欲达到的目标，仅在联盟层次上能更好实现，而成员国采取行动不能充分实现的情况下，联盟方可采取行动。《里斯本条约》将欧盟权能分为四类，即欧盟专属权能、共享权能、政策协调权能以及采取支持、协调与补充行动的权能。根据不同的权能，在不同领域内，欧盟能够采取不同的行动。[8]

横向的权力分配是指欧盟各机构的权能及其相互关系。根据《欧盟条约》第13条的规定，欧洲议会、欧洲理事会、理事会、欧盟委员会、欧洲法院、欧洲中央银行和审计院七个机构可以被称为欧盟机构。这七个欧盟机构在欧盟的运作中都发挥着特定的作用。根据《欧盟条约》第13条第2款的规定，欧盟机构之间的权力关系适用机构权力平衡原则，根据这一原则，每个机构都必须按照条约赋予的权力行事，并符合条约规定的程序、条件和目标及其政治层面，即欧盟机构之间的权力关系。禁止一个欧盟机构侵犯属于另一个机构的权力。同样，为防止机构权力平衡的变化，条约禁止一个欧盟机构将其权力委托给外部机构或另一个欧盟机构。

1. 欧洲理事会

欧洲理事会，通常称为欧盟首脑会议或欧盟峰会，是欧盟的最高决策机构，由各成员国国家元首或政府首脑、欧洲理事会主席和欧盟委员会主席组成。必要时，欧洲理事会成员可由一名部长协助，委员会主席可由一名委员会成员协助。

欧洲理事会的职能是为联盟发展提供必要的推动力，并确定其总体政治方向和优先事项，但不行使立法职能。这意味着欧洲理事会的职能是政治性与方向性的，它并不直接参与欧盟的立法与具体政策的制定。

欧洲理事会的工作方式是召开会议，每六个月举行两次会议，如因情势需要，也可以举行特别会议。所有会议均由其主席召集。欧洲理事会通常以协商一致方式采取措施。如果根据条约规定以特定多数进行表决，欧洲理事会主席和委员会主席不得参加表决。对于议事规则和其他程序事项的通过，理事会以简单多数表决。

《里斯本条约》生效后，欧洲理事会设常任主席，即俗称的“欧盟总统”，经首脑会议选举产生，任期两年半，可连任一次。其职责包括主持欧洲理事会，以及在欧盟成员国之间协调以促成共识。

2. 欧盟理事会

欧盟理事会前身为部长理事会，《马斯特里赫特条约》生效后改称为“欧盟理事会”，但通常被简称为“理事会”。理事会在欧洲联盟中处于中枢地位，是最重要的决策和立法机关，并根据欧洲理事会制定的指导方针，定义和实施欧盟的共同外交与安全政策。

理事会由每个成员国各派一名部长级代表组成，他可以代表本国政府并投票。但该

---

〔8〕《欧洲联盟基础条约》，程卫东、李靖堃译，社会科学文献出版社2010年版，“导读”，第21～23页。

代表人选并不固定,往往依所审议的议题不同而有所区别,通常是成员国在某个政策领域内能代表其政府行为的部长级代表。理事会的表决方式主要采用特定多数表决法,即有关决议必须获得55%的成员国和65%的欧盟人口的赞同才能通过。

理事会主席实行轮换制,由各成员国按照国家名称首字母的顺序依次轮流担任6个月。由于欧盟理事会成员均由成员国政府派遣,因此他们代表的是各成员国的利益,而非整个欧盟的利益,这使其决策经常与欧盟其他立法机构发生冲突,导致决策困难。

欧盟理事会与欧洲议会共享立法权,但两者均无立法提案权,其审议的议案由欧盟委员会提交。但根据《欧盟运行条约》第241条,它可以以简单多数采取行动,要求欧盟委员会对理事会认为系实现共同目标所需的任何问题进行研究并向其提交任何适当的提案。委员会虽然没有义务采取行动,但根据忠诚合作的原则,必须审查理事会的请求,并将其不遵守此类请求的理由通知理事会。在实践中,理事会多次利用《欧盟运行条约》第241条及其意见和决议,向委员会施加压力,要求其编写立法提案。

欧盟理事会与欧洲议会共享预算权,一方面,它有权根据欧盟委员会的初步草案确定预算,尽管仍需得到议会的批准,另一方面,它有权向议会提出建议,授权委员会执行预算。理事会还负责确保成员国经济政策的协调,组织成员国之间在就业政策和警务合作方面的合作。此外,理事会还负责缔结欧盟与非成员国或国际组织之间的协议,享有参与和变更条约程序的权力。

3. 欧盟委员会

欧盟委员会是独立于成员国和理事会的欧盟常设执行机构,总部设在布鲁塞尔。作为整个欧盟行政体系的核心,欧盟委员会具有多重功能,它是条约的守护者、欧盟立法的发起者、欧盟的行政部门,也是欧盟在国际舞台上的代表。

欧盟委员会由每个成员国各派一名委员组成。尽管《欧盟条约》第17条第5款规定,从2014年11月1日起,委员人数应相当于成员国数量的2/3,但规定了一个除外条款,即欧洲理事会可以以一致通过的方式改变委员会的组成。委员必须为成员国公民,其候选人经各成员国政府建议,由理事会与被提名为委员会主席之人达成一致,并接受欧洲议会的投票批准。委员任期原为4年,《马斯特里赫特条约》将其延长为5年,以与欧洲议会议员的任期相一致。委员会的成员之间互相平等,共同制定政策。委员会主席由欧洲理事会以其特定多数提出候选人建议,再由欧洲议会根据该建议以一般多数批准。

欧盟委员会的具体职责包括:(1)起草法令。除了有条约规定的特殊情况之外,联盟的立法只能以欧盟委员会提出的立法提案为基础,欧盟委员会享有正式的立法创议权。(2)作为欧盟执行机构,它需要确保《里斯本条约》的实施,在欧洲法院的控制下监督欧盟法律的适用,负责欧盟各项法律文件(指令、条例、决定)的具体贯彻执行,以及预算和项目的执行。(3)除了共同外交与安全政策之外,欧盟委员会对外代表欧盟签署国际条约。

4. 欧洲议会

1979 年之前，欧洲议会由成员国的国民代表组成，议会的议员由各成员国议会派遣本国议员担任，本国政府会对其施加较大的影响。1979 年之后，欧洲议会议员通过直接选举产生，议员以个人名义进行投票表决，由此，欧洲议会代表了欧盟成员国国内普通民众的利益和声音，是欧盟贯彻民主立法原则的主要表现形式。

根据《里斯本条约》的规定，欧洲议会的选举每五年举行一次。各国一共选举包括议长在内的 751 名议员。议席的分配采用"综合比例"原则，即不单考虑到各成员国人口的多少，而且还要考虑民族之间、公民之间以及政党之间的力量与利益诸因素。每个成员国至少拥有 6 名议员，最多拥有 96 名议员。虽然欧洲议会议员由各国公民直接选举产生，但议会议员不是以各成员国的国家为单位，而是以横跨几个国家的政党为单位进行独立的议事活动。但这并不意味着他们总是按照意识形态的不同而结盟，相反，民族因素经常导致同一政治集团内部的意见分歧。

同世界其他国家的议会类似，欧洲议会主要拥有立法权、预算权和监督权，是欧盟的监督咨询机构。

作为立法机构，欧洲议会和理事会享有共同立法与决策权。在立法地位上，欧洲议会与欧盟理事会处于平等地位，根据共同决策程序，欧盟委员会提交的议案需在两者达成一致意见的情况下方能通过。此外，虽然通常情况下，欧盟委员会拥有立法提案的专属权，但根据《欧盟运行条约》第 225 条的规定，欧洲议会经多数议员同意后，可要求欧盟委员会对诸如"欧盟条约所需的联盟法案"事项提交适当的议案。

作为监督机构，欧洲议会的监督职能包括：(1) 审议欧盟委员会向欧洲议会提出的欧盟年度活动的报告；(2) 欧洲议会及其议员可以以口头或书面形式向委员会和理事会提出质询，并可成立专门的调查委员会；(3) 欧盟委员会主席及其成员在任职前必须接受欧洲议会的质询，理事会提出的欧盟委员会主席及其委员人选必须得到欧洲议会的批准；(4) 欧洲议会对欧盟理事会和欧盟委员会违反条约的行为，有权向欧洲法院提起诉讼；(5) 欧洲议会可以以 2/3 多数（投票议员须过半数）弹劾欧盟委员会，弹劾动议一经通过，欧盟委员会即应集体辞职。

此外，欧洲法院是欧盟的最高司法机关，协助国家法院执行解释欧盟法律的艰巨任务，确保欧盟法律在所有成员国适用的一致性和统一性；审计院负责监督欧盟的金融方面；欧洲央行定义并实施了欧盟的货币政策。

（二）内部市场法

内部市场法律制是欧盟法发展的重要基础，它以设立单一市场为目标，涉及面极广，以关于货物、人员、服务、资本四大自由流动的法律以及竞争法为核心。

1. 货物自由流动的法律规定

保障货物贸易自由的规则主要集中在《欧盟运行条约》第 28 – 36 条对关税同盟、禁止各成员国之间对货物进出口进行数量限制或采取具有同等效果措施的规定，以及第 37

条对成员国所设垄断特定货物贸易的企业进行规范的规定。如果是基于保护环境、公共安全及公共卫生等原因,各成员国可以制定国内法以限制货物自由流动,对此,欧盟对各成员国相关国内法的协调主要体现为采用相互承认原则。

2. 人员自由流动的法律规定

《马斯特里赫特条约》第二部分第 8 条第 1 款规定强调:“欧盟公民有权在各个成员国的领土内自由迁徙和居住。”人员自由流动由此成为欧盟法的一项重要原则。后经《里斯本条约》修改,《欧盟运行条约》第 20 条进一步重申了欧盟公民的身份,规定任何成员国国民均是欧盟公民。欧盟公民身份是国家公民身份的补充,并不取代国家公民身份。《欧盟运行条约》还详细规定了作为欧盟公民在各成员国领土范围内所享有的自由迁徙权和居留权、选举权和被选举权、外交和领事保护权以及请愿权和申诉权等。[9]

《欧盟运行条约》在第三部分的第四编对保障劳动者跨成员国迁徙自由、跨成员国开业自由和跨成员国服务贸易自由作了规定。这些规定都旨在保障欧盟公民基于经济目的在欧盟的自由流动时可以得到平等的待遇。其中,对劳动者跨成员国迁徙自由与跨成员国开业自由的保障更关注保障公民在欧盟内部市场的能动性,因而也往往被统称为“人员跨成员国流动自由”或“人员流动自由”。

3. 服务自由流动的法律规定

《欧盟运行条约》第 56 – 62 条对保障跨欧盟成员国服务贸易自由作出了原则性的规定。该条约第 56 条对限制这一基本自由作出了原则性禁止;第 57 条对适用第 56 条的跨成员国服务贸易作了开放性的界定;第 58 条明确地把涉及交通的服务贸易作为一个特殊领域提取出来,优先适用《欧盟运行条约》有关共同交通政策的规定。第 62 条则援引该条约第 51 – 54 条有关跨成员国开业自由的规定,使这两大基本自由在权利主体、涉及行使成员国公权力情况的保留、以及限制适用针对歧视与限制措施的禁止性规则上,都保持一致。此外,该条约第 59 – 61 条则授权欧洲议会和欧盟理事会就欧盟内部市场服务贸易自由化颁布指令,而在指令所涉范围以外,欧盟成员国有义务接受欧盟委员会的相关建议,并在尚未得以自由化的服务贸易领域无歧视地适用本国规定。[10]

4. 资本自由流动的法律规定

在欧盟基础性规则层面,对跨国资本流通与支付往来自由的保障主要集中在《欧盟运行条约》第 63 – 65 条,其规定禁止各成员国限制资本自由流动。资本的自由流动主要通过四个方面来实现:一是对外直接投资,如设立或收购外国企业,该类问题主要由欧盟公司法约束;二是不动产投资或买卖,该问题主要由各成员国国内法进行规范;三是发放贷款或授信,该部分内容则属于欧盟金融法的范畴;四是金融机构的跨境运作,该部分内容也受欧盟金融法的约束。[11]

---

〔9〕 张彤等:《欧盟经贸法》,中国政法大学出版社 2014 年版,第 73 页。

〔10〕 张彤等:《欧盟经贸法》,中国政法大学出版社 2014 年版,第 96 页。

〔11〕 曾文革:《欧盟法》,对外经济贸易大学出版社 2015 年版,第 90 ~ 91 页。

5. 竞争法

《欧盟运行条约》第101－102条以及《关于企业合并控制的条例》(139/2004)构成了欧盟竞争法的基本框架。其立法主要包括反托拉斯、合并控制、市场开放、国家补贴四部分。

第一,反托拉斯。该领域涉及的主要对象包括限制性协议和滥用市场支配地位。《欧盟运行条约》第101条以及相关一系列法规禁止分割市场、限定价格、限制产量等类型的协议;第102条及相关法规禁止滥用市场支配地位的行为。

第二,合并控制。考虑到企业合并后对市场竞争可能造成的不利影响,欧盟对企业的并购行为也进行控制。为适应经济发展和将欧盟扩大的需要,欧盟理事会在2004年通过了《关于企业合并控制的条例》(139/2004),取代了1989年《合并条例》(4064/89),并同时颁布了《横向合并评估指南》和《合并调查最佳实践指南》。新条例将一切严重妨碍有效竞争的合并交易纳入了规制范围,而产生或加强市场支配地位只是其中的一种形式。这意味着委员会更加强调合并对竞争的影响,而非市场支配地位本身。

第三,市场开放。欧盟委员会努力开放交通、能源、邮政和电信等原来具有垄断性质的经济部门,引入国际竞争,从而扩大消费者选择范围,使其享受到廉价优质的产品及服务,并提升经济整体竞争力。《欧盟运行条约》第106条以及根据此条制定的一系列指令和法规对如何开放这些领域进行了规范。

第四,国家补贴。《欧盟运行条约》第107－109条及相关法规对成员国各级政府所提供的各种补贴措施进行了限制,以使这些措施不至于扭曲欧盟共同大市场中的竞争。2012年5月8日,欧盟委员会制定了有关国家补贴现代化的政策文件,旨在巩固市场竞争以促增长、加强执法、精简条例以加速决策。

除上述核心内容外,知识产权法[12]、公司法以及调整各成员国民商事法律冲突的国际私法也可以归入内部市场法的范畴。这些法律规定在不同程序上使欧盟各成员国的相关规定得到了融合或统一,确保了欧盟单一市场目标的形成。

(三)劳工和平等法

社会政策通常被理解为与福利国家有关的领域,如社会保障、社会援助、卫生保健和住房。在欧盟层面,社会政策领域的大多数法规是指欧盟的劳动法和平等法。欧盟劳工和平等规范旨在部分协调成员国不同的劳动法和劳资关系体系,其法律框架已经发生了多次变化,范围不断扩大。

1957年至1974年是欧洲采取相当谨慎策略的阶段,尽管《罗马条约》中有社会政策的标题,但其规定在很大程度上只具有劝诫性。1974年至1980年,被称为"一体化的黄金时期",许多劳动法指令以及有关工作安全与卫生的指令被通过。但在1980～1986年,由于英国的反对,欧盟劳动法经历了一个停滞阶段。除了健康和安全领域,几乎没有

〔12〕 欧盟已有文件把知识及创新的自由流通作为欧盟单一市场除货物、人员、服务及资本自由流通外的第五个自由流通。

通过其他立法。1986年《单一欧洲法》强调了经济和社会的紧密发展关系,此后欧共体及其成员国对社会政策的态度开始变得积极主动,劳动力自由流动的相关规范构成欧盟劳动法的主体。1989年12月9日在法国斯特拉斯堡举行的欧共体峰会通过了《欧洲共同体劳动者基本社会权利宪章》,它推动了欧共体普遍的社会政策发展,特别是在与劳动法相关的领域。1997年《阿姆斯特丹条约》采取了一些涉及资本的措施,在就业和社会政策部分插入了新的标题和章节,规定了不歧视的一般原则。自1998年开始,欧盟理事会先后通过了多部《就业指导纲要》。欧盟各成员国在这些纲要的规范下,在国内法的层面更加详细地制定实施细则。欧盟劳动法至此已取得了巨大的发展空间。[13]

2007年《里斯本条约》将社会市场经济作为欧盟的主要目标之一,首次把社会目标与经济目标置于同样重要的地位。《里斯本条约》还强调了实现平等的重要性。根据《欧盟运行条约》第8条和第10条的规定,欧盟必须采取与平等和不歧视相关的主流方法。这意味着在其所有活动和政策中(不仅仅是社会领域的活动和政策中),它必须以消除不平等、促进男女平等和打击歧视为目标。

在劳工和平等法领域,次级立法现在也已得到充分发展,其主体由指令组成,这些指令为欧盟各种国家劳动法和劳资关系体系提供了灵活性和适应性。然而,尽管欧盟指令涵盖了劳工和平等法律领域,如不歧视、男女平等、弹性工作和工作条件(包括工作时间、健康和安全)、就业保护等方面,但是国家劳动法和劳资关系制度的核心方面,如薪酬、结社权、罢工权和强制闭厂权,被排除在欧盟采用指令的权限之外。

法院司法在欧盟劳工法和平等法中发挥了核心作用,判例法对这一法律领域的发展做出了巨大贡献。法院在判例法中制定的原则和规则往往被编入次级立法的条例和指令中。欧洲法院经常强调对雇员个人的保护,但当面临经济一体化(自由流动规则)和就业权利之间的冲突时,它支持自由流动。

作为硬法的补充和替代,软法措施在欧盟劳工和平等法中也越来越重要。如2017年《欧洲社会权利支柱》包含20项原则,分为平等机会和进入劳动力市场、公平的工作条件,以及充分和可持续的社会保护三大类。其中的一些原则已经被落实为一些法律举措,例如,欧盟通过了关于透明和可预测工作条件的指令和“工作-生活平衡指令”,以及建立了欧洲劳动局。

(四)环境法

20世纪五六十年代,环境法律政策还未成为欧共体的重点事务,仅有少量的关于环境保护的指令。1972年,欧共体成员国召开巴黎首脑会议,首次提出了欧盟环境政策,这标志着欧盟环境立法的正式起步。应巴黎会议的要求,欧共体委员会在1973年推出了欧共体“第一个环境行动规划”,规定了5年内欧共体环境政策的目标、内容,并对环境政策内容进行了具体阐释。“环境行动计划”是欧盟环境法的基本大纲,对欧盟环境政策的

〔13〕 参见[比]罗杰·布兰潘:《欧洲劳动法》(第一册),付欣等译,商务印书馆2016年版,第168~239页。

完善、共同体内的环境保护水平的提高有重大意义。[14]

1986 年《单一欧洲法》是欧盟环境政策的重大转折点，它对《欧共体条约》进行了部分修改，增加了以“环境”为标题的第七编，这是环境事项首次被明确规定于欧盟基础条约之中。1992 年《马斯特里赫特条约》使环境政策在欧盟的法律地位得到进一步加强，欧盟环境法进入全面发展时期。该条约第一次在核心条文中明确环境保护为欧盟追求的目标，并且在“环境”编的事项中第一次使用了特定多数决的方式，使环境立法和行动更容易通过，还在立法程序中引入了共同决策程序，增强了环保主义者在立法方面的影响力。

1997 年《阿姆斯特丹条约》对将环境保护纳入欧共体条约的一般条款进行了微调：它将“可持续发展”作为基本原则和目标明确规定于基础条约中，使环境保护在欧盟具有了宪法性地位；将“提供高水平环境保护和环境之列”新增为欧盟的根本任务，从而确定了“高水平环境保护原则”；将欧盟其他政策领域先前存在的“环境一体化”提升为欧盟法律的一般原则，促使环境保护融入内部市场领域外的各项原则；还引入了“战略环境影响评价制度”。

2007 年《里斯本条约》新增了应对气候变化的环境政策目标，还增加了两项新规定，进一步支持环境一体化：一项要求在某些政策领域纳入动物福利要求，另一项考虑到在欧盟能源政策背景下保护和改善环境的需要，主张提高能源效率、节约能源和发展可再生能源。

具体而言，欧盟环境政策的实施主要贯彻五大原则：

第一，高水平保护原则。该原则是指在制定环境政策和法律时，应充分考虑欧盟各地区的不同情况，并以提供高水平的环境保护为目标。

第二，预警原则（或风险预防原则）。该原则规定，为了保护环境，欧盟在遇有严重或不可逆转的损害威胁时，可以在“缺乏充分科学确实证据的情况下，采取措施防止环境恶化”。

第三，预防和源头治理原则。该原则是指环境保护措施应该从防止环境破坏发生时入手，治理环境损害应该从源头抓起。

第四，污染者付费原则。该原则是指环境污染行为或者后果实施者应当承担污染防治、治理及纠正的相关费用，使环境污染成本内部化。这一原则体现了欧盟运用经济手段实现环境保护的政策。环境税、排污权交易、废旧电器指令等例子均体现了这一原则。

第五，一体化要求原则。该原则要求环保政策要系统融入共同体其他各项政策中，立法者在制定工业、农业、渔业、交通运输、能源等经济政策时，均应考虑这些政策对环境的影响，应将有关环保要求纳入到这些政策之中。[15]

### （五）消费者保护法

欧盟消费者保护法肇始于 1958 年的《罗马条约》。但《罗马条约》并没有专门规定消

---

〔14〕 至 2020 年，欧盟已经通过了 8 个环境行动计划。

〔15〕 李雪：《欧盟环境法经典判例与评析》，中国政法大学出版社 2020 年版，第 14 ~ 18 页。

费者保护的问题,对消费者的保护只是间接性的。1973 年的《消费者保护宪章》规定了欧洲消费者最低程度的保护标准,其广泛的权利保护范围影响了后来的欧盟消费者保护立法。1986 年《单一欧洲法》弥补了《罗马条约》在赋予共同体进行消费者保护立法方面的权力空白。1992 年《马斯特里赫特条约》则弥补了共同体消费者政策在共同体宪章中的缺漏,为欧盟在消费者保护领域的行动提供了明确的法律基础。1997 年《阿姆斯特丹条约》进一步扩大了欧盟消费者的社会权利,加强了共同体在消费者保护方面的决策权。当前《欧盟运行条约》第 4 条第 2 款、第 12 条、第 114 条第 3 款、第 169 条以及《欧洲联盟基本权利宪章》第 38 条构成了消费者保护政策的主要法律。[16]

在次级立法层面,欧盟于 20 世纪 80 年代中期通过了第一个消费者指令(用于规范场外销售和误导性广告),但其第一个重要的消费者指令直到 1993 年才生效,即《关于消费者合同中不公平合同条款的第 93/13/EC 号指令》。欧盟消费者实体法发展过程中的其他重要指令包括:1997 年《远程合同指令》(97/7/EC)、1999 年《消费者销售指令》(1999/44/EC)、2005 年《不公平商业行为指令》(2005/29/EC)和 2011 年《消费者权利指令》(2011/83/EU)。这些指令推动了欧盟消费者保护立法的制度化和系统化。

2019 年《欧盟的消费者保护合作条例》(2019/771)取代了 2004 年《消费者合作条例》(2006/2004),旨在通过赋予各成员国政府更大的执法权力并提供行动协调来改善欧盟范围内的消费者保护合作。在 2018 ~ 2020 年,欧盟委员会推出了"消费者新政"一揽子计划。该计划导致了《欧盟综合指令》(2019/2161)和"欧盟集体救济指令"(2020/1828)的出台。该新政推动了欧盟消费者法的现代化和协调,致力于增加消费者信任并改善消费者保护立法的应用和执行。

(六)刑法

欧盟刑法的发展是欧洲单一市场发展的必然结果,为了构筑欧洲共同市场,实现货物、服务、劳动力和资本的自由流动,欧洲的社会机制及相关规范必然随之发生根本的转变,刑事法领域是无法逃离该发展趋势的。

虽然自 20 世纪 50 年代起,欧共体就通过了一系列关于刑事司法协助和合作的公约、条约与条例、指令和决定等,但是在《马斯特里赫特条约》生效之前,欧共体成员国之间的刑事司法协助与合作并没有被纳入欧盟法律体系。《马斯特里赫特条约》生效之后,刑事方面的警务与司法合作被纳入欧盟的第三支柱,主要协调恐怖主义犯罪、毒品走私、武器贩卖、偷渡活动以及腐败欺诈等方面的刑事犯罪政策和法律,成员国之间的司法、海关和警察成为刑事方面合作的重点内容。自《阿姆斯特丹条约》生效之后,欧盟正式介入刑事司法合作领域的管理,并提出建立欧洲司法区的重要概念,这些规定标志着欧盟刑事政策一体化的逐渐形成。《里斯本条约》超越《马斯特里赫条约》,进一步推动了欧盟刑法一

---

〔16〕 苏号朋、刘春梅:《欧盟消费者保护立法述评》,载王军:《国际商法论丛》(第 9 卷),法律出版社 2008 年版,第 139 页。

体化,主要表现出以下两个特点:[17]

第一,在内容上,确立欧洲犯罪的基本考量是人权和欧盟共同政策的执行,前者是欧盟坚守的基本价值,后者是确保欧盟继续运作的保障。根据《欧盟运行条约》第83条,可以通过欧盟指令设立的犯罪包括两类:第一类涉及的是"特别严重的犯罪"并具有"跨境的元素",被称为"欧洲犯罪",这些领域目前包含恐怖主义、贩卖人口、对妇女和儿童的性剥削、毒品走私、武器走私、洗钱、贿赂、伪造(假冒)支付手段、信息犯罪和有组织犯罪,其他领域可以最终由欧盟理事会和欧盟议会之间的合意来确定(第83条第1款)。第二类涉及的犯罪是处罚对"在统一措施领域内的联盟政策"造成损害的行为,即共同政策(环境、交通、渔业、农业、移民、竞争等),只要国家(成员国)类似的刑法规定"对于确保有效地实施该政策是必要的"(第83条第2款)。

第二,在法律化的途径上,实现从框架决议向指令转变。以框架决议的方式实现刑事法律的统一化,体现的基本立场是在欧共体和欧盟范围内各成员国之间的合作,而以指令的方式实现刑事法律的一体化,则意味着超国家层面的机制正式形成,各成员国将部分刑事立法权完全移交给欧盟立法机构,这种本质变化对欧洲法律刑事化的实现带来影响。以前,在决议框架内形成的统一法律规范需要成员国在本国的法律中予以转化,而由欧盟立法机关以指令的方式形成的统一刑事法律规范直接对各成员国有法律约束力。

## 二、欧盟对外关系法

欧盟对外关系法涉及的领域很广,覆盖国际公法、欧盟对外政策、对外贸易法、对外投资法等多个方面。其中,对外贸易法是发展最为充分的部分,主要包括共同关税政策,以及共同进出口制度、反倾销和反补贴、保障措施、贸易壁垒等非关税政策。欧盟法中通常使用"共同贸易政策"的概念来指代"对外贸易法"。

### (一)共同贸易政策范围的变化

1992年《马斯特里赫特条约》虽然规定欧盟共同贸易政策属于共同体专属权能,但最初只包括货物贸易。由于《知识产权协定》(TRIPs)中将贸易延伸到与知识产权相关的服务与贸易,1994年欧洲法院裁决这些新的领域属于共同体与成员国共享的权能。1997年《阿姆斯特丹条约》将贸易重新界定,包括服务与知识产权,但是在这些领域采取共同一致的决策机制;2001年《尼斯条约》对此进行了改革,将特定多数表决制扩大适用于除文化与音像、教育及社会与健康服务之外的其他服务与知识产权贸易。2007年《里斯本条约》进一步扩大了共同贸易政策的范围,将共同贸易政策扩大到外国直接投资,欧盟权限进一步扩大。[18] 至此,欧盟"共同贸易政策"不仅包括货物贸易,还包括服务、知识产权贸易以及投资,它们均为欧盟独享权能。这意味着在所有关键贸易领域,欧盟均负责

---

〔17〕 王娜:《论欧洲刑事政策的一体化》,载《华东政法大学学报》2013年第4期。

〔18〕 《欧洲联盟基础条约》,程卫东、李靖堃译,社会科学文献出版社2010年版,"导读",第25页。

制定共同的贸易保护措施,缔结贸易协定,成员国不再有单独的立法权或决策权,也不能与第三国签署双边投资协定;如果成员国要同第三国签署双边贸易协定,必须以欧盟共同贸易政策为基本出发点,在这法律框架下签署的成员国和第三国双边贸易协定都受到欧盟共同贸易政策的制约。[19]

(二)共同关税政策

欧盟实行共同关税政策,执行统一的关税税率和管理制度。关税同盟是欧盟的基础,也是内部市场存在和运作的核心要素。欧共体的关税同盟初步完成于1968年。但当时成员国经济发展水平差距尚大,贸易政策的差异、关税水平高低不一。1992年10月颁布的《欧共体关税法典》取消了成员国之间一切有形与无形的经济边界,确立了统一的共同体关税制度。2008年4月23日,欧盟公布的《关税法典现代化条例》(450/2008)精简关税规则和程序,为国际贸易提供便利化服务。2013年10月9日欧盟第952/2013号条例废除了2008年条例,确立了一部新的《欧盟关税法典》,从2016年5月1日起提供新的欧盟海关规则和程序立法框架。该法典的目的是合理化和简化关税立法、规则和程序,为经济营运者提供法律确定性和统一性,为欧盟海关官员提供更大的清晰度,并通过完整的无纸化电子流程为合规的经济营运者提供更快捷的关税程序。该法典可被视为欧盟关税一体化的最终工具。

欧盟关税同盟的特点是,以统一的欧盟关税领土取代分立的各成员国关税领土:对内,取消各成员国之间贸易关系中的一切关税与数量限制,以及具有同等效果的一切收费与措施,实现商品的自由流通;对外,在各成员国与第三国的贸易关系中建立统一标准的共同关税制度。这样,关税同盟的建立使欧盟取代各成员国作为统一大市场的代表,参加有关削减关税的国际谈判。由于实行统一的关税制度,任何欧盟以外国家出口货物至欧盟成员国时,都按照欧盟统一的关税纳税,而无论具体的进口国与进口口岸。由于取消了欧盟成员国间的经济边界,第三国产品一旦合法进入欧盟任一口岸,便可以在欧盟全境取得与本地产品同等的待遇,并且可以不受限制地自由流通。同样,来自欧盟任一成员国出口至第三国的产品,也可以合法地不受限制地自由流通。虽然,欧盟建立了一套相当完善的关税法律制度,但是,它并未建立统一的海关机构。因此,实施欧盟关税法的权力仍属于成员国海关。在执行统一关税规则遇到问题时,由欧盟委员会行使决定权;一旦构成争端,则通过欧盟的司法程序解决。

(三)非关税政策

非关税政策是现代国家在关税措施之外调整其国际贸易关系的另一重要贸易政策手段。欧盟加强其非关税法律制度建设的目的,是要达到一个更为开放的共同体市场与一个更加迅捷与有效的贸易保护机制之间的平衡。欧盟非关税措施立法主要包括制定共同进出口制度和贸易保护措施。

---

〔19〕 张彤等:《欧盟经贸法》,中国政法大学出版社2014年版,第42、44页。

根据欧盟制定的共同进出口条例的规定,在出口方面,出口原则上是完全自由的,没有任何数量限制,该条例规定了一系列鼓励性措施,为成员国产品出口提供信贷、保险等方面的帮助。但是,基于保护公共政策、公共安全、公共秩序、公共道德、人类卫生与生命、稀有动植物保护、国家文化遗产以及高科技等理由,或为防止某些重要产品供应出现严重短缺,欧盟有权采取拒绝发放出口许可证或进行数量限制等措施。在进口方面,一是区分从市场经济国家的进口和非市场经济国家的进口,据此实行不同的贸易制度;二是允许成员国对众多产品的进口保持国别进口数量限制措施。欧盟进口许可制度主要包括监控、配额、保障措施三类。此外,欧盟还将各种技术标准、卫生和植物卫生标准作为进口管理手段。

保障措施是指在紧急情况下,即一种产品的进口(包括服务)一直在大量增加,对进口国国内生产相似产品或生产与进口产品相竞争产品的国内产业造成了严重损害或严重损害的威胁,则进口国政府可以采取措施限制进口的法律制度。实施欧盟保障措施必须符合以下实质性要件:第一,进口的产品造成与之相同产品或直接竞争的产品的欧盟生产者的严重损害或严重损害之威胁;第二,基于欧盟利益要求实施保障措施。[20]

欧盟的保障措施立法最早是前身欧共体 1982 年颁布的《进口共同规则》(1982/82)。在欧盟成立后,为了更好地履行国际义务,欧盟于 1994 年 12 月 22 日又制定了《一般保障措施条例》(3285/94)。在中国加入 WTO 之后,欧盟借机针对中国制定了欧盟对华特定产品过渡性保障措施,也称为特别保障措施。2009 年 2 月和 7 月,欧盟相继又对保障措施立法进行了修订,也就是第 260/09 号条例(针对成员国)和第 625/09(针对特定第三国)号条例。2015 年 11 月 3 日通过的《进口一般规则》(2015/478)为欧盟保障措施的现行条例。该条例规定,如进口产品对欧盟境内直接竞争产业或者相似产业造成严重损害或严重损害威胁,出于保护欧盟利益的考虑,欧盟可对该产品采取事前监管措施。

保障措施与反倾销、反补贴等贸易救济措施的最大不同在于,它针对的是出口商的正当贸易行为,而后两者针对的是一种不公平的贸易行为。

为了制止不正当贸易行为,欧盟在致力于建设共同单一市场、努力实现贸易自由化的同时,制定了一系列贸易保护法规,建立起相当完善的贸易保护制度,以保护欧盟生产者免遭其贸易伙伴的各种不正当贸易行为的侵害。这些贸易保护措施立法主要有:反倾销条例、反补贴条例,以及贸易壁垒条例。

1968 年 4 月 5 日公布的 459/68 号条例授权共同体主管部门对来自第三国的补贴进口采取措施,这是欧共体第一部反补贴、反倾销法律。在此后很长一段时期,欧共体反补贴法都是与反倾销立法合而为一。直至 1994 年年底,欧盟才分别制定单独的反倾销条例(3283/94)和反补贴条例(3284/94)。欧盟现行反倾销基本法是 2016 年 6 月 8 日颁布的 2016/1036 号条例,反补贴基本法是 2016/1037 号条例,这两部条例又经第 2017/2321

---

〔20〕 蒋小红:《欧盟对外贸易法与中欧贸易》,中国社会科学出版社 2014 年版,第 86 页。

号条例和第 2018/825 号条例对第 2016/1036 号条例两度修订。[21]

反倾销措施是欧洲共同体使用最频繁的贸易保护措施。根据反倾销条例的规定,任何在欧盟内部自由流通的外国商品,一经确认为“倾销”进口,并导致损害性结果,即应征收反倾销税。确认存在倾销的标准是,如果一种产品对欧盟的出口价格低于出口国规定的一般贸易过程中同类产品的可比价格,则应被视为倾销。因此在倾销的认定中,正常价值的确定成为关键。管理者在认定存在倾销之后,还需要认定损害存在,并且证明欧盟产业损害与倾销之间存在因果关系,即应有证据证明倾销产品的数量或价格对欧盟产业造成影响,并且这种影响可以被归为对联盟产业的实质损害、实质损害威胁或对建立联盟产业的实质阻碍。与此同时,反倾销税的征收必须符合联盟的利益。因此,即使认定倾销和损害都存在,但如果欧盟委员会认为征税不符合联盟的利益,那么它仍有可能不采取任何措施。

反补贴是指一国调查机关实施与执行反补贴法则的行为与过程,其中的补贴是指一国政府或者任何公共机构向本国的生产者或者出口经营者提供的资金或财政上的其他优惠措施,包括现金补贴或者其他优惠待遇,使其产品在国际市场上比为享受补贴的同类产品处于有利的压倒性竞争地位。除了规范补贴各要素的认定、补贴幅度的计算、对发展中国家进口的微量标准以及部分程序事项的规定外,反补贴调查和实施反补贴措施所适用的规则与反倾销规则基本一样。

2017 年 12 月 19 日,欧盟对反倾销法和反补贴法的修正[22]主要是围绕中国市场经济地位的争议和国家干预的第三国不公平贸易法。按照旧法规定,在确定正常价值时,先得确定出口国是否为市场经济国家。如果不是,欧盟委员会就会认为其国内价格不能作为确定正常价值的可靠依据,进而采取第三国(替代国)的价格来确定价格和成本。这种做法脱离实际,非常不公平。按照中国加入 WTO 议定书时的规定,这种做法应于 2016 年 12 月 11 日终止,但是欧盟不愿意放弃“把中国当成 WTO 特殊成员对待”的目的,故而在取消对中国非市场经济待遇的时间节点上,一方面把中国从非市场经济国家名单中删除,从而在表面上履行 WTO 的义务,另一方面通过颁布新反倾销条例,提出了“市场扭曲”的概念和标准来替代以前的“非市场经济国家标准”。所谓“市场扭曲”是指企业提交的价格或成本,包括原材料和能源成本,因受到政府重大干预而不是自由市场运行的结果。判断“市场扭曲”的标准包括政府政策与影响力、国有企业比例、本土公司是否获得优惠补贴、金融机构独立性、是否充分执行破产法、公司法和财产法等。一旦认定出口

---

〔21〕 反补贴法的最新发展是欧盟委员会于 2021 年 5 月 5 日发布的“针对扭曲内部市场的外国政府补贴的条例建议稿”。该立法草案是在 2020 年《关于在外国补贴方面创造公平竞争环境的白皮书》的基础上,由相关各方进行广泛磋商后正式提出的,主要针对非欧盟国有企业或国家扶持企业从原籍国获得财政援助而引发的不公平竞争。按照计划,欧洲议会和各成员国将以普通立法程序讨论该提案,一经表决通过,该法规将适用于整个欧盟。预期通过时间为 2022 年年底。

〔22〕 2017 年 12 月 12 日第 2017/2321 号条例,修正了关于保护非欧盟成员国的倾销进口的第 2016/1036 号条例和关于保护非欧盟成员国的补贴进口的第 2016/1037 号条例。

商存在市场扭曲的问题，欧盟有权征收更高的惩罚性关税；而且可以在没有企业申诉的情况下展开反倾销调查，调查时间也将更短。因此，引入"市场扭曲"概念使欧盟在表面上履行 WTO 义务的同时，实质上通过混淆概念变相延续了"替代国价格"的歧视性和不公平的做法。

2018 年 6 月 8 日生效的第 2018/825 号条例再度对欧盟的反倾销和反补贴条例作出重大修订，旨在使欧盟贸易防御规则更有效、透明，并更容易被成员国内企业所使用，在某些方面将使欧盟能对倾销产品征收更高关税，从而更好应对经济全球化带来的挑战。由于该条例的主要目的是适应贸易形势的变化，也被称为"贸易救济现代化法"。其中最重要的改变是弃用低税率规则。与其他司法管辖区不同，迄今为止欧盟设定的反倾销或反补贴税均不得高于为消除对成员国产业造成的损害所需的水平。根据新规则，在某些情况下，欧盟委员会可以取消"低税率规则"，从而加征更高的反倾销和反补贴税。这条新规则适用于所有反补贴案件以及使用以人为低廉价格提供的原材料和能源生产的进口产品的反倾销案件。在反倾销调查中，当被诉国存在原材料重大扭曲时，欧盟委员会将考虑修改"低税率原则"。在所有反补贴调查中，欧盟委员会取消"低税率原则"，以加强对国外补贴的打击力度。[23]

贸易壁垒，又称贸易障碍，是指第三方国家采取和保持的任何的贸易限制措施，当国际贸易规则禁止此种措施或者根据国际贸易规则受此贸易壁垒措施影响的利益团体有权寻求消除此影响的时候，欧盟就对该措施享有诉讼权。欧盟于 1984 年通过的第 2641 号条例是 1994 年《贸易壁垒条例》的原型。该条例已历经 5 次修订，当前贸易壁垒调查的立法依据为 2015 年《贸易壁垒条例》。[24] 欧盟对于贸易壁垒的构成规定了两个要件：一是贸易措施的实施主体是第三国；二是贸易措施违反国际贸易规则，或欧盟根据该国际贸易规则对该类贸易措施享有诉讼权。

### 三、内政事务与司法合作

内政事务与司法合作原是欧盟法的第三支柱，最初都采取跨政府间合作的方式。1997 年《阿姆斯特丹条约》将其中的民事司法合作最先共同体化。2007 年《里斯本条约》将边境检查和避难与难民政策、民事司法合作、刑事司法合作和警务合作这四个部分都纳入《欧盟运行条约》的"自由、公正与安全的区域"。欧盟在内务与司法方面的合作旨在协调成员国之间的政策与法律，在私法方面主要指国际私法，但在学说上也涉及欧洲私法的统一；在公法方面，则涉及移民法、国际刑法，以及某些领域成员国行政法协调。近年来，在欧洲难民危机的压力下，欧盟的移民与庇护法获得了长足的发展。

严格来说，欧盟移民法在形成与发展过程中受到欧洲一体化进程的深刻影响，具有内部与外部双重维度。欧盟内部移民法以欧盟公民为调整对象，意在通过消除欧盟成员

---

〔23〕 参见蒋璇芳：《欧盟贸易救济立法修改述评——以 WTO 改革为背景》，载《武大国际法评论》2019 年第 2 期。

〔24〕 陈咏梅：《欧盟贸易壁垒调查立法流变及启示》，载《国际法研究》2022 年第 1 期。

国之间的内部边界,实现人员在欧盟内部的自由迁移;1992 年《马斯特里赫特条约》提出建设以消除成员国共同边界为基础的内部市场目标,并创立了欧盟公民概念,自此,成员国之间享有自由迁移权利的主体由经济移民扩展为全体欧盟公民,这标志着欧盟内部移民法的正式确立。[25]

欧盟外部移民法以第三国公民为调整对象,将欧盟成员国与非成员国之间的共同边界作为整体外部界限,严格管理和控制第三国公民的入境和居留活动。

在欧洲一体化初期,欧盟外部移民问题被排除在共同市场的经济政策之外,1990 年《都柏林公约》第一次为欧盟各成员国制定了一个审核庇护申请的共同标准和审核原则。同年的《申根协议》实现了各成员国对外部边界的统一控制和警务司法合作以及共同的签证政策,并且明确了在申根区域只能提出一个政治避难申请的规定。1992 年《马斯特里赫特条约》是欧盟成员国首次在一个一揽子条约中对避难、签证和迁移政策给予解释。1997 年《阿姆斯特丹条约》搭建了移民与庇护政策一体化的框架,命名为“个人自由迁移的签证、庇护、移民和其他政策”,规定了边境控制、签证政策、政治避难问题以及移民政策问题,这标志着外部移民问题上升至欧共体决策事务这一欧盟“第一支柱”的范畴,欧盟层面的外部移民法得以正式确立。2003 年《都柏林公约》为《都柏林条例》取代,该条例成为划分欧洲国家庇护申请审查责任的唯一法律依据,同时也代表了欧洲在难民和庇护问题上的根本立场。

2008 年,欧盟在法国的积极推动下加快了庇护政策一体化的步伐。其中最重要的法律文件是于 2008 年 10 月 16 日被批准的《欧洲移民难民庇护公约》,至此,统一的庇护政策原则框架初步形式。为了应对 2015 年的欧洲难民危机,欧盟委员会于 2020 年 9 月 23 日正式提出新版《移民与庇护公约》,希望建立起一套统一、平衡且高效的难民庇护和遣返机制。但该公约目前尚未获得正式批准。

欧盟当前的外部移民法主要包括庇护、外部边界管控和移民政策三项内容,并且以团结原则与责任分担原则作为欧盟外部移民法的指导性原则。团结原则对欧盟和成员国均提出要求:欧盟应当采取行动对过多承受移民和庇护压力的成员国给予更大比例的支持,成员国则应采取适当措施履行条约义务。责任分担原则要求成员国通过财政分配以及其他形式的合作,将责任转移到压力较少的成员国。

欧盟共同庇护制度的宗旨是建立欧盟一体化的、高标准的共同庇护程序和统一的国际保护地位,保障寻求庇护者(包括难民)无论在哪个成员国入境并提出庇护申请,都适用相同的程序安排并享有同等的地位和待遇。由《都柏林条例》所确立的庇护审查制度是把守来自第三国的庇护申请者跨越欧盟外部边界的第一道门槛。为了防止寻求庇护者向不同成员国提出平行或连续的多次庇护申请,并将其内部迁移活动限定于最小空间范围,都柏林庇护审查制度采取“第一入境国”原则,难民抵达欧洲大陆时,其登陆的欧盟

---

〔25〕 郝鲁怡:《解析欧盟移民法:历史演进、现实困境与发展趋势》,载《环球法律评论》2016 年第 2 期。

成员国负责受理难民的庇护申请和安置。该原则导致欧盟各成员国责任分摊不均,让意大利、希腊等少数第一到达国承担了远超其义务的负担,引发了巨大的争议。2016年,欧盟委员会为了推动欧盟内部团结应对难民危机,改善责任分摊不均的问题,推出了“难民配额”制度,将难民按照配额强制摊派给各成员国,但遭到多数东欧及中欧成员国的反对。2020年的新版《欧洲移民与庇护公约》对此进行改革,主张欧盟对成员国接收难民的人数或者份额不再进行强制要求,而是允许成员国根据自身意愿和接受难民的能力为难民提供灵活帮助,而那些不愿意接收难民的成员国未来将被强制要求协助完成庇护申请被拒绝难民的遣返工作。

欧盟外部边界管控制度的立法进程分为三个阶段。第一阶段以创设欧盟统一的边界机构与边界检查制度为标志,即2004年成立欧盟边境管理局,推动和促进成员国在管理外部边界上的合作与协调;2006年颁布《申根边界准则条例》,制定个人穿越欧盟边界的共同检查制度。第二阶段以2013年建立欧盟边界监测系统为标志,旨在提高防止和打击欧盟外部边界上的非法入境以及人口走私与贩卖等跨国有组织犯罪行为的力度。第三阶段以2016年9月欧盟颁布《欧洲边境和海岸警卫条例》(2016/1624)为标志。该条例将2004年成立的“欧盟外部边境管理局”更名为“欧洲边境和海岸警卫局”,使之由单纯的协调机构演变为集协调、组织、部署、执行于一体的独立、统一的欧盟一级管理与行动机构。同时,在外部边境管理责任方面,该条例改变了旧有的成员国“单独责任”规则,确立由欧洲边境和海岸警卫局与成员国承担“共同责任”。这两项改革全面强化了欧盟在危机发生时迅速整合与部署资源的能力。〔26〕

移民政策要求欧盟在各个阶段确保合法居留在成员国内的第三国公民享有公平待遇,并促进其在合法居留国的融合。〔27〕

## 四、欧盟司法制度

欧盟法律制度的特殊性与复杂性,使司法机构的职能与效用更加突显出来。因为欧盟法律在成员国内部获得全面、准确的实施,不仅关系到法的权威性,而且直接影响到欧洲联盟经济、政治一体化目标的实现。因此,欧洲联盟基础条约赋予司法机关以充分的权能和手段,以保证它在维护欧盟法律秩序、巩固和促进欧洲统一方面发挥持久稳定的作用。

在欧洲共同体的最初几十年,只有一个法院,即欧洲共同体法院,处理与欧共体法律有关的案件。但随着欧洲一体化的深化,诉讼日益增长。因此,1986年,根据《单一欧洲法》,欧共体设立了一个初审法院来处理大部分案件,并有权就法律问题向欧洲法院上诉。由于诉讼数量不断增长,初审法院的管辖权逐渐扩大。但是仍然存在超负荷的问

---

〔26〕 郝鲁怡:《欧盟移民危机的因应与挑战——从2015年移民欧洲议程到2018年欧盟峰会决议》,中国欧洲学会欧洲法律研究会第十二届年会论文集,2018年版。

〔27〕 郝鲁怡:《解析欧盟移民法:历史演进、现实困境与发展趋势》,载《环球法律评论》2016年第2期。

题,因此又建立了审判小组,来处理轻微的案件。过去属于欧洲法院管辖范围的案件转由初审法院审理,前者专注于真正重要的案件。由此形成了一个完整的法院等级体系。

《里斯本条约》重组了法院系统,上述所有法院合称为“欧盟法院”:欧洲共同体法院,改称欧洲联盟法院(CJEU),俗称欧洲法院(ECJ);初审法院(CFI)改称普通法院(GC);“审判小组”成为专门法庭,只有一个,即公务员法庭,专门处理欧盟与其工作人员之间的纠纷。自2016年9月1日起,公务员法庭解散,其管辖权转移至普通法院。因此,欧盟司法机构目前只包括欧洲法院和普通法院。

(一)欧洲法院

欧洲法院原名欧洲共同体法院,前身为欧洲煤钢联营法院,根据1951年《巴黎条约》设立,依1958年《罗马条约》更名,设于卢森堡。需要注意的是,欧洲法院与欧洲人权法院是两个不同的司法机构。后者设于法国的斯特拉斯堡,不是欧洲联盟的一个机构。它是《欧洲人权公约》的司法机构,负责审查欧洲委员会成员国中有关保护人权和基本自由的案件。欧洲委员会是一个独立于欧盟的国际组织。

图3 设于卢森堡的欧洲法院

1. 欧洲法院的组成

《欧盟条约》第19条第1款规定,欧洲法院应由每个成员国各一名法官组成,故现有27名法官。另有11名佐审官协助工作。法官和佐审官由成员国共同协商任命,任期6年,可连任。为保持连续性,每三年有一半法官和佐审官退休。《欧盟运行条约》第253条规定,法官和佐审官应从“独立性毋庸置疑、具备担任各自国家最高司法职务所需资格或公认能力的法学专家”中挑选。这意味着学者、公务员、律师和法学家,即使在他们自己的国家没有资格担任最高司法职务,也能得到任命。

作为法院成员的佐审官制度是欧洲法院组织机构的一大特点。该制度创设于1952年欧洲煤钢共同体成立之际,深受法国行政诉讼制度的影响。佐审官的主要职责是在审判中从独立和公正的立场出发,对被委托的案件公开提出附有理由的意见,以协助法官完成条约所赋予的职责。法官在判决时,虽然不受佐审官意见的约束,但应当考虑其意见。佐审官的资格要件、地位、特权、豁免与法官相同,名次按就任顺序和年龄排列。佐审官除就案件的审理进行协助和提出意见外,还执行某些行政和咨询的事务。

欧洲法院院长(或称首席法官)由法官采用秘密投票方法以绝对多数选出,任期3年,可连任。根据案件情况,欧洲法院可以以全席法庭(法定人数为17名法官)、大法庭(法定人数为11名法官)或由3~5名法官(法定人数为3人)组成的分庭开庭。法院只有在法官人数为奇数时,其审理方为有效。判决应在各法官相互发表附有理由的意见后,按多数表决的意见作出。院长不持有决定票,法官的意见不予公布。

2. 欧洲法院的职能

作为欧盟的最高司法机关,欧洲法院努力实现的三个核心目标是:(1)确保法律在适用和解释时得到遵守;(2)解决机构、成员国和个人之间的争端;(3)保护个人权利。其职能是综合性的,它不仅是一种区域性的国际法院,而且是欧盟的宪法法院、行政法院和上诉法院。作为宪法法院,它解决欧盟机构之间的冲突,对欧盟与成员国之间的权限分配进行平衡;作为行政法院,它对欧盟机构行为进行司法审查;作为上诉法院,它处理对普通法院的判决或命令的上诉中的法律问题。此外,它还作为咨询法院,应成员国国家法院的请求就欧盟法律的解释提供初步裁决,并应成员国、理事会、委员会或欧洲议会的请求,就欧盟设想的协议是否符合条约提供意见。

3. 欧洲法院的诉讼形式

欧盟司法的诉讼类型,可分为先予裁决之诉与直接诉讼两大类。其中,"先予裁决"之诉是欧洲联盟司法制度中独具特色的诉讼形式。与欧盟法有关的私人或私营企业相互间的争端,或者私人与成员国政府当局之间的争端,并不是直接向欧洲法院提起诉讼,而是向成员国的国内法院提起诉讼。但是,欧洲法院根据成员国国内法院的请求,可对上述争端中提出的欧盟法方面的问题作出判断。这种诉讼形式是保障根据欧盟法可以主张的权利的有效手段。先予裁决制度不仅对无权向欧洲法院起诉的公民和法人依法享受欧盟法律上规定的权益提供了间接保障,更重要的是,它保证了欧洲联盟与成员国这两种互相独立的法律制度在适用欧洲联盟法上的统一。先予裁决制度也是确保欧盟法律统一实施的有效手段。

直接诉讼包括不履约之诉、不作为之诉、损害赔偿之诉以及宣告无效之诉。(1)不履约诉,是指基于《欧盟运行条约》第258条之规定,欧洲法院可以裁决某个成员国是否有履行其基于欧盟法律所应尽的义务。(2)不作为之诉是指基于《欧盟运行条约》第265条和第266条之规定,欧洲法院或普通法院也可能会审查某个欧盟机构是否有不作为之违法情形。成员国政府、欧盟其他机构以及特定情况下的自然人和法人均可提起该诉讼。(3)损害赔偿之诉,是指依据《欧盟运行条约》第268条和第340条之规定,任何自然人或法人,若因欧盟或其雇员的作为或不作为而受到利益损害,均可向欧洲法院就该侵权行为提起损害赔偿之诉。(4)宣告无效之诉,是指依据《欧盟运行条约》第263条和第264条之规定,若确认某项由欧盟机构所颁行的措施(条例、指令或决定)违背条约或者欧盟的基本权利,可以向欧洲法院提起宣告其无效之诉。该诉可由成员国政府、欧盟理事会、委员会、议会以及与该措施直接有关的个人提起。

欧盟委员会或成员国可以对未能遵守欧盟法律义务的成员国提起不履约之诉;宣告无效之诉和不作为诉讼分别用于质疑欧盟机构、团体和机关的非法行为和不作为;损害赔偿之诉被用来获得因欧盟的非法行为而遭受的损害或损失的赔偿。因此,不履约之诉旨在确保成员国遵守欧盟法律,其他直接诉讼则旨在针对欧盟机构的非法行为和疏忽提供保护。

此外,基于《欧盟运行条约》第256条的规定,就普通法院所作出的裁决,当事方仅能以法律问题为由向欧洲法院提起上诉。

欧洲法院通过在具体案件中解释与适用欧盟的条约与法律,以保证各方对欧盟法的遵守。在预先裁决情况下,欧洲法院的司法职能仅限于解释法律,而适用于具体案件的法律则是相关的国内法。法院在解释欧盟法律时,一般遵从所谓“大陆方式”。现行的解释方法,大致有“字面解释”、“系统解释”、“目的解释”和“历史解释”四种,其中以“字面解释”和“目的解释”最为重要和最普遍适用。

4. 普通法院

普通法院的前身是初审法院,是为减轻欧洲法院的工作负担并使欧洲法院能够专注于其基本任务,而不影响欧盟司法系统的效率和质量而增设的一所初级法院。理事会于1988年10月24日根据《单一欧洲法》的规定以第88/591号决定设立该法院,1989年9月起该法院正式受理案件。

自2019年开始,普通法院法官由每个成员国各2名法官组成,目前共有54名法官。普通法院没有设置专门的佐审官,但如果“法律困难或案件的事实复杂性有此需要”,法官可以担佐审官。相对于欧洲法院,初审法院法官的任职条件较宽,只要求该人为独立的且具有担任司法职务所必要的能力即可。与欧洲法院类似,普通法院也以分庭形式工作,分庭由3-5名法官组成,而大法庭由15名法官组成。普通法院现有10个分庭,其中4个处理民事案件,6个审查知识产权事项。

普通法院听审的案件包括:

(1)自然人或法人根据《欧盟运行条约》第263条第4款的规定针对欧盟机构及下属部门的行为提起的宣告无效诉讼,或者与他们个人直接相关的诉讼;或者反对与他们直接有关的、不需要执行措施的规章条例。(2)自然人或法人根据《欧盟运行条约》第265条的规定对欧盟机构及下属部门的不作为提起的诉讼。(3)成员国根据《欧盟运行条约》第263条的规定对委员会提起的诉讼。(4)成员国根据《欧盟运行条约》第263条的规定对理事会在国家援助领域的行为、反倾销措施和理事会行使执行权力的行为提起的诉讼。(5)根据《欧盟运行条约》第268条和第340条的规定提起的要求对欧盟机构及下属部门或其工作人员造成的损害寻求赔偿的诉讼。(6)基于欧盟机构达成的协议的诉讼,这些协议明确赋予普通法院管辖权。(7)与欧盟商标和设计相关的,反对内部市场协调局的决定的诉讼。(8)针对欧洲植物品种局或欧洲化学品管理局的决定提起的诉讼。

（二）欧洲法院诉讼程序

由于欧洲法院拥有广泛的司法权能，既有一般的司法审判权，又有复杂的司法审查权；加之，就诉讼性质而言，欧洲法院不仅受理普通民事诉讼案件，更有大量的行政诉讼乃至宪法性诉讼案件，所以，实际情况要求法院必须采用多种方式解决争议，不能拘泥于某种单一的诉讼程式。以下仅是对欧洲法院诉讼程序的最简要的叙述。

图4　欧洲法院大法庭

欧洲法院的诉讼程序在很大程度上是基于欧洲大陆的模式。在当事人为成员国政府及欧盟各机关、私人、私营企业的情况下，当事人直接向欧洲法院提起诉讼时的通常程序可分为四个阶段：申请、书面程序、口头程序、判决。

1. 申请

案件可以从国家法院要求进行先予裁决开始，也可以直接向欧洲法院提起。申请人向法院提交申请书，详细说明整个案件。申请书要求具备一定的内容，如案件概要、诉讼请求以及法律根据等事项。如果自然人或法人起诉欧盟机构，申请人可以选择使用哪一种官方语言。如果该诉讼是针对某个成员国的，则将使用该国的语言；如果案件是由一个成员国的法院提交的，同样将使用该法院的语言。

2. 书面程序

案件登记后，申请书被送达被告，被告可以提出抗辩。每一方都有权答复另一方。此后，法院接管主动权，为案件指派一名报告法官（Judge – Rapporteur），并将其分配给一名佐审官。此外，法院根据案件的重要性将案件分配给分庭或合议庭。报告法官的第一项工作是决定是否有必要进行初步调查，这是一种审问式的程序，由法院本身听取事实证人和专家证人的证词并要求提供文件。然后，报告法官调查法律问题并编写案件摘要。这一阶段的重点是书面程序。

3. 口头程序

在阅读了报告法官的报告并听取了佐审官的意见后,法院决定是否需要任何进一步的准备性调查、案件应归入哪一类以及是否应举行口头辩论听证会。然后公布报告法官总结事实、程序和各方论点的报告。案件最终在公开听证会上进行辩论,当事人的律师在法庭上发言不超过30分钟。数周之后,佐审官再次在公开法庭上发表公正、独立的意见。佐审官的意见对法院或当事人没有约束力,但可以被使用和引用(如果法院选择这样做),因为佐审官的意见通常包含非常详细和高标准的法律分析。各方无权针对佐审官的意见提交意见。

4. 判决

经过上述程序,法官们对案件有了基本理解,在此基础上,法官对案件秘密地加以讨论、评议,然后作出判决。判决由投票方式决定,以多数票为准;与国际法院的情况不同,少数意见不得公布。无论同意还是不同意,公布的判决由全体法官和书记官签名。判决在当事人出席的法庭上予以宣告,自宣告之日起生效。

欧洲法院对其判决并无直接执行的权限,但判决基本上都得到了履行。欧洲法院的判决对当事人有拘束力,当事人有义务履行判决。根据欧盟诸条约的规定对成员国或欧盟机构作出的判决,这些当事者"必须为履行法院判决而采取必要的措施"。当执行的内容是判决私人或私营企业承担金钱义务时,"强制执行应根据执行国的民事诉讼法的规程进行之"。[28]

## 参考阅读书目

1. [法]德尼·西蒙:《欧盟法律体系》,王玉芳等译,北京大学出版社2007年版。
2. [德]尤尔根·哈贝马斯:《关于欧洲宪法的思考》,伍慧萍等译,上海人民出版社2013年版。
3. 朱淑丽:《欧盟民法法典化研究》,上海人民出版社2013年版。
4. [德]巴尔、克莱夫主编:《欧洲私法的原则、定义与示范规则:欧洲示范民法典草案》(10卷本),高圣平等译,法律出版社2014年版。
5. 《欧洲联盟基础条约:经〈里斯本条约〉修订》,程卫东等译,中国社会科学文献出版社2010年版。
6. 张华:《欧洲联盟对外关系法原理》,法律出版社2015年版。
7. 曾文革主编:《欧盟法》,对外经济贸易大学出版社2015年版。
8. 李雪:《欧盟环境法经典判例与评析》,中国政法大学出版社2020年版。
9. [比]罗杰·布兰潘:《欧洲劳动法》,付欣等译,商务印书馆2016年版。

〔28〕 熊先觉主编:《国际司法制度》,天津人民出版社1994年版,第48页。

# 外国法制史年表

| 时间 | 主要法律和判例 |
| --- | --- |
| 约公元前22世纪末 | 乌尔纳姆法典(两河流域) |
| 公元前18世纪 | 汉穆拉比法典(古巴比伦) |
| 约公元前15世纪至公元前6世纪 | 吠陀(印度) |
| 约公元前8世纪至公元前3世纪 | 法经(印度) |
| 公元前8世纪末 | 提秀斯立法改革(希腊) |
| 公元前621年 | 德拉古法(希腊) |
| 公元前594年 | 梭伦法律(希腊) |
| 公元前509年 | 克里斯提尼立法(希腊) |
| 公元前6世纪 | 摩西律法(希伯来) |
| 公元前451年至公元前450年 | 十二表法(罗马) |
| 公元前440年 | 伯里克利立法(希腊) |
| 公元前367年 | 李锡尼—绥克斯图法案(罗马) |
| 公元前326年 | 波提利阿法案(罗马) |
| 公元前287年 | 霍腾西阿法案(罗马) |
| 公元前3世纪至公元前1世纪 | 旧约全书(希伯来) |
| 公元前2世纪至2世纪 | 摩奴法典(印度) |
| 公元1~2世纪 | 新约全书(犹太教) |
| 130~138年 | 最高裁判官告示汇编(罗马) |
| 212年 | 安敦尼努敕令(罗马) |
| 426年 | 学说引证法(罗马) |
| 476年 | 尤列克法典(西哥特) |
| 5世纪 | 狄奥多西法典(罗马) |
| 5世纪末 | 撒利克法典(法兰克) |
| 506年 | 阿拉利克罗马法辑要(西哥特) |
| 529年 | 查士丁尼法典(罗马) |
| 533年 | 学说汇纂(罗马) |
| 533年 | 法学阶梯(罗马) |
| 6世纪末 | 查士丁尼新律(罗马) |

| 时间 | 主要法律和判例 |
| --- | --- |
| 600年前后 | 埃塞伯特法典(英) |
| 604年 | 宪法十七条(日) |
| 7世纪初 | 古兰经(阿拉伯) |
| 694年 | 伊尼法典(英) |
| 701年 | 大宝律令(日) |
| 718年 | 养老律令(日) |
| 820年 | 弘仁格式(日) |
| 833年 | 令义解(日) |
| 843年 | 凡尔登条约(法兰克) |
| 868年 | 贞观格式(日) |
| 9世纪末 | 阿尔弗烈德法典(英) |
| 约1016年 | 雅罗斯拉夫法典(俄) |
| 1072年 | 雅罗斯拉维奇法典(俄) |
| 11世纪 | (简明版)罗斯法典(俄) |
| 约11世纪末 | 阿玛斐法典(意大利) |
| 1122年 | 沃尔姆斯宗教协定(德) |
| 1139~1159年 | 教会法汇要 |
| 1151年左右 | 圣康坦建城章程(法) |
| 1166年 | 克拉灵顿诏令(英) |
| 1176年 | 诺桑普顿诏令(英) |
| 1179年 | 大巡回审判诏令(英) |
| 1187~1226年 | 教令集五编(基督教会) |
| 12世纪 | 国法大全(意) |
| 12世纪上半叶 | (详细版)罗斯法典(俄) |
| 12世纪中叶 | 奥内隆法典(法) |
| 1215年 | 大宪章(英) |
| 1220年前后 | 萨克森法典(德) |
| 1225年 | 诺曼底大习惯法(法) |
| 1232年 | 御成败式目(日) |
| 1234年 | 格利高里九世教令集(基督教会) |
| 1235年 | 麦顿条例(英) |
| 1275年 | 施瓦本法典(德) |
| 1283年 | 波瓦西习惯集(法) |

| 时间 | 主要法律和判例 |
|---|---|
| 1298 年 | 第六书(基督教会) |
| 13 世纪 | 米兰城市法典(意) |
| 13 世纪 | 多托沙城市法典(西班牙) |
| 13 世纪 | 萨克森城市管辖法(德) |
| 13 世纪 | 巴黎高等法院民事诉讼程序(法) |
| 1317 年 | 克莱孟教令集(基督教会) |
| 1356 年 | 金玺诏书(德) |
| 1467 年 | 普斯可夫审判法规(俄) |
| 1494 年 | 康梭拉多海商法典(西班牙) |
| 1497 年 | 律书(俄) |
| 15 世纪 | 罗马城市法典(罗马) |
| 15 世纪 | (详细版的缩版)罗斯法典(俄) |
| 15 世纪下半叶 | 维斯比海商法典(瑞典) |
| 1510 年 | 巴黎习惯法(法) |
| 1532 年 | 加洛林纳法典(德) |
| 1535 年 | 受益制条例(英) |
| 1550 年 | 律书(俄) |
| 1582 年 | 教会法大全(基督教会) |
| 16 世纪末 | 汉萨海上规则(德) |
| 1602 年 | 平内尔诉科尔(英) |
| 1615 年 | 考特利诉格兰威尔(英) |
| 1628 年 | 权利请愿书(英) |
| 1639 年 | 基本法规(美) |
| 1641 年 | 自由典则(美) |
| 1641 年 | 圣日耳曼敕令(法) |
| 1648 年 | 威斯特伐利亚和约(德) |
| 1649 年 | 会典(俄) |
| 1667 年 | 民事司法改革法令(法) |
| 1668 年 | 根本法(美) |
| 1670 年 | 刑事法令(法) |
| 1673 年 | 商事法令(法) |
| 1677 年 | 反欺诈法(美) |
| 1679 年 | 森林法令(法) |
| 1679 年 | 人身保护法(英) |
| 1681 年 | 海事法令(法) |
| 1682 年 | 施政大纲(美) |
| 1685 年 | 黑人法典(法) |
| 1689 年 | 权利法案(英) |
| 1701 年 | 王位继承法(英) |

| 时间 | 主要法律和判例 |
|---|---|
| 1716 年 | 军事条例(俄) |
| 1720 年 | 海上条例(俄) |
| 1729 年 | 票据条例(俄) |
| 1731 年 | 赠与法(法) |
| 1735 年 | 遗嘱法(法) |
| 1742 年 | 公事方御定书(日) |
| 1747 年 | 代位继承法(法) |
| 1756 年 | 巴伐利亚马克希米里安民法典(德) |
| 1765 年 | 印花税法案(美) |
| 1767 年 | 唐森德条例(美) |
| 1773 年 | 茶叶税法(美) |
| 1774 年 | 强制法令(美) |
| 1776 年 | 独立宣言(美) |
| 1781 年 | 邦联条例(美) |
| 1782 年 | 整饬条例(俄) |
| 1787 年 | 美利坚合众国宪法 |
| 1789 年 | 废除封建特权的法令(法) |
| 1789 年 | 人权宣言(法) |
| 1789 年 | 人权法案(美) |
| 1789 年 | 司法条例(美) |
| 1790 年 | 治罪法(美) |
| 1791 年 | 宪法(法) |
| 1791 年 | 法国刑法典 |
| 1793 年 | 宪法(法) |
| 1794 年 | 普鲁士普通邦法 |
| 1795 年 | 共和三年宪法(法) |
| 1799 年 | 共和八年宪法(法) |
| 1803 年 | 马伯里诉麦迪逊(美) |
| 1804 年 | 法国民法典 |
| 1806 年 | 法国民事诉讼法典 |
| 1807 年 | 法国商法典 |
| 1808 年 | 法国刑事诉讼法典 |
| 1809 年 | 斯蒂尔诉迈里克(英) |
| 1810 年 | 法国刑法典 |
| 1811 年 | 奥地利普通民法典 |
| 1814 年 | 波旁王朝钦定宪法(法) |
| 1815 年 | 帝国宪法补充条款(法) |
| 1830 年 | 七月王朝宪法(法) |

| 时 间 | 主要法律和判例 |
|---|---|
| 1830 年 | 俄罗斯帝国法令全集 |
| 1832 年 | 选举改革法(英) |
| 1833 年 | 俄罗斯帝国法律全书 |
| 1836 年 | 婚姻法(英) |
| 1837 年 | 遗嘱法(英) |
| 1844 年 | 刑罚与感化法典(俄) |
| 1848 年 | 法国宪法 |
| 1848 年 | 德国普通票据法 |
| 1850 年 | 普鲁士宪法 |
| 1850 年 | 商法典(奥斯曼) |
| 1854 年 | 哈德利诉巴克森德尔(英) |
| 1855 年 | 有限责任法(英) |
| 1856 年 | 地产授予法(英) |
| 1857 年 | 婚姻诉讼法(英) |
| 1858 年 | 刑法典(奥斯曼) |
| 1859 年 | 劳伦斯诉福克斯(美) |
| 1861 年 | 德国普通商法典 |
| 1861 年 | 商业程序法典(奥斯曼) |
| 1863 年 | 海商法典(奥斯曼) |
| 1863 年 | 撒克逊民法(德) |
| 1863 年 | 伯恩斯诉博德尔(英) |
| 1866 年 | 黑人法典(美) |
| 1867 年 | 北德意志联邦宪法 |
| 1867 年 | 商业公司法(法) |
| 1868 年 | 赖兰兹诉弗莱彻(英) |
| 1868 年 | 假刑律(日) |
| 1869 年 | 司法条例(美) |
| 1870 年 | 新律纲领(日) |
| 1871 年 | 德意志帝国宪法 |
| 1871 年 | 德意志帝国刑法典 |
| 1873 年 | 改定律例(日) |
| 1873 年 | 司法法(英) |
| 1875 年 | 印刷与登录公司诉桑普森(英) |
| 1875 年 | 柯里诉米萨(英) |
| 1875 年 | 法兰西第三共和国宪法 |
| 1876 年 | 爱尔密拉教养院法(美) |
| 1877 年 | 法院组织法(德) |
| 1877 年 | 民事诉讼法(德) |
| 1877 年 | 刑事诉讼法(德) |

| 时 间 | 主要法律和判例 |
|---|---|
| 1879 年 | 基本法(埃及) |
| 1880 年 | 刑法典草案(日) |
| 1882 年 | 汇票法(英) |
| 1882 年 | 已婚妇女财产法(英) |
| 1882 年 | 治罪法(日) |
| 1884 年 | 福克斯诉比尔(英) |
| 1884 年 | 华族令(日) |
| 1885 年 | 刑罚与感化法典(俄) |
| 1887 年 | 州际商业法(美) |
| 1889 年 | 大日本帝国宪法 |
| 1889 年 | 卡多案(法) |
| 1890 年 | 合伙法(英) |
| 1890 年 | 谢尔曼法(美) |
| 1890 年 | 日本民法典 |
| 1890 年 | 行政裁判法(日) |
| 1890 年 | 日本商法典 |
| 1890 年 | 法院构成法(日) |
| 1890 年 | 刑事诉讼法(日) |
| 1890 年 | 民事诉讼法(日) |
| 1893 年 | 文官任用令(日) |
| 1893 年 | 文官考试规则(日) |
| 1893 年 | 律师法(日) |
| 1893 年 | 货物买卖法(英) |
| 1896 年 | 统一流通票据法(美) |
| 1897 年 | 国税征收法(日) |
| 1898 年 | 联邦破产法(美) |
| 1898 年 | 日本民法典 |
| 1898 年 | 治安警察法(日) |
| 1899 年 | 日本商法典 |
| 1900 年 | 德国民法典 |
| 1900 年 | 德国商法典 |
| 1900 年 | 行政执行法(日) |
| 1900 年 | 建筑物保护法(日) |
| 1906 年 | 统一买卖法(美) |
| 1906 年 | 统一仓库收据法(美) |
| 1907 年 | 日本刑法典 |
| 1909 年 | 统一提单法(美) |
| 1909 年 | 统一股票转让法(美) |
| 1909 年 | 反不正当竞争法(德) |

| 时 间 | 主要法律和判例 |
|---|---|
| 1911年 | 议会法(英) |
| 1913年 | 宪法(埃及) |
| 1914年 | 统一合伙法(美) |
| 1914年 | 克莱顿法(美) |
| 1914年 | 联邦贸易委员会法(美) |
| 1916年 | 军人救护法(日) |
| 1917年 | 教会法典(基督教会) |
| 1917年 | 土地法令(俄) |
| 1918年 | 苏俄宪法 |
| 1918年 | 婚姻、家庭和监护法典(俄) |
| 1918年 | 人民代表法(英) |
| 1919年 | 魏玛宪法(德) |
| 1919年 | 煤炭经济法(德) |
| 1919年 | 关于社会化法律(德) |
| 1920年 | 关于劳工会议的法令(德) |
| 1920年 | 企业会议法(德) |
| 1921年 | 职业介绍法(日) |
| 1922年 | 租地法(日) |
| 1922年 | 租房法(日) |
| 1922年 | 信托法(日) |
| 1922年 | 破产法(日) |
| 1922年 | 少年法(日) |
| 1922年 | 船员职业介绍法(日) |
| 1922年 | 健康保险法(日) |
| 1922年 | 刑事诉讼法(日) |
| 1922年 | 苏俄民法典 |
| 1922年 | 苏俄刑法典 |
| 1922年 | 苏俄土地法典 |
| 1922年 | 苏俄劳动法典 |
| 1923年 | 婚姻法(英) |
| 1923年 | 防止滥用经济权力法令(德) |
| 1923年 | 陪审法(日) |
| 1923年 | 苏俄森林法典 |
| 1923年 | 苏俄刑事诉讼法典 |
| 1923年 | 苏俄民事诉讼法典 |
| 1923年 | 宪法(埃及) |
| 1924年 | 苏联宪法 |
| 1924年 | 劳动者募集取缔令(日) |
| 1924年 | 租佃调停法(日) |
| 1925年 | 地产法(英) |
| 1925年 | 土地授予法(英) |
| 1925年 | 受托人法(英) |
| 1925年 | 财产法(英) |
| 1925年 | 土地登记法(英) |
| 1925年 | 土地特殊权益法(英) |
| 1925年 | 遗产管理法(英) |
| 1925年 | 治安维持法(日) |
| 1926年 | 劳动争议调停法(日) |
| 1926年 | 合法地位法(英) |
| 1926年 | 美国法典(第一版) |
| 1926年 | 关于处罚暴力行为的法律(日) |
| 1926年 | 商事调停法(日) |
| 1926年 | 民事诉讼法(日) |
| 1926年 | 婚姻、家庭和监护法典(俄) |
| 1928年 | 人民代表法(英) |
| 1928年 | 统一商业公司法(美) |
| 1928年 | 土地法(伊朗) |
| 1929年 | 救护法(日) |
| 1932年 | 诺里斯—拉瓜迪亚法(美) |
| 1932年 | 票据法(日) |
| 1932年 | 金钱债务临时调停法(日) |
| 1933年 | 司法管理(混合规定)法(英) |
| 1933年 | 统一信托收据法(美) |
| 1933年 | 保安矫正处分的法律(德) |
| 1933年 | 对于危险的惯犯之法律(德) |
| 1933年 | 国社党刑法之觉书(德) |
| 1933年 | 失业缓和法(德) |
| 1933年 | 世袭农地法(德) |
| 1933年 | 关于政党及国家之保障的法律(德) |
| 1933年 | 联邦摄政法(德) |
| 1933年 | 消除人民和国家痛苦法(德) |
| 1933年 | 支票法(日) |
| 1933年 | 虐待儿童防止法(日) |
| 1934年 | 德国改造法(德) |
| 1934年 | 禁止组织新政党的法律(德) |
| 1934年 | 关于帝国最高领袖的法令(德) |
| 1934年 | 卡特尔变更法(德) |

| 时　间 | 主要法律和判例 |
|---|---|
| 1934 年 | 强制卡特尔法(德) |
| 1934 年 | 德国经济有机建设法 |
| 1934 年 | 国民劳动管理法(德) |
| 1935 年 | 未成年人监护法(英) |
| 1935 年 | 国家劳工关系法(美) |
| 1935 年 | 社会保险法(美) |
| 1935 年 | 社会保障法(美) |
| 1935 年 | 德意志血统名誉保护法(德) |
| 1936 年 | 苏联宪法(根本法) |
| 1936 年 | 罗宾逊—帕特曼法(美) |
| 1936 年 | 关于集体合同的法令(法) |
| 1937 年 | 思想犯保护观察法(日) |
| 1937 年 | 母子保护法(日) |
| 1937 年 | 公司法(德) |
| 1937 年 | 内阁大臣法(英) |
| 1938 年 | 家庭扶养法(英) |
| 1938 年 | 联邦民事诉讼规则(美) |
| 1938 年 | 国家总动员法(日) |
| 1938 年 | 国民健康保险法(日) |
| 1939 年 | 船员保险法(日) |
| 1941 年 | 医疗保护法(日) |
| 1941 年 | 劳动者养老金保险法(日) |
| 1942 年 | 战时刑事特别法(日) |
| 1945 年 | 战时紧急措施法(日) |
| 1945 年 | 联邦刑事诉讼规则(美) |
| 1945 年 | 共同过错的法律改革条例(英) |
| 1946 年 | 日本国宪法 |
| 1946 年 | 生活保护法(日) |
| 1946 年 | 法兰西第四共和国宪法 |
| 1946 年 | 联邦行政程序法(美) |
| 1946 年 | 联邦侵权赔偿法(美) |
| 1946 年 | 劳动关系调整法(日) |
| 1947 年 | 高树案(英) |
| 1947 年 | 国家劳资关系法(美) |
| 1947 年 | 国家赔偿法(日) |
| 1947 年 | 内阁法(日) |
| 1947 年 | 地方自治法(日) |
| 1947 年 | 国家公务员法(日) |
| 1947 年 | 警察法(日) |
| 1947 年 | 禁止垄断法(日) |
| 1947 年 | 劳动基准法(日) |
| 1947 年 | 职业安定法(日) |
| 1947 年 | 劳动者灾害补偿保险法(日) |
| 1947 年 | 失业保险法(日) |
| 1947 年 | 法院法(日) |
| 1947 年 | 检察厅法(日) |
| 1947 年 | 刑诉应急措置法(日) |
| 1948 年 | 刑事诉讼法(日) |
| 1948 年 | 轻犯罪法(日) |
| 1948 年 | 公共企业体劳动关系法(日) |
| 1948 年 | 证券交易法(日) |
| 1948 年 | 行政代执行法(日) |
| 1948 年 | 行政案件诉讼特例法(日) |
| 1948 年 | 国家财产法典(法) |
| 1948 年 | 税收法典(法) |
| 1948 年 | 矿业法典(法) |
| 1948 年 | 农业法典(法) |
| 1948 年 | 颠覆活动管制法(美) |
| 1948 年 | 工伤事故国家保险法(英) |
| 1948 年 | 人民代表法(英) |
| 1949 年 | 议会法(英) |
| 1949 年 | 德意志联邦共和国基本法 |
| 1949 年 | 劳动组合法(日) |
| 1949 年 | 律师法(日) |
| 1950 年 | 预防犯罪更生法(日) |
| 1950 年 | 缓刑者保护观察法(日) |
| 1950 年 | 公职选举法(日) |
| 1950 年 | 生活保护法(日) |
| 1950 年 | 地方公务员法(日) |
| 1950 年 | 标准公司法(美) |
| 1950 年 | 国内安全法(美) |
| 1950 年 | 公务员法(德) |
| 1950 年 | 欧洲人权公约 |
| 1951 年 | 联邦宪法法院法(德) |
| 1951 年 | 钢铁工业共同决策法(德) |
| 1951 年 | 宗教法人法(日) |
| 1951 年 | 社会福利事业法(日) |
| 1951 年 | 民事调停法(日) |

| 时　间 | 主要法律和判例 |
|---|---|
| 1951 年 | 欧洲煤钢共同体条约 |
| 1952 年 | 统一商法典(美) |
| 1952 年 | 防止破坏活动法(日) |
| 1952 年 | 地方公营企业劳动关系法(日) |
| 1953 年 | 限制罢工法(日) |
| 1953 年 | 劳动法院法(德) |
| 1953 年 | 社会法院法(德) |
| 1953 年 | 联邦公务员法(德) |
| 1954 年 | 共产党管制法(美) |
| 1954 年 | 禁止教员从事政治活动法(日) |
| 1955 年 | 汽车损害赔偿保障法(日) |
| 1957 年 | 刑事诉讼法典(法) |
| 1957 年 | 反对限制竞争法(德) |
| 1957 年 | 男女权利平等法(德) |
| 1957 年 | 罗马条约(欧共体) |
| 1958 年 | 企业担保法(日) |
| 1958 年 | 法兰西第五共和国宪法 |
| 1958 年 | 法国刑事诉讼法典 |
| 1959 年 | 商标法(日) |
| 1960 年 | 道路交通法(日) |
| 1960 年 | 精神薄弱者福利法(日) |
| 1960 年 | 行政法院法(德) |
| 1961 年 | 苏俄刑法典 |
| 1961 年 | 苏俄刑事诉讼法典 |
| 1961 年 | 空气污染防治法(法) |
| 1961 年 | 关于原子能损害赔偿的法律(日) |
| 1961 年 | 农业基本法(日) |
| 1961 年 | 苏俄刑法典 |
| 1962 年 | 行政不服审查法(日) |
| 1962 年 | 行政案件诉讼法(日) |
| 1962 年 | 标准刑法典(美) |
| 1963 年 | 格林曼诉尤巴电力产品公司(美) |
| 1963 年 | 中小企业基本法(日) |
| 1963 年 | 老人福利法(日) |
| 1964 年 | 母子福利法(日) |
| 1964 年 | 苏俄民法典 |
| 1964 年 | 苏俄民事诉讼法典 |
| 1965 年 | 原子核装置法(英) |
| 1965 年 | 谋杀罪(废除死刑)法(英) |
| 1965 年 | 公司法(德) |
| 1965 年 | 财政法院法(德) |
| 1966 年 | 雇佣对策法(日) |
| 1967 年 | 农业合作社调整法(法) |
| 1967 年 | 刑事法令(英) |
| 1967 年 | 经济稳定与增长促进法(德) |
| 1968 年 | 盗窃法(英) |
| 1968 年 | 合并准则(美) |
| 1968 年 | 消费者保护基本法(日) |
| 1969 年 | 离婚改革法(英) |
| 1969 年 | 家庭改革法(英) |
| 1969 年 | 人民代表法(英) |
| 1969 年 | 苏俄婚姻和家庭法典 |
| 1970 年 | 统一结婚离婚法(美) |
| 1970 年 | 职业安全与卫生法(美) |
| 1971 年 | 商船污染法(英) |
| 1972 年 | 劳动安全卫生法(日) |
| 1972 年 | 企业章程法(德) |
| 1972 年 | 联邦法官法(德) |
| 1972 年 | 刑事审判法(英) |
| 1972 年 | 欧洲共同体法(英) |
| 1972 年 | 国家豁免法(英) |
| 1973 年 | 婚姻原因法(英) |
| 1973 年 | 欧洲共同体环境行动纲领 |
| 1973 年 | 消费者保护宪章(欧共体) |
| 1974 年 | 雇佣保险法(日) |
| 1974 年 | 污染控制法(英) |
| 1974 年 | 未成年人救济法(英) |
| 1975 年 | 继承法(英) |
| 1975 年 | 玛利瓦诉国际散装货船公司(英) |
| 1975 年 | 废弃物处理法(法) |
| 1975 年 | 法国民事诉讼法典 |
| 1975 年 | 德意志联邦共和国刑法典 |
| 1975 年 | 法院组织法(德) |
| 1975 年 | 德意志联邦共和国刑法典 |
| 1976 年 | 经济犯罪对策法(德) |
| 1976 年 | 共同决定法(德) |
| 1976 年 | 安东·皮勒诉制造加工有限公司(英) |

| 时　间 | 主要法律和判例 |
|---|---|
| 1976 年 | 哈特—斯科特—诺迪罗反托拉斯改进法(美) |
| 1976 年 | 自然保护法(法) |
| 1976 年 | 联邦行政程序法(德) |
| 1976 年 | 共同决策法(德) |
| 1977 年 | 婚姻法(德) |
| 1977 年 | 苏维埃社会主义共和国联盟宪法(根本法) |
| 1977 年 | 联邦矿山安全与卫生法(美) |
| 1977 年 | 假登记担保契约法(日) |
| 1978 年 | 破产改革法(美) |
| 1979 年 | 货物买卖法(英) |
| 1979 年 | 民事执行法(日) |
| 1979 年 | 第二次加入条约(欧共体) |
| 1980 年 | 地方法院法(英) |
| 1980 年 | 住宅建设法(德) |
| 1980 年 | 联邦公务员工资法(德) |
| 1980 年 | 关于修改部分刑法的法律(日) |
| 1981 年 | 最高法院法(英) |
| 1981 年 | 安全自由法(法) |
| 1982 年 | 计划改革法(法) |
| 1982 年 | 进口共同规则(欧共体) |
| 1983 年 | 教会法典(基督教会) |
| 1983 年 | 公营部门民主化法(法) |
| 1983 年 | 社会法典(德) |
| 1984 年 | 家庭诉讼法 (英) |
| 1984 年 | 第 2641/84 号条例(欧共体) |
| 1986 年 | 单一欧洲法(欧共体) |
| 1988 年 | 道路交通法(英) |
| 1989 年 | 民事保全法(日) |
| 1989 年 | 共同体劳动者基本社会权利宪章(欧共体) |
| 1990 年 | 都柏林公约(欧共体) |
| 1990 年 | 申根协议(欧共体) |
| 1990 年 | 所有制法(俄) |
| 1990 年 | 企业和经营活动法(俄) |
| 1990 年 | 国营和市有企业私有化法(俄) |
| 1990 年 | 俄罗斯联邦实现土地改革紧急措施的命令 |
| 1991 年 | 高等法院和郡法院审判权规则(英) |
| 1991 年 | 租地租房法(日) |
| 1991 年 | 再生资源利用促进法(日) |
| 1991 年 | 竞争法(俄) |
| 1991 年 | 外国投资法(俄) |
| 1991 年 | 自然人所得税法(俄) |
| 1992 年 | 消费者权益保护法(俄) |
| 1992 年 | 马斯特里赫特条约 |
| 1992 年 | 欧共体关税法典 |
| 1993 年 | 行政程序法(日) |
| 1993 年 | 环境基本法(日) |
| 1993 年 | 俄罗斯联邦宪法 |
| 1994 年 | 法国刑法典 |
| 1994 年 | 刑事诉讼法(德) |
| 1994 年 | 产品责任法(日) |
| 1994 年 | 一般保障措施条例(欧盟) |
| 1994 年 | 贸易壁垒条例(欧盟) |
| 1994 年 | 反倾销条例(欧盟) |
| 1994 年 | 反补贴条例(欧盟) |
| 1994 年 | 俄罗斯联邦民法典(第一部分) |
| 1995 年 | 俄罗斯联邦民法典(第二部分) |
| 1996 年 | 捍卫婚姻法(美) |
| 1996 年 | 反恐和死刑实施法(美) |
| 1996 年 | 民事诉讼法(日) |
| 1996 年 | 股份公司法(俄) |
| 1996 年 | 俄罗斯联邦家庭法典 |
| 1996 年 | 俄罗斯联邦刑法典 |
| 1997 年 | 亲子关系改革法(德) |
| 1997 年 | 继承权地位平等法(德) |
| 1997 年 | 关于器官移植的法律(日) |
| 1997 年 | 阿姆斯特丹条约(欧盟) |
| 1997 年 | 远程合同指令(欧盟) |
| 1998 年 | 犯罪和骚乱法(英) |
| 1998 年 | 子女抚养法(德) |
| 1998 年 | 破产法(俄) |
| 1998 年 | 农业法(俄) |
| 1998 年 | 建筑法(俄) |
| 1998 年 | 有限责任公司法(俄) |

| 时 间 | 主要法律和判例 |
|---|---|
| 1999年 | 有关为搜查犯罪而监听通讯的法律(日) |
| 1999年 | 处罚有关儿童卖淫、儿童色情等行为及保护儿童的法律(日) |
| 1999年 | 关于规制实施无差别大量杀人行为的团体的法律(日) |
| 1999年 | 关于有组织犯罪的处罚及犯罪收益规制等的法律(日) |
| 1999年 | 消费者销售指令(欧盟) |
| 2000年 | 老年公民自由工作法案(美) |
| 2000年 | 行政司法法典(法) |
| 2000年 | 法国商法典 |
| 2000年 | 循环型社会形成推进基本法(日) |
| 2000年 | 建筑循环利用法(日) |
| 2000年 | 食品循环利用法(日) |
| 2000年 | 绿色采购法(日) |
| 2000年 | 社会福利法(日) |
| 2000年 | 关于防止儿童虐待等法律(日) |
| 2000年 | 关于规制基因克隆技术的法律(日) |
| 2000年 | 关于禁止不正当存取信息行为的法律(日) |
| 2000年 | 关于规制纠缠行为等的法律(日) |
| 2001年 | 关于防止配偶的暴力及保护被害人的法律(日) |
| 2001年 | 司法制度改革推进法(日) |
| 2001年 | 俄罗斯联邦民法典(第三部分) |
| 2001年 | 尼斯条约(欧盟) |
| 2002年 | 法科大学院教育与司法考试相衔接的法律(日) |
| 2003年 | 仲裁法(日) |
| 2003年 | 人事诉讼法(日) |
| 2003年 | 配合司法制度改革修改部分法院法等的法律(日) |
| 2003年 | 都柏林条例(欧盟) |
| 2004年 | 裁判员法(日) |
| 2004年 | 促进利用审判外纷争解决程序法(日) |
| 2004年 | 行政案件诉讼法(日) |

| 时 间 | 主要法律和判例 |
|---|---|
| 2004年 | 消费者合作条例(欧盟) |
| 2004年 | 欧盟宪法条约 |
| 2005年 | 障碍者自立支援法(日) |
| 2005年 | 宪政改革法(英) |
| 2005年 | 破产法(美) |
| 2005年 | 不公平商业行为指令(欧盟) |
| 2006年 | 俄罗斯联邦民法典(第四部分) |
| 2007年 | 关于日本国宪法修改程序的法律(通称“国民投票法”)(日) |
| 2007年 | 里斯本条约(欧盟) |
| 2008年 | 保险法(日) |
| 2008年 | 关税法典现代化条例(欧盟) |
| 2008年 | 欧洲移民难民庇护公约(欧盟) |
| 2011年 | 消费者权利指令(欧盟) |
| 2013年 | 欧盟关税法典 |
| 2014年 | 国民投票法(日) |
| 2015年 | 奥博格菲尔诉霍吉斯(美) |
| 2015年 | 国际和平支援法案(日) |
| 2015年 | 和平安全法制整备法案(日) |
| 2015年 | 进口一般规则(欧盟) |
| 2015年 | 贸易壁垒条例(欧盟) |
| 2016年 | 欧洲边境和海岸警卫条例(欧盟) |
| 2017年 | 欧洲社会权利支柱(欧盟) |
| 2018年 | 政治领域的男女共同参与推进法(日) |
| 2019年 | 司法规划与改革法(2018~2022年)(法) |
| 2019年 | 部分修改《法科大学院教育与司法考试相衔接的法律》等法律(日) |
| 2019年 | 欧盟的消费者保护合作条例 |
| 2019年 | 欧盟综合指令 |
| 2020年 | 量刑法(英) |
| 2020年 | 脱欧协议法案(英) |
| 2020年 | 欧盟集体救济指令 |
| 2020年 | 欧洲移民与庇护公约(欧盟) |
| 2021年 | 数字化社会形成基本法(日) |

# 配图来源

## 导论

图1　世界法系分布

## 第一章

图1　楔形文字

www. act. it. schu. com/book/chapter.

图2　古代巴比伦和亚述

张芝联、刘学荣主编:《世界历史地图集》,中国地图出版社2002年版,第16页。

图3　汉穆拉比头像

https://collections. louvre. fr/en/ark:/53355/cl010121494.

图4　汉穆拉比法典

李秀清摄于卢浮宫,2003年8月。

## 第二章

图1　摩奴法典

[美]约翰. H. 威格摩尔:《世界法系概览》(上),何勤华、李秀清、郭光东等译,上海人民出版社2004年版,第189页。

图2　公元前250年孔雀王朝的疆域

http://members. porch. light. ca/blackdog/ashoka. htm.

图3　阿育王

http://members. porch. light. ca/blackdog/ashoka. htm.

图4　阿育王柱的顶部

http://www. hongen. com/art/sjds/agdds/img/sa600lal. jpg.

## 第三章

图1　米诺斯王宫复原图

https://www. realmofhistory. com/2017/06/01/animation - reconstruct - knossos - palace - minoans/.

图2　米诺斯文明遗址

李秀清摄于克里特岛,2003年8月。

图3　哥尔琴法典墙

陈颐摄于克里特岛,2003年8月。

图4 古代希腊城邦

张芝联、刘学荣主编:《世界历史地图集》,中国地图出版社 2002 年版,第 24 页。

图5 梭伦

http://www.gznc.edu.cn/dxs/wenyi/5000nian/01/32.htm.

图6 雅典卫城

https://whc.unesco.org/uploads/thumbs/site_0404_0004-1000-666-20151105102431.jpg.

**第四章**

图1 罗马斗兽场

https://www.welcometoitalia.com/top10-rome/colosseum-the-gladiators-theater/.

图2 公布于罗马广场的《十二表法》

http://www.legal-history.net/pic_show_0509.asp.

图3 盖尤斯

[美]约翰·H.威格摩尔:《世界法系概览》(上),第 356 页。

图4 伊纳留斯

[美]约翰·H.威格摩尔:《世界法系概览》(下),第 839 页。

**第五章**

图1 撒利克法典

[美]约翰·H.威格摩尔:《世界法系概览》(下),第 708 页。

图2 800 年,查理曼受罗马教皇利奥三世加冕称帝

https://www.britannica.com/place/Holy-Roman-Empire/Coronation-of-Charlemagne-as-emperor.

图3 查理曼

https://www.trc-leiden.nl/trc-needles/visual-archive/16th-century/charlemagne-by-albrecht-durer.

**第六章**

图1 梵蒂冈圣彼得大教堂

https://en.wikipedia.org/wiki/St._Peter%27s_Basilica#/media/File:Basilica_di_San_Pietro_in_Vaticano_September_2015-1a.jpg.

图2 教皇格利高里九世签发教令集

http://www.wga.hu/frames-e.html?/html/r/raphael/4stanze/1segnatu/4/6gregor.html.

图3 1917 年教会法典

http://info.datang.net/J/J0965.htm.

图4 审判贞德

https://www.revuedesdeuxmondes.fr/30-mai-1431-jeanne-darc-brulee-a-rouen/.